江苏常熟农村商业银行股份有限公司资助项目

戴 逸 传

孟东明　著

光明日报出版社

图书在版编目（CIP）数据

戴逸传 / 孟东明著 . -- 北京 ：光明日报出版社，
2023.5

ISBN 978-7-5194-7089-0

Ⅰ . ①戴… Ⅱ . ①孟… Ⅲ . ①戴逸－传记 Ⅳ .
① K825.81

中国国家版本馆 CIP 数据核字（2023）第 027042 号

戴逸传

DAIYI ZHUAN

著　　者：孟东明			
责任编辑：鲍鹏飞		责任校对：慧　眼	
封面设计：李彦生		责任印制：曹　诤	

出版发行：光明日报出版社

地　　址：北京市西城区永安路 106 号，100050

电　　话：010-63169890（咨询），010-63131930（邮购）

传　　真：010-63131930

网　　址：http://book.gmw.cn

E - m a i l：gmcbs@gmw.cn

法律顾问：北京市兰台律师事务所龚柳方律师

印　　刷：北京圣美印刷有限责任公司

装　　订：北京圣美印刷有限责任公司

本书如有破损、缺页、装订错误，请与本社联系调换，电话：010-63131930

开　　本：170mm×240mm		印　　张：38	
字　　数：700 千字			
版　　次：2023 年 5 月第 1 版		印　　次：2023 年 5 月第 1 次印刷	
书　　号：ISBN 978-7-5194-7089-0			

定　　价：169.00 元

与中学同学和老师在一起

在常熟母校校门口

与两位姐姐在上海读书时留影

在清史所前

提升为新中国第一批副教授留影

相濡以沫老两口

诗书传家情绵长，戴家全家福

在清史编纂委汇报会上

清史编纂成果一瞥

戴先生接受孟东明采访

苏州画院原执行院长姚新峰为戴逸造像（沈鹏题署）

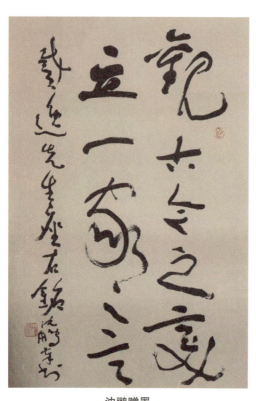

觀夫今之意立一家之言

戴延先生正 沈鵬書於用辛巳

沈鵬贈墨

觀覈百年滄桑
寫十三朝清史

戴延傳出版 時二百兎月 言恭達

為戴延鄉先生戴延傳書以誌

言恭達贈墨

目　录

引言　耄耋大家咏童恩

迄今两个甲子前后，京师维新变革潮涌。先由康有为竭力推动，1300 多名举人联名"公车上书"，后由帝师翁相同龢荐康、梁（启超）密会光绪帝，戊戌变法遂起。为育时代新人计，翁相亲撰京师大学堂章程奏章。此等音信从北平烂缦胡同常昭会馆①源源传至翁相故邑，常昭贤士欢呼雀跃，丁祖荫、曾朴、徐念慈、张鸿、殷崇亮②等解囊倾资，开新学，循"中学为体，西学为用"之道，在学爱精庐③原址创中西学社，时在 1897 年，先于京师大学堂（北京大学前身）一年，为举国 17 所新式学堂之一，亦常昭县境第一所新式学堂也！

凡 120 年来，常昭中西学社先易名中西蒙学堂，次更名常昭公立高等小学堂，

---

① 北平宣南烂缦胡同有常昭、济南、湖南、元宁、东莞等 6 所会馆。会馆均为各地乡绅筹资购地建房，以供本乡学子进京科举会试同同乡聚会及寄居之所。其中以常昭会馆（50 号）最为宏大，内设花园，并以父子帝师（翁心存、翁同龢）、叔侄状元（翁同龢、翁曾源）等在此居住而轰动京城。隔壁 49 号为东莞会馆，一度成康有为邸地。另据江苏常熟收藏家龚绍东所著《艺海抱缺》（广陵书社，2014 年出版）披露："常熟名人徐兆玮、瞿启甲辛亥革命后当选为国会参议员时，赴京仍住常昭会馆，有黎元洪总统致徐兆玮信柬为证。"

② 丁祖荫（1871—1930），清末民初教育家、藏书家，清光绪十五年（1889）庠生。带头创建新学，担任首任校长 15 年之久，辛亥革命后任常熟民政长、县知事。民国六年（1917）参与重修《常昭合志》，任总编纂，1930 年未竟而殁。曾朴（1872—1935），清末民初小说家、出版家，代表作《孽海花》被认为在晚清四大谴责小说中成就最高。徐念慈（1875—1908），清末小说家、翻译家。光绪三十年（1904）创办速成算学社，开近代函授数学教育之先河，创作科幻小说《新法螺先生谭》，为中国近代创作科幻小说先行者。张鸿（1867—1941），清末民初教育家、文学家，清光绪三十年进士，官历内阁中书、户部主事等，中日甲午战争具疏请战，民国五年（1916）归里任孝友中学校长等。殷崇亮（1878—1903），清末教育家，晚清秀才，光绪二十九年（1903）发生"苏报案"后，因孤愤难抑，跳江致死。

③ 光绪六年（1880）由昭文知县主持，在城区塔弄兴建的书院。

1

后改名常熟县立第一高等小学校，1912年定名常熟县立塔前高等小学校，"塔前"定名乃逾百年矣！

回首百年，"塔前"开启新学先河，教泽源远流长，筚路蓝缕，不倦求索，致英才辈出，使风流蕴藉：最早学子曾虚白（曾朴之子）职至民国时期"中央通讯社"社长；教育家浦薛凤20世纪20年代即任清华、北大教授；缪廷抗战时期在重庆任中央图书馆总务主任，后任南京图书馆馆长；主持编译中国第一部《人类学词典》的教育家吴泽霖；化学教育家程有庆所著实验演示至今仍为范本；中国工艺美术开拓者、创建中央工艺美术学院的著名画家庞薰琹；应周恩来之请为北京人民大会堂绘制巨幅《红梅图》的著名画家江寒汀；中国科学院院士李强乃对外贸易部部长、国务院顾问；少将周文在系福建军区副政治委员；张青莲院士为中国重水、超重水事业奠基人，他年届90岁主持测定的10种元素原子量被采用为国际新标准；当代画家陆抑非与唐云、张大壮、江寒汀并称"江南花鸟四才子"；五机部副部长兼总工程师的兵工专家王立；诗人革命家杨帆在新中国成立后即任上海市公安局局长；还有当代史学大师戴逸……

时在2014年，"塔前"领导赴京叩望戴逸，诚望先生为《百年塔前》画册撰写前言。是时，先生已年近九秩，担纲编纂《清史》待审定之稿案头日积盈尺，10多年来几不再撰文，况与其相濡以沫达60年之爱妻刚刚辞世，思绪一时难以转换、集中，于情于理可予推却。然如母命难违，母校遗意，学子岂能不予倾情？辗转反侧，酝酿多时，秉笔直书，一气呵成：

缅怀先贤，岁月如歌。常熟市塔前小学，自它的前身——清光绪二十三年（1897）丁祖荫、曾朴、徐念慈、张鸿、殷崇亮等成立中西学社起，几历风雨，几易其址，几更其名，已经走过了117个春秋。

以史为鉴，与时俱进。百年校史，鲜活丰厚。于此驻足，开启记忆，浮想联翩。百年塔前，创新学先河，施源远教泽，培德开智，育才兴国，薪火相传，一脉相承。

凝心聚力，人杰地灵。学校秉百年之绩，承先贤之德，沐方塔之圣，追历史潮流，领时代风骚，以培养英才、服务社会为己任。方塔前，书声琅琅；虞山麓，桃李芬芳。一代一代塔前人，敬业乐教，敏学好求，青蓝相接，弦歌不断，以博爱照亮生命，用智慧启迪心灵。学子有为奋发，五湖四海，宏图大展。

志存高远，自强不息。扬帆远航正当时，耕耘杏坛竞新枝。继往开来，重彩叠翠。伟大中国梦，激励塔前人永远前进。①

诵读宏文，感慨万千，300 余字乃字字珠玑，溯古论今，其真知灼见溢于行间。忆"冲破禁锢、脱胎而出"先贤之初心，促社会饮水思源，诚心毕现；论"培德开智，育才兴国"校训之明贤，发今人深思，不断借鉴；歌"书声琅琅……桃李芬芳"胜景之活鲜，启今人缅怀追寻，永远向前；嘱"志存高远，自强不息"耕耘之未来，望后代继往开来，重彩叠翠。

如此美文，融真实历史于华章藻蔚之间，汇百年业绩与英才齐讴。其言殷殷，其情切切，其智高深，其谋远虑。这在"塔前"120 年历史上，可谓空前绝后；不仅在常地教坛再难有此等文字，而且在全国教界应属罕见。

一位耄耋老者，白发苍苍，沉湎案台，百字短文，孜孜苦求，燃烧自己，照亮他人，缘何如此，企求何哉？他在《塔前小学志·序》中这样写道："校园的歌声笑语又萦绕在耳畔，我仿佛又坐在教室里，循着老师的言语、手势、眼神，文化流进了我的心田。从这里，我迈开了人生坚实的第一步。"②

言为心声。这是真正的不忘初心，咏颂童恩！

那么，戴逸的人生，到底是怎样迈开这坚实的第一步的呢？

---

① 《百年塔前》，由常熟市塔前小学印制，2014 年。
② 《塔前小学志》编纂委员会：《塔前小学志》，广陵书社，2017 年。

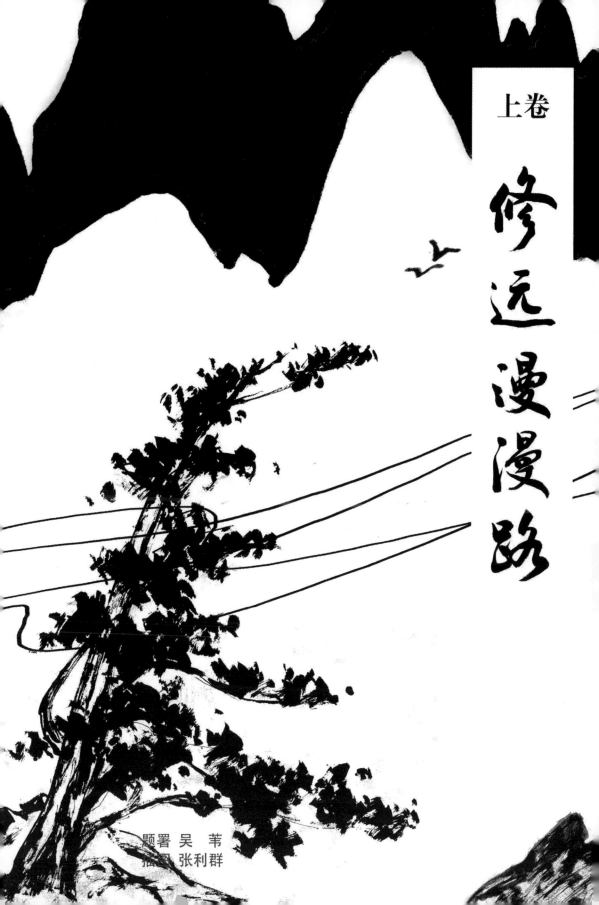

上卷

修远漫漫路

题署 吴 苇
插图 张利群

第一章　得天独厚幼少时

就个体人生而言，在其漫漫的历程中，有一些是不能选择的，如父母。由此，其遗传基因可能成为造就歌唱家、运动健将等的基础性因素。然而，在科学高度昌明的今天，科学界、医学界还不能对成就卓著的科学家、文学家、史学家的遗传密码予他后代的影响做出在统计学上可说明的数据和规律的诠释，这是颇为遗憾的。

值得欣慰的是，教育学、心理学、社会学等学科就家庭环境、教育环境、人文环境等对人才的成功做出了肯定性影响的结论。作为当今"史学大家""清史重镇"的本书传主戴逸（1948 年秋进入华北解放区前名为戴秉衡）幼少时期的经历，为这种科学论断平添了生动例证。

现在，我们就来揭开已尘封了 80 多年记忆的历史吧！

顽童趣话

时光的镜头聚焦在 1931 年金秋的一天。清晨。江南文化古城常熟大东门。①古城门与古城墙依旧巍然屹立，墙砖缝里刺生出的丛丛茅草，顶端挺着白蓬蓬、一串串的花蕊，迎着微风在晨光中徐徐摇曳，衬显出这座从元明以来历经 500 多

---

① 元至正十六年（1356）张士诚据吴，以常熟为要害，甃为砖城，周九里三十步、高二丈二尺、厚一丈一尺，颇称完固。宾汤门民间俗称大东门。见《重修常昭合志》，上海社会科学院出版社，2002 年，第 79 页。

年风雨侵扰却能依然挺立的古城，更增添了几许沧桑。紧挨城门南侧的城墙下，被称为"内水关"的地方，建有3米多宽的石拱关口，拱侧的木质水关依然完好。每天清晨，水关的闸门徐徐提起，清澈见底的河水便微泛波浪涌向城外，这就是常熟古城的母亲河——琴川河。琴川河最远的发源地在虞山东麓"读书台"旁的蕉尾泉，她共有7条姐妹河，且都穿城而过，似同7条琴弦，均衡布列在圆月如琴的古城内，琴川河由此得名，常熟的别名琴川也随此而来。琴川河之水溢出水关流向大东门外的护城河，并通过常浒河、常福塘汇入长江，奔向大海——明代宣德年间御医、诗人沈玄的著名诗句"七溪流水皆通海"就是对此景的最好艺术诠释。

大东门的城门之外，跨过拱形泰安桥，是常熟县城的第二个繁华所在（最繁华之地在南门外坛上）。此时已进入人声鼎沸、车水马龙之境。雄踞泰安桥堍南侧的长发隆，是自产自销酱油、米醋、黄酒的百年老店，此刻的顾客川流不息。长发隆对面的西护城河，与通向军事要塞福山的常福塘相连，每天都有小火轮、航船往返，是常熟客流、货流的一条重要通道。泰安桥西北边的大东门菜市场，更是城里城外家庭主妇和近郊农民天天都需光顾的地方，这时已入摩肩接踵之境。从泰安桥朝东，宽不及3尺，蜿蜿蜒蜒的泰安街上，各色店家鳞次栉比，生意红火。离大东门有半里之遥的另一个轮船码头，则是常熟县城连接东乡的重要节点。以主要农作物分，常熟有东乡（又称高乡）、西乡（又称低乡）之分：东乡因地势较高，盛产棉花、豆、麦（元麦）；西乡因地势较低盛产水稻、小麦。从泰安街轮船码头搭乘小火轮或航船，沿着常熟界内的黄金水道——常浒河（又称梅塘）可直抵梅李、浒浦、吴市、东张、何市、支塘等重镇或东乡更边远的许多重要集镇。大东门及其泰安街是常熟县城连接东部广袤农村的枢纽。这里的繁华热闹，彰显了作为江南福地、岁岁丰收的常熟经济之富足、繁荣。

令人难以置信的是，与大东门外泰安街附近热闹非凡的情景相比，仅一墙之隔、城门之内的东门大街，此时竟颇为冷清静谧，除一二家茶馆等店家之外，大户人家几乎都是大门紧闭，街上人迹罕至。如再仔细观察，或可见一些端倪：南侧——家家枕河，琴川河水，缓缓流淌，河道之侧，老树、枯藤、昏鸦、小楼、廊桥、人家；北侧——凡大户人家，清一色一级连着一级的巨石台阶，清一色巍峨的石库门，中间是斑驳的褐色木门，清一色的白墙、青砖、黛瓦、深院……可以想见，这里住户的祖上不是达官显贵，就是书香门第，或是富商巨贾杂居其间，以至于辛亥革命过去了 20 年，这里依然存在着旧时那种不同寻常的气息……

7 时许，东门大街上首先出现动静的是北侧 5 号院。紧靠大东门城门的 1 号是一家灯笼、蜡烛店，3 号是一家杂货铺，此时还都关着门。5 号称为"季家大院"。建造这所大院的是乾隆二十六年（1761）博取进士功名的季学锦（字近思）。季在嘉庆二年（1797）以按察使衔①分巡台湾兵备道，为清朝当时台湾的最高统治者。季家大院前后有四进房舍，前后门距有 70 来米，后门直通榆树街。后季氏家道中落，外姓人家亦租住在此。

季家大院内一阵窸窣声后不久，随着嗒的一声，对开大门中的一扇门开了。两位少女相继跨过高高的门槛，她们都打扮入时：头扎两条小辫，白上衣，青士林的背褡裙，长筒白袜，黑色布鞋，肩上斜挎着书包。接着，一个男孩也从门槛上跨了过来。他的衣着是白上衣，藏青色短裤，白袜，黑鞋，肩上也挎着书包。3 个孩子手拉着手，一蹦一跳地步下了台阶。

正在这时，一阵"啧、啧、啧"的赞美声和紧接着一阵"哟、哟、哟"的惊叹声从马路对面一家挂着"琴一楼"②牌匾的茶馆、酒楼兼老虎灶里传了出来。话音刚落，一位油头粉面、打扮靓丽、年届四十的中年妇女步出了店面，她就是琴一楼的女老板张臻。张老板从未结婚，却要在大东门的城门内经营一家从父母手里传留下然容易被人诟病的茶馆兼酒楼，难处颇多。好在对门在县衙内主管一项事务的戴先生多有照拂，不仅多次为她主持公道，而且还把好些业务商谈安排到她的茶馆、酒楼里进行，当然还有诸多显贵支撑，故而琴一楼在常熟城里，尤其是大东门一带颇有名声。为此，女老板认了同住在季家大院，戴先生一位兄长的儿子做干儿子（常熟人俗称"寄儿子"）。今天女老板看见戴先生的女儿、儿子上学去了，当然会满面春风地出来招呼应酬了。

"哟——素琴、素金，你们姐妹俩今天是要带弟弟秉衡第一天去上学吧？"女

---

① 正三品，职掌司法的省级官员。

② 东门大街琴一楼茶肆，在清光绪初年由张姓老夫妇主持。其女张臻善烹饪，因在沿街又辟酒楼一间，以广招徕。经常顾客有张美叔（县商会会长）、蒋瑞平（清宰相蒋廷锡后代，留日学生）、蒋东武（蒋瑞平弟，文化人）、钱南山（县政府第三科长）、邹郎怀（常熟文化人）等 10 余人，常在琴一楼谈时政，做生意，故称常熟"小楼内阁"。后因张美叔去世，蒋瑞平在日寇占领常熟后失踪等变故，小楼风光不再，遂改为"近月楼"，照常营业。新中国成立后至公私合营时关门歇业。

老板银铃般甜美的声音在大东门城门口回荡，惊得大街边老榆树上的鸟儿也扑腾着翅膀"呼"地飞了起来。戴素琴、戴素金、戴秉衡姐弟仨闻声赶忙停住脚步，回过头来，齐声叫道："寄娘早！"大姐戴素琴赶快又补充了一句："今天是秉衡上学的第一天！"说完，他们便沿着东门大街齐步向西而去。

走了不出30步，大姐戴素琴右手一指，对戴秉衡说："这是归家大院！"不料戴秉衡接口道："我知道，这家出过状元归允肃！"二姐戴素金问："你怎么知道的？"戴秉衡振振有词："这家的归衡鉴与我同岁，他带我们小伙伴常去他们家玩。这个院子比我们家的那个院子大多了！"

又走了不出30步，二姐戴素金右手又一指，口气似乎考问戴秉衡："这是哪一家？"戴秉衡胸脯一挺，岂甘示弱，响亮回答："书法家、画家，还当过宰相，叫蒋廷锡的家！"大姐、二姐对弟弟竟有点另眼相看了。

再又走了30来步，戴秉衡停住脚步，对一左一右的大姐、二姐说："这个李家大院里我认识李乃成。他说祖上有人当过云南巡抚。他们家的厅堂建造时，翁同龢还来监视过。后院与爹爹的办公楼只隔一堵墙！"说完，戴秉衡侧转过身，对着南边的小门楼说："这是瞿家，我跟着爹爹去过好多次。家里有很多藏书，据说古里铁琴铜剑楼里的藏书不但多，而且十分名贵。奇怪的是，瞿爷爷的名字叫良耜，我们爹爹的名字也叫良耜，这让我弄不懂了！"立在原地抓耳挠腮的戴秉衡，在两位姐姐的催促下，继续向西走去。不过，他意犹未尽，向两位姐姐讲述着右侧号称"新县前"的见闻：什么昭文县衙门啊，钱谦益的旧宅荣木楼啊，柳如是的梳妆楼啊，什么大仙堂里烧香拜佛啊，等等。戴秉衡如此絮絮叨叨的讲述，这回真的让两位姐姐刮目相看了：有的，她们知道；有的，她们闻所未闻！过去，她们只知道弟弟调皮：上树，捉鸟蛋；下河，摸螺蛳；爬虞山，采蘑菇；去近郊，放风筝……今天，姐俩知道了弟弟的厉害，东门大街的大户人家，他竟都能略知一二！就在戴秉衡如数家珍之际，他们读书的学校——虞阳小学到了！

虞阳小学为私立学校，于清光绪三十四年（1908）由刘永昌等人筹资在醉尉街孤儿院创办，翌年迁入小步道巷昭文县衙城隍庙侧房屋内办学。是时，戴素琴、戴素金、戴秉衡3人之下还有4个弟弟，家里尽管雇有奶妈、帮佣，可母亲王美龄依然十分辛劳，分身乏术，难有充沛的精力周全地照顾姐弟3人，然而此时又是姐弟3人长身体的关键阶段。为此，他们的爷爷、奶奶提出，从戴素琴开始，就到虞阳小学上学，午饭就由奶奶包了！因为从虞阳小学到爷爷、奶奶家也就百十步路，爷爷、奶奶的住地就在大步道巷，从小步道巷拐弯再右拐弯便是。由是，直到两年后戴素金小学毕业，戴秉衡才从虞阳小学转学到塔前小学读书，因为在戴秉衡的父亲戴良耜眼里，塔前小学是公立小学，比私立虞阳小学要更正规些。但在戴秉衡眼里，两所学校是一样的，都是他的母校，虞阳小学也让他度过了两年难忘的时光。

戴秉衡在虞阳小学上的第一课，在他小学的读书生涯中，是颇具代表性的。

按当时的规定，小学生入学读一年级的第一课是修身课，教材是当时"教育部审定"、商务印书馆发行的国民学校用《共和国教科书〈新修身〉》（第一册）学生用课本。翻到第一页，跃入戴秉衡眼帘的竟是一幅画：右边一老者、左边一老妇人坐在凳上，一男一女两位中年人分立在老妇身后，而一男孩、一女孩则又分立在老者和老妇中间。整幅画的上方留白处，则工整地印着一个颜体大字：人。戴秉衡面对着这个"人"字，真是有点纳闷：这个"人"字，我两年前就认识了，爷爷和父亲教背《三字经》时就熟了，怎么上学第一课还教这个"人"字呢？

就在戴秉衡心里犯嘀咕之际，一位戴着眼镜的老先生进了教室，先生与学生互致问候后，先生转身把一张画挂在黑板框上，那张画竟与课本上第一课的画一模一样。先生说："今天是大家上学的第一天，第一课，修身课，讲的是'人'。"说完，先生离开原位，在讲台右侧站得笔直，然后向右跨出一大步，两手下垂贴身，说："我现在的样子就是中国汉字的'人'字！"戴秉衡和其他40来个同学都惊得"噢"了一声，先生随之也笑了。

回到讲台前的先生又徐徐说道："中国的汉字是世界上几个最古老的文字之一。中国五千年文明能绵延不绝地流传至今就是因为有文字，有文字就能记录历史，有历史就能使今人知道几千年、几百年前发生的种种故事。而几百年、几千年前发生的一切，都离不开——人！"

"合抱之木，生于毫末；九层之台，起于累土；千里之行，始于足下。"——对历史向往的种子，就这样种进了少年戴秉衡的心田。

先生接着说："人，是我们常熟人，江苏人，中国人，还有外国人，是全世界的人的总称。故而，不能说：'你见到人了吗？'而要说：'你见到某人了吗？'"先生转身逐一指着挂图上的人，说："这位老人是两个小孩的爷爷，这位坐着的老妇人是两个小孩的奶奶，这位中年男人是两个小孩的爸爸，这位中年女士是两个小孩的妈妈，这两个小孩是兄妹俩。这张图片上的人是和睦亲密的一家人。"

在余下的时间里，先生又讲了三个问题：

一、人是从哪里来的？什么科学家的研究啊，资料啊，证明啊，"人是由古猿进化来的啊"，还有什么"北京西南房山县周口店龙骨山"啊，裴文中啊，发现了"北京人头骨化石啊"……这都是戴秉衡闻所未闻的。

二、人到底是什么？又是一大堆：什么无机物啊，有机物啊，高等动物啊……这又让戴秉衡大开了眼界。

三、怎样做人？先生在黑板上写了10个大字：仁、义、礼、智、信、温、良、恭、俭、让……

正犹如：好雨知时节，当春乃发生……

及至上"新国文"课时，一位中年男性先生给戴秉衡他们上的第一课是："日、月、水、火、山、石、田、土。"先生倾力讲课抑扬顿挫，如泣如诉，字字珠玑，左右逢源；学生认真听课春风化雨，点滴入地，谷种吐芽，竞相破土……

戴秉衡是幸运的。此话怎讲？他读书时无论是修身课程还是国文等课程，教材都是趣味盎然、引人入胜的，而教师又是循循善诱、以德施教的好教师。以教材为例，这里简录《新修身》的一册目次：第一课 自省；第二课 求己；第三课 惜时；第四课 惜物；第五课 整理；第六课 节俭；第七课 戒赌博；第八课 养生；第九课 运动……

即以第一课《自省》为例，教材如次："范仲淹夜寝时，必省日间之事。所为善，则熟寐。不善，则终夜不能安眠，必求所以改之者。"什么叫自省？怎样自省？没有半句说教，以北宋名臣，著名的思想家、政治家、军事家、文学家范仲淹为例来讲，辅以范之千古绝唱"先天下之忧而忧，后天下之乐而乐"，哪个学生不为之钦佩？哪个学生不在范文正公的"自省"中接受教益？

幸运的是，戴秉衡不仅从小就浸淫在江南历史文化古城远至唐宋、更具明清文化底蕴的东门大街历史长河之中，举手投足之间，耳濡目染之中数不清的名人、文人、典故、逸事，而且从读小学开始，中国的新式教育，由戊戌变法发端，民国初年兴起，至时已蔚为大观，成为民国年间常规教育的黄金阶段。仅以教材为例：至1913年，在上海于1897年由印刷作坊基础上发展起来的商务印书馆，通过张元济①组织教育家庄俞②，后又邀约黄炎培③、叶圣陶④等教育家推出了全套新式教科书，风行全国，这是在中国近现代教育史上具有开创意义的重大事件。在民国首任政府教育部教育总长蔡元培奠定的基础上，1917 年民国政府教育部公布了用作小学教材的《公民须知》，并连续推出多种公民课本，强调教育之旨在于培养公民，而绝非打造"顺民"，这是又一项具有历史意义的重大创举。民国年间，虽兵荒马乱，但人心淡定，民国教材的编者无关军阀权贵，透着民众人心的冷暖苦甜，不呼口号，不居高临下，不繁文缛节，把仁、义、礼、智、信、忠、孝、悌、温、良、恭、俭、让，家国之源、江河之远、永恒之义、时空宇宙，蕴含于平白明净的故事之中，再加上图文并茂、通俗易懂、朗朗上口、款款叙来，真正开启了中国近现代教育之先河！民国教材的编著者，除商务印书馆外，还有中华书局、世界书局、大东书局、开明书店、正中书局的诸多志士仁人。他们的齐心努力、不辞辛劳，使中国的常规教育呈现了百花齐放的满园春色：这里有韵律的美、文学的美、叙述的美、思辨的美……在潜移默化中予人以知识，在循循善诱中塑造人的心灵，在艺术和美的享受中实现民族文化的传承……

　　1933 年初夏时分，戴秉衡生活中发生了一件不大不小的事情，即有了自己独立的书房兼卧室，这当然让他乐坏了。原来，随着几个弟弟逐渐长大，原先租住季家大院的房舍不敷使用，于是父亲做主租借到了东门大街 25 号⑤归家大院，即康熙十八年（1679）状元归允肃的状元府。从归家大院石库门进门，左、右是分

---

　　① 张元济（1867—1959），浙江海盐人，光绪十八年（1892）进士，曾任南洋公务（交通大学前身）总理，后任商务印书馆经理、监理、董事长，中国近现代最有影响的出版家、教育家。其主持编写刊印的《四部丛刊》《续古逸丛书》《百衲本二十四史》等影响深远；其擘画的商务版符合教育规律、适合中国国情的全套教科书，开启近代中国教育先河，风行全国，影响深远。据李玉安、黄正雨：《中国藏书家通典·张元济》，中国国际文化出版社，2005 年。

　　② 庄俞（1876—1938），江苏武进人，中国近代出版家。早年即开始多种社会教育活动，1910 年入商务印书馆参加多种教科书的编写。

　　③ 黄炎培（1878—1965），原江苏川沙（今属上海）人，中国近现代著名的爱国主义者和民主主义教育家，新中国成立后曾任政务院副总理等多种职务。

　　④ 叶圣陶（1894—1988），江苏苏州人，现代作家、教育家、文学出版家、社会活动家，曾任国家出版总署副署长等职务。

　　⑤ 东门大街 25 号又称新县前 25 号，雍正四年常熟县辟出东边一半立为昭文县，县治设在钱谦益荣木楼府地，东门大街故又称"新县前"。

列的两间带楼的侧厢，中间再向前就是大天井，天井后面是归家七路①五开间大堂；再穿过大堂右侧房间后部的边门，里边有座小石楼，小石楼及其里面共400平方米左右房舍的独立小院，就是戴家新近租下的房舍。租住此小院两年后，戴秉衡的父亲又以1000银圆一次结清的方式与归家房主签订了为期10年的租赁契约，这就使戴秉衡有了一间稳定的独居住所——小石楼。住在东门大街稍微年长的居民，都知道归家大院有座奇形怪状的小石楼，但真正去见识过的人并不多，因为小石楼是隐在房舍之中的：左边是归家的正屋，前后有七进之多，最后一进出后侧门就是大步道巷，这些房舍与戴家租住的小院是隔开的；前面是五间大堂，后边是参差不齐的平房、楼房；前后之间有一条夹弄似的穿堂相连通。小石楼是这个小院的门楼，建得十分别致：楼下是无人居住的空间，东、南、西、北都以黄石为墙，高度约为2.5米，南、北石墙的中间约有2米宽的空当，小院就由此进出；二楼的南、北侧为石头实墙，东、西两面有半墙，高约1米，半墙之上则加修了约2米高的窗户，再上面就是木头顶层了；地面与二楼之间没有楼梯，戴秉衡上楼时需要另外加架简易小梯，人从窗户爬上小楼之后再把小梯抽到小石楼里，这20来平方米的空间就是自由自在的小天地了。戴秉衡初住进小石楼时十分新鲜好奇，异常兴奋喜悦，但时间久了发现问题多多：黄梅时分，墙上出汗，顶上滴水；酷暑之际，闷热难忍；隆冬时候，湿冷刺骨！不过，对正值年少气盛的戴秉衡来说，有了自由自在，一切艰难困苦，全都不在话下！在这里，他悬臂练字，看"小人书"，读小说，做作业，念诗词，背歌赋雄文，写文章，乃至效仿藏书家誊录古籍、修补珍本……在这小石楼里，戴秉衡除住了整整7个年头外，在沪读初中、上大学期间的寒暑假，也是在这里度过的。也是在这小石楼，满怀正义、血气方刚的戴秉衡，当年还以此为"道具"出演过一幕掩护新四军伤病员的"话剧"，从下面戴秉衡的自述中，可感其惊心动魄。

　　1941年盛夏，当时正值日伪大"清乡"时期，淼泉②有个姓殷的新四军逃到我家，名字我忘了，他是个男的，40来岁，在淼泉开茶馆，好像是个联络点。他是淼泉人，在地方上比较有威信。他手上受伤了，好在伤不重，敌

---

① 路，常熟土话，建筑学上称"架"。
② 淼泉，常熟县旧治时一镇建制，在县城东侧7千米处，此处水道纵横。

人在森泉搜查得紧，他没处躲藏，就设法跑到我家来了。我认识他，因我去森泉逃难时经常去他的茶馆里玩。

他告诉我，日本人正在乡下搞"清乡"，扫荡新四军和"民抗"部队，他在战斗中负伤了，家里不能待，没地方去。我说那怎么办，就躲在我家门楼上吧。门楼是没有楼梯的，楼梯要从上面放下来，人上去了，再收上去，在下面根本看不出是个楼。也不知日本人怎么知道了消息，宪兵队长米村春喜带着两个日本兵和一个姓陆的翻译闯到我家来抓人。那天正好父亲、母亲都不在家，就我在家，那年我十四五岁。我也不怕，就跟他们闹，我说你们乱闯我们家，不对呀。米村春喜倒也没发脾气，他说我们要找人，要到屋里看一看。我说你们看吧。我知道他们找不着。那人躲藏在门楼上，除了大小便下来，平时基本不下来。我给他送水、送饭有一个多月了。我上学后由其他人送。一个月后的一天晚上，姓殷的就走了，我也不知他上哪儿去了。那次宪兵队来我家幸未搜获，如若搜获，我家必定大祸临头。①

戴逸先生在接受笔者采访，回忆起自己的青少年时代时，曾多次说道"对小石楼怀有深厚的怀念之情"。为了弄清小石楼的实情及其来龙去脉，笔者于2018年5月16日下午4时专门拜访了小石楼戴家之后的原户主、东门大街上人称"章家阿婆"的一位老太太。现年95岁的章家阿婆一个人独居在常熟枫泾四区一栋楼底层的一间屋内，她买菜做饭竟能完全自理，除了有点驼背外，耳聪目明，思维清晰。章家阿婆说，章家是在打败日本鬼子那年冬天租住归家小石楼及其里面的房子的。过了一年，章家以15石米价的现金买下了小石楼，其他住房还是租归家的。此后，章家在紧挨小石楼南墙的墙壁上向东砌了踏步台阶，在半高拐弯处还安了1米见方的平台；拾级而上的踏步与二楼东侧的半墙齐平，又把对准踏步的窗户改成了房门，开门进入小石楼的下楼处又砌上了台阶；小石楼内部所有的墙、顶原来能见石头的地方都用石灰、泥浆做了涂布粉饰，并把一间房隔成了两间。后来，他的儿子章林生结婚时还将小石楼的房间用作新房呢！

① 戴逸：《宪兵队长搜我家》，见《铁蹄下的江南名城：常熟老人口述日军暴行》，沈秋农主编，中国社会科学出版社，2017年，第270—271页。

这就是曾让戴逸先生魂牵梦萦的小石楼!

在 20 世纪 80 年代中期,已功成名就的著名史学家戴逸趁出差间隙回乡探望老母亲王美龄和其他亲友同学期间,他一个人信步从小步道巷的家里迈向归家大院去凭吊小石楼。当他看到已建了 400 来年的小石楼竟风光依然、雄劲时,50 年前后的历历往事迅捷地在脑中闪现;但在他看到如今物是人非的场景时,一种怅然若失的凄然之感又隐隐涌上心头,清代诗人徐夜《富春山中吊谢皋羽》中的"疑向西台犹恸哭,思当南宋合酸辛"诗句不禁涌上胸间……

在小石楼前,戴逸踯躅着、思考着、踱步着、斟酌着,突然间,灵光闪现:那是钱谦益家后花园池塘里的石舫!正可谓:"众里寻他千百度,蓦然回首,那人却在,灯火阑珊处。"常熟新县前 25 号院里的小石楼,比北京颐和园的石舫,要早了 200 多年!

戴逸破解常熟东门大街的"小石楼"之谜,是他在编著完《中国通史》,当了中国人民大学清史研究所所长,已成为清史大家,对明、清两代之交替融会贯通,对常熟钱谦益及其祖父钱顺时和钱姓家族有了深刻了解之后才做出的。

原来,常熟钱谦益家族之高祖,可追溯到 852 年位于浙江的五代十国时期吴越国创建者钱镠,故钱姓在江浙一带系名门望族。钱谦益祖父钱顺时于嘉靖三十八年(1559)登进士,"倜傥有大志,讲求天文、律历、河渠、兵农诸家之书,荟蕞成编,凡百余卷,名曰《资世文钥》"。钱顺时弟钱顺德于隆庆二年(1568)登进士,授刑部主事。钱谦益父钱世扬于万历十九年(1591)登副榜,好治《春秋》。钱谦益于万历三十八年(1610)中探花(一甲三名进士),官至礼部侍郎;明亡后依附南京南明弘光政权,为礼部尚书;后降清,为礼部侍郎。[1]

常熟史料记载:"礼部尚书钱谦益宅,在宾汤门内坊桥东。今昭文县署及城隍庙,皆其遗址。"[2]这就是说,钱谦益从他祖父钱顺时在考中进士的 1559 年前,到他于 1664 年去世的 100 多年里,由其祖父钱顺时带领,与其叔祖父钱顺德、父亲钱世扬及钱谦益本人,在常熟大东门内、坊桥东经营了一个很大的宅院(钱谦益还有虞山剑门拂水岩下的拂水山庄、北门大街的半野堂,还租住舅父的产业即白

---

[1] 常熟市地方志编纂委员会办公室标校:《重修常昭合志》,上海社会科学院出版社,2002 年,第 1030—1040 页。

[2] 同上书,第 436 页。

苪红豆山庄），包括后来的昭文县县衙及城隍庙，都是其府第的遗址。正由于此，戴逸先生认定其居住了十三四年的小石楼是钱谦益坊桥东宅第后花园池塘里的石舫，有相当道理。因为经过钱家三代、三个进士经营100多年，时间长、财源足，而且后花园池塘具备水源条件——此地围墙外就是五福街西边的一条小河——琴川河支流，街上还有一座桥——因纪念明永乐二十二年进士、被誉为"第一清官"的鱼侃而命名的鱼家桥。此谓其一，构建池塘的环境条件。其二，财富条件：史料表明，明朝官员的俸禄并不高，开国皇帝朱元璋给整个明朝官员做出不允许变更的月俸规定，如钱谦益以正二品计，月俸为61石（每石合今155斤）米，另有一定数量的纸币。问题在于不仅是明朝，整个封建社会时期各级官员灰色收入的渠道很多：免除徭役，免除税赋，等等。由此，官员可以此成文规定和不成文的潜规则，以强凌弱，兼并百姓田地、产业，也有百姓以亲戚、朋友关系依附、投身官家，从而减少税赋支出，其"马太效应"往往使官员同时成为大地主。对一个大官僚、大地主、文人骚客来说，后花园、池塘、石舫，并非难事。

这就是至20世纪80年代中期，戴逸先生依然为之心心念念的小石楼之前世今生！

不幸的是，已有400多年历史，远比北京颐和园石舫资历更深的常熟东门大街钱谦益宅第后花园里的石舫遗迹——小石楼，在2007—2008年常熟东门大街的道路拓宽工程中，与相邻的柳如是梳妆楼一样，惨遭拆除的命运！戴逸先生听到此噩耗时，只有不断摇头，阵阵叹息！

常熟古城东门大街的历史陈迹小石楼，明清之际钱谦益及其祖上三代进士、官宦、墨客在此感慨系之、吟诗作赋之文坛趣事已不可考，但戴逸先生在此留下的隽永断远文字，有如余音绕梁，绵延流布："每当夜深人静，万籁俱寂，独坐小楼之上，青灯黄卷，咿唔讽诵，手握彤管，朱蓝粲然。"

由戴秉衡迁入小石楼并于此独居了十三四年的插叙、追叙到此结束。行文回到1933年。

1933年9月小学开学时分，戴秉衡从虞阳小学转学到了塔前小学，插班在三年级的一个班级里读书。

戴秉衡的父亲曾告诉他，塔前小学是常熟创办得最早的新式学堂，比大名鼎鼎的北京大学还早办了一年；创办学校的牵头人是位大儒名丁祖荫，任了校长15

年，为学校打下了良好的根基，此君后来任总纂编纂《重修常昭合志》时，为筹措编纂经费多次找戴秉衡父亲商量过。戴秉衡由此对前往塔前小学读书可谓心驰神往，念念已久了。

戴秉衡插班就读时的塔前小学校园，在现今常熟方塔的西北侧。每天清晨上学的时候，戴秉衡只要跨出归家大院25号大门，居高临下的他，首先映入眼帘的就是东门大街对面的东横板桥。东横板桥是琴川河上由3条长石板组成的石桥，枕在河边的石驳岸上，宽约3米。踏上石桥，向下望去，清澈河水潺潺流淌，尽收眼底；向西望去，徐家、瞿家的廊桥鳞次栉比，层层叠叠；向西侧望去，家家枕着河，户户有水栈，水秀滋滋；向东望去，一只捕鱼捉虾的网船正穿过水关徐徐驶来；向上望去，似乎每家都有炊烟，正袅袅向上飘散开来——戴秉衡发问自己：过去常在这儿玩，怎么没有这种感觉呢？明白了！过去没有知识，现在读书了，脑子里才有诗情画意了！

跨过东横板桥，前行三四十米，右首的石库门里，是唐朝的常熟尉、草圣张旭的住地，房侧还有一个小池子，据说是张旭洗笔、洗砚之所在。他在童稚时期常与玩伴来此玩耍，有的顽童还往水池里撒尿呢！他当时不明白，"尉"是个什么官职呢？后来他的父亲告诉他："尉"就是县里管武装、管治安的官，实权仅次于知县即县长；洗砚池边竖着的勒石上写着"草圣洗砚池"5个大字，由清朝乾隆时期举人、常熟人邵齐熊所书。趁这天上学早，时间充裕，戴秉衡决定再去洗砚池瞻仰一次。令戴秉衡诧异的是，天还是那片天，地依然是那块地，池仍旧是那个池，碑如故是那个碑，怎么突然感到是那样清新、亲切呢？后来他书读多了，才知这叫"境由心转"。他决定在学校学习写字的每天放学后，都要到这洗砚池来洗笔、洗砚，这叫沾圣手的灵气；如果还有顽童往洗砚池撒尿，他一定要坚决制止这种有伤风化、粗俗不堪的不文明行为！此时的戴秉衡可谓神清气爽、志得意满。早在他上学读书前，退休在家的爷爷不仅教他背诵《三字经》《百家姓》《千字文》，还教他手执毛笔写字，以至于在晚上两位姐姐习字时，戴秉衡的父亲还特意叮嘱他也要学习写字，从描红到临帖，在他转学到塔前小学之前，戴秉衡练习写字已3年有余了。记得还在虞阳小学读二年级时，当先生还在讲台上讲授握笔要领及一个一个地"一对一"纠正学生写字姿势时，就戴秉衡一个人坐得笔直，笔蘸浓墨，手臂悬空，在九宫格上临写颜碑，字体已见功力，因而深得老师喜欢。

转学至塔前小学后，每周两节的习字课，是他最感兴趣的课程之一。因此，当塔前小学戴秉衡所在的三年级同学尽管已学了一年写字，但依旧处于一笔一画，点、横、竖、撇、捺、提等基础元素的书法练习时，戴秉衡已能纯熟地运用侧锋、中锋，以至离开书帖、笔走龙蛇地自如挥洒了，这不仅使他的同学对他钦羡不已，而且也使先生对他啧啧称奇。从此，戴秉衡写的字常常挂在学校进门口左边的壁板上，成为学校的一道风景。上学前和在小学练就的写字功力，使他至耄耋之年时，依然雄风不减。

心清气正的戴秉衡退出张旭故居大门，继续信步沿着醉尉街向塔前小学走去。戴秉衡清晰地记得，从他懂事有记忆的时候起，父亲曾带他走过醉尉街，并且告诉他：草圣张旭每天在县衙门办完公事后，总要从这条小街走回住地，回来时都是喝得醉醺醺的，所以后人把这条街定名为醉尉街。其实，在戴秉衡看来，这条醉尉街被称为"街"，真有些言过其实：宽，不会超过 2.5 米；长，不超过百米；而且不正规，不东不西，是斜的！可是它的名气很响，这可是从唐朝就有了，延续至今已 1200 多年了啊！所以，戴秉衡每每走到这条小街，对草圣的崇敬之情便会油然而生！

戴秉衡走到醉尉街尽头，也就是塔后街、西横板桥（弄）与醉尉街的交会处，这里就是塔前小学的校门，校门是朝西开的。戴秉衡迈开双脚，直接向校园里走去。照理，戴秉衡是应该在校门口桌子上的名册上签到的，这是塔前小学的规矩；但因为他是插班生，所以径直往里走也可以说得过去。说到塔前小学的校园，对戴秉衡来说可谓熟门熟路了！因为在他还没上学读书的童稚时代，东门大街一带的孩子放学以后或是星期天都成群结队地到塔前小学来玩。比如，李乃成比戴秉衡大三岁，此人后来成了读上海交大时的戴秉衡的学长；徐家骥 [①] 比戴秉衡大两岁，后来成了读孝友中学时的高中同班同学；归家大院与其同年的归衡鉴；瞿启甲爷爷的孙子瞿增祜。那时没有什么好玩的地方，再加李乃成已在塔前小学读书了，而且这些孩子的家长都是有脸面、有身份的人物，守门的大伯也不便阻拦这些近邻的孩子；因此他们就在学校里滚铁环、玩玻璃弹珠、拍香烟壳、玩藏猫猫，

---

① 徐家骥（1924—2020），江苏常熟人，毕业于华东师范大学历史系，江苏省常熟中学高级教师，戴逸挚友、同学。

以至比赛谁最先爬上方塔的顶层，等等。可以说，戴秉衡熟悉校园的一房一舍、一花一木。

戴秉衡在塔前小学的读书生活就这样开始了！

如果说是虞阳小学的国文老师开启了戴秉衡喜爱国文的心智的话，那么塔前小学的国文老师则把戴秉衡对国文的喜爱推到了极致，而作文是这极致桂冠上的明珠！因为塔前小学的国文老师有古文根基好的传承，这是从创办人丁祖荫开始就立下的规矩和传统；而这种规矩和传统又与常熟离上海近在咫尺，领编新式教材风气之先，并于重视古文的上海商务印书馆编写的教材得以实现目今通用词汇形成"强强联合"，使塔前小学培养的学生名家辈出，此情此景确是让戴秉衡受用匪浅。

塔前小学的学生从三年级开始学写作文。有资料显示，塔前小学教授学生写作文早就已经形成了纯熟的套路和规范，教习的目的和要求是培养学生的观察能力、思维能力、记忆能力、归纳能力、文字表达能力，培养学生对文学的爱好和兴趣。按塔前小学学生作文规范，学生第一篇习作就是记叙"我们的学校"，字数不少于300。戴秉衡从大东门、东门大街写起，跨过东横板桥，穿过醉尉街，再写到校门，校门右侧的校长室，左侧的壁报栏，教室及教师办公室，操场、方塔下由佛堂改建的教室，乃至邻近的南宋方塔、南宋古井和700多年的银杏树，还有30多年前学校的创始人，等等。全文用词得当，条理清晰，洋洋洒洒，一气呵成，第二天就受到国文老师当堂点评、表扬。下课后，在同学们钦羡的眼光下，老师吩咐戴秉衡：回家后把作文重抄一遍，而经过老师用红笔圈点、修改过的"原作"则交回老师、留在学校，这叫"留堂"。第一次写作文就在课堂上受到老师逐句点评、表扬，写的作文还被"留堂"，老师喜形于色，同学目光炽热，这让戴秉衡真正感觉到了什么才叫受宠若惊，其内心的跌宕起伏，真可谓难以言表。从此以后，对国文尤其是作文的喜爱一发不可收，他更爱读书，更爱思考，更爱发问，还准备了一个小本本，开始收集喜欢的词组、成语、歇后语，摘录华丽的短句，记下拨动自己心弦的诗句……这是秘不示人的小诀窍。

戴先生一次在接受笔者采访时说，在塔前小学读书的4年期间，几乎每次写的作文都被老师指定抄一遍，原稿"留堂"，总数会有六七十篇。起初并不知道作文"留堂"的用处，后来母亲去开家长会，才知"留堂"作文要供家长们阅览；

再后来又知道这类作文可供上级来校检查工作时做范本用……可惜的是，日机轰炸常熟时，一颗炸弹命中塔前小学，校舍被毁，戴秉衡和他学兄的所有"留堂"作文灰飞烟灭……

2017年5月初，年过九秩的戴逸先生在接受母校常熟塔前小学奉赠《塔前小学志》时动情地说："我的学习生涯中非常幸运，小学是在常熟最好的小学塔前小学上的，是她培养了我读书的兴趣、爱好、习惯，还受到了写作的基础训练。而大学则是在中国最好的大学北大上的，是她教我走上了史学之路！"言为心声，戴逸感恩"塔前"母校的教诲是由衷的，是肺腑之言。

但是，在回顾自己的学术生涯时，戴逸先生又称自己在小学时是"顽劣学童"。"小学时，我不吵不闹，不好说话，不愿交往，不爱读正课，从不好好阅读课本，却爱好各种游艺，读各种小说、连环画。因此成绩劣等，功课好几门不及格，小学几乎未能毕业，幸而学校网开一面，给我们班两个最差的学生'奉送'毕业。毕业典礼那天，我自己知道不能毕业，在家中躺在一张藤床上，发闷犯愁，手里拿着一本弹词小说《天雨花》，也看不进去。忽然，另一位与我同班不能毕业的劣等生①，飞步进入我家，高兴地大喊：'戴秉衡，快走！快走！到学校去，今天典礼会上宣布要发给我们毕业证书，我们也能毕业了。'我听了自然喜出望外，赶紧去学校，果然拿到了毕业证书。"②

对于"顽劣学童"问题，笔者与戴逸先生于2017年2月27日做过一次讨论，戴先生自认：小学读到高年级时确实顽皮，除国文、历史课上课认真外，其他课程基本不听老师讲课，捧着小说不放手。有的老师对此眼开眼闭；有的老师要批评教育，甚至到家里告状，但父亲对我的劣行无所谓，他认为只要作文写得好就行，一俊遮百丑；而国文老师则对我一直大加赞扬。正因如此，小学毕业时自负与自卑同在，所以痛感自己是"顽劣学童"。笔者与戴先生商榷："顽劣"一词似不确切。顽皮是孩童的天性，脑子聪明，精力过人的孩子尤其顽皮。至于"劣"，似乎更不确切。国文、历史名列前茅，写字、作文为学校争得了很多荣誉，怎么能说"劣"？应该是严重偏科，就像当年吴晗考北大时，国文和英文都是满分，而

---

① 此人系同住归家大院的归衡鉴。
② 戴逸：《我走了历史教学与研究的道路》，见《当代名家学术思想文库·戴逸卷》，北方联合出版传媒（集团）股份有限公司、万卷出版公司，2011年。

数学却考了零分，北大不予录取。校长胡适是吴晗的恩师，把吴晗推荐到清华，考试成绩与报考北大时一模一样，结果清华竟破格录取了吴晗。还有钱锺书，在清华大学考试时数学也只考了15分，可清华也破格录取了。我说："我在先生面前班门弄斧，十分惭愧，本意是说偏科严重的学生不能说'劣等'而已！"

说到这里，戴先生与我都哈哈大笑，银发、白眉都在颤动，他是那样愉悦、快乐，说："严重偏科，严重偏科！"

书迷叠影

春秋时期的老子曰："九层之台，起于累土。"

戴秉衡在塔前小学上学时，学校设有国文、计算、英文、地理、历史、体操、唱歌、国画、手工、博物等课程。由于兴趣的原因，也有顽皮性子使然，凡是与文沾边的，他都喜欢，上课认真，成绩也好；凡与数理搭界的，他就兴趣索然，有的应付了事，更有的则基本不听，开小差，甚至偷偷看闲书。但不管如何，他从上学伊始，就与文史书本结下了不解之缘，随后就成了书迷，也由此走上了为文为史的道路。有人会问：这是家教有方？抑或有点道理。是学校教学有术？似乎也可找到原因。是常熟人文渊薮，耳濡目染？自然事出有因。是个性喜爱文史，兴趣使然？当然更不无道理……那到底什么才是决定性的因素呢？一言以蔽之，说不清，道不明，还是让事实说话，从头说起吧！

"小时候，家乡有许多'租书人'，他们挑着担子走街串巷，担子中有各种各样的'小人书'。我在学校识了一些字，就迷恋上这些'小人书'。家里每每给几个铜板，我都用在了租书上。"[①] 戴秉衡如是说。戴秉衡第一本结缘的书是"小人书"，这真可谓是一种"缘分"。此话怎讲？1925年，上海世界书局在当时的中国首推《封神榜》《三国志》等5部古典名著的连环画，由此，近现代意义上的"连环画"开始诞生。1926年，从小就喜爱"小人书"的戴秉衡来到世间，这岂非是一种缘分？在1925—1929年间，上海世界书局为了与老牌的图书出版商商务印书

---

① 《塔前小学志》编纂委员会：《塔前小学志》，广陵书社，2017年，第1页。

馆、中华书局竞争市场，不仅购置先进设备、广泛延揽人才，以大量印制连环画为突破口，继而向教材、传统图书进军，遂成"商务""中华""世界"鼎立之势。至 1930—1935 年，这种以连续图画并配有浅显文字叙述故事、刻画人物、题材广泛、内容多样、老少咸宜的连环画已风靡全国，除上海福州路设有批发销售中心外，仅世界书局在全国就设有销售点 30 家。常熟离上海仅 100 千米，上海当天推出的新书，第二天就可到达常熟"租书人"的手里，不仅常常有新书，而且能做到租价公道，因而深得孩子们的喜欢。而正在此时，正好是戴秉衡读小学的时期，他有大量课余时间来窥探"小人书"中的奥秘，寻求自己的乐趣。这岂非是一种"缘分"？

戴秉衡年届九秩之际，用这一段文字概括了童稚时代对书籍的至深情感："童年时候对书籍的喜欢、痴迷，成了我一辈子的习惯。"[1] 要说戴秉衡看了多少"小人书"，这可是颇为困难的问题。《封神榜》《全部三国志》《东周列国志》《西游记》《闹天宫》《瑶池赴会》《说岳全传》《水浒》《武松打虎》《李逵》《白娘子传奇》《杨家将》《西厢记》《济公》《八仙过海》《文天祥》《史可法》《李闯王》《沈万山》……可谓林林总总，不胜枚举。要说其最爱，首推《水浒》，他看了无数遍，以至于能把一百零八将的真名、诨名及相关故事倒背如流，引得其父亲的同事不时要抓住他考问，这使他的父亲颇为得意。当然，戴秉衡对"小人书"的痴迷自然也会引申出烦事来的：该吃晚饭了，他还不回来，每每要两位姐姐轮番去找他，而他还在听"租书人"——一位被称为"长衫叔叔"的说书呢！吃完晚饭该做功课或写字了，他却上面盖着课本，下面放着"小人书"，待他父亲刚转身，他就偷着看"小人书"了；晚上睡觉了，母亲前脚出门，他就一骨碌起来看"小人书"了；到了学校上课了，只要是他兴趣索然的课，他总要千方百计看他十分心仪的"小人书"。上课开小差看闲书，有的功课成绩不好，学校老师自然会上门"告状"了。碰到这种情景，戴秉衡的母亲除了唉声叹气，只有叨叨的份，因为她不识字；父亲知道了，也只是严肃地告诫他：上课必须认真听讲，不能越轨看闲书！——仅此而已，因为他的父亲戴良耜心中也有一定之规：孩子必须有大气、心术正，不能有歪心思，这一点他对儿子很放心；至于功课，他看到儿子文科成绩很好，尤

---

[1] 《塔前小学志》编纂委员会：《塔前小学志》，广陵书社，2017 年，第 1 页。

其是国文、历史可谓优秀，作文十分突出，所以内心颇为欣慰；算术不太好，他不担心，自己是县里有名的"铁算盘"，他相信儿子这方面的能耐将来不会差到哪里去；至于儿子顽皮，他颇坦然——不顽皮的孩子脑子不灵，顽皮是孩童的天性。正因如此，戴良耜对儿子采取"放羊"的方式，只要不出格，允许顽皮！所以，戴良耜对戴秉衡酷爱看"小人书"总是默许、容忍，以至于儿子总有零花钱去租借他心爱的"小人书"。其间只有一次例外：有一次，戴秉衡发现书店里有卖《薛仁贵征东》的"小人书"，是讲唐太宗命人找到程咬金大将军的救命恩人薛仁贵，薛仁贵带着程咬金所赠令箭投军平乱的离奇故事。两个姐姐听了也十分向往一读，便怂恿弟弟向妈妈要钱去购买。几经软磨硬泡，妈妈答应了，可被父亲一口拒绝。这时的戴秉衡不仅喜欢读书，而且有了藏书的念头，父亲的冷脸使他犹如当头被泼了一盆冷水，竟伤心地哭了起来。在妈妈的一再劝说下，父亲感到也不是什么坏事，最后便应允了。破涕为笑的戴秉衡欣喜若狂地在屋外院子里蹦啊，跳啊，手舞足蹈之间竟顺手采摘了父亲精心培植的君子兰的一朵花，这下可闯祸了！尽管戴秉衡诚恳地向父亲承认了错误，但父亲依然不能原谅——取消允许购买《薛仁贵征东》的承诺！为什么？一个人不能犯过格的错误！"采兰花是过格的错误？"戴秉衡口上不敢说，可内心不服。父亲严肃地说："你采花是得意忘形，得意忘形就是过格的错误！"至此，戴秉衡心服口服，致使他由此牢记：任何时候不能得意忘形，更不能犯过格的错误！吃一堑，长一智。

戴秉衡8岁那年，即1934年，父母感到家里孩子多，年龄也逐渐大了，住房不敷使用，两年后又花1000银圆，租期10年，租了归家大院（东门大街25号）大门内东侧的独门小院，面积有400平方米。这时的戴秉衡，竟在父母安排下独住一间，即进小院后往里中右侧的小石楼里，这使戴秉衡感到十分新奇：石楼底层是空的，二楼要用小木梯才能上去，把小木梯抽到小石楼上，就是一个20来平方米的独立天地，任何人都奈何不得；更使戴秉衡弄不明白的是，这里竟然是石头的天下——石头的地面，石头的墙壁，两边还有一截石墙，人要跨过石墙，才能进去。这是什么房间？这不仅使他大惑不解，而且连父母亲也说不清楚。说不清、弄不明就随它去吧，反正从此他是可以自由自在、无拘无束地看书、学习了！及至后来他古文读多了，方知这种自由自在名曰"天马行空"，妙哉妙哉！

这时的戴秉衡，又产生了新的烦恼。原来，从三年级起，他已逐渐变成"小说迷"了。一、二年级时，"小人书"看了很多，慢慢地觉得"小人书"不过如此，有的看了好几遍，感到乏味了，于是就向"租书人"租小说看了。最早看的小说还是《水浒传》，接着是《西游记》《封神榜》《东周列国志》，最晚看了《三国演义》，还有《红楼梦》。这些书由于最早就看了"小人书"的关系，因而看小说时故事的来龙去脉他一目了然，看书时不能说是一目十行，也有一目两行、一目三行的速度，有些字不识，没关系，放过去！最难看懂的是《三国演义》，他也反复看了3遍了！不懂的地方依旧不懂，再啃也没有用。他的烦恼就在于：还有什么新书可看啊？

山重水复疑无路，柳暗花明又一村。开辟读书新径的指路人出现了！有一天放学后，家中有一件事情要请父亲做主，戴秉衡按母亲的吩咐，到父亲的办公地新县前去请示。父亲的办公室在东门大街中部县法院东侧夹弄尽头处一幢楼的二楼里间，外室是一间大办公室，有10来个人，戴秉衡礼貌地一一与他们"张伯伯""李伯伯"地打了招呼。当戴秉衡正要抬脚去找父亲时，一位被称为"邵伯伯"的叫住了他，说："戴秉衡，你过来！"

戴秉衡停住了脚步，转身缓缓走了过去，不料邵伯伯说要考他的记性是真好，还是假好，就是要考一考"水浒英雄"的座次。邵伯伯说答对了，就告诉他"荣木楼"的故事。戴秉衡挠了挠头，他知道邵伯伯家很多都是文化人，祖上出过多名进士、举人，担心自己要出洋相，于是慢条斯理地轻声说："那试试看，如果错了，请邵伯伯原谅！"

邵伯伯问："《水浒传》里梁山好汉前5位的座次怎样排？"

戴秉衡答："天魁星、呼保义宋江，天罡星、玉麒麟卢俊义，天机星、智多星吴用，天闲星、入云龙公孙胜，天勇星、大刀关胜。"

邵伯伯："第36位？"

戴秉衡："天巧星、浪子燕青。"

邵伯伯："第100位？"

戴秉衡："地数星、小尉迟孙新。"

邵伯伯："秉衡，不错！通过了。"众人都拍手称赞。这时，戴秉衡的父亲也来到了大办公室，看到众同事对自己的儿子赞誉有加，戴良粗脸上露出了会心的微笑。

可是，邵伯伯还是不放过戴秉衡，说："我们办公地的周围，过去是谁的宅邸？说说看，说错了也没关系。"

戴秉衡："这里是明朝末年钱谦益家住的地方。"

邵伯伯："钱谦益当过什么官？钱谦益在常熟有过几所宅邸？你听说过柳如是吗？"

戴秉衡："柳如是听说过，是钱谦益的小妾。我还去过她在这幢楼前边的梳妆楼，很漂亮的。听说那是她在钱谦益死后被人逼迫得上吊寻死的地方。有大人说，柳如是死后化成了一只白狐狸，经常出没，所以后来有人在梳妆楼后边盖了个'大仙堂'，一些妓女经常从这院子的后门进来给她烧香。别的就不知道了！"

邵伯伯和众人都很惊奇："秉衡，很不错！很不错！你能知道这些就很不错了！"

接着，邵伯伯讲开了："钱谦益出生在明朝万历十年，万历三十八年殿试钦点探花，授翰林院编修，后来参与纂修万历皇帝的《神宗实录》。常熟民间流传一种说法，说是钱谦益在殿试时，论文才状元非钱谦益莫属，可被湖州人韩敬通了路子，结果钱谦益被点了个探花。不过这不影响他在文坛的地位，其诗文极其了得，被称为'东南文宗'，奉为'虞山诗派'领袖，到清朝时任礼部侍郎兼管秘书院事，在纂修《明史》时充任明史馆副总裁。钱谦益虽然命运多舛，降清朝后因反清案牵连入狱；从事反清复明活动，可南明朝又亡了；可他却创了个'老夫少妾''金屋藏娇'的婚姻奇缘——流落风尘、洁身自好、诗词名噪青楼的'秦淮八艳'之一、年仅23岁的柳如是非'当今李杜'钱谦益不嫁！是时，钱谦益已是59岁的智叟了，可柳如是先是乔装打扮、身穿男服拜访住在北门附近虞山山脚边半野堂里的钱谦益并一见钟情，许定终身；继而结缡于剑门拂水岩下的拂水山庄；后来在半野堂里筑绛云楼，夫唱妇随地切磋诗文，钱笃著述，柳为之校雠，相得甚欢；再后来钱谦益又租下舅父在白茆的红豆山庄，一边写作，一边与柳如是一起支持郑成功的反清事业；最后又在大东门里坊桥边，也就是这里又重新整修了梳妆楼，这是柳如是的专用之地……"

讲到这里，邵伯伯提高了嗓门指问众人："你们知道原来的钱府有多大地盘？"见众人连连摇头时，邵伯伯说："在东门大街东起五福街，第一家是状元府归家，那原是钱宅的花园，里边还有一个池塘，钱家没落了，卖给状元归允肃家，建成了归府；再往西的一部分，钱家卖给了清朝户部尚书、大学士、大画家蒋廷锡，建成了蒋府；蒋家往西的地皮，钱家又卖给了李家，李氏家族中有人当过云南巡抚；我们这里的办公地就是钱家荣木楼所在地，至雍正年间常熟县分出昭文县时改成了昭文县衙门；昭文县衙西边建了新城隍庙；新城隍庙西边一直到坊桥，钱家又卖给了殷姓大户，这家出了一个名人叫殷崇亮，他是塔前小学创办者之一。[①]这些大户人家，家家都是庭院深深，五进、六进，院落从东大街直达北边的大步道巷。钱谦益，不愧为'东南文宗'，可谓书中自有千钟粟，书中自有黄金屋，书中车马多如簇，书中自有颜如玉啊！"

对邵伯伯的侃侃而谈，戴秉衡听得如痴如醉，有些他听说过，但很零碎，而大部分是他闻所未闻的，因而不仅感到很新奇，而且颇有些激动，用他读小学时学到的词语来说，东门大街可真正是"藏龙卧虎"之地啊！

这时，邵伯伯拍拍戴秉衡的肩膀，说："孩子，你喜欢文史，就不能不读钱谦益的书，尤其是他写的诗，真是好啊！还有，你也该读读柳如是的诗句啊！"

第二天放学后，戴秉衡径直向自家斜对面的瞿家走去。瞿家就是古里铁琴铜剑楼主人瞿启甲在城里安的家，瞿启甲是戴秉衡父亲的好朋友，因而不仅与戴秉衡很熟，而且很喜欢他。戴秉衡见过瞿爷爷后，便径直提出要借有钱谦益诗的书。颇感唐突的瞿爷爷说："秉衡，不是我不借给你，你还是个孩子，怎么读得懂钱牧斋的诗呢？"戴秉衡坚持要试试看。过了一会儿，瞿启甲拿了一本线装书出来，又取了一块青布方巾，展平，把书放好，再把青布包折好，交给戴秉衡，说："看书的时候，书要小心爱护啊！"

回到家中小石楼上的戴秉衡，打开青布包，仔细一看，赫然在目的是 5 个字：《牧斋初学集》。再翻开书，但见：

初学集卷一
还朝诗集上　起泰昌元年九月　尽一年。
九月初二日奉神宗显皇帝遗诏于京口成服哭临恭赋挽词四首
竹符颁郡国，玉几罢音徽。率土悲风动，敷天泣露晞。清霜明秘器，红叶掩容衣。恸哭江城暮，秋筵起落晖。

---

① 殷家宅院于新中国成立后改建为常熟公安局城东派出所所在地。

戴秉衡这回可是从读书以来真正的第一次碰钉子了。他又是查字典，又是抓耳挠腮，满头是汗，可就是读不懂！可谓用了九牛二虎之力，再加上读小说积累的知识，弄明白了："竹符""玉几""率土"等几个词，字也大体识了，可就是不明白诗的意思。至此，他才相信瞿爷爷说的"怎么读得懂钱牧斋的诗"是真的了！

又过了一天，戴秉衡"完璧归赵"地把书还给了瞿爷爷，坦言："读不懂！"哈哈大笑的瞿爷爷早有准备，把另一本简装书送到戴秉衡手上，说："你先读这本书吧！"戴秉衡一看，是《唐诗三百首注疏》！①

从此，戴秉衡又开始进入诗词的世界，又成了古典诗词迷了！

瞿戴情深

在戴秉衡的成长过程中，引其走上为史、为文道路，对其产生奠基性重大影响的，除了他的父亲之外，瞿启甲先生虽然不是概念意义上的学校老师，但完全可以说是重要的启蒙导师。

经过润物细无声的耳濡目染，瞿启甲爷爷在戴秉衡的心中是他在读小人书到古典小说里所仰慕的高士在现实生活中的翻版。由于自己父亲担任县钱粮东柜主任，因而直接与大户户主瞿启甲（拥有可收租田地7000余亩）发生业务上的交集，之后启甲爷爷不仅把自己的名号"良耜"、简写名号"良士"让渡给了父亲，使父亲在县衙内外声名远播，而且把做人、做事完美的道理——给自己父亲灌输，使父亲更为成熟和趋向完善，成了县衙官员中有相当号召力的社会活动组织者。

戴秉衡知道，启甲爷爷不仅知识渊博、满腹经纶，而且平易近人、和蔼可亲，连像自己这样10来岁的小毛孩向他借书，他都欣然允诺，热情接待。戴秉衡还知道，启甲爷爷疾恶如仇、满怀正义，面对权贵欺凌，不仅宁死不屈，而且能长袖善舞、从容应对。戴秉衡断断续续地听人说过，启甲爷爷从其父辈手中承继为铁琴铜剑楼第四代楼主后，不仅悉心收回了于战乱中父辈因保护藏书在辗转迁移中损失的书；而且在光绪皇帝因喜爱瞿氏藏书，竟为所赏识的一书许以三品京堂

---

① 《唐诗三百首注疏》，清光绪十八年秋湖南学库山房校刊。

官、30 万两白银而欲得其书时，启甲爷爷以先朝颁有诏书，应恪守祖训，婉言谢辞，使光绪皇帝只得作罢。在戴秉衡的心中，启甲爷爷真正是高山仰止、景行行止，令他佩服得五体投地。戴秉衡虽然与启甲爷爷接触不少，然而真正能面陈请教、聆听教诲的机会不多，啥时候能多多地当面请教呢？

戴秉衡专门聆听启甲爷爷教诲的机会来了！

探访古里琴剑楼

那是戴秉衡在常熟塔前小学上四年级第二学期的时候，乙亥年三月初四，公历 1935 年 4 月 6 日，清明节，星期六，学校刚好放假。早早吃完早饭，父亲就带着戴秉衡去了斜对门的瞿家，说是要坐船到古里的铁琴铜剑楼去，还说启甲爷爷要亲自带领，这让戴秉衡大喜过望。

穿过东门大街瞿家沿街的门厅，上了廊桥，戴秉衡就见像往常看到的网船①那样的小船稳稳停靠在琴川河上瞿家的水栈边。两名船工一前一后犹如罗汉一般盘腿而坐。戴秉衡和父亲刚下船坐定，就见启甲爷爷与他的侍妾陶桂芬出了家门徐徐而来。互相招呼之后，当他们刚坐定，船头的船工用短木桨在石驳岸石缝里一顶，船尾的船工也用短木桨在另一侧一顶，轻舟犹如离弦之箭，直向水关驶去。"噢！两岸猿声啼不住，轻舟已过万重山！"从有记忆以来，戴秉衡几乎天天在琴川河上走过，或在河边溜达，可从未在河里坐过小船，因而感觉特别新鲜，于是脱口而出地吟咏起李白的诗来了。此时，坐在戴秉衡对面藤椅里的启甲爷爷，不禁哈哈大笑。看到船出水关，进入梅塘与护城河的交汇处，他便对戴秉衡说："秉衡，你说，此情此景用什么诗来描绘？"戴秉衡不假思索地回答道："故人西辞黄鹤楼，烟花三月下扬州。"他指了指身后的方塔，又说："方塔不就是像黄鹤楼吗？"启甲爷爷用手击着小方桌，赞："好！好！好！"接着，启甲爷爷又问："爷爷借给你的《唐诗三百首注疏》，读了有收获吗？"戴秉衡挠着头，眼睛盯着父亲，终于极不情愿地从外套口袋里拿出一个小本本，恭恭敬敬地呈送到启甲爷爷手里。这是父亲、两个姐姐都丝毫不知的，戴秉衡想告诉启甲爷爷，但还是没有启口。启甲爷爷一页又一页地翻着戴秉衡的小本本，两丈多长、半丈来宽的小船

---

① 用渔网捕鱼的渔家之船。

在梅塘上"吱——呀""吱——呀"地往东行进……

船过总管庙，迎来颇为开阔的水面——转水墩，东边的梅塘犹如一条很宽很宽的布带，通向遥远的水天一色的天际；南边的青墩塘，则伸向青翠的树丛之中……在贴近水面的小船上，感觉与坐在小火轮的船舱里绝不一样——戴秉衡前年跟随母亲在鸭潭头坐小火轮，沿着福山塘到过周行去看望外婆、舅舅他们，那时的感觉是嘈杂，今天的感觉是心旷神怡……当戴秉衡还沉浸在随母亲去外婆家的情景时，远处水面上五六只野鸭"嘭"地一飞冲天，直上云霄，他高兴地叫将起来："噢！野鸭！"启甲爷爷闻声放下手里的小本，抬头一望，对戴秉衡说："你用诗词来描绘此情此景。"戴秉衡心想，这有点难！他眼珠骨碌碌地一转，又挠了挠头，吟诵道："朝霞与群雁齐飞，春水共长天一色。"启甲爷爷击掌而言："你还读过《滕王阁序》？"戴秉衡拿过启甲爷爷手里的本子，把他抄录的《滕王阁序》指给启甲爷爷看，启甲爷爷连连说："不用看，不用看！你竟然还能以王勃的辞章随机应变，不错，不错！"

正当爷孙两人在娓娓交谈时，小船转向驶入了青墩塘，船头的船工把一根竹竿插到了船头上的木桩孔里，然后一跳，跳到岸上，展开挽着的绳索，立时成了纤夫；船尾的船工搁放好橹，操起舵，小船便快速平稳地向前徐徐驶去。按启甲爷爷吩咐被称为"五囡"的陶桂芬，这时给启甲爷爷、戴良耜父子3人每人都沏了一杯明前新茶，还摆上了瓜子等小吃，然而启甲爷爷这时最有兴味的是考问秉衡：

启甲爷爷："请说说描绘春天的词组！"

戴秉衡："草长莺飞，鸟语花香。"

启甲爷爷："还有吗？"

戴秉衡："春意盎然，燕语莺啼。"

启甲爷爷："还能再说一组吗？"

戴秉衡："春光和煦宜人，百花纷纷绽放。"

启甲爷爷笑了，又说："很雅，很好，有俗一点的吗？"

戴秉衡："桃花红，李花白。杨柳青，菜花黄。春风荡荡，纸鸢直上。白毛浮绿水，红掌拨清波。"

戴秉衡调动了平时所学之词、所学之知，兴之所至，脱口而成，引得启甲爷爷哈哈大笑，笑得眼泪都要流出来了，他高兴地说："太好了！通过了！"

戴秉衡和他父亲瞪大了眼睛，齐问："通过什么了？"

启甲爷爷笑道："收秉衡做我徒弟啊！"

船上又是一阵大笑。

志得意满的戴秉衡，如果说开始时还有一些拘谨的话，这时面对启甲爷爷则轻松自如、完全放开了。他从启甲爷爷对面的方凳上站了起来，转身过来紧凑启甲爷爷的藤椅侧背，轻声说："师父，我可以问几个问题吗？"

启甲爷爷更加得意，笑着说："徒弟！别紧张，尽管问！"

戴秉衡："我听说光绪皇帝派4名侍郎驻节你家书楼，逐本搜阅以进呈皇帝。其中有一书为光绪帝所赏识，许你以三品京堂官并30万两白银赏金欲得其书，可你竟不从！此事可有乎？"戴秉衡以半文言、半白话摇头晃脑地问道。

启甲爷爷摇着头说："这个说法不对，我已经澄清了20多年了，可常熟地方上还在这样传！事实是：光绪三十三年（1907），两江总督端方着人要我将善本秘籍捐于京师图书馆，许愿事成授三品京官顶戴花翎，理由是保存国粹。'两江'就是指江南省（包括安徽省、江苏省、上海市）、江西省，是清朝的财赋要地。端方本是读书人，善金石，身为总督，可谓一言九鼎，谁也惹不起。他企图染指铁琴铜剑楼藏书，且打着清廷的旗号，是想攫为己有，还是真想保护国粹，甚至兼而有之，我不得而知。朝廷命令下来，可是大事，犯上必遭杀身之祸。危难之际，我与知己谋划对策，可谓敢冒生死之累以保护藏书不受分割，最终决定缮写复本呈送京师。历经一年有余，先送抄本50种，后又补抄呈50种，分送京师。此时已至宣统年间，端方已调任直隶总督，两江已不在其督领范围，风波才算平息。"

戴秉衡的提问，犹如催启了启甲爷爷记忆河流的闸门，瞿家铁琴铜剑楼的藏书、护书的历历往事，如涓涓细流，在戴秉衡求知的沟壑里潺潺流淌……

启甲爷爷说的是这样的——

铁琴铜剑楼楼主常熟古里瞿氏，清初由无锡羊尖迁来常熟，其世系与常熟东藕渠瞿氏相接，藕渠瞿景淳①为《永乐大典》总校。其时瞿氏已为大户人家。迁居古里第三世瞿仁德（字有章）"好施与"：雍正元年（1723）往他郡籴麦，归时路

---

① 瞿景淳（1507—1569），殿试第二，授翰林院编修。

过宝山，是时当地歉收，瞿仁德即以麦施贫民，此事史书有记载。至第五世瞿进思（字靖甫，号屺堂）始有传记资料可考："笃志好学，寒暑无间"；"少有才名"，"授州同知"；乾隆五十年（1785），岁逢大旱，进思"购粟赈饥"，"捐资独多，义声传播"；又家居课子甚严，邑中宿学"延致其家，令其子受业"①为其后代打下了良好的物质基础和教育条件。

铁琴铜剑楼肇始于瞿绍基（1772—1836），人称荫棠先生，贡生。曾代理阳湖（今武进）县学训导，辞归后独乐于买书藏书，乾隆末年取《尚书》中"引养引恬"和"垂裕后昆"古语命藏书楼名为"恬裕斋"。

第二代楼主瞿镛（1794—1846），贡生。曾任宝山县学训导，辞官后承袭父志藏书达10万余卷，多为珍贵典籍；并将珍贵藏品唐时铁琴和古铜剑各一件放置后楼，改藏书斋名为"铁琴铜剑楼"。

第三代楼主为瞿镛之子瞿秉渊（1820—1886）。瞿秉渊、瞿秉清（1828—1877）兄弟，分别在清廷光禄寺（伙食管理处）任职。清咸丰十年（1860），太平天国起义军逼近常熟，秉渊、秉清携金元刊本、精校本等辗转各地直至江北海门大虹镇，4年后对取回珍本之缺损部分予以增订、校改。②

戴秉衡知道启甲爷爷是铁琴铜剑楼第四代楼主，父亲是瞿秉清。身处兵荒马乱年代的他，为藏书迎难克艰、费尽心血，此时更起了敬仰之心，便希望爷爷讲些藏书、护书的故事。

原来，清末时期中国有四大藏书楼，即山东聊城杨氏"海源阁"、浙江归安陆氏"皕宋楼"、浙江钱塘丁氏"八千卷楼"和被称为居于四大藏书楼之首的常熟瞿氏"铁琴铜剑楼"。铁琴铜剑楼有三件名闻天下的珍宝：一为铁琴；二为铜剑；三为镇楼之宝宋刻《广成先生玉函经》。清著名藏书家、目录学家、校勘家、在中国藏书文化史上称为"五百年来数第一"的江苏吴县人黄丕烈③对《广成先生玉函经》

---

① 曹培根：《瞿氏铁琴铜剑楼研究》，苏州大学出版社，2008年，第2-3页。启甲先生当年之言，有当今学者研究为证，下同。

② 常熟电视台：《江苏常熟瞿氏：书香传家 琴剑流芳》，见中纪委网站。

③ 黄丕烈（1763—1825），江苏吴县人，乾隆五十三年（1788）举人，辞官居家致力藏书，擅长目录考证、校勘，其"对宋元旧本的鉴赏方法和理论，在版本学史上拥有无可置疑的地位"。据李玉安、黄正雨：《中国藏书家通典》，中国国际文化出版社，2005年。梁启超在《中国近三百年学术史》中称黄丕烈为"校勘最专门名家"。

考证谓："余检名家书目，罕载是书"，"其本之秘，其刻之旧"，为"宋刻珍秘"。黄丕烈的考证，认定这28页，装成一册的《广成先生玉函经》是稀世罕见的医学古籍，是论述脉理、阐析脉证关系以及脉象的生理、病理的珍贵古籍。

《广成先生玉函经》初由沈与文（明朝嘉靖年间人，吴县人，著名藏书家、刻书家）收藏，后流于浙江钱塘何元锡①之"梦华馆"。清嘉庆二十年（1815）黄丕烈与何元锡交换藏书，此书回到苏州入藏黄氏"士礼居"。无多久，黄氏书散佚，《广成先生玉函经》成为瞿氏收藏之珍品。

清咸丰十年（1860）春，太平军攻占苏州，秉渊、秉清兄弟携书避难时，辗转迁移了7次，有一次在太仓鹿河被房主以收购棉花的旧账册偷换珍贵古籍数十种，其中包括《广成先生玉函经》，后潜售于上海，此后便流落无踪。秉渊、秉清兄弟为此悔恨、心痛了一生，直至临终竟还遗命子孙："如遇旧物，虽破产赎之不为过也！"

清光绪二十七年（1901）的一个夏日，启甲之师陆楣川先生派人送信说："在城中书肆看到《玉函经》一卷，好像瞿家旧物。"启甲当时年轻气盛，才28岁，便即刻撑船入城寻到宝书，并将它重金购回。

面对戴良耜、戴秉衡父子，启甲先生回忆起35年前藏书楼镇楼之宝失而复得的惊奇往事，不禁感慨万千："这部书从苏州到杭州，又从杭州到苏州，一个循环往复长达300余年！而从黄氏散佚到重归瞿氏，又经过了七八十年！"

在戴秉衡看来，此时的启甲爷爷似已完全沉浸在往事的旋涡之中——他仰天长叹："《玉函经》啊《玉函经》，你可知道，因为失去你，伯父秉渊和父亲秉清晚年一直郁郁寡欢，以致死而有憾！你可知道，为了寻找你，兄长启文和启科花了10多年时间访遍沪上，几乎耗尽了心血！现在，可以告慰伯父、父亲和两位兄长，《玉函经》已回归铁琴铜剑楼了，你们的英灵可感欣慰，无怨无悔了！"

正在此时，船已到达古里码头，戴良耜、戴秉衡父子一左一右搀扶着启甲先生迈上了水栈。刚上岸，戴秉衡便央求启甲爷爷让他一睹《玉函经》的风采，不料被自己的父亲止住了："《玉函经》早就藏到上海去了！……"

戴秉衡第一次去常熟古里铁琴铜剑楼探访，是一个喜爱文史的小孩在瞿家大

---

① 何元锡，明末清初年间人，藏书家。

宅靠右的第四轴线藏书楼建筑第三进、第四进楼上楼下、上上下下、进进出出、东张西望地被一排排、一行行、层层、匝匝、叠叠、捆捆古朴的图书所震撼。如果要让他倾诉参观感受、感想，也真说不出太多的道理，因为毕竟是个孩子，这真应验了常熟一句老话：天狗吃月，无从下手！

戴秉衡第二次去铁琴铜剑楼是在1936年的清明节。这次，启甲爷爷专门取了几卷古籍，又把戴秉衡按在第三进藏书楼楼下一个敞亮的座位上，面前是一张红木长桌。启甲爷爷慢条斯理地说："秉衡，这里是当年两代帝师、状元宰相翁同龢坐的地方，是他在此秉烛校录宋椠并为《虹月归来图》题咏之地。翁相来铁琴铜剑楼有3次：第一次是同治十二年七月，第二次是同治十二年十一月，第三次是同治十三年正月。你坐在这里，好好读书，好好想事，好好体会！这是金贵之地，得道之地哟！"戴秉衡听了启甲爷爷如此介绍，受了如此安排，得到了如此谆谆教诲，真是受宠若惊，感动莫名啊！

藏书护书节不移

民国二十六年（1937），清明节。学校放假，按照瞿家启甲爷爷的惯例，他又要让家里的那艘船载他回古里祭祖并处理一些杂务，同时又邀戴良耜、戴秉衡父子一起前往，因戴良耜另有公干不能随行，戴秉衡便欣然只身陪同启甲爷爷，这是他第三次探访铁琴铜剑楼了，也是他最后一次的古里之行。在日后的时间里，他多次与铁琴铜剑楼有过交集，但未能再访古里，因而也多少有些遗憾。

在小船出水关、上梅塘、擦过转水墩，进入青墩塘，平稳地在纤夫拉动下徐徐前行时，戴秉衡直奔主题：请启甲爷爷再讲瞿家护书的故事。

启甲爷爷告诉戴秉衡，在中国历史上，隋代有位称牛弘（545—610）的礼部、吏部尚书，他是中国研究藏书史的第一人，他概括文化典籍的浩劫为"五厄"，如秦始皇焚书；西汉末赤眉入关；董卓移都；刘石乱华；南朝梁末魏师入郢，梁元帝下令焚书14万卷。明代胡应麟又提出续"五厄"，如隋炀帝江都焚书等。近人祝文白又续上"五厄"，如李自成陷北京、钱柳绛云楼烈焰等。还有水、火、盗、虫"四劫"之论……

铁琴铜剑楼为了保护藏书，可谓备尝艰辛，历经诸多磨难。

第一回，咸丰十年（1860）太平军起兵之际，太平军与清军激战后于4月攻克苏州，清王朝的残兵败将四处抢劫。为确保藏书安全，瞿秉渊、瞿秉清兄弟将珍善本藏于古里北之荷花楼（现属淼泉）和古里西之桑坝、香塘角；经部类书藏于古里东之周泾口张姓家中（今属碧溪）。当年8月，太平军攻克常熟，秉渊、秉清兄弟赶紧把分散的藏书集中起来，舍去十分之三，择千余种，做第二次转移；先寄存至归市（今徐市）董姓家中，又转至张市（今东张）秦姓家中，不久又移至何市徐氏家中。不久，太平军攻克太仓，兄弟俩又将藏书做第五次转移，至鹿河唐基鉴家中（在此发生《玉函经》被偷盗事件），复运至定心潭苏姓家中。同治二年（1863）2月，为更安全计，又择宋元刊本、精校本汇集10个夹板捆载渡江北上，藏于海门大洪镇，这已是第七次迁移了。在这七次迁移期间，兄弟俩与延聘学者季锡畴、王振声一边随书迁移，一边仍校读编目，真正是"宁舍腴田百十亩，不弃秘籍一两橱"！同年5月，时局趋于安定，他们将所有书籍载运回家，历时整整4年！

为纪念这艰苦卓绝的辗转跋涉，也为了教育后人，瞿家请江阴画家吴灌英（字俊）绘制了《虹月归来图》：远山近水黛绿相间，一叶小舟靠在岸边，一位书生端坐舱内，一个书童挑着书籍已在岸边，船舱内装满了书籍，舢公扶橹而立，画面虽然平静，背后却是瞿家兄弟历尽的千辛万苦！《虹月归来图》之名取自两个典故：一是来自宋代黄庭坚有"沧江静夜虹贯月，定是米家书画船"的诗句，是说大书法家米芾无事之时，坐拥书城，优游诗酒，船上放满了书画，此情此景当与瞿家相仿；二是"归来"则取自宋代赵明诚、李清照夫妇在赵家由显贵变成平民后在山东青州乡里于"归来堂"烹茶、饮茶并指着满屋书画、金石、古玩互相考问嬉戏之典。《虹月归来图》横长17米，题款"海虞瞿氏虹月归来图"为篆书，故又称《海虞瞿氏虹月归来图》[1]，邑中名人张瑛为题咏第一人，于同治七年（1868）撰写了《虹月归来图记》，详细描述了瞿氏兄弟躲劫经过及图名来历等；瞿秉清生前为图题咏的包括翁同龢在内有7位名家；启甲先生邀请30位名家在画上留下墨宝。

第二回，在光绪三年（1877）送别家父秉清先生后，启甲仰承先志，将辗转迁移中损失的宋刊《前后汉书》《晋书》《通典》《丽泽论说集录》《邓析子》《窦氏

---

① 铁琴铜剑楼《海虞瞿氏虹月归来图》现藏常熟图书馆。

联珠集》等或悉心收回，或补齐抄录原缺之卷，以还合浦之珠而成完赵之璧。然正在此时，又遭两江总督端方觊觎，启甲甘冒犯上杀身之祸，与知交谋划对策，倾心倾力倾财，终化险为夷。①

第三回，1923—1928 年间，时局不宁，为避横祸，启甲将大部分珍善本分批移运上海租界，赁屋收贮。虽经江浙军阀之战，善本藏书因适时转移，安然无恙。

第四回，1930 年间，两度遭受诬陷。一次是常熟有人造谣说启甲在沪将书出售日本，售价达 72 万两银圆之巨。国民党中央教育部即令上海特别市政府、上海市府教育局分别查禁，后蔡元培、钮永建、张一麟、张元济、狄鹰等先生先后发函，证明所控不实，查禁令才得以停止执行。同年 10 月，又一次冒出一个自称国民党员的郑亚风，向南京政府教育部发电控告瞿氏售书，后经蔡元培先生派人查证郑亚风并无其人，张元济、董康出函担保，浮言终成泡影。②

在书舟上，一老一少，相交忘年。老者追忆往昔，如歌如咏，如泣如诉；少者双目圆睁，似悟非悟，似懂非懂，不过，他心中有一波涛正在翻卷：《虹月归来图》该是什么样的画面和名人题咏呢？在戴秉衡陪同启甲爷爷回到铁琴铜剑楼后，爷爷终拗不过秉衡央求，竟将尚未完备的《虹月归来图》展示给秉衡大饱眼福，其间使秉衡内心产生的喜悦、震撼，受到的教育之深刻、激励之亢奋，终生难忘！

难遣人间未了情

戴秉衡不会忘记，自从他喜欢上读书以后，不管他什么时候去启甲爷爷那里，启甲爷爷总是热情接待，随便你要借什么书，启甲爷爷总是满面春风地借给自己。戴秉衡走上喜爱文史的道路，启甲爷爷功不可没，这是实实在在的结论。

戴秉衡更不会忘记，在日寇占领古城常熟时，父亲带着全家人辗转大江南北逃难。在无奈之中，戴良耜暂时安顿全家人之后，只身摸到上海，在公共租界里找到了启甲先生，并在启甲先生帮助下找到了安身之所。从此，戴秉衡和他的两个姐姐被接到了上海，开始了新的学习生活。正是在此期间，启甲爷爷不但指导

---

① 国家图书馆记载，1911 年 6 月瞿启甲呈送抄本 50 种，后又补抄呈 50 种。

② 资料取自：仲伟行著《琴剑流芳：铁琴铜剑楼纪念馆》，上海文化出版社，2009 年；曹培根著《瞿氏铁琴铜剑楼研究》，苏州大学出版社，2008 年。

他读书，而且还指点他写文章。正由此，戴秉衡竟然在上海的报纸上发表了他的处女作。也正由此，启甲爷爷竟以几代人才编纂整理完成的线装书《铁琴铜剑楼藏书目录》相赠。这是弥足珍贵的啊！当时印量是少之又少的啊！叠在一起有一尺多厚啊！戴秉衡从启甲爷爷手里接过赠书抱在胸前，脑子一下蒙了！这么珍贵的书，何以承受得起？可闻着墨香，心花也要盛开了啊！在爷爷的执意馈赠下，当戴秉衡将书抱回家时，两位姐姐惊诧无比，而父亲则批评他不懂事，怎能收受爷爷如此贵重之礼……

时光荏苒。中国的历史翻开了新的一页。1978年的戴逸，已受命筹建中国人民大学清史研究所，这是在病榻上的郭影秋老校长的嘱托——远期目标是以此为原始班底，完成一个宏大目标，将《清史》编纂完成！此时的戴逸，工作之辛劳、忙碌是完全可以想见的。但是，在辛劳忙碌之中，戴逸还有一件日夜揪心的事——母亲老了，身体不好，必须回常熟去探望一次！古人云，世界上最悲伤的事莫过于子欲孝而亲不在！还在1971年，当时戴逸在江西余江"五七干校"的养猪棚里获悉父亲病危，可在他匆匆赶回常熟时，竟未能在父亲生前与其谋见一面，成为他终身的一件憾事！现在，母亲已年届80有余，戴逸绝不想在人生旅途中再生一件憾事，因而他在成都开会后绕道到上海，是坐了40多小时的火车后，又在上海北站虹江路坐上到常熟的长途汽车，再颠簸了近4小时抵达常熟南门外汽车站，又登上常熟县郊区汽车，到达了大东门站。

常熟大东门，戴逸出生的地方，儿时玩耍终日的地方，如今城墙不再，城门无存，再加秋风秋雨愁煞人的凉意，戴逸心里涌起了一种莫名的惆怅和不安。从大东门汽车站向前，左拐踏上东门大街，右边就是戴逸儿时家里的住宅地——季家大院，他无心环顾。再往前就是少年戴秉衡心仪多年的小石楼的所在地——归家大院，他今天竟然激不起心中的浪花。又往前，右边是阁老坊——清代康熙年间大学士（宰相职）蒋廷锡，常熟人俗称"蒋阁老"的住地。蒋阁老之所以出名，民间传说是因为他的儿子蒋溥不仅官授东阁大学士，而且娶了乾隆皇帝的妹妹做媳妇，可谓真正是声名显赫了。这些，在戴逸不断研究清史以后，越来越了然于胸了，这只是美丽的传说，因为当时满汉是不允许通婚的，乾隆皇帝的妹妹怎么能嫁给汉人蒋溥呢？这些东西现在他在脑中只是一闪而过。再往前，右边是父亲当年在县衙门征收钱粮的办公地，还有柳如是的梳妆楼；左侧是启甲爷爷的家，如今荡然无存，令戴逸吃惊的是在瞿家的宅基地上竟办起了自己的母校——塔前小学！戴逸心中念念有词："对不起了，母校！下次再来看你，今天来不及了！"他大步流星地继续向前走去……

快到家门口了，在小步道巷弄口，戴逸不经意间突然发现：一个老太太竟撑着雨伞，端坐在一个半高不高的木凳子上；前面是一个大木盆，木盆边是一个自来水龙头；横风斜雨还打湿了她的裤子，脚上穿的是一双雨鞋。戴逸脑子飞快地闪烁画面后锁定：这不是启甲爷爷的侍妾陶桂芬吗？她端坐在那里干什么？

戴逸毫不犹豫地走上前去，按当年启甲爷爷吩咐的称谓，亲切地说："你是五囡吧？天这么冷，风这么大，又下着雨，你坐在这里干啥啊？"

已经60多岁的陶桂芬竟然听到有人称呼她"五囡"，突然一愣！这是将近40年前她在瞿家时人们对她的称呼，自从启甲先生辞世后，再没有人这样称她了！她站了起来，既疑惑又不安地问："你是——"

戴逸改掉了常熟腔的北京蓝青官话（普通话夹杂着乡音，比喻不纯粹），用地道的常熟话说："我是戴良耜的儿子戴秉衡啊！"正说话间，有人把空着的铁皮桶放在陶桂芬前面的大木盆内，陶桂芬随即拧开水龙头，自来水就哗哗地朝铁皮桶内流淌开来。戴逸至此一拍额头，明白了：五囡是在卖自来水！他告别了陶桂芬，匆匆向小步道巷9号——自己的家走去。

王美龄已80多岁了，见儿子专程从北京千里迢迢地赶回来看望她，母子相见，情真意浓，自不待言。随后，戴逸说回家时在弄堂口看见五囡冒着秋雨、顶着秋风正在卖自来水，他询问妈妈这是怎么回事？王美龄告诉儿子，瞿家城里虽然还有房子，就是在自己家的斜对门，可是城里已没有瞿家的人了，五囡孤苦伶仃生活无着，于是居委会干部去求自来水公司，让她在弄口卖水，卖一元钱水，给她提成一毛钱。因为东门大街好多人家还没装自来水，所以五囡据此还可以勉强生活，就是冬天冷、夏天热，风吹、日晒、雨淋，连上个厕所也得求人帮忙给她顶一会儿！五囡实在是苦啊！

在戴逸眼里，妈妈确实老了，头发几乎全白了，脸上满是皱纹，尤其是她那双原来缠过小脚、后来又放足从而形成的病脚，使她走路颇为犯难。好在留在常熟的弟弟、妹妹对她关怀备至，而在上海的两位姐姐也不时来到常熟看望她，因此老人还很快乐。这让戴逸宽心不少。然而，当戴逸想到陶桂芬老人的凄凉悲惨境遇，晚上辗转反侧，难以入眠。是的，不去眷顾陶桂芬，没有人会批评他，毕竟陶桂芬与戴逸没有任何干系。但是，良心会责备他！当年，启甲爷爷对自己及全家人的关心、帮助，真是恩重如山啊！现在，他的遗属生活发生了困难，怎能袖手旁观？怎能心安理得，不问不闻？……

回到北京以后，戴逸找到在中国人民大学当教师，也是他的学生乌兰其其格，由她向其父亲、时任中央统战部部长乌兰夫送呈了一封求助信，陈述了常熟铁琴铜剑楼五代传人历尽艰辛，藏书护书、化私为公、捐献国家的事迹，同时又反映了藏书楼第四代传人遗属目前的生活窘况，请他予以关注关心。乌兰夫十分重视，马上对戴逸反映的问题做了批示。反映和批示很快转到了江苏省委统战部，然后又转到常熟，常熟则按照常熟的条件尽可能做了妥善处理。

离第一次返家 3 年，即 1982 年，戴逸趁赴苏州开会之便，再次回常熟探望母亲，也想乘机看看陶桂芬老人生活困难问题有无进展。还是在小步道巷口，戴逸看到卖自来水的龙头已经没有了。他由此联想到老人也许不再卖自来水了。进得家门，老娘自然喜笑颜开，还情不自禁地议论东家长、西家短的老话。戴逸插嘴询问五囡怎样了？母亲告诉他，政府看到她年岁大了，属孤寡老人，便每月补助她 40 元生活费。本来生活是可以的，可这年头物价上涨太快了，这不，突然又生病住院了，日子就愈加难了！听到这里，戴逸不禁黯然神伤……

第二天，戴逸径直到县政府去找毛柏生，他认为毛柏生也许能帮陶桂芬老太太再助上一把力，继续解决一些困难。戴逸所以如此自信，因为他不仅了解毛柏生，而且还有多重关系呢！原来，虽然毛柏生只比戴逸大 10 岁，但阅历丰富，颇具传奇色彩，常熟人称他"红色资本家"，在常熟政坛上口碑很好。出身于工商家庭的毛柏生，曾就读于上海复旦高中，后因父亡辍学回乡步入工商界。早在青年时代，毛柏生就投身抗日救亡运动，为人民抗日武装筹款、捐资购药，又提供资金、厂房、设备，与中共地方组织合办布厂，解决新四军部分军衣的供给。解放战争时期，毛柏生还利用本人的合法身份营救被捕的武工队员和革命群众，因而新中国成立后深得党和人民群众信任，担任了众多行政职务，在政坛上如鱼得水。戴逸并不了解父亲戴良耜与毛柏生是什么时候相识、相熟的。在 1937 年日寇占领常熟古城之前，戴良耜通过毛柏生把戴秉衡和他的两位姐姐素琴、素金送到毛柏生的老家森泉借住在一个大户人家；后来，全家人都到森泉避难了。在戴良耜被汪伪政权关押两次释放后，生活无着，毛柏生曾与戴良耜合伙办过布厂，结果经营不善，布厂倒闭。虽然生意不成，但人情依然，毛柏生与戴良耜仍是好朋友。至1948年7月前后，戴秉衡从北大回常熟过暑假之际，对政治极度敏感的毛柏生突然找到戴秉衡，说准备把自己的所有工厂、资产变现，让戴秉衡在北京开个银行账号，然后把资金转到北京，再由戴秉衡转交给中共地下党，作为他支持人民解放事业的一点心意！犹如五雷轰顶的戴秉衡立刻意识到：这可是非同小可的一件大事啊！首先他面临的是怎么回答毛柏生。要说可以，可他本人只是北大学生社团组织中的一个积极分子，根本不是中共地下党员，怎么可以代表地下党组织答应这等大事呢？要说不可以，然这可能又是大好事，怎么就随便否了呢？还有，会不会毛柏生受什么人之托来刺探自己的立场、作为，这可能性很小，但又不能不防啊！在这千钧一发之际，戴秉衡只能坦然相告："我回答不了这个问题。"不过，他又补充一句："我可以替你打听打听，然后正式答复你。"此后，戴秉衡立即动身赶到上海，找到他的联络人，汇报了毛柏生的动议。两天后，联络人通知戴秉衡："毛柏生说的事，你可以代他在北京办！"然而，当戴秉衡赶回常熟，并与毛柏生做了交代，沟通好联系方式，再回到北大时，竟被国民党宪兵抓了起来，而后是营救，逃出北京，奔向解放区。当然，毛柏生所托办之事也就烟消云散了。尽管戴秉衡未能为毛柏生办成大事，但毛柏生后来也知道了戴秉衡当时在北京的境遇，因而对戴秉衡依然喜欢有加。

当戴逸在常熟县政府找到毛柏生时，毛柏生刚卸任主管文教工作的副县长，改任县政协主席。这是多年之后，叔侄初次相见，分外亲切。戴逸给乌兰夫写的信及乌兰夫的批示要妥善办好陶桂芬的生活困难问题，正是毛柏生接办的。当戴逸踏进毛柏生办公室的门，毛柏生就知道了戴逸的来意。由此，在一番互致问候之后，毛柏生开门见山说道："你写给乌兰夫的信和乌兰夫的批示转到常熟后，常熟很快给老太太落实了，每月40元钱在当时还是不小的数字，这就使老太太生活得以安定了。只是随着物价上涨，那些生活补贴就显得紧张了！"说到这里，毛柏生放慢了调门，逐字地说："要是当年瞿家把所有的书全部捐给常熟就好了，地方政府就可以把老人的生活全部承担下来，而现在就有难度了！"

听到这里，戴逸解释道："当年常熟没有那么好的保管条件，那些珍贵版本书籍捐给北京图书馆是最佳选择。"

这时，毛柏生似有些不高兴了，他严肃地对戴逸说："你管这么多闲事干什么？"在毛柏生眼里，戴逸似乎还是当年的那个孩子；也许，这是在地方上当父母官当惯了，习惯了说一不二、不允许下级提不同意见的做派；再也许，毛柏生可能有他的难处，县领导之间有不同意见……

戴逸拜会毛柏生，高兴而来，最后竟不欢而散！

对毛柏生当年向戴逸近乎训斥的批评，2017 年 7 月 2 日下午戴先生对笔者是这样说的："当时我并未在乎，我估摸他已尽职尽责了，再要向前推进解决五图的生活困难，肯定有难度。我完全理解他。我所以有如此心态，因为我是真正从心底里感恩他，感恩他当年帮助我父亲；帮助我们全家人在面临日寇蹂躏的危急关头，使我们有了安顿之所；他还对我那样信任，竟敢托付我帮他捐献巨额资产！"

就在这次访谈中，戴先生还和笔者谈了几件与毛柏生相关的事："一是毛柏生的妹妹毛芳媛是我中学同学，我知道她后来学医，在南京工作，但没有联系过。最近，我大儿子戴寅收到了毛芳媛的来信，里面还附了她与其丈夫的结婚照，她的丈夫还是院士呢！晚年时能知道老同学的佳音，这是令人高兴不已的。二是最近又知道，毛柏生是汲古阁主毛晋的后裔。有人从毛柏生家族修的家谱上看到有我写的序，说从行文风格看不像是我的文字，建议我与毛家论一番短长。我说千万别做这种事！毛家出书写序要用我的名字，是看得起我，这又是好事，我怎么能做让毛柏生叔叔在九泉下于心不安的事呢？三是铁琴铜剑楼还有一件重要史实，是毛柏生不知道的。还在军阀混战的 1924 年，瞿启甲先生在上海弄下了住地，是爱文义路①1290 号二楼一大一小两间房。这是英租界地段，他把铁琴铜剑楼的珍贵藏书转移至此。日寇占领常熟前，启甲先生先避到太湖东山，后又进入上海，居住于此。正是在这关键时刻，启甲先生接触了郑振铎先生②。此时的郑振铎正受南京政府陈立夫、朱家骅之命在上海抢救古籍善本，主要成员有张元济、张寿镛（光绪二十九年举人，藏书家、教育家、文献学家）等人。张元济与瞿启甲

---

① 现在的北京西路。

② 郑振铎（1898—1958），浙江温州人，中国现代杰出的爱国主义者和社会活动家、作家、诗人、学者、文学评论家、翻译家、文学史家、艺术家、收藏家、训诂家，新中国成立后任文化部副部长等多种职务，1958 年因飞机失事而亡。据李玉安、王正雨编著《中国藏书家通典》，中国国际文化出版社，2005 年。

先生在商务印书馆翻印《四部丛刊》等巨著时就十分熟稔。由此，铁琴铜剑楼的珍本就通过郑振铎、陈叔通、张元济等的运作与他们在沪抢救得来的善本书籍通过外轮运到香港得以妥存。在太平洋战争爆发，香港即将沦陷前夕，进步人士又将这批珍贵书籍运回内地。抗日战争结束以后，在郑振铎主导下，当年铁琴铜剑楼的这批善本书籍得以完璧归赵。在此过程中，从启甲先生1940年病故后，郑振铎直接联系的就是铁琴铜剑楼第五代传人瞿凤起先生了。新中国成立初，是郑振铎先生给上海市市长陈毅写信，推荐凤起先生进入了上海图书馆古籍部工作。在北京图书馆派人与凤起先生办理图书交接事宜时，北图的派员与凤起先生还发生了一些矛盾，其间也是郑振铎从中斡旋才使问题得以解决的。"戴先生认为，如果毛柏生先生和常熟当时的领导了解了铁琴铜剑楼与郑振铎等进步人士在日本鬼子觊觎中国善本图书的艰难情况下，辗转南北的苦难历程后，也许就会对瞿家济苍、旭初、凤起三兄弟之举动释怀了！

为解决瞿启甲先生遗属陶桂芬的生活问题，戴逸在毛柏生那里吃了软钉子回京后，竟苦无良策。工作是忙碌的，但只要家里谈起常熟，谈起自己的老母亲，陶桂芬伫立在凄风苦雨中的形象就会同时闪现在他的脑海里。终于有一天，戴逸获悉任继愈先生出任北京图书馆馆长。任继愈在1942年从北大毕业后就留校任教于哲学系了，戴逸在北大读书时虽未听过任继愈的课，但应该是任继愈的学生。在五六十年代，戴逸在中国史学界崭露头角，于是与中国史学、哲学界德高望重的任继愈先生相熟识了；尤其进入改革开放年代，他们两人交集的机会更多了。机不可失！戴逸径直到北海之滨的文津街七号北京图书馆找到了任继愈先生，向他介绍了当年铁琴铜剑楼传人瞿济苍、瞿旭初、瞿凤起将五代珍藏之图书捐给北京图书馆的前后经过，并告诉他：当年北京图书馆对瞿家献书只是支付了运费，其他并无分文报酬；现在铁琴铜剑楼第四代传人瞿启甲先生遗属生活困难，建议北京图书馆予以关照。任继愈先生请戴逸写了一份情况说明，然后他把这份材料在馆长办公会议上议了一下，大家都说确有其事，这些书现在是国家图书馆的镇馆之宝，而现在瞿家遗属有困难，北京图书馆应该予以关心。于是，任继愈一下子将陶桂芬的生活补助费从原来常熟补给的每月40元增加到400元，直接由北图每月按时寄付，直到老人去世，这件事情才算完结。

戴逸虽然顺当地送走了启甲先生的遗属陶桂芬老太太，但知恩图报未有穷期。时至 2017 年 4 月，常熟市纪检委请常熟电视台拍摄《常熟瞿氏：书香传家 琴剑留芳》专题片用于中纪委网站时，大家在审片时议决在最后部分"名家观点"中除傅增湘[①]、郑振铎外，一定要增加戴先生的一段话。在常熟文史学者仲伟行[②]女士联系戴先生后，戴先生二话不说，在一段文字中这样概括了常熟瞿氏世代传承着一种书香守望的家族精神：

> 仁孝好善，嘉言懿德见诸行动，惠洽一方，道济天下。以藏书读书修身报国，维世道人心于不坠，艰难世守不变初心；以刻书用书嘉惠士林，令子孙读而守之迄于无穷，坚韧继志守节不移；以捐赠献书化私为公，延文脉于一线之绪，广裕后昆爱国情怀共昭日月。正是他们这种为优秀文化前赴后继的守护、传播，才使中华历史文明大业有了坚实的基石。

字字珠玑，句句箴言。年届九旬，戴逸先生依然坚持着不变的感恩初心，令人为之动容。

"四礼堂"考

戴秉衡的父亲原名戴礼鑫（1897—1971），在常熟大东门戴家排行老四，兄长分别名为礼臻、礼麟、礼威，故戴秉衡祖父戴蓉溪称其家为"四礼堂"。常熟戴氏祖籍安徽休宁隆阜[③]，与被梁启超称为"前清学者第一人"、胡适称为"中国近代科学界的先驱者"戴震（1724—1777）同宗。戴震年 22 岁即著有《筹算》二卷，后在自然科学、文学、语言文字学等方面都卓有成就；晚年被召为《四库全书》纂

---

① 傅增湘（1872—1949），四川省江安县人。光绪二十四年（1898）进士，1917 年入内阁任教育总长，目录学、版本学家，对铁琴铜剑楼藏书有中肯评价。
② 仲伟行（1950— ），女，江苏常熟人，毕业于武汉大学，曾任常熟市图书馆副馆长、研究馆员，著有《铁琴铜剑楼研究文献集》《〈翁同龢日记〉勘误录》等。
③ 今黄山市屯溪区。

修官，他把各个版本的《礼仪》、世无传本而散见于明朝《永乐大典》各韵部的"算经"辑入《四库全书》，各加按语，写成提要；其校勘的《水经注》成就尤为卓著：订正经、注之互伪，补缺、漏者 2128 个字，删其妄增者 1448 个字，正其臆改者 3715 个字，获乾隆帝褒扬。相传安徽徽州府休宁之戴姓人氏系由西周时期定都河南商丘的宋国第十一位君王的谥号"宋戴公"而来，因谥为氏。明朝末年发生战乱，戴姓人氏四散迁徙，一支戴姓人氏为安徽徽州休宁一带峰峦峻峭、重岩叠峰、宏博富丽、水草肥美所吸引，遂于此定居。是时，在"徽商遍天下"之情势下，与大学者戴震年少时随父至江西南丰做贩布小生意一样，戴礼鑫祖上随徽商潮流先至江苏江阴从商，后定居常熟。戴秉衡清楚记得，年少时期阴历过年之际，祭祖的堂上总要挂图轴"真则"①，不包括祖父戴蓉溪和祖母在内，上有五对老夫妇的画像、姓名、生卒年月。戴秉衡的父亲轻声告诉他：这五代祖先中最早来常熟的已 100 多年了！以此年份推算，出走徽州休宁来常的戴姓人氏与戴震所处年代当相吻合。

戴礼鑫祖上来常熟经商之际，适逢从雍正二年（1724）开始，常熟分出一个昭文县②——与常熟县同城而治，常熟古城水北门沿通江河至小东门以东包括东部农村归昭文县所辖，通江河以西包括西部农村为常熟县所治，类似常熟分治的还有华亭县分出奉贤县、昆山县分出金山县、嘉定县分出宝山县等。昭文县分治后，亟须延揽县治人才。戴姓徽州人已在常经商有年，工于算计，人脉颇好，又通文墨，遂被招进县衙③钱粮柜④成了一名吏员。县衙大堂前通道两侧分设六房：吏（相当于现今组织人事部门）、户（主民政、财政、税务、土地）、礼（主宣传、教育、文化）、兵（人武部门）、刑（主公、检、法、司）、工（主城建、水利、交通）。虽然钱粮柜隶属于税务部门，但其承担的是"皇粮"的征收和押解，是封建社会商业税、手工业税收入甚少之际国家财政收入最主要的来源，因而此间吏员之职责、权限包括俸禄（尤其是灰色收入）更非县衙其他胥吏可比，可谓是个

① 真则，"真，为真容画像；则，等画物也"。据《说文解字》。
② 昭文县因是梁朝昭明太子文学之里而得名。
③ 昭文县衙设于明末清初"东南文宗"钱谦益在东门大街之府内。
④ 钱粮柜又称"东柜"，与设于西门大街翁府前常熟县衙的"西柜"相对。

肥缺。正由于此，钱粮柜的吏员通过垄断"图"①、凭借国家赋予的"权"、手中掌握的"技"（税收因每年丰歉不同需上报批准，下至层层流转运作）、身前积累之"脉"（与粮差、农民尤其是大户的关系），使钱粮柜吏员"都是世袭，父传子，子传孙，毫无关系的人，很难参加进去"②。对戴礼鑫而言，充任昭文县衙钱粮柜吏员，已达七代矣。戴礼鑫生于常熟大东门内东门大街 5 号季家大院，上有 3 位兄长。当戴礼鑫成年之际，他上面的 3 位兄长也已成年成家，礼辈 4 兄弟有的搬出季家大院，有的仍租住季家房舍。按常熟老人与未立门户的小儿子居住在一起的习俗，戴礼鑫幼时备受其父戴蓉溪的宠爱、眷顾。戴礼鑫 7 岁开始读私塾，至1911 年辛亥革命爆发，刚满 14 岁的戴礼鑫面临人生一大抉择：是如他多位兄长一样去商店或手工业作坊当学徒，还是继续读书。如读书，科举已废，仕途不再。去钱粮柜接班，父亲戴蓉溪还未到告老退休年龄，而自己年龄也不够。通过其祖父、父亲的地位、关系，14 岁的戴礼鑫成了钱粮东柜的一名见习生。戴礼鑫虽然年少，但颇老成，有一定文化，能用心观察、学习，还善于应酬、交际，几年之后，钱粮处的业务、流程他大都能了然于胸了。以至新中国成立后，戴礼鑫在回忆钱粮柜的工作时写道："在知县衙门里，大概分为钱谷和刑名两大部分，知县的佐治人员除县丞（俗名粮厅）和典史（俗名辅厅）是定额的末秩以外，另有幕友若干人，俗称师爷，分掌钱谷和刑名事务。钱粮征解是钱谷部门的首要工作。知县在钱谷师爷的参与计划之下，责成六房中的户房和掌柜总书，分别担任行政公牍和实际征收的工作。总书以下内部有管册、管串、比较、结头等书吏；外勤的有经书、粮差等名目。而衙门里的皂、快、壮、健，和各图地保，也与征粮有相当关系。所以粮柜内外，人数众多，难于计算。"③戴礼鑫在此说的虽是清朝县衙制度，但至民国时期，地方行政依习清制。还需顺便交代的是，由于钱粮征解主要集中于秋后进行，且戴礼鑫又是见习生，平时空闲时间甚多，所以在此期间他还在私塾兼职从事教学，这对他知识长进帮助甚多。

---

① "图"即"鱼鳞图""鱼鳞册"，旧时封建土地、山塘依次排列绘制形似鱼鳞的图册，为征派赋役之依据。昭文县所有农村田地 70 万亩分成 263 个图，这是征收税赋最原始、最重要的依据。

② 戴良耜：《常熟田赋变革概况》，见《常熟文史资料选辑》，常熟市政协编，上海社会科学院出版社，2009 年，第 95 页。

③ 同上。

　　时至1927年，戴礼鑫迎来了人生的一次重要转折。是年1月，国民革命军（北伐军）东路军第14军从闽中出发，向浙江、上海、江苏进军，2月占领浙江的衢州、金华和江苏的宜兴等地，直至无锡、苏州、常熟；驻沪的军阀部队直鲁联军纷纷溃败，退至常熟，以图渡过长江，北上山东。3月21日，上海工人第三次武装起义获得胜利；3月下旬，北伐军攻克无锡、江阴，并从苏州、常熟出发，与淞沪各军会合。在此期间，北伐军在常熟打土豪，分土地，驱逐洋人，排斥洋货，建立工会、农会，等等。此时常熟的国民政府，也由国民党左派掌权，共产党的地下组织成员曾培洪（李强）等也很活跃。[①]在这种情势下，年轻、有文化、能办事的戴礼鑫备受重用，立时由普通钱粮柜员擢升为钱粮东柜[②]副主任。当时戴礼鑫年仅30岁，这在常熟钱粮界是罕见的，也可谓天赐良机。时至1928年，执掌常熟钱粮东柜主任职务多年的言润生突发疾病，弥留之际把戴礼鑫召到病榻前，说已获上司批准，把钱粮东柜主任一职交付于他；并把妻子、女儿托付于他，希望在言死后照拂、善待其妻女。由是，戴礼鑫在主持完言润生葬礼以后，把言妻纳为侧室，其带来的女儿改名戴启亚，后为他生下一女（戴素莲）、一子（戴秉炎）。

　　在此之前，戴礼鑫于1921年由"父母之命，媒妁之言"与在常熟县城租住东门大街与方塔之间青禾稼桥王家之女王美龄（1897—1990）完婚，并分别于1922、1923、1924年连续生下3个女儿。在中国旧社会，组建了家庭，生一个男孩，延续香火比发财致富还重要。面对这在旧社会颠扑不破的铁律，王美龄陷入了危机。生第一个女儿，她虽心有不爽，然尚能无奈接受；生第二个女儿，她已经终日怨天尤人，愁眉不展，苦叹自己命运不济；再当生下第三个女儿时，她被击垮了！公婆的冷面，丈夫的不语，使她整天以泪洗面；刚生下的女儿病了，她也无心照料，结果夭折了！至1925年底，王美龄再想要孩子时，戴礼鑫的父亲戴蓉溪认为，儿子、儿媳在季家大院所住房间阴气太重、阳光不足，遂做主让儿子把儿媳王美龄送至娘家居住，至1926年9月果然生下一男孩，这个男孩就是戴秉衡。戴秉衡在母亲呵护下，过了两周岁生日，才返回戴家居住。王美龄虽然不识字，但

---

　　①　周启新：《1927年北伐军在常熟》，见《常熟文史资料选辑》，常熟市政协编，上海社会科学院出版社，2009年，第84页。

　　②　此时常熟、昭文两县虽在清政府灭亡后已复合为常熟县，但钱粮征解仍分为东、西柜分而治之。

十分贤惠，性情温和、孝顺公婆、善待丈夫，对子女既十分关爱，又丝毫不予宠溺，这对戴秉衡养成温文尔雅、宠辱不惊的性格起到了重要作用。而这一切，又与王美龄出身大户人家、从小家教甚严有很大关系。据戴秉衡回忆，母亲娘家的祖上位于常熟县城东北角的周行镇乡下。戴秉衡随母亲去看望外公、外婆及舅舅、舅妈和表兄弟等人，要在大东门外鸭潭头坐轮船，沿福山塘抵达周行镇，再换乘小船，沿何村塘到宗家村，再到龚家坝，然后到吴段村的王家。王家有好多房子，人口也很多。1938 年爆发共产党领导的梅李农民武装暴动以后，位于梅李镇西北、交通闭塞的吴段村成了共产党领导的抗日军队常驻据点，王家便成了抗日军队的重要住所，戴秉衡的多位表兄也在此时参加了革命。

戴礼鑫不仅知书达理，而且颇有个性。正如中国古语所说"父母是孩子最好的教师"，戴礼鑫的为人、个性对戴秉衡的成长、爱好以至性格的形成有相当重要的影响。

戴礼鑫虽是县衙的一位钱粮吏员，却酷爱文史，喜结文人学士为友，这在潜移默化中使戴秉衡幼小的心灵播下了热爱文史的种子。由于戴礼鑫在县衙主管钱粮征解，连县太爷也对他另眼相看，所以主持《重修常昭合志》的总纂丁祖荫不时找到戴礼鑫，向他问计谋取县府支持纂志费用的事宜。丁祖荫是当时常熟文史界的领军人物，还与曾朴、张鸿等合谋创办塔前小学，担任校长长达 15 年之久。由此关系，戴礼鑫又结识了曾朴、张鸿等常熟著名文人。戴礼鑫与瞿启甲、徐兆玮①的相识、相熟还颇有些传奇色彩。清末中国四大藏书楼之翘楚、铁琴铜剑楼第四代传人瞿启甲之城中住所与戴礼鑫家在斜对面，戴礼鑫知道瞿启甲是藏书大家、文化名人。1912 年他与常熟籍前清进士徐兆玮同时当选为中华民国第一届国会众议员，在曹锟贿选时，他与徐兆玮同时拒贿南归，他们两位之高风轰动常熟。后来，瞿启甲又捐书并创建常熟图书馆，其家之藏书闻名海内，历数百年之久。在戴礼鑫眼里，瞿启甲不仅德行"高山仰止"，而且是父辈级的人物，平时虽然低头

① 徐兆玮（1867—1940），江苏常熟何市人，光绪十六年（1890）进士，授翰林院编修，诗、词、歌、赋无所不能，系藏书家、红学家。后留日主攻法律，在日时参加同盟会。辛亥革命后曾任常熟县代理民政长，1912 年当选为第一届国会众议员。在曹贿选时，拒贿南归。"七七事变"后，徐除订阅常熟、上海报刊外，还专买三灯收音机记录时事，其《徐兆玮日记》所记为 20 世纪初至 1940 年 7 月 16 日之间的事，凡 6601 千字，由国家清史编纂委员会以"文献丛刊"之名，在黄山书社于 2013 年出版。

不见抬头见，但并无相识深交的机缘。在 1927 年戴礼鑫升任常熟县钱粮东柜副主任后，他与瞿启甲便开始交往了。当时瞿家拥有田地 7000 余亩，是名副其实的纳税大户。按当时的县政府规定，纳税完粮大户的业务是由县钱粮柜主任直接处置的。鉴于当时常熟县钱粮东柜主任言润生身患重病，副主任戴礼鑫顺理成章地担起了与瞿启甲商谈田赋分派的任务。按旧时习俗，两位文人初次会面需互报年庚，先报为敬的戴礼鑫报丁酉年（1897）生，属鸡；瞿启甲哈哈大笑，频出"惭愧"之声，他说自己是癸酉年（1873）生，也属鸡，长戴礼鑫两轮。按规矩，戴礼鑫正要左右手拂正袖笼向瞿启甲跪拜叔侄之礼，瞿启甲拦住了戴礼鑫，连呼"断不可"，认为戴礼鑫是县政府命官，朝廷命官在公众场合不能向平民百姓行跪拜之礼的。于是，两人互相抱拳致谢。一来二去，两人相叙甚欢，颇为热络。是时，瞿启甲建议把"礼鑫"名字改掉，因为"'礼向三金'不合礼"。戴礼鑫深感瞿启甲先生言之有理，但又不知道如何是好。瞿启甲坦言：社会上都知"铁琴铜剑楼"有名，实际瞿家是"耕读人家"，"耕"是瞿家之根，"读"是瞿家之木，所以先辈给启甲赐号为"良耜"，"耜"者犁也。"耕读人家"重视好的犁矣，有了好犁可耕田！瞿启甲继而进言：戴先生肩负常熟县钱粮东柜重任，钱粮命官，要对一方钱粮负责，上仰国家社会，下俯黎民百姓，建议先生改名"良耜"，以良好的犁铧开垦田地，报效社会；简写"良士"，做个优良的读书人，只有做个好的读书人，才能做个深明大义的好官！此时的戴礼鑫频频点头，只是有一纠结——以瞿启甲先生之号给自己改名，合适吗？瞿启甲先生似乎看清了戴礼鑫心存的芥蒂，直说道："是瞿启甲自己把名号送给你作为名字，瞿启甲自觉自愿不反对，别人议论有何干？"至此，戴礼鑫只有感慨、感谢、感恩的份儿了！由常熟名士瞿启甲做主，把瞿启甲名号"良耜""良士"送给戴礼鑫改名戴良耜、简写"良士"的消息，不仅在当时常熟县政府内不胫而走，而且在常熟士商社会广泛流传，遂成佳话。从此以后，戴良耜在常熟是时官场声名日振，而"戴礼鑫"之名渐渐被人遗忘了。也由于深交了瞿启甲先生的关系，与瞿启甲友情深厚的前清进士、藏书家、文学家、红学家徐兆玮也与戴良耜交往不少，戴良耜的行踪多次进入徐兆玮视野，并入记《徐兆玮日记》，此是后话。

戴良耜是个不贪图钱财、心术尚为公正的人。这在当时贪腐遍地的税收衙门里实在是颇为难得的。有史为证：1930 年夏，江苏省政府派委员 5 名到常熟查办田赋。来人到常即四处传询："任何客来，一律不予延见！"县长遄往拜访，亦遭严词拒绝。省府5委员又传言："东柜副主任施××的住宅房屋由贪污而来，定要没收充公"，"西柜主任张××、副主任李××吸食鸦片，生活阔绰，一定要他们吃官司"，云云。一时常熟县府尤其是钱粮柜内外，莫不栗栗畏惧，施××惶急之中，竟至咯血；李××托病不起……几经周旋疏通。有人赠以名人书画多件，有人送翁同龢手札，有人送价值甚昂礼品，有人送银圆三千元，唯戴良耜"抚躬自省，虽难免得些非分之财，但自认于公无私，尚能无愧于心，抱定不与周旋，听其自然的态度"[①]，结果落得个一清二白，清者自清，可谓难得！

还有一件公案可印证戴良耜当政之时可称清廉：1936年，常熟发生了一件"整顿田赋征收事件"。上海《时事新报》发表"常熟通讯"说："本邑征赋处，原系常昭两县所合并，改称为东西柜。东柜专司归昭文县田赋，西柜则司常熟县赋税之征收。从此事权并不统一，流弊滋多，本年已屡度发现。该县府为整理田赋起见，除将舞弊各员予以严惩外，复派职员6人，分派东西柜管串，一面并招收职员，将旧有者分别淘汰。兹为统一事权，乃将东西柜合并，改名为田赋征收处，以戴良耜为正主任，顾彦昇为副职，施嘉淦为总稽核……"[②]在当年常熟田赋征收因为"流弊滋多""屡度发现"而将"舞弊各员予以严惩"并把东西柜合并之时，原任东柜主任的戴良耜竟晋升为东西柜合并后的田赋征收处正职领导人，其业务能力和清廉程度，应该说是可以的。

戴良耜是一条热爱国家、满腔热血、积极抗战的汉子。1937年7月7日，日本侵略军向北平近郊宛平县卢沟桥的中国驻军发动进攻，中国守军第29军一部奋起反抗，中国抗日民族战争由此全面揭开。消息传到常熟，百姓无不义愤填膺；再加常熟北部的长江上，日舰开始游弋，沿江一带形迹可疑者日增。7月21日，上海《申报》报道："白茆、浒浦[③]一带，近日发现汉奸嫌疑者甚多，其中杂有并无护照之日人，形似兜销仁丹、眼药等药品，行踪诡秘。"[④]据常熟当地报纸报道：

① 戴良耜：《常熟田赋变革概况》，见《常熟文史资料选辑》，常熟市政协编，上海社会科学院出版社，2009年，第102页。
② 《时事新报》1936年11月7日第五版。
③ 白茆、浒浦均为常熟界内长江上的河口。
④ 沈秋农：《常熟·1937》，上海社会科学院出版社，2002年，第335页。

"7月21日夜，浒浦口、高浦口到日舰3艘。浒浦口所泊之2艘放下小艇，至近岸处测量，守军严加防范。翌晨6时，日舰向上游驶去。"①7月27日，《申报》报道："近来常熟城区及沿江一带，发现形迹可疑者甚多，或乔装卖药，或伪装僧人。一周前，在白茆、支塘、梅李等地均有拘获，昨日又在城内外捕获可疑和尚3人。警察局认为在此时局紧张时期，内地僧人突然增多，殊有汉奸刺探情报之嫌疑，所以捕获之人均解总局究讯。"②《申报》之报道，常熟当地报纸均有转载，再加常熟报纸自采新闻之传播，使抗战、御敌之情绪在常熟民众中愈益高涨。戴良耜面对的无论是国家，还是常熟，就是这样的情势。

是时，县府领导及有识之士认为，日寇在北平挑起战事，下一个目标一定是上海，犹如1931年"九一八"事变后即发生1932年的"一·二八"事变一样。那时，时任国民党中央陆军军官学校教育长张治中将军当面向蒋介石请缨抗战，其率部87师、88师等与蒋光鼐指挥的19路军在上海庙行③、浏河重创日寇，后张治中、蒋光鼐奉命率部在常熟县城及县境驻防达两个多月，廖仲恺夫人何香凝还亲抵常熟慰问。张治中后来在《诗意的虞山》中这样写道："差堪幸慰的是我们的士兵和人民相处甚好，而人民对我们士兵也异常亲爱。"④他们呼吁：前事不忘，后事之师。必须当机立断，动员各界人士参加抗战，把民众组织起来。

1937年7月29日，常熟县抗敌后援会成立。国民党常熟县党部特派员张杰孙兼任县抗敌后援会理事长。31日，抗敌后援会召开首次会议，决定即日开始办公，组织秘书处，下设宣传等9科。至于戴良耜在常熟县抗敌后援会中的任职，有人著文说是"会长"，似不确切。沈秋农所辑资料，来自常熟市档案馆所存史料，当为可靠：然理事长张杰孙系省党部从南京特派而来，人生地疏，在社会团体中主事颇难，或为挂名，或不主持实际事务而已。主持实际工作的人应热爱国家、热心抗日、工作能力强、人脉资源广，还要在筹资时有相当影响力，此人非钱粮处主任戴良耜莫属。人称戴良耜为"常熟县抗敌后援会会长"，应是"常熟县抗敌后援会常务副理事长"或"常熟县抗敌后援会第一副会长"之约定俗成之说。

---

① 沈秋农：《常熟·1937》，上海社会科学院出版社，2002年，第335页。
② 同上书，第336页。
③ 此镇与吴淞江湾相连。
④ 沈秋农：《常熟抗战史印》，上海社会科学院出版社，2010年，第3—6页。

在戴良耜实际主持常熟抗敌后援会工作时，即发生了上海"八一三"战事，日寇飞机不断在常熟城内外轰炸，日舰不断在常熟境内的长江上游弋滋扰，常熟的媒体对常熟抗敌后援会的活动关注不多，倒是避居在常熟乡下何市的爱国民主人士徐兆玮记叙不少，现从《徐兆玮日记》中摘录列下：

8月20日："后援会征求物品，我家送炒米一斗。"①

9月29日：今日常熟《新闻报》录要："本市各团体电晋祝捷，抗敌后援会有太原探投第八路军朱总司令电，又在平绥线作战之第八路军迭奏奇功。浦缁庭君五岁、八岁之二女公子以平日节省糖果费储蓄所得四百余元，购置望远镜二具，交上海市慰劳委员会赍送第八路军朱德、彭德怀两将军收受备用。朱、彭姓名今日始见报。"②作为主持常熟县抗敌后援会工作的戴良耜，敢于在所发电报、所办慰劳之事中在常熟第一次见报"第八路军朱德、彭德怀两将军"名字，其政治立场由此可见一斑。

11月3日："昨日戴良耜来晤树儿③，于镇上设分柜，租粮并收。予畏烦未见，闻其述良公乘舟赴荡口，泊南门洙草浜，适汽车站遭投弹，颇受惊恐云。"④《徐兆玮日记》中所述"荡口"，属无锡管辖，戴良耜乘舟前往，该不为征收钱粮之事。如徐兆玮所说，荡口"为锡、苏、常三县重城，往来要道"⑤，仅常熟地界难民在荡口颇多。戴良耜此时前往荡口，应为难民困境所累。

11月10日（此日离日寇于常熟白茆塘口、徐六泾口、野猫口登陆犯境仅差三天）："粮租并收，此间亦设分柜，戴良耜亲来布置，但于催租并无办法，现仍观望，惟业户可以将欠佃推出，稍免追呼之苦耳。粮额连公债每亩需一元八角三分，加印刷费一角，豆租收清尚须贴出三分，好在全欠者多，尚少影响也。"⑥日军犯境，近在咫尺，戴良耜仍为钱粮征收奔忙，可苦于无方，奈何？

11月12日："午饭后，闻太仓人周仰侯自河川桥回，即雇船赴光福，云江防已放弃，日军将登陆。傍晚得支塘公安局电话，云县署传知五区民众，即日向后

① 徐兆玮:《徐兆玮日记》，黄山书社，2013年，第4094页。
② 同上书，第4150页。
③ 树儿为徐兆玮大儿子。
④ 徐兆玮:《徐兆玮日记》，黄山书社，2013年，第4116页。
⑤ 同上书，第4113页。
⑥ 同上书，第4118页。

方迁移。日人于两日内将取大包围攻势。"①兹此，徐兆玮开始从何市雇舟逃难，转辗无锡等地，最后避居上海租界。其间日记多有断记。

12月15日致瞿凤起②："适翥叔来言，城中新宅已付祝融，且连焚张宅仓厅，又言初开自治会名单，列入济苍③、良耜，而济苍则云曾为省署职员，不知何人所说。圈去。良耜则以曾接济88师，圈去，并附告。"④"城"指常熟古城；此时徐兆玮已由无锡逃回常熟何市，因家不能居，乃赁屋沙溪北弄陆宅；瞿凤起陪父瞿启甲避居上海公共租界。戴良耜"接济88师"，乃其人生中一大事件。"七七事变"之后，日军在上海挑起事端，遂发生"八一三"淞沪会战。南京、上海警备司令张治中所辖88师524团团副谢晋元率第一营450余人，号称八百壮士，孤军死守苏州河北四行仓库，从10月27日至31日夜血战四昼夜，抗击日军数十次攻击，毙敌200余人，最后杀出重围退入公共租界。这一大振国威、军威之壮举，是淞沪会战中最为激动人心的篇章。徐兆玮在日记中这样写道："八百烈士死守闸北，中外人士感奋流泪。"⑤戴良耜因"接济88师"被人圈去日伪汉奸组织"常熟自治会名单"，足见日伪对戴良耜之憎恨，这也从另一侧面证实了他的抗日立场和爱国之心。

1938年4月12日："惟瞿良士住英租界，同乡聚居甚多，仅见杨冠南、戴良耜二人。"⑥由此可见在常熟沦陷后，因戴良耜不愿与日伪组织合作，此时已避居上海。

戴良耜在汪伪政权杀机四伏的高压下，能够不畏权势，敢申公道。在1937年11月中旬常熟沦陷后，曾积极抗日的戴良耜一时在常难以安身，遂流离至苏北泰兴县黄桥镇。后因念及妻室子女生计，又由南通辗转至上海，在瞿启甲帮助下租赁房屋避居于上海英租界爱文义路1295号，一边照料从常熟接来沪上子女3人的生活，一边与友人合伙从事上海与常熟之间的货运生意。

时至1940年10月底，为办一件急事的戴良耜从上海潜回常熟家中，即被汪

---

① 徐兆玮：《徐兆玮日记》，黄山书社，2013年，第4118页。
② 瞿凤起，藏书家瞿启甲三子，藏书家、古籍善本专家。
③ 济苍为瞿启甲长子。
④ 徐兆玮：《徐兆玮日记》，黄山书社，2013年，第4123页。
⑤ 同上书，第4115页。
⑥ 同上书，第4144页。

伪特务拘捕。关押在常熟山塘泾岸号称"常熟 76 号"的汪伪特工所，旋即遭到捆绑、毒打，汪伪特务声言还要拘捕其妻子儿女，胁迫他担任伪财政局局长，重新主持钱粮征解旧职。原来，汪伪政权建立之后，作为旧时钱粮征收居全省数一数二的常熟县，居然难以收取，为此把持上海极司菲尔路 76 号的汪伪特务头子、伪江苏省①省长李士群十分恼怒。从 1940 年 11 月起，戴良耜被胁迫担任伪县财政局局长，兼任开征钱粮副主任，伪县长任主任，并委派了二十几名委员。至 1941 年 9 月，常熟县的钱粮征收才有了一定起色。随后，戴良耜按其提出的方案进行了分割操作：各钱粮"分理处收到租款后，即根据 15% 的比率，划出一成半作为应纳田赋，其余由地主分别具领。至于委员会及总分处一切经办人员，规定在田赋收入内提出一成充作奖金；约计共十一万余元，此款本应按照人数支配，但为伪省长李逆士群获悉，必欲提取八成，仅留二成充奖。良耜认为参加办事人员，都无薪给，原以此款拨给，若留存过少，难以支配，拟将一半解省，一半充奖，不料竟撄李逆之怒，将良耜拘押在伪特工站，历时六月之久，经多方奔走，设法营救，始获撤职释放。而这笔款项，也竟为李逆悉数攫去，丝毫未留"②。戴良耜在胁迫下充任伪职时，为下层人员生计，敢对汪伪特务头子李士群的决定据理力争，虽未成功，并招致锒铛入狱，但亦不失为公道尚存也！

1941 年 9 月，戴良耜被汪伪政权撤职查办，在常熟三塘泾岸特工站看押达 3 个月，后又被押送到苏州特工站关押了半年。1942 年 6 月被撤职释放回家后，与毛柏生等在淼泉开办布厂，因经营不善，亏光倒闭。至 1944 年，戴良耜又与族侄戴崑玉在常熟成立富国银行，任总经理，并兼任常熟银行钱庄公会主任。在银行、钱庄又被勒令停业后，生活无着的戴良耜又迁居上海，后又回常。全国解放后，戴良耜并未受到追究。至 1954 年 8 月 14 日，因有人检举他系"伪财政局长，汉奸"而被捕，被以"反革命罪"判刑 5 年，在虞山采石场劳动改造，两年后因年老体衰而提前释放，至 1971 年病故。

---

① 当时伪江苏省政府设于苏州。
② 戴良耜：《常熟田赋变革概况》，见《常熟文史资料选辑》，常熟市政协编，上海社会科学院出版社，2009 年，第 104 页。

第二章　身入黉门追文史

2017 年 8 月,江苏常熟孝友中学在清理校存档案时发现了一本刊印于 1944 年 7 月的学生毕业"纪念册",其第 7 页上载有对戴秉衡的评介:

> 戴君秉衡,品学兼优,处己有律,待人有方,温柔敦厚,可谓彬彬君子矣。君赋性颖悟,博闻强志,精明过人,好学勤研,故学业超群,于国学一科,造诣尤深。且因胸怀大志,有奋飞远图之思而深沉自抑,故溢而为文,多含奇气。在本级中高才捷足,可任重道远者,非戴君而谁欤?

也许人们会记得,在 1937 年戴秉衡小学即将毕业时,有几门课不及格,几近不能毕业,他回忆起这段往事时还自惭形秽地称自己当时是"顽劣学童";可是,短短几年之后,戴秉衡怎么立即变成了一位"品学兼优""学业超群""胸怀大志""有奋飞远图之思""可任重道远"的优秀学生了呢?

发生这天壤之别的变化,奥秘何在?

流离之悟

常熟有人如此评价戴逸:"七七事变"对戴秉衡来说,犹如一条鸿沟。兹事之前,他顽皮,任性,文史拔萃,算术扫地,小学差一点没能毕业;事变肇始,他判若两人,所有功课风生水起,鹤立鸡群,见丑恶必义愤填膺,视苦难即伸手相援，窥光明便心驰神往，以至从北京大学起航，奔向解放区，走上革命路……能做如此毋庸置疑结论的，是戴逸先生故交知己徐家骧。此君祖上超过五代与戴家同行，共操常熟县衙钱粮征解，再加徐君仅长戴氏两岁，又是近邻、幼少玩伴、高中同班同学，大学毕业后同执历史教鞭，任江苏省常熟中学高级教师，常年书信电话不绝，可谓知根知底。故徐君之断乃谓之可信也！

那么，这天壤之别般的变化是怎么演绎的呢？让笔者细细道来。

1937 年 6 月下旬，常熟县立中学招生发榜，戴秉衡自知没戏，因为算术题几乎都不会做，因而没有去看榜。当戴良耜去县中看完考生榜单、虎着脸跨进家门时，戴秉衡一看到父亲的脸色就知大事不好，赶忙转身进厨房向正在做饭的母亲告知一声，溜之大吉，到大步道巷奶奶家去避风头了。

时光过得飞快，转眼到了 1937 年 7 月 7 日。是日晚上，日军在北平西南卢沟桥附近演习时，借口一名士兵"失踪"，要求进入宛平县城搜查，遭到中国守军第 29 军严词拒绝。日军遂向中国守军开枪射击，又炮轰宛平城，第 29 军奋起抗战。这就是震惊中外的"七七事变"，又称"卢沟桥事变"。这是日本帝国主义全面侵华战争的开始，也是中华民族进行全面抗战的起点。

历史不会完全重复，但有时会有十分相似之处。"七七事变"之所以在常熟引起强烈反响，因为常熟的老百姓尤其是许多有识之士从"九一八"事变后不久即发生"一·二八"事变即上海的淞沪抗战中，意识到"七七事变"后又会在上海再次发生战事。而上海一旦有事，作为上海近邻、后方的常熟则责无旁贷地要勇挑重担。

事实正是如此。就在 1931 年发生"九一八"事变时，常熟的社会人士就意识到，日本人有意挑起"九一八"事变，侵占我东三省，贼心绝不至此，一定会进攻上海、侵占上海。只有占领上海，拿捏住了中国的经济中心，才能进一步侵占中国。果不其然，1932 年 1 月 28 日晚，侵占上海大场的日军突然向上海闸北的国民党第 19 路军发起攻击；19 路军在军长蔡廷锴、总指挥蒋光鼐的率领下，奋起抗战。这就是再次震惊中外的"一·二八"事变。2 月 14 日，蒋介石命令由首都南京警卫军 87 师、88 师和教导总队组成第 5 军，以张治中为军长增援 19 路军。3 月初，由于日军偷袭太仓浏河并实施登陆，中国军队被迫退守至常熟并组成第二道防线。是时，常熟各界支援前线热情高涨，党、政、工、商、学、农全部出动，红十字医院遍布各地；张治中直接驻守常熟并进行统率指挥，宋庆龄率各界代表亲赴常熟慰劳军民……战后，蒋介石下令褒奖常熟各界人士，张治中还在其撰文中称颂常熟百姓众志成城、同仇敌忾的英勇精神，常熟英名远播四方……

常熟百姓对"七七事变"发生时的强烈反响，并非空穴来风。其实，早在日军于卢沟桥挑起"七七事变"前，常熟的报纸、广播几乎每天都有如此的消息报道：在常熟境内东起白茆塘口西至十一圩的整个长江航道上，日军的舰艇在不断游弋，乃至企图登陆，抑或向沿岸村庄和军民开枪、开炮；从长江沿岸到常熟古城各地，都有日本间谍装扮成卖"仁丹"、膏药的药贩，算命的道士，行乞的和尚，虽多有被中国军民抓获者，但此类人等依旧不断活动；日本飞机不仅在长江沿岸侦察巡逻，甚至多次飞抵了古城上空……

"七七事变"之后，回常的旅外学生首先发起集会，声讨日军罪行，发动募捐支援前线；而后，商界、医疗界、教育界、政界纷纷行动。戴秉衡的父亲戴良耜年轻力壮，在各界广有人脉，有组织能力，更有财政后台对他言听计从，因而在常熟成立有官方色彩的常熟抗敌后援会时，各界有识之士力荐他担任常务副主任并主持工作，而主任则由国民党江苏省党部常熟特派员担任。此后，戴良耜终日奔波于城乡各地，募捐钱财物资以支援前线；组织集会以发动民众；慰问难民以解决逃难民众的生活问题；发布慰问朱德、彭德怀的新闻以鼓舞民众抗日士气——通过报纸、广播向八路军公开发布慰问电，这在常熟抗战史上是绝无仅有的。最让人动容的是，当日军大举进攻上海发生"八一三"事变战役进行到最后阶段，在10月26日晚，守卫大场防线的中华民国国民革命军陆军第88师第524团400余人[1]在副团长谢晋元指挥下，奉命据守苏州河北岸四行仓库孤军奋战4昼夜时，作为常熟抗敌后援会常务副主任的戴良耜，带人前往上海慰问八百壮士，这又是常熟抗战史上空前的创举！然而，莫名遗憾的是此一行动在常熟抗战史料中被埋没了，仅有的一笔也只是在《徐兆玮日记》中因戴良耜支持八百壮士而被划去组织伪政权成员的名字。[2]

自从戴良耜担任常熟抗敌后援会常务副主任并主持工作后，再加上原常熟县

---

① 报界宣传称"八百壮士"。
② 徐兆玮:《徐兆玮日记》，黄山书社，2013年，第4123页。

钱粮总柜主任原有钱粮征集工作进入秋收忙季的正常工作，戴良耜成了常熟最忙碌、最辛劳的官员了。他每天清早出门时，孩子还没有起床；深夜归家时，孩子早已入睡。孩子们几乎每天都不能与父亲照面。然而，日机常到常熟古城上空盘旋，看这架势日机投掷炸弹是迟早的事；再加常熟长江沿岸高浦口、徐六泾口、野猫口、福山塘口各地不时有遭到日军炮击的消息传来，常熟城里的老百姓已开始向苏州、无锡、常州一带逃难，而瞿启甲先生就带着家人避到太湖东山去了。现在，戴良耜面临的难题不是工作上的事，也不是抗敌后援会的事，而是家里孩子众多，素琴、素金一个 15 岁、一个 14 岁，已是亭亭玉立的大姑娘了；而秉衡又是一盏不省油的灯，天天在外边调皮，很难保证不出事，该怎么办？

就在这个紧要关头，毛柏生伸出了援手：戴良耜、王美龄夫妇把 3 个孩子，即戴素琴、戴素金、戴秉衡托付给毛柏生。毛柏生把 3 个孩子带到离常熟古城八九千米，方位在古城东南方的淼泉。毛柏生再把 3 个孩子交付给一个大户人家，吃住全由这家人家包了下来。当然，费用是由毛柏生与大户人家商定，并由戴良耜承担，不必让孩子们费心了。时值盛夏，所带衣服也不用多，孩子们又各自带着自己喜欢的书籍，大家权当来到乡间避暑了。

然而，水乡淼泉毕竟不是意想中的世外桃源。上海发生"八一三"事变后，日机已飞抵常熟古城投掷炸弹了，淼泉的老百姓竟经常昂首仰望常熟方向的天空，而戴素琴、戴素金、戴秉衡则可谓时时牵挂父母和弟、妹及奶奶等人的安危了。

8 月 23 日清晨，戴家姐弟 3 人早早就发现日机在常熟古城上空盘旋了，他们 3 人同时脱口而出："不好，今天日本鬼子要投掷炸弹了！"因为在这天之前，日机已在古城掷过一次炸弹了，他们似乎有了预判的经验了。戴秉衡说："我要回家去！"大姐素琴说："不能回去，太危险了！"戴秉衡不依不饶，说："爸爸妈妈难道就不危险？"说完，他大步流星地往常熟古城走去。

戴秉衡知道，只要往虞山方向走，就能找到家。可是，当他沿着一条河塘往东走了不久，就看到日机开始向常熟古城掷炸弹了！远远看去，浓烟滚滚，火光冲天，他想到今天不知有多少人会死于鬼子的炸弹，不知多少人的家会毁于鬼子的炸弹，他又想到父亲、母亲、弟弟、妹妹，还有奶奶，他真不敢再想下去了！仇恨的思绪在他的脑海里翻卷，他加快了脚步。又隔了一会儿，他看到有四五架飞机与日机开展了空中搏斗，机枪的火光如毒蛇芯子一样不断伸吐，他不由得又加快了脚步。就在他快到梅塘的木桥时，看到梅塘西岸上大批市民拖儿带女地从古城方向朝梅李方向浩浩荡荡地拥过去。这使戴秉衡大惑不解，这究竟是为什么啊？过桥之后，戴秉衡竟逆着人的潮流向城里奔去。他不断地与人碰撞，不断地向人打招呼"对不起"。就这样，他花了3个多小时，赶到家里，父亲、母亲看到他又是满头大汗，又是大花脸的样子，可谓惊喜交加。然而，父亲又埋怨他不该鲁莽，戴秉衡委屈地哭了："我是怕见不到你们了！"母亲见状也不停地抹眼泪，并把秉衡抱在怀里，用手给他擦眼泪。至此，父亲又改口道："傻孩子，我们不是好好的吗！"原来，当日机来掷炸弹时，父亲带领全家人躲到小石楼底下去了，石楼毕竟坚固，比较安全；父亲又告诉他，塔前小学被炸掉了，大火殃及启甲爷爷的房子，瞿家大宅至今还在燃烧，可惜啊！

戴秉衡在母亲的呵护下，洗完澡，吃完中饭，便在父母的安排下重回淼泉。他本不愿再去淼泉，无奈父母执意要他再去淼泉，因为素琴、素金不仅正在担心他的安危，而且也不知道父母和弟、妹的情况呢，这才叫"家书抵万金"哪！临行前，父亲又告诉戴秉衡：迫于战时局势，常熟县立中学已从西门大街搬到王庄去了。常熟县立中学校长顾念儒与戴良耜相熟。虽然戴秉衡没有考取该校，校长说现在国难当头，让孩子有书读为排难之要，况且目前学生还招不满，所以不仅戴秉衡可以去上学，戴素琴、戴素金也可以从淑琴女子中学转学到常熟县立中学去，这样姐弟3人也便于互有照顾，而学费问题也由戴良耜安排妥当了。

正当戴秉衡他们姐弟3人按父亲的吩咐兴高采烈地准备从淼泉乘航船①赴王庄去常熟县立中学读书时，不料大姐素琴突然脚痛发作，素金、秉衡只能悻悻然地从淼泉坐航船穿过尚湖②，再入泄水河道，抵达王庄，并按父亲的安排借住在陈念棣家。戴逸先生在2018年1月17日接受采访时记忆犹新地对笔者说："陈念棣比我大10来岁，当时就表现出强烈的进步倾向，每天都带领我们高唱进步歌曲，爱国热情高涨。后来听说他参加了新四军，皖南事变被捕后在上饶集中营时期是组织赤石暴动的主要领导人。后率军赴朝参战，回国后任总后一部门领导人，授大校军衔，为中国革命做出了重大贡献。可惜后来未能谋面，未能感谢他当初对我们姐弟的关照、帮助，这是颇为遗憾的。"

---

① 常熟乡间与县城或乡间集镇之间定期从事运输业务的帆船。

② 相传周代名相姜尚即姜子牙为避商纣王陷害而在此湖垂钓，故得名。

1937 年 11 月 13 日清晨，侵华日军在常熟境内东从白茆塘高浦口起，中至徐六泾口，到西至梅塘的野猫口登陆，烧、杀、奸、淫、掳、掠无恶不作，常熟城乡陷入极度惊恐之中。就在这天上午，戴良耜带着全家人租船赶到森泉，接上大女儿素琴，又赶回常熟，沿护城河穿过尚湖抵达王庄，再接上素金、秉衡；由于原来的船主不愿再西进，只能重新包租了一条船，准备奔赴南京，投奔 87 师师长王敬久。

在戴秉衡的记忆里，此时开展了一场"西进？北上？"关乎戴良耜前程乃至全家人安危的重要讨论。原来，这时有位名叫"小九子"的苏北人恳求戴良耜带他逃出常熟，抵达安全的地方。小九子认为：戴良耜这时去投奔王敬久中将很不合适。小九子掰着手指给戴良耜他们分析："第一，王敬久将军请你当他的军需官，那是 87 师于'一·二八'事变后驻扎在常熟，有两年时光，良爷（小九子称戴良耜为良爷），你那时有权、有势、有钱、有人脉，正是 87 师军需官的合适人选，而现在良爷是一介难民，一无所有，王敬久绝对不会聘你当军需官。第二，日军进攻南京，在发生'八一三'事变时吹嘘，说只需 3 个月就可占领南京，现在虽未实现，但可以说是指日可待的。这就是说，王敬久自身去向如何都不清楚，他聘用了一个非军事人员当官，用得着吗？第三，王敬久聘用的，不是一个人，是一大家子，孩子就有 8 个，而大敌当前，战事在即，王敬久会背这个包袱吗？"小九子一番话，可谓有理有据有节，说得戴良耜心服口服，这才叫"当局者迷，旁观者清"。那逃难又该向何处去呢？小九子又如数家珍地说开了："向东，如今去上海，犹如飞蛾扑火，去不得；向西，去南京，与日军同向，日军快于难民，犹如羊入虎口，也去不得；向南，去太湖，一是生活不便，二是日军早晚要去占领；唯有北进，这里相对江南来说要贫穷些，日军的进攻战略还无暇顾及，其中去南通常熟人言语不通，去泰兴则与江南几无差别，是个好去处！"于是，戴良耜与船家商议谈妥：先到江阴，乘夜色日舰不出动时渡江，江阴处长江相对狭窄，渡江容易些。就这样，戴良耜带领全家人平安抵达泰兴境内，最后在民风淳厚、古色古香、与常熟差别无几、一番太平景象的黄桥镇一大户人家借住下来，小九子也在对戴家一家人的感恩戴德声中珍重道别。

就在戴家人于黄桥住下不久，日军在南京大举屠刀，制造了震惊中外的"南京大屠杀"事件，戴良耜及全家人庆幸未去南京，逃过一劫！然而，戴良耜身在黄桥，心系常熟，原因就是长此以往，岂非要坐吃山空？再者几个孩子的学业、前程非要耽误不可！几经打听，得知常熟已成立了伪政权，日军在常熟的兵力驻守不多，局势已进入稍微平缓状态。于是，戴良耜又找来船只，把眷属和孩子送到常熟县沙洲南丰镇①一朋友家里，自己则只身从黄桥赶到南通，再搭乘轮船抵达上海去探路，看看能否在公共租界地盘上容身、做事。戴良耜早就知道瞿启甲先生在上海爱文义路紧靠哈同花园的地方有住所，便以瞎子摸象的办法前往打探，果然在爱文义路1290号二楼找到了启甲先生和他的三公子凤起（比戴良耜大一岁），可谓：劫后余生，他乡重逢，师生相识，兄弟相认，宛若再世，感慨万千！启甲先生说到铁琴铜剑楼藏书楼幸未被日机炸弹击中，而前厅、中厅和生活起居住地及常熟城里房舍均已化为灰烬，然人员均逃过一劫。而戴良耜则简要通报了逃难历程，大家都为双方家人安康额手称庆。

此时，戴良耜提出了一个重要问题求助瞿启甲先生：家里孩子众多，女孩素琴、素金已出落成大人了，沦落在敌占区很不安全；况且读书也很成问题，尤其是秉衡没有书读更成全家的心病，希望在上海人脉厚重的先生帮助良耜觅得住处，以解戴家燃眉之急。

瞿启甲当即通过朋友为良耜租下了爱文义路1295号实则为弄堂骑街楼约有60平方米的房子。其时，江苏、浙江、安徽乃至上海郊区约有50万难民因日军侵华而拥入上海租界，上海真正是一房难求！启甲先生对戴家的关爱，戴良耜称"没齿难忘"乃实情也！

于是，戴良耜急忙从上海坐轮船赶到沙洲南丰，做出如此安排——戴逸先生于2018年1月17日回忆道："素琴、素金、秉衡、小妹素莲随父亲去上海。为减轻母亲的负担，外婆派舅舅来南丰接走了弟弟秉炎去了周行，住在外婆的亲戚家。这家后来出了一个著名学者孟丽秋，她于1998年被聘为德国慕尼黑工业大学C4级终身教授及该大学航空摄影测量和地图学研究所所长，慕尼黑工业大学土木工程学院院长，并兼慕尼黑工业大学主管对外交流副校长，德国科学院院士。"戴先生还说："孟丽秋的奶奶是我母亲的侄女，两人辈分虽为母女，但情同姐妹，孟丽秋对我也十分亲近，经常来探望我，亲切地称呼舅爷爷。"戴先生插叙完这个情节，

---

① 今属张家港。

言归南丰逃难思绪说:"母亲则带着另外 3 个弟弟又回常熟,依然住进了归家大院原来的住宅。"

1938 年春天来到了。坐在去上海的小火轮上,河道两岸草长莺飞、桃红柳绿,碧水潺潺,江南春色尽收眼底,可戴秉衡心里一点也快乐不起来!对大上海是心仪已久了,可是母亲不去上海,离开母亲是有生以来从未有过的,心里不仅是牵挂,而且更是一腔惆怅,犹如古诗所言:"剪不断,理还乱,是离愁,别是一般滋味在心头。"不过,再愁也没有办法,幸亏有两个姐姐相伴,有说话之处,有商量之人,至于父亲对自己严肃有余,但总体来说是对自己关爱有加、寄予厚望的,因而纠结的心也渐渐解开了。隔了一会儿,火轮进入了阳澄湖,戴秉衡吃过阳澄湖大闸蟹,但他不喜欢,因为吃起来太麻烦了,他觉得还是吃母亲做的红烧肉来劲,不,最好是蹄髈,有肥有瘦,肥而不腻。正在他想入非非之时,大姐塞给他一包麻片糕,说是当点心的。吃完点心,在小火轮"嗡、嗡、嗡"的轰鸣声中,戴秉衡打起了瞌睡,直到被一阵又一阵的臭气熏得直恶心时,睁开眼睛一看才见河道两边错落有致的楼房矗立着,楼里已有灯光闪烁。父亲告诉他,轮船已进上海多时,臭气冲天的河道叫苏州河,轮船很快会停靠在老闸桥船码头。戴良耜一行人等上得岸上,就叫了 3 辆三轮车,其中一辆车装被褥行李并殿后,戴良耜、戴秉衡的车领头,3 个女孩的车居中,小妹由两个姐姐轮流抱着,时间不长就直抵爱文义路 1295 号宅第,仓促住下,一夜无话。

不久,小妹成天哭哭啼啼吵着要回常熟见母亲,戴良耜无奈之中只能托熟人把素莲捎带了回去;素琴、素金则进了上海爱国女校读书,后来分别进入麦伦中学 ①、市西中学教书,素金的经济条件更好,对父母资助更多。戴良耜看中了孤岛里生活物资紧缺,尤其是大米紧张,先后发生多次抢米风潮,于是与人合伙做起了在常熟与上海之间贩运大米、捎带货物等的不定期、不定班的运输生意。据戴逸先生回忆,贩运大米风险很大,但利润丰厚,主要操盘手是母亲王美龄。常熟福山他人有次一船大米竟全被日军没收,以致血本无归。面对这种艰难局面,尤其在男权主政、视妇女为女流之辈的封建社会,并不识字的王美龄还是一个小脚女人,走路都是一步三摇的,要靠她一个人独打天下,在常

---

① 在虹口区,新中国成立后改名为继光中学。

熟组织起资源，先要找到米源，还要有本领验大米成色、水分，再组织人力装卸，物色船主，打通运输关节，由盛产大米的低乡即唐市、横泾、任阳等地用小船运到福山，或浒浦，或徐六泾，或白茆塘口高浦，再把大米驳运到较大的船上，通过长江经吴淞口进入黄浦江，最后由戴良耜及合伙人负责销售——这条运输线虽然比内河运输路途远，但相对来说还比较安全；从常熟到上海的内河运输，虽路途比长江航路近一半，但沿途兵匪横行、关卡林立，说不定随时随地可能冒出一拨盗匪，把全船的米都抢走了！因而从事这番生意完全是一个现代术语谓之的"系统工程"，可王美龄就是做到了！所以，戴逸先生说到母亲的这段往事时不由得如此赞叹："不仅是善良、能干，而且是一个厉害的角色，旧社会码头上的人，是好惹的？搞运输的船主，不搞黑吃黑能混的？可都被母亲王美龄摆平了！她是我们家的一棵大树，是全家的顶梁柱，也是掌管钱财的一把手！"

自从逃难进入上海之后，戴秉衡亲眼所见，两位姐姐开始读高中了，功课重、作业多，她们无暇顾及自己，因而颇感郁闷；父亲除了朋友应酬，启甲爷爷派人把他叫过去说是有事外，已与朋友搭伙从常熟贩运大米到上海来卖，他对自己似乎也不管不顾了，于是有一天戴秉衡向父亲提出要到"大世界游乐场"去玩，不料不仅遭了一顿剋，还受到了"约法三章"之管束，这是从小以来始终未有过的：一、不准一个人上街去玩；二、每天要练字10张九宫格，一张不合格，加罚5张；三、秋天必须考取中学，所以从现在起就要复习功课，做好准备！戴秉衡听了父亲的训诫，虽心有不甘，但也没有办法，于是便说："可以到爷爷那儿去吗？"爷爷是指瞿启甲先生，父亲脱口而出："当然可以！"就在"约法三章"之后的一个星期天，戴良耜竟带着3个孩子去玩了一次"大世界"，还在西藏路上一起吃了一次"南翔小笼包"，富于观察力的戴秉衡半年多来第一次看到父亲终于有了笑脸，便喜不自胜地说道："天晴了！"两位姐姐问他说什么，戴秉衡努一努嘴说："今天天气真好！"姐弟仨会心地笑了。

但是，对戴秉衡来说，在上海能有笑声的时候实在少之又少，而不快甚至时时感到剜心之痛的事接连袭来。就在他到达上海不久，母亲托人带口信说，表哥吴田浦（又名天朴）被日寇枪杀了！经秉衡追问父亲后得知，吴田浦是国民党游击队的首领，他专门组织队伍在南京周围打击日寇。在他与伪军谈判扩军时，被伪军出卖，以致惨遭枪杀。又过了不久，母亲再次托人传话说，堂兄戴秉钟因参加新四军部队被抓获，被日本宪兵严刑拷打后枪杀在北郊的半巢居；另外两个堂兄戴秉桐、戴秉荣也受到株连，被捕入狱……

面对惨烈的国难家仇，戴秉衡内心充斥着对日寇的满腔仇恨，并不断问自己该怎么办。

从此，戴秉衡的生活步入了正轨，每天几乎是"老三样"——写字，复习小学的功课，读古文、诗词，不懂的地方径直去向启甲爷爷请教。在启甲爷爷处，他有问不完的问题，聊不完的话题，这成了戴秉衡在上海最大的乐趣所在。

在上中学前的近半年时间里，戴秉衡觉得有三件事是值得记叙的：

一是不久前的一天家里来了两位客人，常熟的诗人杨无恙和他的小妾，是启甲爷爷让他们投奔父亲的。启甲爷爷不仅在常熟是名人，即使在上海，文化界也有很多朋友。国难当头，只要有人求助启甲爷爷，他总会伸出援手。遵照启甲爷爷的嘱咐，父亲不仅给杨无恙他们配备了床铺等生活必需品，而且把一个大房间隔成了多个小间，因而只要有朋友来，这里也就成了他们的避难之所。连启甲爷爷的儿子瞿济苍来上海探望父亲时也住在戴家。这也可见戴良耜之为人。当然，令戴秉衡高兴的是经常可以向杨无恙先生请教古诗词了。后来才知，杨无恙先生出身于常熟恬庄名门，著名诗人，曾任吴佩孚、张学良幕僚的杨云史先生及戴秉衡的恩师杨毅庵先生与他是堂兄弟……

二是启甲爷爷看到戴秉衡对文史实在是太喜欢了，于是把从其父辈就开始编纂刻印成足有一尺半高的线装书《铁琴铜剑楼藏书目录》馈赠给他，让他笑逐颜开、心花怒放。也正是启甲爷爷的厚重大礼，启迪了戴秉衡的藏书念头，从此才有了他人生旅途中的3次藏书经历。

三是在启甲爷爷处拜识了徐兆玮先生。对戴秉衡来说，徐兆玮的大名可谓如雷贯耳，可从未谋面过。他早就知道，徐先生是光绪年间进士，后又赴日本留学，是同盟会会员，民国元年与瞿启甲先生同时被选为第一届国会众议员，在曹锟贿选总统时两人拒贿南归，除研究红学外，对中国的诗词歌赋尤其是江南文化艺术几乎无所不知、无所不晓，因而戴秉衡对其真是久仰之至。所以，当启甲爷爷告诉他眼前的先生就是徐兆玮爷爷时，戴秉衡忙不迭地双膝跪地，便要磕头，被哈哈大笑的徐爷爷拦住，连连说："不作兴了，不作兴了！"随即启甲爷爷向兆玮爷爷简要介绍了戴秉衡喜欢文史的情况，这使兆玮爷爷对戴秉衡顿生好感，遂在吃完午饭后决定带戴秉衡去卢湾自己的住处一玩。戴秉衡心里是很愿意去观摩学习的，无奈父亲曾交代不许乱跑，因而当他面有难色时，启甲爷爷说会派人向他父亲通报的。于是，一老一少搭上了一辆三轮车，径直去了卢湾的兆玮爷爷的住处。

启甲爷爷曾告诉戴秉衡，戴秉衡的父亲与徐兆玮爷爷是相熟识的，徐爷爷的大公子还是常熟县钱粮东柜的胥员，是戴良耜的下属；不过，徐爷爷在常熟东乡何市有房宅地产，他靠近700亩田地的租金度日；他最擅长的是记日记，徐爷爷的日记已记了40多年了，那是一部百科全书式的教科书，弥足珍贵！

现在，戴秉衡要亲眼看看，在启甲爷爷眼里"弥足珍贵"的日记，是怎么记的、怎么保存的，日记有什么用处，记日记的要诀是什么，等等。戴秉衡看到，在兆玮爷爷的书房里，真正是琳琅满目：上海租界里的各种报纸，还有英文的、日文的；各种杂志，以文艺的居多，有武汉的、重庆的，甚至香港的；各种书籍，有线装的、平装的、精装的；一台三灯收音机，兆玮爷爷说是在"七七事变"后托人在上海买的，日军侵占常熟时他逃难到了无锡，躲在鼋头渚附近的工厂里，后来又转移到了上海，其间身边一直带着这台收音机，借此收听新闻，记录时事，以记日记。兆玮爷爷告诉他，记日记第一位的是真实，各种材料上的东西如报上的、杂志上的、书本上的、收音机里广播的，需新鲜，但更要真实，你耳闻目睹的要鉴别其真伪，鉴别其重要与否，这样记下来的东西才能有价值、有生命力，才能成为历史材料。

据启甲爷爷说，兆玮爷爷日记所涉猎的范围非常广泛，如诗词歌赋、传闻野史、名人逸事、对联谜语、小说历史、随笔杂记、集句唱和、诗话文征、考证释义、地方掌故、重大时事、政治变故、钱粮税赋等都有所涉及。尤其对常熟地方的资料、史料、掌故逸闻、名人奇事他都留心收集，如日军侵占上海、常熟的情况，几乎每天都有。此外，从清末至民国时期的政治、经济、军事、社会、教育、文化、出版、民风民俗等都有他的观察、分析、记录。所以，有人说他的日记是常熟的一座文献宝库。

时光荏苒。2003年清明，在戴逸先生回常熟扫墓时，已任国家清史编纂委员会主任的戴逸先生特地来到常熟海虞南路的常熟图书馆看看究竟是否藏有《徐兆玮日记》原稿。如有，将如何组织出版？——他要以此为国家清史编纂委员会探索文献丛刊、档案丛刊、译著丛刊等的编辑、出版之路。果不其然，当常熟图书馆的几位领导人毕恭毕敬地把《徐兆玮日记》的原件呈送到戴先生面前时，老人的眼睛放出了光芒，他喜不自胜地说："太好了，太好了！"他花了3天时间仔细翻阅了徐兆玮日记，并深沉地向他的小同乡诉说当年他去徐兆玮住地参观徐兆玮记日记之现场。他还说，启甲先生评价徐兆玮的日记不仅是常熟，而且是江南的一部风俗、文化史诗，它从晚清开始，直至兆玮先生于1940年春夏之交去世为止，弥足珍贵！戴先生交代：作为国家清史编纂工程的组成部分，除了编纂清史，还要编辑、出版文献、档案、研究、编译、图录丛书，这是一个宏大的工程。常熟图书馆能完整保存《徐兆玮日记》294册，是一件大好事。现在要做好准备，把日记录入电脑，做好标点工作、校对工作，关键是古文难懂、标点不易，打算请一位专家来指导大家的工作。当时担任常熟图书馆副馆长的李烨全力担当起了此项任务。

2003年7月18日，受戴逸先生的委托，中国人民大学清史研究所教授、博士生导师张研带领3名博士生以"国家清史编纂委员会文献部"名义专程抵达常熟，实地考察了《徐兆玮日记》的真实性、完整性及其文献的史料价值，然后请常熟方面的文史专家吴正明、钱文辉①、曹培根、包岐峰、李烨、吴恺、蒋秀华参与评估论证，得出了肯定性的结论意见。随后在2004年7月举办的全国文献、资料、档案出版工作的专家评审会上，经过激烈的讨论、争辩，当所有项目在严格的筛选中淘汰了三分之二的情况下，《徐兆玮日记》却以绝对的优势顺利通过专家们的严格审查，确定由国家批准立项，并于9月29日由戴逸先生代表国家清史编纂委员会、李烨代表常熟图书馆在《国家清史纂修工程项目合同书》上签下各自名字。所幸的是，这是国家清史编纂委员会历史上为文献、档案、研究、编译、图录"五部丛刊"签的第一单合同！一家县级图书馆能承担国家级清史纂修工程项目，《徐兆玮日记》得以列入国家工程的出版计划，应该说戴逸先生是起了很大作用的。

从2004年9月开始，常熟图书馆"国家清史工程项目组"在新落成的书院弄新址进入实战阶段。《徐兆玮日记》通篇是文言文，第一块硬骨头，是啃通文言；

---

① 钱文辉，常熟人，毕业于北京大学中文系（1955—1960），后任教于北京通县（现北京市通州区），20世纪80年代回常熟任中学教师，现为常熟文史专家。

全文没有标点，需用新式标点符号断句；徐文是手写体，有些字的字迹甚为潦草，许多字又是草体，还有异体字，辨认犹有难度；徐文中又用了许多常熟方言乃至土话，方言土话与汉语古文相混用，推敲起来颇为繁难；外国的人名、地名译法和外文与当今通用外文发生了变迁，需特别处置……面对如此众多繁杂的难题，唯一的办法是通过所谓"诸葛亮会议"争论、商讨，查遍了所有能用的词典、字典，甚至造字，然后进入项目流程：毕业于南师大中文系古文献专业的苏醒啃第一道硬骨头——把日记加上标点符号即断句后输入电脑并打印；担任常熟图书馆古籍部地方文献征集办公室主任的吴恺对打印件做第一遍校阅；时任常熟图书馆副馆长、"国家清史工程项目组"组长的李烨进行第二遍校阅；毕业于南京新闻出版学院的王曦红负责在电脑上做进一步修改。

对《徐兆玮日记》出版有深谋远虑的戴逸先生，在项目启动时就想到了常熟方面可能会遇到众多困难，于是聘请上海古籍出版社刚退休的社长、古籍专家魏同贤先生担任常熟图书馆"国家清史工程项目组"顾问。魏同贤先生专程从上海来到常熟，他实地考察了项目组全体人员对《徐兆玮日记》的出版编校水平后予以了充分的肯定；然后双方又签订了工作协议，约定了双方的权利、责任、义务，协议特别约定：魏同贤对《徐兆玮日记》的出版拥有署名权，即在日记出版物的点校工作者名字中享有署名权。按国家《著作权法》的释义，署名权即在作品及其复制件上标记姓名的权利，而不管这种标记出于什么目的。这就是说，魏同贤先生享有在日后出版的《徐兆玮日记》上的点校署名权，当然魏同贤也应承担相应的责任，如一旦出现重大质量问题，魏同贤的声誉将会受到影响。常熟图书馆与魏同贤的协议是经国家清史编纂委员会文献部、出版部备案认可后开始施行的，实际是经过此项目的策划者戴逸先生认可后实施的，戴逸先生与魏同贤先生约定：顾问费为人民币1万元，由国家清史编纂委员会承付。顾问费1万元的付出，是对600万字书稿点校责任的承担，读者见此约定可能会不忍耻笑：这也太廉价了吧！然而，戴逸先生当时就是这样开价的，魏同贤先生也是这样毫无还价地笑纳的，这就谓：君子之交淡如水！接下来是李烨带着日记的点校稿及《徐兆玮日记》原稿的复印件送至上海魏同贤先生处，魏先生遂逐字、逐句、逐页地对照审稿……春来暑往，时至2007年5月，常熟方面如期完成了整理工作，并向国家清史编纂委员会交呈了完稿。2007年11月8日上午，国家清史编纂委员会文献整理项目《徐兆玮日记》结项专家评审会议在常熟图书馆报告厅举行，出席会议的专家学者有项目评审专家魏光奇等 5 人，清史编委会项目中心、清史编委会出版组、清史编委会文献组的代表 6 人，常熟方面出席的是日记整理项目组成员李烨、吴恺、苏醒等及有关领导共 21 人。会议一致肯定了常熟图书馆项目组成员的成绩，专家在评审鉴定书里既肯定了成绩，也提出了一些修改意见。经过认真审议，最后通过了项目评审。然而，常熟的这一项目在进程中几乎夭折！2018 年 6 月 18 日，时任常熟图书馆馆长李烨告诉笔者，就在常熟《徐兆玮日记》整理项目通过专家评审不久，清史编委会项目中心领导成员发生了变动。常熟图书馆《徐兆玮日记》整理项目是国家清史项目中的第一个项目，立项时确定的印刷体是汉字简体字，这在项目主项的合同中是有明确定论的。但在整个清史编纂工程启动且有不少项目陆续在后来进入印刷阶段时，清史编纂委员会最后决定清史编纂工程所有文字采用汉字繁体字印刷。国家清史项目中心通知常熟方面：要出版《徐兆玮日记》，必须与清史编纂工程文体协调一致，常熟方面需重新整理一遍；如不整理，项目终止结束。常熟方面原项目组成员已各奔东西，有了新的岗位，如项目组长李烨已调任市博物馆副馆长了，不可能专为此项任务再调回图书馆，于是《徐兆玮日记》的出版就此搁浅了！时光在匆匆流逝，处于焦虑彷徨之中的常熟有关人士，他们不忍为此去给处于日理万机中的戴逸先生添麻烦，他们只能苦心孤诣地祈求上苍的垂青了。天无绝人之路！终于有一天戴逸先生突然问起，为什么不见《徐兆玮日记》出版的样书？学术秘书询问后向他讲述了原委，也说要常熟把日记更改为繁体字是执行编纂委员会的统一规定。戴逸先生说，历史上还有"萧规曹随"的故事呢！常熟方面整理《徐兆玮日记》采用简体字是我们清史项目组定的，这事在前；后来我们又规定统一采用繁体字印刷，这事在后。怎么可以用后面的规定让人家去更改前面已经完工的工作，况且还不是件举手之劳的小事！还是实事求是吧！《徐兆玮日记》用简体字印，在整个清史编纂工程中只是一件小事，无伤大体，不是正史，更不是错误，建议项目组就以简体字印了吧！于是，六卷本、全书 600 万字的《徐兆玮日记》作为清史编纂工程的文献丛刊之一，在 2013 年 9 月由黄山书社出版。主持这项工程的李烨在 2018 年 7 月 14 日致函笔者说，《徐兆玮日记》正式出版时点校者的署名中竟遗忘了魏同贤先生的大名，这是一件憾事，他应向魏同贤先生道歉！向魏同贤先生的在天之灵致歉！（魏

先生于 2015 年 6 月 23 日病故，享年 86 岁）

近代史家公论，晚清官员中有 4 部日记在近代史上有重要史料价值，即王闿运①的《湘绮楼日记》、李慈铭②的《越缦堂日记》、叶昌炽③的《缘督庐日记》、邑人翁同龢的《翁同龢日记》。鉴于翁同龢的显赫地位及其在晚清政治中的重要性，翁同龢的学生、商务印书馆总裁张元济在 1925 年石版影印了《翁文恭公日记》，市面上一时洛阳纸贵，不断再版。至 1970 年，台湾出版了印刷体的竖排繁体字本。在 20 世纪 80 年代中，北京中华书局遵照戴逸先生的建议并参考戴先生从日本京都大学复印的资料，出版了陈文杰点校的简体字本，另附翁撰《军机处日记》，历时达 10 年之久。常熟文史专家仲伟行女士善古文、工书法，在进行翁同龢研究时发现，无论是繁体本抑或简体本的《翁同龢日记》，都存在不少错误，原因是把《翁同龢日记》从影印件点校整理时未能把握好翁氏草书的正确识别，以致草书转繁体、繁体转简体时出现一讹再讹。仲伟行经与翁万戈先生联系并取得支持后，遂开始"《翁同龢日记》勘误"研究。后因工作单位变动等原因，仲氏《〈翁同龢日记〉勘误录》虽历经磨难但无处出版。在万般无奈之中，仲氏投书向戴逸先生求助。戴逸先生即指派清史纂修工程办公室主任在赴沪出差期间专程抵达常熟会见仲伟行女士，随后上海古籍出版社又指派专人在常熟与仲伟行做了沟通联系，并将《〈翁同龢日记〉勘误录》在上海古籍出版社正式出版。仲伟行女士感动地称戴逸先生犹如活菩萨，有求必应，有求必成。这种关怀爱护后学的大公无私精神，是难能可贵的。④

更有资料显示，翁同龢后人翁万戈先生针对古文草书影印本《翁同龢日记》在点校整理成繁体字本、简体字本过程中因草书辨认不准、古文断句不确等存在问题，亲自主持再次以《翁同龢日记》原稿为准，又参考多种版本，重新做了点校补充，由上海中西书局于 2011 年 12 月出版，时称日记精校本。

---

① 王闿运（1833—1916），湖南湘潭人，咸丰年间举人，晚清经学家、文学家，曾任曾国藩幕僚，后任清史馆长。
② 李慈铭（1830—1894），浙江会稽人，光绪六年进士，晚清文史学家、藏书名家。
③ 叶昌炽（1849—1917），浙江绍兴人，光绪年间进士，曾任国史馆总纂官，晚清文献学家，收藏家。
④ 仲伟行与笔者的谈话，2017 年 10 月 30 日于常熟方塔园。

令人感动的是，鉴于 2000 年 3 月翁万戈先生与上海图书馆为"翁氏藏书"①回归祖国期间的精诚合作（以 450 万美元从嘉德转让入藏），翁万戈决定于 2015 年将47 册《翁同龢日记》稿本无偿捐献给上海图书馆。至此，享誉史坛的《翁同龢日记》的源头，终于回归祖国。

有文史专家这样评论："晚清四大日记中，常熟已占了一部，现在徐兆玮的日记也出版了，一个县级市有这样两部个人日记受到重视并由国家出版社正式出版，在中国恐怕是绝无仅有的，这也可以作为常熟这座国家级历史文化名城人文荟萃的一个例子吧！"②

苏轼诗云："人生到处知何似，应似飞鸿踏雪泥。"凭着 65 年前儿时的记忆，身为国家清史编纂委员会主任的戴逸先生竟为探得庐山真面目，在常熟图书馆内对徐兆玮当年的日记静静地、细细地翻阅了 3 天。而当时正是清史编纂委员会刚宣布组建不久，大大小小、粗粗细细、多多少少繁杂的事务在他面前、背后排队等待着，可是他竟在常熟图书馆里精读了 3 天《徐兆玮日记》！这是为什么？为清史的文献出版探索道路，为常熟的文化事业探索发展道路。用得着清史编纂一把手如此劳神费力吗？必须如此！没有调查就没有发言权！

这就是戴逸的学术作风！举轻若重、一丝不苟的学术作风！

近朱者赤

有一次戴先生与笔者交谈其初中学习生活时说："在苏州中学沪校读初中三年，由一名试读生到成绩在班上名列前茅，变化之本一言以蔽之——近朱者赤！"停顿了会儿，他又郑重地说道："少年时期尚未确立正确的世界观，交朋友好坏不分，香臭莫辨，容易上当。所以，近朱者赤，近墨者黑，是人生的经典语句！"

那么，戴逸先生如此经典的人生感悟，在 80 多年前是怎样演绎出来的呢？

1938 年 7 月间，时时关注戴秉衡准备报考中学的戴良耜与邻居瞿启甲先生几

---

① 1948 年翁万戈把翁家天津藏书和文献转移至上海，后又运往美国，藏于普列汉沙洲莱溪居翁万戈宅。

② 曹家俊：《徐兆玮日记出版经过》，《常然史志》（总第 13 期），2014 年。

乎同时在上海公共租界内发行的报纸上看到了一条启事：苏州中学在沪复校，复学者、报考者可至福州路 53 号威利翰大厦办理相关手续。

戴良耜立即带着儿子秉衡赶到瞿启甲先生家里，启甲先生说他也注意到苏州中学在沪复校的消息了，连连说："大事，要事，好事！"这弄得戴良耜、戴秉衡父子有点丈二和尚摸不着头脑，秉衡向爷爷靠近，启甲爷爷摸着秉衡的头，说道："秉衡要更上一层楼了！"面对父子俩惊诧的眼神，启甲先生徐徐讲开了。

距今 900 多年前的北宋景祐年间，后来因写"先天下之忧而忧，后天下之乐而乐"而名闻天下的范仲淹到苏州任知州，他做了一个大胆的决定：把文庙（兼有祭祀孔子、传授儒学功能的学庙）与州学（州府办的教学之地）合而为一，称"苏州府学"，其办学之地即后来的苏州中学也！别小看这一合并，因为文庙即孔庙是无人敢碰动的，所以这是中国历史上把文庙与州学合并的第一次！范仲淹还把当时最有名的教育家胡瑗请来任教，声名远播，以后更是名人辈出，如明代江南四大才子之一的唐寅，清代最为渊博、专精的学术大师钱大昕，著名诗人沈德潜，帝师翁心存，状元、两代帝师翁同龢，等等。

如数家珍的启甲先生更是神采飞扬地给戴家父子讲起了苏州中学历史上脍炙人口的"三元坊"的故事——

在清代雍嘉年间，苏州出了一个读书郎，名钱棨（1734—1799）。古代科举考试先要经过县试、府试、院（贡）试，3 次合格才能成为秀才。而钱棨则连得 3 个第一，此称"小三元"。后来，经过多时磨炼，钱棨再试，乡试第一，高中"解元"；进京会试，又得第一，再中"会元"；最后殿试第一，状元及第！中国科举制度从唐朝开始至清朝结束，共产生 638 个状元。在这 600 多个状元中，既中"小三元"，又中"大三元"的仅两人，一是明初的黄观（1364—1402，安徽池州人），另一位就是钱棨，这是中国科举史上仅有的两个"六首状元"！

钱棨连中六元夺得"六首状元"，立时轰动朝野。乾隆帝即作《三元诗》以示庆祝："龙虎传胪唱，太和晓日暾。国朝经百载，春榜得三元。文运风云壮，清时礼乐藩。载咨申四义，敷奏近千言。讵止求端楷，所期进说论。王曾如何继，违弼我心存。"大臣们一看皇上亲自出手，便蜂拥而上，朝廷上下掀起了一股颂诗热潮。大名人翁方纲则眼力独具，把这些诗都收集起来，题名为《三元诗集》，刻印出版；苏州府及下辖三县官员当即闻风而动，就在苏州府学东侧为钱棨建造了一座高大的牌楼"三元坊"①，而把御诗《三元诗》及乾隆另写的跋刻拓在苏州府学之中……

启甲爷爷的讲述令戴秉衡对苏州中学心驰神往，而戴良耜则面有难色，说："学校是好，就怕考不上！"可启甲先生则断然决然地说："考不上也要去，试读，试读不成就借读，好学校比什么都重要！"

按启甲先生的嘱咐，戴良耜、戴秉衡父子按时赶到福州路 53 号威利翰大厦为戴秉衡办理了报考手续，并打听到了一些相关情况。原来，苏州中学的全称为"江苏省立苏州中学"，为免得日伪势力干扰破坏，隐匿了"江苏省立"的头衔，改称"苏州中学沪校"。1937 年"七七事变""八一三"事变发生后，鉴于日寇猖狂势力必然攻占江苏的情势，苏州中学时任校长邵鹤亭先生呈函省教厅准许，筹备内迁之时，苏南沦陷，功败垂成。不甘忍辱、誓为国家培育栋梁之材的苏州中学一批回沪教师，经过互相联系，议决在沪公共租界恢复苏州中学。是时，邵鹤亭校长已在渝供职教育部，在渝省教厅改委童致旋任校长，带领一批教师假公共租界福州路 53 号即招商局大楼（威利翰大厦）三、四、五层复校。当时参与筹划并复校成功的教师为汪毓周、王刚森、杭海槎、夏蕴文、徐镜青、张贡粟、凌廷堡、袁仲丞、周候于、钱兆隆等。②

果然不出启甲爷爷所料，尽管戴秉衡由于算数不及格，未能正式录取，但他的语文成绩很好，尤其是作文深得教师青睐，最后准许以"试读生"身份进入苏州中学沪校就读。据校方说，当时的复校生、插班生、初高中新考生报名者有近千人，最后正式入学就读的为 800 人左右，共 18 个班级，后最多时学生为千人规模，班级共 20 个。

戴秉衡梦寐以求的苏州中学的学习生活开始了。

戴秉衡在苏州中学沪校读书的最大收获也可谓最重要之点是结识了两位同学：一位是政治成熟、学业优秀的陈心田；另一位是书香子弟、学业优秀的刘谦泰。陈心田活跃、善谈，连高年级的不少同学都是他的朋友。记得入学不久，陈心田

---

① 三元坊是苏州市区中南部一传统地名，位于人民路自新市路至书院巷段，1951 年拓宽人民路时，三元坊牌坊被拆除。

② 见《江苏省立苏州中学同学录》，中华民国三十五年六月印，存苏州市档案馆。文件编号 Z5-1-225。

就绘声绘色地向同学描绘武昌大火，后来又讲长沙大火。他讲得那样投入，那样真切，不知他的材料是从哪里来的。戴先生回忆说，当时对陈心田确有一种崇敬感。后来，皖南事变发生后，班上经常发生争论，陈心田对国民党深恶痛绝，批判的言辞极为激烈。当然班上也有些同学是反对新四军、共产党的，但都辩不过陈心田，往往不欢而散。然后，过几天会再一次出现辩论，因为皖南事变当时是国内的大事件，上海的公共租界名义上归英、美管辖，实际上是由外国人组成、设置于上海公共租界内的最高行政机构——上海公共租界工部局来实行管理，因而国民党、共产党乃至后来的汪伪势力都千方百计地在此活动。陈心田在班上年龄最大，他承担着两项任务：当时学校没有钢琴，也没有音乐教室，可天天高唱抗日歌曲，从《松花江上》到《大刀进行曲》，激起了同学们高亢的爱国热情，而领唱者、组织者正是陈心田；学校也没有体育场，而早操、课间操只能组织同学排成两列在福州路的马路两侧来回整齐跑步，那"啪啪、啪啪……"和"一、二、三、四……"脚步声、口令声及一支整齐的队伍，则常常会引来马路上行人的驻足观望，这是福州路当年的一大景观，而戴秉衡所在班的跑步领队，就是陈心田。整整 3 年期间，陈心田始终乐此不疲，从未有一天懈怠。戴秉衡是时还不到12 岁，他对陈心田与有些同学辩论尤其是关乎皖南事变剑拔弩张的论战，基本听不懂，但他对陈心田平时表现出的正义凛然、刚毅果敢、不畏强暴、不齿阿谀，以及说话时坚定的目光、雄辩的语句、一往无前的精神甚是钦佩，他从心底里认定：这种朋友是值得深交的。

与戴秉衡深交的另一同学刘谦泰长其两岁，为人正派，不苟言笑，虽然家里开着绸缎庄，但毫无纨绔习气，学习用功，各门功课全优，连续 6 个学期成绩全部名列全班第一，还是班长，富有组织能力，用现今时髦语言讲是不折不扣的"全能学霸"。刘谦泰之所以愿与"小常熟"戴秉衡推心置腹地交往，是因为戴秉衡诚恳、踏实、坦诚，没有一点损人的花花肠子。

戴秉衡能与品学兼优的陈心田、刘谦泰走到一起，不仅成为同学且成了好友，纯是一种缘分。陈心田、刘谦泰的年龄分别是初一（1）班的老大、老二，身高也是班上老大、老二，于是座位排到了最后一排。戴秉衡是试读生，虽然个子不高，但因是"另册"中人，只能排在最后，于是坐到了一起。隔了一段时间，3 人关系默契，陈、刘也了解了戴秉衡的底细，就把戴夹在陈、刘之间，一旦发现戴出现开小差，尤其到上午第四节课戴往往不时转头盯看海关大钟的时间的时候，两人之一不是用肢体言语警告，就是用铅笔头"嗒、嗒"敲两声，这样，戴秉衡要想心有旁骛也没了可能。

在塔前小学读书时，戴秉衡在课堂上经常看小说，因而考试时有几门不及格，尤其是算术，三、四年级的基础没有打好，在五、六年级想要攻克"鸡兔同笼"之类的难题是颇为犯难的。到苏州中学沪校读书，所有的功课是新开的。代数、几何与小学的算术几乎没有关联，用算术解"鸡兔同笼"很难，而代数解之则简便易行；化学、物理也是从头开始。所以，戴秉衡从零开始，发奋努力，而文、史等课程又是他热衷的，再加两位年长同学督促其不得开小差，课后又随时随地帮他解开疑难问题，所以第一学期期末他的考试成绩已名列全班中游，后来他信心大增，犹如他读小说中所谓"火借风势，风助火威"，从第二学期开始则成绩始终在班上名列前茅了。

戴秉衡在苏州中学沪校最大的收获是受到了名师最严格、最规范的训练。在当时的上海，苏州中学沪校以名师云集、学风端正、师生团结、积极向上而深得各界赞誉。后人曾做过分析统计，苏州中学的教师几乎人人都有著作刊印。英文教师汪毓周在1929年就出版了《高中英文选》；数学教师王刚森在1913年就出版过《两氏对数表》；语文教师夏蕴文著有《中国小说史》（1927）；徐镜青是著名的古文教师；张贡粟原是东吴大学国文教员，著名科学家钱伟长是其得意门生；凌廷堡1928年就毕业于中央大学英语系；袁仲丞语文教得特别精彩；周候于先生在1930年就出版了《中国历代文学类选》；张仲友著有《教育心理学》；钱兆隆教地理与校长杭海槎教历史一样，是苏州中学沪校的一道风景。钱先生、杭先生给学生上课时，空身一人，从来不带教案，学生也没有课本，先生将两支粉笔往讲台上一搁，再拿起一支粉笔转身在黑板上板书当堂课的讲授题目，然后就开口讲课，不急不缓、口若悬河、滔滔不绝、一泻千里，直到下课。开始时学生有意见，没有讲义，没有课本，怎么学习、复习？可两位先生依然故我，对学生的意见置若罔闻，不理不睬。及至考试，没有笔记或笔记不全的，那就惨了，就是不及格。就这样，两位先生就让学生练就了重视笔记、记好笔记的读书习惯。戴先生感慨地说，及至他到北大读书之后，方知大教授讲课几乎都是这种方法，而最有兴趣的是可到北大图书馆去，可把与先生讲课相关的图书找上几本乃至十几本，对照课堂上的笔记，即可尽情记录、抒发了！至此才深切体会到苏州中学沪校杭海槎校长及多位先生之良苦用心是何其深远也！

在后头的日子里，戴秉衡的心灵受到了一次震颤般的教育，由此他认识到了学生的力量、民主的力量、群众的力量。那是自1939年3月开始，汪精卫公开投靠日寇的消息在上海到了甚嚣尘上的程度，随后是在宁组织汪伪政府的消息铺天盖地。而接下来的另一则消息则使苏州中学沪校犹如在沸腾的油锅里泼了一瓢冷水，整个学校炸开了；校长童致旋被招到了南京，汪伪政府要收编苏州中学沪校！

苏州中学沪校内外群情激愤，集会，声讨，请愿，游行，示威，反汪伪、反汉奸的活动此起彼伏……

稍微平稳之后，学生代表与教师代表联名通电在渝江苏省教厅：坚决抵制校长童致旋在宁的一切活动，民选杭海槎担任苏州中学沪校校长。

杭海槎由此被称为"抗战校长"。正是这位杭校长，紧紧依靠全校教师，凝聚了全校学生火热的心，不畏艰难困苦，把学校苦撑到了1941年12月8日，在日寇进占上海公共租界后，杭校长奉令结束校务，遄赴苏南自由区，在宜、溧间之毫阳，使弦歌重续……

用当今的时髦词语说，戴秉衡当时在苏州中学沪校的学习生活是，辛苦并快乐着！眼看自己各门功课的成绩，天天有进步，开心；感觉自己内心的知识，时时在充实，高兴；班上愈来愈多本来看不起常熟人的同学，喜欢用洋泾浜常熟腔"吾俚（我们）""嫩督（你们）"与自己开玩笑、交谈，深知自己已融入了上海同学的大圈子，踏实。而更让他快乐乃至趣味无穷的是"走近'南社'"课余文学兴趣社团活动。苏州中学的前身苏州府学在清末时期就有"南社"作家（苏州府学教师）以推动学生爱好、发展进步文化为目的的课余文学活动。苏州中学的教师将此活动在苏州中学沪校继往开来，可谓用心良苦！

戴先生曾对笔者说：苏州中学沪校关于"南社"的课余文学社团活动，对他以后为文为史的人生道路，产生了重要影响。

戴秉衡当年按学校里"南社"活动的海报规定的时间、地点去参加讲座时，不料一个教室里竟满满当当地坐足了学生，最后连走廊里也挤满了人，可见同学们反应之热烈。

更让戴秉衡他们震惊的是，主讲教师对"南社"介绍来历、背景等的开场白，立即抓住了学生们的心：

1840 年，英国的坚船利炮，使封闭了几千年的中国封建王朝大门轰然倒塌，列强鱼贯而入。此后，清王朝屡战屡败，屡败屡战，以割地、赔款、租界、开放口岸、单边治外法权等为内容的不平等条约纷至沓来，风雨飘摇、国将不国之境使众多志士仁人奋起探索变革之道。然而，由光绪帝发布御旨、举国关注、世界瞩目的戊戌变法竟在 103 天后因慈禧太后发动的戊戌政变而寿终正寝，但一些善良之士依旧将希望寄予光绪帝的东山再起。时至 1908 年，光绪帝突然莫名殒命，而慈禧太后在第二天亦神秘就木……

世界为之震惊！

中国的有识之士蒙了！

就在此紧接的第二年，1909 年 11 月 13 日（宣统元年十月十日），中国近代史上发生了彪炳青史的一大事件：以"振起国魂，弘扬国粹"为主导思想的进步文化团体"南社"在苏州宣告成立！发起人、主持人是柳亚子[1]、陈去病[2]、高旭[3]。

柳亚子说："请看今日之域中，竟是南社之天下！"于是当时有人如此概括："武有黄埔，文有南社。"

"南社"到底是什么样的团体？其"南"其"社"含义何在？为什么人们对其赞誉有加？

先从"南社"第一次雅集也就是成立会说起。1909 年 11 月 13 日，第一次雅集在苏州虎丘张国维祠（俗称张公祠）召开。赴会的有柳亚子、陈去病、朱锡梁、庞树柏、陈陶遗、沈砺、俞剑华、冯平、赵正平、林砺、朱少屏、诸宗元、林之夏、景耀月、胡颖之、黄宾虹、蔡守，共 17 人，其中 14 人是于 1905 年成立的中国同盟会会员。

---

[1] 柳亚子（1887—1958），苏州吴江人，近代著名诗人，曾任孙中山总统府秘书、国民党中央监督委员会主席，柳与毛泽东的多次诗词唱和，被传为诗坛美谈。

[2] 陈去病（1874—1933），苏州吴江人，早年参加同盟会，追随孙中山，曾任孙中山北伐大本营宣传主任、中央大学文学教授等职。

[3] 高旭（1877—1925），原江苏金山（现属上海）人，中国近代诗人，同盟会领袖之一。

从"南社"的组成成员、初衷和活动看，可知它是以民主革命启蒙思想宣传家、文学家为中坚，以推翻清朝统治为共同政治基础的全国性、近代性文学和文化社会团体。它与同盟会互为犄角，是辛亥革命的"宣传部"，也是新文化运动的先声。"南社"最盛时期人员达1180多人，遍及全国20个省市，海内风从，辐射全国，震惊世界。

南社社员很多是辛亥革命风云人物，如黄兴、宋教仁、李根源、叶楚伧、沈钧儒、廖仲恺、何香凝等；南京政府成立后的一个时期之五大院长（行政、立法、司法、考试和监察）汪精卫、邵元冲、居正、戴季陶、于右任全部是南社社员；黄埔军校成立后的六任政治部主任有一半是南社社员（戴季陶、邵元冲、邵力子）；在文坛上，南社几乎囊括了当时海内知名的文人学士，如苏曼殊、柳亚子、黄侃、黄人、吴梅、黄宾虹、刘半农、范烟桥、鲁迅、茅盾、周瘦鹃等。

关于南社之"南"，宁调元说："钟仪操南音，不忘本也。"柳亚子更直接："它的宗旨是反抗满清，它的名字叫南社，就是反对北庭的标志了。"高旭亦云："然则社以南名，何也？乐操南音，不忘其旧。"

关于南社之"社"，宁调元说："流派虽别，大都以诗古文词相砥砺，而统归于复社。"陈去病也把南社与复社、几社类比："寥寥车辙，不同几、复当年；落落襟怀，差此河汾诸老。"柳亚子亦说："降及胜国末年，复社胜流，风靡全国，其意气不可一世。"

可见南社之士就是要将明末清初复社、几社文人学士那种抗清的文化精神和诗学传统坚持下去，发扬光大。

戴秉衡进入苏州中学沪校后第一次参加的"走进'南社'"课余文艺活动，让他大开眼界，主讲教师讲的每句话，都在他心灵深处泛起了涟漪，乃至激起了浪涛，他为南社前辈变革创新思想所激励，为他们敢于反抗清朝反动统治敢于献身所感动，为他们将横溢的才华为时代发展而呼与鼓所折服。从此，他在3年间始终坚持参加这一活动，无论是"南社历史""南社名人""南社刊物""南社诗歌""南社宏文""南社雅集"，还是"南社与同光体之争""南社与桐城派之歧"等等，他在讲堂上总是目不斜视、心无旁骛、孜孜以求……

戴先生说起在苏州中学沪校参加南社的课余活动时，曾记忆犹新，也不无自豪地说："南社中有不少常熟籍的作家，庞树柏是筹备成立南社的第一次雅集17人之一，且担任词选编辑员，与陈去病任文选编辑员、高旭任诗选编辑员同责，可见其在南社中之作用。此外，孙景贤、黄人等常熟作家都是南社社员，我还知道黄人是浒浦问村人。由此可见常熟文风之盛。"而就在戴先生此番谈话前不久，常熟的传媒刊登过郑逸梅[1]编著《南社丛谈》中提到的20多位常熟籍的南社社员：公羊寿（字石年）、冯国鑫（字一帆，号灵南）、沈汝瑾（字石友）、孙景贤（字龙尾）、肖蜕（字中孚）、沈天行（字怀北）、金鹤翔（字病鹤）、杨济（字随庵，号救炎）、庞树松（号独笑）、庞树柏（字芭庵，号檗子）、施准（字士则）、蒋瑭（字一民）、姚肖尧（字天亶，号民哀）、徐啸亚（字天啸）、徐觉（字枕亚）、徐宗鉴（字粹庵，号维公）、徐蕴贞（字药侬）、钱文蓉（字镜芙）、钱贞元（字象复，号无我）、黄人（字摩西）、黄宗仰（别号乌目山僧）、曾格（字品仁，号泣花）。文中提到的庞树柏是南社史上第一次雅集的17人之一。早期社员朱剑芒（号仲康）系吴江人，1951年调来常熟中学任教，后任市政协副主席。[2]

戴秉衡在苏州中学沪校参加3年有关南社的课余文艺活动，对他以后以文史为业的人生走向是奠基性的。至高中阶段，他虽然注意全面发展，数理化也不错，但依然对文史情有独钟，一度对诗词迷恋到不离不弃的程度，在常熟的报刊上竟发表了他的多首诗作。离乱的战火已使常熟当年的报刊流存不多，但孝友中学当年毕业"纪念册"竟还录有戴秉衡的《七夕吟》《荷》《萤》《言子墓》古诗四首，即可见其当时对诗词的痴迷。在戴秉衡进入北大并于1947年秋当选为北大学生自治会文艺干事之后，他的第一个动议就是倡导、组织、成立了北大学生文艺社团"南北诗社"。戴秉衡为什么把诗社做如此定名？社团宗旨是什么？了解了他在苏州中学沪校3年"走近'南社'"的经历，就不难理解了。可惜的是戴秉衡在发起、组织"南北诗社"之后，因北大学生自治会有一更重要的活动——组建子民图书室在等着他，他无暇顾及"南北诗社"。有一次，笔者与戴先生谈道，前些年每年春节时，北京大学当年的一些南北诗社成员还要相聚活动[3]，不知作为动议组织者的戴先生是否知晓此举或接受到邀请否？戴先生陷入了沉思，接着他摇摇头，

---

① 郑逸梅（1895—1992），苏州人，南社早期社员，长期从事报刊编辑，被誉为"报刊补白大王"，后长期在中学、大学任教，著书达50多种。

② 《百年南社常熟人》，《常熟日报》2009年12月29日。

③ 杨红军：《名门之后梁思萃》，《北京档案》2017年第2期。

进而说:"因为子民图书室的创建在当时更重要、迫切,因而对'南北诗社'的活动只能忍痛割爱了!"

念念师友

1941年夏,戴秉衡以优异的成绩从苏州中学(上海)初中部顺利毕业。这是连他自己也始料未及的。3年前,他是一个顽皮生,考苏州中学时,数学不及格,学校勉强地允许他以试读生身份参加学习,不料成绩越来越好,最后竟以名列前茅的功课毕业,令校方领导和班上同学刮目相看!

但是,此时的戴秉衡也有苦恼之处:何去何从?

按理说,他可以直升苏州中学高中部。因为校方规定:凡本校初中毕业生,成绩名列全班10名之内(含第10名)的学生,不用考试,可以直升高中就读。戴秉衡成绩名列全班第三,读本校高中当然没有问题。但他不能!因为他的父亲被汪伪特务头子、伪江苏省省长李士群下令抓起来了,当时还被关在苏州的监牢里,家庭经济的命脉断了,家里的积蓄也拿去打点了,戴秉衡自认没有经济能力继续读高中了!

突然,戴秉衡想到了苏州工业专科学校!这所学校与苏州中学一样,在日寇侵占苏州前,由苏州搬到了上海租界,校舍是租用福州路、河南路一带的民房。在此读书,费用全免。于是,他立即赶去和在河南路一家商号帮人做生意的堂兄戴秉仁商量,两人一拍即合!这样,戴秉衡很快就去报了名,不久就参加了考试,然后就是金榜题名!

苏州工业专科学校的前身为清光绪三十三年(1907)创建的江苏省铁路学堂,后经多次变更,至新中国成立初则改名为苏南工业专科学校,在业界声名远播,后来纺织专业并入中国纺织大学、土木建筑专业参与组建西安建筑科技大学、铸造专业并入山东大学等等。当戴秉衡跨入苏工专时,校方告知:一年级上基础课,不分专业。于是,他就潜下心来,专心致志地读书了。然而,1941年12月8日(美国时间为7日)日军偷袭美国夏威夷珍珠港海军基地,太平洋战争爆发。随着美、英向日本宣战,已屯兵在上海大场等地的日军随即向美、英占据的上海公共租界和法国占据的法租界发起进攻，处于危难之中的戴秉衡，在两位姐姐的安排下随即逃离上海，返回故乡常熟。

戴先生向笔者说，在以往所有关乎自己经历的文字、叙述中，他在苏州工业专科学校读书 3 个多月的历程，均未提及，而往往以"苏州中学高中一年级"一笔带过。原因是时间很短，性质相仿。现在想来之所以要进行补充修正，要说明两点：一是顽童经过努力，是可以把功课学好的，因为考苏州工业专科学校，实际是很难的，但他考取了；二是开始有了为家庭分担困难、承担责任的意识，这说明开始走向成熟了！

第一恩师父子情

1942 年初春，回到常熟的戴秉衡插班在原私立孝友中学高一年级就读，汪伪政权已将该校改名为江苏省立第七中学。出于对汪伪政权的抵制，人们还是将它称呼为孝友中学。说起孝友中学，就不能不提到一个人：张鸿。所以要专门提及此公，因为他不仅与戴秉衡的父亲戴良耜多有交往，而且戴秉衡也由此在家几次见过这位温文尔雅的大儒，甚至把他作为自己崇拜的偶像之一。戴良耜所以与张鸿发生交往，是因为当时戴良耜是常熟县财政局局长征解钱粮的台柱子，而张鸿则刚接替丁祖荫主持纂修《重修常昭合志》，如果没有县衙财政的支持，编纂出版就成了无米之炊。少年戴秉衡之所以对张鸿刮目相看，是因为常熟人都把张鸿当作传奇人物看待。原来，张鸿是光绪十七年（1891）举人，而一个举人竟能授清廷内阁中书（今秘书），又迁户部主事（相当于现司局级干部）；光绪二十二年（1896），考取总理各国事务衙门章京①；光绪三十年（1904）进士，官驻日本长崎领事。其于清廷任职期间，在家乡常熟投资兴办小学、中学、孤儿院。回乡后又主持建设公共图书馆、红十字会，主纂修志，70 岁时受晚清四大谴责小说之一《孽海花》作者曾朴之托创作《续孽海花》，又购置并重修燕园②，晚号燕谷老人。张鸿本人就是藏书家，又与铁琴铜剑楼楼主瞿启甲及文人、藏书家徐兆玮过从甚密，这又增添了戴秉衡对此公的敬仰和好感。张鸿将创办之中学命名为"孝友中学"，

---

① 处理文书、档案有实权的官员。
② 今国家重点文物保护单位。

犹有文学和儒学色彩。"孝友"取自《诗经·小雅》"张仲孝友"之句。鲁人毛亨《毛传》即《毛诗故训传》称"孝友"为"善父母为孝，善兄弟为友"，而张仲则是历史上第一位有历史记载的张姓人氏，乃周宣王时期以孝友著称的王室执政官。以张为姓的张鸿，选取中国历史上第一位有记载的张姓人物的孝友典故命名自己创办中学的名字，可谓别出心裁到了家，用心良苦到了底！张鸿在古城北门大街椐树弄之北、六弦河和七弦河之西、钱谦益之半野堂旧居对门，竖起了大纛，一批高师名士纷至沓来云集在"孝友"门下。由于国立二中还未搬来常熟，常熟县立中学还未开设高中部，故孝友中学几成古城一枝独秀，出自孝友的部长、院士、将军、著名大学校长等名流贤达不断涌现……

据戴秉衡的高中同班同学徐家骥回忆，孝友中学于 1937 年 11 月改名为私立民德中学，1941 年又更名为江苏省立第七中学。徐家骥从初中开始就在孝友中学就读。他说，日寇占领常熟县城后，当时学校的教师分成了两派，一派是以校长朱孟常为首的亲日派，人数很少；另一派则是与校长对立的正统派。日寇侵占常熟时，已不担任孝友中学校长的张鸿及其家人先迁至广西后又搬到上海公共租界避难去了，学校实际处于无人管理的状态。但鉴于对学生负责，众多教师依然坚持到学校上课。这时，一个名为朱孟常的体育教师冒了出来，先是向伪政权献媚，继而向汪伪政权屈膝，担任了校长，实际上跟他干的没几个人，主课教师几乎没有人与他站在一起。后来，他在学校里竟是徒有虚名，基本不在学校里，拿着学生交的费用去开办书场、茶馆，大发国难财。当然，这种人不会有好下场。随着日本投降，国民党政府就把这条丧家犬投进了监狱，最后死在牢中。不过，由这种汪伪奴才主政孝友中学，唯一的好处是，虽然按规定要开日语课，也安排了教师，但无人去上课，朱孟常也心知肚明，他当作不知道，上头也不来查，即使来查朱孟常也有办法对付。就这样，孝友中学的教育秩序还算正常，整个学校的教育也就靠诸位教师以天职、以敬业得以顺畅推进。

戴逸先生称"杨毅庵老师是我的第一恩师"。2018 年 1 月 17 日接受笔者采访时，他喜形于色地说："杨毅庵先生为什么那么喜欢我，经常给我开小灶，先说说第一次见面的有趣故事——"

1942 年初春孝友中学高中一年级一班新学期的第一课是国文课，班上来了两位坐在一个课桌上的插班生：陆荫乔和戴秉衡。班上同学对此没有在意，上课的教师也没有在意，因为非常时期有一两个同学来插班或退学是常有的事。在师生互致问候后，杨毅庵老师说："上学期开讲的中国文学史，讲到了西汉时期的司马相如，本课的重点是讲与司马相如齐名的西汉文学家、四川成都人扬雄（字子云，刘禹锡《陋室铭》中，'西蜀子云亭'句即指他）及其代表作《甘泉赋》《长杨赋》《羽猎赋》……扬雄博览群书，早期仰慕司马相如之赋，后又崇拜屈原，曾泪读《离骚》而写《反离骚》《广骚》等，其用词靡丽，一泻千里，乃成鸿篇巨著，后学对其文竟不能追加一字！扬雄独步文坛之际，王莽篡汉自立，国号新。扬雄仿司马相如《封禅文》，上封事给王莽，剧烈抨击秦始皇焚书、统一度量衡等举措，对王莽及其新朝竭情歌功颂德，文谓《剧秦美新》。然王莽新朝仅一代而亡，继而代之者又是刘氏，故王莽终成逆臣，而扬雄之《剧秦美新》亦成'白圭之玷'也！"

正当杨毅庵老师稍做停顿时，戴秉衡举手要求发言，被准许后他站起来做了自我介绍，遂向杨先生请教："从三国时期看，先生的'杨'姓已是大姓，《三国演义》里有杨修、杨仪、杨平、杨帆、杨松等，这个大姓'杨'应该在西汉、东汉时就出现了。那为什么扬雄的姓是'提手'扬而不是'木'旁的'杨'呢？是不是自扬雄之后'扬'姓与'杨'姓合并为'杨'姓了，否则史书及文学作品中为什么不见'扬'之人物了呢？"

无知者无畏。年少气盛、血气方刚的戴秉衡自恃在小学时期就读了多遍《三国演义》，遂能背诵三国时期一连串杨姓人物名字，抓住一点，向杨毅庵先生发了一通连珠炮般的问题，竟使杨毅庵先生突然为之一怔！他想了一下，坦然且平和地说："这个问题我没有想过，也不知道！"说完，他还笑眯眯地对着戴秉衡，似乎还在问：我的这个回答可以吗？

戴先生在2018年1月17日下午接受笔者采访时回忆道："杨先生面对全班同学，对我的提问竟说'没有想过，也不知道'，当时我真有五雷轰顶之感！一位学富五车的教师，对待学生的提问，竟可以从容不迫地坦然回答说不知道，后来我才意识到这才是学者的实事求是之风！在北大读书期间，即使著名的大教授，也会出现类似的情况，这就是孔夫子所谓'知之为知之，不知为不知，是知也'！"

其实，即使在今天来说，扬雄的姓氏之谜在中国文学史上依然没有定论。如《汉书》曰：扬雄其先居"河、汾之间，周衰而扬氏或称侯，号曰扬侯"；《百家姓》

又曰，"扬姓为中国罕见姓氏，在全国约有人口88万，分布较广"；又有资料曰，扬雄"出自杨姓，汉代扬、杨不分，扬雄好奇，特自标新，易姓为扬"……由此可见，杨毅庵先生对戴秉衡提问扬雄姓氏问题称"不知道"，乃合乎情理也！

在有些人看来，戴秉衡到孝友中学第一天上第一堂课，就让杨毅庵先生吃了一只苍蝇，可谓恶心之至！可杨毅庵先生绝不这样认为。他不为回答不了学生的问题而沮丧，却为善于独立思考、敢于提出问题的学生赞叹！他断定：戴秉衡出口不凡，是位可塑之才！下课后，不是学生围着先生，而是先生径直走到戴秉衡座位旁。戴秉衡受宠若惊地站起来向杨先生问好，而杨先生竟对他说，课堂上的提问问得好！过两天会给他明确的答复。而后，杨毅庵先生向他做了两个交代：一是上学期的课是讲先秦文学，可以去找金叔远先生补课，他可是《钱牧斋先生年谱》的作者，要向他好好学习，金先生的家就在焦桐街；二是学业上有什么问题，不仅可以到办公室找他，而且可以到他家里找他，他家就住在紫金街"尚君堂"里面。在杨先生与戴秉衡交谈时，全班同学几乎都围了过来，形成了里三层外三层，大家都伸长了脖子侧耳聆听杨先生的谈话。在众目睽睽下，戴秉衡频频点头，而同学们不明就里的是，杨毅庵先生也是第一次认识这个学生，他凭什么能独享这种优惠呢？

有人认为"戴秉衡独享杨先生给予的优惠"，此话不实。实际情况如何？杨毅庵先生把戴秉衡叫到办公室，一一问来，戴秉衡侃侃而谈：中国古典名著小学高年级时都读过，有的读了好几遍，大部分都懂，有的则不懂；《唐诗三百首》会背的很多，有懂得的，有囫囵吞枣的，也有不懂的；在上海的苏州中学读初中时，第一学期上过五六课白话文的国文，后来的国文课全部是文言文……杨先生信手拿了一篇古文，让戴秉衡先断句，后诵读，戴秉衡随即按杨先生的要求完成了任务，杨先生笑着说："很好，我很满意！"

原来，杨毅庵先生在上海教授中国文学史时，是有助教帮助他搜集、整理教学资料的。日寇在上海挑起战事时，匆急之中，挈妇将雏为要，把授课资料遗忘在上海，遂使讲授课业发生多种困难。为此，经过多方留意、物色、考核、测试，杨毅庵遂将自己的心思与戴秉衡沟通，心花怒放的戴秉衡顺理成章地成了杨毅庵先生的小助手。这无所谓"戴秉衡独享杨先生给予的优惠"，实情可谓是"周瑜打黄盖——一个愿打、一个愿挨"，两相情愿！要不，杨毅庵先生唯一的儿子杨定韶就在戴秉衡就读的班上，杨毅庵先生凭着护犊之情，此差使也该让杨定韶来做啊！实非杨毅庵先生没有护犊之情，而是杨定韶还没有这个能耐。因为就拿断句来说，粗看只是给古文加标点，实际是古文知识、能力的综合体现——要有古文字的识文解字根基，要有古文相关的历史、文学知识，要有典故的文学素养，还要有诗词歌赋的韵律辨力，等等。如此说来，并不是说才读高一年级的戴秉衡什么都懂、样样都会，而是说这些知识和能力他已粗知、浅会，能在杨毅庵先生指导下去开拓一个新天地了。

杨毅庵先生如此交代戴秉衡："下堂课班固的资料已有了，需准备的是张衡的资料。"杨先生又把张衡的《二京赋》《归田赋》手抄件和两本书交给戴秉衡，并说，可到学校图书馆、常熟图书馆及藏书家的家里搜罗资料，主要是生平故事、文学主张、文学成就、精彩论点，将来这些资料是给同学观赏的，以增强大家的兴趣和爱好，时限为半个月。

此后，戴秉衡可谓废寝忘食，10天不到就把《张衡资料》初稿交到杨毅庵先生手上。笑逐颜开的杨先生展开初稿，先看标题——中国历史上百年难遇的全才张衡；汉赋四大家之一的张衡；成为汉大赋经典的《二京赋》；开启抒情小赋先河的《归田赋》；从"水所以载舟，亦所以覆舟"看张衡的政治主张；附录是地动仪、浑天仪小知识。不看则已，一看则一发不可收！杨毅庵先生回家后挑灯夜战，一口气把戴秉衡的初稿改毕，第二天又指导戴秉衡用铁笔在钢板上把《张衡资料》一笔一画地刻写在蜡纸上，然后用油墨印刷器誊印了100份——孝友中学高一年级的同学人手一份！在杨毅庵先生的眷顾、关爱、指导下，戴秉衡在孝友中学开创了编撰刊印文史资料活页文选的先河！据戴逸先生回忆，这种活页文选在两年半时间里不下50份，其选题、修改全是由杨先生担当的，而参与刻钢板、油印等工作的，还有好多同学。

如果说从读小学开始戴秉衡喜爱文史还是处于朦胧状态的一种喜好的话，杨毅庵先生两年半时间里的耳提面命对戴秉衡来说，对其一辈子从事史学教研起到了奠基性的作用。犹如古语"子欲养而亲不待"一样，戴先生多次与笔者交谈时说道，曾给有关师友写了上百篇纪念性文字，唯独未能写一篇纪念第一恩师杨毅庵先生的文章，这可以说是引为终生遗憾的。20世纪50年代晚期时，戴先生在回常时曾专程登门拜访过杨先生，还陪他在新公园栗里茶室喝了半天茶，学生诚望能更多地了解一些先生的学术经历，但先生竟沉湎在人生苦难中自怨自艾而不能自拔，学生也不便再行探问，以免进一步引发老人内心的痛楚，致使自己心有余而料不足。戴先生每每说到这里，眼中往往会泛出微微的泪光，语调也会低沉慢慢，他心底那种难言的隐痛似乎也会向采访者袭来……

为遂戴先生心愿，笔者特将友人赐稿予以摘录整理，以慰杨公毅庵先生在天之灵，并飨后学读者。

常熟杨公毅庵先生事略 [①]

杨公名讳以庄，字子毅，号毅庵，以号行世，常熟恬庄（今属张家港市）人。1896 年 1 月 13 日生于常熟县城紫金街杨氏尚君堂，卒于 1979 年 12 月 22 日苏州人民路 100 号即杨公之子杨定韶租居处，享年 84 岁。

毅庵先生祖族常熟恬庄杨氏，崛起于清代乾嘉年间。先祖杨岱（1737—1830）于康熙九年由青浦迁常熟恬庄，乾隆四十三年（1778）起始建杨氏祠堂，并出资建桥、修路、浚河、辟祠堂义田、办义塾，延请名师执教，广招清寒子弟读书，致恬庄文风日盛，科举不绝，故于嘉庆十年（1905）清廷颁旨在恬庄建杨氏孝坊，杨岱乃为名扬天下之孝子。

恬庄杨氏，名人辈出。杨岱之子杨景仁著《筹济篇》，光绪五年得旨嘉奖，令刊颁各省，为救荒成式；杨景仁子希铨任惠州知府，政绩有声。杨景仁三子希钰之子沂孙以军功被保举凤阳知府，又为清代书法大家；希钰之子泗孙咸丰二年（1852）殿试榜眼及第，任武英殿总纂。希钰之孙、汝孙之子崇伊系近代史上无可回避之人物，此人与李鸿章长子李经方系双重儿女亲家，光绪六年进士，光绪二十一年授御史，第一疏劾康、梁，二疏劾侍读学士文廷式，后又上书派人赴日杀康，丑闻败露轰动国际，后为慈禧所不齿，逐出京城。崇伊之子圻（云史）为光绪二十八年南元，著《江山万里楼诗词钞》享誉诗坛，人称"江东独步之诗人"，并先后任吴佩孚、张学良幕僚。沂孙之曾孙杨定襄曾任蒋介石秘书……

[①] 汪达明：《常熟杨公毅庵先生事略》，2018 年 3 月 13 日成稿，稿存常熟图书馆。汪达明现在复旦大学国际文化交流学院任教，1981—1985 年师从杨毅庵先生之女杨定韶老师学习英语。此文为汪达明根据杨定韶提供资料及有关史料撰成。本文文字有删节变动。

杨公父步胤，前清举人，工书画，在步胤之前，其先祖已迁居常熟城内紫金街。步胤持家后又置业将祖居扩大，立"杨尚君堂"匾，门厅在紫金街东向。然宅舍均坐北南向，院落有房126间，祖田800多亩。另在东门大街坊桥头一处住宅有房30多间。毅庵生于如是书香世家，幼承庭训，读书通经。1920年，翁同龢学生、清廷名臣、饱学诗书的唐文治（1865—1954）受邀创办无锡国学专修馆，杨公毅庵于1923年欣然前往就读。唐文治乃前清进士，在清廷为官15年，官至农工商部署理尚书；1894年中日甲午战争失败后唐文治向清廷上书《请挽大局以维国运析》（《万言疏稿》），乃中国政坛发出维新改革的第一声呐喊；后弃官执掌上海交大14年。一位年过半百、双目失明的老者，在无锡国专讲坛上意气风发，亲执教鞭，乃至其吟诵诗词歌赋之风令学生倾倒甚众，当即被誉为唐调，至今在江、浙、沪等地依然为"非遗"争宠。毅庵在锡三年，亲聆文治先生教诲，践行以读经为中心，"厚植根基，博览专精"的教育理念，可谓收益广博深厚也。离开无锡后的杨公，一直在沪上多所学校从事古文教育，直至日寇在沪挑起"八一三"事变，匆促回到故乡最后落脚孝友中学，讲授中国文学史，此乃杨公教学生涯之桃李不言，下自成蹊的成熟时期也！

杨公教古文，结合训诂与文史，杂以离乱之世情。时值风烟弥天，干戈满地，杨公说文以载道，吊古而伤今。学生得以效慕先贤，弘毅奋发，得文化之精华，成毕生之准则。或效命疆场，执干戈以卫社稷；或潜心仁义，布德泽以继文脉。

尤可道者，杨公教不同题材之古文，以常熟官话，配以对应之古调声腔，或苍茫古朴，或典雅中正，或恬淡高远；朗声吟诵，且赋予动作表情，以诵以吟，以进以退，将文中的思想与情感滋润学生心田。师者如痴如醉，学者认真倾听模仿，同声相应，同气相求，物我皆忘。有些90多岁的学生，至今津津乐道，时过七八十年，此情此景，历久弥新。斯文在兹，杨公亦不朽矣。

2018年8月7日下午3点，笔者如约来到戴逸先生住处采访。问候甫就，先生开门见山地说，要告知一件事——10年前，先生收到一封信，是杨毅庵先生的儿子，也是高中同学的杨定韶写来的，要先生题写毅庵先生的墓碑。先生诚惶诚恐，不敢怠慢，很快书就后寄了去。现在，先生凝视着远方，似乎在向我询问，又似在喃喃自语："现在杨先生究竟客居何方？谁去祭扫、探望他呢？"待先生不安、惦念的思绪稍微平复一点后，笔者告诉他：笔者朋友、同乡、复旦大学汪达明先生于1981—1985年受教于杨毅庵先生之大女儿定韵老师学习英语，后一直保持联系，称定韵老师"恩若慈母，没齿难忘"。由此汪与毅庵先生之小女定歆老师亦有联系并相熟。汪告笔者：定韶之妻丁兆慧系常熟第一人民医院助产护士，苏州木渎人。毅庵之墓落在苏州木渎凤凰山丁家墓地。丁家乃木渎一户大族，有关祭扫之事，丁家女婿杨定韶、女儿丁兆慧定会安排妥帖。至此，戴先生之愁眉得以舒展开了，连声说："那好，那好！"父子情深，溢于言表。古人云，一日为师，终身为父。杨毅庵先生关爱、教导戴逸两年半时光，说师徒二人父子情深，一点也不为过的。

此时客厅静悄悄的。笔者明白，戴先生依然沉浸在中学时代的美妙时光之中。约莫半分钟后，先生突然抓住了笔者的手，这吓了笔者一跳，这种动作在笔者20来次的采访中是从未有过的。这时，他爽朗地笑了，可谓笑靥如花，这对一个90多岁的耄耋老者来说，长长的、雪白的眉毛在那里颤抖，嘴巴张得很大，刀刻一样的面庞上挂满了笑容，可真是难得的笑靥如花！他说："东明同志！"他每次郑重其事地与笔者交谈时，总要这样庄重地称呼。他说："定韶和定韵都是我高中同班同学，他们都比我大姐的年龄还大，定歆则比我小。只要我到杨先生家，先生、师母、他们3人都待我很好的啊！他们3人的情况定韵的学生说到了吗？"

笔者拿出汪达明的《常熟杨公毅庵先生事略》，打印件周边笔者写满了另行查考的资料，对戴先生说，今年上次来时先生为清史忙得无暇顾及，看了一下便放下了，接着为先生指读了三段：

> 定韶于上海大同大学毕业后在多地钢厂工作，娶苏州木渎人丁兆慧为妻，育一子一女，后全家定居澳大利亚，2016年辞世，享年95岁。
>
> 定韵温良敦厚，以第一名成绩毕业于东吴大学英语系，终身从教；夫顾树熙新中国成立前后均为上海银行高级职员，被打成右派后在安徽农场劳改，落实政策不久在常辞世；3年后定韵病逝，享年76岁。

定歆新中国成立初毕业于常熟师范，在宁工作时与我军接收干部魏宗贵结婚，育有一女三子，在常熟棉麻公司工作至退休，夫已辞世，其体尚健，现年 86 岁。

看到先生闭目沉思又侧耳倾听的神态，笔者只能娓娓读来，唯恐伤及先生心中美好的画卷。及至读完，先生说："这份材料给我复印一份，我还有用。"至于还有什么用，作为学生的笔者当然是不便细问的。

稍做停顿后，先生再次徐徐道来："1943 年春夏间，我在新公园栗里茶室看到杨毅庵先生与人一起喝茶。这是鲜见的。似乎先生不喜欢喝茶，抑或为了节省时间。为此事后请教先生一起喝茶的是何方人士。"先生又自答，"文史学者钱仲联，常熟同乡，与杨师无锡国学专修馆同班同学，年少杨师 12 岁。"

说到无锡国学专修馆，先生顿时来了精神，说："在 1919 年五四运动一片'打倒孔家店'的声浪中，唐文治站出来创办无锡国学馆，不简单，成就很大；现在'古文吟诵'已列为国家非物质文化遗产，而唐文治留下了'唐调'，唐文治可谓祖师爷。唐文治在双目失明的情况下还亲自登台执教，言传身教，国学馆毕业的学生有 1500 多人，在中国文化史上留下了重墨遗产，值得总结。"先生还插叙了一个趣闻：唐文治的孙女唐孝纯是人大英文教授，20 世纪 70 年代美国前总统老布什任美国驻北京联络处主任期间，曾担任其专职中文教师。戴、唐长期互为邻居，唐正好住在先生楼下，现已卧病在床了。

笔者转述汪达明的话对戴先生说，有人做了比较研究，认为杨毅庵先生的吟诵是得唐文治先生真传的。虽然同是常熟人，同是唐文治先生同届学生的钱仲联先生，研究者认为钱仲联与杨毅庵的吟诵有较大的差别，"杨调"悦耳。研究者还比较了戴先生与扬州师大祁龙威教授及曾任常熟市教育局副局长的李震（都受教于杨毅庵先生），谓之"杨毅庵传调"，认为名不虚传。李震还在杨毅庵先生直接指导下以《屈原列传》为范本反复学练，以探骊得珠。故有人建议常熟文化部门学习温州瑞安、常州等地的做法，整理名家的古文吟诵文化遗产，做好文化建设，以飨后人。如瑞安以名家孙诒让、马公愚、周予同、苏渊雷的吟诵整理为要，传承工作颇有成效。研究者建议戴先生及其家属把戴先生的吟诵做好录像及收集、整理、光盘刻存等工作，以惠及社会、后人。即便在吟诵界，戴先生亦声名远播：

南开著名学者叶嘉莹先生即指点首都师大徐健顺先生最早采访了戴先生，并做了戴先生吟诵《滕王阁序》和《赤壁赋》录音。①

戴先生说，常熟李震先生概述杨毅庵先生吟诵必"知历史、悉人事、烛心态、明爱憎、透情感"之要诀，"理解是前提，感情为驱动"之挈领是完全正确的。但就吟诵而言，其对古文是有相当要求的。戴先生说，在杨毅庵先生指导下，高中时期《古文观止》上半部背了一半，下半部全部能背诵，然而，能较好掌握吟诵要领的也就是《赤壁赋》《长恨歌》《滕王阁序》《醉翁亭记》《琵琶行》《北山移文》等这么几篇。《北山移文》是骈文，语言优美、新颖工巧、无语不新，但吟诵难度很大，很难把握其大尺度之变化。但杨毅庵先生把握得从容不迫，真是令人钦佩！

念念不忘，念念感恩，这就是恩师杨毅庵在戴逸先生心中父子般难以割舍的情愫。

金师叔远款款情

戴秉衡拜金叔远先生为师，是杨毅庵先生推介的。

按照杨毅庵先生的指点，在孝友中学读完一天书后的戴秉衡，沿着河东街向南快步走去，到焦桐街转弯再走了一段，在一处大门右侧挂着黄底、孔雀绿"金馆"二字竖牌的漆黑大门上轻叩了 3 声。不久，大门开了，一位头发花白，身材瘦弱的老者出现在戴秉衡面前，这就是"馆主"金叔远（1873—1960）先生。

在杨毅庵先生提出让戴秉衡找金先生补习先秦文学后，戴秉衡的父亲戴良耜就专程去拜访过金先生，并办妥了授课佣金。令戴秉衡十分高兴的是，从杨毅庵和父亲处了解到，金先生可真是一位饱学之士。他的出生地常熟西乡金村（今属张家港市）是个读书风气盛行之地，明清期间出了 8 位进士；深受诗书浸淫的金先生本是少年才子，当成为常熟最年轻的秀才时还曾引起翁同龢的关注②，后金跟

---

① 汪达明给笔者的信，2018 年 8 月 2 日。

② 《翁同龢日记》光绪二十八年十一月二十七日（1902 年 12 月 26 日）有记："赵古泥偕金君叔远步行来访，留吃点心，长谈。金亦金村人，秀才，颇知邑中掌故，今在程叔英家教读，明年在福山祝家处馆。"见《翁同龢日记》（六），陈义杰整理，中华书局，2006 年，第 3402 页。

随章太炎 ①、黄人 ② 在东吴大学教授中国文学，再后又到同济大学执教，1918 年起即在家乡常熟设馆授徒。其门人中有宗白华 ③、杨定贻（常熟名中医）、翁宗庆（翁心存六世孙、文史专家）、李克为（常熟文史专家）等。

金先生在学术上的最大贡献是他参阅钱牧斋诗文集、族谱等资料编纂成《钱牧斋先生年谱》（1932 年版署名为金鹤翀，1941 年版署名为金鹤冲），《钱牧斋先生年谱》记仕历、交游、著述等，对谱主诗文以双行小字注后，以干支纪年下记谱主年庚，谱前有张鸿"序"，谱后续补谱主逸事、谱主著述目录及顾苓 ④ 撰《东涧遗老钱公列传》。有评曰："该谱有一特点，即在谱主事迹叙完后有一评述，为谱主降清一事辩述。"有文史专家定论："《年谱》成为钱柳研究的必读之书。"⑤

在河东街上走路满脑浮想联翩的戴秉衡，突然见到了与脑子里想象不一的先生时，先是吃了一惊，接着赶快拱手、躬身、长揖下拜，口称："拜见先生！"而金先生则忙不迭行执手之礼，扶起戴秉衡，连称："免礼，免礼！"随即师徒分宾主坐定。

稍过片刻，金先生开口道："你的来意尊父戴先生已说过，你不必再说了。现在问两个问题，看你程度如何，可否？"

戴秉衡彬彬有礼地启齿："诚请先生考量。"

金先生："能否背诵《诗经》的开篇？"

戴秉衡从容不迫背诵："关关雎鸠，在河之洲。窈窕淑女，君子好逑。参差荇菜，左右流之。窈窕淑女，寤寐求之。求之不得，寤寐思服。悠哉悠哉，辗转反侧。参差……"

金先生："打住。能背《楚辞》的开篇乎？"

戴秉衡："《楚辞》的开篇是屈原的《离骚》——帝高阳之苗裔兮，朕皇考曰伯庸。摄提贞于孟陬兮，惟庚寅吾以降。皇览揆余初度兮，肇锡余以嘉名。名余曰正则兮，字余曰灵均……"

---

① 章太炎（1869—1936），浙江余杭人，民主革命家、思想家、著名学者。
② 黄人（1886—1913），常熟人，近代作家，曾著《中国文学史》。
③ 宗白华（1897—1986），祖籍常熟，著名美学家。
④ 顾苓（1609—1682），宇云美，明南直隶苏州府人，工诗文，书善篆隶行楷，精篆刻。
⑤ 吴正明：《回忆金叔远先生》，《常熟文史》2017 年第 1 期，文中曰："陈寅恪先生的《柳如是别传》引述与笺证《年谱》甚多。"

金先生又开口叫打住，又说："你的古文是跟谁学的？"

戴秉衡从容应答："小学是在塔前读的。初中是在上海福州路头上的苏州中学读的，国文课初一上了五六堂白话文，以后读的全部是古文。《诗经》《楚辞》里的诗文读了不少。现在是跟杨毅庵先生读中国文学史。"

金先生兴之所至，边说边议："为何让你背《诗经》《楚辞》开篇？一是为了解你的根基如何，二是为了让你知道《诗经》《楚辞》正是先秦文学的两座高峰。学生读先秦文学，要知道的是所谓先秦文学，即秦统一六国前之文学也！其涵盖原始社会、奴隶社会、早期封建社会之文学，主体是周代文学，尤其是春秋战国时代文学，如古代神话、古代歌谣、诸子散文、先秦寓言等，文字浩如烟海，不胜枚举。而神话、寓言你可能都读过或在小说中看过，仅不知其就是先秦文学而已。但必须牢记：先秦文学之《诗经》乃中国文学的光辉起点；先秦文学之《楚辞》乃光耀千古的浪漫主义杰作！熟读之，牢记之，会终身受用也！"

金先生的一番宏论，使戴秉衡感到真所谓如雷贯耳，言简意赅！不料此时金先生竟如此放言："杨先生要我给你讲的先秦文学，讲完了！"

面对满脸惊诧之色的戴秉衡，金先生说："我跟杨先生道不同不相为谋。杨先生要对50个学生负责，说到底要对教学计划负责，要向上交差，而我只对徒弟负责，如韩愈所言'传道授业解惑也'！我主要帮你解决为什么学、学什么、怎么学的问题，也不是全部，而只是古文方面的一些实际问题。"

看到戴秉衡满脸迟疑甚至怀有忐忑不安的神色，金先生拿出一摞油印件，放到戴秉衡面前，戴秉衡看到首页密密麻麻的字前有"项羽本纪"4个大字，但还是面有难色，不知金先生何意。

金先生说："你喜欢文史，如果将来搞文史，基础是古文底子；古文底子的基础则是识字、断句、释义；基础实了，则能博古，而后通今……"

金先生的这番高论，戴秉衡从不同先生处听过多遍，故频频点头，示意明白了。但他不知这《项羽本纪》如何学？

金先生微笑着说："给你两个月时间，初懂《项羽本纪》。

"第一个十天，通过查词典、查资料，把《项羽本纪》全文3036个字全部弄明白。手头要备一部《史记》，因为要读懂《项羽本纪》，必须与《高祖本纪》互相参阅才能慢慢弄明白。识读《项羽本纪》3036个字并不容易。譬如，上来就有拦路虎，即'下相'二字。查词典，没有；查资料，查不到。只有读了《晋书》的人，才知东晋安帝义熙元年（405）改下相县为宿豫县，即后来的宿迁，这不仅是项羽的故乡，而且是乾隆皇帝六下江南五次驻跸之地。何时设'下相县'呢？据考是秦代。这叫触类旁通。从现在开始，每天要记笔记，做片子了。

"第二个十天，断句：分句，用点；句断，用圈。用朱砂笔。

"第三个十天，小结：西楚霸业兴亡过程。

"第四个十天，小结：西楚霸王人物个性。

"第五个十天，小结：西楚霸王何以失败？

"第六个十天，写读后感。"

金先生还吩咐："每周授课4小时，周二、周四下午课后各1小时，星期天上午或下午两小时。若另有问题，可随时来问。"

就这样，戴秉衡在金叔远先生教导下，古文水平甚为长进，古文阅读水平、词汇蕴量、写作水平大有提高；而金叔远先生对此徒弟甚为器重，最后竟提出要给他授教骈文，但被杨毅庵先生叫停了。杨毅庵先生认为，骈文虽然辞章华丽、文字优美，但有华而不实之嫌，基础还未打好的年轻人可能会由此走入歧途。可戴秉衡心里觉得痒痒的，就想一试。结果就在金先生给他讲了骈文初步之后，因面临高中毕业功课繁忙，班上社会工作繁杂，终于结束了两年跟随金先生的补习生活。

有人如此评价：如果说杨公毅庵是性灵诗派，感情丰沛又有浪漫主义襟怀的话，则金公鹤翀（金先生本名）乃系田园诗人，诗情画意来自眼前田园景色，又不乏浪漫情怀。戴秉衡受此等高人指点，乃终身受益匪浅矣！

抗战胜利后，金叔远先生任常熟文献委员会委员，最重要的工作是继续编纂《重修常昭合志》，是调整后的编委会中最年轻的编委（是年73岁）；新中国成立后当过县人大代表、政协委员、省文史馆员。

金叔远先生的另一重要著作是读书笔记《暗泾杂录》三卷[①]，金先生几十年间的读书笔记以自己家乡村旁之河命名，足见其对家乡的眷恋之情。先生年85时记

---

① 沈秋农、曹培根：《常熟乡镇旧志集成》，广陵书社，2007年。载："《金村小志》（金叔远著）：'金村村旁有水名暗泾。'"

曰："今又自观一遍，事实有可记者，有真实不虚者，自知积久而成，非一时之所得，多审慎以出之，非率尔下笔者。但又词不工耳，识者当能知之。丁酉五月，年八十五岁叔远记。"又补白："若有为我芟薙修饰，更为可喜。"

在金先生的身体自我感觉不好时，他将花了几十年心血、自珍自重的《暗泾杂录》交给其门人、后为扬州师范学院历史系主任的祁龙威[1]（比戴逸大 4 岁，同为杨毅庵、金叔远先生门人），祁一直珍藏之。1963 年，祁将《暗泾杂录》手稿带到北京，将其交给北京大学历史系主任邵循正[2]阅读，"文革"期间此稿一度遗失。邵循正辞世前，在遗嘱中交代《暗泾杂录》三卷稿本如缺失而复得，一定要将其归还给祁龙威先生。1974 年，《暗泾杂录》稿重现。祁龙威先生重获《暗泾杂录》稿后，立即转给了他在京的同门、中国人民大学清史研究所所长戴逸先生，并附信请戴先生"善为处理，可供研究历史者参考也"。

1994 年 8 月，戴逸先生回到故乡，在读书台与交往多年的文史专家吴正明（钱仲联教授学生）会晤时，郑重地将金叔远先生的晚年遗稿《暗泾杂录》交托给吴，同时还附了一封短笺，请吴："觅一合适单位妥为保存。当然，如能发表最好。三卷共 2 万余字，篇幅不大，其中多谈常熟古人与掌故，实为乡邦之可贵文献。"吴正明手捧书稿，十分激动，称"如获至宝，携回拜读，深感祁龙威、戴逸两位先生对先师留下的遗著的肯定与推重是正确的"。吴正明时任常熟市政协文史委办公室副主任，他将《暗泾杂录》稿提交给市政协文史委讨论并获通过，遂在 1994 年《常熟文史》第 22 辑上发表。[3]

戴逸先生见到吴正明所寄《常熟文史》，看到恩师金叔远先生离世前还挂切念念的《暗泾杂录》赫然在目，心中的一块悬石顿时着落于地，50 年前金先生的音容笑貌立时浮现脑海，先生的道德文章和关爱自己的款款深情犹如琴川河水汩汩流进了心田……

---

[1] 祁龙威（1922—2013），江苏常熟凤凰镇（现张家港市）人，著名历史学家，撰写并主持完成《清史·典志·朴学志》。

[2] 邵循正（1909—1972），福建福州市人，先后在清华、北大任教，蒙古史专家，全国政协委员。

[3] 吴正明：《回忆金叔远先生》，《常熟文史》2017 年第 1 期，第 27 页。

第一知友手足情

绝非"老夫聊发少年狂"。

的确，人们很难想象，一位奔八、奔九的知性老者，还会跟着电视里红遍大江南北、儿女们往往会随口吟唱的《同桌的你》那缠绵悱恻、沧桑凄切的歌声，哼哼起来。

是的，这位老者正是戴逸先生。

在人们心目中，戴逸先生是位严肃有余的学者。在戴逸先生身上发生此等景象，似乎难以解释。

这是由高晓松作曲填词，老狼于 20 世纪 90 年代中期在央视春晚首唱的《同桌的你》：

> 明天你是否会想起，昨天你写的日记。
> 明天你是否还惦记，曾经最爱哭的你。
> 老师们都已想不起，猜不出问题的你。
> 我也是偶然翻相片，才想起同桌的你。
> …………

据演艺界人士称，这首《同桌的你》是 20 世纪 90 年代中国大陆的标志性文化符号之一。之所以如此评价，不仅因其词曲俱佳，还因歌手老狼那苍凉而富有质感、低沉沧桑而富于诗情的演绎、吟唱，终使其成为中国大陆具有开创性意义的校园歌曲。这首歌曲，不只对于那些迷恋校园生活的少男少女起到了强烈的刺激作用，甚至对成年人乃至老年人，那些沉淀在心底的种种美好回忆会被歌声呼唤而突然涌上心头，模糊了的面孔逐渐清晰，已经陌生了的声音渐行渐近，青春期的躁动也在歌声中一一醒来……

此时的戴逸先生，就处于如此的境际之中。春节过后，他要去石家庄开一次学术会议，经多方打听，那位"同桌的你"就在石家庄。

令戴逸先生念念的"同桌的你"，名陆荫乔（后改名戈平），这位戴先生称之为"第一知友"的陆荫乔先生，在新华通讯社河北分社工作。

要问戴逸先生如何思念这位"同桌的你",看看 10 年后他应陆荫乔之侄陆文灏之约,所写纪念文章《怀念陆荫乔(戈平)学友》[①]的同桌之情,就可知他们的手足之情深了:

"悠悠岁月、往事烟云。在我健忘的脑海中对许多人和事的记忆越来越淡褪,以至消逝了。青少年时同学的印象逐渐模糊,有些人连姓名也不记得了。但有一位学友清晰地铭刻在我脑海中,令我常常怀念,经久不忘,他名叫陆荫乔(后改名戈平)。"

"我们同窗学习,经历 1941 年末至 1944 年夏,共两年半时间,几乎每天负笈上学,课桌并排,同时听课,一起作业,相互讨论,携手散步、游览,甚至争论,友谊深厚,极为相投……"

字里行间,透露着《同桌的你》的蛛丝马迹。戴逸先生是社会上公认的史学大家,他撰写对"同桌的你"的回忆,竟还有《同桌的你》的气息,这丝毫无损先生学问大家风范,反倒让人对先生能与年轻人同气相求,依然蕴有接受新鲜事物的敏感而顿生敬意。

戴秉衡与陆荫乔结为同窗好友,且互认兄弟,纯粹是国难所赐的缘分。

1941 年日军偷袭珍珠港,与美、英、法交战,抢占上海租界。上海租界原来在 1937 年全民抗战后的 4 年中一直保住"孤岛"地位,即周围地区都被日军占领,而租界不受日军统治,依然保持名为英、美外籍人实为中国人管理的旧貌。公开进行抗日活动,公开讲演,学校谈话,充满爱国热情,拥护抗日,气氛热烈激昂,抗日歌声慷慨激昂,飘荡街头,国共两党仍半公开地活动。但 1941 年珍珠港事件后形势突变,抗日活动遭镇压,逃在租界中的苏州中学、苏州工专是戴秉衡先后就读的学校,也先后关门;而戴秉衡原本不愿在日本统治下当亡国奴,再加不在父母身边,因而这时也就不得不回到故乡常熟插班孝友中学高一(1)班就读。恰在此时,陆荫乔也插班入学,两人遂成学友,两个插班生被安排同坐一桌。入学之初,戴秉衡只认识对门邻居徐家骥,与其他同学还不认识,因而在一起活动的,除了徐家骥之外,只有陆荫乔,两人常一起活动。随着时间的推移,两人

---

① 戴逸(秉衡):《怀念陆荫乔(戈平)学友》,见陆文灏编《虞山陆氏卓行录》,中国美术家出版社,2014 年,第 67 页。

逐渐和全班同学打成一片，陆荫乔还以他的成熟老练担任了全班的班长，同学们戏称他为全班的领头羊。

戴先生这样评价陆荫乔："陆荫乔被举为班长，一是他年龄最长，比我大三到四岁（我插班时只有14岁），他经验丰富，办事能干，更重要的是他功课优异，是全班学习的第一名，各项课程均名列前茅。我当时的功课也比较好，以他为追赶目标，但除了语文、历史、英语偶能超过他，数理化等课程远远落在他的后面，陆荫乔在全班是无可争议的状元。"

戴秉衡与陆荫乔两年半的高中生活期间充溢着发自心底的情谊，正如戴秉衡所说的"他待我若弟，我敬他如兄"。而这种情谊体现在学业上，就是无私的帮助。陆荫乔学习成绩出众，读书很多，家多古诗文书籍，恰巧戴秉衡也爱好古文，由此两人经常谈古论今。共同的爱好，使两人在听杨毅庵老师讲中国文学史时激发出的学习热情愈加炽烈。杨毅庵老师讲课时经常以《昭明文选》为例，这使戴秉衡更为之情有独钟。人所共知，《昭明文选》是中国最早的一部诗文总集，是南朝梁武帝的长子萧统组织文人聚集常熟虞山东麓读书坛编选的，达60卷之巨，码在一起有两尺多高。戴秉衡对《昭明文选》之所以心仪已久，不仅因其诗文精美，而且有近在咫尺的读书坛的文气所吸引。上天不负有心人。有一天，戴秉衡在一家旧书店看到了一部有些残损的《昭明文选》，从品相看，字迹棱角分明，版本不错，最大的特点是价格很低，于是用零用钱买了下来。家里除了有一部一尺半厚的线装书《铁琴铜剑楼藏书目录》外，这部《昭明文选》是戴秉衡主动藏书行动的肇始。从旧书店把《昭明文选》抱回来之后，喜形于色的戴秉衡赶紧把陆荫乔找来。在戴秉衡住所兼书房的小石楼里，经过一番商议，他们决定把《昭明文选》中部，残损的两卷多、三卷不到的书稿重新抄录！这可是一项不小的工程！陆荫乔家祖上是读书人，就有《昭明文选》，于是就由陆荫乔把《昭明文选》借了来——对比之后发现，残缺、残损的主要是卷三十、卷三十一、卷三十二。先是买宣纸，宣纸种类繁多，五花八门；经杨毅庵老师指点和宣纸店老板开导，才知誊抄线装书、写蝇头小楷宜用熟宣。然后是依样画葫芦：按原书尺寸稍做放大裁纸，用墨线画框、画线，然后分工誊抄。誊抄近3卷的《昭明文选》，成了两个年轻人每天乐此不疲的功课。苦的是手酸、腰酸、屁股疼，乐的是边抄、边念、边记，可谓是熟读古文最好的办法。陆荫乔不仅古文基础扎实，而且毛笔字写得很好，这更使戴秉衡平添了仰慕敬重之情。面对戴秉衡的赞美,陆荫乔心有灵犀,他依文人故交之例,把一首古诗写在扇面上送呈秉衡,使戴秉衡尤为感动:"字体娟秀飘逸,一个中学生能有这样的水平,实在难能可贵。"这也成了两个学友辛苦之至、忙碌不堪的暑假中的一个小插曲。时至整个暑假行将结束之际,两人才把三卷"新书"送至旧书店请老板找人裁切、装订成册,请陆荫乔书题封帖,终于大功告成。

学界普遍认为,人生的青年时期是确立世界观、人生观、价值观的关键时期,其间社会环境、家庭、学校及教师、朋友等的教育、影响会起到重要作用。戴先生是这样回忆这一段时间的一些情况的:"荫乔对我影响更加重要的是在政治方面,回想我的青年时期,第一恩师是杨毅庵先生,他引领我走上了治文史的道路。第一知友便是陆荫乔,他打破了我禁锢的头脑,引领我走进了全新知识的新世界。他并未向我言说共产党、新四军的情况,也没有向我宣传任何政治主张,却借给我读了许多新的文艺小说和浅显的政治书籍。他所藏这方面的书很多,轻易不以示人。后来我才悟到他是信任我,推心置腹地希望我阅读,能够进步,所以嘱咐我不可以转借别人,也不可丢失。书籍中最多的是鲁迅的书,这时期我几乎读了大部分的鲁迅作品。还有巴金、茅盾、曹禺、田汉,外国作家屠格涅夫、大仲马、高尔基,甚至有一本艾思奇的《大众哲学》。我自幼爱读小人书,年岁稍长,看武侠书、侦探书、《红楼梦》等中国章回体小说,以及《昭明文选》《纲鉴易知录》等,却没有机会接触新版书,听不到时代呼唤的声音,嗅不到进步和革命的气息。读了这些书像电击一样地受到触动,爱国进步之心油然而生。高中时代是青年的人格和思想逐渐进步成形的关键时代,荫乔为我打开了思想启蒙的大门,春风化雨润泽无声,潜移默化,发生了重大作用。我进入北京大学后,很快靠拢共产党,投入学生运动,从荫乔那里读到的这些书产生了重大的作用。"

陆荫乔还是戴秉衡在孝友中学读书时的文友。原来,是时的常熟办有多家报纸,其中《常熟日报》上有个副刊,于是喜欢舞文弄墨的几个学生徐保衡[①]、顾萦

---

① 徐保衡,曾在山西运城会计学校任教,回常后任民进常熟市委主委,常熟市政协港澳台侨委员会主任。

欣（顾忿）①、陆荫乔、戴秉衡遂向该报副刊投稿，竟一一被录用了，这对4位文友
是极大的鼓舞。据戴先生回忆，"徐保衡投稿最多，极富才华，文字潇洒"；"顾忿
笔墨豪放"；"陆荫乔投稿很少，但作品质量最佳，深沉精辟，他使用笔名，从未
用过真名"。戴先生在另外场合回忆，他在《常熟日报》发表的第一篇文章是散文
《春》，可称之为他的处女作。因为，他说在上海的苏州中学读书时，于上海《时
事新报》上曾发过一短文，是文艺作品。笔者委托上海朋友张有贵在上海图书馆
找遍了当时的《时事新报》原件，未见戴秉衡作品。至此，可以将《春》定为戴
先生人生旅途的处女作了。另一值得书录的是，戴秉衡是时在《常熟日报》发表
的散文《辛峰闲眺》于20世纪50年代初被山东教育出版社收入山东中学教材作
为范文以备中学生学习（见附录）。笔者与戴先生及其子戴寅、戴琛谈到《辛峰闲
眺》，笔者谓及此文时说："起势有道，行文井然，文采叠翠，结构工巧，有《永州
八记》之风。"戴先生神情怡然地说："上中学时包括《永州八记》在内的唐宋八大
家作品，都能背诵啊！"然戴琛不以为然："背诵有什么用！"戴先生说："写文章
的时候，稍做酝酿，从文章破题、用词、遣句到结构，可以做到信手拈来，熟背
古文乃至诗词大有用处呢！"戴琛在这方面哪里是老爷子的对手，只能一吐舌头，
一笑了之。不过，从这里可以看到戴家洋溢着的民主气氛。

　　言归正题。戴先生在回忆中由常熟的抗战活动及至陆荫乔的隐蔽身份："常熟
在抗战期间是新四军的重要根据地，抗日爱国势力和日伪军的斗争极为激烈，新
四军（当时叫'江抗'——江南抗日义勇军，'民抗'——常熟人民抗日自卫队）
控制了极大部分的农村地区，日伪军仅能控制常熟城和几条公路线，日伪军屡次
'扫荡''清乡'，收效甚微。但1941年，日伪军集中较多兵力，大规模'清乡'，
新四军大部转移苏北。此后几年，环境严峻，'清乡'时期，常有抗日爱国人士遭
到不幸。我的堂兄'江抗'戴秉忠被日寇捕获枪决，表兄吴天朴抗战前是常熟县
高级警官，属于国民党系统的游击队领袖，在一次聚会时被日伪军包围，突围中
饮弹身殉。我的同学徐菊坡、黄复初被日军拘禁关押。在大'清乡'中，森前乡
一位新四军干部与大部队失散逃到城里，躲在我家暗阁楼中一个月，我经常给他

---

① 顾紫欣（顾忿），1949年2月参加革命，曾任《浙江日报》记者、编辑，湖州中学、湖州师
范学院教师，《水乡文学》编辑。

送饭、送水。抗日爱国部队和干部遭到重大打击，我后来才知道，陆荫乔也是新四军成员（不知道属于'江抗'还是'民抗'），在'清乡'中与组织失去联系，不得不避居城内家中。他的年龄还小，暂时隐蔽下来，为寻求知识而复读高中。荫乔和同学闭口不谈游击队、新四军，是韬光养晦的必要。我们对他的经历抱着疑团，但日子久了，也猜到几分，从来不询问什么，只是心照不宣。"

人生就是这样，同窗数载，兄弟之情如高山流水，义薄云天，然终有一别。1944年夏，戴秉衡他们高中即将毕业，分手时刻就要来临了。在戴秉衡眼里，按陆荫乔的聪明才智和家庭条件应当上大学深造，我们这些还是十七八岁的孩子纷纷到上海考大学，可陆荫乔选择了"归队"。他完成了正规的高中学业后，就急于返回新四军队伍，想象他当时的心情应该像有名的电影《归心似箭》中失散的那位老八路一样，急于"归队"，而丢下爱情。戴先生在回忆文章中又说："高中毕业后，陆荫乔秘密奔赴苏北新四军根据地，不幸在路上被日军截获，押回常熟宪兵队监禁。'宪兵队'是当年百姓们谈虎色变、万人诅咒的地方，日夜进行酷刑拷打，我想到荫乔关押在内不知道经历过多大的折磨和苦楚，怎样渡过痛苦和劫难，死而复生。不久抗日战争胜利了，他幸而存活下来，日寇把他移交给国民党政府，当年正当国共谈判时，他仍未被释放，囚禁在离我家不远的国民党监狱里。"

1946年8月下旬，在戴秉衡去北京大学求学前，与高中同学何鼎新（20世纪80年代已在北京病故）去探监一次，那是一次令人难忘的道别；探监时不能多说什么，两人送了一些食物用具，安慰他，请他宽释心情，不久就会出狱。他打听了几位同学的近况，互道珍重，凄然告别。他那面容憔悴，非常消瘦，无复几年前那神采奕奕、英姿勃发的形象，久久留在戴秉衡的脑海里。

以后几年，戴秉衡远赴北京，是时国内战争激烈，南北隔绝，音信不通，一直不知道荫乔的消息。新中国成立后，戴、陆两人虽同在北京工作，可茫茫人海，无缘相见。此时的戴秉衡已改名戴逸，而陆荫乔则改戈平，通过家里人打听，只知道戈平可能在新华社工作，后来听说戈平又离开了北京，在河北省工作……

戴逸在心中发出阵阵呼唤：荫乔啊，你身在何方？身在何方？

进入改革开放后，政治上日趋成熟的戴逸一身二任：中国人民大学清史研究所所长兼中国人民大学历史系主任。在他的管辖下，社会上的风风雨雨，所、系之内波澜不惊。他的政治成熟得益于政治上的引路人、"青年时代的启蒙者"陆荫乔。50多年了，荫乔，我们竟没有见面的机会！你还像在常熟东门大街老公安局监狱里那样憔悴、消瘦吗？人生旅途中还如意吗？……

时至20世纪90年代中期，戴逸有一次要去石家庄开会，会前又打听了一次；据说荫乔可能在石家庄的新华社河北分社离休了，于是决定无论如何要找到这50多年前的"第一知友"。会议结束后，接待单位得悉戴先生要去访友，特地派车把他及其夫人刘炎教授送到了新华社河北分社的家属院。经过多方探寻，终于找到了戈平其人的家。50多年之前，两人同桌而坐，同气相求，一个称兄，一个道弟，课余携手同行，志趣共投，舞文弄墨，意气飞扬，挥斥方遒……而今，虽然称弟的戴逸眉发均已花白，年届古稀之龄，但身板仍然挺拔、口齿清晰、笑声朗朗、记忆依然超乎寻常；然年稍长的荫乔已绝无当年英姿：他似身衰力弱，行动滞缓，言语木讷，50多年恍同隔世。从话语之中，戴逸听来遭遇似乎并不甚好，受到严苛而没完没了的审查，夫人是一位农村女干部，儿女拖累，负担较重。戴逸发现，当谈及50多年前孝友中学的一些往事时，荫乔似乎还能徐道一二；然谈及个人的艰难困苦时，仅只言片语，显然他有难言之隐，抑或不愿再揭开那血泪淋漓的伤疤了。对此，戴逸的感受是：感慨万千，心潮难平！第二天，荫乔在其儿子的扶持下到宾馆回访，戴逸设小宴敬他，聚谈约两小时。两人絮絮叨叨，又回到了孝友中学的青年时代，谈到了许多人和事，岁月沧桑，不胜感慨。在谈及个人往事时，荫乔以"最后都平反昭雪"一笔带过，显然他不愿再多提新中国成立后不顺利的境遇，而戴逸也不便多问，以免触及他那心灵深处的伤疤，因而挚友重逢喜悦中混杂着苦涩，欢乐中夹带着伤感，可人生犹如一杯苦酒啊！饭后，两位都已年届古稀的老友珍重道别，相约再见。可是，还未再见，家乡的音信传来：荫乔辞世了！戴逸不仅为之痛惜，而且颇为自责：未能为荫乔送行，甚至发唁电之时机也已错过。斯人已往，记忆长存！古人云："盖棺公论定，不泯是人心。"陆荫乔是戴逸"青年时代的启蒙者""第一知友"，该如何论定其人生，其不泯之处又将安在？戴逸是这样写的：

近二百年来，中国式贫弱国家，在贫弱中奋斗抗争。我们一代中国人更是多年做亡国奴，苦难深重，郁积着强烈的爱国奋进精神，经受过太多的磨难、曲折。荫乔同志少年时期就投身革命，与组织失散。转而求学，寻求更多知识，渴望再回到共产党，冒险寻找组织，不幸被捕，备受苦刑，幸而大难不死，欢庆重生，但又遭到严苛审查，长期不被谅解，他的一生求知、求真、爱党、爱国，迭遭挫折，在漫长而艰险的道路上探索前进，虽九死其犹未悔，终于得到昭雪，重见天日，但时光急逝，青春不再。前辈有多少人牺牲遇难，有多少人被敌寇虐杀，有多少人含冤负屈，才华被淹没，我们生活在从贫弱走向民族复兴的值得歌颂的伟大时代，但走过了坎坷曲折的道路，甚至是错误的弯路，为此付出了牺牲和代价，让我们永远地记住它，记住这些付出了各种代价的人们，他们都是我们的先驱者、奠基者和开路人，值得后人怀念！敬礼！尊重！

人生有一知己足矣！荫乔先生，生你者父母，知你者戴逸，你有如此凄婉动人的评价和铿锵有力的论定，你在天上应知人间有暖情，足可欣慰矣！

交大进退

1944年8月初的一天，上海徐家汇，上午9点光景，两女一男3位衣着光鲜的青年，穿过高耸的交通大学牌楼，径直向左侧学校告示牌走去。告示牌前已经人头攒动，摩肩接踵。不一会儿，一阵尖厉的女声从人堆里传出："嗨！戴秉衡！状元！"

正当看榜的人们循音追踪时，3个年轻人竟勾肩搭背抱成一团在笑啊，跳啊，欢呼啊，犹如六七岁孩童的欢乐模样——这就是戴秉衡及其两位姐姐，戴素琴、戴素金。

年届90高龄的戴逸先生，对70多年前金榜题名时的欢乐场景记忆犹新，甚至还能如数家珍地把当时考试的情况徐徐道来——

第一天上午考古文，作文题：析"仁，人之安宅也；义，人之正路也"。要求：以文言文答题；时限3小时。

戴先生说，从初中到高中，国文课基本读的是古文，所以一看题目，可谓正对路也！其题出自《孟子·离娄上》，是初中三年级的课文，还能背出来。孟子曰："自暴者，不可与有言也；自弃者，不可与有为也。言非礼义，谓之自暴也；

吾身不能居仁由义,谓之自弃也。仁,人之安宅也;义,人之正路也。旷安宅而弗居,舍正路而不由,哀哉!"

题出自其中两句。若要把此两句解析清楚、透彻,予人有启示作用,须将前文、后文都记住,弄明白,前后贯通,方能一气呵成。中学老师还说,成语"自暴自弃"还是孟子首创的呢,原意是:自暴就是说话不守礼仪,自己残害自己;自弃就是自身行为不合仁义,自己抛弃自己。至于仁,孔子说得最多,仁者爱人,心存高尚善良。

戴先生说,中学古文的基本功真是让自己旗开得胜。作文破题,就写道——孟子曰,仁乃人之心,仁者爱人,心存高尚善良,即安好之宅舍也,何惧风霜雨雪矣……接着再写仁、义在做人、自身与人交往、立足社会中之重要性,最后以怀仁有义者必成就事业、造福社会结束。

入学后查询方知,自己入学考试作文近乎满分!

下午考历史,考题:释"夺门之变"。时限:3小时。

戴逸先生在2018年1月17日下午回忆当时考试情况时说,拿到考题,感觉与古文考试一样,题目非常简要,仅5个字,可内涵非常庞杂,不容易。但因读过《明史》,所以胸有成竹,一一从容应对:

明朝正统年间,明英宗朱祁镇不听众臣谏言劝阻,受太监王振蛊惑率20万大军御驾亲征,并交权王振指挥,在土木堡(今张家口市怀来县境内)遭瓦剌(蒙古)攻击,全军覆没,数十位随军大臣、将领战死,明英宗朱祁镇亦成俘虏。

出征前,朱祁镇立其子朱见深为太子,并任异母弟郕王朱祁钰监国。土木堡之变震惊朝野,国不可一日无君,再加瓦剌犯燕京,在众臣拥戴下朱祁钰称帝,史称明代宗,年号景泰,随即废朱见深太子,立己子朱见济为太子。兵部侍郎于谦率众成功抗敌,瓦剌议和后退兵,并将失去价值的朱祁镇放归燕京。归来的朱祁镇被代宗朱祁钰虽尊名为太上皇,而实则被囚禁于南宫①达7年。

景泰八年(1457),代宗朱祁钰突发重病,太子朱见济薨后因无子可嗣而朝无太子,眼见有机可乘的武将左副都御史徐友贞、太师石亨、太监曹吉祥等人发

---

① 原位于北京南池子大街缎库胡同内,又名崇质殿、洪庆宫,明末焚毁后清代于此建喇嘛庙普胜寺,民国时期改为欧美同学会会所。

动兵变，先撞碎南宫门侧城墙，从墙洞中迎出朱祁镇，夺东华门入紫禁城，守门士兵不敢阻拦，朱祁镇登上奉天殿（太和殿前身）宝座，召见群臣再次称帝，史称"夺门之变"，又称"南宫复辟"，改年号为天顺，并废朱祁钰位仍为郕王，郕王二十日后薨。夺门成功，奸臣加官晋爵弹冠相庆，忠臣冤狱遍地乃至处死于谦，明皇朝元气大伤，江河日下。《明史》评曰："明代皇位之争，而无甚意义者，夺门是也。"

以此思路写出的史论，可谓近乎完美，得了高分！

第二天上午考数学，内容涉及代数、平面几何、立体几何，共6题，都是解答题。时限3小时。

对戴秉衡来说，数学考试是最大的挑战！好在从进入初中之后，改掉了任性率性的毛病，数学、物理、化学、自然等功课学得都很好，因而对交大入学考试之数学考试也没有发怵、发蒙之感，颇能从容应对。但是，考题实在太难了，结果遗憾地只得了60分。

入学以后才得知，戴秉衡的60分竟还是高分！据交大老同学说，交大的考试，以数学之难闻名国内教育界；交大学生数学考分平均在65分以上者，还能得奖学金呢！

第二天下午考英文，考题是：《桃花源记》汉译英。时限照旧。

戴先生解释道："《桃花源记》中文脚本在考试现场是没有的，须由考生自己熟读背诵才行。陶渊明的这一名篇在《古文观止》里就有，初中的国文课老师讲得很透彻。难点在因是名篇，人们很熟识，要翻译得准，比如'落英缤纷''豁然开朗''鸡犬相闻''怡然自乐'等成语，翻译得恰到好处很不容易；还要有历史知识，如'不知有汉，无论魏晋'，也是很大的难点；当然，英文要有文采还要懂得英文的语词规律。"

戴先生说："《桃花源记》初中时就背得熟滔滔的了，再加英文从初中开始就很喜欢，因而高分也就在意料之中。"

行文至此，细心的读者会有一个纠结于心、难以排解的问题：从小酷爱文史，且在报章频有美文发表的戴秉衡，怎么去报考理工名校交通大学，且以高分被录取了呢？情况是这样的——

先说交通大学。清光绪二十二年（1896），中国近代著名实业家、教育家盛宣怀①向清政府上奏拟在上海捐地开办南洋公学，十二月得到光绪帝准允，标志着南洋公学正式创立。因学堂地处南洋（当时称江、浙、闽、广等沿海各省为"南洋"），又参考西方学堂经费"半由商民所捐，半由官助者公学"之办法，故定名为"南洋公学"；并于第二年四月在上海徐家汇赁屋办学（今上海交通大学上海华山路校址），招生开学。学校隶属于招商局和电报局，盛宣怀任督办。南洋公学和北洋大学堂同为中国近代史上由中国人自己最早创办的高等学府。

1907年教育家唐文治执掌南洋公学时期，将学校改办成工科学校；1918年增设铁路管理科，这是中国设立管理学科之开端，开创了工管结合之先河，是中国近代教育史上的一个创举。

1920年北洋政府交通总长叶恭绰为加强对学校的管理，将部属4所学校统收为交通大学，除交通大学上海学校为总校（现徐家汇华山路校址）外，还分设北平学校、唐山学校，交通大学之名由此而来。至二三十年代因人才辈出，出乎其类，拔乎其萃，以至于有"东方MIT（麻省理工）"之美誉。

1937年"八一三"事变后上海沦陷，交通大学校园被日寇占领，学校被迫迁入法租界内的震旦大学、中华学艺社等处租房上课。太平洋战争爆发前后，经重庆交大校友四处奔走呼号，交通大学渝校于1940年11月在重庆小龙坎诞生；1942年8月，交通大学渝校由小龙坎迁往九龙坡新校址，至10月改称国立交通大学本部，至1945年抗战胜利时有9个系、2个专修科、1个研究所、师生1500余人。而位于上海法租界的交通大学，于1941年9月改称"私立南洋大学"；1942年夏在日军进驻法租界后，学校搬回原址并被汪伪政权接管，交大师生在危难之中苦苦抗争、奋斗、挣扎、前进……

再说戴秉衡报考交通大学的缘由。还在1944年初，戴秉衡的邻居、交通大学三年级学生李乃成由沪回常熟度寒假时，应戴秉衡父亲戴良耜之邀，前往戴家为戴秉衡半年后报考大学出谋划策。李乃成年幼时虽与戴秉衡是东门大街的玩伴，但年龄比其大3岁。读高中时，因李母是苏州人，常熟又尚未有学校设高中，因

---

① 盛宣怀（1844—1916），出生于常州武进，曾创办民用企业轮船招商局、中国电报总局、中国第一家银行中国通商银行、中国第一条铁路干线京汉铁路、第一个钢铁联合企业汉冶萍公司、第一所高等师范学堂南洋公学、第一个勘矿公司、第一个公共图书馆、第一所近代大学北洋大学堂（今天津大学），创办中国红十字会。

而李乃成就去了苏州读高中，并考取了交通大学铁路运输管理系。李乃成认为，虽然交通大学是工科大学，但铁路运输管理不仅是全国大学中独一无二的专业，而且是交大唯一工科与管理相结合的专业，培养目标是铁路系统懂铁路、会管理的人才。而戴良耜认为，戴秉衡虽然文史功课好，但现在数理化也不错了，因而考工管结合的交大铁路运输管理系是不错的选择。在戴秉衡果然考取交通大学铁路运输管理系后，已读最后一学年即四年级的李乃成对戴秉衡关爱有加，为此戴秉衡对李乃成始终感激不尽。戴先生多次对笔者谈到，他知道李乃成后来担任了苏州铁路货运站站长，但一直无缘相见拜谢。笔者说，李乃成从苏州退休后曾应常熟政协之邀为政协整理文史资料多时；戴先生则说他对这一情节一无所知，后来又听说李乃成病逝了，现在阴阳两隔，感谢之情只能永驻心间了！

最后要说的是，戴秉衡之所以报考上海交通大学，是在权衡了将来择业及上海各相关大学的各种情况特别是收费差别后做出的妥帖抉择。遭受日寇铁蹄践踏，社会上科学救国、工业救国的思潮更趋流行，"成绩好、考交大"遂成孝友中学优秀高中毕业生的不二选择；从个人出路来说，"交大毕业生，工作找上门"的现实诱惑也吸引着戴秉衡；再加邻居李乃成所说工管结合、文理兼容的铁路运输管理专业可发挥自身专长；更重要的是交通大学每年只收学费40元（银圆），相比上海圣约翰大学、沪江大学、东吴大学每年收学费160元（银圆）来说要低得多，这对不再在县衙钱粮处任职的戴秉衡的父亲来说，经济压力要减轻很多。因而，尽管有人将交通大学自主招生、自定考题的入学考试说成简直难到"惨绝人寰"的地步，但戴秉衡充满自信、义无反顾地赴沪报了名，然后从容应试，结果竟真的高中了！

孝友中学的学生中与戴秉衡一起同时考取上海交通大学的还有一位女学生张橘。戴秉衡、张橘考取交大是当时轰动常熟、引为美谈的一件事，因为从1937年孝友中学创办高中、开启了常熟始有学生直接考大学的时代，但始终没有一人能考取交通大学！而戴秉衡和张橘竟然能同时考取交大，且戴秉衡还名列铁路运输管理系第一名，这对常熟的莘莘学子岂不是极大的鼓舞？对广大教师尤其是孝友中学的教师，岂不是极大的褒奖？对众多企盼望子成龙、望女成凤的家长岂不是鼓起了希望的风帆？

以交通大学铁路运输管理系1944年入学考试第一名的身份入校读书的戴秉

衡，对交大繁重的功课并不发怵，他全身心地投入高等数学、解析几何、普通物理、普通化学、英语等基础课的车轮式学习及文山题海似的作业之中。每天从清早起床开始到晚间熄灯上床入睡之间，脑子里盘旋的不是物理定律，就是数学公式，抑或是化学方程式等，宿舍—食堂—教室三点一线之间来回匆匆穿梭奔忙。他依然功课很好，但自己觉得并不快乐，可一时又找不到原因，自己似乎成了一个机械人。及至第二年学校开设基础技术课，什么应用数学、应用物理、应用力学、数理统计等，戴秉衡依然按部就班努力学习，成绩优异，但心境似乎愈加压抑，这不得不促使他做一番认真反思，结论是：学非所爱，错跃龙门！戴秉衡虽然心里犹如打开了窗户感到豁然开朗，但同时又感到大吃一惊：自己怎么会走出如此这般的弯路呢？

对于这段经历，戴先生在 38 年后的 1982 年，第一次披露了自己的心声：

尽管我非常喜爱历史和文学，可当我高中毕业之后，并没有去报考文科。那是在抗日战争的最后一年，当时，重理轻文的风气就很严重。人们的偏见、社会的舆论及求职谋生的考虑，把青年学生大批地推向理工科。学文史被认为是没有出息的。再说，在日本占领下的上海，很多大学迁往内地去了，上海并没有好的文科大学。在这种情况下，我考入了上海交通大学。

青少年时代逐渐形成的爱好、志趣、理想，推动着人们去选择和开辟自己的生活道路。我在"交大"学习，那些课程总和我格格不入，我还是想念着历史和文学，真是"身在曹营心在汉"，感到苦闷、困惑、彷徨无计，展开了激烈的思想斗争。

正是碰巧，抗战胜利后，1946 年夏，北京大学第一次在上海招生，考场设在"交大"，就在我的宿舍楼下。如果不是这次送到鼻子底下来的机会，我大概也不会再去改换自己所学的专业了。一种强烈的冲动诱使我去试一试，果然被录取了，经过反复考虑，我决定放弃上海交大的学籍，到北京大学上学，重新开始大学生活。[①]

---

① 戴逸：《我选择了历史专业》，原载《书林》1982 年第 5 期。又见《皓首学术随笔·戴逸卷》，中华书局，2006 年，第 196 页。

对于这段经历，戴先生在后来的文章中曾多次忆及，而 2007 年即他离开交大 61 年后的一次回忆，最为生动、翔实，并披露了不愿被人扣上"伪学生"的帽子，从而毅然决然地告别了上海交大这一史实：

> 1946 年夏，暑假，我住在上海交大徐家汇的校舍里，没有返回常熟老家。突然有一天宿舍楼下来了一帮人，张贴告示，挂上布幅，布置教室，原来是北京大学从昆明迁北京，准备在上海招生，考场刚好设在我所住宿舍的楼下。这真是送上门来的好机会，我没有多做考虑，报名投考北京大学历史系一年级。本意不过是试一试，不见得被录取。考试发榜，居然考上了历史系的正取生。这反倒使我为难起来。
>
> 我在交通大学读二年级，下学期即将升三年级，两年后就可毕业，我现在要上北京大学的一年级，从头开始要读四年，岂不是太亏了？我的同学、朋友、亲戚多数劝我不要去北大，我确实很犹豫。但是对文史专业的想慕，对北京大学的仰望，又使我情不自禁地想远走北京。特别是有件事坚定了我前往北京的决心，当时上海交通大学是汪精卫伪政府下的学校，留在上海读书的学生竟被称为"伪学生"，只有从重庆沙坪坝迁回的交通大学学生才是正牌学生，能拿到国家公费，上学、住宿、吃饭都不必花钱，而"伪学生"须甄别考试，考试合格才能成为正牌学生。这一歧视性的规定对沦陷区的学生是很大的刺激，蒋介石来上海时，所谓"伪学生"曾成群包围蒋的行辕进行抗议。现在我考上北大历史系一年级正取生，虽然亏了两年，却无须甄别，入学即能得到公费，四年在学期间，学习和生活都有经济保证。有了这层原因，我毅然决然放弃交大学籍，投奔北京大学，跃进心仪已久的北京大学历史系的门槛，选择了终生从事历史教学和历史研究的道路。[①]

笔者曾与戴先生的 4 位子女当面探讨过他们的父亲在上海交大两年"理工男"学习生活的得失问题。他们同声回答："从未听到他有过丝毫抱怨、后悔之声。"他

---

① 戴逸：《我走了历史教学与研究的道路》，见《当代名家学术思想文库·戴逸卷》，北方联合出版传媒（集团）股份有限公司、万卷出版公司，2011 年。又见戴逸著、黄爱平编：《大家小书·清史寻踪》，北京出版社，2017 年，第 9—10 页。

们如是介绍，老大戴寅"文革"开始时刚上中学，老二戴琛才小学毕业，老三戴珂（女儿）刚上小学不久，老四戴玮则还未上学，4个人可谓都是"被耽误的一代"。恢复高考时，他们就都蒙了，抓瞎，瞎抓，犹如天狗吃月，不知从何入手！不料他们的老爸竟拿出数、理、化教科书不仅从从容容、头头是道地帮大家复习了一遍，而且解题速度依然飞快，令4个孩子拍手称奇、心悦诚服：真是好汉不减当年勇！这都是拜当年交大两年理工科正规训练所赐！

戴先生从读小学、初中、高中、大学以至到现在已90多岁高龄的耄耋之年，依然能把《水浒传》一百零八将的正名、诨名倒背如流，依然能把《古文观止》里多篇名文徐徐背诵。这从现代医学大脑结构细胞学说来解析，他的右脑经过从小开发和长期训练，是极为发达的，这是成为当代史学大师的必具生理条件。然后，在他进入初中时认识到一个年轻人过于偏科对自身成长不利之后，他在爱好文史的同时也花相当力气钻研数、理、化等课程，使自身的知识得到均衡、全面发展；尤其是在上海交通大学两年"理工男"的强化训练，使戴秉衡的左脑得到足够乃至充分的开发。现代医学认为左脑得到充分开发的"理工男"所往往特有的做事专注，执行率高，逻辑思维缜密，善于发现研究问题，理智、善断、冷静等特点竟在戴先生身上一一得到应验。这些特点，从他撰写约800篇文章、30来部专著及主持《清史》纂修工程能做到几无重大失误看，能成为左脑充分发达、右脑极度发达的史学大师，是极为难得的啊！

第三章　天地悠悠念红楼

唐代诗人陈子昂《登幽州台歌》曰：

> 前不见古人，
> 后不见来者。
> 念天地之悠悠，
> 独怆然而涕下。

步入晚年的戴逸先生每当有人与他谈及当年在北大的读书生涯，他说他的脑际不时会蓦然显现唐代诗人陈子昂的这首《登幽州台歌》来。当然，其思首先在于古时幽州治所蓟县故址在今北京，自然更念及歌之气度。不过，他不是如陈子昂在蓟北楼吊古伤今的生命悲歌，也不是像诗人那样诉孤独遗世、独立苍茫的怀才不遇之情，而是借陈子昂念天地悠悠之情，倾《登沙滩红楼歌》：

> 前犹见古人，
> 后犹见来者。
> 念天地之悠悠，
> 独豁然而涕下。

天地悠悠，风云际会。回首过往岁月，戴逸会自己发问：一个江南青年学子，怎么会突发奇想放弃两年上海交大学业，孤身孑然来到北京？这似梦似幻的境遇，犹在

108

眼前。他感慨在生命历程的关键节点毅然决然地选择了北大，其机缘是何其难得，其选择是何等正确！没有北大，就没有戴逸的今天！

戴逸感恩沙滩红楼，感恩校长胡适耳提面命及救犊之情，感恩秘书长郑天挺教授循循善诱及千钧一发之际的救命之恩，感恩北大众多举国一流教授予他为人准则、治学态度、为文方法、广博知识，乃至给他指点通向光明的道路……

红楼新秀

1946 年金桂飘香的一天，戴秉衡偕同在上海同时考取北大的 5 位同学，搭乘招商局海轮，风尘仆仆地开启了远行的北上之旅。这 6 位学子分别是：女同学顾文安，常熟支塘人，就读文学系，后来在新中国外交部工作；王雨若，浙江海宁人，就读于北大医科，后来在河南工作；裘祖逊，上海著名的裘天宝银楼老板的儿子，就读于北大医科；周大昕，上海人，就读于北大生物系；金永庆，上海人，就读于北大中文系，后来也参加了民图书室的筹建工作，他在上海通过种种关系在许广平先生处求索到《鲁迅全集》纪念本并运回北大，当时引起了广泛关注。6 人之中戴秉衡年岁稍长，就读于北大历史系。由于初次相聚，再加男女有别，所以顾文安与 5 个男同学一起活动甚少，以至于在进入北大之后，顾文安几乎与 5 个同时从上海来的同学也不再交往了，虽然戴秉衡与顾文安还是常熟同乡，可也少有往来，到创办子民图书室时才有所交集，这是后话。

再说 5 位年轻人第一次面对茫茫大海，确实颇为兴奋激动，可久而久之又觉得单调乃至无聊，趣味乏陈。然由于意气相投、去向一致、年岁相仿、语言相同，于是自然会各自开谈理想、舒展宏愿，遂更觉踌躇满志、意气风发，一时怀念亲友、思念家乡"不觉初秋夜渐长，清风习习重凄凉"的离别愁绪一扫而空。不知不觉中便很快抵达了塘沽，然后是转车，终于到达了北平前门火车站，最终来到了沙滩五四大道的北大红楼的楼前。

面对红楼，5 位千里迢迢从上海如同朝圣一样赶来的年轻人，其心情之激动，真是难以言表。这里正是当年"五四运动的策源地""新文化运动的中心"，是驰名中外的中国最高学府、神圣殿堂，是无数志士仁人尤其是莘莘学子为之魂牵梦萦的地方！

不过，现实很快让 5 个年轻人按捺下了激动的心灵，他们立即要展开一场"夺房大战"了！

这是北大！

新生入学就要搞"夺房大战"？

是的！

原来，这时是北大自西南联大复员回归北平原址后还甚为无序的时期。按学校规定，以沙滩红楼为中心的主校区是北大校领导的办公地，也是文、法学院的所在地；二院即理学院位于景山东侧的马神庙，离红楼约有两千米路程；三院在北河沿，主要是法学院所在地，文、法学院的低年级学生大部分住在那里，离红楼也有两千米的路程；四院在宣武门，是医学院的所在地，离红楼有四五千米路程；五院在东单与东四之间的东堂子胡同，离红楼有三四千米，原是"戊戌变法"时设立的同文馆，后改为译学馆，北大时期主要是文、法学院的学生宿舍，只有高年级文、法学院的学生才被允许住在红楼的五楼。

红楼是一幢面南背北的"工"字形五层楼房，始建于 1916 年，后由刚到任的北大校长蔡元培主持建成。是时，北平基本上没有西式洋房，更少有像北大红楼这样的庞然大物，因此当时的红楼格外引人注目，大有雄踞一方的气势，令北大师生为之骄傲、自豪不已。在北大从昆明复员回到原址以后，红楼内的设置安排与当初有了比较大的变动：一层（其实是半地下室，有窗户）过去是印刷厂，现在少部分为学生活动室，其余为教室；二层全部是教室，北楼二层还设有一个大教室；三、四层是单身教授宿舍；五层是文、法学院高年级学生的宿舍。红楼的北边有一座独栋的二层楼，这便是鼎鼎有名的北大图书馆，内设 4 个阅览室，阅览室的后边就是书库。与图书馆相邻靠西的一座灰楼，是女学生宿舍，因房间小，安排两个学生住一间。

当戴秉衡他们正在办理入学手续时，看到有些年岁稍大的学生肩扛手提行李行色匆匆地向楼上攀登，不由得灵机一动：何不在红楼五楼占据一席之地？因为住到三院或四院去，每天来回奔波，岂不要耗掉很多宝贵的学习时间啊？于是，入学手续办理甫定，他们不约而同地肩扛手提行李，"噔，噔"直奔五楼，占据了东头一间甚为宽敞的南向房间。推开尘封已久的窗户，他们"哇"地齐声欢呼，一个接一个地高吟低诵了起来。

"会当凌绝顶，一览众山小。""举觞白眼望青天，皎如玉树临风前。"更有人面对北京美景即兴发挥道："居高临下不畏攀，紫金城色迷双眼。""左有王府井中水，右呈西四牌楼彩。""遥看前门巍峨景，大街屋宇一线天。"……

面对此情此景，戴秉衡心中真有点他过去阅读古典小说时那种成功"占山为王"的意味，更有豪情满怀、美不胜收之感。

由此，戴秉衡就一直居住在此，度过了两年北大学生生活如鱼得水的难忘时光，并成了红楼新秀。

拜识胡适

开学以后，一切顺利地安顿完毕，学习生活也颇为顺畅，但有一件事使戴秉衡时时萦绕脑际，无法放下，这就是他有一封信函，需要面呈校长胡适。胡适作为政坛名人、社会名流，经常在北平、南京之间飞来飞去，学校具体事务基本不管，由秘书长、教务长、训导长这三长分工代行校长职权，这就让戴秉衡更加犯难了。到哪里去寻找、拜见校长胡适呢？

戴秉衡心里清楚，这封信函对他本身的学业也许不会产生任何作用，一切要靠自己奋斗，但说不定什么时候、在什么关口上会发生效用呢！因为信函是胡适校长的好友、同学书就的啊，是有分量的啊！原来，还在他以优异成绩考取北大史学系的公费生后，遵照定居在上海的父亲嘱咐，回故乡常熟时他专程去拜访了钱昌时 [①] 先生。钱昌时是常熟鹿苑人，在美国留学时与胡适是同学，两人过从甚密，关系很好。学成归国后，钱昌时任北洋大学教授，抗战爆发，他辞职归里，在常熟开办一家银行，是常熟当时的首富，而戴秉衡的父亲当时任常熟银行钱庄协会主席，两人关系融洽。第二层关系，钱昌时的儿子与戴秉衡是读高中时期的同班同学，他还常去位于常熟县南街上的钱府宅邸 [②]。那是一座花园洋房，园内小桥流水，名贵花木琳琅满目，戴秉衡进入钱宅可谓轻车熟路。再者钱昌时的弟弟钱昌照亦是戴秉衡父亲的朋友，他曾任国民政府资源委员会主任（新中国成立后以爱国民主人士身份任第五届、六届全国政协副

---

① 钱昌时，著名民主人士，全国政协委员钱昌照堂兄，与胡适留学美国时同学，回国后任北洋大学教授，是当时常熟首富。

② 今常熟的"虞见·唐宅"，原为清光绪时漕运总督唐一葵的私人宅邸。

主席）。钱昌时获知戴秉衡的来意后，欣然命笔，在向胡适校长问候致意后，特意向胡适推荐介绍戴秉衡毅然放弃上海交大学业，决然报考北大，成绩优异，诚望多予关照，云云。可是，这封来之不易、给胡适校长的信，竟然投递无门！

"山重水复疑无路，柳暗花明又一村。"机会来了！一天，在听完邓广铭老师的课后，戴秉衡向邓老师陈述了自己向胡适校长投信无门的苦恼，热望邓老师指点迷津，不料邓老师竟欣然答应为他穿针引线。邓广铭在 1936 年于北大史学系毕业论文的指导老师正是胡适，该文深受胡适赞赏，后留校任助教时，尤得胡适、钱穆①、傅斯年及陈寅恪（西南联大时）等大师的教诲指点。1946 年 5 月，南京政府教育部已任命胡适为北大校长，在其尚未从美返国之际，傅斯年作为北大代理校长把已在重庆北碚复旦大学当教授的邓广铭召回北大，除任史学系教师外，还兼任未经正式任命的"校长室秘书"。胡适上任后，邓广铭在从事教学、研究工作之余仍然做了很长一段时间的校长秘书。此时，戴秉衡求助邓老师，这对邓广铭来说，可谓举手之劳也。

又一天，戴秉衡按照邓广铭老师的指点，在位于沙滩附近东厂胡同的一所大院里叩开了校长胡适先生办公室的大门，向胡适校长毕恭毕敬地呈上了钱昌时先生的信函。由于邓广铭老师的事先传话，胡适校长对这位来自江南古城的青年学子已好感有加。再细阅好友钱昌时的来函后，更是满面春风，他温文尔雅、笑容可掬地教诲戴秉衡：放弃上海交大的学业，来京就学，来之不易；读书一定要倍下功夫，多读书，读好书……戴秉衡唯唯称诺。这是戴秉衡第一次拜访校长胡适。当然这只是一次礼节性的拜访，谈话内容也乏善可陈。但是，一位已蜚声中外的大学者，堂堂的北大校长能抽时间接待一名青年学子，已是大不易的事了！这在戴秉衡心头掀起激动、崇敬、不辱使命等的波澜，是可以想见的。也正是这次接见，使胡适对这位年轻人印象颇佳。也正是有这一颇佳的印象，胡适在戴秉衡日后陷入危境时，当即毫不犹豫地伸出了援手……

戴秉衡第二次直面校长胡适先生是在大学二年级，当时有门课程名为"史料目录学"，这是"历史研究法系列讲座"的第一讲，由胡适亲自授课，足见校方，尤其是校长胡适对这系列讲座之重视。虽然是史学系的课，但几乎全校文科的学生都报名

---

① 钱穆（1895—1990），江苏无锡人，曾任教于燕京大学、北京大学、香港中文大学等名校，1967 年应蒋介石之邀定居台湾，任"中央研究院"院士，任台湾"中国文化大学"史学教授。

听课了，甚至还有外校的学生慕名而来的。人实在太多了，于是校方临时决定改在北楼的大教室授课。是时，室内座无虚席，稍微迟去一点的同学只能委以站席了。戴秉衡所幸的是为听好这堂课，提前两三个小时就去抢座位，坐在第一排。为不致浪费时间，他还带了一本刚从图书馆借来的《明元清系通纪》①，在课前抓紧研读起来。胡适一踏进教室就发现了坐在第一排的戴秉衡，于是径直走到戴秉衡的座位前，戴秉衡忙不迭地赶快站起来，胡适简要询问戴秉衡的学习生活情况后，发现他手里还拿着一本书，便拿过来翻了起来，然后说："这是一部名著，你好好地读读！"时隔近60年，戴逸讲起听胡适的课依然记忆犹新："不愧是大学者、大学问家，对研究历史、考证源流讲得深入浅出，滔滔不绝。"②当时戴秉衡对胡适校长的崇敬之心，更进了一步。

可万万没有想到的是，不久之后戴秉衡与校长胡适之间却发生了一桩近乎顶撞的不愉快事件，胡适在戴秉衡心中的形象损失不少。在沈秋农的《蕴藏于戴逸心底的往事》中，对这件事的始末是这样记述的：戴逸第三次面见胡适是由同学们自己创办的子民图书室所需用房和改善阅览环境等事。说起子民图书室有必要介绍一下筹办过程。1946年12月发生美军强奸北大女学生沈崇事件后，在地下党领导下，以学生为主体的爱国民主运动不断高涨，反美反蒋的示威游行此起彼伏，学生运动成为整个人民运动的一部分。为团结学生、壮大力量、扩大声势，北京大学的各种进步社团如雨后春笋，不断涌现，其中有歌咏团、读书会、戏剧社、南北社（诗社）和子民图书室等。

"子民"是北大老校长、国民党元老蔡元培先生的名号。经向校方登记，该图书室就成为一个公开的合法社团组织，已秘密加入中共地下党外围组织"民青"的戴逸被同学们推选为图书室的常务干事之一。为便利藏书，在图书室筹办期间，先是向总务处借用一间小教室。图书室所募捐的图书偏重于社科类、文艺类著作，其中有不少是宣传马克思主义、针砭时弊的政治书籍。当时读这类书的同学很多。戴逸不但热情地参与了捐书活动，还组织募捐书籍1000多册。由于部分书籍属于国民党明令查禁的范围，而在同学中又很受欢迎，于是就想了个"真名隐去""假语村言"的办法，

---

① 《明元清系通纪》为编年体著作，按明代的纪元叙清代的世系，是著名史学家孟森穷20余年功力完成的重要史学资料著作。孟森（1869—1937），江苏常州人，曾留学日本，先后受聘于南京中央大学、国立北京大学，讲授明、清史，史学界公认其为中国近代清史学科的奠基人。

② 沈秋农：《蕴藏于戴逸心底的往事》，《世纪》2010年第5期。

在登记目录时另起一个不引人注目的书名。几个月后，捐赠的图书已从1000多册猛增到数千册。

戴逸和几个同学当初之所以用"子民"命名图书室，一方面是崇尚老校长蔡元培先生提出的"学术自由，兼容并包"的治学思想，另一方面是想通过打着传承老校长治学思想的旗号，使图书室能及时获得校方批准，更希望通过申请能从学校获得一些经费资助，并帮助解决房屋、家具和照明等困难。现在眼见所募捐的图书日益增多，请学校帮助解决困难也就迫在眉睫。为此，戴逸与一位田姓同学专门拜访了校长胡适。

这时的校长办公室已搬到沙滩子民室的东厢房。那天，胡适端坐在大交椅里，旁边坐着北大秘书长兼史学系主任郑天挺。戴逸他们站在办公桌前，很礼貌地呈上学生院系联合会的专函，然后向校长说明了拜访缘由。开始时，胡适的态度很和蔼，但在听取具体要求后便沉吟良久，然后皱皱眉说："学校已经有了一个一流的大图书馆，藏书很多，管理规范，你又何必再去办一个小图书馆呢？"戴逸告诉他，学校大图书馆的藏书是很多，设施也好，但就是缺少同学们喜欢的新书刊和报纸，甚至连份《文汇报》都没有，难以满足同学们的求知欲望，而小图书馆的建办，就可以补大图书馆之不足。胡适听着，隐隐中似乎觉察到了什么，再联想到各大中城市持续不断的学潮运动，有点不耐烦地说："学校图书馆的藏书已经够多了，如果需要什么书，可以请图书馆购置。"接着他顿了顿，望着这两位年轻人，以师长的口吻训导说："学生的任务就是专心读书，不要精力外骛，搞那么多课外活动，你们的小图书馆还是不办为好！"戴逸听出了，胡适的答复实际蕴含了他一贯所主张的"多研究些问题，少谈些主义"的真实思想。戴逸还想申辩，被郑天挺教授喝阻住了，他站起来说："你们走吧！"在把戴逸他们送出校长办公室时，郑天挺轻声对戴逸说："我来帮你们解决。"面对这次与校长的不欢而散，戴逸失望中对胡适这位自己所敬重的北大校长、著名学者的印象分降低了不少。好在时隔不久，郑天挺与戴逸说学校已同意出借房子，至于桌椅书架也可去庶务科领借。子民图书室终于如愿开张。[①]

胡适不支持戴逸等同学创办子民图书室，无疑是他政治性格中保守一面的表露。

---

① 沈秋农：《蕴藏于戴逸心底的往事》，《世纪》2010年第5期。本书引用时按戴先生另供资料小有补充。

但应该说，这不是他政治性格的全部。正是胡适所具有的激进和保守兼有的政治性格，使其在戴逸被国民党宪兵特务突击逮捕、身处审讯的千钧一发之际，不问戴逸的政治倾向和政治活动，立即写函担保戴逸，表现了一位大学者的政治激情。也还是沈秋农的《蕴藏于戴逸心底的往事》这篇文章，首次甚为详尽地披露了这一往事的来龙去脉。

1947年，戴逸被选为全校的学生自治会理事，并继续兼任图书室的常务干事。由于戴逸不仅学业成绩优秀，且积极投身学生运动、热心公益事业，他很快被吸收为民主青年同盟盟员。这是在西南联大时期由中共地下党领导的先进青年组织，北大迁回北平后继续以党外围组织的形式开展秘密活动。戴逸事后知道，与此同时，北京大学的中共地下党组织也已将他列入入党考察对象。1948年5月下旬，地下党组织派专人找戴逸谈话，根据考察，决定发展他为中共党员，戴逸十分激动地表示愿意为党的崇高目标——实现共产主义而不懈奋斗。由于暑假在即，履行入党手续的事情遂安排在暑假结束返校后举行。6月，戴逸回到家乡常熟度假，与外界的联系少了许多。南京国民党政府行政院从全国发生的一系列学潮事件中嗅出有地下党活动的气息，于8月17日，声称依据刑事法令，彻底清除匪谍，严禁罢课游行，聚众请愿。北平军警宪也于8月19日发出通缉令，对参加学潮的骨干分子实行大逮捕，通缉令刊登在全国各大报刊上。对此，戴逸浑然不知。8月下旬，戴逸按照地下党事先部署，赴上海联络点碰头，然后准备坐招商局的轮船返回北平复课。在联络点碰头时，地下党同志告知北平正在实行大逮捕，并将当日出版的报纸给他看。地下党同志要戴逸先回常熟，过一两个月再联系。于是戴逸又回到常熟，先是住在自己家中，不久为安全起见，他隐居在位于周行、甚为偏僻的外婆家中。10月中旬，戴逸再次赴沪与一位同样遭到通缉、隐居无锡家中的华姓女同学坐船到天津，找到地下党的秘密联络点，准备由此前往华北解放区；但由于联系发生差错，两个人只有一张北平地下党提供的路条，戴逸就让女同学先走，自己仍旧回到北平。第一夜住在同学家里，第二天悄悄回到学校，准备找地下党办理去解放区的手续。第三天早上他去学校食堂用餐时，被守候已久的国民党特务拘捕，交特刑庭审讯。很快，郑天挺教授将戴逸遭到拘捕的消息向胡适做了报告。一向以爱才、惜才、护才著称的胡适立刻提笔写了封信给特刑庭庭长，称戴逸是北大的优秀学生，不是共党分子，应予保释，并速派专人将信送到特刑庭。庭长一看，就不再审讯，说了句"保释在外，听候传讯"。审讯从头到尾就两个小时。戴逸在重获自由后，当即向地下党做了汇报，根据党组织安排他很快离开学校，潜往华北解放区。2010 年 2 月 10 日，沈秋农与戴逸先生通话，提及他进出北大一事，老先生还问："秋农同志，你可知道当时是谁救了我？"沈秋农告诉他在他的回忆文章中已有介绍，是胡适救了他。"对！是胡适救了我，这个不能忘！要不是他出面相救，我就会被关起来，当时被关起来的学生还真不少。"

新中国成立后，戴逸回到北京曾和郑天挺教授做过长谈，感谢郑天挺对他的多次帮助，同时戴逸向郑天挺请教："胡适先生为什么要走呢？他应该留下来为新中国做事。"郑天挺叹了一口气说："胡先生不能不走，国民党不会让他留下，他走的时候也非常犹豫和留恋，备感痛苦。"由于胡适的保释，戴逸虎口脱险，但胡适的保释使戴逸的入党推迟了 5 年。党组织要对胡适何以保释戴逸予以审查，可胡适于 1949 年去了美国，又如何调查呢？戴逸以充分的耐心和自信，又一次经受了考验，1954 年戴逸光荣地加入了中国共产党，实现了他的夙愿。①

神圣殿堂

戴秉衡由气候温润、菜蔬丰富的常熟、上海来到北平时，生活颇不适应。气候又干又冷，主食主要是粗粮，蔬菜是老三样：白菜、土豆、豆腐。但是，北大浓厚的学术氛围、活泼的自由风气深深地吸引了他，生活上的诸多不习惯随之也烟消云散了。在北大百年校庆时，有家报纸约请戴逸先生撰写纪念文章，他在文中写道："最吸引学生的地方是北大图书馆，馆藏宏富，缥缃满架，对学生实行开架阅览，取阅方便。我第一次走进沙滩图书馆的大阅览室，看到琳琅满目的图书，心境豁然开朗，很多以前听说而未见过的书籍都陈列在眼前，真是'如行山阴道上，目不暇接'，可以随心所欲地尽情饱览。"②对从小嗜书如命的戴秉衡来说，犹如进入了"海阔凭鱼跃"之境！

更使戴秉衡始终留恋和难以忘怀的是给学生们上课的一大批名师。由名教授给低

---

① 沈秋农：《蕴藏于戴逸心底的往事》，《世纪》2010 年第 5 期。本书引用时小有补充。
② 戴逸：《初进北大》，《光明日报》1988 年 2 月 3 日。见《皓首学术随笔·戴逸卷》，中华书局，2006 年，第 198 页。

年级学生开基础课是当年北大的好传统，这使刚步入校门的青年学子不仅有幸认识许多蜚声学坛的文化名人，亲聆教诲，而且对他们培养良好的学习态度、遵循正确的治学道路起了十分重要的作用。

校长胡适亲自披挂上阵给史学系学生上课，让众多倾慕不已的青年学子如痴如狂。

北大秘书长郑天挺当年还兼任史学系主任，给学生们讲明清史。校长胡适不管学校具体校务，学校又不设副校长，郑天挺是实际上的副校长，事无巨细，事必躬亲，还要坚持在第一线从事教学。

著名作家沈从文教授是大一的国文教师。一个只有小学毕业学历的人，登上北大讲坛，其传奇性是不言而喻的。他14岁开始从戎，混迹于湘西的土著部队。20岁脱下军装的沈从文来到北京渴望上大学，可没有半点经济来源，遂在北大旁听。翌年开始发表作品，至1934年完成"牧歌"式小说《边城》，达到其小说创作的一个高峰。从1938年底任西南联大中文系教授起，沈从文一直是北大教授（新中国成立后工作重心转向文物研究）。沈从文给人的开讲形象是：身躯瘦弱，态度和蔼，在低回吟诵中精警之句迭出，带领学生以欣赏者的姿态进入课文精彩纷呈的意境……

曾先后在美国奥柏林学院、哈佛大学和德国柏林大学留学，被尊为中国"现代新儒家"早期代表人物之一的贺麟，是北大训导长。"平易近人，亲近学生"是他的训导作风。他给大一学生讲授哲学，给人以另一种享受。他个子矮小，戴着宽边大眼镜，讲课时神采飞扬、滔滔不绝，勾画出的是哲人意境、沉思世界。让戴秉衡颇为感动的是，当多次去贺麟家拜访请教时，先生始终热情如一，谈天说地，答复问题。令人意外的是，贺麟还把自己撰写的有关德国哲学家费希特的著作签上自己的名字，赠送给戴秉衡。使戴秉衡十分遗憾的是，这一珍贵的纪念物在日后匆匆逃出北平时丢失了。

许德珩先生给大一学生讲授社会学。他本身就是一面旗帜：青年时代加入同盟会，参加辛亥革命；五四运动时是著名的学生领袖，起草《五四宣言》；1920年赴法勤工俭学，师从居里夫人研究放射性物理学；1927年回国后任国民革命军总政治部秘书长、代主任（新中国成立后曾任水产部部长、全国政协副主席、全国人大常委会副委员长）。更令学生们拍手称快的是许德珩先生讲授的竟然是马克思主义社会发展史，先生进步色彩之鲜明，学校民主、自由气息之浓郁，令人永生难忘。由于这门课非常叫座，听者踊跃，学校在安排教室时又与胡适校长讲课一样，安排在北楼大教室开讲，讲堂上气氛之热烈是不难想见的。更难能可贵的是，许先生对学生尤为关心爱护。有一次，戴秉衡到他家中邀请许先生参加一次学生的集会，在戴秉衡离开许家时，他特别嘱咐戴秉衡要注意身后有无国民党特务盯梢，真是患难见真情，这让戴秉衡心中温暖不已。

北大教坛上的另一座丰碑是朱光潜先生。朱光潜是学贯中西、博古通今的大学问家，被誉为中国美学史上一座横跨现当代最负盛名并赢得国际声誉的美学大师，是中国现代美学的奠基人。在戴秉衡步入北大时，朱光潜先生也正好受聘于北大。在此之前，戴秉衡早就拜读过朱先生的《给青年的十二封信》。这是早在30年代就轰动全国，在青年知识分子中产生深远影响的美学科普读物。为朱先生熠熠光环所吸引，戴秉衡毅然选修了朱先生的美学课，这是戴秉衡读书生涯中别具风采的享受，乃至他步入年迈之时，依然可以把朱先生讲课的其情其景娓娓道来：闭着眼睛，举着彩笔，安徽口音，慢条斯理，徐徐而述，既具哲理思考，又富语言魅力，如春风轻拂绿野，似细雨蒙蒙滋润学子心田……

为了开阔学生视野，北大又特请辅仁大学校长、史学名家陈垣先生给学生们开讲"史源学"。陈垣先生除了对中外宗教史有广泛、精深研究之外，还花了很长时间研究《四库全书》，并出版了两本专著《四库书名录》和《四库撰人录》。别人只是要看什么古籍到《四库全书》中去找，而陈垣先生却是研究《四库全书》收编的书是如何写成的，它有哪些不同的版本，并以此为基础给后人提供了学习和研究历史必不可少的另两部工具书：《中西回史日历》《二十史朔闰表》。另外，他在文献学的研究中，也占有重要地位。正由于此，在1951年11月全国政协一届三次会议后举行国宴时，与陈垣同席的毛泽东向别人介绍说："这是陈垣，读书很多，是我们国家的国宝。"当年的北大校方领导苦心孤诣地延请陈垣先生来校授业，戴秉衡当然不能放过，而陈垣的讲课又是北大教坛上另一道风景：讲坛前特设一张椅子，陈垣先生不慌不忙，居中坐下。他，脸庞方正，天庭饱满，鹤发银髯，两耳硕大——戴秉衡心中暗暗称奇，多么伟岸的堂堂君子形象！他，微微一笑，向学生们颔首点头，而后神态安详地在史学领域讲古论今……

在北大两年的日子里，戴秉衡还听了多位导师的课业，他们的教风虽然迥然相异，却个个精彩纷呈，令人目不暇接。

讲授隋唐史的老师向达于 30 年代中期曾先在英国博物馆检索敦煌写卷和汉文典籍，后赴德国考察劫自中国的壁画写卷。可能是这段经历使然，他始终神态凝重、不苟言笑，忧国忧民之态跃然脸上。他讲课声音很小，语气平缓，同学们怕听不清，于是把凳子一再前挪，围成一圈，而他居中以渊博的学识，旁征博引，如数家珍，把大家引领进辉煌博大的盛唐时代。谛听他的讲课，一定会折服于他知识之广博、立论之高远、构思之周密、见解之深邃，不啻是文雅的精神享受。

开设宋史的老师邓广铭，是戴秉衡初进北大时拜谒校长胡适的引路人。及至一再聆听他的课业之后，戴秉衡对邓老师的治学勤奋、功底深厚印象至深。治史的人都知道，宋史资料在清代史料揭开密藏之前号称浩瀚，而邓先生是当时唯一读完了宋史史料的学者，可当时邓先生才步入不惑之年。有一次，戴秉衡在听邓老师讲辽史的"四时捺钵"，有些问题弄得不甚清楚，于是写了一封长信求教于邓先生。不料邓先生竟对辽代帝王春水秋山、冬夏捺钵的四季渔猎行营，以网罗史料、竭泽而渔的严谨扎实办法，足足讲了半个小时，以回答戴秉衡提出的问题。这种治学态度令戴秉衡铭记难忘。

杨人楩在北大讲西洋史。早在 30 年代初由他编写的一套《高中外国史》于当时备享盛誉，广受欢迎，以至于其具备优秀历史教科书必具的若干要素，超越时代，"对今天的历史教科书编写仍有借鉴和启示作用"[1]。在戴秉衡眼里，杨老师学识精深，富有活泼自由的气度，言语清晰、富有文采，有谐谑幽默感。他讲的"希腊精神"，具有真知灼见。

从清华大学请来讲授元史的是邵循正教授。他熟谙英语、法语，懂德语，稍通意大利语、俄语，学过古波斯文，略知突厥文、女真文、满文，能直接把蒙文资料《元朝秘史》、波斯文资料《史集》、汉文资料《元史》和法、德、英等西欧诸国学者的研究成果糅合参证，互纠讹误，旁征博引，融会贯通，广做史实订正，从而使他在蒙古史研究领域成就突出。在戴秉衡看来，邵老师的讲课穷本溯源，援引广博，既有宏观的剖析，又有微观的考证，正因如此，课程内容之艰深，让同学们认为这是最难学好的一门课。

从北平图书馆请来讲"目录学"的赵万里先生，正如他名字一样，是"行万里

---

[1] 陈其:《杨人楩先生与民国教科书〈高中外国史〉》,《中华读书报》2013 年 5 月 4 日。

路，读万卷书"的学者。同学中流传着赵先生幼时的逸闻：他走过几遍街道，就能把两旁商馆招牌暗记背诵出来，可谓记忆力超群。他出生于浙江海宁一个书香门第之家，是国学大师王国维的同乡兼门生。作为学者的赵老师，其读书之广、识断之精、记忆之强，令人惊叹。戴逸至今还清晰记着赵老师上课时的形象：上课不带片纸，对各种珍本、善本的特点、刊刻年代、内容烂熟于胸，娓娓而谈。课堂上有问必答，略无迟疑，真所谓如入无人之境。

北大还有许多教授，戴秉衡还来不及听他们的课，如汤用彤、郑昕、俞平伯、游国恩、魏建功、唐兰、废名、季羡林、毛子水、张政烺……后来成为大家的戴逸平生为人低调谦和，从未对自己有过溢美之词；只是对自己的母校，他这样豪迈："当年的北大，确是英贤荟萃，人才济济，这强大的教授阵容永远会使后来的学生们歆羡叹慕！"[1]

以"北京大学"之名正式命名后的首任校长蔡元培先生说："大学者，'囊括大典，网罗众家'之学府也。"一代又一代的北大人遵从老校长提出的"思想自由，兼容并包"的办学方针，提倡学术民主，实行"教授治校"，使北大的教学环境、教学秩序、教学氛围达到了极致的和谐、美妙，青年学子受益匪浅，乃至终身受用。戴逸深情地回忆说："这些老师，他们的专业不同，讲课风格各异，有人逻辑严密，立论精当；有的内容充实，援引繁富；有的学识渊博，口若悬河。但他们有一个共同点，就是着重启发式教育，从不照本宣科。他们全都没有固定的讲义，在课堂上评古说今，议论风生，答难解题，出口成章。讲授的问题，有时寥寥数语，一带而过；有时则寻根问底，反复论证，穷究精义。他们鼓励学生们独立思考。课堂上和课堂外，师生们可以自由交流，各抒己见，相互问难。我在一次经济学的课堂上听老师和学生相互辩论了一个课时。"[2]言为心声，戴逸以"喝水不忘掘井人"的感恩之心，写下这些精美文字之际，他担任中国人民大学清史研究所所长已达20年，在前辈的关怀、指点下，他已经撑起了中国清史研究的一片蓝天，是中国清史研究的第一人，是中国清史学派的奠基者、创始人。他的学生真正是桃李满天下了，而他所做的一切，正是多少师长教诲、传承的结果啊！

---

① 戴逸：《初进北大》，《光明日报》1998年2月3日。又见《皓首学术随笔·戴逸卷》，中华书局，2006年，第200页。

② 同上。

　　在北大学习的第一学年，戴逸做了3件事：一是认真听课，结果是门门优秀。二是啃了半部《明史》(280万字)，并做了详细笔记。三是利用闲暇时间写了3篇文章——《西南联大复员见闻》《故宫巡礼》《巫师娘》。前两篇为散文体，最后一篇为小说，均发表在天津的《大公报》上。

　　戴先生曾特别关照笔者：北大的老师教给了我治学、治史、做人，尤要感谢、感恩的是郑天挺先生！

　　春秋齐相管仲曰："生我者父母，知我者鲍叔也。"对戴秉衡来说，"我之鲍叔乃郑师也"！把郑天挺老师喻为鲍叔似不妥帖，因为鲍叔与管仲是兄弟关系，而郑天挺老师与戴秉衡是师生关系，辈分不同，但从知遇之恩而言，郑天挺老师可以说是戴秉衡的"鲍叔"。

　　郑天挺老师是当时北大的秘书长兼史学系主任，校长胡适不管学校具体校务，实行"三长（秘书长、训导长、教务长）治政"，而又不设副校长，秘书长实际上就是副校长。对外，郑天挺老师是校方的代表，延请辅仁大学校长陈垣先生来校授课，需要他亲自登门拜访聘请，包括安排相关事宜；他要代表校方应对国民党政府相关部门，尤其要与军警特务的侵扰周旋，以保护学校教学的正常进行、几千名师生的安全……对内，郑天挺老师首先要安排好几千名师生的生活起居，小到教室安排，桌椅板凳有时也需要他出场才能办妥；他又兼着史学系主任，系里又不设专职人员，仅有一名助教辅助他分担掉一些具体工作，而且他还要在教学第一线坚守岗位，其艰难困苦，人们不难想象。秘书长首先是个苦差使，上要接天，下要着地——对校长负责，但不能越位，也不能不到位，即所谓"大事不越位（该报告必须报告，乃至批准后才办），小事不干扰"，一切都要经过仔细忖度，拿捏准了才谨慎行事。其次秘书长又是个烦差使，"三长治政"中他是牵头人，不能事事一手包办，什么事放到三长会上讨论、协调、决定、办理，又要把握得当，进退有度。郑天挺先生不仅有谦谦君子之风，温文尔雅，而且办事举轻若重、一丝不苟。这就更使他犹如陀螺，整天处于繁忙之中。在沙滩就读的北大学子，都清楚郑天挺老师的活动轨迹：每天早晨，在上课铃打响之前，一辆三轮车从沙滩的西门徐徐而入，郑天挺老师端坐在车上，手里拿着公事包，下车后直奔孑民堂（秘书长的办公室在孑民堂西侧厢房，与校长办公室相对）。而当暮色苍茫，青年学子三三两两向食堂走去时，郑天挺老师又乘车向西城毛家湾的住宅驰去。在上班的日子，一年四季，天天如此，早来晚归，风雨无阻。

戴秉衡清晰地记得，第一次直接面对郑天挺老师是在1946年10月10日举行完开学典礼回到红楼的时候。开学之后，该选什么课呢？正当戴秉衡他们几个同学犯嘀咕之际，郑天挺老师主动找他们谈话，令几个年轻人喜从天降、受宠若惊。郑天挺老师丝毫没有大教授的架子，待人诚恳、亲切，以平等态度对待学生，关心学生的学业和生活，令人永远难以释怀。

郑天挺老师在主持北大内外事务，公务十分繁忙的景况下，坚持教学，给一年级学生开设"明清史"课程。他讲课不带讲稿，只带一叠卡片，讲课时却成竹在胸，旁征博引，滔滔不绝。他的课是学校里最叫座的课程之一，深受同学欢迎，除戴秉衡他们这些必修生之外，选修的人很多，教室里座无虚席。他善待学生，乐于和大家接触、谈话，更受大家爱戴。他借给戴秉衡一部《明元清系通纪》做课外读物，戴秉衡把它带到听校长胡适课的课堂上，受到胡适的肯定。戴秉衡在啃《明史》时，又受到郑天挺老师的鼓励和指导，碰到疑难问题或积有读书心得去请教郑老师时，他总是放下公务，兴致勃勃地与戴秉衡交谈、交流，使戴秉衡对读史更加兴趣盎然。

戴秉衡进入北大读书不久，旋即发生了一件麻烦事。那时，他喜欢舞文弄墨，然又城府不深，看到北大从昆明复员回到北平原址那种无序的模样，就信手写了篇六七百字的稿件投给了天津的《大公报》，不经意间《大公报》竟刊登出来了。这是一篇批评稿，时间是1946年10月23日，离北大开学典礼不到半个月，标题是《西南联大复员见闻》，作者的名字是戈翼。当时的《大公报》在知识分子中声望颇高，《大公报》批评了北大，这下子北大就炸锅了，尤其是在昆明经历苦难的高年级学生更可谓怒气冲天。他们不仅痛骂戈翼，还声称要把戈翼揪出来狠狠地揍一顿！不少学生还一拨又一拨地到郑天挺先生那里理论，但都被郑先生压住了：这些问题是存在的，但不全面！应该允许人家批评，没有什么大不了的！不要去查是谁写的了！绝不允许把作者揪出来揍一顿！……就这样，郑天挺先生就把《大公报》批评风波化险为夷了！那时，戴秉衡刚进北大，人生地疏，四顾无援，要不是郑先生出手摆平风波，还真有点麻烦，他对郑天挺先生的感恩之情，当在情理之中。

进入1947年，国内的政治形势是共产党继指派林彪在东北站稳脚跟之后，开始战略反攻，辽沈战役正在筹划之中。为配合形势需要，北平中共地下党领导的民主学生运动陡然高涨。每一个追求民主、自由、正义、光明的血性青年，必然卷入洪流，不可能置身事外终日沉湎于书斋之中。戴秉衡就是在这种情势下参加了孑民图书室的筹建活动。正是在孑民图书室的筹建中，在几近与胡适校长的顶撞之际，郑天挺老师再次伸出援手，暗中支持、帮助戴秉衡他们使这进步社团组织顺利开张，孑民图书室也就成了当时北大引导、团结进步青年投身正义、光明事业的重要据点之一。

更使戴秉衡始终不能忘怀的，是郑天挺先生拯救了戴秉衡的生命。

就在孑民图书室即将开馆之际，戴秉衡病倒了。开始他肚子痛，校医给了点消化药；继而发烧，又吃了点退烧药；突然肚子剧痛，出现高烧。同学金永庆、王雨若、裘祖逊、周大昕等几人又背又抬、七手八脚地把他送到位于西单西北厂桥东南处的北大医院，确诊为盲肠炎穿孔。医生郑重宣告：感染已扩散至腹腔，腹腔内有大量渗液；如不赶快手术，细菌、毒素会很快进入血液，出现全身性脓毒症，很快会休克，死亡！此时的戴秉衡已处于昏迷之中，几个同学也蒙了，怎么办？正在这千钧一发之际，郑天挺老师的电话到了，他对院方领导说："全力抢救！费用全免！"这铮铮 8 个字，可谓力拔千钧！郑天挺老师以他北大秘书长的担当和威严，促使北大医院迅即全力以赴，快捷顺畅地运转起来，戴秉衡在医院里整整救治了 50 天，他也由此从死亡线上挣扎了过来。如果没有郑天挺先生的挺身相救，如果没有北大医院的鼎力救治，戴秉衡也不会有今天，今天中国的清史研究也许不会有如此辉煌。当然，历史总是前进的，如果没有戴秉衡，肯定会有张秉衡或李秉衡挺身担当，但这一页历史也许会推迟若干年……

随着戴秉衡从事的进步活动越来越多，他与郑天挺先生的政治性交往也相应多了起来。这时，郑先生是以北大校方负责人的身份与戴秉衡谈话的，由于两人相当熟悉，所以谈话颇为随便，少了拘束，戴秉衡也就从中了解了郑先生的思想倾向和对学生运动的态度。作为北京大学的官方代表，郑先生自然不便公开发表支持学生运动的言论，也没有参加过学生中的政治性集会，谈话中也不涉及现实政治问题，这都可以理解；但他对学生运动是同情的，视学生如同自己的子弟，尽力保护学生不受反动派迫害，尽可能利用他的地位和权力暗中帮助学生运动。北大学生中有很多社团，不少社团都占有一间房子（或地下室）作为活动场所。还有北大的学生宿舍里，居住着不少没有北大学籍的青年，他们大都生活贫苦、思想进步，在北平无亲友依靠，通过种种关系住进北大学生宿舍，有的还在旁听北大的课程。有一次，国民党的党部要求北大校方清理房产和"闲杂人等"，也就是收回学生社团使用的房屋，驱逐宿舍内的非北大学生。这是很毒辣的一招，实际上是釜底抽薪，要取缔学生集会和活动的场所，驱赶进步青年，打击革命力量。同学们听到这个消息，很着急，就分头活动，希望阻止这一活动。戴秉衡到郑天挺老师处探问校方的意图，郑先生很坦率地告诉戴秉衡："学校受到外界的压力，这一行动是迫不得已的，但决不会和同学们为难，请同学们谅解。此事是学校内部事务，由校方调查、处理，决不让校外任何机关干预。凡是同学们正当活动的用房，包括学习、社交、歌咏、座谈、办福利的用房，只要登记一下，仍可使用，不必收回。"他还告诉戴秉衡：在某天，学校要派人检查和登记房屋，希望同学们把违禁物品转移，以免引起麻烦；并且在登记、检查房屋时，如来人有粗鲁行为，可以向学校报告，千万别和来人发生冲突。同学们探知这一消息后，就放下心来，后来学校果然派人到一些房子去看了一下，不过是应付了事，没有发生什么事端，也没有收回一间房子。这件事，戴秉衡不知道北大校方受到了什么压力，怎样进行交涉的。但即将来临的一场风波，由大变小，消弭于无形，郑天挺老师和其他教授想必花费了不少心力和口舌的。①

在以后学运愈加发展、国民党反动派将魔爪伸向北大时，戴秉衡与郑天挺老师交往更多，他对郑天挺老师坚持进步事业、主持光明正义、不畏强暴、殚精竭虑地保护学校师生安全的印象尤深。戴秉衡清晰记得，1948年暑假期间，发生了全国性的"八一九"大逮捕事件，大批学生被列上黑名单，以"共匪嫌疑"刊登在全国报刊上，指名通缉。戴秉衡的名字也被列在黑名单上，可当时他因学校放假回到了南方，对北平和学校里的情况全然不知。不久，居住在上海的戴秉衡的父亲接到了郑天挺教授的一封信，告知戴秉衡已被通缉，叮嘱戴秉衡善自躲藏，不要住在家里，以免被搜捕。信中还说戴秉衡今后的生活和前途，等待事态平息，他可以设法介绍职业。"烽火连三月，家书抵万金。"郑先生的来信，是戴秉衡被通缉以后从北平得到的第一个信息，他不由得感动得眼泪夺眶而出。使戴秉衡尤为感动的是，他后来获知，在他被北平军警特务拘捕推上特种刑事法庭审讯的危急关头，是郑天挺老师直接找到校长胡适，又由郑老师派人把胡适校长的担保信送到法庭，使自己重获自由。对郑天挺老师的再次援手相救，戴秉衡愈加感恩，永志不忘。

<hr>

① 戴逸：《纪念郑天挺老师》，见冯尔康、郑克晟编《郑天挺学记》，生活·读书·新知三联书店，1991年。又见《皓首学术随笔·戴逸卷》，中华书局，2006年，第149-150页。本书辑录时人称有所改动。

时光荏苒，白驹过隙。离校不到一年时间，1949 年 5 月艳阳高照的一天，戴逸以从解放区进京的华北大学且正在筹建中的中国人民大学一位青年教师的身份，看望留在北大的老同学和师长，当然也去拜访了恩师郑天挺先生。戴逸在《纪念郑天挺老师》的长文中深情地这样记叙：那是一个下午，仍然在子民堂西厢房他的办公室内，这天他公务不多，所以谈话的时间很长，他心情很欢畅，有点兴奋、激动，很健谈，在他面前自己似乎不是一个青年学生，而是一个可以倾吐心曲的老朋友。他告诉戴逸，亲自看到了北平解放时，万众欢腾的动人场面，看到了进城解放军和干部公而忘私、纪律严明的好作风，体会到长期受屈辱的中华民族正以雄伟的姿态站立起来。他反复赞叹："这样好的干部，这样好的军人。"他详细询问戴逸解放区的情形，渴望了解党的政策、革命的道理。他还说，北平解放的前夕，国民党动员他离开北平，到南京去。他激动地说："我留下来是对的，我的选择是正确的，胡先生（指胡适）他们是错的，他们也应当留下来。"当然，像郑天挺这样有地位、有名望的教授一定是国民党在南逃时要敦促撤离的重点对象，但是郑先生和其他许多教授一样留下来了，这标志着他和旧势力的决裂，标志着他新的生活的开始。他所以留下来和他一贯的思想信念有关，和他对进步学生运动的态度有关。一个正直的、爱国的老知识分子在关键时刻是会做出正确的选择的。[①]

在以后的日子里，戴逸由于不在北大了，学习、工作又很忙，没有像从前那样有向郑先生问学请教的机会，后来郑先生调往天津南开大学，见面很少，只在偶然的会议上叙谈几句，戴逸在回忆文章的字里行间透露出几许遗憾之感。后来，当戴逸听到郑天挺老师以 80 岁高龄加入中国共产党的消息，他并不感到奇怪，感到这是郑天挺老师最后的、必然的归宿，他对郑老师的不断进步、勤奋工作、追求真理、老而弥笃的革命信念和革命精神深怀崇敬之心。

---

① 戴逸：《纪念郑天挺老师》，见冯尔康、郑克晟编《郑天挺学记》，生活·读书·新知三联书店，1991 年。又见《皓首学术随笔·戴逸卷》，中华书局，2006 年，第 151-152 页。本书辑录时人称有所改动。

投身学运

1946 年 6 月，蒋介石自恃历经近一年的国民党军队的调兵、布防，公然撕毁与毛泽东在重庆艰苦谈判达成的"双十协定"，在中原地区（湖北、河南交界）向共产党军队发起猛烈攻击，大规模武装冲突随即爆发，长达 3 年多的新一轮内战即史称的第三次国内革命战争又称解放战争就此开始。

就北京大学而言，自从发生沈崇事件之后，学生们更积极地投入爱国民主运动潮流，反饥饿、反内战的游行示威活动此起彼伏，学生运动蓬勃发展，各种进步社团纷纷涌现，有歌咏团、读书会、戏剧社、诗社等等。戴秉衡为之煞费苦心，在北大学生运动历史上具有重要地位的子民图书室就在这种大背景下应运而生。

还在戴秉衡入学不久，住在沙滩红楼和北河沿三院的一部分文、法学院的大一学生，掀起了一股读书热潮。大家渴望读书，在大环境的影响下，尤其想读进步书籍和文艺书籍，可无处可觅。北大图书馆闻名遐迩，规模大，藏书多，设备新，却没有具有进步色彩的新书刊，甚至连一份《文汇报》都不订。这种情况引起了同学们的义愤，几乎闹出一场风波，但校方依然故我。没有办法，同学们只能互相通融，把自己的书与人互相借读，久而久之，大家自发地把有限的几本书凑在一起，在一个小圈子里借阅，手续很简便：在本子上登上姓名、书名和借阅日期就完了。随着发展，这 100 来本书就归大一学生会保管。当时，北大还没有全校的学生会（稍后有院系学生联合会），而北大抗战胜利复员后的第一届新生，人数多、朝气足、很活跃，于是在 1946 年秋成立了"大一学生会"，由它保管的这些进步书刊，也就成了"子民图书室"的发轫。

1947 年 6—7 月间，大一学生会负责人周桂棠[1]找到戴秉衡要戴秉衡暂时保管一下这 100 来册书籍。周桂棠与戴秉衡是同班挚友，曾同住过一个大宿舍，他为人豪爽、热情，又很能干，是公认的学生领袖；他在宣武门四院礼堂舌战北大训导长陈雪屏[2]，令许多同学为之折服。在周桂棠的影响下，戴秉衡也参与过大一学生会的一些具体工

---

[1] 新中国成立后改名沙叶，曾先后任北京内燃机总厂厂长、国家经委秘书长等职务。

[2] 陈雪屏（1901—1999），江苏宜兴人。1922 年入北大哲学系主修心理学，1926 年入美国哥伦比亚大学进修，1932 年回到北大理学院心理系任教。1948 年短暂代理国民政府教育部部长，后抵台任省教育厅厅长、"行政院"秘书长等职务。

作；由此周桂棠托戴秉衡暂时管理一下图书，他就欣然接受了。因为戴秉衡从小酷爱图书，保管这些图书谈不上什么负担，何乐而不为？

戴逸回忆说，他清晰记得，接收这批书籍是在一个甚为炎热的下午，地点在沙滩红楼一层西头西南的一间房间里，这是当时大一新生学生会唯一的活动场所，后来就成了子民图书室的阅览室。里面有几张桌椅及纸张、文件、油印机，墙角有一个小书架，上面放着厚薄不一、大小不等的百十来本书籍，只占小书架的一排多一点，颇不起眼。戴秉衡点数完书籍后把它们原封不动地依旧放在那里，因为正值期末考试，几乎没有同学来借书，作为保管员的戴秉衡颇为悠然自得。

暑假期间，戴秉衡没有回南方，因而帮人借阅图书成了他读书之外的一项重要使命。这时，同年级的另一挚友陈宗奇也来参加管理图书，并提议扩大规模，办个图书室。戴秉衡举双手赞成。后来，当戴秉衡获知周桂棠和陈宗奇都是地下党员，才如梦初醒：创办图书室是地下党的决定。于是，仍以那个房间为据点，开始筹划招兵买马、商议募捐书籍、筹措经费等等。戴秉衡承担的主要任务是负责向教授募书，他登门拜访的教授有：郑天挺、邓广铭、许德珩、杨人楩、张奚若、向达、贺麟、费青、芮沐、樊弘、俞大缜、朱光潜、沈从文、冯至等。在戴秉衡诚恳说明来意后，教授们无不热情支持，个个当即捐出了书籍。戴秉衡不会忘记的是：贺麟先生捐出了一大堆书，一次拿不完，竟连续去了几次；俞大缜先生不仅捐了书，而且拿出一大笔钱，以资助同学们办图书室。戴秉衡对教授们关爱学生、体贴入微的情感感受尤深。

在筹办子民图书室过程中，发生过一个插曲，即戴秉衡拜会吴晗。吴晗是清华大学教授，但在北大的进步青年学生中可谓如雷贯耳，在史学系学生眼中，吴晗就是他们的偶像。这与吴晗的传奇经历有关。吴晗出生于浙江义乌苦竹塘村农家，自幼家境贫寒，然少年聪慧早熟，12岁到金华读中学时在广读博览中就吸收了梁启超的变革维新思想。中学毕业后因家道衰落，遂在本村小学教书。1927年考入杭州之江大学，后又前往上海，考入中国公学，与时任该校校长胡适结下不解之缘。此间，他写下《西汉经济状况》一文，即深得胡适赞赏。1930年，经燕京大学教授、国学大师顾颉刚介绍，吴晗在该校图书馆中日文编考部任馆员，又在此时，写下《胡应麟年谱》，这成为他正式研究明史的发端。此后，吴晗投考北大，却未被录取，原因是：文史、英文两门课均得满分，可数学竟得零分。而北大规定，有一门课零分者不得录取！随后吴晗改投清华，考分如故，但清华网开一面，破格录取，吴晗遂成"清华人"，而北大与之失之交臂。吴晗虽考取清华，然家道已经败落，学业难以为继。对吴晗这位弟子青睐有加的北大校长胡适即给清华代理校长翁文灏和教务长投书，望给予他一个"工读机会"，吴晗由此成为清华史学系工读生。在清华专攻明史期间，吴晗又写下了40多篇文章，在同学中赢得了"太史公"的美誉，其中《胡惟庸党案考》《〈金瓶梅〉的著作时代及其社会背景》《明代之农民》等文，尤受当时史界名流青睐。在大学读书以至毕业后留校任教的吴晗，对国家的前途、民族的命运尤为关注，积极支持学生运动，甚至在致胡适的信中指责当局"翻开任何国任何朝代的历史来看，找不出这样一个卑鄙无耻、丧心病狂的政府"①，表现了一个追求真理、正直正义的爱国知识分子的良知。在西南联大时期的吴晗，已锻炼成为争取民主、反对独裁的无畏战士。他不仅用犀利的笔锋，写下了《论皇权》《论贪污》《锦衣卫和东、西厂》等矛头直指国民党独裁统治的文章，而且经常在学生集会上发表演讲，评论政局，措辞尖锐，旗帜鲜明。在西南联大，有两位教授因向反动势力勇猛斗争而被人封有雅号，闻一多被称为"狮子"，而吴晗则被称为"老虎"。继昆明发生"一二·一"惨案②之后，李公朴、闻一多相继被暗杀。身处险境的吴晗，置个人生死于度外，在悲愤中写了《哭公朴》《哭一多》等文章，他呼喊着："公朴，你不会死。""死去的是一个万人所痛心疾首的政权！"吴晗的呼号极大地震撼了追求民主、正义的进步青年的心，极大地鼓舞了大家不畏强暴的斗争意志。对戴秉衡来说，吴晗真正是他心中仰慕已久、心仪已久的学问大家、民主斗士！现在，叩拜吴晗教授的机会来了，他岂能错过！

戴秉衡得以叩拜吴晗先生的缘由是，筹办子民图书室的几位同学听说有人从解放区带来了一些珍贵的图书和文件，但打听不到此人的下落，经多方寻找，还是没有联系上。有人说，吴晗教授知道此人。于是，戴秉衡毛遂自荐，自告奋勇承担重任，并通过一位熟人介绍，到清华大学去找吴晗教授。考虑到戴秉衡的安全，大家又指派了另一同学陪同戴秉衡前往。对于这次行动，曾有不同的版本记述，其中有一个版本说吴晗开始时颇为冷淡，戴秉衡以自己读过半部《明史》切入，引得吴晗甚为惊奇，然后转变了态度，云云。戴逸自己是这样记述的：当时，为了防范国民党特务盯梢，未

① 《吴晗成为中共信赖的朋友 胡适叹惜"走错了路"》，人民网，2011年11月14日。
② 1945年12月1日，昆明大批国民党特务和军警分途围攻西南联大和云南大学等学校，毒打学生和教师，并向学生集中的地方投掷手榴弹，炸死西南联大学生潘琰、李鲁连，昆华工校学生张华昌，南菁中学教师于再4人，重伤29人，轻伤30多人，此即震惊全国的"一二·一"惨案。

去吴晗家中，而是约在另一个地方见面，吴晗教授满面春风地欢迎戴秉衡他们，他笑容可掬，谈吐爽朗，风度洒脱。戴秉衡他们说明了来意，那时子民图书室的名称刚刚定下来，他对这个名称非常赞赏，由此说起，谈了很多蔡元培先生的学问和为人，也并不避忌地谈了对形势、战局和学生运动的看法。他谈锋甚健，滔滔不绝，兴致甚浓，虽是初次见面，却很相信戴秉衡他们。戴秉衡是史学系的学生，刚刚读过他的《朱元璋传》，也谈了读后的感想。他注意地倾听，记下戴秉衡的姓名、住址，答应给图书室送一批书。至于谈到解放区来人和所带书籍，他推脱得一干二净，说根本不知道有此人此事。这次寻书的任务没有完成，却会见了平日仰慕的吴晗教授，并听了他的一番宏论，印象甚深。10年以后，戴逸和吴晗教授经常见面，曾向他提到这段往事，他对这次会见似乎还有一点点淡薄的印象。①

得道多助。同学们万万没想到，在不太长的时间内，书籍竟以很快的速度增加到一千几百册，这对当时北京大学这批穷学生来说，已是一笔可观的财富，特别是其中有不少进步书刊，还有解放区出版的书籍和毛泽东的著作，这些是当时进步青年们渴求阅读而在国统区书市和图书馆里所找不到的。书籍多了，但问题也随之来了：一是图书没有编目，没有书号，没有插架，凌乱堆放，也就不能出借，编目是一大难题；二是房间太小，没有书架和桌椅板凳。

在同学们的推举下，戴秉衡慨然应允从募书为主兼任以编目为主的编目股长，解决迫在眉睫的编目难题。可当时谁也不懂如何进行科学编目，于是临时抱佛脚，借了北大图书馆编目书籍，什么杜威编目法、刘国钧图书目录学，还到北大图书馆现场考察了一番，其实借来的书也来不及仔细参阅，只能囫囵吞枣、闭门造车，在两三天内匆匆忙忙急就章地拟订了一个编目方案。戴逸坦言："这个编目方案不伦不类、矛盾百出，拿给现在的图书馆学专家们看，也许会笑掉大牙。但为了应急使用，初生牛犊不怕虎，居然拿出了一个方案。"②当时正式在图书室工作的人并不多，于是又请了一些同学临时帮忙。戴秉衡记得参加编目的同学有：陈宗奇、田觉狮、李德文、顾文安、金永庆、裘祖逊、张守蕙、傅琳、李克珍等。担纲编目的戴秉衡，分配任务，指挥大家按程序流水作业——登记、分类、编书号、写卡片、贴标签等，可谓"敲锣卖糖，

① 戴逸：《回忆北京大学子民图书室的草创》，载《皓首学术随笔·戴逸卷》，中华书局，2006年，第204页。本书辑录时人称有所改动。
② 同上书，第205页。

各值一行"，每天晚上开夜车，忙得不亦乐乎，情绪高涨、干劲十足，大家沉浸在亲密、友爱、乐此不疲的气氛中。

戴秉衡提出的编目分成十大类，几十个子目，每目采用十进法，开始他认为这个方案应付一千几百册书籍不成问题。编目时要登记两种书号：一是登录号，按书籍进馆的时间顺序登记；一是分类号，按类、目编号，增加的书籍按门类插入，用小数点之后的数字编列。可实际情况与设想大相径庭：一是如何确定书籍的类别？按理确定类别应根据书籍的内容而定，但大家对募集来的一千几百本书籍的内容并不清楚，有的书籍只看书名和目录并不能判断它归属于哪一类，临时再看书流水线势必出现"肠梗阻"，况且书很多，这就成了一个难题。二是有的书属于"禁书"，不能使用真书名，要临时换一个假书名，这样便不知把它放在哪一个类、目为好。三是这套编目分类初看是根据正规的大图书馆的编目法，可用来给一个小图书室的书籍分类编目，戴秉衡称它为"杆格难行"（金属、竹子等制成的圆形杆子，难以放入隔成方形的空栏或框子，两者互不兼容）。因为当时募捐来的书籍属自然科学类的很少，绝大多数是社会科学、政治、文艺类书籍，这些书籍的类、目少之又少，结果就出现了有类无书或有书无类的情形，很多书籍分不进现成的任何类目。戴秉衡迫不得已坐镇现场，与几个同学临时查看目录、浏览内容，再拍板定案分进哪个类目。如此这般，分类不当、乱点鸳鸯谱的笑话也就在所难免了。还有就是有的图书太多、编目中却没有位置，只能临时修改方案，增添类目，总算初战告捷了。

开馆前夕，子民图书室要成为合法组织，必须向校方办理登记批准手续。为郑重起见，院系学生联合会还通过了决议："为了纪念已故校长蔡子民先生，承继兼容并包的精神，收集各种书籍，培养自由研究的风气，发扬民主与科学的传统，决定成立子民图书室。"①"子民图书室"的名字是从筹办伊始大家商议定的，深层的考虑是便于校方批准。在送呈报告之前，戴秉衡曾专门向实际主持学校工作的秘书长郑天挺先生谈过，他一口答应；以后又找过新任训导长的贺麟教授，他也表示同意。因此，报告送呈上去后，登记很快通过了。

由于编目时所在的大一学生会活动室房间太小，缺少家具，还希望多装电灯，故由戴秉衡与田觉狮两人去找校长胡适，发生了抗声争辩、不欢而散的事。在戴秉衡和

---

① 肖东发、李云、沈弘：《风骨：从京师大学堂到老北大》，北京大学出版社，2014 年。

田觉狮非常失望沮丧之际，正是郑天挺老师的帮助，使子民图书室竟柳暗花明，不仅堂堂落户在红楼一层的 167 号房间，有 40 平方米的面积，而且书架与桌椅板凳一应俱全，电灯也安了多盏。

天有不测风云。正当子民图书室要正式开张的时候，戴秉衡却病倒住院，一连住了 50 天，使他颇为遗憾。不过当病愈出院时，他感到十分欣慰：子民图书室的业务日新月异，蒸蒸日上，大受同学们的欢迎。图书每天都在增加，大批新人自愿来图书室服务，各项工作渐趋正规化、制度化。而且听说胡适校长反对办小图书馆的态度也有所缓和。戴秉衡猜想也许是郑天挺、邓广铭两位教授帮助劝说的结果。[1]

北大子民图书室不仅在北大，而且在北平全市也产生了巨大反响。有文章这样记述：同学们白手起家积极筹集图书，社会各界也给予了很大的支持，许多出版社、报刊社及叶圣陶、许广平、巴金等著名作家都纷纷为图书室捐书。短短的一年中，图书室从开馆时的 1200 本图书，突破了 5000 本，至 1949 年时已达万余册。图书室用房亦从一间扩为两间，在当年同学们的回忆中曾这样描述当时图书室的情景："阅览室呈现了空前的拥挤，不要说座位，几乎连脚都插不下去，许多人靠着墙壁，倚在墙角上，捧着书或报刊，仔细地阅读，这里有同学、有教授、有讲师助教、有研究生，也有职员和校警。"大家亲切地称这里是"北大人的精神粮库"。[2]

戴秉衡在休息一段时间后，重操旧业，仍到他心爱的图书室工作。不久，北大学生自治会正式成立，戴秉衡当选为理事，和同学张坚主管学艺股，工作重点转到了学生自治会。鉴于子民图书室是自治会所属社团，戴秉衡又与图书室关系亲密，因而以自治会理事的资格兼任图书室的常务干事之一，参加干事会。干事会的任务是定期向学生自治会报告图书室的工作和存在的问题，索要办事经费，但具体事务就甚少参与了。

作为北大学生自治会的理事，戴逸面前的学运旅程，又揭开了新的一页。

从 1947 年底至 1948 年初，共产党领导的人民军队与国民党军队在东北战场的形势已发生了根本转折。蒋介石妄想借着奇寒气候使东北战局暂时"冬眠"而残喘一口气，不料人民军队冒着 -30℃ 严寒，转战千里，不到 3 个月全歼国民党军 13 万人马，

---

① 戴逸：《回忆北京大学子民图书室的草创》，载《皓首学术随笔·戴逸卷》，中华书局，2006 年，第 207 页。本书辑录时人称有改动。

② 肖东发、李云、沈弘：《风骨：从京师大学堂到老北大》，北京大学出版社，2014 年。

收复城市16座，长春、沈阳已成孤岛。人民军队挥师南下，攻克天津、北平已指日可待。

面对这种形势，全国学生运动日趋高涨，北大更多的师生员工投身于进步运动，校园内贴满了揭露国民党黑暗腐败的大字海报，把控在进步学生手里的学生自治会和各种群众组织的进步、民主运动如火如荼。而此时的国民党则进行垂死挣扎，准备武装镇压，先后颁布了《戡乱时期危害国家紧急治罪条例》《特种刑事法庭组织条例》，并建立了特种刑事法庭。根据这些条例，反动政府可以随时、随地、随意逮捕革命者、爱国人士和青年学生，交特种法庭处治，真正到了黑云压城城欲摧的境地。

1948年3月28日，北平各家报纸刊登了国民党当局查禁华北学联的消息，这在北大学生中激起了愤怒的浪潮，北大学生自治会发出了"保卫华北学联"的号召，发传单、组织宣传队等活动此起彼伏。4月初的一天，国民党特务在凌晨闯进北大校园撕壁报、砸家具、炮制反共游行，雇人在学校周围乱吵乱嚷，冲进教授宿舍破坏捣乱。紧接着，北平警备司令部再次下令取缔华北学联，指名逮捕进步学生，声称如不交出这些学生，将武装冲进北大，进行搜捕。在学生自治会的组织、部署下，北大学生紧急动员起来，一是连日集会，抗议国民党的暴行，把声势做大，以取得社会和舆论的支持、同情；二是为自卫计，同学们在宿舍里、教室内用桌椅板凳乃至床铺堆架障碍，这虽然是近乎以卵击石的幼稚原始之举，但大家认为能尽力阻挡反抗，不失为一种没有办法的办法；三是组织警戒巡逻，进行护校，一旦发现紧急情况，立即呼号，其他同学马上集合，进行抗争；四是联络全校教职员工和校外力量，以组织更多的力量进行坚决斗争；五是争取学校当局能和同学们站在一起。面对进步势力和反动势力即将来临的殊死搏斗，学生自治会的策略是：团结全校师生，尤其是争取学校当局与同学们的勠力同心更为重要。在这种剑拔弩张、形势十分严峻危急时刻，作为北大学生自治会理事的戴秉衡，深感自己责任之重，他为此曾和学校当局及许多教授联系交谈。后来戴逸是这样记述当时情况的："刚好校长胡适不在北京，郑天挺教授是学校的实际负责人，我和他多次恳谈接触，他怀着正义感和高度的责任心，同北平警备司令部周旋，为保护学生的安全，竭尽全力。那几天内，他奔走交涉，忧虑焦急之情，溢于眉宇。郑先生的态度十分明确，决不交出一个学生，并用一切手段阻止军警入校。为了声援学生，郑先生和上百名教授举行全体教授会议，发表宣言，决定罢课几天，以示抗议。郑先生作为北大的负责人不仅参加会议，而且是会议的召集人，向大家介绍了和军警当局谈判交涉的情形。他的信念是：保护学生的人身安全，保卫学术自由的传统，是自己不可推诿的职责。他亲口对我说：坚决不能让军警入校抓人，如果努力失败，将和其他教授一起辞职抗议。他的几句话，说得斩钉截铁，明确坚决，铿锵作声。"①

在北平各院校师生员工团结一致、坚决斗争下，在北平社会各界的有力声援下，国民党政府怵于事态扩大的后果，只得暂时退让，没有武装进入北大拘捕进步学生，避免了一场流血冲突。这次斗争成功的经验之一，同学们认为是扩大团结面，争取学校当局和同学们站在一起，尤其与郑天挺老师的态度很有关系。在那紧张的几天内，郑老师不仅把和军警当局谈判的情况、结果告诉戴秉衡他们，而且还请戴秉衡他们出主意，共商对策，协同掩护被指名缉捕的学生，为学生的安全费尽了心力。

---

① 戴逸：《纪念郑天挺老师》，见冯尔康、郑克晟编《郑天挺学记》，生活·读书·新知三联书店，1991年。又见于《皓首学术随笔·戴逸卷》，中华书局，2006年，第150-151页。

第四章　直挂云帆济沧海

　　17 世纪法国著名思想家、数学家、被誉为"近代科学始祖"的笛卡儿的名言"机遇总是垂青那些有准备的人"，勾勒了几百年来人们在文化、科学、技术、创新诸领域取得重大发现、发明、创造过程中主、客观间成功互动的规律，它更宣示了无数志士仁人的不懈前行。

　　戴逸先生在其回顾从业之路的《我走了历史教学与研究的道路》著名学术论文中，概括了人生的三次机遇——顽劣学童的改变，爱好诗文辞赋的追寻，跨入北京大学历史系的门槛，并从理性思辨的维度做了解析："人一生中会碰到许多次机遇，但机遇要在人的生活中发生作用，还必须有人自身的回应，要能应答机遇，抓住机遇，及时做出正确的选择，否则，机遇将和你擦身而过，不发生任何作用，甚至人也并未意识到某种机遇曾经光顾自己，只是叹息和埋怨命运不济，没有给自己发展的机会。""老天并不吝惜给每个人以发展的机遇，重要的是时刻准备着，努力充实自己，当机遇光临，你能迅速认识它，抓住它，选择自己最为合适的道路勇敢地走下去！"

　　是时的世道，迫使戴秉衡离开了北大，面对茫茫沧海，他将如何直挂云帆，搏击人生，勇敢地去抉择重大机遇呢？

奔向正定

　　1948 年 8 月下旬，戴秉衡才亲眼在上海的报纸上看到自己的名字被列入国民党通缉的名单中，本来是有同学看到了通缉名单迅即赶到常熟告诉了他，北大秘书长郑天挺先生竟还通过查档案查到了戴秉衡父亲的名字和家庭地址写信做了通报。现在看到了白纸黑字，内心除了震惊，就是五味杂陈。经过一番冷静、周密的思索，他决定立即启程，悄悄返回学校，听从上级安排，因为事发至此，留在北大继续读书显然是不可能的了。

戴秉衡潜回北京第一天，已是傍晚时分。北京城里晚上是戒严的，弄不好会自投罗网，于是他在前门火车站附近一同学家里借住了一晚，第二天蒙蒙亮，又潜回沙滩北大学生宿舍西斋王雨若的宿舍里。王雨若是浙江海宁人，是与戴秉衡同时考取北大的医学院学生。当年在上海十六铺码头，同时上海轮，同途抵天津塘沽，报到后又住一个宿舍。戴秉衡身患盲肠炎穿孔后王雨若是把戴秉衡送往医院的几个同学之一，两人之间可谓过从甚密（戴先生还告诉笔者，王雨若从北大毕业后分配至河南郑州医科大学当医生，女儿在北京工作，2016 年时她代表其父去看望过戴先生）。是时，戴秉衡自己不便露面，便委托王雨若在北大几个学生宿舍里寻找一位名叫力平的人。自从戴秉衡被民主选举为北大学生自治会理事并积极组织北大学生开展学生运动后，戴秉衡实际已成为北大地下党的外围组织成员，北大学生自治会名义上是公开的群团组织，实际上已由中共地下党控制着，如力平（新中国成立后任华北局书记刘澜涛的秘书）、沙叶等都以北大学生的身份为掩护，开展共产党的学生运动。力平曾特地关照过戴秉衡：凡涉及秘密活动，组织联系都是单线的，与之联系的仅一个人，也是上级，此人就是力平！戴秉衡请王雨若去探寻力平，可力平原来住的宿舍在放暑假时调整了，一直找了 3 天都杳无音信，直到第 4 天，才在西斋的一个宿舍里找到了力平。原来力平与戴秉衡当时是住同一宿舍楼！力平迅即赶到戴秉衡藏身的宿舍，他简要说了一下国民党的通缉情况，然后说到由于找不到戴秉衡的住地，所以没有通知到。现在准备立即给戴秉衡办证件，离开北京，到解放区去。说完，两人匆匆告别。

又过了一天，上午，戴秉衡放松了警惕，在到学校学生食堂去吃早饭时，被三青团员、特务学生董××揪住，并马上报告了学校训导处。9 时左右，警察来到北大，随后又叫来了 4 辆黄包车，警察一辆，特务同学一辆，王雨若一辆，戴秉衡一辆，捕人的警察煞有介事、虚情假意地对戴秉衡指着黄包车说："请！"于是，由 4 辆黄包车组成的特殊车队径直向中南海的国民党北平特刑庭驶去。

话分两边说。这边，过了一会儿，特刑庭立即开庭，程序按部就班展开，讯问和回答依次进行：姓名、年龄、籍贯……戴秉衡一口咬定只进行学生会正常活动，合法、合规、合章，没有任何非法活动，无论审问者如何威逼利诱，戴秉衡都岿然不动……那边，王雨若迅速坐黄包车回到学校告诉了同学，同学们迅即找到了郑天挺秘书长，郑天挺先生立即向校长胡适做了汇报，胡适十分气愤：竟然到学校里来抓人！郑天挺先生与戴秉衡接触多，了解深，所以一边给校长胡适汇报戴秉衡的情况，一边翻找市公安局特刑庭的电话，然后把电话直接打到了特刑庭，当然关键是要亮出北京大学校长的底牌，不料特刑庭的长官不领胡适校长的情，发狠地说："空口无凭，要有字据！"于是胡适校长在字据中写道："戴秉衡是我校很用功的学生，他决不会有危害社会的活动；他还是一个优秀的学生，是准备送美留学的好学生。"字据末尾是他的签名和日期。胡适校长的函送到，庭审随即告停，但特刑庭还是给戴秉衡下达了一张单子："保释在外，听候传讯！"戴秉衡从被抓进中南海特刑庭，到被释放离开中南海，前后约两个小时；当他回到北大，正好吃午饭。

2018 年 7 月 20 日上午戴先生在接受笔者采访讲述这段经历时似乎觉察到了采访者的疑虑：胡适校长给特刑庭的担保信函的行文内涵，戴先生本人是不可能知道的，缘由何在？戴先生说："十年动乱时，造反派去检阅我的档案，作为反革命的罪证，在大字报中公布了胡适的信。当时我在牛棚里，是无法外出看大字报的，是我爱人刘炎看了大字报默记于心，后来告诉我的。"

言归正题。又经过了 3 天，力平陪着一个也是大学生模样的人来到戴秉衡住地，并交给他一个证件——国民党时期北平平民的身份证，照片是戴秉衡的，名字叫王钢，籍贯是河北省定县。力平指着同来的人说，他名叫王铜，河北定县人；你俩从现在开始是兄弟了，由王铜陪着王钢离开北平进入解放区；一路上王钢不要说话，以免露出常熟腔的马脚，因为王铜说的话是标准的北方话；王钢的行李就是简单的几件替换衣服，一本书也不要带，以免检查时增添麻烦；进入解放区没有路条，接头暗号是"刘仁"，王铜已经熟悉这套了，没有变化。力平把这套交代过后，匆匆离去，临行前要求王钢、王铜抓紧时间离开北平。谈话至此，戴先生笑着说，直到北平解放、北京市人民政府成立之前，他一直有一个萦绕于心的问题：进入解放区时接头的暗号"刘仁"到底为何物？直到北京市人民政府成立，才恍然大悟，刘仁①是彭真的部下，任北京市委副书记。至此，才知地下工作者接头暗号竟是个大人物，但这个暗号是怎么来的，还是始终未能弄明白。

就在与力平分别的当天，装扮王钢的戴秉衡与王铜抵达了天津，借住在北京大学医学院一位刘姓同学的家里。戴秉衡与那位刘姓同学不认识，但王铜与他熟识，是否因为王铜担任地下交通员常住这里，戴秉衡虽有揣测，但不便也不该细问。在这十分阔气、排场、富有的刘家住了一晚，第二天又匆匆上火车往南赶路了。

往南的火车开得非常慢，在经过杨柳青站之后，又停靠了三四个站，火车不走了。王钢、王铜随三五成群、稀稀拉拉的乘客往前走去，前面是一条河，河岸北边是关卡，驻有国民党的军队。一路上很少说话的王铜发话："要检查了！"此时，戴秉衡定神一看，排队过关的老百姓还不少呢！于是，他俩只能排在弯弯曲曲、不成队形的队尾，徐徐前行着。到了关口，一个国民党军人喝问："干什么的？"王铜把身份证递给军人，说："学生，回家去。"军人仔细对照了证件照片和实人面样，又检查了王铜的行李——包内的几件衣服，然后放行；轮到王钢，程序一样，还未离开关口的王铜补充了一句："是我兄弟。"此时已是十月，戴秉衡的行李只是几件替换衣服，但肥皂盒也翻开了，没有任何可疑之物，顺利通过。70年后，戴先生清晰回忆道："这个关卡地名叫陈官屯！"过关之后，王铜告诉戴秉衡："这里是共产党与国民党统治区的过渡地带，虽然离开了国统区，但不能说已绝对安全，还要以小心谨慎为好。"就这样，王铜与王钢继续步行向前，到达一个村庄后，在一农户人家住了一晚。戴秉衡从王铜对晚上住宿地的熟门熟路等环节推断，王铜是一位优秀的共产党地下交通员无疑。

第二天上午，竟有一辆马车直奔王铜、王钢的住地而来，二话不说，载上王铜、王钢，长鞭声响划破晨空，马蹄腾起，向南驰去，竟整整飞奔了一天。临近傍晚，马车来到沧州古城东门外，驾车师傅"吁"的一声，马车顿时停住。此时，王铜在前，

① 刘仁（1909—1973），重庆酉阳人，土家族，1924年在北京师大附中读书时投身学生运动，1927年加入中国共产主义青年团，同年转为中共党员，1937年任中共中央党校秘书长。1938年任中共晋察冀中共分局秘书长，1942年任城工部长兼敌工部长，1948年向中央汇报了敌人妄图偷袭中共所在地西柏坡的重要情报，新中国成立后历任中共北京市委组织部部长、市委书记、第二书记，中共中央华北局书记处书记等职。

王钢紧随，直向城外石桥走去，石桥上有人在等待着。在靠近 10 来步时，桥上的人喝问："来者何人？"王铜答："刘仁。"二话不说，王铜与王钢作别，王钢从车上取下行李，王铜随马车扬长而去，逐渐消失在暮色之中；而王钢则跟随石桥上的人沿着铁路走了一段路，在铁路宿舍安顿了下来，带路人告诉王钢："这里是解放区了，4 个月前晋察冀野战军把沧县解放了！"

就在这天晚上，在沧县铁路员工宿舍即解放区接待站，发生了伴随他大半人生的一个不大不小的事件——更改名字！接待人员拿出一张表，说："进入解放区，参加革命，第一件事要老老实实地填好这张登记表！"在登记表的第一项"姓名"栏内戴秉衡正要填上自己的名字时，接待人员说："你原来的名字不能用了，要改名。"戴问："为什么？"接待人员："你的名字上了国民党的报纸，成了通缉犯，你不怕找麻烦？"戴秉衡心头一怔，不要说解放区有关部门对自己的情况可能有所了解，起码王铜已把相关情况介绍给接待人员了！戴又说："那是否改为北平假身份证上的名字？"接待人员："不用，那是假的，解放区不用了！"戴秉衡想到这里是沧县，古称沧州，是林冲发配之地，自己也喜欢林冲这《水浒传》里的好汉，于是脱口而出："那改名为戴冲吧！"不料接待人员似乎意识到戴冲之"冲"来历在于沧州与林冲的关系，就皱着眉头说："不好！改名有什么难的？你总不会像武松一样，大丈夫顶天立地，行不更名，坐不改姓吧？"饱读诗书的戴秉衡竟然为改名字在进入解放区的第一天、第一站不仅卡了壳，还被接待人员饿了一通，不禁悲从中来，想到自己是从北平逃出来的，由逃联想到逃逸的逸，故不无勉强地说："那名字就改成戴逸吧！"接待人员也就不加反对地通过了！——"戴逸"这个名字从 1948 年 10 月在河北沧州定名以来，至笔者写下这段文字时，已整整过去了 70 年！ 70 年，在一个人的人生征途上，匆匆乎？非也！漫长乎？否也！ 70 年，可是一本大书啊，戴逸将如何来书写这 70 年呢？路漫漫其修远兮，戴逸从此将为之不懈地上下求索。

戴先生在与笔者回忆这段经历时动情地说："这一晚，失眠了！内心波涛汹涌，感慨万千！"

想当初，我是义无反顾辞交大，壮志凌云抵京华；正取生，供吃住，每月零钱如期发。红楼顶层占宿舍，放眼满城琉璃瓦；校长胡适频相见，教授风采织云霞。贺麟师，请吃饭，天挺教长相作陪；饭馆竟讲哲学课，北大教学开新颜。学生会，子民室，南北社，和诗词；同学戏称我"教授"，睡里梦里企成才。实指望，宏大理想此启航,历史画卷任吾裁;不承想,一纸捕令从天降,北平城里难栖身。到如今,孤苦伶仃到沧州,喜欢林冲都不允。辽阔江天无边沿,苍茫大地何沉浮,悲凉之心透悲凉,流浪学生叹流浪!

戴逸躺在床上,透过破屋瓦缝望见了,黑夜星空之点点星斗似乎在对自己眨眼,想到几天来坐着火车在大地上吃力地爬行,想到自己犹如难民随着参差的逃难人群在滚滚黄尘中踯躅而行,由交通员王铜相伴,过关卡,遭检查,上扁舟,越沙河,艄公吆喝,橹声吱呀,车辚辚,马萧萧,华北平原马纵跃……此情此景,让他不由得联想到一个艺术形象,即儿时随父亲进常熟书场听书时常常听到并牢记的评弹开篇《伍子胥过昭关 ①》中的伍子胥,立即涌上了心间。此时,他睡意全无,立即从床上起来,走到桌前,点亮小灯,秉烛疾书,断断续续把《伍子胥过昭关》的开篇背诵、书写了下来:

> 楚国亡臣是伍员,披星戴月走风尘。昏王无道多残暴,杀父兄,绝满门,国恨家仇我牢记心。过昭关,险万分,一夜之间变了形,乌黑的须眉竟白如银。江涛滚滚风波恶,一叶扁舟保太平,老渔翁相救不忘恩。客地异乡谁相助,茫茫人世觅知音,吹箫乞食在吴门。幸遇公子光,相待作上宾。蛟龙能入海,豪气上青云,兴吴邦耿耿表忠心。渺渺太湖把专诸请,与要离结识两情深。刺王僚,除暴君,诛庆忌,得安民。订同盟,施仁政,荐孙武,练精兵,费心机建造阖闾城。
> …………

第二天上午,沧州接待站工作人员把戴逸送到了泊头镇的一家水果商店,工作人员告诉戴逸:商店后面是真正的接待站。戴逸进内一看,发现竟有五六位从北平南下的人,但没有一个与他相熟相识的。泊头接待站的工作人员告诉戴逸,在这里最少要住一周,主要任务是要写详细的自传。因为与钱昌时和胡适的关系,接待站工作人员把戴逸写的自传几次打回去要求补充、重写:怎么会认识钱昌时的?钱昌时为什么愿

---

① 昭关位于今安徽省含山县城以北 7.5 千米处,为春秋战国时期楚、吴两国交界处之必经关口,传说伍子胥由此入吴时一夜愁白了头。

意将戴逸介绍给胡适？钱昌时与胡适到底什么关系？钱昌时与日本人有没有瓜葛、牵连？等等。钱昌时是在常熟开银行的银行家，常熟的首富；戴逸的父亲任常熟银行钱庄协会会长，两人由此相识、相熟；钱昌时的儿子钱诗钧①与戴逸是常熟孝友中学高中同学；戴逸当年以第一名成绩考取上海交大铁路运输管理系，后又以公费生身份考取北京大学历史系，深得钱昌时嘉许，故钱愿意将戴向胡适介绍推荐。钱与胡适是在美国留学时的同学②，后回国任北洋大学教授，为人正派，与日寇绝无任何瓜葛。至于与胡适校长的直接交集，第一次是到他的办公室面呈钱昌时的推荐信，他勉励说要勤奋读书；第二次是听他开大课前，他见戴逸读的书就说，孟森的书很好，要仔细阅读；第三次是为学生会办子民图书室找他，他不同意办，与他发生龃龉，是郑天挺先生解了围；第四次是被北平特刑庭拘捕到中南海，据同学说是郑天挺先生找胡适校长写了保函才被释放的，究竟写了什么，则不知道。就是这些基本事实，戴逸反复写了多次，越写越多，越写越详细，最后总算通过了！

就在此时，戴逸觉得发生蹊跷了：原来说是一周后可向石家庄方向转移，可拖到 10 天还不走，甚至延迟到了半个月，这不得不让人心存疑虑，甚至忐忑不安了。直至戴逸在华北大学任教后，才弄清了其间的来龙去脉。原来，这个时段里正好发生了傅作义企图偷袭进攻平山县事件。当时，我军的一部分主力由徐向前率领正在山西打阎锡山，林彪则率部正在包围锦州，而驻于平山县西柏坡的中共中央机关则处于几乎无军队保护的状态。傅作义获知这个绝密情报后，决定既不用火车，也不用汽车，而用马队企图以迅雷不及掩耳之势奇袭中共中央所在地。不料傅之机密情报被我方截获，因为傅的女儿、秘书都是我方地下党员，傅的调兵、用兵之计怎能瞒过我中共中央领导机关之耳目？中央领导机关有在陕北与胡宗南周旋的经验，问题是位于正定的华北大学，此时云集着几千名知识分子呢！面对傅作义的来犯，这可是不能不防之大事。就在这关口上，新来之人员暂停招收，而原有的数千人则搬迁至邢台去。后傅作义撤兵了，学校又从邢台搬回正定。这一撤一回，时间刚好半个月。

终于等来了要去正定上华北大学的确切消息了。那天下午早早地吃了晚饭，傍

---

① 钱诗钧后任江苏沙洲中学教师。
② 钱昌时与胡适于 1910 年同时留学于美国康奈尔大学，同学 5 年。

晚时分，100多人都是肩背或手提简单得不能再简单的行李，急匆匆地从泊头镇向西南方向走去。后来有人告诉戴逸，那天乘火车的起始站是八里庄，在德州西边，相差一站路。为什么不在石德铁路的德州上车，而要舍近求远到八里庄，看来原因只有一个：为了安全！

火车站上没有灯，有的是工作人员的几个手电筒。细心的戴逸发现，一个火车头在断续地吐着粗气，后面有4个车厢。100多人分乘前面的两节车厢（后来知道后面两节车厢装的是物资），几乎无人说话，即使说话也压低了嗓门，因为虽然已在解放区，但为防止发生意外，大家既紧张又小心，还有点神秘。晚上10时，大家开始登车，反复清点人数后，火车开动。不知什么原因，火车开得非常慢。戴逸听人说，德州到石家庄的距离为200来千米，可是到第二天上午10点左右，离石家庄还有20千米的路程。就在这时，国民党的飞机来了！飞机并没有投掷炸弹，而是低低地从火车上空掠过，同时进行机枪扫射。由于火车处于旷野之中，地面又无火力保护，所以国民党的飞机逞能地来回盘旋扫射，有4位同行者不幸遇难，而国民党飞机最集中力量扫射的则是火车头。戴逸他们亲眼所见，在飞机从火车头前仰起飞越时，火车头上的司机趁机跳车逃跑了！这就是说，火车已处于无人控制状态！其后果是：一是遇到可能的弯道因无人掌控而出现火车出轨事故，后果将不堪设想；二是火车因无人掌控直接冲进石家庄火车站，与火车站上停靠的车辆相撞，其后果更不堪设想！后来戴逸他们知道，这趟火车的司机是俘虏的日本兵，他眼见国民党飞机不断扫射火车头，自知生命难保，便趁飞机扫射的间隙跳车逃跑了！就在这千钧一发之际，国民党飞行员转了一大圈之后回来发现，火车头不仅没有被打坏而使火车停下来，而且竟然越开越快了，于是让飞机加足了马力不断地、轮番地扫射火车头，终于在离石家庄还有10来千米的地方使这列火车彻底趴窝了。由于要处理4位同行者的遗体，又要确认国民党飞机不再来犯，100多位投奔解放区的革命追随者只能下车步行，至晚上六七点钟才到达石家庄。

第二天上午，这100多人又走了30来里路，至中午时分抵达正定。华北大学的大队人马还未从邢台撤回来，由留守的20多位接待人员负责安排，由此戴逸的人生历程将揭开崭新的篇章。

华大岁月

就在戴逸从华北大学接待人员那里办理入学手续两天之后，撤至邢台的华大师生大队人马陆续全部回到了正定县城的校本部，华大校园由于几千师生的回归，立显了勃发生机。一种戴逸有生以来闻所未闻、见所未见、全新的解放区生态图卷在他的生活、学习、工作中徐徐展开……

首先是军事共产主义生活令戴逸惊奇得目瞪口呆，每天清晨 5 点 30 分，军号在正定县城正时响起，散居于正定县城庙堂、中学、小学、商店乃至民居里的学员，以及部分随队教师在蒙蒙亮的清晨立即按时起床、盥洗、早操、早餐、上午上课……灰衣装、灰被褥、小马扎，整齐划一的少量津贴，校长吴玉章整天背着手臂在教堂里、操场上、教研室与教师、学生谈话，了解情况，解决问题，以至于各部主任、区队长等更是与学员打成一片，领导之间、干群之间、学员之间水乳交融，民主之风荡人肺腑……

其次是学习的内容、课程、方式令戴逸耳目一新。戴逸在北京大学历史系读书期间，热爱历史专业，读过一些通史和专门史，却从来没有听说过中国共产党的历史，对马克思主义、列宁主义仅听过名而已，而毛泽东思想则闻所未闻。现在，戴逸不仅要认真学习这些全新的知识，还要研读中国共产党现阶段的纲领、路线、方针、政策，以为随时可能的南下当新解放区干部做准备。这让戴逸每天亢奋不已……

还让戴逸感奋激动不已的是学校发展的速度，可谓日新月异、超常发展。戴逸抵达华北大学时，编在一部（17）班，全班 120 名学员；虽然名为一个班级，但实际是以部队班、排、连的建制组织的。到年底时，仅一部的编班就编至第 30 班，即有学员 3600 人，而后续的学员还在源源不断地向正定拥来，这与当年奔赴延安的青年大军何其相似！戴逸留校任教后知道，华北大学尽管时光短暂，但最多时学员有 15000 多人，毕业的学员有近 2 万人，这些人都在新中国的革命、建设事业中发挥了重要作用。

戴逸永远不会忘记，当初他逃离北平的时候，内心是何其悲凉，痛感前程一片迷茫；不料 20 来天后竟来到了正定，进了华北大学，又短训两个月后，居然留校任教，这不得不让他对华北大学的过去、现在和未来更加专注地关心起来。原来，组建成立于 1948 年 8 月 24 日的华北大学，由华北联合大学演变而来。而更早则可以追溯到 1937 年中共中央在陕北创办的陕北公学，成仿吾^①任校长。这是一所培养抗日战争、民族解放战争和建设新中国干部的革命大学。华北大学筹建时的校址在河北省正定县县城的一所欧式教堂及其广场上，后在广场东北角建了一座古式二层小楼，名栖贤楼，为学校主要领导的办公地。现中国人民解放军 256 医院的所在地，正是当年华北大学创建时的校址。

那么，中共中央为什么要在这节骨眼创建华北大学呢？时至 1948 年，解放战争节节胜利的形势，使中共中央领导预见到全国胜利指日可待，而全国解放势必需要大批干部，故此把筹建华北大学提上了议事日程。1948 年 5 月，中共中央决定，将华北联合大学^②与北方大学^③合并，成立华北大学，由吴玉章^④任校长，范文澜^⑤、成仿吾任副校长。

华大一部，钱俊瑞^⑥任主任，政治学院性质，从事短期政治训练，学习期限一般设为半年，实际 3 个月至半年不等，而戴逸所在的 17 班仅两个月。

华大二部，孟夫唐^⑦任主任，教育学院性质，任务是培养中等学校师资及其他教育干部，有国文、史地、教育、社会科学、外语、数理化 6 个系，外语系学习期限为 2 年，其他各系为半年。

---

① 成仿吾（1897—1984），湖南新化县人，革命家、教育家、社会学家、文学家、翻译家。1921 年与郭沫若、郁达夫在东京建立创造社，1925 年任黄埔军校教官，1928 年在巴黎参加中国共产党，1934 年参加长征，1937 年任陕北公学校长。

② 华北联合大学，系抗日战争及解放战争时期中国共产党领导下的干部学校，于 1939 年夏由陕北公学、鲁迅艺术学院、延安工人学校、安吴堡战时青年训练班合并而成，成仿吾任校长。

③ 北方大学，是 1945 年 11 月解放区晋冀鲁豫边区政府遵照中共中央指示，在河北省邢台市创办的大学，校长范文澜。

④ 吴玉章（1878—1966），四川荣县人，革命家、教育家、历史学家、语言文字学家。参加过同盟会、辛亥革命，1925 年加入中国共产党，参加过南昌起义，被派往苏联、西欧工作，参加过共产国际"七大"，被誉为共产党"延安五老"之一，任中国人民大学校长 17 年。

⑤ 范文澜（1893—1969），浙江绍兴人，历史学家。1926 年加入中国共产党，1927 年于北京会见李大钊，1939 年再次入党，1940 年在延安马列学院任教，1946 年在晋冀鲁豫边区任北方大学校长。

⑥ 钱俊瑞（1908—1985），江苏无锡人，中国农村经济和世界经济学家、教育家。1935 年加入中国共产党，曾任中共中央文委委员、新四军政治部宣传部长、延安《解放日报》社论委员会主任等职，华北大学成立后任教务长兼一部主任。

⑦ 孟夫唐（1896—1980），河北省永年县人，北京师范大学教育系毕业，曾任河北省多所学校校长，1948 年任晋冀鲁豫边区临时政府委员、北方大学教务长等职。

华大三部，沙可夫①任主任，为文艺学院性质，下设工学团（半工半读性质）、文工团、美术工厂、乐器工厂等。戴逸指出，他对文艺学院郭兰英、胡松华当时的印象尤深。而大诗人艾青、光未然为三部副主任。

华大四部，范文澜兼主任，为研究部，以从事专题科学研究及培养、提高大学师资为目的。下设中国历史教研室，范文澜兼主任；哲学研究室，艾思奇②兼主任；中国语文研究室，吴玉章兼主任；国际法研究室，何思敬③任主任；政治研究室，钱俊瑞兼主任；教学研究室，张宗麟④任主任；文艺研究室，艾青⑤任主任……

另外还有华北大学农学院、华北大学工学院。戴先生在接受采访时不无自豪地说，华北大学规格高、阵营强的领导、教学配置，不仅确保了未来新中国急需的人才培养，顺利完成了华北大学的使命，奠定了中国人民大学的转型基础，而且由此也为中国共产党创办的一系列大学、研究机构铺平了创建的道路。

事实正是如此。平津战役胜利后，北平和平解放，党中央机关及政府和有关部门开始迁入北平；从1949年3月起，华北大学各部门也开始迁入北平。

1950年10月，华北大学更名为中国人民大学。

华北大学孕育的新中国自己建立的各类高等院校、科研机构相继诞生：

华北大学工学院独立出来发展为北京工业学院（今北京理工大学）和北方工业大学；

华北农学院与北京大学农学院、清华大学农学院合并成立北京农业大学；

华大二部外语系离开学校，同北平外事学校、北京俄文专修学校合并为北京外国

---

① 沙可夫（1903—1961），浙江海宁人，1926年加入中国共产党，曾先后在巴黎、莫斯科学习音乐、文艺，1932年任中央苏区临时中央政府教育部副部长等职，并长期从事革命文艺活动，新中国成立后任中央戏剧学院党委书记等职。

② 艾思奇（1910—1966），云南腾冲人，哲学家。1935年参加中国共产党，1937年到达延安，任抗日军政大学主任教员、《解放日报》副总编辑等，后任中央党校副校长等多种职务。

③ 何思敬（1896—1968），浙江杭县人，哲学家、法学家，1923年加入创造社，1927年任国立中山大学法学院副院长，1937年任延安大学法学院院长，后随毛泽东参加重庆国共谈判，1948年协助周恩来草拟《共同纲领》，后任中国人民大学法律系、哲学系主任等职。

④ 张宗麟（1899—1976），浙江绍兴人，教育家。1925年毕业于南京高等师范，1936年协助陶行知从事教育工作，1946年经徐特立等介绍入党，1947年任北方大学文教学院院长等职。

⑤ 艾青（1910—1996），浙江金华人，现代文学家、诗人。1932年在上海加入"左联"，开始从事革命文艺活动，1933年发表长诗《大堰河》，由此闻名。

语学校，后发展为北京外国语大学；

华大三部美术系于 1949 年 9 月并入国立北平艺专，1950 年 1 月定名为中央美术学院；

华大三部音乐系、东北鲁迅艺术学院音乐系与南京国立音乐学院合并成中央音乐学院；

华大三部文艺学院相关部分和南京国立戏剧专科学校合并，组建中央戏剧学院；

华大四部的各研究部门，与各有关大学、中国科学院学部及所属相关研究机构合并……

戴先生说，之所以要在此概述华北大学这段历史，是因为华北大学是在中国革命历史进程中处于特殊时期所创办的一所特殊学校，并为中国的革命和建设做出了特殊的贡献。后来在戴逸担任吴玉章先生学术秘书并负责整理吴老人生经历、有关史料之后，吴老多次与之讲谈华北大学的办学实践及其经验、启示，可见吴老对华北大学的重视。讲到这里，戴逸先生面色凝重地说："现在，出演华北大学这幕壮丽活剧的一批主角，挥写这段光辉历史的主要人物都已作古，而直接参与并见证这段历史的人也已寥若晨星了，所以强调保护、整理好这段历史遗产是非常重要、非常必要的。"

让戴逸感到非常幸运的是，到 1948 年底他在华北大学一部培训结业时，没有随军南下去当地方干部，而是留在了华北大学一部政治研究室革命史教学组当研究生，组长正是令他敬佩不已的胡华①。

华北大学的教师有一个最大的特点，几乎是清一色的革命家出身，他们都有丰富的革命经验，学识渊博，口才雄辩。而这些教师面对的是从各地尤其是北平南下的青年知识分子，他们都满怀追求光明、追求进步、反对独裁、反对黑暗的革命理想而来，当他们听到了马克思主义，听到了中国共产党的诞生、成长、奋斗、挫折、走向胜利的历程，似乎都发现了一个崭新的世界，其心中涌现的新鲜、惊奇、兴奋、感佩、崇敬之情真可谓溢于言表。戴逸谈道，在这些令人敬佩的教师中，"胡华同志是

---

① 胡华（1921—1987），浙江奉化人，马克思主义历史学家、教育家。1938 年赴延安入陕北公学学习，1939 年加入中国共产党，1940 年起在晋察冀华北联合大学讲授中国近代革命运动史，1947 年出版史著《美帝国主义侵华史略》《日本投降以来中国政局史话》。1948 年任华北大学中共党史教学组组长，著有《中国近代革命史讲话》。中国人民大学成立后先后任中国革命史教研室副主任、中共党史系主任，发起并参与成立中共党史学会及中共党史人物研究会，均任常务副会长，并兼《中共党史人物传》（1~50 卷）主编，也是戴逸当研究生的指导教师。

很突出的一位，他的课程内容丰富，条理清晰，语言生动，分析史事精辟而深刻，讲课带着充沛的革命情感。当他讲到死难的烈士、牺牲的军人时，淋漓尽致地刻画了可歌可泣的斗争情节，真实地反映了爱国爱党的浩然正气和甘冒斧钺的刚烈精神。他讲课至激动处，往往声泪俱下，满座为之动容，成千青年的心灵被课程内容深深地打动。新中国成立前后，胡华同志经常讲课，做报告，听过他讲课的人不啻几十万人，其影响之广、效益之大是难以估量的。胡华同志是革命队伍中杰出的教师、宣传家，我听了他的课，深深为这位年轻的革命教师所折服，那时他还只有 27 岁"[①]。

在戴逸眼里，胡华就是这样的人："年轻的老干部"（16 岁就投入抗日救亡运动），"小青年、大学者"（当时已有两部专著出版）。当戴逸进入胡华昏暗的小房中向他报到时，胡华住处的简陋让戴逸无法与其在讲台上纵横千里、潇洒自如的形象联系起来。一个炕、一张桌子、一张凳子就是全部家当，说是卧室又是书房还是会客室，炕上、地上到处杂乱地堆放着许多书籍、期刊、报纸，让戴逸眼睛一亮的是胡华老师竟有一套解放区出版的《毛泽东选集》！戴逸知道，这套《毛泽东选集》是当时难得的珍本书。虽然是第一次与胡华老师直面交谈，但他很不客气地向老师借了书，由此几乎不分白天黑夜，尽量挤出时间将《毛泽东选集》通读了一遍。胡华在与戴逸第一次见面时就告诫说，要从事新民主主义革命史、中国共产党党史的教学，首先要精读、熟读革命导师的原著，戴逸在通读《毛泽东选集》中体会尤深。因为如果连历史事实都弄不清楚，如何理解、阐发路线、方针、政策？这种体会在紧接着撰写处女作《中国抗战史演义》及参与编著《新民主主义革命史参考资料》中得到反复印证，由此他深感路是要靠自己一步步地走出来的。

在戴逸向胡华老师报到时，华北大学一部政治研究室革命史组已有冯拾、李季和彦奇。在 1949 年 3 月迁进北平之后，又加入了彭明、潘喆、何东、王淇、戴鹿鸣等人，形成了以胡华为中心的 10 人团队。而胡华除了主持华北大学第八区队的行政工作外，主要是在校内外讲课，做报告，出版书籍，为报刊写文章。于是，9 位助手都围着胡华的工作忙碌起来。胡华讲课经常在大礼堂内，有时也会在广场上，听众达数百上千人。党史中很多人名、事件、词汇，对长期生活在国民党统治区的人来说非常

---

① 戴逸:《与胡华同志相处的岁月》，见《皓首学术随笔·戴逸卷》，中华书局，2006 年，第 165-166 页。

生疏，而胡华又带有宁波口音，这就需要有人把生涩的词语写在黑板上，于是由戴逸和彦奇担任这项板书工作。因此，只要胡华出场讲课或做报告，总有戴逸、彦奇跟随着，人们戏称戴、彦为"哼哈二将"。

就是在这样短时期的接触中，戴逸比较善于发现问题，分析、综合、处理问题的能力强，以及写作水平高，很快受到了胡华的器重和青睐。由于匆促，胡华在出版他的专著《中国新民主主义革命史（初稿)》时竟疏漏了东北抗日联军这一段史实，在即将付印时发现了这一重大遗漏，必须立刻补上。在这关键时刻，胡华竟敢放手让戴逸挑灯夜战起草，但先口授了提纲、要点，并给找来了一些重要材料。戴逸领受任务后，经过通宵达旦的努力，在完成草稿后，两人一起做了字斟句酌的修改，终于如期完成了这火烧眉毛的使命。

为了加强第八区队的研究工作，胡华把戴逸、彭明、彦奇带到了这队，交给他们的任务是读书、找资料、研究、写作。此时的戴逸看到东北某地出版了一本用章回体写成的解放战争史，竟令他怦然心动：一是因为在读小学时就熟读《三国演义》《隋唐演义》《民国演义》《水浒传》《西游记》《说岳全传》等小说，对章回体演义可谓了然于胸；二是自己对亲友遭受日寇欺凌乃至被枪杀有着强烈的凄疼感受；三是在帮助胡华老师起草东北抗日联军历史时就产生了创作的冲动，于是打算写一本章回体的中国抗战简史。戴逸郑重其事地向胡华汇报道：漫长的抗日战争，在中国人民心灵深处留下了不可磨灭的伤痛，抗日战争的胜利给大家带来了无比的欣悦，可是国统区人民对抗战中的共产党、八路军、新四军的作用无从了解，因而想写这样一本书。为了增添可读性，戴逸又说想用通俗的演义体裁来写。这个课题受到胡华、彭明、彦奇的支持、帮助。胡华答应给他时间的保证、资料的搜寻帮助、出版单位的推荐介绍。戴逸动议写抗战史是在 1949 年的 3—4 月间，此时正是华北大学迁往北平之际，1.5 万名学员，再加教职员工和家属，一万七八千人的庞大队伍，在偌大的北平城内竟东西南北地安排了 200 多个驻地。戴逸的第一处办公地在东四七条，宿舍则在西单附近的兴隆大院，每天要在办公地与宿舍之间来往奔忙。戴逸写作的资料取材于华北大学的图书、档案、资料，最早则为陕北公学时期所积累。最主要的参考书是解放军总部编印的《抗战中的八路军和新四军》，它记录了抗战的每个阶段每个地区每个战役的任务及时间，十分详细具体。从图书、档案、资料中收集、整理再到构思、写作，抗日军民不屈不挠的意志和为民族、为国家奋不顾身、无私忘我、团结战斗的精神教育、激励着戴逸。他常常激动、感奋得夜不能寐，几乎到了如痴如醉、废寝忘食的程度。经过大约一个月的日夜奋斗，竟写成了八回，约4万字，这只是从"九一八事变"写到"七七事变"，全面抗战刚摸到边。此时又遇到了一件急事，不得不中断了写作。到1949年底再次执笔创作自然要重新构思、寻找资料等，但毕竟是初生牛犊，戴逸以惊人的毅力、精力投入战斗，至1951年3月由北京新潮书店以"王金穆"笔名正式出版《中国抗战史演义》，历时整整两年。

犹如初为人母的人，对自己的第一个孩子尤为关爱一样，戴逸从不回避并坦言对处女作《中国抗战史演义》倾注了很大的精力和智力。戴先生与笔者就《中国抗战史演义》交谈时首先说："'金穆'是中学、大学时代在报刊上发表短文、诗歌时所用笔名，是随意而为，没有特别蕴含所指之意，而'金穆'前所加之'王'，是母亲的姓，表示对母亲的感恩，怀念。"笔者说："长时期以来舆论，包括许多论著把中国的抗日战争或曰'中国的全面抗战'都从1937年'七七事变'开始算起，说成'八年抗战'；而戴先生的《中国抗战史演义》则写了中国的十四年抗战，这是开风气之先的论著。因为至2017年，舆论主管部门才通知传媒要把中国的抗日战争从1931年'九一八事变'、东北爆发抗日开始算起。由此说来，戴先生的论著领先中国舆论达66年！"戴先生对舆论所说的"八年抗战"论等说法未予置评，他说："作为负责任的史学工作者，一定要从历史事实出发，论著所述第一位的是符合历史事实，只有历史事实才经得起历史的检验。说到底这也是史德问题。不过当时也没有谁规定中国的抗日战争必须从'七七事变'开始写起。因为帮助胡华的专著《中国新民主主义革命史（初稿）》补漏'东北抗日联军'这一节，了解到的史实是：'九一八'日本侵占东北以后，在反对、抗击日本侵略者的民族救亡大旗下，由中国共产党领导的，由部分原东北军（张学良之余部）、中共抗日游击队、农民暴动武装、抗日义勇军等组成的东北抗日联军，同日本侵略者进行了长达十四年的艰苦斗争。这是能抹杀的吗？"戴先生平和地说，绝不是他开了书写中国十四年抗战的风气之先，他只是尊重史实而已！

戴先生接着说，他当时就意识到《中国抗战史演义》存在缺憾，即每回结尾没有像传统章回小说那样缀上两句承上启下的诗句，致使缺少了点味道，由于出版社催稿太紧，时间来不及，因而造成了永远的遗憾。不过《中国抗战史演义》出版后市场反映不错，书店又加印了一版。与此同时，一些省、市广播电台还把《中国抗战史演义》进行长篇连播，北京市委宣传部领导专门接见了戴逸予以嘉勉。正由于多家电台对《中国抗战史演义》的连播，戴逸由此结识了丁一岚。丁一岚是北京人民广播电台（中央人民广播电台前身）在中华人民共和国开国大典上做实况直播的播音员，后来是中央电台的台长兼中央广播事业局副局长，她的丈夫就是人民日报社社长兼总编辑邓拓同志。正是因为与丁一岚的相识，邓拓把一项任务通过丁一岚交给了戴逸，不过这是后话了。戴先生说，1951 年秋冬时分他被分配到河北省张家口地区的怀来县参加土改，在广播里竟然听到还在广播《中国抗战史演义》，这让他由衷地感到亲切、欣慰！

时值 2005 年抗日战争胜利 60 周年时，戴先生写了一篇纪念文章《我的"处女作"——王金穆〈中国抗战史演义〉》。①

文中提道："此书新潮书店出两版，因故停业，此书绝版。两年以后，上海火星出版社盗版重印两次，我发现后，经过交涉，收回版权，再没有出版过。""现在我手中已无新潮书店的出版本，只保存下一本上海火星出版社的盗版书。手捧此书，回想半个多世纪前创作此书的原因和经历，人事沧桑，感慨万千。"②戴先生的这篇文章，尤其是文尾的这段"感慨"，引起了他的忘年交、粉丝、常熟文史学者沈秋农先生的关注，秋农在 2009 年 5 月赴京拜访戴先生后，就写作了《戴逸与〈中国抗战史演义〉》③，系统地阐述了戴先生写作《中国抗战史演义》及以后的心路历程、失去出版书的遗憾。为了消弭戴先生的遗憾，秋农在一段时间内把"帮助这位可敬的乡贤前辈圆此心愿成为回到常熟后要办的第一件大事"。连续多日，他通过电脑在各地旧书网上予以访求，终于将"新潮""火星"这两种版本的《中国抗战史演义》征访到手，而后以快件寄奉北京，并约定其中一册赠送予他，另一册则请戴先生签名后退还于自己，以做珍藏。几天后秋农收到了戴先生寄出的《中国抗战史演义》，打开书本，扉页上书写工整、笔力遒劲的竖写题诗赫然跃入眼帘："五十八载今相逢，爱心忍对旧颜容。当年苦攻处女作，破镜重圆谢沈君。"诗后有附言："此余一九五一年之旧作也。遗失多年，今岁沈秋农先生于旧书摊上购得两册，以其一赠余，睹书生情，感极赋此。戴逸二〇〇九年六月廿四日。"戴逸还在签名处亲钤篆字白文私印，以示郑重。接着，在 2011 年 5 月 17 日，秋农又一次将网上购得的新潮版（原版初版）《中国

---

① 戴逸：《我的"处女作"——王金穆〈中国抗战史演义〉》，《中国图书评论》2006 年第 1 期。又见《皓首学术随笔·戴逸卷》，中华书局，2006 年，第 208-211 页。

② 同上书，第 211 页。

③ 沈秋农：《戴逸与〈中国抗战史演义〉》，《档案与建设》2010 年第 2 期。

抗战史演义》两册寄奉戴先生，沈君仍恳请在寄回的先生大作扉页上题句。6月4日，秋农就收到了北京寄出的快件，里面除有关乎戴先生"清史人生"的长篇访谈外，戴先生又在新潮版《中国抗战史演义》扉页上欣然命笔："此我少作，鄙俚无文。六十年来，遗失缺存。沈君秋农，四出寻问。归我双璧，高谊永感。戴逸题时年八十五。"落款处同样盖有私印。拜读题诗后备感欣喜的秋农写道："这两种不同版本并题有大家诗句的《中国抗战史演义》必定成为我藏书中的珍本，因为它见证了青年戴逸勤奋笔耕、潜心学海的史学成果和作者对'处女作'久别重逢的惊喜，作为同里后学，我还深深感受到这位史学名家处事的谦恭有礼。因此，无论戴逸先生治史之勤勉，还是待人之亲和，都值得我好好学习。"①

　　言归正传。戴逸在华北大学迁入北平后的1949年4月间写完《中国抗战史演义》的前八回之际，担任其研究生导师的胡华不仅突然领受了一项重大紧急的任务，而且非常有来头——是胡乔木交办的。是时的胡乔木乃任毛泽东政治秘书、中共中央政治局秘书、新华通讯社社长，是中共意识形态领域的执牛耳者。所以，要弄明白胡乔木交办之任务，就必须认清楚当时中国波澜壮阔的宏观形势——

　　1949年1月30日，北平和平解放；

　　以议定建国方略诸大事的新政治协商会议召开在即，各民主党派、人民团体的代表，无党派民主人士、著名爱国人士等正应中共之邀从全国各地，尤其是香港云集北平；

　　1949年4月20日晚至21日，中国人民解放军二野、三野在西起江西湖口、东至江苏靖江的千里战线强渡长江，彻底摧毁了国民党军的天堑防线；

　　4月23日，中国人民解放军三野解放南京，国民政府垮台；

　　5月27日，中国人民解放军三野攻占上海，中国人民解放军以摧枯拉朽之势令蒋家王朝走向覆亡，全国解放指日可待……

　　6月15日，新政治协商会议筹备会在北平开幕，23个单位的134位代表参加会议；

　　开辟中国历史新纪元的新中国即将成立，100多年来被侵略、被奴役、任人宰割的屈辱历史即将终结，中国将真正成为独立自主的国家，中国人民将从此站立起来，

---

　　① 沈秋农：《戴逸题诗诉衷情》，《世纪》2011年第4期。

成为国家主人……

正是在中国历史将揭开新的一页之际，胡乔木意识到，迫切需要一本真实的、史诗般的书籍以告知人们：中国革命的胜利是怎样来的！胡乔木知道，国统区的大学，是无人研究这一课题的；就是东北地区的、早已解放的大学，由于历史、时间所限，这一课题同样也无人研究；研究这一课题的，只有自陕北公学至华北联合大学以至于现在的华北大学，而研究人员就是胡华及其带领的团队。胡乔木也了解到，胡华著的《中国新民主主义革命史（初稿）》是甚为畅销、影响广泛的史书，但胡华毕竟年岁太少（还不到 30 岁），难于服众，遂决定由胡华任主编出版新民主主义革命史料性质的读物，以体现由中国共产党领导的新民主主义革命取得成功的原始性、本真性、真实性，不仅可用作各级领导向民众进行教育的基本教材，而且还便于知识分子真心接受。由此，胡华领受重任，彦奇和戴逸协助编辑，收集了许多党的文件和各种珍贵资料，大多是胡华同志收藏和借来的，篇目经乔木同志审定，在商务印书馆出版，畅销几十万册（戴先生向笔者亲口讲，曾连续出了 15 版）。所得版税极为丰厚，当时正值抗美援朝，由胡华提议，以其 3 人的名义购买一架飞机，捐献给前线的志愿军战士。[1]笔者在 2018 年 7 月 20 日上午采访时对戴先生说，社会上人们只知道梅兰芳、常香玉在抗美援朝时给志愿军捐献了飞机，却从未听说过竟有 3 个穷教书匠胡华、戴逸、彦奇也给志愿军捐献了一架飞机，当时的新闻界怎么会把这么重要的新闻给遗漏了呢！戴先生笑着说，当时的大事、要事多得海了去了，这样的小事何足挂齿！老先生竟如此把一件要事风轻云淡地消弭了，足见戴逸他们在当年国家面临危难的关头，想的是国家兴亡匹夫有责，而对自己的名利则是从不计较的啊！

独立人格

在新中国成立初期，批判之风刮得正劲之际，戴逸从不人云亦云，始终持有自己的判断，并时刻坚守自我做人的底线。

---

① 戴逸：《与胡华同志相处的岁月》，见《皓首学术随笔·戴逸卷》，中华书局，2006 年，第 167 页。

邓拓之约

话说 1950 年 10 月华北大学正式更名为中国人民大学时，戴逸仍在胡华手下即中国革命史教学组工作。他的主要任务依旧是协助胡华为其讲学、报告、撰文、著书而寻找资料或起草、整理有关文字，空余时间则日夜兼程抓紧时间以完成其处女作《中国抗战史演义》。

1950 年 10 月 25 日，中国人民志愿军在朝中边境及其附近地区对以美国为首的"联合国军"突然发起进攻，中国人民的抗美援朝由此拉开战幕。消息传开，世界为之震惊，中国为之举国激荡，也有相当多的人士为之不安乃至惊恐。在这历史关头，人民日报社社长、总编辑邓拓通过丁一岚的转述，向戴逸交代了一项任务：请写一篇揭露、批判美帝国主义的文章！除此之外，邓拓并无二话，更无别的要求。

戴逸领受了邓拓交办的任务后，不敢懈怠。他知道美国率领的由 16 个国家的军队组成的"联合国军"把战火烧到鸭绿江边这形势、战局之危急，他也了解正在举国进行的"仇视美帝、蔑视美帝、鄙视美帝"的"三视教育"对发动全国人民同仇敌忾地投入抗美援朝的重要性，而邓拓交办自己的任务，正是这教育活动不可分割的一部分。然而，戴逸更明白的是，自己是历史工作者，写批判文章不是喊几句口号能奏效的，必须摆事实、讲道理，揭露事实背后的本质，让人心服口服才行。但是，中国人民大学及其前身华北大学、华北联合大学、陕北公学由于所处地域和政治环境等的原因，关乎美国的资料、史料、文献不多，再巧的媳妇也难为无米之炊啊！为此，戴逸使出九牛二虎之力地在京城奔波。他拿着中国人民大学的介绍信，在北京大学图书馆，从早晨第一个进馆，到晚上还在那里挑灯夜战；在燕京大学图书馆，美国原版的史料、资料尤其是文章杂志、图书文献的检索甚为方便；在北京图书馆，史料、图书更为权威……经过一个月的埋头苦干，美国在一战、二战时期将近 40 年的外交政策、外交关系及与有关国家或暗中勾结或矛盾、冲突、斗争、战争在戴逸脑海中逐渐活络起来，于是他竟顿悟出美国 40 年间的外交主题词："绥靖！"由此，批判文章便林林总总，一泻千里而下……

"绥靖"，汉语词语，出自《三国志·吴志·陆逊传》，"君其茂昭明德……绥靖四方"，即安抚，安定四方。原词本义为通过安抚的手段使局势安定，后发展为通过让步来讨好某个咄咄逼人的竞争对手，再后又发展为特指 20 世纪 30 年代英、美、法、苏等大国对德、日、意侵略者姑息、纵容，不惜牺牲他国的领土主权以至本国的利益去满足侵略者的欲望，以图苟安。

那么，戴逸凭什么揭露批判美国对日本执行绥靖政策，结果又将如何？戴逸检索到的历史事实是——

美国在二战时期对日本大肆推行绥靖政策，鼓励、纵容乃至以大批军用物资支持日本侵略中国、屠杀中国人民，这种丑行及其政策不是突然从天上掉下来的，而是其一战时期乃至更早时期外交政策的延续。

虽然历经 1775—1783 年的独立战争，原为英国北美十三州殖民地的革命者从英国及几个欧洲强国手下获得独立而宣告了美利坚合众国的诞生，但其内心一直对欧洲列强心存芥蒂。1850 年，美国把前总统詹姆斯·门罗提出的外交政策作为国策公之于世：欧洲国家如果进一步对北美和南美的土地进行殖民，对其政权进行干预，都将被视为侵略行为，都将需要美国介入。美国又同时声明：美国不会干预现存的欧洲殖民地，也不会参与欧洲国家的内部事务——这就是美国历史上最有名的"门罗主义"，它被定义为美国外交政策的起点。

进入 1914—1918 年的第一次世界大战①时期，美国国内孤立主义（防务上除自卫战争外不主动卷入任何外部军事冲突，经济文化上通过立法最大限度地限制与国外开展贸易、文化交流）盛行，门罗主义即美国不干涉欧洲事务也不让欧洲干涉北美、南美事务思潮甚嚣尘上，外交上则公开宣称对欧洲秉承中立原则。此时的欧洲，德意志帝国、奥匈帝国、奥斯曼帝国（土耳其）、保加利亚组成的同盟国，与由英国、法国、俄国组成的协约国展开了为重新瓜分世界和争夺霸权的殊死搏斗。意大利在开战时参加了同盟国，参战一年后则倒戈加入协约国，并向奥匈帝国宣战。在一战开始时，美国公开宣布实行中立主义，它不在欧洲两大军事集团选边站队。然而，它同时又与两个集团的国家保持经济关系，继续放贷两大集团，大发战争财，赚得盆满钵满。直至一战临近结束前的 1917 年，德国对美国商船发动袭击，再加国内舆论使然，美国倒向协约国并向同盟国宣战，由此获得了一战的战后红利。

当一战大火燃遍欧洲大陆之际，美国不仅举着中立旗帜隔岸观火，而且分别给

---

① 1914 年 6 月 28 日奥匈帝国皇储斐迪南大公在塞尔维亚的萨拉热窝视察时被塞尔维亚青年枪杀，第一次世界大战由此爆发。

交战双方贷款以火上浇油，以图渔翁得利，首先成了赢家。临近战火熄灭时，美国又加入协约国，向以德国为首的同盟国宣战，进而坐收二战最终红利，成为二战最大赢家。作为欧洲历史上破坏性最强的战争之一的一战，其间有6500万人参战，1000多万人丧生，2000多万人受伤，经济损失惨重到难以统计，而美国则从一战中兀然崛起，开始实现其全球霸业。

在第一次世界大战中尝足了发战争财甜头的美国，在一战后孤立主义更加甚嚣尘上，外交政策由中立主义走上了绥靖主义的机会主义道路。

1931年9月18日晚，日本关东军授意铁道守备队炸毁了柳条湖附近的南满铁路轨道，并蓄意栽赃给中国军队，且以此为借口炮轰沈阳北大营的中国驻军，制造了震惊中外的"九一八事变"。第二天，沈阳陷落，不久东三省几乎全部沦陷。接着，日本又在东北建立了"伪满洲国"傀儡政权，并妄想将整个中国变为其独占殖民地。

对日本如此丧心病狂的侵略中国的罪恶行径，世界主要大国反应各不相同：苏联发表声明在道义上、情感上支持中国，当部分东北抗日义勇军被迫撤入苏联境内时，受到了苏联政府的热情接待；但其为自身安全，又在具体外交政策上采取了中立的立场。英、法开始时因日本未直接损害其在华利益，故都幻想着日本北上进攻苏联，采取了不闻不问的渔翁之态。美国政府则不但在外交政策上支持和纵容日本侵略中国东北，还在武器装备上向日本提供援助；从"九一八事变"爆发到1932年底，美国供应给日本的军火价值高达1.81亿美元，相当于现今的108.6亿美元。[1]

美国国会于1935年8月底通过的中立法，名为不允许向交战国双方输送武器、物资，而它在1931年"九一八事变"及其以后不断向日本提供军火的事实充分表明了其所谓"中立"的虚伪性；1937年"七七事变"爆发，美国政府和媒体继续奉行所谓"不干涉主义"，竟用所谓"中立"态度对待日本的侵略和中国的抗战，更遑论对日本实行"三光政策"进行一丝一毫的批评；至1939年11月美国国会通过修正的中立法，允许交战国在美国购买军火、战略物资，但中国的海军和海运远不如日本，中国的港口基本已被日本占领，根本无法去美国购买、运回军用物资，美国政府这种修正的中立法究竟支持谁、纵容谁不是一清二楚的吗？事实也正是如此：

---

①　二战时，一盎司黄金为20美元多一点，现在为1200多美元，即二战时的1美元相当于现在的60美元。在二战爆发前，美元价值更高。

1939 年，美国输至日本的军用物资达 1.869 亿美元（相当于现在的 108.14 亿美元），约占美对日全部输出的 86%；

1940 年，美国输至日本的军用物资达 1.9 亿美元（相当于现在的 114 亿美元），约占美对日全部输出的 84%；

1937—1940 年，美输至日物资总额 9.867 亿美元（相当于现在的 592.02 亿美元），其中军用物资 7.039 亿美元（相当于现在的 422.34 亿美元）。

美国如此处心积虑甚至孜孜以求地支持日本在中国土地上肆虐横行，其重要目的就是引诱、唆使日本向苏联发动进攻，假日本之手打击乃至消亡自己真正的对手苏联；同时利用日本抑制中国革命力量，以达美日妥协。还在 1939 年 8 月，日最精锐部队关东军在中蒙边界哈拉哈河与苏军交战中惨遭失败；9 月 16 日，苏日签订停火协定。对此，美国共和党领袖范登堡马上宣称："如果日本敢于同苏联缔结互不侵犯条约，那美国将立刻禁止对日贸易。"美国推行绥靖政策之险恶用心暴露无遗。

时至 1940 年 7 月 16 日，此时二战的战火在欧洲正在迅速蔓延，美国对德国的绥靖幻想已告覆灭，但其对日本的幻想却依然不离不弃，其政府发言人声称"门罗主义也适用亚洲"，即进一步表明美国不干预日本对亚洲国家的侵略。第二天，即 7 月 17 日，英国政府同意日本要求，将运送商品和物资的滇缅公路和香港港口封锁 3 个月。美、英沆瀣一气参与日本对中国的经济封锁，但美国却对日本门户大开，连美国学者阿瑟·林克、威廉·卡顿都在《一九〇〇年以来的美国史》中这样惊呼："维持日本战争机器运转一半以上的原料，特别是铁、钢和石油，都是从美国获得的。"

美国如此推行机会主义的绥靖政策、措施，更使军国主义控制下的日本欲壑难填，在把战火几乎燃遍中国的同时，日本在 1941 年 7 月 24 日把魔爪伸进法属印度支那南部，日本决心南进以占领整个亚洲的野心彻底暴露。这不仅表明美日妥协至此已经寿终正寝，而且证明美国精心炮制的通过绥靖促使日本北攻苏联战略的彻底失败。

在万般无奈之中，美国于 1941 年 7 月 25 日宣布：冻结日本在美的全部资产并对日实施贸易禁运。英国和荷属印尼也与美国采取相似政策、措施。美国由此揣度早晚要美日交战。

机关算尽太聪明，反误了卿卿性命。终日以绥靖政策算计世界，不断养虎纵虎咬人的美国，最后被其豢养的老虎咬得惨不忍睹：1941 年 12 月 7 日凌晨，日本分两波共出动 351 架次飞机及水下、海上的武装闪电式立体袭击美国夏威夷军事基地，击沉、击伤美军各型舰船总计 40 余艘,击毁飞机 265 架,2403 人阵亡,1778 人受伤……至此,美国总统罗斯福获得国会授权,宣布美国对日开战,太平洋战争爆发,第二次世界大战进入了新的历史时期……

戴逸凭自己苦苦搜寻检索来的史料,结合美国代表奥斯汀在联合国的发言,写了一篇长文,主标题是《拆穿奥斯汀的谎话》,副标题是《美帝国主义在我国对日抗战期间的真面目》,在《人民日报》发表,时间是 1950 年 12 月 18 日。长文是这样破题的:"十一月二十八日,美国代表奥斯汀在安理会上发表了冗长的演说,捏造了一大堆谎话,恬不知耻地列举所谓'中美人民间友谊'的'史实',力图证明美帝国主义'并不是血腥侵略者',特别还厚颜地提到我国人民对抗战期间'美国继续对日本侵略中国表示极严重的关怀','才招致了珍珠港事件'。好吧!让我们翻开抗日战争的历史,看看美帝国主义在对日抗战期间干了些什么?美帝究竟如何'严重关怀'着日本对中国的侵略?是不是因此而引起了珍珠港事件?历史是最公正的评判者,它本身具有颠扑不破的逻辑,立刻会把这位惯于颠倒黑白、混淆是非的奥斯汀先生痛驳得体无完肤。"接着,该文以"美帝资助日本侵略中国""美帝远东政策的矛盾""美帝扶助蒋介石并阴谋与日本妥协""珍珠港事件是怎样爆发的?""日美开战后美帝进一步侵略中国"为小标题,从奥斯汀在安理会的演说切入,以历史为经,以美中、美日关系为纬,把推行绥靖政策的美帝国主义的画皮一层层地暴露在光天化日之下,还了"珍珠港事件"的本来面目,最后的结论是:"奥斯汀编造这一切曲解为'中美人民间友谊'的'史实',不过是要为美帝今天在朝鲜的侵略行动粉饰一番而已!"

戴逸先生这篇洋洋洒洒的文章是新中国历史上第一次详尽批评美国长期实行绥靖外交政策,纵容、支持邪恶势力对付各国人民的檄文。其翔实的史料、新颖的视野、犀利的观点、周密的论证,在抗美援朝宣传中独树一帜,犹如吹拂过了一缕清风。它使在抗美援朝千篇一律的声讨轰炸中处于迷茫状态的人们眼睛为之一亮,又使一些处于困顿不安的知识分子为之一震,他们不得不深入思考美国到底是不是他们想象中的天堂。不言而喻,戴逸以一位史学工作者的眼光,以历史事实为根据写成的文章,对启示人们科学看待美国及其把战火烧到鸭绿江边,调动人们积极认识并参与抗美援朝,是起到了一定积极作用的。

历史是检验理论的试金石。离戴逸先生在《人民日报》发表《拆穿奥斯汀的谎话——美帝国主义在我国对日抗战期间的真面目》过去了将近70年，许多被压迫、被奴役的国家和人民纷纷站了起来，世界的格局和力量也发生了翻天覆地的变化；但是，世界并不安宁，人们始终可以看到某些势力集团和某些国家为了一己一国的私利，今天扶持某些暴力恐怖势力搞袭击，明天又唆使某些民族分裂势力搞分裂，改天又培植某些宗教极端势力闹宗教事件，万变不离其宗，其祭出的旗帜不断花样翻新，但都离不开机会主义、绥靖主义的丑恶本质，最后都像"珍珠港事件"一样，搬起石头砸了自己的脚！这就是重读戴先生长文《拆穿奥斯汀的谎话——美帝国主义在我国对日抗战期间的真面目》的现实意义。

尚钺之谊

从1952年戴逸调到尚钺任主任的中国历史教研室算起，至尚钺于1982年辞世，两人共处了整整30年。在尚钺与世长辞后，戴逸在随即写的长篇纪念文章《战士、学者、良师——悼念尚钺同志》中以尚钺的"学生和助手"身份写道："他坚强的革命意志、勤奋的治学态度、诲人不倦的精神值得我们学习，他的研究成果值得我们继承。"[1]可谓情真意切。

为了撰写尚钺的纪念文章，戴逸检索、参阅了大量关乎尚钺的资料、史料、著作、文献，对尚钺的认识、评介可谓至真至诚。在戴逸眼里，尚钺革命一生，充满传奇性的经历感人至深。他在北大读书时，就是新文学运动"莽原社""狂飙社"的重要成员，并得到鲁迅、李大钊的直接教导，走上了革命道路。1925年至1927年，鲁迅先生与尚钺过从甚密，鲁迅日记中记录了两人会晤的频繁、通信和稿件往返。尚钺难忘"鲁迅先生那样亲切地、耐心地关怀和教育青年，曾一字一句地给我改文章，使我一生得益匪浅"，而鲁迅先生则在总结中国早期新小说的发展史中如是评价尚钺："尚钺的创作，也是意在讽刺，而且暴露、搏击的。小说集《斧背》之名，便是自提的纲要。他创作的态度，比朋其[2]严肃，取材也较为广泛，时时描写着风气未开之

---

① 戴逸:《战士、学者、良师——悼念尚钺同志》,《历史研究》1982年第2期。又见《皓首学术随笔·戴逸卷》, 中华书局, 2006年, 第141页。
② 朋其为黄鹏基笔名。

处——河南信阳——的人民。"① 后来，尚钺在李大钊的指示下，到了上海、武汉，经郭沫若的介绍，在北伐军总政治部工作。在蒋介石发动"四一二"大屠杀、汪精卫发动"七一五"反革命政变的白色恐怖中，尚钺顶着狂风恶浪勇猛前进，于1927年9月即我党处在最艰难的时刻，在开封加入中国共产党。以后的55年，他始终跟着党，历经艰危，九死一生，但他意志坚定，对党忠诚不渝。

戴逸在纪念文章中甚为详尽地述说着尚钺实践自己"革命，必须置生死于度外"的大无畏诺言。1927年底，尚钺在河南组织农民暴动中，以工农红军党代表、当地苏维埃主席身份，带领有十几名战士的小分队突破敌人的包围，最后只生还了6人。1931年1月17日，尚钺在上海任中共《红旗日报》采访部主任时，赴汉口路666号东方旅社参加党的秘密会议，不料会议场所被敌人破获，我党的重要领导人何孟雄、林育南、李求实，以及左联成员胡也频、柔石、殷夫、冯铿等30多人被捕，后23人被杀害于龙华，此即当时十分轰动的"东方旅社事件"。前往参加会议的尚钺事先知道旅社中住着一个国民党官员，遂准备了一封求见的假信，敌人见了假信，将已扣押盘查的尚钺在忙乱未及仔细追查中予以释放，尚钺由此脱离虎口。尚钺之所以在"东方旅社事件"中机智脱身，是因他在1928年初和随后的4月分别在河南罗山和杭州被捕的"经验"。前者，他受尽非刑拷打，几濒于死，可他始终英勇坚强，被难友称誉为"不屈的年轻人"；在杭州国民党陆军监狱，侦缉队曾对他施加了5次"老虎凳"的酷刑，但尚钺坚贞不屈，严守党的秘密，被难友誉为"五老虎"。复杂的斗争使尚钺在对敌斗争中更趋成熟。

戴逸在文中说道，尚钺的革命坚定性，令人十分感动。1932年尚钺任中共满洲省委秘书长时，因反对"左倾机会主义"而受到打击，被开除出党。为了递送信件到苏联，他不畏严寒，泅渡波涛险恶的黑龙江；又为了寻找党组织，颠沛流离，跋涉宁夏，企图越过封锁，奔往陕北。抗战时期，尚钺又受党委派，在昆明团结一批进步知识分子，冒着被敌人逮捕、枪杀的危险，与国民党反动派进行斗争。

著名史学家尹达如此评价尚钺："尚钺一生丰富的革命经历和坎坷的治学道路，在当代历史学家中是少有的。"事实确是如此。在中国史学界，有马克思主义史学家

---

① 戴逸：《战士、学者、良师——悼念尚钺同志》，《历史研究》1982年第2期。又见《皓首学术随笔·戴逸卷》，中华书局，2006年，第137页。

的"六老"之说，即指郭沫若、范文澜、吕振羽、翦伯赞、侯外庐、尚钺；史学界尊称"老"，须具备史才、史学、史识、史德，尤其需有光明磊落、实事求是的品格。

把学术问题无限上纲地予以批判，甚至置人于死地，这种学风必须杜绝！这是戴先生从"尚钺挨批"中亲身悟出的切肤之痛。为此，他在《战士、学者、良师——悼念尚钺同志》纪念文章中深刻指出："像尚钺同志这样的老革命家、老学者，因古代史分期和资本主义萌芽等学术问题而长期受到不公正的对待，这是值得人们深思的。科学的发展有自身的规律，学术上的不同意见是好事情，不是坏事情，不能强求一律。应该允许和鼓励不同观点、不同学派的存在和发展，培养起在相互尊重之中进行平等讨论的风气。学术上的不同意见不是政治上的不同政见，个别理论观点的失误也不能无限地上纲上线。必须尊重科学，尊重科学家，保护他们的积极性，坚定地贯彻双百方针，这样做，社会主义的学术研究才能够繁荣昌盛起来。"[①]

学秘所见

1960 年 7 月的一天，刚从越南讲学回来的戴逸，受到吴玉章先生的召见。当说是让他兼职担任自己的学术秘书时，戴逸真正可谓有受宠若惊之感和诚惶诚恐之困。他知道吴老是德高望重的革命老前辈，参加过同盟会，历经戊戌变法、辛亥革命、讨袁战争、北伐战争，参加过南昌起义，是 1925 年就参加中国共产党的老党员，他的党龄比自己还年长一岁哩！是真正的无产阶级革命家、教育家、历史学家、语言文字学家，与董必武、林伯渠、徐特立、谢觉哉并称"延安五老"。而自己乃初出茅庐之辈，何德何能得到他的青睐当他的学术秘书啊！况且究竟学术秘书做什么工作，自己一无所知，担心干不好，有负老校长的重托；再加上自己在学校里接任"中国近代史"课不久，这在全国高校系统是一门新课，所有教学资料全需自己新开炉灶，万一顾此失彼，岂不既耽误了老校长的托付，又荒废了自己的工作……想到这里，戴逸通红的脸上露出了难色。

---

① 戴逸：《战士、学者、良师——悼念尚钺同志》，《历史研究》1982 年第 2 期。又见《皓首学术随笔·戴逸卷》，中华书局，2006 年，第 137 页。

吴老见戴逸面有困惑之色，询问是否不想干？戴逸如实面陈了两点为难之处，一是未干过秘书工作，不知学术秘书能否干好，怕耽误了吴校长的任务；二是会不会使"中国近代史"的教学顾此失彼？

面对戴逸的实诚和坦诚，吴老竟颇为高兴，因为戴逸谈的两个疑虑问题不是问题，他曾仔细琢磨过戴逸编写的《中国抗战史演义》和《中国近代史稿》，对戴逸的文笔颇为欣赏，其对近代史上大事件分析、综合的驾驭能力也颇得当，再加戴逸拒批胡适的态度与自己也意气相投，故决定让他当自己的学术秘书。

吴老和蔼地对戴逸说："学校行政事务你不必过问，由校长办公室管；教学上的相关工作，也不用你插手，由教务处管。那么，学术秘书干什么呢？我已70多岁了，我想请你帮我记录、整理人生历程中的往事，也可以说是回忆录吧！这事不着急。你照样备课、上课，这是主业，一定要做好。待你有时间，我有空闲，两人闲聊，不拘时间，不拘长短，有话则长，无话则短，细水长流，如何？"

听到这里，戴逸恍然大悟，连连点头。

吴老可亲地说："学术秘书是一个名分，这样便于交谈，也方便随时找我，也可以直接出入我的家门，不用打任何招呼。"

这是一项互补的好事：老校长吴玉章先生年事已高，急需一位年轻的助手帮他梳理人生历程的种种往事，以对社会有所交代；戴逸有了一个向老校长学思想、学做人、学知识的绝好机会……乃至后来与吴老接触交往多了才知，此前吴老找过一个学术秘书，由于他对近代史上重大事件所知甚少，所以在听吴老回忆时经常发生卡壳，故只能作罢。

戴逸担任吴老学术秘书期间还有一件令人欣喜、值得记写的就是他见证了吴老直接向周恩来总理要郭影秋来人民大学协助老校长主持校政这件在人大、在清史研究中的重要事件。戴逸先生在接受笔者采访时动情地说："如果没有郭影秋，人大也许就没有清史研究所，自己也许没有可能抓住清史编纂这个重大机遇，中国的清史编纂也许还要往后推多少年了。"

戴逸清晰地记得，那是1963年春节期间去向老校长拜年，吴老坦率地对戴逸说道，自己年岁越来越大，身体越来越差，而中国至今还没有实行退休制度，深感力不从心，打算向上反映能给自己派一位年轻的学者型的领导人来协助他工作，就此请戴逸谈谈看法。戴逸说自己才疏学浅，况且议论的是校领导，是万不可取的。吴老笑着说，戴逸当自己的学术秘书已多年了，给自己整理出版的《论辛亥革命》《回忆辛亥革命》等文集已三四部了，也知道戴逸为人正派，嘴巴谨慎，故为此特别想听听年轻人的看法，说来何妨？戴逸沉思了一会儿说，成老仿吾与吴老一起主持过华北大学，后来又共同创办人大，把他从山东大学调回来如何？吴老说，这个方案他思考过，问题是仿吾校长也已65岁了，主持校政年岁大了一些，他要是年轻10岁就好了！

稍微停顿了一会儿，吴老突然问戴逸："你听说过南京大学校长兼党委书记郭影秋①吗？此人如何？"

戴逸如实相告：开始没有注意。1960年在中华书局买到《李定国纪年》②读后很受教益，太平天国起义军中张献忠之一支大西军，在张献忠战死后的几十年间，由李定国率领取得了衡州、桂林等多次胜利，作者查阅了100多份史料，绝非寻章摘句之作，窃以为《李定国纪年》是以历史唯物主义思想指导的佳作。后向人打听，才知作者是南大校长、党委书记，钦佩不已。还有人告知，郭影秋传奇故事颇多：根基颇深，在无锡国学专修馆受业于唐文治、钱基博、夏丏尊；50年代初曾任云南省省长、省委书记处书记；在50年代中期党中央提出向科学文化进军后郭主动向中央"请缨"要求到教育部门工作，是中组部部长安子文向郭转述了中央政治局的意见，郭于1957年9月抵达南大赴任；面对反右、"大跃进"、大炼钢铁、除"四害"（苍蝇、蚊子、老鼠、麻雀）、"教育大革命"、勤工俭学等运动，郭提出"学校毕竟要以教学为主""教学是压倒一切的中心任务"，实在难能可贵；郭还认为，要办好一所大学，必须相信和依靠知识分子，尤其是那些有造诣的专家学者，提出"抢救遗产"，为老教授配备助手，在家为三位老教授③设宴祝寿……

戴逸的一番侃侃而谈引得吴老心花怒放，连连说："与我了解的情况差不多，差不多！我马上去找周总理！"

不料，兴冲冲地到周恩来总理处去找助手、讨救兵的人大老校长吴玉章先生被周

---

① 郭影秋（1909—1985），江苏铜山县人。1928年肄业于无锡国学专修馆，1932年毕业于江苏教育学院。1935年加入中国共产党，在微山湖组织抗日，任冀鲁豫军区政治部主任等职。新中国成立后曾任云南省省长兼省委书记处书记，1957—1963年任南京大学校长兼党委书记，1963年任中国人民大学党委书记兼副校长。1978年人大复校后任党委第二书记兼副校长。

② 《李定国纪年》，郭影秋著，1960年由中华书局上海编辑所首次出版，至1961年11月共印刷4次；2006年由中国人民大学出版社以"国家清史编纂委员会研究丛刊"出版。

③ 中文系教授胡小石、陈中凡、汪辟疆。

恩来总理给了一闷棍:"吴老,你来晚了!"吴老大惑不解地说:"此话怎讲?"周总理给吴老徐徐道来:"今年初,国务院商调郭影秋任国务院副秘书长,可郭影秋竟以钟爱教育事业为名将国务院拒之门外,要求仍在南大工作。"周总理戏谑地说:"连国务院郭影秋都不肯高就,你人大的庙门他愿屈身了?"总理虽然身居高位,但与吴老可以说相处得融洽之至了,所以吴老可以直言不讳地以牙还牙反击:"总理的周到工作作风还要找个大管家,恐怕打了灯笼也难找,况且听说郭影秋身体欠佳,常年失眠,最近还浮肿得很厉害,说不定人大这一小庙门他也许还喜欢哪!"经不住吴老的软磨硬泡,周总理答应为吴老派人专程赴南京去游说一番。

戴逸记得非常清楚,当老校长从总理那里回来转述他与周总理打嘴皮子仗的景况后,他手舞足蹈得像一个小孩子,连声道:"大有希望,大有希望!"

果不其然,1963年5月,郭影秋离宁赴京就任,职务是:中国人民大学党委书记、副校长,协助吴玉章校长主持校政。由此,中国人民大学进入了"文化大革命"前蓬勃发展的历史时期。

戴逸先生还不无遗憾地对笔者说:"文化大革命"开始时,吴老始终持坚决反对的态度。什么"文艺黑线""教育黑线""才子佳人部""帝王将相部""大小阎王殿"等等,吴老气得每天长吁短叹,痛心疾首,可了无办法,而身体每况愈下,最后至1966年12月12日撒手人寰。

当吴玉章校长学术秘书6年,戴逸自感虽有不少付出,如时间、精力等,但收获更多,吴老的高风亮节、治学为人等等,天长日久,犹如随风潜入夜、润物细无声的春雨影响着自己,如严于律己、与人为善、朋友遍地、正义凛然、严谨治学、厚爱学生等等,都汩汩地注入了自己的心田,照亮了自己的人生。

有一次戴先生在与笔者交谈时曾心情沉重地说,有一件十分遗憾的事就是吴玉章校长与自己交谈的笔记有三大本,在"十年浩劫"时人民大学造反派来家抄家时被抄走了。这三本笔记是吴老从出生、读书、留学,参加辛亥革命、保路运动、反袁世凯,以至组织学生留法、加入共产党,以及长征、在延安办学、任职华北大学和人民大学等各个历史时期的详尽回忆。其中有部分已为他做回忆录出版了,但相当一部分珍贵资料不仅是"吴玉章研究"不可多得的史料,也是中国清末、民国时期尤其是中国教育史研究的重要原始材料。"文革"结束后戴先生多次向学校有关部门报告要求归还这三大本"吴玉章访谈录"原件,但杳无音信。戴先生说,有人之所以将对吴老的采访笔记秘而不宣，一个可能是害怕一旦泄露会追究抄家时的违法行为，或拟作日后解析写作用。戴先生严肃指出，当时自己当吴玉章学术秘书记录整理吴老的口述史料，并非个人行为，而是组织行为。所以，"吴玉章访谈录"原件并非戴逸个人的私有财产，而是中国人民大学，中国有关党史、革命史、教育史研究部门的珍贵史料。因此，至今还私藏"吴玉章访谈录"口述原件的人，应正视现举国法治的形势，捐赠在特殊历史时期收藏的珍贵史料"吴玉章访谈录"口述原件是可贵之举，如要进行解析研究，完全可以光明正大地进行。这才是人间正道。

第五章　小荷才露尖尖角

中国汉语成语云："春华秋实。"

古诗又曰："春种一粒粟，秋收万颗子。"

这中国的成语、古诗，无不阐明了大自然的神功造化，其转化演变规律乃亘古不变也！

其实，人之成才，亦然也！

本书传主戴逸，就是如此。幼时的顽童因爱好小人书、小说、历史趣事，遂历经风雨，终见彩虹，走上了治史之道。这教育之神奇，犹如不经意间播撒的一粒种子，会在某些人的心中，会在某些时刻，生根发芽，开花结果。

20世纪50年代中期的戴逸，走上了中国人民大学历史课程的讲坛。他开讲的课程是中国有大学教育以来从未开讲的课——"中国近代史"。他将如何开启真正的蜡炬人生之旅，照亮别人，燃烧自己呢？

跋涉荒原

作为中国人民大学中国历史教研室讲师的戴逸，走上讲坛开讲"中国近代史"时，他惊诧地发现：在"中国史"的讲坛上，"近代史"几近一片荒原！

请看戴逸先生自己的告白："在旧中国，多数历史学家致力于秦汉以前的古史研究，成就卓著。可是，由于种种原因，忽略或回避了对晚近历史的研究，致使近代史

164

研究呈现一片荒芜，可读的著作、论文、寥寥可数。"①

再看戴逸的述说："1952 年，随着中国人民大学的发展，中国革命史教研室一分为二，原有历史组单独成立中国历史教研室，由于缺少中国近代史的教师，我被调到中国近代史组，填补缺额。说实在话，当时我对中国近代史的知识极为缺乏，只读过范文澜的《中国近代史》②和胡绳的《帝国主义与中国政治》③等书，远没有我在马列主义理论、党史和中国古代史方面读的书多，但是为了工作需要，我转入了中国近代史专业，一切几乎都要从头学起。"④戴逸把范著《中国近代史》也列入"寥寥"之数，并非不尊重，下文还会评述。

再看戴逸的诉说："那时⑤的中国史学界重视古代史，专家名流群集于上古先秦史。秦汉以后的历史，研究者已少。鸦片战争以后的近代史研究者更少，几乎不被承认是一门学问。用马克思主义观点撰写的中国近代史书籍，寥寥无几。资料也十分缺乏，1954 年才出版了杨松、邓力群原编，荣孟源重编的《中国近代史资料选辑》⑥，篇幅不大，不能满足教学和研究的需要。"⑦

还可再看戴逸的表白："我 50 年代起从事近代史研究，所读的第一部大书就是吴汝纶的《李文忠公全书》⑧，感到里面甲午以后的材料很少，许多涉及外交方面的材料也很模糊。"⑨

上述材料表明，在旧中国，以至 20 世纪 50 年代初、中期，中国史学界对于中国近代史的研究，戴逸说处于"一片荒芜"状态是不争的事实。从世界范围来说，对中国近代史的研究也处于冷落状态。据学者、专家介绍，有关中国近代史的著作，从世

---

① 戴逸：《中国近现代史的研究如何深入》，《人民日报》1987 年 7 月 17 日。又见《戴逸自选集》，学习出版社，2007 年，第 73 页。

② 范文澜：《中国近代史》（上册），1947 年解放区新华书店出版，30 万字。

③ 胡绳：《帝国主义与中国政治》，详述 1840 年鸦片战争至 1924 年五卅运动前中国的反帝斗争，1947 年解放区新华书店出版，15 万字。

④ 戴逸：《我的学术生涯》，见《皓首学术随笔·戴逸卷》，中华书局，2006 年，第 184 页。

⑤ "那时"指 20 世纪 50 年代初。

⑥ 《中国近代史资料选辑》，杨松、邓力群原编，荣孟源重编，生活·读书·新知三联书店，1954 年。

⑦ 戴逸：《我的学术生涯》，见《皓首学术随笔·戴逸卷》，中华书局，2006 年，第 184 页。

⑧ 《李文忠公全书》，吴汝纶编。吴为晚清人，桐城人，文学家、教育家。

⑨ 戴逸：《谈李鸿章全集的编纂》，见《繁露集》，中国社会科学出版社，1997 年，第 62 页。

界范围来说，仅有的就是：

徐中约 [1]：《中国进入国际社会的外交，1858—1888 年》；

李剑农 [2]：《中国近百年政治史》；

郭廷以 [3]：《近代中国史纲》；

马士 [4]：《中华帝国对外关系史》；

蒋廷黻 [5]：《中国近代史大纲》；

至 20 世纪 50 年代时，世界上关乎中国近代史的研究成果可能还有一些，但可肯定的是，绝不会很多。

所以，从世界范围来说，戴逸所说的"一片荒芜"说也是成立的。

戴逸在北大读书时，曾自修过孟森的《明元清系通纪》，在从北大辗转投入正定华北大学不久，他就在胡华先生处借读过范文澜著《中国近代史》（上册）。戴逸记得，当时胡华先生告知他，范著《中国近代史》是第一本以马克思主义历史唯物主义解读中国近代历史的著作，要好好领会，毛主席还要求范文澜先生把这段历史写完。是时戴逸正在精读马、恩著作，准备中国革命史的教学，虽然范文澜先生正近在身旁当华北大学副校长，但他却无暇细读范著，更未能当面聆听范先生的教诲，现在感到有些遗憾。

为备课讲授"中国近代史"，戴逸在研读范著《中国近代史》（上册）时感到，范文澜先生按照马克思主义唯物史观确定 1840 年第一次鸦片战争后中国社会进入半封建半殖民地的结论性论断是科学的，是符合客观历史事实的，这是范著《中国近代史》最重要的成果之一。正因如此，中国近现代以追求民族独立、国家富强为旗帜的反帝反封建斗争是近现代的历史主题。范著《中国近代史》的这一理论贡献不可抹杀。

戴逸步入治史门槛之后，把当年胡华先生让他好好领会像范文澜先生那样以马克

---

① 徐中约（1923—2005），著名历史学教授。

② 李剑农（1880—1963），湖南邵阳人，毕业于日本早稻田大学，加入同盟会，后于武汉大学讲授中国近代史、经济史。

③ 郭廷以（1904—1975），河南舞阳人，1926 年国立东南大学历史系毕业，执教于清华大学等校。1949 年赴台，任台北"中研院"近代史所所长，首创口述历史工作。

④ 马士（1834—1911），晚清海关官员。

⑤ 蒋廷黻（1895—1965），湖南邵阳人，著名历史学家，台北"中央研究院"院士。

思主义唯物史观治史，可以说这是戴逸初衷不改的慎重抉择。有一次，戴先生与笔者谈道，如果不能以马克思主义唯物史观认识和处理历史问题，中国历史，尤其是清史中的一些疑难问题，很可能无从下手。其时，在谈话现场戴先生的一位儿子不以为然地说："在现代，还在这样说，可能会被人笑话的！"可戴先生毫不迟疑地说："马克思主义唯物史观不仅是世界观，而且是方法论。太平天国问题，义和团问题，等等，过去的历史学家对此很棘手，这不只是世界观问题，方法论也不对。"

戴先生的此番谈话笔者在当时体会不深，及至研读他的史学著作，尤其在细研他的《20世纪的中国历史学》①后，似有茅塞顿开之感。戴文《20世纪的中国历史学》中称"唯物史观的运用是20世纪中国史学的伟大进步"，这铿锵之声，既是戴逸对马克思主义唯物史观这科学世界观、方法论的坚定宣示，也是他对中国史学界首先是自己运用马克思主义唯物史观研究中国历史取得重要成果的确凿肯定。这个结论是篇大文章。戴先生在其文章中进而解释道："历史学仅仅具有进化史观，承认社会历史进步还不够，它不能解释许多历史现象。20世纪20年代以后传入了马克思主义的唯物史观，这是历史的进步。唯物史观相对进化论来说是更高层次的理论，它承认进化史观，包含了进化史观的合理内核，却超越了进化史观。马克思主义本身就是受达尔文学说影响产生的，而具有进化史观的学者也可以进一步发展为唯物史观，二者是相通的。因此，我们不能把二者理解为相互对立的。"②接着，文章简要勾勒了唯物史观给20世纪的中国史学增加的新内容，一是"唯物史观在承认历史是进步的、具有因果关系的同时，明确提出客观世界是被规律所制约的，历史发展具有规律性"③，同时区分了社会规律与自然规律的差别，点明了唯物史观描述的历史具有的客观性规律与唯心史观、进化史观和机械唯物论的差别，指出20世纪中国史学在历史客观规律性问题上产生的流弊，原因在于对唯物史观的误解。二是"承认历史是前进的，历史前进的决定性因素是生产力、生产方式的发展，是经济原因"④，严肃指出不承认经济的决定作用就不是马克思的历史唯物主义，但如果单纯强调经济决定作用，又会陷入简单的经济决定论；唯物史观一方面区别于唯心史观把英雄人物或思想、政治和上层建筑视

---

① 戴逸：《20世纪的中国历史学》，见《戴逸自选集》，学习出版社，2007年，第6页。

② 同上。

③ 戴逸：《20世纪的中国历史学》，见《戴逸自选集》，学习出版社，2007年，第7页。

④ 同上。

为决定历史发展的观点，另一方面也区别于机械唯物论不承认其他因素（诸如政治、经济、文化、军事、地理等）起作用的观点。三是"唯物史观把阶级斗争看作阶级社会前进的动力"①，强调阶级存在于一个统一体内，各阶级之间既有矛盾对立性，又有互相统一性，不能把社会看成仅仅是阶级之间的斗争，把阶级斗争绝对化，以阶级斗争为纲，这是对马克思主义的误解。

为准备"中国近代史"的教学，戴逸在研读范著《中国近代史》（上册）时发现，范著采用的是记事本末体，即按 8 个专题展开（1840—1901）：第一次鸦片战争、中国人民的反英反满斗争、太平天国革命、第二次鸦片战争、洋务派的"自强"与第一次割地狂潮、甲午中日战争及第二次割地狂潮、第一次改良主义运动——戊戌变法、对抗瓜分野心的义和团运动。戴逸通过研究了解到，所谓近代史上"八件大事"写法是传统型的单一格局，应该做大幅度拓展。② 突破"八段式"写法，是戴逸跋涉荒原的探路之一。

戴逸还发现，中国近现代史上的诸多事件、问题，都与帝国主义列强入侵或西风东渐有关，所以中国近现代史的研究，都需放眼世界，视野更加宽广，做到高屋建瓴、目光四射，这成了戴逸跋涉荒原的探路之二。比如，戴逸在编著《中国近代史稿》（第一册）③ 时，把 1840 年即发生第一次鸦片战争时中国的时局融入世界格局进行考察，特设"第一章 1840 年以前的世界和中国"，勾勒了英国、法国从资本主义曙光初露到完成资本原始积累再到进行"产业革命"，以及为避免周期性经济危机而对外发动一系列掠夺殖民地的战争的必然性；与此同时，戴逸还白描了德国、俄国、美国、荷兰、日本等国家在中国之前向印度、印度尼西亚、缅甸、越南猖獗推行殖民的罪恶行径。在此国际大背景下展示各国列强进入帝国主义阶段向中国进行侵略，则可谓历史发展的难违趋势也。难能可贵的是，戴著《中国近代史稿》（第一册、第二册）洋洋 93 万言，处处洋溢着戴先生综观世界的独到眼光，可见其提出"要把中国近现代史放在世界史的广阔背景内加以研究"④ 的学术观点是由来已久的。

时间定格在 1959 年 9 月，是时，为庆祝新中国成立 10 周年，中国出版界领军单

---

① 戴逸：《20 世纪的中国历史学》，见《戴逸自选集》，学习出版社，2007 年，第 7 页。
② 同上书，第 75 页。
③ 戴逸：《中国近代史稿》（第一册），中国人民大学出版社，2008 年。
④ 戴逸：《中国近现代史的研究如何深入》，见《戴逸自选集》，学习出版社，2007 年，第 76 页。

位人民出版社出版了一批献礼书籍，其中之一《中国近代史稿》（第一册）皇皇 40 万言，编著者戴逸。

《中国近代史稿》（第一册）的问世，一时洛阳纸贵，在随后 3 年间人民出版社连续再版 3 次。戴逸？史家闻所未闻。学者争相询问：戴逸何许人也？答曰：中国人民大学历史教研室中国近代史青年教师，33 岁，1956 年新中国历史上第一批评定的副教授，也是中国史学界最年轻的副教授。

戴逸涉足清史即起步研究、讲授并编著《中国近代史稿》（第一册）的缘由和简要过程是这样的：

1949 年 7 月 1 日，中国新史学研究会在北平组建，后作为新政协的参与成员；1951 年 7 月，中国新史学研究会在京开会，决定更名为中国史学会，并宣告正式成立，郭沫若任主席，吴玉章、范文澜任副主席。

中国史学会成立伊始，决定在全国范围内组织所有著名历史学家编纂《中国近代史资料丛刊》，包括《义和团》《太平天国》《回民起义》《戊戌变法》《鸦片战争》《中法战争》《中日战争》《辛亥革命》《捻军》《洋务运动》《第二次鸦片战争》《北洋军阀》《抗日战争》共 13 部专著，3400 多万字。除最后 3 部外，其他 10 部都在 1951 年至 1958 年间陆续出版。这套丛书编纂时间之长、动用人力物力财力之多、规模之大、涉及范围之广、作用影响之深远，在中国近代史书籍编纂领域里极为罕见。

中国史学会组织、策划、编纂这套丛书，就是要改变中国史学界"言必称秦汉"厚古薄今的倾向，提倡史学"古为今用"。吴玉章先生自然明白中国史学界的情况和存在的问题，在他主政的中国人民大学，把中国革命史教研室一分为二，中国历史教研室成独立建制，并在中国历史教研室组建中国近代史教学组，然后又在人大开办中国近代史研究生班……从这一系列的建制变革中，可知中国人民大学及其老校长对中国近代史教学的重视和其中的良苦用心了。

1954 年，中国人民大学开办了中国历史研究班，该班的中国经济史研究班的中国近代史课，原来是由著名考古学家尹达①承当的。可是，尹达突然间调离中国人民大学，他原来承当的课程交由戴逸来完成。这对戴逸来说，确实是太勉为其难了。其

———————

① 尹达（1906—1983），河南滑县人，1937 年参加革命，1938 年加入中国共产党，曾在陕北公学任教，曾任中国人民大学研究部副部长和北京大学副教务长，曾参加过殷墟等地考古发掘，著名考古学家。

一，中国的大学，包括新中国成立前的所有大学乃至鼎鼎有名的北大，都没有开过"中国近代史"课程，没有教学经验可资借鉴；其二，教学资料很少，中国史学会主持编纂的大型丛书《中国近代史资料丛刊》虽已提上了议事日程，但尚未面世，似有镜中花、水中月之感，远水解不了近渴；其三，该班学员复杂，年龄参差不齐，学历、职称大相径庭，开课时有尚未报到的，也有临时离校的，前前后后的七八十人中，有调干生，有大学毕业生，也有全国各地高校历史系的教师，许多学员年龄比戴逸大，普遍具有丰富的历史知识，有些人已是副教授，而戴逸仅是讲师。戴逸坦陈："应该说，我承担这个课程是力不胜任的。"[1] 然而，任务越是艰难，也更鞭策着他格外努力拼搏，认真备课，夜以继日地阅读史料，思考问题，在近代史莽莽荒原上披荆斩棘，奋勇前进。

戴逸跋涉中国近代史时，范文澜著《中国近代史》和胡绳著《帝国主义和中国政治》是其范本；又经千辛万苦的寻索，郭廷以、蒋廷黻、罗尔纲[2]、陈恭禄[3]、李鼎声[4]、李剑农等先生的中国近代史专题研究成果也先后访到。令戴逸深感幸运的是，中国史学会主持编纂的《中国近代史资料丛刊》从1954年开始先后面世了。如第一部《鸦片战争》收集资料150种，6册共247万余字，可谓洋洋大观。这对戴逸来说，真是久旱逢甘雨。问题是外文资料如日文资料、英国档案资料没有来得及收集、翻译；另外收录的档案资料多数依据的是过录本或手抄本，多有删节，不甚准确。又如《太平天国》8册共3822页，第一部分资料155种，第二部分清代方志记载55种，第三部分外文记载7种，第四部分转载，也可谓洋洋洒洒。

戴逸先生在接受笔者采访时谈道，19世纪末至20世纪二三十年代中国历史学有三大发现曾轰动了世界：一是1900年敦煌发现了藏经洞，是北朝唐宋西夏的文化宝库；二是河南殷墟发现了甲骨文；三是北平故宫所藏明清档案。由此产生了三门新学科，即敦煌学、甲骨学和档案学。明清档案有1000多万件，70多个全宗，年代跨度达300年时间，如甲午战争的所有档案，一看即一目了然。这些档案是腐败透顶的北

---

① 戴逸：《皓首学术随笔·戴逸卷》，中华书局，2006年，第184页。

② 罗尔纲（1901—1997），广西贵县人（今属贵港市），1930年毕业于上海中国公学，师从校长胡适，太平天国史专家。

③ 陈恭禄（1900—1996），江苏丹徒县人，1926年毕业于金陵大学历史系，著名史学家。

④ 李鼎声（1907—1966），江西南昌人，1927年加入中国共产党，长期从事宣传工作，1933年开始研究近代史。"文革"前在华东师大任教时曾与姚文元开展论战。

洋政府因没有资金而将全部档案卖给造纸厂化纸浆时被发现的。尽管档案主体被追了回来，以1000多麻袋包装封存在故宫库房里，但由于战乱频仍，这些档案被尘土覆盖，库房年久失修，漏雨鼠害，破损颇多。至新中国成立后建国家第一历史档案馆，情况得以改善。第一历史档案馆编的《鸦片战争档案史料》（七册）均为原件记录，准确可靠，出版时间则到1992年了。

戴逸承担研究生班一年"中国近代史"的授课任务后，在1955年一面继续授课，一面在授课讲义的基础上写作《中国近代史稿》（第一册）。此时，戴逸面临着诸多难题：首先，写一本书面教材乃至学术著作同口头授课的讲义有很大不同，近代史涉及的范围十分广阔，在新中国成立初期讲授近代史时间有限，主要着重讲授政治史，其他经济、文化、军事斗争、民族关系等方面有的略而不讲，有的一带而过，无须征引较多史料，也无暇做更多分析与思考；然而，书面教材或论著则应该更加系统、更加全面谈论经济基础和上层建筑的各个方面。其次，书面教材或论著必须征引史料，保证史料的原始出处正确无误；虽然中国近代史的史料浩如烟海，但是当年正式出版即经过整理、考订的成果极少。面对此情此景，如果没有一定的目标和时间控制，便会陷入渺茫无际的史料海洋之中，时间荒废，而收获有限。最后，课堂上口头讲课脱口而出，不需要修饰语句，说错了话也可以当时纠正，而书面教材、论著白纸黑字赫然在目，不能更改，必须字斟句酌，力求无误并通顺流畅。[①]

就这样，戴逸把在课堂上关于两次鸦片战争和太平天国只讲了30多小时的课程，铺陈展开为有40多万字的《中国近代史稿》（第一册），1958年应人民出版社再三邀约，遂交付其刊印。

戴逸对于其学术生涯中第一部代表作《中国近代史稿》（第一册）的写作，力图在现实意义上进行创新。他这样说道："此书内容叙述两次鸦片战争和太平天国运动。太平天国这一在世界历史上规模最大、时间最久的农民战争尤其被我所注意。我希望用马克思主义来分析这次农民战争，弄清它的发生、发展、困难、矛盾，它所面临的问题和最后的失败。写作过程中，时时会想到我党领导的农民革命，感到两场农民革命之间存在明显的联系和类似，但其内容、特征、外貌、结局又如此迥异。我深深认识到历史发展的连续性、相似性和多样性、具体性。前后相续的历史不会重复，也不

---

① 戴逸：《中国近代史稿》（第二册），中国人民大学出版社，2008年，第1059页。

可比附。但太平天国与共产党领导的新民主主义革命相距不过几十年，留下了许多非常相似的经验教训，我以前学习的革命史知识对我理解太平天国运动很有帮助。这就是，对现实知道得更多，对历史会理解得更深。"①

《中国近代史稿》（第一册）出版后，人民出版社3年内连续刊印了3次，史学界好评如潮。在1959年第12期《历史研究》上有多篇对戴著的评论。其中赵德馨（后任中南财经政法大学教授）在文章中写道："这是一本好书，它一般地综合了当前近代史科学建设的主要成就，系统地叙述了作者对这一段历史研究的一些心得，它带有新的作风，有一些突出的优点……"

戴逸并未就此止步，他紧接着续写第二册，内容包括"洋务运动""中法战争""中日甲午战争"等，但遇到了更大、更多的困难。当时正值反右派斗争之后，政治运动连续不断。《中国近代史稿》第二册的写作中有诸多敏感的政治问题，如卖国主义、投降主义等政治帽子随时可能会成为飞来横祸，因而许多问题必须反复考虑，迟迟不敢下笔，以至1964年才写好"洋务运动"至"甲午战争"部分，只印了内部油印稿，未曾正式公开出版。

及至"文化大革命"后期，戴逸雄心不减，抽时间阅读和积累了"戊戌变法""义和团运动"的资料，为续写《中国近代史稿》做准备，并进而实现青年时代编著一部《中国近代史》的夙愿。但也正在此时，复校后的中国人民大学成立了清史研究小组，进而组建了清史研究所，戴逸除了研究任务从晚清转向研究前清之外，行政任务不断加重，由副所长转而任所长，还要带博士生，遂使写一部《中国近代史》的愿望化为泡影。

荣任国家清史编纂委员会主任后，戴先生再也没有可能把存箧的《中国近代史稿》做第二次修改、补齐了。在中国人民大学出版社的盛情邀约下，戴逸答应将旧稿付梓，《中国近代史稿》第一册、第二册终于合璧，于2007年正式出版。

在这近70年的漫漫征程中，戴先生认为范文澜先生的《中国近代史》未能按毛主席的要求续写完成，只是写到1901年即义和团运动失败告终。戴逸先生说道，范文澜先生未能写完《中国近代史》，一是因为新中国成立后其转入中国科学院近代史研究所任所长，又主持中国史学会日常工作，还是全国人大代表、八届中央候补委

① 戴逸：《皓首学术随笔·戴逸卷》，中华书局，2006年，第185—186页。

员、政协常委、全国人大常委会委员等等，成天陷于行政事务工作之中；二是1954年胡绳先生"在《历史研究》创刊号上发表《中国近代史的分期问题》一文。提出以阶级斗争来划分近代历史的各个时期。以后相继有孙守任、金冲及、范文澜、李新、荣孟源等发表文章，我也撰文参加了讨论。这场讨论持续3年之久，对中国近代历史的发展和特点做了整体性、宏观性的思考和争辩"①。范文澜主张以近代社会主要矛盾变化为标准的分期法。经过3年多的争论，这个问题并没有肯定的结论，实际上也难以形成结论。正因为此，范文澜先生终未能再动笔续完他的《中国近代史》了。

崭露头角

1959年，时逢中华人民共和国成立10周年。是年10月26日，全国群英会在北京新落成的人民大会堂举行。是时，南北宽70余米、东西纵深60余米、高30余米的三层大厅内座无虚席，穹窿形顶部纵横交错、星罗棋布的400多盏大小星灯大放光明，与来自全国代表各行各业30万个先进集体、360万名先进工作者的6576名群英相互辉映，开创了人民共和国历史上第一次群星荟萃、欢庆胜利的大团结局面。会议期间，毛泽东主席会见了全体英豪代表，周恩来、朱德、李富春等国家领导人参加会议并讲了话。这是在共和国历史上尊重知识、尊重人才的具有里程碑意义的重要会议。

戴逸，作为一名青年史学工作者，受邀参加了这次盛大的会议。这年，他刚过而立之年不久。在这个年龄，他的史学著作《中国近代史稿》（第一册）在中国最高出版殿堂出版，其崭露头角之势，令人刮目相看。

笔者案头有份资料：1959年4月11日《人民日报》刊登的史学评论：《评〈中国近代史资料丛刊〉》，作者：戴逸。

如果隐去作者姓名，也不交代作者从业的时代背景，随机选取当今大学历史系的大学生或研究生从《评〈中国近代史资料丛刊〉》行文分析此文为当年何方神圣撰写的，他们肯定会从行文老到、史料翔实、自成体系、文字精美等方面揣度是当时史学

---

① 戴逸：《皓首学术随笔·戴逸卷》，中华书局，2006年，第184—185页。

泰斗之作，而绝无可能揣测到此乃年仅 33 岁的青年历史教师的史学评论。

何以见得？

古诗云："会当凌绝顶，一览众山小。"对《中国近代史资料丛刊》进行恰如其分的评价，绝非易事。因为各刊的主持者乃各路"诸侯"，总主持是史学泰斗范文澜先生，编委会成员有徐特立、范文澜、翦伯赞、陈垣、郑振铎、向达、胡绳、吕振羽、华岗、邵循正、白寿彝，都是顶级专家，而《中国近代史资料丛刊》的文字总量也不是小数。要写评论，起码得罗列诸品、反复谛视，方能下手。不然，岂非贻笑大方？况且是刊登在号称中央第一大报的《人民日报》上呢！

从 1951 年至 1959 年，中国史学会主持编纂的《中国近代史资料丛刊》共九部（《鸦片战争》《太平天国》《捻军》《回民起义》《中法战争》《中日战争》《戊戌变法》《义和团》《辛亥革命》）[1]，前九部共约 2000 万字。如果不能对皇皇 2000 万字的资料（其中多为文言、外文翻译资料、手抄件、传抄件、宫廷档案等）读懂吃透，何以实事求是、恰如其分地点评优长、不足，提出改进建议？显然，撰写《评〈中国近代史资料丛刊〉》绝非是可以一蹴而就的事，也绝非可花一日之功能完成的。那么，青年教师戴逸何以吃了豹子胆，能明知山有虎，偏向虎山行呢？

在戴逸自中国人民大学革命史教研室调到中国历史教研室，并以填补空缺之机接授中国近代史课程，为研究生班开课的任务后，除认真研读范文澜先生著《中国近代史》、胡绳先生著《帝国主义与中国政治》外，还千方百计搜索、访寻到方方面面关乎中国近代史的论文、著作、研究成果，"艰难的任务也鞭策着我格外努力拼搏，认真备课，夜以继日地阅读史料，思考问题，在近代史领域中摸索前进"；"这几年紧张地上课、写讲义，我的全部心力都扑在教学上，没有写过论文。几年的教学实战使我对近代史的全过程摸了几遍，形成了较系统的想法，形成了一些新观点，我产生了编写一本中国近代史的想法"。[2]

"对近代史的全过程摸了几遍"！"千淘万漉虽辛苦，吹尽狂沙始到金。"可以这样说：戴逸的史评《评〈中国近代史资料丛刊〉》是其编著教科书《中国近代史稿》（第一册）过程中检索、鉴读大批史料的副产品，正可谓教材成功日，史评垂成时！

---

[1] 《洋务运动》后出，《第二次鸦片战争》《北洋军阀》《抗日战争》则在"文化大革命"后出版，后四部共约 1400 万字。

[2] 戴逸：《皓首学术随笔·戴逸卷》，中华书局，2006 年，第 184-185 页。

"云想衣裳花想容。"读者至此一定会希望更多地观赏戴著《中国近代史稿》（第一册）的副产品《评〈中国近代史资料丛刊〉》的容颜，笔者谨以漫笔勾勒如下，以飨读者：

《评〈中国近代史资料丛刊〉》以中国史学会主持出版的九部丛刊刊物切入，点明这一大规模史料整理工作对中国近代史的教学、研究起到的重大推动作用破题，接着论述史实的积累对于历史科学的重要意义，并以马克思的论述坐实史料在历史研究中的作用。评论应用马克思的论述立论："研究必须搜集丰富的材料，分析它的不同的发展形态，并探寻出这各种形态的内部联系。不先完成这种工作，便不能对于现实的运动，有适当的说明。"（《资本论》第二版跋）在新中国成立初期能如此娴熟应用马克思原著作为评论的立足之点，足见评者之不凡用心及其功力。

评论在指出近代史资料存在量大、分散、杂乱等现实问题后认为，《中国近代史资料丛刊》在整理中有四个优点：一是编纂者遵循统一的方针，以阶级斗争为线索，提供了有关近代革命运动的大量资料。评论指出，由于资料来源的限制，《中国近代史资料丛刊》录入的只能是反动当局的记载，但编者通过序言、书目解题、按语、编排方法——如《辛亥革命》中将零散资料汇辑成《人民反清斗争》专栏，体现了编者的政治倾向性。二是《中国近代史资料丛刊》编辑方法大体上采用了类书的编辑方法，即把近代历史分成若干重大事件，合则成为丛刊，分则成为专辑，每个专辑又按照事件的发展区分成相互联系的若干类目，各种史料分别按照其内容而系于不同的类目之中。为了驾驭大量不同内容的资料，使之贝联珠贯、条目分明，按类编纂的方法是必要的。三是编者在收集、选择、摘录、标点、校勘方面进行了辛勤的劳动。以编《义和团》为例，涉猎史资 300 多种，而选录的仅 48 种，可见整理工作之艰巨。四是编纂者的独到眼光值得肯定——对于大量印行过的资料，一般不再选录，《中国近代史资料丛刊》所收集的很多是未经刊刻的抄本、流传很少的印本和原始档案。这些稀见资料过去或掌握在少数人手中，或埋藏在旧纸堆中，或在藏书家的私斋，在党和政府的支持下这些珍贵资料被整理出来公之于世，成为全体人民的共同财产，对研究工作者更是很大的鼓舞。

对《中国近代史资料丛刊》存在的不足，评论是以"值得商榷"的方式提出的：

在总的体例方面，《中国近代史资料丛刊》很重视每次革命高潮和战争的史料，这是正确的，可是它对于革命低潮时期的史料完全忽略了。大家都知道，阶级斗争是经常存在的，但是只有在特定的时间内才会形成革命高潮和武装冲突。近代史上的革命和战争虽然特别高涨和频繁，但是它们也总不能代替历史发展的全局。拿帝国主义侵略中国的历史来说，一方面固然有鸦片战争、中法战争、中日战争、八国联军等公开的武装侵略，另一方面即使在和平年代，帝国主义也通过各种外交手段，逐步地把侵略势力渗入中国，中国人民也相应地有无数自发的、地区性的反抗斗争。因此，从帝国主义侵略中国的整个过程来说，各种外交交涉和人民反洋教的史料就是不可缺少的。可惜《中国近代史资料丛刊》在这些方面没有提供什么东西。类似的情况还可举出不少，如各种制度的演变、人民的生活状况、秘密会党、边疆地区的开发、少数民族的社会情况、帝国主义划分势力范围等方面的资料，都还需要加以补充。

在具体的编选内容方面，评论对《中国近代史资料丛刊》也提出了商榷的意见、建议：多数专辑都是按照史料的内容来分类，可是，《太平天国》专辑却主要按照资料的来源分类（分成革命方面记载、清代方志记载、外人记载等）；《戊戌变法》专辑虽然考虑了史料内容，但是偏重于史料的形式（分成专著、上谕、奏议、片牍等）；《捻军》专辑的分类也过于笼统。以上三个专辑，在同一类目之下，收录的内容太庞杂，读者翻检不便。并且，各辑编选的资料也有遗漏、重复或冗长的毛病。例如，《太平天国》中所收录的大多是清代方志私人记载，又偏重在很晚才开辟的江浙战场方面，而有关太平天国的主要战场——安徽、江西、湖北方面的资料反而很少，这样就不可能反映太平天国的全貌。又如，有关上海小刀会的资料更是越出了该辑的范围，应该和福建、两广的天地会、小刀会另辟专辑。《捻军》中对于奏议一概不录，这也是值得考虑的。由于只选地方性资料而连最重要的奏议也完全摒弃了，这就使这一辑资料显得很零散。《中法战争》和《中日战争》两辑中的外交档案，既然是经过了选录的，那就不妨精益求精，而像现在那样经过选录以后的档案，仍有120多万字，易使读者望而生畏。《中日战争》中缺少各阶层反对签订《马关条约》的专栏，《戊戌变法》完全不录重要的学术著作，《义和团》的资料完全集中在京、津、直隶、山东，而对其他各省的反帝斗争（特别是东北）未予重视，《辛亥革命》中缺少1905年的反美斗争和各地的收回路权矿权运动，对《民报》与《新民丛报》的论战也未适当著录反对派的言论和活动，等等。这些缺点，作为一个系统的资料集来说是应该尽量避免的。

评论在最后指出，有些资料所附的"书目解题"很能引起人们的兴趣。"书目解题"介绍了大量未被录入《中国近代史资料丛刊》的资料，使读者的视野豁然开朗，了解到有关专题目前资料的大体情况，这是非常有意义的。可惜这些"书目解题"还只是平铺直叙的介绍，很少有高瞻远瞩的评论，而且介绍也大多太简略些。为了提高史料整理工作的质量，根据马克思主义的原则，对资料进行全面的介绍和评论，从当时的社会关系中阐明资料的来源、性质和价值，这不失为今后资料工作的一个方向。评论以200年前编纂《四库全书》时曾产生一部巨大的《四库全书总目提要》成为后代学者寻求知识的津梁展开说，随着新中国文化事业的日益繁荣和各种典籍整理出版工作的不断开展，希望推广和发扬"书目解题"的形式，能有一部用马克思主义编写的古籍提要得以问世。①

这就是笔者勾勒的戴逸先生撰写于60年前的史评《评〈中国近代史资料丛刊〉》的漫画像。这是戴逸在史坛登堂入室成为新锐的成名代表作之一。不仅有宏大的信息量，对希望研究中国近代史的后学来说，不啻为史料检索的入门指导坐标，而且在治学文法上，可以从中学到很多读书、做资料卡片乃至典籍读书提要等的成功经验。

学会新锐

这是中华书局当年提供的一份大咖名单：

吴晗、尹达、白寿彝、刘桂五、任继愈、吴廷璆、何兹全、何家槐、何干之、汪篯、周一良、邱汉生、金灿然、邵循正、季镇淮、侯仁之、郑天挺、陈乐素、陈哲文、胡朝芝、翁独健、滕净东、戴逸。

这是一份什么名单？《中国历史小丛书》编委会组成人员的第一份名单，共23人。

主编为吴晗，著名的明史学家，社会活动家，北京市副市长。

身为北京市副市长的吴晗，对文化教育事业尤为热心，其编辑出版一套《中国历史小丛书》的初衷就是普及历史知识，并为历史教师的教学提供参考资料，以及锻炼和提高教师的学业和写作水平。当然读者对象不仅是学生、教师，还有工人、农民、

---

① 戴逸：《评〈中国近代史资料丛刊〉》，《人民日报》1959年4月11日。见《步入近代的历程》，辽宁大学出版社，1992年，第335-339页。

军人、各级干部，也包括社会科学、自然科学工作者。戴逸受过良好训练，习于随时记录旁人重要讲话，所以在笔记中记下吴晗当时的讲话："单有提高，没有普及，只是少数人提高了，大多数人还是一穷二白，这是不符合我们党和国家的要求的。"他希望"使人人懂得点自己和别人国家的历史，掌握社会发展的规律，认识自己的前途，并通过历史的学习，更加热爱自己的祖国，热爱党，热爱人民，信心百倍地投身到社会主义事业的建设洪流中去"。他把历史知识作为进行爱国主义和共产主义思想教育的武器，其主编的《中国历史小丛书》和《外国历史小丛书》，选题之广泛，影响之大是从来没有的。① 这是戴逸所记当时吴晗说的话，要说渊源，其实还可追溯得更远些。

20 世纪初，在西风东渐，中国新思想、新思潮风起云涌之中，史学思想发生了大变革。维新思想家梁启超在抨击旧史学的同时，提出历史要让国民知道他们生活的过去、现在和未来，倡导史学的内容要从帝王政治为中心转向国民社会生活史的研究；史学的视线与读者群落从上层转移到下层——这对中国传统的旧史学是前所未有的创举，因此有"史学革命"之誉，亦称"新史学"。但是，由于战乱频仍，烽火连天，国家没有统一，人民群众民不聊生，所以梁启超的想法和主张基本上没有实施的条件。

正因如此，学界有评论指出，吴晗提出并组织实施编辑出版《中国历史小丛书》，上承 20 世纪初新史学的遗风，下启当代讲史人的智慧，承前启后，在现代史学发展中留下了光辉的一页。又有评论指出，《中国历史小丛书》融大众性、趣味性、学术性于一体，使人们在轻松的阅读中得到正确的历史知识和深入的思考，对读者有永远的魅力。还有评论指出，新中国成立后的 17 年，史学工作者养成了"写人民之史"和"为人民而写史"的学术自觉，《中国历史小丛书》可谓新中国"十七年史学"大众化的典范。②

也许有人会说，笔者在此喋喋不休地诌一节《中国历史小丛书》，与戴逸有什么关系呢？答曰：大有关系！这是戴逸走出人大校门，由"人大人"转身为"北京史学

---

① 戴逸：《从爱国的民主主义者转变为共产主义者的光明大道——纪念吴晗同志》，见《皓首学术随笔·戴逸卷》，中华书局，2006 年，第 145—146 页。

② 李燕：《〈中国历史小丛书〉：关于新中国"十七年史学"大众化的个案考察》，《北京教育学院学报》2017 年第 1 期。

会人""中国史学会人"的第一步。

实事求是地说，把当时《中国历史小丛书》编委会组成人员 23 人都说成是"大咖"，唯一不合适的是戴逸，其他成员都是教授级的专家，而戴逸仅为副教授，年仅30 岁。戴先生接受笔者采访时说："1958 年三四月间应邀参加《中国历史小丛书》第一次编委会，与会者正是群贤毕至，都是我老师辈的专家、学者，如郑天挺先生是救我命的恩师，尹达先生原来也是人民大学的老前辈，任继愈先生也是久闻大名而初次相识，后来成了忘年交的好友，而我是编委中年龄最小的一人，真有受宠若惊之感。会后吴晗先生与我谈话，我说：1948 年在北大读书时为筹办子民图书室到清华园求赠进步书籍，开始热情接待，款款而谈；后讲明来意则被吴先生批评了一通，悻悻然地离开了见面之处。开始一直弄不明白，后来我遭国民党通缉了才恍然大悟，想到吴先生住宅外树林里鹰犬密布，他是为了保护我们啊！"

戴逸在《中国历史小丛书》编委会里年龄最小，却十分活跃，热情似火，连泡茶、端凳等本该由服务人员干的事他也积极为之，深得年长学者、教授喜欢。编委会的一项重要工作就是出主意——选题并物色作者，另外就是审稿，戴逸对此从不推辞。

对于戴逸先生在《中国历史小丛书》编委会里的工作，《中国历史小丛书》办公室的王代文先生在其回忆中触及一笔，现摘录如下："《中国历史小丛书》同中华书局出版的'二十四史'、《资治通鉴》等大部头书相比，好似宴席之前的一个拼盘。但是，拼盘好配，众口难调。它的读者对象是初中乃至高小文化水平以上的广大历史爱好者。其内容要求通俗易懂，生动活泼，一万多字或两万多字说明一个主题。实际上，要做到这一点并不那么容易。有些专家学者，能写出很好的大块文章，却不善于写这种通俗易懂的小册子。自然也有例外的，如小丛书的几位编委写的《徐霞客》《李贽》《北洋海军》及某些熟悉通俗历史读物特点的作者，拿出来的都是成品，编辑部稍加技术处理即可发稿。但是，就大多数稿件来说，都达不到发稿要求。"[1]

王代文所书小丛书《徐霞客》作者为侯仁之[2]先生，曾担任北大副教务长，著名

---

① 王代文：《回忆〈中国历史小丛书〉》，见《回忆中华书局》（下编），中华书局，1987 年。

② 侯仁之（1911—2013），生于河北枣强县，籍贯山东恩县，著名历史地理学家，中科院院士，曾任北京大学副教务长。

历史地理学家，中科院院士；《李贽》作者为邱汉生 ① 先生，是中国史学界侯外庐 ② 学派创建人之一，著有《中国思想通史》等；《北洋海军》的作者为戴逸，戴比侯先生小15 岁，比邱先生小 14 岁，可谓少壮派。如王代文所述，《中国历史小丛书》虽然是通俗读物，但要做到有知识性、趣味性而不失历史真实，文字生动活泼，这是很难的，在"文化大革命"前，小丛书出版了 147 本，王代文在回忆文章中仅列举了 3 例，足见戴逸在当时的功力已显不薄了。

北京市历史学会与中国史学会不同，中国历史学会是机构的架构在先，开展活动即编纂《中国近代史资料丛刊》在后；北京市历史学会则开展活动即编纂出版《中国历史小丛书》在前，机构的架构在后。吴晗认为，《中国历史小丛书》的编辑出版，为北京市历史学会的筹建做了很好的前期准备工作，于是，在 1960 年 12 月 24 日，水到渠成地建起了北京市历史学会，吴晗任会长（一届、二届），接任吴晗的是白寿彝，任第三届会长，第四、五届会长是戴逸……戴逸加入北京市历史学会时，任常务理事，兼中国近代史专业小组组长。类似的专业机构共有 10 个，如中国古代史、中国现代史、世界古代史、世界近代史、世界现代史、中学历史教学、文博、民族史、史学理论与史学史等，办事机构为学会秘书处，主持学会会务工作的是每 3 年举行一次的会员代表大会选举产生的常务理事会。"文化大革命"期间，北京市历史学会停止了活动；"文革"结束后戴逸连任了两届会长，此后他改任中国史学会会长。

有的读者朋友可能对学会、协会工作会产生兴趣，认为会长、理事长会很风光，学者会一呼百应，等等。其实，这完全是由类似孩子价值观产生的不正确想法。史学会是一个社会公众学术团体，没有一丝一毫的官本位概念，其领导人的要求是要具有学术素养、水平，要有领导、组织能力，要有服务奉献精神，等等。以北京市历史学会为例，其任务是：组织学会会员开展学术研究和学术交流活动；普及历史知识；开展历史教学经验交流；编印学会主持的学术研究成果和有关出版物；等等。以组织编

① 邱汉生（1912—1992），江苏海门人，1932 年毕业于上海大夏大学国文系，著有《中国思想通史》等，侯外庐学派创建人之一。

② 侯外庐（1903—1987），山西平遥人，1922 年分别考入北京政法大学和北京师范大学，后留学法国，曾任哈尔滨政法大学、北平大学、北师大教授，新中国成立后任北师大历史系主任、西北大学校长、社科院历史所所长等职。在史学界，侯外庐与郭沫若、范文澜、吴振羽、翦伯赞并称"五老"，都是中国马克思主义史学的开拓者。侯外庐倡导的对经济思想、社会思想、文化思想、哲学思想进行全方位综合研究的中国思想史研究方法体系，被人称为侯外庐学派。

写的主要出版物为例，除《中国历史小丛书》在社会上享有广泛的声誉外，还有《外国历史小丛书》《吴晗文集》《吴晗史学论著选集》《人类历史的进程》《中国现代史教学大纲》《北平抗日斗争史》《历史学百年》《郑和研究百年论文选》等。

对北京市史学会和中国史学会的工作，戴逸先生是乐此不疲的。那时，中国人民大学清史研究所正在紧锣密鼓地草创，戴先生还兼任中国人民大学历史系主任，工作之繁忙、紧张是可想而知的。有一次，为帮助一位中学历史教师上一堂公开课，他不辞辛劳地亲自参与策划，帮助写教案，乃至亲临试讲现场做指导，使人备受感动、教益。举轻若重，仔细认真，这种几十年如一日的教学、工作态度，在学会工作中也是一以贯之的。

两论"清官"

如果说戴逸于 1959 年在《人民日报》发表《评〈中国近代史资料丛刊〉》是其面对多位泰斗级编委主持的编纂成果敢于秉笔直书从而使史学界人士为之侧目的话，那么 1964 年他在《人民日报》以笔名星宇发表的史学评论《论"清官"》[①]，则是在当时极为尖锐复杂的政治形势下发挥史学古为今用、针砭时弊、不畏邪恶、敢于担当的扛鼎之作。正是这篇力作，奠定了戴逸在中国当代史学论坛上的地位。

要说戴逸撰写《论"清官"》的经历，得从 1959 年党中央的庐山会议说起。

1959 年 7 月 2 日至 8 月 1 日和 8 月 2 日至 16 日，中共中央在江西庐州召开了中共中央政治局扩大会议和中共八届八中全会，史称庐山会议。这次会议的原定议题是总结经验教训，调整指标，继续纠正"左"倾错误。然而，在会议进程中，彭德怀向毛泽东递交了一封信，是针对当时客观存在的从 1958 年以来出现的"左"倾错误及其经验教训的意见。由此，会议从纠"左"转向反右，在讨论中与彭德怀持相同观点的黄克诚、张闻天、周小舟被打成以彭德怀为首的反党集团并在全会上做出了决议（其摘要在《人民日报》全文刊登）。此后，全党开展了持久

---

① 星宇（戴逸）：《论"清官"》，《人民日报》1964 年 5 月 27 日。又见《戴逸自选集》，学习出版社，2007 年，第 22-39 页。

的反对右倾机会主义的斗争。

戴逸在纪念吴晗的文章中说，从1959年起，"吴晗同志根据中央负责同志的建议响应毛主席发出的要学习海瑞刚直不阿精神的号召，写了《海瑞骂皇帝》《论海瑞》和历史剧《海瑞罢官》。这些文章和作品的内容基本上是正确的，博得了广大群众的赞扬"①。

然而，就在吴晗应召写作海瑞系列文稿时，中国的政局进入了一个非常时期。一方面，毛泽东要求各级干部学习海瑞，刚正不阿，敢于直面现实中的矛盾和问题，另一方面又要高举"三面红旗"②，丝毫不允许人们对其产生动摇、非议，否则一律予以戴上"右倾机会主义分子"帽子进行批判、审查；再加中苏交恶，中共中央以《人民日报》和《红旗》编辑部的名义，相继发表9篇评论苏共中央公开信的文章，中苏友好形势不再；同时，频发的自然灾害更加重了全国老百姓的深重苦难……在如此复杂多变的政治情势下，毛泽东号召要学习的清官海瑞，在当时理论家、史学家的笔下究竟是什么形象，是颇费周章的。

正是面对这样繁复的理论态势，戴逸对当时"清官"的评价做出如此概括："目前，学术界对'清官'的评价很不一致。有的同志强调'清官'所作所为有利于人民，称'清官'是'人民的救星'，'代表着人民的利益和要求'，在封建社会里是人民的最高理想，等等，也有的同志认为，'清官'的作用'只是为了消除和缓和人民的革命斗争……这种人在历史上起的作用是反动的，没有什么值得赞扬'。这两种截然相反的评价，究竟有多少根据？"③

是时，中共中央宣传部理论局根据上级领导指示，决定从中国科学院哲学社会科学部（现中国社会科学院前身）和高等院校调集20来名历史科学工作者集中住在香山，进行一项研究，人员要求是文笔好，有理论根基，拟花一段时间边研究、边撰写一批理论文章，以此正本清源，逐步纠正当时思想理论界的混乱现实。时间是1963年初夏时分。

---

① 戴逸：《从爱国的民主主义者转变为共产主义者的光明大道——纪念吴晗同志》，见《皓首学术随笔·戴逸卷》，中华书局，2006年，第146页。

② "三面红旗"：鼓足干劲、力争上游，多快好省地建设社会主义的总路线；大干快上的"大跃进"；"一大二公"——规模大、公有化程度高的人民公社。

③ 星宇（戴逸）：《论"清官"》，《人民日报》1964年5月27日。又见《戴逸自选集》，学习出版社，2007年，第22页。

戴逸虽然进入中共中央宣传部的调集名单，但他不能擅自前往，因为他肩负着教学的重担，而学校主持工作的郭影秋（常务副校长、党委书记）已经到任，但戴逸与郭影秋尚未谋面过呢！

戴逸清楚地记得，那一天他在范文澜先生那里开一个重要会议，会后他向范老汇报了应召要去香山从事一项研究的事，范老让他赶快去找郭校长，并说郭校长是很好说话的，丝毫没一点架子。果不其然，郭影秋校长与戴逸虽初次见面，却很投缘，一见如故，不仅立马同意了戴逸的请求，帮他安排了接替讲课的教师，还询问、交谈了学校多方面的工作，并让戴逸考虑在人大创建历史系、研究所并办出特色等诸多问题，使戴逸既备受教益、鼓舞，又为郭校长初来乍到就对学校深有了解且善待晚辈和深入的工作作风深深感动。

这一天清早，戴逸在铁狮子胡同一号院打点完毕后，带上简单的行装和有关书籍、资料，搭上公共汽车，又转一次车，到达西直门。这时的西直门城楼已荡然无存。戴逸步行到西直门外，搭上 32 路公交车，要花一小时才到颐和园；再到北宫门换车到香山，而后步行到研究组集中、工作的地方即一座旧式的香山别墅时，已是中午时分了。好在此时的戴逸年轻力壮、身体好，如此奔波折腾不算啥，饭后也不休息，依旧埋头读书……

就在此时，随着戴逸宿舍门上"咚，咚，咚"三响和戴的"请进"之声刚完——似是奇迹发生了：他乡遇故知！居然亦师亦友的黎澍[1]先生来看望戴逸，让戴逸真可谓大喜过望！戴逸紧握黎澍先生的手，惊喜地问："先生，你怎么也来了？"素有儒雅风度、很少与人开玩笑的黎澍先生竟说："你总不会也过了河来就拆桥吧！你来这里还是我推荐的呢！"原来，黎澍先生是这个研究项目组的负责人，这组里的 20 来名成员不仅与黎先生熟识，而且相互之间也不陌生，甚至都是朋友，这使得戴逸更是有喜上加喜之感。

作为研究项目组负责人的黎澍先生，虽然不是事必躬亲，但每周都要有两到三次亲临现场，与大家讨论项目、选题，共研资料选择，甚至论文的题目、纲要他都毫

---

[1] 黎澍（1912—1988），湖南醴陵人，曾就读于北平大学，1936 年加入中国共产党，1947—1948年任香港新华通讯社总编辑，1950 年任中共中央宣传部秘书室主任，1955 年起任中共中央政研室历史组组长 5 年，1961 年任《历史研究》主编、中国科学院近代史研究所副所长，1980 年任《中国社会科学》杂志总编辑，曾任六届全国政协委员、中国现代史学会会长等。

无保留地贡献自己的智慧和力量。所以，戴逸回忆，从事这个课题的研究过程中有近半年的时间在黎澍先生的直接领导下工作，他平易近人、对下级关心、热情、极富爱心的长者之风使其一直难于忘怀。黎澍家住沙滩中宣部宿舍，离戴逸在铁狮子胡同一号院的宿舍不远，只要时间对路，戴逸就搭黎澍的小车前往香山。有一次，在戴逸搭黎澍先生的小车从城里开往香山时，发现路上躺着一个妇女在呻吟，旁边一个小孩在哭泣。黎澍先生赶忙请司机师傅把车停下，他径直前往询问。原来那位妇女是带着孩子往邻村走亲戚的，不料在路上突然发病倒下了。黎澍先生问明情况后，急忙让司机师傅将病人和孩子送往附近医院，并叫师傅想办法通知病人家属。他把事情交代完毕，又与戴逸步行到汽车站，乘坐公交车前往香山参加会议。在戴逸看来，黎澍先生的这一件小事似乎与他写作《论"清官"》没有一点关系，可是，嘴巴上说要学"清官"，要关心人民群众的疾苦，对高级干部来说，难道只是说说而已？黎澍先生这种急公好义和对素不相识的病难者济难扶危的精神，不正是真正的共产党人应有的起码品格吗？

就这样，戴逸他们的研究项目组在黎澍先生的领导下按部就班地向前推进了。

对需要进行分析、讨论、辩证的观点、看法，黎澍先生认为有关新闻单位所做的综述报告已很清楚、清晰，不必再劳神费力了，问题是：为了体现学术讨论的民主精神，引文时不要指名道姓，更不要上纲上线……

戴逸按既定的研究方法入手，大量地通读历史著作，掌握第一手史料，列出的问题是：中国历史上到底有没有清官？如果有清官，清官的内涵、边界何在？清官如何执法？清官与皇帝、宫廷大臣的关系如何维系？清官在处理贪官污吏中会出现什么普遍性问题？清官与一般老百姓的关系会出现什么特质问题？等等。戴逸先生曾告诉笔者其读书的一个重要诀窍：按需要将探求的问题分类做"长编"。即读书笔记的卡片，而所谓的卡片是既有原始材料的完整记录，包括脚注，关键是把自己的见解与材料融会一体，形成完整的短文，即"长编"，以备随时录用。

戴逸为撰写《论"清官"》，前后研读的史料有《史记》的《酷吏列传》、朱熹的《五朝名臣言行录》、《元史》的《良吏传》、《海瑞集》（上、下册）、《明洪武实录》、何良俊著《四友斋丛说》、沈德符著《万历野获编》等。

在山雨欲来风满楼之际写就的《论"清官"》，可谓当代史学评论经典。在当时那种严峻的政治形势下，戴逸是如何撰写这一评论的？

《论"清官"》在正文开头就引经据典地列数了多位"清官",如西汉的郅都、北宋的包拯、元朝的耶律伯坚、明朝的海瑞等的种种刚直不阿,使豪强地主为之畏忌的特点,这不能不引人发问:在整个封建官场的滔滔浊流中,何以出现了少数"清官"的"美德嘉行"?这种"美德嘉行"具有什么性质?他们为什么要这么做?有什么意义?——这正是广大读者最为关心的,抓住这些问题,就抓住了读者的心!

评论指出,要理解"清官"的思想、性格和行为,就不能不把这一政治现象和当时的整个阶级斗争,以及封建政治统治的形式联系起来考察。

接着,评论运用历史唯物论的基本原理勾勒了封建社会所有统治阶级为维持其统治秩序都要制定一套法律规范体系的场景,而统治阶级希望从劳动人民身上尽可能地榨取掠夺贡物的界限,是受社会生产力的发展水平和人民群众反抗斗争可容程度决定的,法律规范体系的规定就是不过分超越这个界限的统治权利。评论引用马克思在《资本论》中的论述,使文章更具理论风采:"在这里,和在到处一样,社会的统治阶级的利害关系,总是要使现状,当作法律,成为神圣不可侵犯的,并且要把它的由习惯和传统而固定化的各种限制,当作法律的限制固定下来。"法定的剥削权利之所以要某些限制,恰恰是为了能够经常持久地保障这种权利,这符合传统统治阶级的长远需要。

评论从封建社会农民群众与封建剥削特权、封建法律体系的利益关系和斗争实质出发,指出地主阶级贪婪的本性使其不会满足于享用法定权利,必然千方百计地越过法律界限,进行不法活动,追求集团和个人的特殊权利。这就使封建剥削权利分裂为法定的权利和法外的权利(或称习惯权利),二者相互依存又相互对立。评论引用马克思关于法定权利和习惯权利本质的两段精辟论述,对二者做了有力的理论引证。

评论之所以要揭示封建社会"法定权利"和"习惯权利"的本质特征及相互关系,是因为这对矛盾在封建社会里贯彻始终。只有在这对矛盾基础上,才能理解"清官"在打压豪强地主和夺取"习惯权利"方面种种行为的实际意义。

如果把史评《论"清官"》比拟为一栋别致的小楼的话,则其揭示的封建社会"法定权利"和"习惯权利"的本质特征及相互关系则是这楼房的坚实基础,其后的论述都是构筑在此基础之上的。

在史评主体第二部分,评论指出:"'清官',按其本质来说,就是地主阶级中维护法定权利的代表之一。""清官"对豪强权贵的斗争，对人民群众苦难的同情，以及其思想、性格、才能、作风等有各不相同的特征，但维护封建的法定权利是"清官"们所共有的本质特点之一。

评论首先列举了"清官"海瑞（时任明应天府巡抚）迫使徐阶退田这一则脍炙人口的"压抑豪强"的佳话。其历史背景是这样的：明松江府华亭县人徐阶，在嘉靖朝（1522—1566）后期至隆庆朝（1567—1572）初年任内阁首辅。其在嘉靖帝朱厚熜时扳倒奸相严嵩，并将严嵩之子严世蕃送上不归路，可谓权倾朝野，炙手可热。然以徐阶及其两子为代表的江南大地主，巧取豪夺，大量兼并土地，占地达 24 万亩之多。大规模的土地兼并必然迫使农民破产、死亡或起而反抗，势必严重威胁地主阶级的全盘统治。封建统治陷于这种不可克服的矛盾之中，必须进行某种自我调节，才能延续其政权的存在，而海瑞和其他"清官"一样，就是这种自觉或不自觉地充当着封建统治自我调节的工具。

评论在评述海瑞作为时写道："他在《复李石麓①阁老》的信中说得很清楚：'存翁近为群小所苦太甚，产业之多，令人骇异，亦自取也。若不退之过半，民风刁险可得而止之耶！为富不仁，有损无益……区区欲存翁退产过半，为此公百年后得安静计也。'②退田的目的是防止"民风刁险"，退田斗争也只能以"退产过半"为限度，"清官"的阶级性格决定了他们的步伐只能跨出这么远……有人把这种斗争描写成仿佛是站在人民立场上的反封建斗争，这是完全不正确的。

"清官"们反对不法的习惯权利，正是为了保障法定的剥削权利。如果法定权利被豪强权贵突破，"清官"们固然会起而反对；而法定权利遭到起义农民的破坏，他们也会毫不犹豫地凭借军事力量把革命农民纳入血泊之中。评论以家喻户晓的"清官"包拯为例，说当小规模的农民起义发生时，就主张严厉镇压。包拯说："无谓邾小，蜂虿有毒。……虽乌合啸聚，莫能久长，而生灵涂炭矣，则国家将何道而猝安之？况且今国用窘急，民心危惧，凡盗贼若不即时诛灭，万一无赖之辈相应而起，胡可止焉！……应有盗贼，不以多少远近，并须捕捉净尽，免成后害。或小涉弛慢，并

---

① 李石麓，江苏兴化人，嘉靖年间状元及第，因撰青词（道教举行斋醮时献给上天的奏章祝文，嘉靖皇帝信奉道教）而升宰辅。

② 海瑞：《海瑞集》（下册），中华书局，1962 年，第 431 页。

乞重行朝典。"① 这种态度距离当今有人称之为"人民的立场""人民的利益""人民的救星"是何等遥远!

"清官"与豪强权贵不法的习惯权利的斗争与封建社会之中不同权贵派系及其代言人之间的争斗即所谓"党争"是什么关系? 这是评论关注的又一问题。评论指出: 维护封建的法定剥削权利,这是"清官"的共性。但是,在封建王朝的升沉隆替和阶级斗争的不同时期,"清官"在漫长历史的进程中所表现的形态和所发挥的作用是不同的。当大规模的农民战争过去之后,新的封建王朝刚兴起,因地主阶级的势力受到重创,其习惯剥削权利受到较大限制,如明太祖朱元璋就如此告诫各地的地方官员: "天下初定,百姓财力俱困,譬如初飞之鸟,不可拔其羽,新植之木,不可摇其根,要在安养生息之。惟廉者能约己而利人……尔等当深戒之。"② 如此政治上比较安定的时期,会出现一批"清官",成为"好皇帝"的助手和工具。当封建王朝由盛转衰时,作为社会矛盾逐步尖锐化产物的"清官",在君主权威衰落之中不得不相对独立地担负起支撑局部统治局面的责任,其改革弊政、平反冤狱、减轻赋税、赈济灾荒、约束豪强权贵的不法行为,无非是为了抑制决堤而出的习惯权利的逆流狂澜,以缓和人民的反抗,延续王朝统治的生存寿命。由于其要执行的任务与其拥有的权利很不相称,只得以"刚正""严厉",敢于任事和敢于忍怨等个人特点来弥补,如人所共知的包拯、海瑞都属这种类型。

值得引起重视的是,评论见微知著地告诫人们,对历史上的"清官"及"清官"现象重要的是进行分析,而不要犯否定一切甚至走极端的错误。对此,《论"清官"》这样表述: "有的同志不分析各个时期的'清官',笼统地一概否定,甚至以为'清官'比豪强权贵还要坏一些。这些同志的逻辑是这样的: 豪强权贵的残暴行为引起人民的反抗,'清官'反对豪强权贵的暴行只是为了消除和缓和人民的革命斗争;如果消除斗争、灭绝斗争,历史就不会取得任何进步。因此,'清官'的所作所为应该完全否定。这些同志几乎把任何暴行都当作了进步的源泉。"③ 评论在此批评的观点,即"'清官'比贪官更反动"的观点,就是文痞姚文元那篇臭名昭著的《评新编历史剧〈海瑞

---

① 张田:《包拯集》,中华书局,1963 年,第 58 页。
② 《明洪武实录》卷二五,第 18 页。
③ 戴逸:《论"清官"》,《人民日报》1964 年 5 月 27 日。又见《戴逸自选集》,学习出版社,2007 年,第 36 页。

罢官〉》的理论基础。

树欲静而风不止。评论指出:"个别'清官'挽救没落王朝的企图失败了,他们退出了历史舞台。但是,统治阶级的内部斗争还在继续下去,并且愈演愈烈。大规模的党争开始出现了。如东汉的党锢,唐朝的牛李之争,宋朝的元祐党人,明朝的东林党人,清朝的前后清流。这些党争是统治阶级内部各种矛盾的集中爆发。"[①] 评论说,这些党争每次都有各不相同的背景和意义,但党争中不当权的一方总是以"清官"的姿态出现(而实际上党争的双方都有许多贪赃枉法者参加在内),并在反暴政反贪赃的旗号下攻击对方。采取公开对抗的大规模党争显示了封建王朝最后阶段的分崩离析,其结果每每都免不了一场恐怖的屠杀,内部的反对派埋葬了,从而也为外部反对派即如急风暴雨的农民起义准备好了条件。

总而言之,"清官是地主阶级中维护法定权利的代表,他反对豪强权贵追求法外权利,无限制地进行剥削。清官在一定程度上同情人民群众,减轻他们的苦难,缓和了阶级矛盾,但它本质上还是为了维护封建统治"[②],"笼统地肯定和笼统地否定都是不对的。只有用马克思主义观点,结合各个时期阶级斗争的形势进行具体分析,才能够给这一历史现象做出恰如其分的评价"[③]。

这就是戴逸对中国历史上的"清官"及其"清官现象"的分析和结论。

一年之后的 1965 年 11 月 10 日,上海《文汇报》发表了姚文元的长篇评论:《评新编历史剧〈海瑞罢官〉》。

姚文元的这篇评论,不啻在中国社会尤其在政坛及关心中国命运的知识分子中扔了一颗巨型炸弹! 江青在"文革"初期四处扬扬自得地吹嘘如何与姚文元、张春桥不辞劳苦地炮制这篇巨著,如何如何保密,如何如何送审,北京方面不转载又如何决定出小册子,弄得高官们寝食不安,等等,现在已经明白:姚文元的这篇评论,实际上是"文化大革命"由此揭开了序幕!

1965 年 11 月中旬的一天,戴逸接到由校办转告的通知,说是赶快去中宣

① 戴逸:《论"清官"》,《人民日报》1964 年 5 月 27 日。又见《"学习"理论文库·戴逸自选集》,学习出版社,2007 年,第 37 页。

② 戴逸:《我的学术生涯》,见《当代学者自选文库·戴逸卷》,安徽教育出版社,1999 年。又见《皓首学术随笔·戴逸卷》,中华书局,2006 年,第 187 页。

③ 戴逸:《论"清官"》,《人民日报》1964 年 5 月 27 日。又见《戴逸自选集》,学习出版社,2007 年,第 39 页。

部，有急事！到了位于沙滩的中宣部，有关人员告诉戴逸，周扬副部长说他对星宇在《人民日报》发表的文章印象深刻，现在要写一篇评吴晗《海瑞罢官》的文章，请星宇来与另几位同志一起写。他们是到《人民日报》去查询之后才找到戴逸的，云云。等到请来的人凑齐了，大家一见，都是熟人：龚育之 ①、邢贲思 ②、林甘泉 ③、戴逸。

这4个人在当时可谓根基深厚、知识渊博、功力到家的少壮派笔杆子。对于写这篇文章，形势之严峻，时间之短促，要求之严苛，大家都心中有数，不言自明。讨论时局、形势，研读分析资料，讨论了推翻，推翻了再讨论，方案变了五六个，最后逐步明晰了：写一篇学术争鸣性的理论文章。题目是：

《〈海瑞罢官〉代表一种什么社会思潮？》

评论分为四个部分：

(1) 把"清官"海瑞说成农民"救星"是根本违反马克思主义的；

(2) "清官"海瑞是封建阶级专政的工具，是封建法律的维护者；

(3) 封建统治者对"清官"的歌颂是麻醉人民的精神鸦片烟；

(4) 借古非今的反社会主义思潮的一个代表作。

评论署名是：方求

完稿日期：1965 年 12 月 26 日

后记：这篇文章完稿后，我们读到了吴晗同志在《北京日报》上发表的《关于〈海瑞罢官〉的自我批评》。我们准备在详细研究吴晗同志的这篇文章后，和学术界的同志们一道，进一步同他进行讨论。

作者　1965 年 12 月 28 日

---

① 龚育之（1929—2007），湖南湘潭人，著名马克思主义理论家、教育家，曾任中共中央文献研究室副主任、中宣部副部长、中央党校副校长等职。

② 邢贲思（1930—　），生于杭州，1953 年在中央马列学院深造，1982 年任社科院哲学所所长，曾任中央党校副校长、《求是》杂志总编辑等。

③ 林甘泉（1931—2017），福建石狮人，曾任社科院历史研究所所长、社科院学部委员等，系中国当代著名的马克思主义史学家、古代经济史学家、秦汉史学家。

　　此文后于 1965 年 12 月 29 日发表于《人民日报》。

　　戴逸先生在接受笔者采访时说，当时大家讨论后认为写作的初衷就是一篇学术争论的文章，也可说是再论"清官"，文中关于清官的问题的论述采用了星宇的观点，文章基本上是站得住脚的，但第四部分也烙有时代的印记。可是，就是这篇求方的文章后来被"四人帮"认为是陆定一、周扬为了抢夺"文化大革命"的旗帜而写的，是对吴晗的假批判、真包庇等等，不一而足。

第六章　梦醒时分抱初心

老子名言"祸兮福之所倚，福兮祸之所伏"，对戴逸来说，可谓滚瓜烂熟，他在读初中时就烂熟于心了。

对"祸福相依"之论烂熟于心，就能应对人生之危局吗？

"纸上得来终觉浅，绝知此事要躬行。"

他可是福星高照的幸运之人。在他参加革命前的1948年，被国民党特警抓进北平中南海遭受审讯时，校长胡适的保函送到，当庭释放，取保候审，又被地下党派人护送至河北正定的华北大学，研究生毕业后留校任教，从此平步青云。

作为中国革命史教育家胡华先生的学生和助手，戴逸的一项任务是在胡华面对数百上千学生授课时，在黑板上对专有名词、难懂语句做板书。他无声无息、个子细长、眉清目秀、字体飘逸潇洒，竟有校花献投芳心，喜结连理。

任教一年，竟有《中国抗战史演义》问世。

《人民日报》总编辑邓拓请他撰写长文批判美帝国主义。

作为一个讲师，竟接任原由教授讲授的研究生班的"中国近代史"课程……老校长吴玉章对他的为人和文章喜爱有加，请其作为自己的学术秘书，记录、整理、撰写人生历程。

1956年，他的职称是中国史学界最年轻的副教授。

1958年，他出席万众瞩目的全国群英会。

1959年，中国出版界执牛耳者人民出版社出版他的第一部史学著作《中国近代史稿》（第一册），他的第一篇史学评论——对中国史学会一批泰斗主持，总规模达2000多万字的《中国近代史资料丛刊》予以评价之作《评〈中国近代史资料丛刊〉》在党中央机关报《人民日报》刊发。

1962 年，在按高教部部署的评审中，他被评为正教授，报到国务院，答复是：毛主席决定，今后军队不再评定军衔，科研院所、高等院校不再评定职称。

1964 年，他的史学评论《论"清官"》在《人民日报》发表，被人誉为史评经典，连中宣部副部长周扬都为之首肯。

天有不测风云，人有旦夕祸福，果真如此吗？

1966 年夏，"文革"爆发。

顺风，顺水，扶摇直上的戴逸，这位新中国自己培养的青年史学家，能躲过这一劫吗？

温柔乡梦

在缠绵的爱情世界里，就国外而论，是罗密欧与朱丽叶为爱情而以死抗争世代相传家族的情话，赚足了近代多少青年男女的眼泪；就中国而言，是梁山伯和祝英台的纯真爱情，乃至以死化蝶追逐爱人的动人故事，令当今青年男女欲罢不能。

但令人遗憾的是，这两个中外名篇的结局都是悲剧，都是生不能互结连理，死才能成婚相配，这对现实生活中追逐炽烈爱情的人来说实在是不能解渴，缺少了现实意义。

本书传主戴逸与其夫人刘炎的温柔乡之梦，可谓现实版的至臻完满的传奇故事。

就在戴逸风风火火地从北京大学奔赴正定华北大学之际，似乎冥冥中有一位貌美、高贵、优雅、娴熟的北京妞正在等候着他，这个女孩就是刘炎。

刘炎，何许人也？

1928 年 11 月 5 日，隆冬时分，家居北平西单兴隆大院的刘士奇宅第，主妇为刘公终于生下了一个日夜盼望的女儿！刘士奇此前已有了 3 个儿子，渴望有一贴心的小棉袄，今得遂愿，喜笑颜开地给女儿取名为炎，诚望小女为刘宅再好好添两把火也！

刘士奇系河北乐亭县人，与李大钊同庚、同乡，又同年（1907）一起考入天津北洋法政专门学校。当 1913 年两人毕业时，李大钊入东京早稻田大学政治本科继续深造，回国后在北京大学任教并成为新文化运动的旗手，与陈独秀共同筹建中国共产党，成为中国共产主义事业的先驱；而刘士奇则赴德留学，回国后入仕民国政坛，先后在东北、武汉从政，据说其在襄阳 1931 年发大水时，主政抗洪有功，民众曾为他勒石记事。在卢沟桥事变爆发前，刘士奇任北平高等法院院长。日寇占领北平后，刘士奇闭门谢客，不问政事，也拒绝与外界来往。当中国人民解放军解放天津，兵临北平城下之际，刘士奇花资在西城买下西口袋胡同 25 号一个独家小院，新中国成立后更是深居简出，过着离群索居的生活。

戴逸的几个孩子对刘士奇的平静十分好奇，曾经议论过，并向新中国成立前就在刘仁手下以辅仁大学学生为掩护从事学生运动的三舅鲁毅（1948 年搬离北平，进入解放区时用的化名）讨教过，鲁毅说可能有三点：一是 1927 年 4 月 28 日李大钊由奉系军阀张作霖下令在西交民巷京师看守所内被绞杀后，李大钊的生前好友、北京大学教授梁漱溟到李大钊灵柩停放处南城长椿寺查看过，发现装殓李大钊遗体的棺木很薄，于是经李夫人赵纫兰决定，由李大钊生前好友募捐筹资，重新装殓了李大钊，而刘士奇是李大钊的同乡、同学、好友，在这件事中起了一定的作用；二是在其任职过程中，可能没有直接与共产党发生冲突；三是一子、一女投身了革命。而究竟是什么原因让事情得到平静，连刘士奇的儿子都不清楚。戴逸在准备与刘炎结婚时，曾向中国人民大学有关领导部门书面报告过刘士奇的情况，领导部门经过调查，认为没有问题，同意他俩结婚。刘士奇是在 20 世纪 50 年代中期病故的。

与其说刘炎出生在一个官宦人家，不如说她出生于一个高级知识分子之家。作为三男一女之独女，刘炎深得父母宠爱，但爱之有度，决不溺爱，因此刘炎没有娇纵的毛病。作为三兄一妹之小妹，刘炎又深得三位兄长的关爱，尤其受三哥即新中国成立后担任刘仁秘书鲁毅的眷顾。因为鲁毅与刘炎年龄仅差两岁，从幼儿园、小学、初中、高中几乎是紧跟相随着的：鲁毅考入辅仁大学读经济，刘炎考入燕京大学读哲学；鲁毅加入地下的中国共产党，刘炎不久后也成了中共党员；鲁毅是时受命于中共晋察冀中央分局，刘炎竟四处张罗在北平购买药品，并想尽各种办法给解放区偷运出去；在北平处于黑云压城城欲摧的危急关头，鲁毅奉命撤离北平，而刘炎则亦在地下党的安排下辗转奔赴了河北正定的华北大学，分配在二部读正规大学本科……

托尔斯泰云：愉悦的家庭都是相似的，不幸的家庭各有各的不幸。戴逸与刘炎之家是中国人民大学铁狮子胡同一号院即现张自忠路三号家属院里闻名的愉悦之家、和谐之家、幸福之家、美满之家。愉悦、和谐、幸福、美满的标志之一是当几个孩子老大戴寅、老二戴琛、老三戴珂（女儿）、老四戴玮都已经大学乃至研究生毕业，结婚成家，都带着各自的配偶和孩子回家来探望二老，在刘炎以一桌丰盛的饭菜让大家酒足饭饱之后，特别是有三舅鲁毅或戴逸先生最熟的学生、中国人民大学校长李文海[①]等在场的时候，二老的4个孩子特别口无遮拦、心直口快，花花点子最多的戴琛每每出点子起哄：要父母"坦白""交代"当年的恋爱故事，而且百听不厌。

在笔者为撰写本传而无数次地采访戴逸先生的过程中，"戴刘之恋"虽然极为诱人，且风闻了不少浪漫故事，但因戴逸先生年事已高，清史总纂是何等繁重辛苦的重大任务，况且刘炎先生已于2012年仙逝，这是戴先生心中不解之痛，晚辈岂能再挖这一伤疤？然而，这又是不能短缺的链条之环。为此，戴寅、戴珂、戴玮、廖京生、武林薇诸兄妹应约集体接受采访，由此解开了新中国成立初期轰动刚进京城的人民大学的"戴刘之恋"谜局。

话说1948年初秋刘炎进入位于河北正定的华北大学读本科班（二部）时，其大家闺秀、端庄漂亮、气质优雅、能歌善舞、魅力十足的本性展露无遗。参加革命并不是入列苦行僧的队伍，革命不妨碍谈恋爱，刘炎在华北大学读书，犹如百花园中飞进了一只翩翩起舞的美丽蝴蝶。多少貌美、英俊、潇洒小伙乃至油头粉面、西装笔挺的所谓追求革命的时髦小开（少数不穿统一灰色制服的纨绔子弟）群起而追求刘炎，不料刘炎如冷美人一般，一概不予理睬。时间稍微一长，青年革命者追求真理的火热生活，又渐趋正常了。

这时又在刘炎身上发生了一件事情，足见其超凡脱俗的品格和个性。学校三部（文艺部）亦称文工团来了一位已在北平文化界颇有造诣的话剧名人蓝天野，正招兵买马组建话剧团。刘炎所在的这队同学包括老师发现刘炎面相姣好，身材虽然不算高（约160厘米），但也不矮了，而且能歌善舞，都建议她去一试。刘炎拗不过大家的鼓噪，便去蓝天野那里一试。不料蓝天野一见面，没交谈多久，便决定收留刘炎了。但刘炎回队后，经过一夜辗转反侧的不眠思考，最后回绝了蓝天野的挽留，因为她认定吃青春饭不是她投奔正定的初衷。要是吃艺术的青春饭，她当年便不会报考燕京大学

---

① 李文海（1932—2013），江苏无锡人，中共党员，1955年入中国人民大学近代史研究生班读书，曾任中国人民大学党委书记、校长，中国共产党第十四大、十五大代表，第十四届中纪委委员，第九届全国人大代表，中国史学会会长。作为著名历史学家，是清史纂修的主要推动者之一。

哲学系了，她希望自己走搞学问的道路。刘炎毅然放弃跟随蓝天野从艺之举，在刘炎所在区队引起了轩然大波，说其是"傻妞"的不少，更多人劝她收回成命，催促她走上从艺之路。然而刘炎不理不睬，依然执着地走追求学问之路。直至后来，人们才恍然大悟：她是在等待她心目中的白马王子啊！——戴逸出现了！

对于上述关乎刘炎"弃艺从文"之议，不免有些褒贬之嫌，刘炎先生的姑爷——影视演艺圈以高冷法官形象闻名的廖京生持有不同看法，他说，岳母弃艺从文是人各有志，什么"青春饭"等的议论事实上有失偏颇，岳母与岳父的结合，可谓南北珠联璧合，乃为缘分；如果从艺，他认为凭其天赋，岳母可能会成为相当不错的艺术家。她在80岁生日办完祝贺寿宴后一展歌喉，一首《渔光曲》，底气十足，震撼人心，不同凡响，博得满堂喝彩！如果她从艺了，难道就不会与岳父相遇并结合了？

在集体采访中，对京生的高论，老大戴寅说："仁者见仁，智者见智，不争论了！"

"戴刘之恋"的白描，线条如次：

戴逸在华北大学一部培训结束，在填报志愿时，心无旁骛地赫然写了4个字："历史研究。"1948年底，戴逸被分配到一部政治研究室革命史教研组工作，担任组长、中国革命史专家胡华先生的助手（后来又成为胡华的研究生）。任务是：收集、整理、研究史料，为写稿、写书做准备；在胡华为数百人、上千人授课时，戴逸与胡华另一助手彦奇在黑板上板书党史中的人名、地名、事件，彦奇和戴逸即在华北大学被人戏称为"哼哈二将"。胡华是浙江宁波奉化人，虽然参加革命多年，但他的口音俗称蓝青官话，听课人难懂。彦奇是北方人，对胡华的话也把握不准。而戴逸的口音常熟腔与胡华宁波腔同属吴语语系，读初中又在上海，上海的口音很大一部分是宁波口音，因而戴逸一是能谙熟胡华讲课词语词意，再加板书字体工整、潇洒、飘逸，因而胡华先生让他书写得更多些。只要他一举手投足，只要他往黑板前一站，就会成为一道亮丽的风景，尤其会赢得女学生的青睐。刘炎就是在这样听课的场合，一见戴逸的如此风采顿时为之怦然心动：他就是我梦中的心上人！

为了独揽这山重水复之中的唯一机遇，刘炎向室友们公开宣布：自己要向瘦削的板书老师进攻了，你们谁也不得为之争夺！刘炎在女生宿舍里是"女王"级人物，她的敢作敢为、敢爱敢恨是大家领教过的，当然也就不敢与她抢情郎了！且慢，不仅不能与她抢对象，还要为她去探问此君的一切情报！于是，叽叽喳喳的一群女孩子犹如蜂巢中的工蜂群起四处活动了。

不久，各种情报向刘炎汇聚而来："老师姓戴名逸，江苏常熟人；常熟是文化之邦，出过七八个状元；翁同龢是他的同乡"——有人插嘴打断，"胡扯！翁同龢被慈禧太后罢相，怎么与戴逸扯一起！"报信者不服："戴逸与翁同龢都是常熟人，说是同乡怎么错？"弄得刘炎头都涨了："八字还没一撇，吵什么吵！"

又有人报："戴逸是少年才子，曾在常熟、上海、天津的报纸上发表过好多作品呢！"

再有人报："戴逸考上海交通大学时是状元哩！"

还有人报："听说戴逸不喜欢上海交大读的专业，是放弃交大学业，重新考试考取了北京大学的公费生，读的历史专业！"

更有人报："戴逸在北大学生会当理事，参与筹办了南北诗社和子民图书室……"

最后还有人报："戴逸被国民党抓过，是校长胡适保释出来，由地下党派人护送来正定的……"

这一条条的情报，虽然不是戴逸发出的，但确凿的是戴逸的信息是有温度的，是有血有肉的，犹如丘比特之金箭，支支都稳、准、狠地射中了刘炎的心房！刘炎满脸通红，胸脯随着心潮起伏随之波动着，这是她出生21年来第一次如此激动，她坠入情网了，是一见钟情？不！是单相思！她在心底呼唤：戴逸！我爱你！沉浸在幸福遐思中的刘炎，噙泪迷蒙地站起身来，不忘淑女风范地对众姐妹说："谢谢大家，我要出去冷静地想想。"说完，她迈过宿舍门槛，漫步而去……

从此之后，只要有闲暇时间，刘炎或一个人，或结伴径直去戴逸他们的革命史教研组。干什么？向老师们请教问题：中国共产党的第一次代表大会为什么创始人李大钊、陈独秀都没有参加会议？为什么中国共产党的第六次全国代表大会要到莫斯科去召开？卢沟桥事变前，日寇已把宛平城都包围了，怎么说"七七事变"是打响了全面抗战的第一枪？等等。第一次是胡华先生接待回答的，刘炎高高兴兴而来，满面春风而归。第二次是彦奇老师回答的，也是丰收而归。刘炎虽是认认真真请教问题，但实事求是地说，她是醉翁之意不在酒，可是她在意的人竟然头也不抬，照面也不打，自顾自地只管看书，使她心里颇不愉快。第三次刘炎先与胡华先生做了沟通，经胡华先生同意，她去找戴逸，请戴逸帮忙回答。戴逸彬彬有礼地站起身来，看了她一眼，然后简要回答了她的问题，整个问答过程中竟然再也没有交会过眼神。她兴冲冲而来，竟失魂落魄而归，真是于心不甘！在走回宿舍的路上，刘炎不断地自问：这是为什么？为什么他连看都不看我一眼？我是凶神恶煞？他难道是木头人？她不断地自提问题，又不断地否定自己的想法，最后的答案是：时间不到，火候不足！在华北大学迁校抵达北京的日子里，戴逸和刘炎都忙于迁校事务，刘炎虽然有一段日子没有去革命史教研组找戴逸他们求教，但她还是十分纠结，因为她的学习生活就要结束了，是留校当研究生，还是按规定分配工作？如果分配了工作，往哪里去呢？刘炎在心底呼唤：戴逸，我需要你帮助啊！

自从华北大学迁址北平，校部设址于铁狮子胡同一号，尤其在中华人民共和国由毛泽东主席在天安门城楼向全世界宣布成立后，华北大学的青年教师与全国热情似火、向往北京的青年一样，总要利用星期天三五成群地去领略过去只能在书报上、广播里的只言片语中了解到的首都著名胜景。对华北大学的青年教师来说，他们在感情上更有一层深厚的意蕴：在国共大决战的关键时刻，华北大学为新解放区输送了成千上万的骨干，他们虽然没有如中国人民解放军那样摧枯拉朽地颠覆蒋家王朝，但他们在与中国人民解放军相辅相成的另一条战线上做出了自己的贡献。因此，华北大学青年教师身穿灰色列宁装这种非军非警打扮，北京市民深为惊奇，而这也使这些青年教师颇为自得，遂形成新中国成立初期北京的一道亮丽风景。

刘炎虽非华北大学青年教师，但她毕业在即，又与戴逸他们革命史教研组教师混得很熟，再加她又是北京人，各风景名胜和掌故知识很熟，且为人热情，所以革命史教研组的教师都很欢迎她。只是戴逸经常说忙，星期天要加班，基本不参加这些活动，这使刘炎觉得有些扫兴。临近五一节前的一天，刘炎组织教研组的教师去游北海公园，她说北京的春天很短暂，过了五一就热了，因而大家都赞成此行。她又出主意把公车即自行车借来，岂不方便自在？大家又赞成这办法。等到出发时，她说自己不会骑自行车，要坐戴逸的"二等车"，大家说听你使唤，谁都愿意。就这样，大家浩浩荡荡地出发了。由于戴逸后边坐着刘炎，慢慢就落到最后了。

突然一个小孩从胡同里蹿出来，戴逸"啊"的一声惊呼急忙刹车，小孩早没了踪影，不料刘炎趁势紧紧地抱住了戴逸，即所谓"熊抱"。戴逸紧张得赶快以老爷下车的方式驻车，而刘炎仍不放手，戴逸脸上的红晕连到脖子了，他忙不迭地问："怎么了？"

刘炎这时才缓缓地松开手，说："有点头晕。"

戴逸有点手忙脚乱了，他活到这么大，除了母亲和两个姐姐，没有与任何一个女孩子单独相处过，今天天气好，难得骑车带刘炎去逛公园，不料她竟然头晕了，这怎么办？他结结巴巴地说："要不，我们回去吧，我推着车送你。"

刘炎说："不用，休息一下就好了。咱们在路边休息一下吧！"

戴逸没辙，只能听从刘炎安排，把自行车停在马路牙子边，然后轻轻地扶着她走到了马路边。他悄悄斜瞥了一眼刘炎，不禁让他犹如电击，这不就是"玉容寂寞泪阑干，梨花一枝春带雨"啊！

戴逸细声问刘炎："为什么哭了？"

刘炎："没有啊！"

戴逸："头还晕吗？"

刘炎没有回答戴逸的问话，无话可谈，空气似乎凝固了一般，气氛有点紧张。突然，刘炎紧贴到戴逸身边，似乎又要亲密接触了，猝不及防的戴逸手足无措，不料刘炎抬起了头，那一双水汪汪的大眼睛紧盯住他，戴逸已闻到了刘炎呼出的温香气息。不过，这次她只是紧紧抓住了戴逸的双手，细声细气地说："戴逸，我们交朋友吧！"

犹遭雷击的戴逸后退了一步，不过他没有松开刘炎的双手，紧张地问道："你说什么？"

就在戴逸紧张地后退时，刘炎竟也随之前进了一步，依然依偎着戴逸，说："我说的你没听清？"

实事求是地说，尽管戴逸和刘炎无论是古典小说还是近代言情小说都看过不少，深知青年男女谈恋爱是怎么回事，但毕竟至今都没谈过恋爱。在20世纪50年代初，明说是男女"交朋友"，潜台词就是"私订终身后花园"，不是没完没了的"泡蘑菇"，因而必须考虑现实问题，要迈出这一步，必须考虑经济基础，因而戴逸喃喃地说："我配不上你，况且，你对我知之甚少。"

听着戴逸如此回话，刘炎的眼泪溢出了眼眶。如果说刘炎刚才还是依偎着戴逸的话，现在则是紧紧地相拥着了。刚开始，戴逸看到刘炎的模样不由得想起了梨花带雨的形象，现在则完全是"有情芍药含春泪"了。戴逸心里十分清楚，君子之风绝不能乘人之危，现在刘炎正在情绪失控之中，所以他像大哥哥一样举起一只手在刘炎肩头轻轻拍了一下，说："你冷静一下，谈恋爱也要门当户对才行，我家的家底当年都被汪精卫的爪牙李世群敲竹杠敲完了。现在兄弟姐妹很多，父母没有工作，生活是很拮据的，我不想让你与我一起受苦。"

不料戴逸这番像大哥哥一样语重心长的掏心底话语不说还好，说了反而激起刘炎更强烈的情绪波动，她竟然哭声连连了，她甚至用手掐着戴逸腰间的皮肉，从牙缝里挤出切齿之音："你为什么不喜欢我？"

这下戴逸只能彻底无语了，他俩在马路边说悄悄话，时间可不能长，因为当时还很不开放，会被人批评为有伤风化，便再次在刘炎肩头拍了两下说："别哭了，要被行人笑话呢，以为我欺负你哩！"说完他掏出手帕让刘炎自己擦眼泪，趁此间隙戴逸把自己与刘炎的距离稍稍拉开了一些。

等刘炎情绪稍微平复了一些后，戴逸决定换一个话题，便问："听说你们要很快分配工作了，你是准备找工作单位呢，还是读研究生？"

刘炎立时绽开了笑脸说："都是你，惹我生气！本来就是要找你商量这件事的，你总说忙啊忙的，对我一点都不关心！"刘炎嘴巴上尽管这么说，其实心里甜美得很呢，因为戴逸主动提起这件事，说明戴逸心里挂念惦记着自己，交朋友有希望的！因而她便乐于与戴逸讨论这件事。

戴逸和刘炎决定不去游北海公园了，他俩一个推着自行车，一个手扶着自行车，俨然一对恋人，边谈边走，边走边聊，十分投缘。言谈之中，刘炎又对戴逸增添了一分好感，因为他的看法谈起来可谓滔滔不绝，结论是：国家建设急需大批人才，但最缺的是各行各业能担当领军任务的高端人才，戴逸建议刘炎再坚持两年读研究生，而落实导师的事由戴逸去联系和运作。刘炎对这天的活动非常满意，因为虽然戴逸没有答应与自己交朋友，但从交谈中发现，他是十分关心、爱护自己的，因而心灵深处充满了幸福感。

又一个星期天来临前，刘炎决定趁热打铁，约戴逸他们去天坛游玩。思绪特别缜密的刘炎是要向苍天求告，企望天坛之游能给自己带来好运，当然这是她内心的秘密。回来的时候，路过前门时，看到一家照相馆，刘炎提议："拍一张照片，纪念我们今天天坛之游的乐趣！"同去的戴逸和彦奇，面对女孩子，严格来说还是他俩的学生的提议，当然不便拒绝，于是就拍了一张3人的合影照片。而刘炎工于心计的是，她思念戴逸的时候，就可以看照片啊！后来，拍照片这件事在人大教师中还流传过一个浪漫的风流故事——戴逸和刘炎拍结婚照，还邀请证婚人一起拍照。①

有位智者曾这样说过：与聪明人谈恋爱要小心，与聪明的学哲学的人谈恋爱更要小心！现时的戴逸就是陷入了这种困局。实话实说，说他不喜欢漂亮、聪明、善解人意的刘炎，这不是实话。但刘炎是大家闺秀，有没有大小姐的坏脾气，他的心里没底。自己家庭经济不宽裕，兄弟姐妹众多，父母没有工作，为一己私利与刘炎结合，怕让她受苦，也是实情。到时为稻粱谋而弄得举家不和，不如趁早不结这段门不当户不对的姻缘。戴逸阅人无数，历史上的这类事件比比皆是，他必须谨慎行事。可是，局中人刘炎完全不这样想。她崇拜戴逸，少年才子、上海交大的状元、弃理从文、北大的公费生、北大学生会的中坚、北大校长胡适钟爱的学生等，这一大堆光环让她崇拜得五体投地，她认定：嫁人就嫁这样的人！戴逸说自己家庭清贫；可她认定，清贫怕什么，幸福生活是靠创造得来的，她不怕苦。戴逸说怕连累自己受苦，说明戴逸是真心喜欢自己的，有爱心的人才会这样想，这叫怜香惜玉。他不是不喜欢自己，是还在犹豫，这种人有真心、有真情，这种人才值得爱！至于战略战术，不能穷追猛打，那不是谈恋爱，即使做生意也得讲究方法，要从长计议，放长线钓大鱼，欲擒故纵……想到这里刘炎忖度自己是阴阳家了，真好笑！

游览天坛后的一天晚上，刘炎带着自己的毕业论文初稿来到戴逸的宿舍，这里她从未来过。戴逸很热情，给她倒水，等等，然后便仔细看她的论文。刘炎环顾宿舍，发现这间单身宿舍颇为整洁，这说明单身男人并不都不太讲卫生，甚至邋遢的。不过，她发现戴逸宿舍里确实有些寒碜，换季衣服是用蓝花包布包好一堆一堆地放在墙角木凳上。她想家里有好几个空箱，但转念觉得不合适，因而把不成熟的想法一直存贮在心底。当戴逸看完了论文初稿，他说自己不是学哲学的，但他认为基本可以，稍做些修改就行，这个任务由他来完成。

临别时，戴逸告诉她，他的宿舍门是不锁的，因为没有贵重之物，学校的治安也很好，如有事可以随时来找他。还说，研究生的事落实得差不多了，导师还要见一次，问几个问题，这是例行公事，叫她不要着急，云云。在回宿舍的路上，刘炎心里想着虽然没有卿卿我我那一套，但心里特别踏实，感觉非常甜美，犹如吃了蜜糖

---

① 此事向戴家兄妹证实过，他们说："拍3人照是确实的，但不是结婚照，更不是请证人一起拍，这照片拍的时间离结婚还差大概两个月！"

一般……

又过了一天，刘炎买了一件细毛衣背心，送到戴逸处，说是小哥鲁毅朋友送的，他有几件呢，于是拿来了，还说北京早晚凉，加一件背心正好，云云。可戴逸不肯收，说是无功不受禄，推来推去，推了好几次，刘炎急得要掉泪了，戴逸最后才勉强收下……

又过了几天，是星期天，刘炎在家早早地吃完了晚饭，赶到戴逸处，发现宿舍里没有人，但见脸盆里浸泡了衣服，竟毫不见外地找了肥皂蹲在地上给戴逸把衣服搓洗起来……过了一会儿，戴逸推门进来，竟然看到刘炎在给他洗衣服，大呼"不可以的、不可以的"，还从刘炎手里抢夺脸盆，刘炎急了："我在家都是干活的，父母亲规定衣服都要自己洗，不可以交给阿姨去洗，这是家规！"可戴逸说："这里不是你家，大男人的衣服怎能让小女子洗啊！"两人又唇枪舌剑了一番。尽管如此，气氛非常和谐、亲密……行文至此，笔者不禁想起了戴先生接受笔者采访时说的话，他曾这样说道："卢沟桥事变前的七八年是我家最辉煌的时期，虽然我家是租住状元归允肃家的房子，但面积比本家住的还大，有400平方米，用人有4个，其中一个是给小弟喂奶的奶妈。尽管如此，父母规定两个姐姐自己穿的衣服要自己洗，不能使唤用人；吃完饭之后，男孩子可以把饭碗在原印子里一放走人，女孩子不行，得与用人一起收拾残局，洗刷碗筷……母亲这样说：'女孩子将来要主政一家生计，自会自方便，什么都不会，让老妈子陪你一辈子吗？'"戴逸母亲的话与刘炎母亲的话如出一辙，可见中华传统文化无论南方、北方在家教上是一样的。不知戴逸与刘炎在为洗衣服而你争我夺时，想没想到幼时母亲对两位姐姐的叮咛嘱咐？当然，找对象，谈恋爱，娶媳妇不比买一件衣服，不合身一退了之，或重新买一件，谨慎为之当在情理之中。

再说，为洗衣服的事，刘炎似乎抓到了拉近与戴逸距离的切入点，乐此不疲地找戴逸的脏衣服洗，哪怕臭袜子也给他洗，弄得戴逸十分狼狈。为此，戴逸在学校澡堂洗澡时，便一起把当天的替换衣服顺手洗了，他还自鸣得意：刘炎你这么喜欢洗衣服，是有洁癖吧！不料晚上刘炎来戴逸住处，又要洗衣服！戴逸说在洗澡时已经一起洗完了！然而刘炎不管不顾地找衣服洗。戴逸急了："你这不是既折磨自己，又让我难堪吗！"戴逸着急，可刘炎一点儿也不着急，她笑盈盈地拿了戴逸自己洗的干衣服，送到戴逸鼻子边上说："你闻闻！"戴逸皱着眉说："怎么衣服有这味道？"刘炎说："你们男人出汗多。衣服不洗干净，在夏天隔夜就发酵了，衣服上的酸臭味就是这样来的！"这次，戴逸终于认了，他红着脸说："身在鲍鱼之乡，身在鲍鱼之乡，惭愧！"从此刘炎给他洗衣服，戴逸再也不与她较劲了！

刘炎抓到拉近与戴逸距离的另一个切入点是她主动参与整理、编辑《新民主主义革命史参考资料》的工作。起因是新中国成立之初，全国掀起了学习党史、革命史的热潮，可是广大读者苦于可读资料少之又少。正是在这种情况下，胡乔木指示革命史专家胡华主编《新民主主义革命史参考资料》，戴逸与彦奇协助编辑，收集的党的文件和珍贵资料之多是极为罕见的，而整理出初步篇目要送胡乔木审定。时间紧，任务重，几乎天天加班加点到半夜以后，刘炎要见戴逸，只有在办公室。于是，刘炎说："我也来凑凑数，你们要我干啥就干啥，抄抄写写还是可以的。"这时的刘炎已经毕业，读哲学研究生的导师也已确定，而胡华、戴逸、彦奇当然举双手欢迎。花前月下的谈情说爱完全由终日革命加拼命的资料收集、整理、编辑所取代，刘炎亦为之非常愉快。后来，这本资料由商务印书馆出版时，畅销几十万册，这在新中国成立初期是一个很大的数字，所得版税极为丰厚。当时，正值抗美援朝，经胡华提议，用稿费以胡华、戴逸、彦奇3个人的名义购买一架飞机捐给前线的志愿军。胡华对刘炎说："资料的出版有你一份贡献，捐献飞机时没有你的名字，你就做无名英雄吧！"刘炎为能参加这一工作已欣喜万分，她不仅学到了很多知识，还收获了丰硕的爱情之果，因为戴逸更喜欢她了，而彦奇尤其是胡华先生对他们的结合是全力支持并赞扬的，这就是天雷终于勾起地火！

到了谈婚论嫁的时候了。刘炎带着戴逸去拜访刘炎父母，老两口住在西城西口袋胡同25号一个小院里，戴逸穿什么、带什么水果、说什么、怎么回答等等，都由刘炎一手安排，也从此开始，戴逸的生活起居包括着装等的自主权全收归刘炎了。当然，这非常合乎戴逸的心愿，因为操这种心，他实在知识、能力有限。不过，这次拜见刘炎父母戴逸还是很欢畅的，虽然还未正式结婚，但丈母娘见女婿，正如俗话说，可谓越看越有趣的，自不待言。

接下来是向组织写结婚申请报告。刘炎是共产党员，戴逸已写了多次入党申请书，虽还未入党，但他俩都是1948年参加革命的革命干部，组织原则是不能含糊的。据刘炎讲，她父亲在卢沟桥事变前还是民国政府的高官即北平高等法院的院长，来龙去脉要写清，否则会惹麻烦的。报告呈上去后不久，干部主管部门通知，允许结婚。

婚房由学校行政部门安排在东四九条一个大院里，因为华北大学迁京后散居的地方有 200 来处，较集中的地方在东四七条、八条、九条、十条，因为离校本部铁狮子胡同一号较近。打扫卫生、租借家具、安排被褥等等，都由刘炎一手操弄，刘炎说戴逸不仅不会做这种杂事，还碍手碍脚，就让其去搞学术吧！

戴逸与刘炎喜结连理在当时的华北大学引起了小小的轰动，戴逸虽然还未崭露头角，但用现今的时髦话说是一个小帅哥，业务能力在史学圈子里已小有名气，文字功力尤得同道好评；而刘炎虽然才被录取为研究生不久，可在学校里是响当当的名人，她是大家公认的校花，漂亮、能歌善舞、活力四射、为人热情，人缘也好。他们的结合真正是：才子佳人＋师生之恋＋南玉北珠＝绝配！所以，当时就有人这样评价：他俩抢在中华人民共和国成立的庆祝大典前先行婚礼，真正是拔了头彩！由此，前来贺彩贺喜的朋友、学生颇多；也由于两位是先行者，前来取经学习的也不少。不过，虽然气氛热烈，场面热闹，但甚为简朴，有打油诗为证：

> 两条被褥合一床，
> 陋室一间空荡荡。
> 三斤瓜子四斤糖，
> 新郎新娘入洞房。

此非人所意愿，乃时局所制也。试想，戴逸作为一位大学教师，还是 1948 年参加革命的，衣、食、住全由国家供给，谓"供给制"，零花补贴即 50 斤小米之价；而刘炎作为学生，分文没有！难怪戴逸在回忆文章中写道，在正定当胡华先生助手时，当他拿到稿费后，会给几个助手打牙祭——上街吃一碗馄饨，给买一支牙膏。而刘炎后来给自己的孩子回忆道："喝的、吃的天天是小米稀饭、小米饭，菜就是咸菜——萝卜条，都倒胃了，但没办法，还得吃……"

让戴逸感到欣喜的是刘炎父母特意设宴并让刘家能到的所有亲朋会见了二老的乘龙快婿，地点在王府井八面槽北成寿寺西院的萃华楼饭庄，这是一家驰名中外的正宗鲁菜饭庄。刘炎的三哥鲁毅与她关系最亲密，其已经是中共北京市委的高官即北京市委第二书记刘仁的秘书了，但也是供给制待遇的享用者，与戴逸一样也是囊中羞涩之辈，尽管不能掏腰包，但也风光地携妻带儿前来，给妹妹增了不少光。刘炎的大哥、二哥都是学术人士，都奉父母之命带了夫人、孩子欣然参加。二老当然更是喜不自胜，自始至终都满面春风、喜笑颜开。戴逸则由刘炎做主定制了一套灰色开司米西装、白衬衫、红领带，一改那灰色八路军土布服装之旧形象。正所谓人要衣装，戴逸比平时更显精神百倍，红光焕发，那精雕细琢的俊俏的脸庞，更露神采飞扬，他不只毕恭毕敬、彬彬有礼地给岳父、岳母鞠躬谢恩，同样给刘炎的每位兄嫂乃至孩子鞠躬谢意，博得在场所有人的满意。而在致答词时表示要用一辈子的爱心爱刘炎，绝不让她受一点委屈。此番情真意切的言辞，不仅受到众人默默点头的首肯，更令刘炎流出了泪水……

10个月后，刘炎生了一个大胖小子，刘炎的父母掐着手指喜笑颜开地悄悄告诉好友、邻居：那胖小子是撞门喜咧！那一年是农历庚寅年，老太太不由分说地将自己外孙定名为小虎，说虎虎生风，好！戴逸本来想给自己的儿子以玉石命名的，他深知谦谦君子、温润如玉、君子如玉；可是岳母已做主了，他不能拂了岳母美意，便稍做变动，把以小虎为小名的第一个孩子命名为"戴寅"了。后来，第二个儿子取名为琛，宝玉也。第三个孩子是女儿，取名为珂，洁白如雪的玉。第四个孩子也是男孩，取名为玮，玮者乃美玉也！戴逸对玉的偏爱，展示了他希望孩子坚刚而润泽有德也。当然，这是后话。当时的实际情况是，还在刘炎怀孕时，考虑到孩子出生后便于刘炎和母亲一起参与照顾，就由学校行政部门将戴逸、刘炎的住房安排到了西单附近一个名为兴隆大院的前院东侧房，而铁狮子胡同一号学校本部还保留着戴逸的单身宿舍。戴逸过着每周一次的"探亲"生活：周六晚上回到兴隆大院，周一清早赶到学校，平时每天晚上的安排就是看书、写作、写作、看书，乐此不疲！而按照干部供给制的惯例，组织上还给胖小子戴寅配备了一个保姆，包吃、包住、包穿，每月津贴是50斤小米价之款，再加戴寅的姥姥一起看护，所以刘炎在坐月子满期以后，便与戴逸一起全神贯注地投入工作、学习之中。戴寅与笔者交谈时谈道，幼时自己感到父母亲、姥姥包括保姆对自己关爱有加，但缺吃少喝，营养不良，至今1.8米的个儿，体重长期只有100多斤，父母爱心有余，实力不足啊！就在戴寅满3岁要上托儿所之前，妈妈又为他生了一个弟弟，取名戴琛。此时工薪阶层的薪酬制度由供给制改成了薪金制，戴逸与刘炎两人的工资除戴逸需奉养常熟双亲外，还需抚养两个孩子，实为力不从心；再加戴逸已成为学校教学骨干，教务之忙旁人难以想象，而刘炎刚走上新的工作岗位。故由戴逸与常熟的父母商量，最后把戴琛托由父母照料。而戴琛在祖父母身边，不仅心理健康，从不与父母兄妹存有隔阂生分，而且学业优秀，还表现出遗传母亲钟爱音乐的天赋禀性。在跟随祖父几乎天天晚上观看常熟京剧团折子戏过程中，竟学会了几十个京剧唱段，日后成了行内称誉的"中国京剧第一票友"，这是后话。

在导师的悉心栽培、戴逸的关心帮助下，刘炎竟然做到养育儿子、研究学业两不误，硕士论文顺利完成答辩，以优秀论文结束了研究生学业。在工作分配的走向上，戴逸希望刘炎能留校当教师，而学校有关领导部门认为夫妇俩同在学校任教不合适，遂分配到了国家建筑工业部。刘炎在建筑工业部，不到 3 年时间，即成为党委秘书，领导的讲话、报告、总结，党委年度工作安排等等，都出自她手。再加上她热情真诚待人，并妥帖处理与领导之间的关系，绝不陷入你你我我的团伙关系之中，因而在部机关颇有人缘。此时，戴逸已成为学校教学中坚，不仅开讲中国大学里从未教授过的中国近代史，还担任了研究生班的班主任！学校有关领导眼见戴逸家不成家的窘状，遂主动与建筑工业部领导沟通商量，希望能将刘炎调回中国人民大学任教。刘炎在建筑工业部干得风生水起，人大这样做岂非挖肉补疮？最后双方约定，在来年人大毕业生分配工作前，由建筑工业部先行挑选一批毕业生，以回报建筑工业部几年来对刘炎的栽培。双方还约定鉴于建筑工业部与中国人民大学没有人事调配关系，故先由建筑工业部将刘炎调至部属大学上海的同济大学任教，再由高教部将刘炎从同济大学调到中国人民大学，这叫"曲线圆梦"。当刘炎调至上海的同济大学时，人大校园立即风传戴逸将调至上海任教，多少人为之鸣不平，甚至有人直面校领导提意见。校领导只能听之任之，笑而不答，笑而不应，可有谁知道这葫芦里到底装的是什么药啊！人生能有几多愁，恰似一江春水向东流。中国人民大学的领导，看在眼里愁在心里，他们亲眼所见的对柴、米、油、盐、酱、醋、茶如擀面杖吹火般的学者戴逸，如今要既当爹又当妈地料理家务，尽管有岳母在他家里帮助照料，可老人家年事已高，且是小脚，这多难啊！岳母让戴逸去买两根黄瓜，他到街上买了两根就走，是老了，是生了，他一概不知，也不问。岳母叫他去打一点醋，他说醋到哪里去买？老太太说往东拐，再右拐、西拐，戴逸出家门就蒙了！总而言之，这整整一年，戴逸又急又愁又苦又累。不过，"家无主，扫把倒着竖"的日子也只有一年，盼星星，盼月亮，终于盼到刘炎调回了人大，这真正是：好事多磨！

刘炎调至中国人民大学后，执教哲学，很快成为业务骨干，前后被评为副教授、教授。在家庭问题上，刘炎是绝对的一把手，可谓财政、行政大权集于一身，戴逸专心教学、研究，过着饭来张口、衣来伸手，一概不闻不问的神仙生活。而整个家庭，在20世纪50年代中后期铁狮子胡同一号院建起了3栋砖混结构楼房，戴逸、刘炎举家迁进二号楼以后，在人大宿舍院中可谓是最和谐的家庭。何以见得？据戴家兄妹回忆，在他们的记忆中，父母之间从来没有争吵过，父亲温文尔雅，连说话都是和颜悦色的，从未对孩子有呵斥之声；兄妹们说，母亲是强势的，但出身名门，大家闺秀，十分讲理，是人大家庭院里出了名的"第一好人"，对生活困苦的工友都解囊相助。说到业余生活和爱好，戴逸唯一的休闲喜好是下围棋。为了陪父亲解闷，几个孩子都学会了下围棋，经常搞车轮大战，20世纪80年代的休息日还不时下棋下到凌晨三四点钟，连孩子们的表兄即鲁毅之子3点时还赶到戴家来下棋。"观棋不言真君子"是棋评界的规矩，但在孩子面前，戴逸不管不顾，喜好指挥。随着年纪大了，算局算不过孩子，输了要退场换人，但他还要指挥，孩子说："那你来！"这是孩子投其所好。戴逸毫不客气："我来就我来！"正中下怀也！

当戴逸和孩子们车轮大战下围棋时，刘炎在旁边做后勤保障工作，沏茶倒水，削水果，每一块水果上插上一根牙签……看到母亲如此贴心的服务，孩子们很过意不去，老二戴琛发话说："妈，头晕吗？要是头晕了，可以抱一会儿老爸啊！"孩子们希望重温他们的老妈年轻时追求父亲编出来的温馨一幕……而刘炎当然会当仁不让地开口斥责："去！老娘七老八十了，你们还要开涮我，白养你们了！"老二戴琛是铁嘴，继续开涮："那是我们戴家的经典，经典！现在流行的是：是经典，'咏流传'！兄弟姐妹们，你们说，对不对啊？"大家起哄道："对！是经典，'咏流传'！"接下来一阵哄笑……

干校生活

"十年动乱"开始，同许多知识分子一样，戴逸也经历了磨难、检讨、批斗、住牛棚，所幸他都挺过来了。1970年春夏之夜，戴逸夫妇被下放到江西"五七干校"劳动。

人大"五七干校"设在余江的一片空旷的河滩地上，离县城有十五六千米。七八百号人，老弱病残居多，可还要以连队建制编排。刘炎所在的"女兵连"任务是种地，戴逸被分配做"猪倌"，与他做伴的是他进华北大学时的导师胡华。但不管男兵、女兵、老兵、壮勇，第一件事是盖房。为了确保居住地的安全，首先要在场院上遍撒石灰，这导致余江县城所在地锦江镇的石灰一时脱销。余江县当时归鹰潭行署管辖，1957年竣工通车的鹰潭—厦门铁路当时是国内的一大建设成就，它关乎国家处理台湾海峡问题，特别重要。但此时的戴逸他们无心关注、无暇顾及鹰潭铁路，因为他们知道，虽然现在正处于梅雨季节，时晴时雨、细雨蒙蒙、潮湿难忍，但此时如果不赶紧盖好油毛毡棚，到台风来临时，这一大拨人的居住将成大问题。果不其然，人大"五七干校"的人成了余江的另类：他们出现在哪里，犹如一群蝗虫，哪里就要遭殃。他们买石灰，哪里就要出石灰荒；他们买油毛毡，哪里就要出油毛毡荒……直到台风来了，虽然有避风挡雨之所在，但台风横扫，远远超过杜甫所说的"卷我屋上三重茅"，有的整个屋顶被卷飞了。由于鹰潭离东海的直线距离仅约250千米，所以台风卷屋顶、滂沱大雨如注成了家常便饭，到处寻找石头压屋顶，石头找不到则挖泥巴，泥巴冲掉了再挖……这批人大的教职员工，在如此煎熬之中，才真正体验到中国农民千百年来的困苦……

刘炎所在的女兵连是大田作业连，从开荒开始，风里来，雨里去，晴天一身汗，雨天一身泥，白天出体力，晚间出脑力——斗私批修，批判资产阶级思想，批判个人主义……至于戴逸她一个月最多也能见上一面——发工资了，她可以去与其商量给孩子、给双方老人邮寄几多钱。至于平时，连远远能看一眼的机会都少之又少……

戴逸与胡华在有人帮着一起盖完猪圈大棚之后，第一件事是两人跋涉了半天去县城新华书店买下了几乎书店里所有养猪的书籍，然后按图索骥，依样画葫芦地选猪崽喂养。猪崽病了，按书本上讲的，估摸着按人的病分类，酌情减少药量将兽药拌在饲料里给猪喂下去……两个治史十几年、20多年的学者，治史尽管也有不少困难，但从没有像养猪这样窘迫过。有时为了看护病猪，他们整夜整夜地守在猪圈里……可是从整体来说，他俩养猪不合格、不成功，辜负了"五七干校"学员的重托，没能给大家经常改善生活、打牙祭创造条件。有人写文章说戴逸在"五七干校"养猪养得很好，这是臆想的结论，事实并非如此。这并非戴逸、胡华他们不努力，他们很努力、很尽心，但有一个最基本的条件不具备——饲料短缺，没有粮食。戴逸他们去"五七干校"，是把户口也迁去的，他们随户口的粮食供应标准是月供28斤。如果种地不行，产不出粮食，那也没有办法，但有保底的28斤口粮；当然，如果粮食种好了，也得上缴国家，虽然可能会奖励留下一点儿，但毕竟为数寥寥可从总体说来也无碍大局！然而，猪就不一样了，牲畜是没有户口的，没有人来给猪供应饲料，得从集市上去买！为了应付饲料不足，戴逸他们只能去割草，与有限的麦麸、豆饼一起煮了喂猪……所以戴先生回忆起3年多的"五七干校"的"猪倌"生活，竟依然有不胜唏嘘之感！

1971年"九一三"事件后，随着林彪退出中国的政治历史舞台，以林彪受信命名的"五七干校"在中国政治舞台上不再提及，"五七干校"也正处于销声匿迹之中，这就产生了一个问题：中国人民大学江西余江"五七干校"将何去何从？中国人民大学已奉令撤销了，回北京？校园已有部队进驻了，此路不通。是时国务院科教组要求江西方面接纳人大余江"五七干校"全班人马，江西方面以此等人士资历老、年龄大、工资高，不便安排为由予以了拒绝，最后还是由国务院科教组将这些人员接待回京分别予以安排。唯中国人民大学原来一批历史教学研究人员，在"打而不倒"的郭影秋的坚持下，成建制地转到了北京师范大学，此乃中国目今"清史"研究、纂修的星星之火矣！

舐犊圆梦

2018年深秋，是年已66岁的戴逸先生大儿子戴寅在回忆孩提时代生活时说，当时他们的家安在西单兴隆大院前排东侧的厢房里，只要姥姥、妈妈炖煮红烧肉香气四溢时，一定是父亲要回来了！因为父亲平时是住校的，虽然学校（指人民大学）同在京城，距离也不远，可为了节约时间，他只有星期六才回家。盼望父亲回家，成了幼稚孩童戴寅的念想，因为不仅可以感受到父亲和蔼可亲的温馨，而且每周总能得到父亲带回的礼物——小人书！接下来是更为温馨的场面——父亲会一边一页一页地翻看小人书，一边给戴寅讲小人书上的故事！这让笔者想起了戴逸幼童时期追逐常熟古城里出租小人书的穿长衫叔叔及他给孩童宣讲小人书上故事的情景……斗转星移，物是人非，穿长衫叔叔换成了戴逸自己，可文化传承的薪火依旧不熄。戴寅喜欢文学，终于成为中外比较文学博士，服务于国家清史编纂委员会翻译委员会，有多部历史小说问世；老二戴琛喜欢历史，后执教中学，擅长古文，酷爱京剧、昆曲，有"中国京剧第一票友"之誉；老三戴珂（女）乃儿童脑外科专家，老四戴玮系国家公务员，这两位虽未接受父亲之薪火，但也是文史爱好者，文化生活丰富多彩。这都拜父亲在他们的童幼时期的文化熏陶所赐。戴家兄妹对笔者说，从总体来说，20 世纪五六十年代社会上对少年儿童能开放的文化生活场所真是少之又少，而他们父亲源源不断地给他们购买小人书是他们文化娱乐的重要所在，除散失的一部分小人书外，他们家里一直珍藏着的小人书近 400 本。这是一位学者舐犊之情的深切体现。

戴逸先生脾气好、修养好，举止言谈充满着儒学大家之风，对孩子也从不呵斥指责。但是，有一次，"文革"前期，他在家发了大脾气，竟把他最疼爱的女儿赶出了家门！戴家兄妹是这样叙说的——

有一次，戴家老大戴寅（1966 年进入初中）和老二戴琛（于常熟虞阳小学毕业，学校即在戴家对门，即东门大街小步道巷内，因在对门，再加借读，由此 5 岁上学）结伴到处搜索、抄记大字报，其目的就是要报复院子里骂他俩是"小黑帮""小清官"的孩子。对两个孩子的打算及行踪，戴逸当然是浑然不知，因为此时他依然处于自顾不暇之中。然而，对两位哥哥的行动，年仅 7 岁的戴珂竖起耳朵听得一清二楚。她正处于懵懵懂懂、似懂非懂之中，她感到很新奇、刺激，便像跟屁虫似的，软磨硬泡地要跟两位哥哥一起去。两位哥哥则当然千方百计地要甩掉她。而更难办的是戴珂后面又跟着一个弟弟——年仅 4 岁的戴玮，这可真正是戴珂不离不弃的尾巴！为了紧跟两个哥哥这次到海淀人大校本部等地去抄录大字报，戴珂对戴玮恐吓、威胁、利诱无所不用其极，结果戴珂还是被两个哥哥甩掉了！平时被父母宠爱有加、视为掌上明珠的戴珂，什么时候受过这般窝囊气！她不断地把火气宣泄到小弟戴玮身上。不断呵斥他，而且趁晚上楼道内路灯瞎火之际，在戴玮回家时装神弄鬼地厉声叫喊，把弟弟吓得魂不附体！戴逸和刘炎闻得门外动静，开门出来，看到小儿子竟蜷缩在墙角处发抖！问清了原委的戴逸，这回真是怒火中烧了，他对戴珂说："你是姐姐，不仅不保护弟弟，反而把他吓出病来！你走吧！家里容不下你！"戴逸的话当然是气话，可倔强的戴珂不仅不认错，竟嘟囔着"走就走"，竟径直下楼离开了家！

当戴寅、戴琛回家后，摸黑四处探寻妹妹，而戴珂赌气躲在角落里与两位哥哥藏猫猫……夜深了，索然无趣的戴珂了无去处，回到了家门口楼梯台阶上，坐着坐着，竟打瞌睡了！刘炎开门看到女儿坐在台阶上，便说："回来吧！"……

这是戴家的又一经典！至今，兄妹几人说起此事，竟还要论战一番，还要各说各的不是……

时至 1968 年，戴逸虽然克服了自己的心理障碍，抑郁稍缓疏解，可看到孩子日渐长大，为他们日后去向又愁开了。真可谓"才下眉头，却上心头"！他原来思忖，夫人刘炎也同意，让老大按小学、初中、高中、大学的正规读书路径走，爱好文学很好，但别的功课不能偏废，偏才可能成才，但丰富多彩的社会生活对偏才来说颇多缺憾，况且对其家庭、孩子也甚乏味。他只是给孩子尽量地买一些图书、小人书之类的，这可谓引而不发，没有额外地施以影响，更没有揠苗助长。"文革"冲毁了他原来给孩子图谋的计划，但他觉得，老大忠厚老实、为人正派，将来究竟如何，只能听天由命，任其自然吧！

对于老二戴琛的前程思考和安排，戴逸先生是这样对笔者说的："这时，我对今后的前程一片迷惘，觉得孩子有一门手艺，今后能自力更生，是一个不错的选择。这时，因排演八个革命样板戏之一的《红灯记》而闻名全国的北京京剧院正好要公开招收少年班学员。戴琛在常熟虞阳小学读书的时候，非常聪明，成绩名列前茅。他的功课很快就做完了。于是天天晚上随着祖父去看京戏，是由常熟京剧团演出的革命样板戏折子戏。戴琛有天赋，学着学着，几个京剧样板戏的著名唱段他都有板有眼地会唱了。这样，去考试的时候，竟然考上了！不料，在接下来的政审中，因为我是铁狮子胡同一号院里的'最大黑帮分子'，结果戴琛被卡下了！"戴先生大儿子戴寅插话说："北京京剧院刷掉戴琛，是中国京剧事业的一大损失！"此话怎讲？戴琛是北京有名的京剧票友，票友中不乏音乐界的权威人士，在这些人士促使下，戴琛经专业人士验证其最高音比世界三大男高音之一的帕瓦罗蒂还高出 3 个音阶。有人说，如果当初戴琛真的被北京京剧院录取了，在专业的训练下，天赋是可以得到很好发掘的。去年春节期间，由 1969 年赴黑龙江沈阳军区生产建设兵团 6 师 60 团战士排演的现代京剧《红灯记》折子戏《粥棚脱险》在京演出，戴琛执导，专家认为此演出已达电视转播水平。这让当年的北京赴黑龙江插队青年及其家属如痴如醉、热泪盈眶，其间折射了戴琛的不凡功力。现在，为了传承优秀前辈的京剧传统，他依然在北京、成都、南京、苏州、上海等地奔忙着呢！

就在为戴琛报考北京京剧院一事筹谋之际，戴逸又把目光放到了女儿戴珂未来的"稻粱谋"上，因为编排、演出现代芭蕾舞剧《红色娘子军》的中央芭蕾舞剧团也正好在招收少年班学员，因而戴逸与女儿戴珂有了一番讨论——戴逸："珂珂，你愿意去跳芭蕾舞吗？""现在跳《红色娘子军》的中央芭蕾舞团正在招生呢，你去不去？""要不爸爸陪你去报名如何？"始料不及的是，生来活泼好动的戴珂竟以断然拒绝做回答："不去！"戴逸还想再次动员，又说："为什么不想去？"戴珂："不喜欢！"戴逸还说："你过去不是说喜欢跳舞吗？"戴珂竟光火起来了："不——喜——欢——就是——不——喜——欢！"戴珂咬牙切齿地一个字、一个字地迸着说，令戴逸黯然神伤：唉！连自己的孩子都只记拳头，不记馒头……

屋漏偏逢连阴雨！此时戴逸的心境，犹如深陷泥泞之中，无力也无法自拔！学校被解散的决定已经下达，教职员工惶惶不可终日，去向问题竟成众议焦点，最后等来的消息是：去江西余江，上"五七干校"！在一团乱麻、无法抽头料理之中，一个晴天霹雳轰然下达：按政策规定，老大戴寅、老二戴琛必须上山下乡！

1969年9月2日，戴寅与戴琛在北京火车站广场与父母告别，与上万名北京知识青年一起，分批踏上了隆隆的北行列车，前往黑龙江三江平原的抚远县，成了两名拓荒的兵团战士。他们花了整整4天4夜，从北京到哈尔滨，再转车到佳木斯，再从佳木斯坐卡车到富锦县，然后抵达没有地名的75千米处（从富锦二龙山做零点算起），这里就是北大荒生产建设兵团第6师第60团团部所在地，后来命名为前进农场。戴寅所在的连队为4连，驻地在81千米处；戴琛所在的为5连，驻地在100千米处。抵达驻地当天晚上行李还没到，戴寅与一位近40岁的转业军人合盖被子在军团帐篷里过了一夜。第二天起床后看到，连队驻地就是4个帐篷，每个帐篷要住30多个人；食堂是用原木堆起来的；整个驻地三面都由树林包围，另一面就是公路。由于1969年3月发生了珍宝岛自卫反击战①，兵团第一位的任务是整修公路，这是国防任务。据说从富锦二龙山到抚远的公路长达280千米，而抚远则是中国版图上最早迎接太阳的地方。戴寅想起了母亲临行前的嘱咐，赶忙向母亲写了一封报平安的信，还写了一些沿途的见闻，总体来说情绪还算好，这使戴逸、刘炎安心了不少，只是对戴寅信封上的地址感到莫名：黑龙江生产建设兵团防字604信箱。这是什么意思？唉，儿孙自有儿孙命，戴逸、刘炎作为无神论学者，竟念叨起宿命论来了！试想，就是再伟大的一个学者，当根本无法把控乃至完全不能臆测自己的命运和未来之际，在无奈之中，念

---

① 1969年3月，苏军几次对我黑龙江省乌苏里江主航道中心线中国一侧的珍宝岛实施武装入侵，并向中国岸上纵深地区炮击，后又武装侵占珍宝岛。中国军队被迫进行自卫反击，并将苏方入侵部队歼灭大半，苏军被迫撤离珍宝岛。

叨宿命论是再正常不过的了!

又过了半个多月,在国庆节期间,戴逸、刘炎在如同盼星星、盼月亮的期盼中终于盼来了戴寅的又一报平安家书,老二戴琛的报平安家书也来了,说是他们已经开始用拖拉机犁地了,准备明年春播,在一望无际的大平原上,拖拉机开一天只能两个来回,黑土层一尺深都不止,真的是看上去都冒油,云云。戴逸和刘炎并不是不关心老二,他们对老二比较放心,因为他壮实,身体好,社交和应变能力更强些,而老大戴寅则不然,如麻秆一根,真正是弱不禁风,因而两人一字一句地研读戴寅的来信:没有参加大田劳动,也没有从事修路工作,分配在基建班,主要任务是盖房子,伐木,拉木,锯木,做屋架,铺油毡;挖土坑,和泥,脱坯,凉坯;还有去割草,草有一人多高,割草后趁草未干"拉禾辫",抹上泥,架在油毡上,再抹泥,使房屋保暖……戴逸和刘炎逐字逐句、仔仔细细地读着儿子的来信,喃喃自语:应该吃点苦,孩子渐趋成熟了……

可怜天下父母心!戴寅向笔者说,给父母写信,为了免得他们担忧,只能报喜不报忧。有关黑龙江生产建设兵团的小说,戴寅说他几乎都看过了,写的是农1师、农2师的生活,农场建设得早,条件较好,是成熟的农耕文明;但农6师至今无人写过,这里自古是渺无人烟的茫茫原野,过着近乎原始人的生活。

先说睡。30来个小伙子睡一个帐篷,没有床,地上铺着草,一个个紧挨着。去的时候是秋天,蚊子多得不能想象。每人一个蚊帐,只要睡进去,蚊子就轰然而至,蚊帐立时成黑的了,隔着蚊帐照叮不误!天冷了,白天照样要干活,冰天雪地,依然大汗淋漓,再加没有洗澡,结果是人人身上被虱子咬得奇痒无比……

再说吃。去的时候有大半年时间天天是土豆汤,主食是国库陈粮旧面,已发黄了,发不起来,天天吃死面疙瘩。说来也许没人相信:每班一盆汤,只要刚端上,"嗡"的一声,上面就一层蚊子,黑乎乎的。你也不要去捞,捞掉了,又是一层,前赴后继,没完没了!为什么?蚊子是冲着热气来的,犹如飞蛾扑火一样,是生物的习性使然。慢慢地,大家习以为常了,还阿Q式地聊以自慰地说:"蛋白质,补品!"

只要不是开荒种地,就是锯木、和泥、脱坯、"拉禾辫"等等,尤其是去割草,首先要点火闷烟,人干活是在浓烟里影影绰绰、时隐时现的。为什么?蚊子!不用烟熏,蚊子会钻到鼻孔、耳朵里去的!干活累了,口渴了,只能喝水坑里发绿、长毛的水。而此时还要特别小心,因为水坑、泥潭弄不好会把人陷下去的。什么叫原始社会生活，什么叫红军过草地的艰苦，农6师的兵团战士可以说是历历在目，还有不少战士的尸骨就这样埋在荒野上……

1970年4月下旬的一天，戴寅接到父母电报："家有急事，速回。"电报未说具体事项，也未说谁身体不适。戴寅估计父母要去"五七干校"了，于是他便向兵团请假匆匆赶回了北京。是日回家时，已是凌晨4点，因为没有公共汽车，他是从北京站步行回铁狮子胡同一号院的。敲开门来，父母、妹妹、弟弟都起来了！近8个月未见，戴寅的面貌把大家都吓了一跳！父母惊呆得说不出话，第一句话竟是心直口快的珂珂说的："哥！你胡子拉碴的怎么比爸爸还老啊！"戴珂说了此话，便觉得说得不合适，便看着爸，此时的戴逸眼里已噙满了泪水，而母亲则说："戴寅，你的脸色不对，你有病！"戴寅则说自己身体很好，没病！说话不久，母亲给戴寅做了一碗热汤面，里面卧了两个鸡蛋，戴寅痛痛快快地吃了个精光，这才是妈妈做的味道！

戴寅觉得才刚睡下，就被母亲叫醒了。母亲要陪他去看病，他坚持说要自己去，哪有20来岁的大小伙子还要母亲陪着去看病的道理！可刘炎却二话不说要陪儿子去看病，她的直觉是儿子病得不轻！两人来到离家最近的宽街北京中医院，挂急诊号，验血，3小时后的化验结论是：急性黄疸型肝炎！按照医生的建议，戴寅转院至朝阳医院，急诊，住院，输液，一周后黄疸消失，又住院治疗半个月后，一切指标恢复正常，出院！

戴逸和刘炎在戴寅住院期间，多次议论过儿子得病的原因在于：一是从小体弱，二是环境恶劣，三是年轻人没有养成良好的习惯。及至戴寅出院后，三四个发小竟一拥而上地来家探望他，早就几次三番说要来侃大山。戴逸、刘炎则几次三番问儿子到底怎么会得病，戴寅则总是支支吾吾，不肯道明真相。是日，刘炎准备完大家早餐后说有事先走了，然后找机会溜了回来躲在房里，而戴寅则与发小们无话不谈，从路上见闻，到兵团生活的衣、食、住、行、劳动等等。当刘炎听明白儿子讲蚊子的故事、喝泥水潭里绿水的故事，则按捺不住心中的痛楚、悲凉、激动和执着，冲出房间对戴寅说："儿啊！你为什么一再把实情瞒着你爸和我？你再这样下去，必死无疑，你知道吗？"正处于云山雾罩地侃大山的戴寅过去一直把实情遮遮挡挡，如今被母亲逮个正着，的确脸有难色了……

戴逸和刘炎严肃认真地召开了一次家庭民主生活会，首先由母亲向全家人，尤其是戴寅宣布了他病情的严重性：虽然急性黄疸型肝炎侥幸治好了，但极易复发；如果发展成了慢性肝炎，很难治愈，极易发展成肝癌。所以，不能再回兵团去了！

戴逸则说，原本是请老大回来商量父母去"五七干校"，家里怎么安排的。江西方面干校所在地没有小学，戴玮去了不能上学；中学很远，戴珂作为一个女孩子到很远的地方去，也不放心；原本是请戴寅回来探讨能不能向兵团请假在家照顾一阵弟弟、妹妹的，不料戴寅竟患上了重病，因而决定不去了。戴寅在家要负起全责，弟妹的生活、功课都要管……

这决定太突然了！戴寅想发表看法，可无话可说。弟弟、妹妹表态一定听大哥的话，一定把学习弄好……

戴逸还如泣如诉地说："你们3人守着这个家，房子就能保住，因为珂珂和玮玮的户口还在这住地，将来我和你母亲老得不能动了，到北京来，也许还有一个挡风避雨之所在……"

宋词云，悲欢离合总无情。戴逸、刘炎与子女商量别后生活安排的家庭会，确是痛苦而无情的，但戴逸和刘炎的想法使其洋溢着款款深情。作为家中孩子王的戴寅哽咽着表态说，过去在家什么都不用管、什么都不会，现在压力很大，但一定担起责任，把完整的家，健康且学业优良的妹妹、弟弟交还给父母，希望你们早日平安回京！说完，他呜呜咽咽地哭了起来。戴珂、戴玮更是放声大哭……

日月如梭，时光飞逝。戴逸把书几乎全卖了，只留了一些工具书，《四库全书总目提要》因为破旧不堪，红卫兵没有抄走，因而在苦难时期救了自己的命，留下做一念想，几十本书冷冷清清堆在几个书架之一角……戴逸与刘炎的户口随学校有关人士一起办理迁走了……两人的被褥，一年四季的衣服装箱的装箱，捆扎的捆扎，全准备好了……一声令下，父母一步三回头地向汽车站走去，3个孩子与父母的5双泪眼交织在一起，虽不确切，但确实是这样的氛围：风萧萧兮易水寒，壮士一去兮不复还！……

戴寅立时陷入了困境。

父母前脚刚走，黑龙江生产建设兵团60团的催命电报后脚就到：如再不归队，将以开除处置！

戴寅依样画葫芦地画了自己患急性黄疸型肝炎的病历证书、医生开出静养的休假证书和自己写的请假信，立即以"快信"并"挂号"的形式向自己所在团部邮去，60团团部复电：再准假一个月！

戴寅只能先管眼前没完没了的挠头、麻烦事：清早起来，第一件事就是给妹妹、弟弟做早饭，再叫他们起床，安排早餐，送出门，叮咛路上注意安全，再自己洗盥，吃早饭；上东四菜场买菜，黄瓜或豆角，或西红柿，两角钱一堆的买一堆，两角多一斤的已有臭味的带鱼买两斤，或买一斤皮厚之又厚的猪肉，赶回来七手八脚地处理，因为妹妹和弟弟都要赶回来吃中午饭的，母亲特别关照要保证妹妹、弟弟的营养；抽空整理屋内环境——扫地、抹桌擦椅，自己的衣服、妹妹和弟弟的衣服要洗；赶上晴天要到院子里的铁丝上晾晒被褥……妹妹、弟弟的功课很好，虽不用操心，但也得关心，起码要在作业本上签字……

母亲每月给3个孩子寄的钱97元——这是刘炎的全部工资。收到汇款后，戴寅首先在食堂——人大虽然撤销了（铁狮子胡同一号院是人民大学分部所在地），但留守人员考虑到铁狮子胡同一号院里留下的不是老人就是孩子，决定把原来的教工食堂继续开放——花50来元买菜卷、饭票，这样可以让生活得到保障，而家里的伙食则是补充！

一个多月后，兵团给戴寅电报通知：以逃兵论，做开除处理！这样，戴寅即使北京有家，也成了"黑人"！没有户口，没有粮食，3个人吃两个人的粮食，母亲临走时曾留下一些全国粮票，可很快就消耗完了！戴寅此时虽然年届20，但毕竟没有生活经验，所以几乎每个月底都会出现"粮荒"。怎么办？分头到同学家去蹭饭。一顿也许可以，几天怎么行？在那个年代，家家的口粮都不富裕啊！煮一锅黄瓜，或者一锅西红柿，3个人，就这样凑合着度日……

时至1972年初秋的一天，戴逸风尘仆仆地踏进了北京的家门。戴寅获知，父亲请假回来，一是因为余江"五七干校"可能要关门，他们有可能再回北京，这样，珂珂和玮玮的生活理应由父母照料，戴寅要自奔前程；二是父亲要亲自去自己的兵团，想方设法把自己的户口要回来。

戴逸北行之前，做了精心的准备：自己和夫人两人在江西人大余江"五七干校"劳动锻炼的身份，经请示核准后由校部出具了证明；还有一份戴逸、刘炎签署的家庭情况说明；为证明北京家里有一女、一子尚处幼年则带上了家里的户口本（本上确切无误地写着"戴珂，女，生于1958年；戴玮，男，生于1962年"，即一个14岁，一个10岁）；戴寅的全部病历和医院出具的休养医嘱；等等。戴逸在买定火车票后，电报明示戴琛赶到团部会合，而后由戴琛陪同，戴逸先从黑龙江生产建设兵团6师60

团 4 连开始，再到前进农场即 60 团团部，最后是佳木斯 6 师师部，戴逸先生绝无学者架子，放下身段，不厌其烦，不卑不亢，该说明的徐徐道来，该解释的简明扼要，该央求的态度诚恳，就这样，戴寅的棘手烦事竟然绝处逢生：团部撤销了对他的处分，师部竟然把戴寅的户口从集体户口里分离出来，交给戴逸带回了北京。

在平平庸庸、婆婆妈妈之中，戴寅又度过了一年，父母终于从江西余江返回北京。戴寅又第二次插队到山西黄河岸边的稷山县董家庄。这里民风淳朴，戴寅在此过了 3 年春播棉花、秋种小麦的农民生活，重要的是领悟了临行前父母的谆谆教诲，摒弃了"读书无用论"，不靠天，不依地，改变命运靠自己！他在董家庄教堂里捡到了一本传教士留下来的外文书，然后又让父母寄来了英汉词典，利用闲暇时间，开始恶补英语……

1977 年初，中央对于上山下乡知识青年的政策开始松动，出现了允许"病退"（知青因病退回城里原址）、"困退"（知青父母年老有病或年老体弱无人照顾的，允许当事知青退回城里原址），全国由此立即出现了知青返城潮。其间，戴寅带着返城户口于 1977 年 4 月回到了北京家里……

1977 年 10 月 21 日，中国各大媒体发布了恢复高考的消息，并透露了本年度的高考将于一个月后在全国范围内进行。是时，戴家将有戴寅、戴琛、戴珂 3 人参加考试，不仅这 3 人压力山大，而且他们的父亲、母亲也处于紧张、焦虑之中……

从 1977 年 10 月 21 日发布恢复高考至 1977 年 12 月 10、11、12 日 3 天全国 570 多万工人、农民、上山下乡和回乡知识青年、复员转业军人、干部和应届毕业生走进考场，其间相隔了整整 50 天！对戴逸、刘炎来说，3 个子女一起奔赴考场，不啻是一场战斗，是全家的头等大事，将动用一切资源、一切力量，全力以赴！

戴家的这场战斗，分 3 条战线。不！从严格意义上说，是分 4 条战线拉开的！

第一条战线是戴寅备战。妹妹戴珂把初中三年的课本和高中三年的课本在桌上堆了六大摞，包括代数、几何、三角、物理、化学、语文、英文、历史、地理、政治，地上还堆着她的一大叠、一大叠的作业本，戴寅见了真可谓胆战心惊！"文革"开始时的 1966 年，戴寅刚小学毕业，从此没上过一天中学，现在要在不到两个月的时间里啃下这些课本，岂不是天方夜谭！晚上戴逸回家，看到垂头丧气的戴寅，说："重在参与，权作练身！"那怎么复习呢？如何入手呢？戴逸说："采用'排除法'！"何谓"排除法"？——先易后难！怎样做，才算先易后难？戴逸问儿子："你打算报考什么学校? 学什么专业? "戴寅回答说: "北京师范学院,中文系,外国文学专业,因为在山西3年自学了英语,虽是哑巴英语,但自我感觉还可以对付,反正现在不会考口语。"戴逸对儿子的回答甚为满意,接着说: "所谓先易后难,就是你先把英文放在一边,临到考试前,花一点时间把珂珂的高三英语课本理一遍就行了; 然后是语文,依据当前的形势,熟读甚至背诵10篇高中语文课本的范文,以此对付作文,估计作文在语文考试中会占很大的成绩比重,另外还会考古文,能记多少算多少,这样,语文又可以放过去了; 政治,你去图书馆翻一下近期的报纸,把重大事件记住,就可以了,其他的能答多少是多少; 难的是数学、物理、化学, '文革'以来废了高考,估计这次尽管考文科,也会考数、理、化,这是难点、重点,每天晚上由我来帮你,也包括珂珂复习。数、理、化本来是从初中到高中循序渐进的,时间来不及,倒过来,由高三课本切入,能理解多少是多少,能做对一两个题就不错了……"就这样,戴寅繁重的思想包袱一一放下了,每天的复习也有目标、有计划地推进了……

戴家高考备战的第二条战线围绕戴琛展开。高考时,戴琛报考东北师范大学历史系,打算子承父业……

戴家高考备战的第三条战线主角是戴珂,她虽然已高中毕业,但无处升学,1977年的恢复高考正逢其时也。父母对她颇为放心,要她调整心态,让她放松的办法就是令她帮助哥哥复习,是时,她报考北京医学院(现首都医科大学)医疗系……

戴家高考备战的第四条战线主角是刘炎,她是后勤部长。戴家每晚灯火通明,戴逸要辅导戴寅备考,戴珂除了自身努力还要帮助哥哥,而刘炎则递茶倒水,半夜两点准时会给每人送上一碗热气腾腾的夜宵……

1978年的高考发榜,戴家喜忧参半: 戴珂金榜题名,如愿上了心仪的大学; 戴寅、戴琛虽然名落孙山,但绝无气馁之色。知短而后勇,又发力半年,至秋天两人都如愿以偿: 戴寅考取了北京师院外文系,4年后又考取了中国人民大学世界文学研究生,1985年毕业后留在人大当外国文学助教2年,1987年赴西澳大利亚墨朵大学攻读比较文学博士学位,学成回国后任教于人大,再后在国家清史编纂委员会从事编译工作,成果丰硕,退休后不久即有"清朝末年历史的全景图"——《海军,海军! 》[1]出

---

[1] 简林、戴寅:《海军,海军! 》,北京十月文艺出版社,2018年。

版，而后又有《罗汉》①《中士》②出版……

老二戴琛1978年考入东北师范大学历史系就读，1982年毕业后被分配至中国人民大学北京分校任教，子承父业，桃李满天下；在参与《清朝人物传稿》编撰中，成果丰硕，所撰《吴三桂传》备受好评；而其尤钟爱京剧、昆曲，被誉为"中国京剧第一票友"……

老三戴珂从首都医科大学医疗系毕业后被分配至北京宣武医院，后成为儿童脑外科专家……

老四戴玮1980年考入中国人民大学一分校经济管理专业就读，1984年毕业后入国家烟草专卖局从事审计工作……

笔者在与戴氏兄妹交往中，有一件事当时颇为感叹，故曰，家风传承非一日之功，乃骨子里的血脉相系也！是时在去岁冬月，戴君琛为纪念当年知青进军东北50周年开展活动时，将几个相关视频亦传余一阅。感佩之后，即随视频将其文字记录如下：

1968年冬，北京等地知青上万人开进黑龙江东部荒原，后形成新镇之一名曰"前进"。2011年7月8日，旧时知青156人再赴前进镇，众议立碑感怀逝者，戴琛挥毫，成《拓荒先民冢碑》：

> 前进镇西北里许，旧时冢茔，埋骨者殆数不可考，殁者名姓、里籍或无可稽矣。戊申年冬始，万余众北进辟荒，时积雪没胫，人人奋厉，凡决壤、凿井、斫木、耕畴，越十数年，沼沚莽野，化为禾黍陇亩。唯火厄、伤逝、病夭，罹祸殒绝者，影茕相吊，瑟然南望邪。辛卯六月，有故人携袂奠祭，奉香倾殇，诔歌当哭。时白发黑鬓，阴阳相隔，人鬼相持，清风牵衣，安知非汝等言语焉，薄雾沾履，安知非汝等垂泪耶？功过谁论，事乃至难，感怀唏嘘，有涕泣不能自休者。念原下诸君，人微名佚，夫肝胆披沥，气表磊磊，今人所不能逮也。先民故事，迁百数十年，谁与知之？藉后人至此流连凭吊，俾前人事迹不致湮没于后世，勒石以记。

① 戴寅：《罗汉》，北京十月文艺出版社，2020年。
② 戴寅：《中士》，北京十月文艺出版社，2021年。

恕笔者以小人之心直言，在直视视频、记下上述文字，产生感动、感慨、感叹之余，一个疑问立时涌上心头，且不吐不快，于是请问戴琛："既然小学毕业后不久即奔赴北大荒，又通过恶补才考上大学，此等古文水平岂不是从娘肚里带来，抑或从天而降？如果没有老爷子相助，何来如此文字？"戴琛这般相告："常熟小学六年，人文渊薮、底蕴使然，其为一；喜欢京剧、昆曲，其戏文不是古文，就是诗词，熟悉戏文即熟悉古文，其为二；大学四年苦读历史，古文相伴，由伴生爱，受益匪浅，其为三；在家接受老爷子熏陶，耳濡目染，喜爱油然，遂立基础也！"戴琛又曰："在前进农场撰碑文，众目睽睽之下，石匠屹立于后，纵有向老爷子问教之心，实无相问之时，只能硬着头皮绞脑汁，好在当时确实激动悲怆不已，故手到擒来，然亦有微羔耳！"戴琛之释，令人心服也！

综上所述可见，在这世上，有一种爱，亘古绵长，无怨无悔，无私无求，不随岁月变换，不因季节更替，不受名利浮沉——这就是戴逸、刘炎舐犊之情。也正由此，春华秋实，硕果迭出！有诗为证：

戴家世泽倚书，
知识改变命运。
小学直考大学，
博士出其之中。
子承父业聚对，
名医名仕成双。
舐犊情出硕果，
百年家风圆梦。

守抱初心

年岁已近知天命的戴逸，经常扪心自问：知天命，天命何在？能知乎？终日与一群长喙参军为伍，虽颇敬业，然业绩平平；虽心有不甘，可回天乏力！猪倌 4 年，再加遭批斗、关牛棚、写交代近 4 年，8 年光阴竟如此付诸东流……

在浑浑噩噩之中，于百无聊赖之时，最好的治疗药物也许就是回忆了：回首童稚时期，小人书、小说书、诗词歌赋勾起了几多爱好文学的人生初衷；初中、高中对文史的初衷不改，成绩拔萃，又让几多学友倾慕不已；以为文史是日后大学之选，然时运不济，阴错阳差地进入上海交大成为"理科男"后，两年的数理题海大战使其对数理了无兴趣，放弃学业，拥抱初衷，考入北大，进入文史辽阔江天，如鱼得水，无比快乐……

人生终极目标的最低层次唯为快乐，如果生存没有快乐，那就失去了生存最起码的意义。戴逸天天思忖着一个原始问题：与猪为伍，了此残生，人生意义何在？

如此苦思冥想，乃至不断反思，戴逸痛感下干校之前几乎把所有藏书清理卖掉，从此"刘项原来不读书"，这实在是过于冲动而导致的鲁莽、草率之举！现在细想，读书、教书、写书几十年，心之所系，心之所爱，心之所乐，唯书耳！连养猪，依样画葫芦都不恙，千思万想，还绝不能丢了老本行！于是，他在养猪之余，就在猪圈边上，借着豆灯之光，又一头埋进了《四库全书总目提要》。2016年中国人民大学出版社出版的《经史札记》相当一部分的书稿，就是在此情此景中披阅而成的。有一次，戴逸在县城邓埠镇新华书店竟发现了"新大陆"——"文革"之中"扫四旧"之风竟然没有扫到书店里的英文小说，随后他不断地买，不断地读，前后共读了100多本英文小说，真是酣畅淋漓；再后来，他凭着自己的记忆，为一位青年教师逐字逐句地修改了一部书稿；然后干脆又给青年教师开讲中国历史课……

1973年深秋，国务院科教组命令下达，中国人民大学余江"五七干校"撤销，教职工回京分配工作。"郭影秋副校长是明清史的专家，对编纂清史的工作十分热心，故人民大学教师从江西干校回北京后，原中国历史教研室的教师，没有分散，保留原建制，合并入北师大，成立清史研究小组，使人力不致分散流失，待条件成熟时，即可建立清史研究所，开展清史编纂工作，实现'文革'以前中央领导编纂大型清史的愿望，这是郭影秋同志为保存研究力量的一片苦心。"①

戴逸，终于等来了守抱初心的人生机遇！

戴逸先生向笔者说："1973年深秋回京不久，作为附属于北师大的原中国人民大学专门从事中国近代史教学、科研的中国历史教研室主任，竟受到当时外交部有关

---

① 戴逸：《我的学术生涯》，见《皓首学术随笔·戴逸卷》，中华书局，2006年，第188页。

负责人的召见。"简要地说是：1969 年 3 月发生"珍宝岛自卫反击战"后的 1969 年 11 月，苏联部长会议主席柯西金在参加越南领导人胡志明葬礼后路过北京时，与周恩来总理在首都机场进行了会晤，从此中、苏之间关系有所缓解，然后中、苏之间开始边界问题的外交谈判。在谈判中，苏方不仅拿出了当初中俄谈判的很多资料乃至签订的条约文本，而且讹诈珍宝岛是苏联领土。长期以来，在"中苏友好"的光环下，中方对史实、史料均鲜有准备，在谈判中，除了口头驳斥之外，竟鲜有史料佐证，故希望历史学家为外交谈判提供参考史料，也为民众了解历史真相做出应有的贡献……

作为历史学家的戴逸十分清楚，中、苏双方当时明争的是珍宝岛的主权，实质是中苏在双方边界的东段、中段、西段存在久远而漫长的划界争议问题，其源头要追溯到清政府立朝初期即康熙帝时期与沙俄签订的《尼布楚条约》时的争斗；因为《尼布楚条约》是中国历史上与西方列强签订的第一个条约，解析这一条约的签订，不仅对理解"珍宝岛事件"有益，且对掌握中俄外交的来龙去脉也会有裨益。因此，戴逸选择了中俄《尼布楚条约》作为自己的研究课题。

戴逸先生直言不讳地写道："《一六八九年的中俄尼布楚条约》① 写作于中苏边境冲突之后，明显具有政治性。写作之时，我也怀着强烈的民族感情。但我努力保持冷静的客观立场，力求从学术上研究中俄东段边界的沿革。"② 又说，为这一课题研究，"投入约 4 年的时间，对条约签订的背景、谈判情况、条约文本和争议问题做了详细研究，写成《一六八九年的中俄尼布楚条约》一书，由人民出版社于 1977 年出版，这是我的第二部代表作"③。

戴逸先生引用中俄双方大量的官方档案和私人文献，精准、形象、生动地再现了《尼布楚条约》谈判的全过程及其成果，为中国政府处理中苏边境问题提供了珍贵的参考和备要，其重要性在于以崭新的思维方式和写作方法开创了中国研究清朝边疆史的先河。

---

① 北京师范大学清史研究小组：《一六八九年的中俄尼布楚条约》，人民出版社，1977 年。

② 戴逸：《我的学术生涯》，见《皓首学术随笔·戴逸卷》，中华书局，2006 年，第 189 页。

③ 同上。

第七章　肩负双担攀崇山

一幅中国水墨画徐徐展开：

仙风道骨的耄耋老者肩挑重担，
盘桓于崇山峻岭的山阴道上。
他目光炯炯，凝视远方，
他的目标是8848，
它是中国的，也是世界的。

细看重担，
一头是前人的重托——
吴晗曾领受周总理之托付，
总理还谈过托付由来。
那是新中国成立之初，
董必武郑重提议，
毛主席立即附议，
我们要纂修"清史"！
郭影秋校长又奉命搭建班子，
可出师未捷身遭残，
英雄洒泪再托付。
挽留人才，组建团队，

筹建史系，纂修"清史"！

再看重担，
另一头是教学薪火。
为使清史治学后继有人，
人大首开史系先河。
他一身二任，
清史所所长，历史系主任。
桃李不言，
下自成蹊。

"路漫漫其修远兮，
吾将上下而求索！"

不辱嘱托

1978 年 7 月 7 日，无论是对中国人民大学来说还是对戴逸来说，都是颇为欣慰、值得珍惜的日子。当日，国务院正式发文，恢复中国人民大学的原有建制。与此同时，缠绵病榻的常务副校长郭影秋通知戴逸：将清史研究小组扩建为清史研究所，由戴逸任常务副所长，主持工作。鉴于干部任职相关规定，郭影秋兼任研究所所长，一年后郭影秋卸任，由戴逸任所长。郭影秋还嘱咐戴逸：要广招人才，把研究团队组建起来，要筹建历史系，抓好人才的梯队建设和培养；目标是把《清史》纂修完成……

戴逸，心潮澎湃，感慨万千……

毋庸讳言，在十年动乱之前的 20 世纪五六十年代，不仅是年轻人，而且可以说几乎所有有识之士，个人的爱好及其发展要以服从国家需要为前提，戴逸打从孩提时代起喜好文史，在错投上海交大搞了两年数理题海大战觉得了无生趣之后，又投入北京大学怀抱，在校长胡适、秘书长郑天挺等名师耳提面命之下深得史学精髓。在投奔解放区于华北大学受训结束留校之后，实事求是地说，在"史学"这大门槛里，与其说戴逸喜欢历史的教学与研究，还不如说其"喜爱"是由"服从组织分配"决定的来得更妥切些。组织上要他做华北大学中国革命史专家胡华的助手——在胡华讲课时为先生在黑板上板书人名、名词、地点等等，他没有二话；组织上要求他为胡华收集、整理文献、资料，他欣然同意；组织上要求他为胡华的初稿补充部分章节，他通宵达旦地赶紧完成……那么，戴逸还能从事自己喜爱的历史研究吗？在业余时间，他竟完成了自己的处女作《中国抗战史演义》，1951 年 3 月由新潮书店出版，当年戴逸 25 岁；同时他还应《人民日报》总编辑邓拓之约，撰写了整版批评美国大搞绥靖政策，鼓动、纵容日本侵略中国以致养虎为患，终于日本偷袭珍珠港，遭受巨大损失……这就是组织上分配的工作，与自己的"爱好"不一致时，戴逸所采取的态度和作为。

1952 年，中国人民大学的中国革命史研究室的历史组分立为中国历史教研室，又由于缺少中国近代史教师，对中国近代史知之甚少的戴逸应召被调到中国历史教研室中国近代史组任教，名曰"填补缺额"。

在戴逸于中国人民大学中国历史教研室任职及之前的中国史学界，言史必称上古先秦起码得讲汉唐乃是史界常识，中国近代史即 1840 年鸦片战争之后的晚清史处于几乎无人理睬的程度，资料、成果亦甚为稀少。在此情此景之下，戴逸被委任了中国近代史的研究、教学，意味着什么，是不言而喻的。但他没有二话，服从组织的决定。

1954 年，中国人民大学开办中国历史研究班，七八十名学员中有调干生，有大学毕业生，也有全国各地的历史教师，许多学员的年龄比戴逸大，普遍具有丰富的历史知识，有些人已是副教授，而戴逸仅是一位初出茅庐的讲师。组织上何以把如此重任交给戴逸？本来，中国历史研究班的中国近代史课原来是曾经担任过北京大学副教务长、中国人民大学研究部副部长的著名考古学家尹达教授承当的，尹达突然调离中国人民大学，面对虚位以待的教席，领导竟大胆地交给了戴逸。

孟子曰："天将降大任于是人也，必先苦其心志，劳其筋骨，饿其体肤，空乏其身，行拂乱其所为，所以动心忍性，曾益其所不能。"以笔者之见，戴逸领受原尹达先生执教的中国人民大学中国历史研究班中国近代史课程（同时兼任班主任），对他来说可谓"天降大任"！他倾其人生 28 年的"苦其心志，劳其筋骨，饿其体肤，空乏其身，行拂乱其所为"的积累，全身心地投入研究、教学，成果丰硕，教学深得学员喜爱。由此，戴逸的学术之途在不经意间步入了"清史"殿堂。

1956 年，戴逸的职称在中国人民大学晋升为副教授。他是新中国教育史上由新中国自己培养的最年轻的副教授，当年戴逸 30 周岁。

1958 年，戴逸在课堂上宣讲的关于两次鸦片战争和太平天国运动的课程，在人民出版社再三邀约下，这部分讲稿经修饰并铺陈展开为有 40 多万字的《中国近代史稿》（第一册）正式付梓出版，一时洛阳纸贵，人民出版社 3 年内连续刊印 3 次，史学界好评如潮。此后，戴逸又边讲课边续写了《中国近代史稿》（第二册），内容包括"洋务运动""中法战争""中日甲午战争"等，鉴于当时连续不断的政治运动，书稿遂被沉入箱底。"文革"后期，戴逸初心不减，又积累了"戊戌变法""义和团运动"等资料，然其他事务缠身，不得已，《中国近代史稿》第一册、第二册终至 2007 年合璧后由中国人民大学出版社出版。戴逸著《中国近代史稿》，乃中国近代史教育的奠基之作，戴先生的第一部史学代表作也！

1959 年 4 月 11 日，戴逸应约写了一篇史评长文《评〈中国近代史资料丛刊〉》在《人民日报》上发表。《中国近代史资料丛刊》由中国史学会发起选编，总主持是范文澜先生，编委会成员有徐特立、翦伯赞、陈垣、郑振铎、向达、胡绳、吕振羽、华岗、邵循正、白寿彝，个个都是当时国家史学界顶级专家；从 1951 年起步起，至 1959 年已出版九部著作（《鸦片战争》《太平天国》《捻军》《回民起义》《中法战争》《中日战争》《戊戌变法》《义和团》《辛亥革命》），共约 2000 万字（《洋务运动》稍后出版，《第二次鸦片战争》《北洋军阀》《抗日战争》在"文化大革命"后出版，后四部共约 1400 万字）。对 2000 万字的九部古籍丛刊，首先需要浏览一遍，然后对重点文献予以勾勒评介，再从全局着眼综述九部文献对历史研究的前瞻性意义，文献的优长和不足，今后的补救方法建议，等等。如此说来，戴逸撰《评〈中国近代史资料丛刊〉》虽说只是一篇史评，但其工作量之大是不难想象的。从主持选编《中国近代史资料丛刊》的都是国内史学界各领域的泰斗、专家来说，才 30 刚出头的戴逸撰《评〈中国近代史资料丛刊〉》无异于"关公门前耍大刀"，用一句俚语说，"嘴上无毛，办事不牢"，《评〈中国近代史资料丛刊〉》能得到这些专家的认可吗？结果，《评〈中国近代史资料丛刊〉》在《人民日报》堂堂正正发表后，好评如潮！中国史学界的一颗新星，在老一辈专家学者的注视下，冉冉升起来了！

1960 年 12 月 24 日，北京市最早成立的群众性学术团体之一的北京市历史学会成立。首任会长是著名历史学家、北京市副市长吴晗，戴逸任常务理事兼中国近代史专业组组长（后任第四、五届学会会长）。在此之前的 1958 年，由吴晗倡导的以向广大人民群众尤其是青年学生普及历史知识为己任的《中国历史小丛书》编委会成立，主编是吴晗，戴逸任编委，他们经常在一起开会，讨论选题、研究作者、编审稿件等，戴对吴敬重如师长，吴视戴为忘年之交，过从甚密甚欢。1962 年的一天，在北京市历史学会常务理事会讨论工作结束会议之后，吴晗约戴逸留下来谈谈，在场的只有吴、戴两人。戴逸后来回忆道："我万万没想到，这次谈话竟和我后半生的研究方向大有关系。"① 显然，这对探究戴逸的清史人生来说，也颇为重要，故在此予以摘要介绍。

吴晗说："中央领导同志正在考虑清史编纂工作，这是一项艰巨的、长期的大工程。明史的编纂花了将近 100 年，清史的编纂也得用几十年。当前，清史尚是一片荒芜的园地，治清史者甚少。"② 因为戴逸是研究近代史的，近代史即是晚清史，所以他找戴逸谈谈。对于应怎样开启这项工作，目前清史的状况如何，想听听戴逸的意见。

戴先生在文章中继续写道："说实在话，在此之前，我从未想过要编清史，也不曾听说过有关建议，脑子里并未转过这方面的念头，因此也谈不出什么意见和建议，只是说说清史研究的情况。当时，研究清代前期和中期史的专家只有郑天挺、谢国桢、王钟翰、商鸿逵、李洵等数人，他们虽有精深的造诣，但人数甚少，没有形成一支队伍，我除了赞成、支持这一大工程之外，说的话很少。但吴晗同志打开了话匣子，滔滔不绝地说起来，如何团聚、培养队伍，如何搜罗资料，如何接管全部清代档案，如何拟订工作计划，如何确定史书体例，如何整理、翻译满文档案和外文资料，以及明史编纂中的经验与失误，等等。我惊讶地发现，在他头脑中已有一套比较周密、详细的设想，他有一个很明确的意见，即是要设立'清史馆'，作为常设的修史机构，并由一位副主席或副总理兼任清史馆长，才能调集人才，统一事权，甚至史馆的建地、内部编制也想到了。我这个后学新进听这位著名史学家的宏伟规划，衷心拥护、钦佩，静静聆听，不赞一词。他的设想很宏伟，要求很严格，要完成《清史》的编纂，没有政府的大力支持是难以做到的。必须集中优秀的人才，拨给充足的经费，宽以岁月，按部就班，把人员团结、组织起来，才能成功。他对任务的艰巨性是有足

---

① 戴逸：《吴晗同志和我谈清史编纂》，见《繁露集》，中国社会科学出版社，1997 年，第 242 页。
② 同上书，第 241 页。

够估计的，他说：要写成一部比较像样子的清史，即使立即组织力量，全力以赴，并且工作顺利，我今生恐怕也难以见到全书的完成了。吴晗同志那时还只有 52 岁，在他心目中，这部大型史书，非数十年时间，不能竣工。"①

这次谈话之后，吴晗虽然与戴逸有多次接触，但吴晗再也没有与戴逸交谈过清史编纂之事。戴逸认为当时正值三年困难时期，全国各项工作进行调整，故清史编纂的事只能缓议了。

时至 1963 年前后，戴逸写道："这时，我陆续从领导和历史学界前辈那里听到清史编纂的事，知道这是由董必武同志提议，周恩来总理亲自主持的，周总理首次和吴晗同志商议此事，后黎澍同志也就此事写过书面意见。1964 年毛泽东主席也和范文澜同志提到过编写清史的事。"②

中央高层领导最初关于清史编纂的提议戴逸先生之所以语焉不详，是因为此文是他于 1990 年在北京市历史学会一次会议上的发言，主旨是谈吴晗对清史编纂的想法看法的，清史编纂的启动也未提上议事日程。戴逸先生在《我的学术生涯》中这样写道："新中国成立初期，董必武同志曾向中共中央建议，编纂两部大型的历史书，一部是中共党史，一部是清史。这一建议受到毛泽东主席、周恩来总理的重视。1958 年，周总理和吴晗同志谈过编纂清史的工作，吴晗同志考虑了初步设想，他找我谈论过并征询我的意见。以后由于国家经济困难，被推迟实行。1964 年，毛泽东主席和范文澜同志个别谈话时说，他对研究清史有兴趣，如果有空闲时间，想读一点清史的书。1966 年③，周总理要求中宣部筹划清史的编纂工作。10 月间，中宣部召开部长会议，决定在中国人民大学成立清史研究所，以原中国历史教研室为基础，由郭影秋、关山复、刘大年④、尹达、佟冬、戴逸为清史编纂委员会委员。11 月间，孙泱副校长向我传达了中宣部的决定，要我考虑和制订建立清史研究所的方案。不久，'文化大革命'到来，建立清史研究所的事又被搁置。"⑤

郭影秋校长赴中国人民大学任职，在戴逸的清史人生中起着重要作用。戴逸先生

---

① 戴逸：《吴晗同志和我谈清史编纂》，见《繁露集》，中国社会科学出版社，1997 年，第 242 页。
② 同上书，第 243 页。
③ 对照戴先生其他著作，此处应为 1965 年。
④ 在戴逸著《哲人其萎 风范长存》（见《皓首学术随笔·戴逸卷》，中华书局，2006 年，第 173 页）即回忆郭影秋的文章中，此处为刘导生。此外，对照戴先生其他著作，此处属郑天挺。
⑤ 戴逸：《我的学术生涯》，《皓首学术随笔·戴逸卷》，中华书局，2006 年，第 188 页。

在接受笔者采访时说，时间在 1963 年，当时名分上他已不再是吴玉章校长的学术秘书了，但过一段时间后总要去看望老校长的。有一次，吴老对他说，现在出了件麻烦事，协助吴老主持学校工作的胡锡奎先生要调任中共中央西北局书记处书记，谁来接替呢？

1963 年初夏，戴逸获悉郭影秋副校长兼校党委书记已到任了，这让戴逸颇为感慨。因为吴老告诉他，周总理给吴老说没有把握把郭影秋校长调来人大，因为周总理曾派人找过郭影秋，要郭影秋到总理身边工作，任国务院副秘书长，可是郭影秋没有同意周总理的调遣，仍旧留在南大。不过，总理答应吴老，派人去与郭影秋商量。这件事过去了不到一个月，郭校长竟走马上任了！这时，戴逸正有一件急事要向郭影秋副校长请示，便径直找上门去了。戴逸说是中宣部派人通知他，要去参加一次研究事务，时间要半年左右；教研室的工作和教学任务的安排，他也考虑周全了，如果校领导同意，他就安排下去。听了戴逸陈述，郭影秋没有任何意见，事情就这么定了，这就是戴逸写《论"清官"》的起始步骤。话说当时郭校长与戴逸谈话时，现场就两个人，因而谈话无拘无束。一位是久经锻炼、饱经风霜的老革命，又带着浓重的书卷气的革命家学者，另一位是史学界新锐，可谓惺惺相惜。郭影秋副校长在了解了戴逸请示的事务之后，竟直接与戴逸谈起对学校工作全局性的诸多问题的看法，诸如教师队伍建设、思想政治工作、专业设置、校舍、领导干部的团结等等。这使戴逸十分惊诧，因为郭副校长虽然来校时间不长，但对学校情况竟然了解得如此透彻，对学校的发展前景也竟如此深思熟虑，而自己作为华北大学时期就入学的过来人，竟对学校全校性的问题关心甚少，因而除了惊奇诧异之外，只能点头聆听或予以简单的回话了。此时，郭副校长话锋一转，直问戴逸："历史科学在文科大学中应占什么地位？""历史是人文科学中的基础性学科，其对人的世界观、人生观、价值观的正确培养和树立，是有奠基性的作用；其基本功能是揭示客观历史的发展规律，启发人们的智慧，提高文化素质，塑造美好的心灵和人格。"后来戴逸先生就此论题做过专文论述（如《皓首学术随笔·戴逸卷》中的《历史科学的社会功能》等），但当时戴逸对此考虑得不多，因此只做了简单回答。不料郭副校长竟沉吟着说："如果条件成熟，可以考虑成立历史系或研究机构（当时我校尚无历史系和研究所），重要的是要办出特色，要重质量。"①这犹如振聋发聩的话语，使戴逸始终铭记在心，他认为："这也许可算是我校

---

① 戴逸：《哲人其萎　风范长存》，见《皓首学术随笔·戴逸卷》，中华书局，2006 年，第 172–173 页。

设立和发展历史专业的发轫点。"①

这次谈话后的一年半内，戴逸与郭影秋副校长再也没有单独交谈过。因为先是戴逸有半年借调在中宣部写稿，后头又有一年郭影秋副校长率领师生赴京郊苏家坨前沙涧村从事农村的"四清"运动，当然没法当面直接沟通，但设立清史研究所的事有了进展，这就是：孙泱副校长直接到戴逸家正式通知他——中宣部在周总理、董必武同志的指示下，召开部长办公会，决定成立清史编纂委员会，编写大型清史；清史编纂委员会主任是郭影秋，7位编委会成员中戴逸是年纪最小的；郭影秋副校长特别关照戴逸，要抓紧考虑设立清史研究所的计划。这一通知的时间在1965年10月。紧接中宣部发出这一通知的1965年11月10日，姚文元的《评新编历史剧〈海瑞罢官〉》在上海《文汇报》发表，吴晗被推到了风口浪尖，一场全国性的大灾难降临中国大地，不仅吴晗遭到难以置信的污蔑和折磨，以致夺去了这位卓越正直的历史学家的生命，而且北京市历史学会及中宣部主持下成立的清史编纂委员会全部成了"黑帮"组织的"黑会"，而郭影秋和戴逸则在"文革"中由此而"罪加一等"，后果可想而知。

1969年中国人民大学被明令解散，教工都去江西余江"五七干校"下放劳动，此时郭影秋虽身缠病榻，但他认为人民大学不会就此被解散，所以他向上级建议将来人民大学的教师不要分散分配工作，而要成建制地集中安排工作，一旦需要就可以迅速地集合起队伍。1973年，当中国人民大学原来赴江西余江"五七干校"的教员回京时，国务院科教组领导接受了郭影秋的建议，原人民大学的教师被集中安排到北大、北师大、首都师大、财经大学等院校，这显示了郭影秋作为一名教育家的战略眼光，从而保留了一大批长期培养起来的教学和科研队伍。戴逸先生对笔者说，经过十年动乱的折磨，到20世纪末时，复校后的中国人民大学所拥有的一、二级教授，在首都所有高等院校中是为数最多的。比如，吴树青，他是戴逸高中时期的同学，比戴逸还低两届，本是人民大学的教授，后来调到北京大学当了校长。中国人民大学得以顺利复校，能保留如此强大、齐全的教师阵营，郭影秋校长真是厥功至伟啊！至于戴逸能重返清史研究岗位并走上人民大学清史研究的领导岗位，施展自己的抱负，戴逸先生说："这也是郭影秋校长直接施与影响、推动的结果！"原来，还在1972年，那时人民大学江西余江"五七干校"还没撤销，可能是郭影秋已经获

① 戴逸：《哲人其萎 风范长存》，见《皓首学术随笔·戴逸卷》，中华书局，2006年，第172-173页。

悉人民大学的教师要返回北京了，他更念之于心的是"文革"前夕中央委托他率领编纂清史的任务，于是他向北京市委建议成立清史研究小组，隶属于北师大。就这样，当戴逸他们从江西余江返京后，原人民大学一部分搞历史和文学、档案、法律的教师就在"清史研究小组"的名义下聚集在一起，在北师大的名下披荆斩棘，开始了清史研究。戴逸的第二部代表作《一六八九年的中俄尼布楚条约》就是在此情此景下付梓的。

粉碎"四人帮"后，中国人民大学得以复校。此时的郭影秋虽依然缠绵病榻，但竟奇迹般地担任着中国人民大学常务副校长、党委第二书记。郭影秋在学校百废待兴，自己日理万机之际，费心费力最多的是清史研究所的创立及其研究工作。戴逸先生如此情真意切地写道："影秋同志非常关心清史研究所的工作。人大复校，清史研究所建立，他抱病前来出席会议，鼓励全体同志努力钻研。以后，我们的工作一直得到他的指导和关怀。只要他住在北京而病体又许可的话，他总是乐于听取我们的工作汇报，并就研究所的方针、方向和具体工作进行指示，为我们排除干扰，解决困难。他非常尊重下级的意见，总是用商量的口吻和我们讨论工作，从来不用简单的命令。他认识所内许多研究人员和研究生，经常和他们谈话，关心他们成长，指导他们前进。他虽然久病，但深入群众、平易近人的作风并无改变。他对我们的帮助具体、细微、切实。例如，我所的重点科研项目《清史编年》，就是在他的倡议、帮助下编写的，他为此书的编写体例和内容多次和我们谈话，并亲自写了《序言》。这本书现在已全部完成出版，可惜影秋同志已见不到他所关怀和培育的这一成果的问世。"[①]

从引文可见，作为当年中国人民大学清史研究所开山所长的戴逸，他所领导的团队及其在中国历史界所开创的系统研究清史的事业，是在原来由中宣部领导按中央要求组建的清史编纂委员会主任郭影秋直接领导下起步的。其研究方针、方向乃至具体研究工作，都是在郭影秋的直接指导下开展的。郭影秋，作为革命家出身的历史学家、教育家，在领受清史编纂委员会主任后，在缠绵病榻15年期间读书、思考了清史编纂这一交办的重大任务，他对清史编纂的战略眼光和洞察力，对清史研究眼前和未来的统筹运作，不仅了然于胸，而且可谓炉火纯青，这从清史研究所起步就抓重大

---

① 戴逸：《哲人其萎　风范长存》，见《皓首学术随笔·戴逸卷》，中华书局，2006年，第177页。

课题可见一斑。根据郭影秋的提议，戴逸带领大家完成的重大课题《清史编年》，其实就是清朝近 300 年的大事记！与此同时，由戴逸提议，经郭影秋同意，全所几乎所有人员都参与了《简明清史》的编写，在此基础上，戴逸历经 7 年时间，逐字、逐句地将全书斟酌敲定。回想当年，戴逸正年轻力壮、思维敏捷，被"文革"压抑了 10 年的研究激情，犹如火山一样喷薄而出，他前后反复多次地梳理清朝历史，方能成就此两部重要著作。正是基于这两部史著，戴逸在清史编纂启动后方能说服诸位编纂委员会成员和众多史学专家，在《清史》中编纂出完全有别于"二十四史"的新型史著体例《清史·通纪》，这是新《清史》最闪亮的创新之点。

所以，从这个意义上说，虽然是戴逸选择了历史，选择了清史，但更确切地说，是历史选择了戴逸，是清史选择了戴逸，是社会、历史的嘱托造就了戴逸，是社会、历史成就了戴逸的成长、发展空间！

春蚕蜡炬

唐代诗人李商隐在一首诗中向心爱的人倾诉"春蚕到死丝方尽，蜡炬成灰泪始干"这种终生相随、缠绵与共的忠贞情感，成为千古流传的美好诗文。此后，人们也常常以此来讴歌教师对事业、对学生无私的真诚之心。在这里，以这两句诗来拟比戴逸先生在教育战线的奉献，是十分贴切的。

在粉碎"四人帮"，创设了中国人民大学清史研究所以后，戴逸先生按照郭影秋副校长的托付，又要开辟一个新的领域——创建中国人民大学历史系。对于历史教学，戴逸不仅并不陌生，而且可谓驾轻就熟，但此时的情况与自己从事了 20 来年的历史教学不仅是要求高的问题，更是像郭影秋校长说的"要办出特色，要重质量"，那么，到底要办出什么特色？突出清史研究，为编纂清史造就人才当然是最大的特色。但如此急功近利的说法能通过吗？如何处理个别与一般的关系也是不可或缺的。戴逸想起了 1963 年吴晗先生与自己的谈话。为了纂修清史，吴晗先生首先强调了人才培养问题。戴逸主张到全国各大学历史系挑选优秀的学生从头培养，专攻清史。吴晗同志赞成这个想法，并说还要到外语系找一批学生，翻译各种外文资料。他开玩笑地对戴逸说："将来就请你来当教师，领他们一起读《清实录》《清史稿》，先把基础知识搞得扎实一点。"①想到这里，戴逸不胜唏嘘，无限感叹。想当年，吴晗先生可谓风华正茂、激情四射，想象力无限丰富，他拟力主一位国家领导人如副主席或副总理来主政清史编纂，那就能做到要权有权、要人有人、要钱有钱。可是，斯人已去，风光不再！现在，还像当年那样书生气十足是万不可能的，唯一的路径是脚踏实地，一步步地在荆棘路上蹚开去……

就在这时，戴逸接到了一个电话，是李文海打来的。李文海是1955年中国人民大学研究班的学生，江苏无锡人，入学前已经从教多年，甚为成熟，所以深得教授中国近代史兼班主任的戴逸的喜欢。结业后李文海一直跟随戴逸左右，在人大中国历史教研室从教，进步很快。后来，李文海被调到中共北京市委，最后任北京市委宣传部副部长。李文海告诉戴逸先生：粉碎"四人帮"后，历经调查，李文海和"四人帮"及其残渣余孽没有发生过组织联系；再经"说清楚"，划清了与"四人帮"那一套的思想联系，得到了组织和部里同志的理解和谅解；又通过了"党员登记"，确认了自己作为中国共产党党员的党籍。现在的问题是，没有工作可做，整天无所事事，十分难受……

就在戴逸接听到李文海电话的瞬间，戴逸就意识到自己的第一助手出现了！这个即时判断来自他对李文海的深切了解。他知道，李文海在"文革"中受到"左"的思想影响。但是，人非圣贤，孰能无过？李文海当时思想偏"左"，但有一个基本点，就是他没有出于自己的利益动机而去陷害别人，人品、本质是好的。就是基于这个判断，在李文海于电话中诉说自己的际遇和困惑后，戴逸说："你还是回人大来吧！"

李文海回到人大不久，被任命为清史研究所副所长，不久又兼任历史系副主任，真正成了戴逸的第一助手，而且工作更侧重于研究所和历史系的行政管理工作。李文海年纪轻、有朝气、有活力、善动脑、人脉广，他把研究所特别是历史系搞得风生水起，人大历史系在中国教育舞台上，尤其是清代前期、中期和近代史的教育可谓声名鹊起：优秀学生源源而来，硕士研究生、博士研究生层层推进，清史研究所的研究人员与历史系的教师水乳交融，历史系与人民大学相关学科的教学互为补充。戴逸与李文海两人都双肩挑，教学与研究相长，比翼齐飞，双双丰收！

戴逸先生坚持给历史系一年级学生开历史基础课，并从古文讲起；同时也给硕士

---

① 戴逸：《吴晗同志和我谈清史编纂》，见《繁露集》，中国社会科学出版社，1997年，第242页。

研究生、博士研究生开课。他认为以讲课带动科研、推动科研是从 1955 年给当时近代史研究班开讲"中国近代史"而积累成书《中国近代史稿》的成功经验，而学生的提问、与学生的沟通是促进自己深入思考的有效途径。正是经过 7 年在教学、科研第一线的不懈努力，70 万字的《简明清史》出版了，《18 世纪的中国与世界》付梓了，《清通鉴》问世了……

对此，史学界是这样评价戴逸先生的：

"在当代学术界，贯通清前史和近代史而同兼中国古代史、近代史博士生导师二任为一身者，唯先生一人。"①

"《18 世纪的中国与世界》的出版，曾被世界 18 世纪研究会会长施洛巴赫称为'是一件具有里程碑意义的事'。"②

"《清通鉴》则被著名哲学史家任继愈先生誉为'传世之作'。"③

…………

与此同时，戴逸先生的工作、业绩乃至为人得到了学界、社会及党和国家的普遍认可：

1982 年，被聘为国务院学位委员会学科评议组成员，并任国家改革开放后第一批博士生导师，兹后培养史学博士 30 名；1982—1989 年，任北京市历史学会第四、五届理事会会长。

1984 年，《简明清史》由中国人民大学出版社出版，国家权威部门如此评价："20 世纪 80 年代初期主编主撰 70 余万字的《简明清史》，成为国内第一部以马克思主义唯物史观为指导，比较系统、全面研究鸦片战争以前的清代历史专著。"④

1985 年，获吴玉章科研奖。

1986 年，被评为全国教育系统劳动模范，被授予"人民教师"奖章。

1988 年，作为第七届人大代表，参与国家最高权力机构审议、决定国家大事；同年起任中国史学会第四、五届理事会会长。

1989 年，兼任中国人民大学图书馆馆长。

---

① 王艳坤：《戴逸：情系清史》，《东北史地》2011 年第 2 期。
② 同上。
③ 同上。
④ 引自第二届吴玉章人文社会终身成就奖颁奖词，见 2013 年 12 月 18 日《光明日报》。

1992 年，任国务院古籍整理小组成员。

1993 年，第四部代表作《乾隆帝及其时代》出版。

1994 年，获国家"五个一工程"奖。

1995 年，获香港柏宁顿（中国）教育基金会首届金球奖；作为中国历史学家代表团团长，分别于 1995 年、2000 年率团出席国际历史科学大会。

从改革开放以来，作为著名学者，先后赴越南、日本、美国、德国、苏联、澳大利亚、加拿大等国家及中国香港、台湾等地区讲学、访问。

2013 年，获第二届吴玉章人文社会科学终身成就奖，该奖项被认为是与国家自然科学奖、国家技术发明奖、国家科技进步奖齐名的中国人文社科领域的最高荣誉。

…………

再说与戴逸先生相随相知、相辅相成的李文海先生，在戴逸先生专攻教学、科研时，他除了花时间从事近代史研究，尤其在灾荒研究上卓有建树外，在教学和科研管理上也做出了显著成绩，为北京市和教育部相关领导所赏识。1985 年，李文海任中国人民大学副校长，1987 年起任校党委书记，1994 年至 2000 年任中国人民大学校长。

就在李文海任人大副校长至校党委书记期间，人民大学的几个系、所对戴逸尤其是李文海颇有微词，甚至产生了尖锐的矛盾。原因是：从人民大学建设历史系以后，戴逸先生一直是清史研究所所长兼任历史系主任。戴逸先生之所以坚持如此安排，并非眷恋历史系主任（或所长）之官位，他认为要落实当年郭影秋校长历史系"要办出特色，要重质量"的嘱托，一定要把历史系与清史研究所进行一条龙式的统筹安排，课程设置、教师与科研的安排，乃至硕士生、博士生的培养要为未来的编纂清史这一重大工程做奠基性的规划和运作。如果不这样统一安排，新来一位系主任或研究所所长，必然出现朝令夕改甚至"一朝天子一朝臣"的不断变化规划，使人无所适从。然而戴逸先生这种双肩挑任职的做法，是不符合教育部规定的干部任职规范的。后来，教育部为此下发了明文规定，人民大学有关系、所原来双肩挑的领导都按教育部的规定分开任职了，可是唯有戴逸依旧对教育部的规定不闻不问，纹丝不动，坚持不改。人大历史系、清史研究所的这种不听上级招呼的做法，势必成为人大校园里的众矢之的，凡是召开有关会议，或年终总结工作，历史系和清史所的领导分设问题就成了"老大难"。这一度成了李文海的一个心结、心病，他是理解、当时也是完全赞成他的老师戴逸先生这个决定的，教学、科研的大量优秀成果也证明这个实践是正确的，是符合实际的。可是它不合乎上级——教育部的规定，李文海只是夹在中间不断地受气——犹如风箱里的耗子，难啊，难！

突然，有一天，教育部发文：对大学里院系分设的研究机构，不再规定领导人必须分设，由各大学根据自己的实际情况自行决定，不必上报备案。

这下，中国人民大学校园里又炸锅了！李文海先生松了一口气，他不必为此受气甚至做检讨了。有人向戴逸先生致意，戴逸说："我是按陈云同志说的办的——不唯书、不唯上、只唯实！"

戴逸先生如此不为谤誉所动，批评也罢，赞扬也好，他一概不予理会，他埋头专注于自己的事业：教书育人，著书立说！

从 1952 年在中国人民大学走上历史课讲台起，1956 年被评为当时中国教育界由新中国自己培养的最年轻的副教授，1978 年成为中国当时最年轻的正教授，1982 年成为当时最年轻的博导，所谓"桃李满天下"对戴逸来说绝非只是一句褒奖的勉励之词，而是不争的事实！从 1952 年起到 2002 年戴逸先生走马上任国家清史编纂委员会主任不再从事教学为止整整 50 年间，他在讲台上开课教化的大学生，要以万数计；他教带的博士有黄爱平①、杨念群②等 30 位，全部是国内外教育、研究领域的骨干人才。可以这样说：在当今中国的各所大学里，凡是有开设历史课程的地方，就有戴逸先生的学生！

戴逸先生的教书育人之道，在人民大学的校园里可谓有口皆碑。他满腔热血，诲人不倦，毫无保留地为学生传授知识。他宠辱不惊，独立思考，正直为人，给学生以人格榜样的深刻教育。他温文尔雅，春风满面，笑口常开，从不凌言厉语的角色形象，让接触他的学生感到是一种美好的享受；即使学生有了缺点错误，他也始终如和煦的春风，温暖的阳光，给你娓娓道来，给人以亲切的开导、教育、帮助，从不强加于人。他爱生如子，对有困难的学生，可以不计自身得失，不计个人荣辱地予以关爱，伸出援手，这甚至达到了让人无法理喻的程度……

---

① 黄爱平，女，1955 年出生，广西桂林人。1981 年毕业于北京大学，是戴逸带培的第一个博士，也是中国第一个历史学女博士，现任职中国人民大学清史研究所副所长，先后有《四库全书纂修研究》等近 20 部专著、教材出版，发表论文 160 多篇。

② 杨念群，1964 年出生于北京，杨度曾孙，梁启超曾外孙，1988—1991 年追随戴逸先生在清史所读研究生，获博士学位，教授，博士生导师，中国人民大学清史研究所原副所长，现任教育部清史研究中心主任。

戴先生给笔者讲了与两个年轻人的故事，还有一位是因读其文而知其人的故事，先生重才、爱才、惜才之心，可见一斑。

第一个，名凌力，当初是位女青年。西安军事电讯工程学院 1965 年毕业，已从事导弹研究 12 年，但她更喜爱历史，尤其清史，古文也有相当不错的基础。1978 年，她慕名找到戴逸先生，希望戴逸先生收留她从事清史研究。这时的凌力确实面临着一个绝好的机遇：中国人民大学在江西余江"五七干校"的教工撤回北京时，由于郭影秋先生的呼吁和努力，与清史有关的 30 来人的"清史小组"之名整体挂在北师大，这些人原是中国人民大学复校后筹建清史研究所的老班底；创设清史研究所，仅凭这些人是远远不够的，上级给了筹建清史所增编 20 名研究人员的额度。这对一位外专业的凌力来说，是一个千载难逢的机遇。问题是，凌力虽然已是小有名气的历史小说作家，但是有从事历史研究的基础、条件、能力吗？戴逸先生要当面考核凌力。凌力毕业于"西军电"，这是一所老牌的军事院校，名声与"哈军工"不相上下，她经过严格的 5 年学生生活磨炼，又搞了 12 年的研究、基础训练、技术训练。科研训练虽与历史隔行，但分析、研究的基本规律有相通之处——这一点，戴逸先生颇为满意。

戴逸问："你的古文基础如何？"

凌力答："不借用词典，可以基本读懂古文。"

戴逸又问："圈点如何？"

凌力答："基本可以。"

戴逸拿了一本书桌上刚从第一历史档案馆借来的《清顺治朝实录（一）》，交给凌力，关照说："你准备 5 分钟，读给我听。"办公室里可谓万籁俱寂。5 分钟后，凌力竟能抑扬顿挫地把第一册《清实录》读给戴逸先生听了。不到 2 分钟，戴逸先生叫停了凌力的朗读。

戴逸先生又问："你有什么喜好？如果调来了清史所，希望从事什么研究为好？"

令戴逸先生始料未及的是，凌力竟说："我喜欢研究清朝的财政。"戴先生听了为之一怔，他停顿了一下，笑着说："愿闻其详！"

凌力说："封建王朝的财政都实行统收统支制度，收入的一条线：田粮税赋是大头，包括山林、草原、湖泊等税赋收入，一般都相对稳定，归户部管；人头税到康熙帝时说'永不加赋'，至雍正帝时改为'摊丁入亩'，这就把税赋也固定了下来；另外还有盐业、茶业、丝绸或纺织业的税赋，都因省而异的；至于矿业，主要是冶铁、冶铜，更是特定省份才有。而支出的一条线：皇家包括后宫的支出，各级官府的支出，军队的支出其中八旗的支出在清代前期是由圈地收入相抵的，还有就是水、旱等灾害的赈灾支出。收、支相抵，就可知道当年或当朝的财政盈亏。"

戴逸先生边听边频频点头，他认为凌力讲的不少地方虽非专业或不甚周全，但她思路清晰、方向正确，颇为难得，是一位可塑之才，假以时日，是会有造诣的。于是，戴逸先生让凌力3天后再来找自己。

在第二天的所长办公会上，大家通过了戴逸先生的提议。于是，凌力顺利地调入了清史研究所，但有关研究室不同意接纳这位"纯外行"，不得已凌力被临时挂靠在办公室。凌力并没有为此纠结于心，她不懈地拓荒、播种、耕耘，终于在清史研究上结出了累累硕果，继顺利地被评为副研究员后，又如期通过了研究员的评审，成了清史研究所的业务骨干，使戴逸先生甚为欣慰。更让戴逸先生欣喜的是，凌力在1987年推出的以顺治帝为小说人物主角的长篇历史小说《少年天子》，除获第三届茅盾文学奖外，还被改编拍摄成40集同名电视连续剧，深受人们喜爱。此后，凌力的文艺创造愈加成熟：《暮鼓晨钟》获1995年国家图书奖提名奖、北京市庆祝新中国成立45周年征文佳作奖；《梦断关河》获第二届北京市文学艺术奖，首届老舍文学奖和姚雪垠长篇历史小说奖；她还担任过北京作家协会副主席。说到凌力的成长和发展，戴逸先生说，作为老一辈人，给予年轻人奠基、支持，那是完全应该的！

笔者在此写到的另一位与戴逸先生结成忘年交的人，名张宏杰，辽宁建昌人，典型的东北汉子，直来直去、敢作敢当，央视《百家讲坛》特约主讲嘉宾，由此目今"粉丝"无数。当年因戴逸先生拟选用他的一篇稿件而与这位素昧平生的青年人发生交集，由此演绎出一段传奇故事。

1990年，张宏杰进入位于大连的东北财经大学投资经济管理系就读。在当时，大学严进宽出，不难毕业，因而翘课成风，但张宏杰没有选择与麻将、扑克为伍，而是爱上了泡书——坐公共汽车到大连市图书馆，美其名曰"博览群书"。1992年的一天，张宏杰发现了一本新书《乾隆帝及其时代》并一口气读完之后，不仅牢牢记住了作者戴逸的名字，而且改变了对年号堆砌、事情简单、人物无趣的所谓历史书的看法。甚至对乾隆帝这个有雄心、有欲望、有成功、有失败、有纠结、有温度的活生生的人产生了对话的冲动，也由此改变了"封建地主总头目"非暴即昏的传统看法。总之，由此开始，他对历史这一科目竟产生了热爱乃至爱恋的情愫。

　　大学毕业后的张宏杰，不甘于在辽宁葫芦岛市一家国有银行里过衙门式的或应差式的工作。他在大学时引发的阅读历史的兴趣，敦促他在电脑上悄悄写作与历史有关的"文化散文"。然后逐步形成了他颇有个性的风格——跨文体写作，即散文中掺杂了大量小说或历史的报告文学式的写作，其大开大合的调度手法，使历史更呈丰富多彩，其作品不仅受到大型文学杂志《当代》等的青睐，而且被多家出版社出版。在出于对人性的关怀热情逐渐冷却之后，张宏杰把其写作开始转向学术。

　　古人云，命里有时终须有。2009 年的一天，张宏杰接到一个电话，是国家清史编纂委员会的一位工作人员打来的，说是戴逸先生在《北京青年报》上看到张宏杰写的一篇文章，叫《给晚清重臣曾国藩算算账》，是写曾国藩经济生活的。电话说到戴老师很喜欢这篇文章，问能不能将此文收进清史编委会的一本叫《清史参考》的刊物里，云云。

　　喜出望外的张宏杰当即表示完全同意。他后来写回忆文章时写道："自己写的短文居然能得到自己'私淑'的戴逸老师的肯定，这让我难免有一点小小的激动。"

　　此时的张宏杰面临着再一次的人生道路抉择。虽然他已是中国作家协会会员，业内名声也不错，连莫言也对他赞誉有加，但他颇有自知之明，深知自己最大的不足是广而不专、勤而不精。得到戴逸先生肯定之后的张宏杰，没有沾沾自喜于已有成绩，而是百尺竿头，更进一步：先是在复旦大学师从葛剑雄教授读了历史学博士，后又在清华大学历史系随合作导师秦晖教授做了一届博士后。但是，做博士后依然面临着出博士后流动站之后何去何从的人生选择难题。从读博开始，张宏杰对历史的主要兴趣集中在清代，而中国人民大学清史研究所是全国乃至全世界清史研究的重镇，它的学术资源是其他地方不可比拟的。而他所读过的印象深刻的清史研究著作，一多半是清史所的人写的，这是学术资源、研究环境、研究生态优渥的明证。而戴逸先生则是清史所的原所长，如果能到这里工作，当然是最好的选择。

　　择业这件事，看似简单，但对张宏杰这位东北汉子来说，绝非简单，绝非易事。他当然想到首选、简单易行的办法是给人大清史所老所长，即清史编纂委员会主任戴逸先生写一封求助的求职信，但他立马否定了自己的鲁莽之举。原因列出十条、八条，简而言之，他想到：第一，"人大"是名校，进入者通常以"海归名校"的毕业生为标准，自己虽然也出自复旦、清华，但容易被人戴上"土包子"的帽子；第二，人大的清史所是象牙塔之塔尖，自己则是"半路出家"之辈，自己的出版物虽然在普通读者中颇有影响，但作品基本上是非学术体裁，是"通俗史学"，是不能登学术殿堂之作；第三，戴逸先生现已 88 岁高龄，而主持的是国家工程，哪有时间、精力、兴趣来管自己的这档子事？第四，推荐、介绍工作，这容易吗？……张宏杰一条条地列理由，一条条地否定自己，实无生路，又否定之否定……最后，硬着头皮给戴逸先生写了一封求助信，同时附上自己近期的两部作品。

几天后的一个下午，正在中国美术馆东侧三联书店看书的张宏杰，手机突然响了。他按下接听键，手机里传来的竟是戴逸先生的声音："你是张宏杰同志吗？我是戴逸啊！"

张宏杰可以说是天天盼望着戴逸先生的电话，但当戴先生真的给他打电话时，他又感到非常意外，总是有一种莫名的感动，于是赶快向戴先生问好。

戴先生开门见山地说："我看到你的信了，也看了你的书。你说的工作的事，我可以帮忙。你能不能哪天抽时间到我家一趟，我们当面谈一下这个事。"

"我可以帮忙！"字字千钧！照实说，这对张宏杰来说，可谓十分感动，百分感慨！感动的是他的工作有了落实的希望，因为他知道，戴逸先生现在已不再是人大清史所所长了，而即使是所长首先要看有没有编制，况且所长负责制也是要按集体领导的原则办事的，过程中的不可测因素是不少的。但不管怎样，"我可以帮忙"透出的情愫，可以让张宏杰一辈子永志不忘！而让张宏杰深引感慨的是，自己是一个青年史学工作者，与戴先生素昧平生，而在市场经济畸形发育以致金钱几乎浸润社会生活所有领域之际，耄耋老者戴逸先生竟不改急人之危、古道热肠之风，对自己伸出无私援手，这可以说明，在学界依然有着洁净的土地，这是最为难能可贵的啊！

就在戴逸先生与张宏杰通话之后的第二天下午 3 点 30 分，张宏杰应约按戴先生所说的戴宅地址去拜访戴先生。凡读过中国近代史的人都知道，现在的北京张自忠路三号院在中国近代史上有着重要的历史地位。这里原是一座王府，被称为铁狮子胡同一号，进入晚清拆了王府改了数栋具有西洋巴洛克风格的洋楼，成了清王朝的海军部、陆军部，这里部署完成了晚清的多场战事；1925 年，中华民国的缔造者孙中山先生在此逝世；1926 年这里又成了段祺瑞执政府的行辕，其门口东侧还发生了著名的"三一八"惨案，鲁迅先生为此写下了著名散文《纪念刘和珍君》……张宏杰边走边想，沿着正在维修的巴洛克风格建筑，拐了几个弯，进入了一个刷了红漆铁皮门的简陋小院，把他脑中想象的红色大门上门钉密布、花木扶疏的清代老四合院或民国别墅画面打得粉碎，他亲眼所见就是三四间低矮的小平房！学术界的"大佬"，"清史"掌门人，这就是享受"部级待遇"的戴先生的住地？进得门内，戴先生颤颤巍巍地从里屋出来，保姆抢在他前面为张宏杰开门，握手之后，戴先生又把张宏杰让进了书房兼卧室的斗室。张宏杰发现，戴先生真正是鹤发白眉，仙风道骨，精神矍铄，思维依然十分敏捷。谈话从戴先生当年转载张宏杰的一篇稿件切入。戴先生说："我记得你那篇写曾国藩的经济生活的稿件，写得很细致的。"

张宏杰赶忙答谢先生高看，然后说："我的作品，按学术界的评价标准可能并不规范，属于'野狐禅'。"张宏杰用禅宗之语，以显谦虚之态，并期望戴先生以百丈禅师之位给妄称开悟而流入邪僻的野狐予以点化。

戴先生说："我知道。我觉得人才不必拘于一格。我认为文史不分家嘛，这是中国史学的一个好传统。其实老一代的学者包括胡适，都是通才，作品既是史学，又很好读，这个传统我们不应该中断。我看了你的书，虽然写法上很轻松活泼，但是我看得出，史实你都是经过严格考证的，而且写作态度比较实事求是，实际是严肃的史学。"

戴先生还说："我10多年没有给人推荐工作了。但是你的事我想管，我准备专门去找一次人大的校长。我要告诉他，这个人水平不错，来了不会给你们丢脸，肯定会给你们增光。"

张宏杰连表感谢，但他思忖自己，毕竟已经人到中年，也经历过一些世事，深知功利和现实是目今社会交往中不可阻挡的潮流，而像戴先生这样说话办事如此简单、朴素、直接、明快的，真正是少之又少了。因此，张宏杰必须做好另一手准备，以免期望过高，将来出现所谓"攀得愈高，跌得愈重"……

过了不久，张宏杰再次去拜望戴先生，戴先生果然给人民大学校长写了一封推荐信，并让张宏杰看了这封信。张宏杰发现，信很长，还是用文言文写的，非常典雅，可见先生花了不少心思和时间。信尾说："美玉在璞，不掩其光。宝剑入鞘，不损其锋。祈请给予鹪鹩一枝，使有安身之所。……爱才心切，人同此心，心同此理。为学校揽人才，为学校求发展，故不必嫌忌，冒昧进言。"后来张宏杰得知，戴先生写的推荐信转给人大校长以后，过了一程，又觉得不甚放心，于是又专程到人大找了一次校长，直接面谈张宏杰的工作问题。

在以后的一段日子里，张宏杰没有再去找戴先生，他不忍心给戴先生增加压力，更怕戴先生着急了出现什么意外。可匪夷所思的是戴先生两次给张宏杰打电话，除了告诉他事情的办理进度外，还请他不要着急，有可能要拖一拖。这让张宏杰的感激之情，真正是到了极致的程度……

在中国人民大学历史学院院长的不懈推动下，张宏杰的一纸"调入报告"终于完成一个个流程，他也由此堂堂正正地进入了清史研究所。百感交集中的张宏杰，给自己出了一个题目：戴逸先生到底为什么要如此"自寻烦恼"？张宏杰自问自答地写道：在如此高龄，为了一个素不相识的人耗费如此多的心力，对他来讲没有任何现实利益的考虑；他已经桃李满天下，门墙之下并不需要多列一个初入史学之门的人，他的费心费力，仅仅基于他对我的作品的一点欣赏。张宏杰对自己的回答似乎并不满意，他又举例，戴先生家乡的铁琴铜剑楼于新中国成立初将大部分珍贵古籍无偿捐献给国家，可戴先生回家时发现五代楼主瞿启甲先生遗属仅靠卖自来水水费的提成度日，生活十分困难。戴先生于是先是给中央统战部部长乌兰夫写信，批示江苏省常熟市给老太太每月补助 40 元使其解决了困难。后来物价上涨，老太太又困难了，于是戴先生又找到北京图书馆馆长任继愈先生，北图决定每月补助 400 元，直至老太太辞世。这可是与学术无关，这又说明了什么？还有，现在著名的清史专家翁飞，当年考戴先生博士时外语成绩不好，戴先生向学校申请特招权破格招收了翁飞。再有，戴先生在清史所的时候，还把历史小说作家凌力从工厂调进了研究所。当时所里有过很多非议。但戴先生始终不渝地认为历史不是一片冷冰冰的学问，现在很多史学论文太枯燥难读了，史学工作者应该也可以从文学工作者丰富的想象力中获得灵感和启发……

张宏杰终于明白："从根本上说，戴老这一代人仍然是理想主义者。虽然一生经历曲折，但是他们人格中青年时代留下的理想主义的光明底色一直鲜明存在，永远保持着今天已经十分稀缺的那份单纯、真诚和古道热肠，这确实是我的幸运。"[1]

至张宏杰后来与人大历史学院院长相熟以后，院长就张宏杰工作调动一事对张宏杰说："这个事确实是史学界不可多得的一则佳话。"

无疑，这则佳话的主角是戴逸先生。

还有一个令人难忘的故事，发生在戴逸先生与一个名为林健的青年之间，那是一个著名学者对一个莽汉诲人不倦的故事。

---

① 张宏杰：《我与戴逸老师》，《文存月刊》2016 年第 2 期。

1970 年夏的一天，戴逸家来了一位蓬头垢面的小客人，令戴逸吓一跳："你怎么回来的？"因为戴逸知道，这位名叫林健的小青年，当年他自己送戴寅进幼儿园时与小林是同道，送戴寅、戴琛去黑龙江当兵团知青时与小林也是同道啊！

林健："不辞而别！"

戴逸："路上吃东西了？"

林健："饿了两天！"

戴逸："马上吃饭！"林健后来回忆，先生说得好听，做出来的也是林健一生记忆中最感可口的一次，可后来再仔细回想，方知先生做的是"珍珠翡翠白玉汤"，因为先生压根儿从来不会踏进厨房，那是刘炎阿姨的专责专利，那天真正是为难戴逸先生了！

吃完饭，林健告诉戴逸：在黑龙江兵团，林健与戴寅在抚远"八十一千米"处（八十千米处是团部），戴琛在"一百千米"处。离家久了，实在想家，3 人之中林健决定先走。善交际且在加工连熟人多的戴琛给林健找妥了卡车司机，把林健捎到佳木斯火车站，临别前戴寅、戴琛把身上所有的钱都掏给了林健。

林健从北京火车站出得门来，坐公共汽车到东四十条站下车，身上仅剩 3 分钱！偌大北京，何处是家？在人大教书的父亲到江西"五七干校"打前站了，在北大医院当医生的母亲去甘肃行医了，尚幼的妹妹投奔福州的姑姑去了，茫然四顾，无奈之中，只能硬着头皮闯进了戴逸先生的家门。

吃在戴家，住在戴家，可口袋空空的林健真是无路可投啊！他默默走进东四一家典当铺，脱下去兵团前父亲给他的一块手表，店员的眼睛立时亮了：小小年纪，衣衫褴褛，竟有瑞士原装梅花牌手表，断定——这是小偷！手表扣下！"叫家里大人来赎！"林健只能回去向戴先生求救！戴先生陪同林健到典当铺把手表赎了回来，到家，戴先生交给林健一个信封。他打开一看，149 元，他听戴寅说过，这是先生一个月的工资！

林健向戴先生借了 149 元的钱，又从戴先生书架上借了一部《通鉴纪事本末》，踏上了去福州投奔姑姑的火车。林健的姑姑夏美琼，出身福清大户人家，20 世纪 30 年代毕业于广东岭南医学院，曾任福州协和医院外科主任，再去美国深造学妇产科，1950 年回国创建福州妇幼保健院，与林巧稚、吴阶平等都为医界名医、全国人大代表。林健抵赴夏美琼身边时，夏虽还在遭受造反派批判，可还得继续接诊看病，她还有人脉，后来竟托人把林健的户口从黑龙江落到了福清原来的居住地，林健才由"黑人"变成了"正常人"，由此开启了读书、读史生涯。

林健姑姑的住地原是旧社会达官贵人的宅邸，"文革"之风刮到，立时成了大杂院，林健由此在这里认识了好多医疗系统的人士。此时戴寅已从兵团回京养病，戴逸、刘炎也已去了江西余江"五七干校"，林健也由戴寅处获悉了戴先生的通信地址。因为"文革"期间实在是无书可读，再加林健又喜欢历史，这样就将《通鉴纪事本末》啃读起来。《通鉴纪事本末》由南宋袁枢（1131—1205，福建建瓯人，隆兴元年进士，曾任国史院编修等职）取司马光的《资治通鉴》所记之239事，另附录66事，每一事详书始末，再区别门目，另行编排，遂开"纪事本末体"之先河。林健的文化程度为小学毕业，此后4年再未踏进校门，此时要啃读《通鉴纪事本末》，难度可想而知。但林健不怕，因为他有坚强的靠山——戴逸先生。他一边啃读，一边记笔记，再一边列问题、疑点，然后写了密密麻麻的一封信，给远在江西的戴逸先生投寄了去。大约半个月后，林健的姑姑转交了林健沉甸甸的一封信，姑姑问林健谁写来的？林健说是戴逸先生，姑姑从林健和林健父亲处早就知悉了戴逸先生，于是便问林健："戴先生给你写这么长的信干什么？"林健胸有成竹地回答说："是给我读史解疑释难！"姑姑不信："一位大学者给一个小屁孩回信就历史问题解疑释难可能吗？"林健说："不信你看！"一拆开来信，果不其然！

戴逸先生给林健的信，可谓字字珠玑、句句锦绣、处处知识、文采飞扬，读来令人歙然释然，犹如三伏暑夏喝上了甘露！

林健读完戴先生的信，竟然在此楼、此院里怡然自得，摇头晃脑，欢呼雀跃，不亦乐乎！见状的姑姑也拿过来仔细品读，惊呼不可思议！于是，"戴逸回信"遂成此楼此院一时众人传阅、拜读、学习、议论之热门话题；当后来人们获悉这是大学者戴逸先生在手头并无任何史料，而且是在猪圈边、豆灯下、小桌上，一笔一画，苦心孤诣，洋洋洒洒，给一个小毛孩如此答疑，真可谓是"侍儿工作捧心颦"啊！

就这样，戴逸与林健爷儿俩每月一来一往遂成书信定例，在3年时间里，戴逸给林健共写了36封信，其间也在其姑姑所居住的楼院里掀起了36次波澜，由此这也成了闽江之滨一道独特的风景！有文为证：

　　　　我姑姑家前院住的是医院党委书记，她丈夫原在福建医学院担任院长，后来被发配到新疆医学院，我们都称呼他为浦院长。他也是一位非常有学问的人。夏天浦院长回到福州时，我姑姑也将信借给他看。浦院长细读几遍，惊叹不已，跟我姑姑说："自古以来，有几个大学问家做过这样的事情，恐怕唯此一人！"说完之后，走出院了又折身回来，补充一句："在猪圈中，在冰天雪地里，没有任何书，他怎么记得如此之多的事情？不可思议，他脑袋里装着一整部历史！"为了那些信函，浦院长特地叫我到他家阁楼上长谈，询问戴逸先生的情况，我说完之后，他拿着信，轻轻说："你说，戴逸是常熟人？""是。""你说，你到福建的路费是他给的？""是。""你说，这些信是在乡下写的？""是。"他说："这些信不是一般的信，这是一位身陷困境的大学问家对你倾囊而出的珠宝，信中崭露的是一片灿烂之星，你再看这些字字句句，你看看，细细地看，然后再去细细琢磨，如此文采，如此思维，我们今天在市面上根本看不到。"他激动得在阁楼上走来走去，脚下的地板都在颤动，最后，他长叹一声："太湖之水深千尺，不及先生送你情。"我听到之后，为之震惊，这句诗是改自唐朝李白送汪论之诗："桃花潭水深千尺，不及汪伦送我情。"浦院长改得真好。①

原福建医学院浦院长对戴逸先生无怨无悔、倾心倾力地教诲年轻人，叹谓："自古以来，有几个大学问家做过这样的事情，恐怕唯此一人！"

行文至此，笔者想起了戴先生四子戴玮当着兄姐多人对父亲的评价："如果要说缺点的话，老爷子的缺点就是对自己的名节看得太重了！一个小屁孩给他写信，他都要郑重其事地给人回复，你多大年纪？有必要吗？何苦呢？"

戴玮出于对父亲爱之深，之切，话说得很重，但是，这能让先生洗手不干吗？笔者估计：难！因为他的价值观已深入了他的骨髓里了！

人们把"高山仰止，景行行止"奉赠给戴逸先生，从他桃李满天下的教学实践中，从他呕心沥血地无私帮助一个个青年学人的行动中，可知这是实至名归之誉啊！

① 见林健书稿：《记忆·历史·人物》，存戴逸学术馆，待出版。林健，1950年出生于北京，住铁狮子胡同一号院，福建师范大学中文系毕业，后留校任教。

逆向回溯

"逆向回溯"，戴逸先生用这个词，以概括自己所走的学术道路。他先是奉组织之命研究、讲授中国近代史即 1840 年鸦片战争后的晚清史，写作出版了《中国近代史稿》；而后又奉外交部之命，研究了清中期发生的中俄边境纠葛，写作出版了《一六八九年的中俄尼布楚条约》；再后他主动请缨，在清史所众多研究人员的共同参与下，由他主编、主撰了《简明清史》①，被学界评议为"国内第一部以马克思主义唯物史观为指导，比较系统、全面研究鸦片战争以前的清代历史专著"，被教育部定为全国大学历史教科书，并被评为全国优秀教材；最后是由他统揽全局，总纂《清史》。

人们不难发现，《简明清史》在戴逸先生的学术生涯中，起着统揽全局之承前启后的重要作用。就这样，戴逸先生在当时中国史学界成了既把握晚清历史，又贯通前清、中清历史的唯一学者。

戴逸先生怎么会想到编著《简明清史》的呢？这要从 1978 年任复校后的中国人民大学常务副校长、党委第二书记的郭影秋指令戴逸筹建清史研究所并主持所里工作说起。按照郭影秋副校长的筹划，戴逸组织全所科研力量，启动了中国人民大学 1978 年的重点研究课题"清史编年"。戴逸向郭影秋建议，所里还可以列一项重点课题"简明清史"，这样两者成了姐妹篇，时间安排可以从容一些，两者一简一繁，互为补充，不仅有利于练兵，而且有利于将来的清史编纂大业。郭影秋非常赞同戴逸的提议，编撰《简明清史》的课题就列上了清史所的重要研究议程。

经过一段时间的调研和谋划，戴逸将《简明清史》的编撰分列成 16 个子课题，并经过所务会议研究，由清代前期历史研究室主任马汝珩副教授协助戴逸所长开展工作，调集的成员有李鸿彬、林锆钧、杜文凯、张晋藩、马金科、李华、马欣、胡明扬、秦宝琦、罗明、王思治、吕英凡、王道成、陈亚兰、王俊义等。编写期间由于全书结构更改和人事变动，编写人员亦有变化，但其基本阵营没有出现大的变更，确保了这一项目的持续稳定发展。在编写和搜集资料、插图时人民出版社、中国历史博物馆、中国第一历史档案馆还给予了全力支持。

---

① 《简明清史》，戴逸主编，第一册于 1980 年 6 月由人民出版社出版，第二册于 1984 年 10 月由人民出版社出版。

也正是戴逸组织众多研究人员启动编撰《简明清史》时的 1978 年 5 月 11 日，《光明日报》发表了该报特约评论员的长篇理论文章《实践是检验真理的唯一标准》。一石激起千层浪。在戴逸的组织和推动下，《简明清史》编撰组成员一边着力编撰的准备工作，一边积极参加"真理标准"联系史学界实际的大讨论，从而为《简明清史》编撰做充分的思想理论准备。在此期间，戴逸在全所和编撰小组会上做了多次联系史学界实际的发言，这也是《简明清史》编撰的理论准备，现摘要如下。

1. "过去很长一段时间，由于对阶级斗争理解得不完全正确，孤立地突出阶级斗争，脱离开生产和经济发展而片面地强调了阶级斗争、片面地强调了农民战争的作用……把阶级斗争、农民战争当作推进历史的唯一动力。"[1]

戴逸指出存在的这种倾向是有充分根据的。他指出："列宁说过，阶级斗争理论是马克思主义最基本的东西。这个理论是指导我们进行历史研究的思想武器。……对于阶级斗争，毛泽东于 1957 年 2 月发表的《关于正确处理人民内部矛盾的问题》一文中，有这样一个为我们大家都很熟悉的论断：'革命时期的大规模的急风暴雨式的群众阶级斗争基本结束，但是阶级斗争还没有完全结束。'这个论断是完全符合我们当时的实际情况的，是完全正确的。但是，在实际工作中，我们对毛泽东思想的理解恐怕就不是那么深入，在实践中也没有真正遵循毛主席的正确理论，而是连续搞急风暴雨，搞了很多政治活动。……这样，打击面就宽了，没有正确区分和处理两类不同性质的矛盾，在一些政治运动中误伤了好同志。"[2]

"在阶级斗争理论上的这种'左'的情况，在我们历史研究当中是不是存在，是不是也反映到我们历史学界？这是我们应当认真考虑的。……'文化大革命'一开始就是批判《海瑞罢官》，打击和陷害吴晗、邓拓、翦伯赞等同志。……提起这些冤狱，我们无比痛心，义愤填膺。……'怀疑一切，否定一切，打倒一切'的极'左'思潮……使我们的学术界、文化界遭受了一场怎样的毁灭性的浩劫。"[3]

戴逸接着在就"把阶级斗争、农民战争当作推进历史的唯一动力""生产斗争是推进社会历史的强大动力""科技技术也是社会发展的动力"进行分析评述后，就马

---

① 戴逸：《关于历史研究中阶级斗争理论问题的几点看法》，《社会科学研究》1979 年第 2 期。见《戴逸自选集》，学习出版社，2007 年，第 51-52 页。

② 同上。

③ 同上。

克思主义阶级斗争理论做了如是概括:

第一,推动社会历史前进的直接的主要动力是生产斗争。

第二,生产的发展,从历史来看,总要有一个统一、稳定的政治局面作为前提。没有这个前提,生产发展就谈不上。

第三,在阶级社会里,阶级斗争也是推动社会历史前进的伟大动力。但只有联系生产才能表现它的推动作用,离开生产就谈不上。只有当生产关系严重地阻碍生产力发展时,才必须用阶级斗争,用革命的手段破坏旧的生产关系,推翻旧的生产关系,使生产力得到进一步发展。革命就是解放生产力。阶级斗争对历史的推动作用,也就表现为解放生产力这一点上,而不是表现在别的方面。

第四,阶级斗争是和生产斗争相联系的,是取决于生产斗争的。阶级的划分,阶级斗争的性质和深度,每个阶级的历史命运都是由社会生产力的发展水平决定的。在历史上,只有代表新生产力的阶级才有远大的前途,他们进行的斗争才能取得真正历史性的胜利。

第五,各个不同阶级进行的革命,情况是很不一样的,推动历史的作用也是不相同的。譬如,法国大革命、俄国十月革命、中国新民主主义革命的胜利,这样一些革命引起整个生产方式的改变,推动历史的作用是十分明显的。另外,在同一社会形态内发生的革命,譬如封建社会的农民战争,相对来说,对历史的推动作用是不显著的。这种农民战争只能给旧的生产关系一定的打击,只能改变它的某些细节,而不可能整个改变旧的生产方式。[①]

在"真理标准"大讨论、思想大解放的历史时期,戴逸之所以就"阶级斗争"在历史教学、研究中存在的问题展开深入研讨,是因为这是在未来的《简明清史》编撰(当然也包括整个史学的教学、研究)中必须首先直面的问题;而在这个问题上,新中国成立以来"左"的思想的发展,特别是"四人帮"之流的干扰,"阶级斗争"这一历史发展的主旋律,已搞得混乱不堪了。如果仔细斟酌戴逸在文中提出的大胆论断"阶级斗争对历史的推动作用,也就表现为解放生产力这一点上,而不是表现在别的方面""封建社会的农民战争,相对来说,对历史的推动作用是不显著的"等,明白

① 戴逸:《关于历史研究中阶级斗争理论问题的几点看法》,《社会科学研究》1979 年第 2 期。见《戴逸自选集》,学习出版社,2007 年,第 58-59 页。

者自然会对戴逸先生从心底发出由衷的钦佩!

2.关于农民战争问题。戴逸提出:"把阶级斗争、农民战争当作推进历史的唯一动力,甚至用农民战争解释一切,代替一切。有的地方讲课时,不讲全部历史、通史,只讲农民战争史,用农民战争史代替整个通史。当时还有种种提法,如'用农民战争打头''用农民战争分期',等等。很多提法和意见,值得我们回过头来考虑。"[①]

中国史学界对农民战争的评价,最典型的就是集中反映在对"太平天国"的评价上。戴逸先生这样说过:"中国历史上农民战争很多,不计其数。但太平天国运动是最大的一次,不仅在中国,在世界历史上也是最大的一次农民战争。动员的农民人数最多,坚持的时间最长——14年,打下600个城市,遍及18个省。""对太平天国的评价,从来就有两种倾向。一种是拔高农民战争,认为只有农民才能推动历史前进。这种说法在五六十年代较为盛行。甚至认为推翻每一个王朝都是农民运动打头。秦朝是陈胜、吴广起义开头,唐朝是隋朝农民起义开头,明朝是元末农民起义开头,清朝是李自成开头。这种说法是过高地美化了农民运动的地位和作用。近20年有另外一种倾向,是否定农民战争,贬低农民战争,认为农民战争是一股破坏力量,毫无建树,是历史的消极方面,而且破坏中国传统文化,破坏纲常伦理,儒家学说,内部钩心斗角,总之一无是处。"[②]

鉴于当年编撰《简明清史》不可回避地要面对李自成及其领导的农民军,张献忠及其余部,大西军及其4个首领(张献忠的4个养子)孙可望、李定国、刘文秀、艾能奇所领导的斗争,包括声势浩大、时间漫长的太平天国战争,戴逸先生当时结合史学界实际做了深入思考并科学论证,以指导编撰实践。

戴逸指出:"首先,我要说明一点,我们应当充分地肯定、热情地歌颂农民战争,歌颂古代劳动人民反抗压迫的斗争。但是,历史研究的任务,并不仅仅是对某种历史现象做一些赞美和歌颂。历史研究的任务,是要对历史现象做科学分析。历史内容是生动丰富的:有阶级斗争、生产斗争、民族斗争;也有思想文化的发展,科学技术的发展;还有政治制度和法律制度的演变,统治阶级的内部斗争;等等。""在阶级社会中,阶级斗争是主要的线索,我们应当牢牢地把握这条主要线索。但是,阶级斗争并

① 戴逸:《关于历史研究中阶级斗争理论问题的几点看法》,《社会科学研究》1979年第2期。见《戴逸自选集》,学习出版社,2007年,第51—52页。
② 见《风虎云龙会京华》,"太平天国吧",2018年3月7日。

不是唯一的历史内容。社会的基本矛盾，是生产力和生产关系、经济基础和上层建筑的矛盾。这是历史唯物论的一般常识。阶级斗争只是体现了这些矛盾，并受社会基本矛盾的制约。阶级斗争不能代替或者取消社会的基本矛盾。孤立地突出阶级斗争，并不能帮助我们弄清楚阶级斗争。""我们不能用阶级斗争代替一切，用农民战争代替整个封建社会的历史。这是不妥当的，这是以偏概全。"①

为什么不能采取"用农民战争代替整个封建社会的历史"这种以偏概全的做法？戴逸这样分析："中国封建社会的历史长达二三千年。但是，说得上是大规模的农民战争，也不过一二十次。每次时间短则几年，多则十几年。农民和地主的矛盾是经常存在的，是普遍的。但是，农民战争——农民斗争的高潮，在整个封建社会的历史中是短暂的。加在一起——如果能够加在一起的话——也不过 200 年时间。怎么能用不到 200 年的农民战争，来代替长达二三千年的封建社会的历史呢？这样，势必使丰富复杂的历史内容简单化。"②

对于"把农民战争当作历史发展的唯一动力"，"只把阶级斗争看作历史发展的唯一动力"等观点，戴逸除引用马克思主义经典作家的科学论述予以批驳之外，还引用中国的历史事实说明："这样一个阶级斗争、农民战争推动生产发展的公式，经常暴露出同历史实际有较大的差距，不完全符合历史实际，对一些历史现象不能解释。"③此外，戴逸还以中国的近邻日本原来处于封建社会，在"明治维新"的 100 多年间，并没有发生什么大规模的阶级斗争，且生产发展很快，可以说是突飞猛进，这样的事实再次说明：所谓"阶级斗争规模愈大，次数愈多，愈频繁，社会前进就愈快"的逻辑，是完全不符合历史事实的。戴逸还以英国从 17 世纪进行资产阶级革命以来 300 年的发展实践，从美国国内除独立战争、南北战争之外也没有发生什么国内战争，成为世界上生产发展水平最高国家的历史说明："社会历史发展的原因是很多的，不能简单地用阶级斗争来解释。"④

① 戴逸：《关于历史研究中阶级斗争理论问题的几点看法》，《社会科学研究》1979 年第 2 期。见《戴逸自选集》，学习出版社，2007 年，第 52 页。

② 同上书，第 52-53 页。

③ 同上书，第 55 页。

④ 同上书，第 56 页。

3. "科学技术也是历史发展的动力。"戴逸指出:"革命导师十分强调这一点。恩格斯在《在马克思墓前的讲话》中说:'在马克思看来,科学是一种在历史上起推动作用的、革命的力量。'马克思把科学技术上的发明创造,看作是比很多革命家还要革命,'蒸汽、电力和自动纺织机甚至是比巴尔贝斯、拉斯拜尔和布朗基诸位公民更危险万分的革命家'(《马克思恩格斯全集》第十二卷第3页)。马克思和恩格斯把科学技术视为推动社会前进的力量。毛泽东也指出:'阶级斗争、生产斗争和科学实验,是建设社会主义强大国家的三项伟大革命运动。'"①

4. 关于历史上的改良主义问题。戴逸指出,这是同阶级斗争理论相联系的一个问题。"改良是相对于革命而言的。过去,由于片面地强调阶级斗争、暴力革命,评价改良时总是贬得比较低。这是不公平的,不正确的。改良主义作为一种思想体系,完全否定质变,反对革命,这是错误的,反动的。但是,历史上的政治改良和改良主义思想,是起过相当进步作用的。这一点绝不能低估。"②

面对清史,尤其是晚清历史,不能回避的政治事件就是戊戌变法。戴逸指出:"戊戌变法是一次改良主义的政治运动,最后告败了。就其性质来说,和辛亥革命是完全不同的。但是,变法运动中所进行的那些改革,意义十分重大。中国最早的学校——新学堂就是这时开的;报纸是这时办的;各种各样的学会也是这时设立的;西方资产阶级的社会政治学说也是这时开始传进来的。这是一次资产阶级思想的启蒙运动。评价戊戌变法,不能局限于它在100天内发布的上谕、奏折,而应该看到戊戌变法运动所引起的政治变动和思想变动。"否则,"中国社会仍旧是一潭死水,辛亥革命也不可能发生","戊戌变法是为辛亥革命做了准备的"。③

5. 对"让步政策论"要做科学分析。"让步政策论"是怎么来的? 戴逸指出:"'让步政策论'是为了说明阶级斗争、农民战争的历史作用而提出的一种理论。它的大概意思是,先是大规模的农民战争,迫使统治阶级'让步',实行某种对农民有利的政策,促进了生产的发展,推动了社会的前进。'让步政策论'把农民战争同生产发展挂上了钩。要不然,农民战争怎么样推动生产发展呢? '让步政策论'并不完全错误,

---

① 戴逸:《关于历史研究中阶级斗争理论问题的几点看法》,《社会科学研究》1979 年第 2 期。见《戴逸自选集》,学习出版社,2007 年,第 54 页。

② 同上书,第 59 页。

③ 同上书,第 60 页。

确实也有一点道理。但还有些缺陷，至少会给人一种印象：统治阶级、剥削阶级不能够自动提出对生产发展有利的措施，因而，必须通过农民战争迫使他们'让步'。我不同意这种观点。我以为，统治阶级从自身的阶级利益出发，在一定历史条件下也是能够提出有利于生产发展的措施来的，并不一定需要农民迫使他们'让步'。"①"不承认这一点，中国历史就说不通。美、日、联邦德国等帝国主义国家里的资本家，在发展生产、管理企业、提高劳动生产率方面是很有本事、很有能力的。现在，我们不能不承认这一点了。不能因为是剥削者，就认为他们一定要破坏生产，不能提出对经济发展有利的措施。可不可以这样说，在一定条件下，发展生产也是剥削阶级的要求，并不需要农民强迫他们这样做。"②戴逸还运用马克思主义的对立统一理论对"让步政策论"的片面性进行分析后指出："地主与农民处于一个统一体内进行斗争。因此，彼此必然有一些共同的东西。譬如，在一定的条件下都要求发展生产；在遭到外来侵略时，都要求抵抗侵略。如果没有这种抵抗侵略的共同需求，那我们的抗日民族统一战线怎么能组成呢？我们不要孤立地只强调对立的这一方面，而不承认事物还有统一的方面。地主和农民，如果不存在同一性，那么，统一体就要破裂，封建社会也就不可能延续。"③

撰写清史，首先不能回避的问题是如何科学、全面、客观、公正地评价清代的功过是非，清代到底是不是腐败的代名词？它对中华民族到底有什么贡献？

无论是编撰《简明清史》，还是在清史研究所全面、深入研究清史，抑或编纂《清史》时，戴逸先生总是明确提出要从建立清史学科的高度，强调要科学、全面、客观、公正地评价清代的功过是非。以至于在 2016 年底家乡的两位学者赴京拜访他时，他依然纵论了这个重大的问题。戴先生是这样说的："在中国人民大学成立清史研究所之前，是没有以全面研究清史为目标、任务的清史学的，清朝的时候它自己建立不起清史学，它只有歌功颂德；等辛亥革命了，都是骂清朝的，骂它干了许多坏事，进关的时候屠杀，后来搞文字狱、搞闭关政策，把中国害得不轻，再后来外国人打进来了，又打不过人家，就投降，干了很多坏事。但是，清朝也干了许多好事，它的历

---

① 戴逸：《关于历史研究中阶级斗争理论问题的几点看法》，《社会科学研究》1979 年第 2 期。见《戴逸自选集》，学习出版社，2007 年，第 62 页。

② 同上书，第 63 页。

③ 同上书，第 63-64 页。

史地位是被抹杀了。在辛亥革命后的整个时期，清朝都没有得到好评，清朝就是腐败的代名词，也没有人去研究它。当时的历史学家都在研究先秦，郭沫若、范文澜等都在争论中国历史的分期问题，近代史是没有的，清史就更没有了，康乾时期也没有。在20世纪清朝灭亡后的几十年里没有清史研究，抗战后也没有，一直到‘文化大革命’，清史连一本书都没有。后来我们就觉得这样不行，对清朝的评价不公平，当然清朝有很多缺点，但也有几件大事。一是统一了中国，以前中国是不统一的，总是游牧民族与农耕民族打仗，如与匈奴、鲜卑、突厥、女真、西夏、蒙古等，中国历史从某种意义上说是一部农耕民族被游牧民族入侵的历史。游牧民族靠放牧是吃不饱的，有些东西，如衣服、粮食等非得从农耕民族中去攫取。汉代时的匈奴就是抢，‘和亲’后就有了‘互市’，农耕民族的粮食和游牧民族的马进行交换，如果关闭互市，那就会开战，所以互市非常重要，形成了茶市、马市等。游牧民族只吃肉、不吃茶等是不行的，不利大便，所以游牧民族对互市就有依赖。农耕民族打不过游牧民族，但游牧民族进关后建立的王朝都被汉人同化了，现在北方人里面许多都是以前关外进来的游牧民族，有蒙古移民、满族移民等，他们也都改成了汉姓。现在北方满族移民比比皆是，我的两个儿媳妇都是满族人。满族一进来首先拉拢蒙古，满族和蒙古的关系非常好，拉拢了蒙古后又拉拢西藏，因为蒙古和西藏都是一个宗教——喇嘛教。后来北方就有了稳定的关系，本来长城很重要，但清朝时长城就不起作用了。后来日本侵略中国，中华民族团结一致抗日，乃至溥仪当了儿皇帝，连满族人都不理他了。他（溥仪）的父亲（爱新觉罗·载沣）都不去（投靠日本），只效忠中华民国。近代以来，如果没有清朝的话，我们现在的民族统一还成问题。明朝太弱了，不愿走出去，康熙帝准备签订《尼布楚条约》时，派去谈判的人中没有一个汉人。康熙派谁谁都不去，太远了，到宁古塔都很远，何况去尼布楚。当时第一次派出的代表中有两个汉人，其中一个就是常熟人，叫钱良择，他还留下了日记《出塞纪略》，记了他们走到蒙古时，那里正在打仗，就回来了，第二次他也不去了。汉人是‘让你去谈判又不是让你去打仗’都不愿意，你说怎么去统一啊？满族完成统一就是用兵打，不服的就是噶尔丹，打败了噶尔丹，蒙古就服了。后来满族和蒙古的关系非常好，进行通婚等。清朝为什么要建避暑山庄，就是为了拉拢蒙古。因为蒙古人一到北京就得天花，水土不服，所以就建了个避暑山庄。康、乾每年有一半的时间在避暑山庄，他们为什么在那里，就是为了统一。清军入关到康熙前期，中国各地是各自为政的。长江以北是清政府管辖，长江以南最初归属南明政权，后来发生吴三桂、尚之信、耿精忠等人的三藩之乱，他们占领了大半个中国。台湾完全由郑成功的后代统治着。北中国有强大的蒙古，又分为漠北蒙古、漠南蒙古、漠西蒙古。当时漠西蒙古的势力最强大，伊犁是其根据地，占有蒙古的大部分地区以及北部新疆，连南疆的维吾尔也在其管辖之内。准格尔部的势力也非常强大，西藏与准格尔的关系密切。俄国入侵黑龙江，建造了许多工事。康熙帝、雍正帝、乾隆帝等为了中国的统一，在西藏、新疆、蒙古等地进行了 80 多年艰苦卓绝的奋斗，最终使中国实现了统一，组成了多民族的国家，形成了中国现在的版图，中国现在有 960 万平方千米的土地，56 个民族共同生活在一个统一的国家之内，这就是康雍乾时期的政治遗产。如果满清朝不入关，只是明朝的话，疆域只有长城里边，就长城里边也可能守不住，会退到长城以南了，和南宋一样。现在中国的古音，是广东、福建地区语音，接近中国的古音。我们那儿（常熟等吴方言地区）也还有一点古音，比如稍（shāo）微（wēi），我们读成 sǎo wēi，这就与古音接近。北方语音没有入声，南方语音有入声，如笔，北方人读 bǐ（三声），南方人读 bī（一声）。北方人的语言已经少数民族化了，这个问题也说明北方人的文化与少数民族的文化掺和在一起了。"

"我当时建立这个学科的思想是从哪里来的呢？就是从避暑山庄来的。'文革'末期，避暑山庄一直请我们去，因为当时我们正好在搞清史。那时我们也不能确定'怎么评价清朝'，因为以前我们没研究过，那时都是骂清代的，没人说清代的功劳，也没人研究。只有郑天挺、孟森、萧一山 ① 等研究过清代。孟和萧那时也已过世了，他们写的文章也不系统。真正开始研究清史是在'文革'之后，第一次全国清史研究讨论会就是在我们中国人民大学的清史研究所召开的，当时我的题目就是《清代的历史地位怎么评价？》，只有把清代的历史地位确立起来才能树立这个清史学科。对清朝怎么认识？难道它只是卖国政府，没干好事？统一就是它的一个好，另一个好是近代化。尽管清朝打仗打败了，它还是进行了近代化，开工厂，大工厂，小工厂，重工业、轻工业。至辛亥革命时，全国的近代化已初具规模。我说李鸿章是近代化的先驱，他搞的开滦煤矿、轮船招商局，轮船招商局现在还在，还有铁路等，没有这些中

---

① 萧一山（1902—1978），江苏徐州人，毕业于北京大学，受业于梁启超，被誉为"清史研究第一人"。

国怎么能近代化呢？无产阶级怎么能产生呢？没有无产阶级哪来共产党？我们都要追本溯源，光骂李鸿章不行。近代中国总是落后挨打，让人觉得清朝很软弱，只有了解了清朝的历史，才知道清朝也曾有过辉煌，尤其是同以前的朝代比较，更感到清朝有许多创举。在明确清史研究学科定位的同时，我们花费 7 年时间出版了两卷本共 70 万字的《简明清史》。这是清政府消亡 70 多年后出版的首部清史专著。虽然这是一次小范围的实践尝试，但其意义非凡，因为培养了人才，同时积累了经验，凝聚了共识。总结清代的历史，是几代史学家不懈努力的奋斗目标，也是我们这一代人义不容辞的责任。我们既要对得起那些力主编修清史已先后离世的前贤哲人，同时这也是我们这个时代之期盼。研究清史，既是对传统文化的传承，更重要的是要将清史研究作为一门学科正式确定下来。"①

正如哲人所云"没有革命的理论，就没有革命的运动"一样，戴逸对新中国成立以后 30 年间史学领域尤其是阶级斗争理论上或"左"或右的种种观点及其影响所及问题的剖析和解决思路的论述，对人大清史研究所同人尤其是他自己领衔编撰《简明清史》的实践产生了重要的推动作用。

现在，笔者就从理论与实践的结合上，摘举《简明清史》之一二，以管窥豹，彰显皇皇巨著的历史作用。

《简明清史》开卷伊始，就以政治评论高远深刻的概括笔触把人类历史发生重大变迁时期跌宕起伏的恢宏图景展示于读者面前，这与一般史书娓娓道来的叙述手法，效果是迥然不同的。请看：

当十七世纪前期，满族崛起于我国东北的白山黑水之间，世界和中国正处于剧烈的革命和动荡之中。

这时，英国是全世界经济和政治发展最领先的国家。十七世纪中叶，英国发生了资产阶级革命，这是一场由中世纪以来英国的全部社会发展进程所准备起来的革命。由于生产技术的进步、社会劳动分工的扩大和商品经济的发展，资本主义生产关系在封建社会内部成长起来，最后必然要冲破封建旧制度的桎梏。革命以后，英国国内建立了资产阶级的新秩序。这是世界历史

① 沈秋农访、陈斌整理：《戴逸先生访谈》，2016 年 12 月 26 日，沈秋农未刊稿。

的转折点，是资本主义对封建主义第一次的重大胜利，它为英国资本主义的进一步发展创造了条件，并推动着欧洲和北美国家资产阶级革命的到来。

和英国资产阶级革命同时，中国正经历着明末李自成、张献忠领导的伟大农民革命。这场革命在性质上、作用上以及所处社会发展阶段上不同于英国的革命……

戴逸先生将满族在中国的崛起与世界范围内历史的重大变革相对比联系，实质就是隐蕴了满族兴起但依旧是封建主义王朝且处于新兴资本主义列强的虎视眈眈乃至包围挤压之中。这种不同历史发展阶段形成的时代局限，决定了清王朝如不能改弦更张、自强不息则最终必然出现多舛的历史命运。这是后话。

成书于1980年的《简明清史》第一册，花相当的篇幅还原了"满族的兴起与后金政权的建立和发展"这一段重要历史。值得引人注意的是，十五六年后，美国兴起的"新清史"学派中有学者认为"满族"不是中华民族的成员，而是"异族"，即"满洲外来说"，其观点是："满洲人征服中原建立大清国"，是"异族入侵破坏了中国的主权"，进而提出"不应把清朝称为中国，或是把大清皇帝称为'中国'的皇帝，而是主张在"清朝"与"中国"间"划下一条界限"，从而将中国与"清朝"分开。清朝是"满洲帝国"，"中国仅是其中一部分"。[1]"新清史"学者的这种观点，在中国学术界引起了强烈反响，以至于有学者称"新清史"是"'新帝国主义'史学标本"，其"全面颠覆中国历史，全面否定清史"，"学术上荒谬，政治上危害中国统一"，等等。[2]

笔者并非在此与"新清史"学派某些学者的观点进行辩驳，但在研读《简明清史》之余，愿将中国传统史学专家关于满族在中国这统一多民族国家中崛起和发展的简要史实公之于众，以正视听。

《简明清史》在第一章第二节专撰满族发展历史时开宗明义，如此写道："毛泽东指出：'中国是一个由多数民族结合而成的拥有广大人口的国家。'满族是我们祖国民

---

[1] 参见《北京日报》2018年9月20日《理论周刊》刊发的《西方学者标榜的"新清史"若干观点罔顾事实，应予以辩驳！》，作者为中国人民大学历史系教授。

[2] 李治亭：《"新清史"："新帝国主义"史学标本》，《中国社会科学报》2015年4月20日，第728期。

族大家庭里勤劳勇敢的一个成员。"①

居住在白山黑水之间的满族的先世不仅世世代代劳动、生息、繁衍在这片辽阔富饶的土地上，而且在遥远的古代就和中原地区有着密切的联系。20 世纪 70 年代中期对原黑龙江右岸呼玛县十八站鄂伦春族人民公社境内的旧石器时代遗址的考古发掘表明，距今 1 万多年的 1070 件石器，其类型和加工技术与华北地区的一些旧石器有许多相似和相同之处。进入新石器时代，在南起长白山，北至外兴安岭，西自黑龙江上游和嫩江两岸，东至海滨和库页岛的广大地区内发现的大量人类遗址，出土的大量新石器和其他器物，其形制和中原地区，特别是和山东龙山文化的器物很相似。如作为龙山文化特征的半月形石刀和黑灰陶，在东北各处遗址中发现了很多，某些陶器可以说是古代黄河流域同类器皿的仿制品；而乌苏里江出土的玉璧、玉珠，和黄河流域出土的同式玉器几乎完全一致。可见，在遥远的古代，黑龙江流域的文化和中原地区的文化有紧密的联系。②

在中国漫长的历史上，满族在中华民族大家庭中有着不可割舍的血肉之情，这在古代文献资料的记载中，是一览无遗的———

在公元前 1000 多年前，周武王灭商之后，满族的祖先肃慎人前往祝贺，"贡楛矢石砮"。此后，肃慎多次遣使入贡，周王皆以礼相待，关系密切，故西周、春秋时中原地区的人说："肃慎、燕、亳，吾北土地也。"③

"汉代，肃慎改称挹娄；南北朝时，挹娄更名勿吉；隋朝，勿吉又叫靺鞨。自汉至隋前后经过七八百年，尽管中原王朝不断更迭，肃慎也三易其名，但满族的先世一直与中原王朝保持着极为密切的关系。他们遣使入京，史不绝书，甚至一年进贡两三次，贡者一次多达 500 人。由于他们同中原地区来往频繁，不断输入先进的生产技术和思想文化，从而对满族社会经济的发展起了积极的推动作用。"④

"到了唐代，满族先世靺鞨与中原王朝的关系进入新的时期。唐开元十年（722），唐朝在黑龙江和乌苏里江汇合处附近，设置勃利州，任命当地靺鞨首领倪属利稽为勃利州刺史；开元十三年（725），又在黑水靺鞨地区设置黑水军；开元十四年又设立黑

---

① 戴逸：《简明清史》，人民出版社，1985 年，第 14 页。
② 同上书，第 15 页。
③ 同上。
④ 同上书，第 16 页。

水都督府，命靺鞨首领担任都督、刺史等职，并由唐朝中央政府派人前去担任'长史'，直接参与管理地方行政事务。这就清楚地表明，在 8 世纪初，满族的先世不仅已在唐代入朝为官，而且中国唐朝政府已在黑龙江流域建立了地方行政机构，行使主权，该地已成为我国版图不可分割的一部分。"①

"还在武则天执掌朝政时，靺鞨下属七部之一，分布在松花江、辉发河一带的粟末部首领乞乞仲象曾被武则天封为震国公，他死后由其子大祚荣于武周圣历元年（698）自建震国，称震国王；至唐神龙元年（705），唐中宗派遣御史前往招慰，大祚荣也'遣子入侍'；至唐开元元年（713），唐朝在粟末辖区设置忽汗州，授大祚荣为忽汗州都督，并册封为左骁卫大将军、渤海郡王，于是大祚荣'去靺鞨号，专称渤海'，这是满族先世在中国历史上第一次建立地方政权，共存 229 年，传十五王……"②

"渤海与中原地区的经济联系极为密切，唐朝在青州设立了'渤海馆'，专管与渤海的贸易；在文化的交往上，空前繁荣。渤海派遣了许多学者和留学生'诣京师太学，习识古今制度'。他们抄回去很多汉文书籍，还参加唐朝的科举考试。在中原地区的影响下，渤海的官制和府州设置都模仿唐朝的制度，渤海通行的文字，'大抵汉字居十之八九'。在政治上，渤海是臣属于唐王朝的一个地方政权，与中原地区的经济、文化联系又极为密切，正像唐朝诗人温庭筠在《送渤海王子归国》一诗中咏颂的，'疆理虽重海，诗书本一家。盛勋归旧国，佳句在中华'，这充满激情的诗句，反映渤海和唐朝，满族先世同汉族人民深厚的一家亲情。"③

唐王朝在以黄巢为首的农民起义中覆灭之后，在五代十国的纷飞战火中，居住在东北的契丹族兴起，并于 947 年建元大辽（辽大同元年）。其间，满族后裔靺鞨改称女真，其中被契丹遣散后聚居于辽东、内蒙地区的所谓"熟女真"很快被辽代契丹人融合；而居住在松花江流域的所谓"生女真"之完颜部在反抗辽代统治中于 12 世纪初开始崛起，其杰出领袖阿骨打团结、统一了女真一些部落，并于 1114 年（辽天庆四年）兴兵伐辽，辽兵大败，阿骨打获得全胜。1115 年（金收国元年）1 月，阿骨打

---

① 戴逸：《简明清史》，人民出版社，1985 年，第 16 页。

② 同上书，第 17 页。

③ 同上书，第 18 页。

称帝，国号大金，定都上京——这是满族先世继渤海之后建立的第二个地方政权。①

经过 10 年征战，金朝在 1125 年灭了辽朝，同年兴兵南下，1127 年灭北宋，1141 年（金皇统元年）迫使南宋订立"绍兴和议"，以淮河为宋金之分界线。为对付南宋和西夏，金朝于 1153 年（金贞元元年）从上京迁都燕京（北京），学习汉制，自中央到地方的行政制度和各级官制都进行改革；随之有一批女真人迁入关内，同汉族杂居，学汉语，穿汉服，改汉姓，不久后这批女真人便和汉族融合了。②

尽管金朝的政治、经济和文化中心南移了，但金对留居东北的女真人没有放松管理，依旧积极进行开发经营，以至《金史》表明，现辽宁东部、吉林中部等地区当年的人口还有所增加，上京、东京（辽宁辽阳）两路有 186973 户，仅上京会宁府（今黑龙江省哈尔滨市阿城区城南 2 千米处）就有 31270 户。③

12 世纪，我国北方的蒙古族兴起。蒙古在 1227 年灭西夏，1234 年灭金朝，1279 年（元至元十六年）灭南宋，结束了从五代以后宋、辽、夏、金长期分裂对峙的局面，出现了统一的元王朝。

元继金统治东北女真族，在其设立的七路管辖体系中，开源和合兰府水达达两路是专管女真地面事务的，而合兰府水达达路就下设有 5 个万户府。④元朝政府为了开发女真地区，加强和内地的联系，积极开辟驿站，据统计辽阳行省有驿站 120 多处，为了鼓励女真人开荒屯田，政府还发放"牛畜、田器"，从而促进了女真地区社会经济的发展。⑤

至明代，女真依据分布地域和经济发展程度分成建州、海西及"野人"（又称东海女真，分布在黑龙江和库页岛等地）三大部，三部之间及其内部又不断发生互相兼并和掠夺战争。⑥明洪武年间，建州女真阿哈出部为避"野人"女真侵扰而向南迁徙至凤州定居；至永乐元年（1403）其首领赴京师朝见，明朝在该部设立建州卫，首领阿哈出为建州卫指挥使，赐姓李名诚善。后其子孙多次袭职乃至升官，而为避蒙古及

---

① 戴逸编：《简明清史》，人民出版社，1985 年，第 19 页。
② 同上。
③ 同上书，第 21 页。
④ 同上。
⑤ 同上书，第 22 页。
⑥ 同上书，第 31 页。

"野人"侵扰，又数次迁徙。①

　　早先和阿哈出部为邻的万户猛哥帖木儿（清太祖努尔哈赤的六世祖）也不堪"故元遗兵"和"野人"女真的侵扰掠夺而"挈家流移"，并在建州指挥使阿哈出力荐下，明授予猛哥帖木儿建州左卫指挥。虽然此后猛哥帖木儿其子、弟官职多有变化乃至发生过领导权争夺，住地亦有迁徙变化，但建州女真以苏子河（位于今辽宁新宾满族自治县境内）流域为中心重新聚集起来，这里青山绿水、丘陵起伏、土壤肥沃、资源丰富的优渥环境，成了清王朝的发祥之地。②

　　在建州女真南徙的同时，海西女真也不断南移，形成了海西四部（或称扈伦四部，即叶赫、辉发、哈达、乌拉）。其间亦互相征战、兼并，且担任着明朝任命的都督、指挥、佥事等职。③海西女真在清代历史上也发挥过重要作用，如叶赫氏族曾兼并过蒙古氏族，而晚清的慈禧太后正是出自叶赫那拉部。

　　史料表明，建州和海西女真的南徙，大体到嘉靖时基本稳定了，他们沿着辽东东北边界分散聚居，建州三卫分布在抚顺关以东，海西四部散居在开原以北。建州和海西女真南移后，其社会经济向前迈了一大步，不少汉人进入女真地区，传播农业耕作技术，推广牛耕，输入大批铁制农具，开垦荒地，发展生产，由采猎经济过渡到以农业生产为主。万历初年，建州女真已有少量粮食输往辽东地区。④

　　女真地区农业的发展，推动了手工业的进步。到了嘉靖时期，女真人除了"贸大明铁自造"铧铲及各种器具外，在海西地区还能生产铁，并开始使用鼓风炉，能把铁炼成钢，另外纺织业可以麻为原料生产麻布，不仅自用，还有一些输往辽东销售。⑤

　　农业和手工业的发展，促使女真的商业更加繁荣，马市交易十分兴隆，特别是貂皮颇受关内欢迎，貂皮远运往朝鲜以换取大批耕牛和铁器，女真的社会经济更得以迅速发展。⑥

　　惧于建州、海西女真南迁带来的社会经济迅速发展，明朝统治者对女真采取"使其各自雄长，不相归一"的分而治之、互相牵制办法，致使女真各部长期陷于分裂、

---

① 戴逸：《简明清史》，人民出版社，1985年，第32页。
② 同上书，第34页。
③ 同上书，第35页。
④ 同上书，第36页。
⑤ 同上书，第37页。
⑥ 同上书，第38页。

混战不休状态，给女真人民带来了深重的灾难。①

生于 1559 年（明嘉靖三十八年）建州左卫奴隶主家庭的努尔哈赤，是建州左卫都督猛哥帖木儿的六世孙，其历代祖先有多人受明廷册封，担任建州左卫指挥使、都督金事、都督等官。10 岁丧母，后又遭继母虐待的努尔哈赤，经过幼年就开始艰苦的劳动锻炼和成年后的在辽东大将李成梁部下"每战必先登，屡立战功"的戎马生涯陶冶，成了足智多谋、武力超群的杰出人才。②

努尔哈赤崛起的有名之典"以十三副遗甲起兵"，出于明万历十一年（1583）之战事。当年，努尔哈赤的祖父、建州左卫部指挥觉昌安和努尔哈赤的父亲、建州左卫指挥塔克世随明军镇压建州辖区内的阿台叛乱，进军的引导由建州苏克苏浒部图伦城主尼堪外兰承当。结果，在明军攻破阿台的古埒城时，努尔哈赤的祖父被烧死，其父则遭误杀。虽然明廷为报偿努尔哈赤其祖、父被冤死之情，特授努尔哈赤为建州左卫都指挥使，但努尔哈赤把祖、父的死亡归罪于尼堪外兰，故以祖、父遗甲十三副起兵，攻打尼堪外兰的图伦城，尼堪外兰则弃城而逃。从此，努尔哈赤开始了统一建州女真各部的事业。③

经过 5 年征战，努尔哈赤把分散对立的各部势力基本统一了起来，其成功之因除了他自己拥有身先士卒、勇敢直前的战斗作风、精神之外，正确的政略和战略也颇重要：开始时仅限建州内部，把矛头对准尼堪外兰，相对强大的海西女真暂避锋芒；拉拢蒙古、朝鲜，表示亲睦；对明朝中央政府更是表示十分恭顺，多次亲赴北京朝贡，以获明廷信任——1589 年，授他为都督金事，1591 年升为左都督，1595 年以"保塞有功"晋封他为龙虎将军，把他看作"忠顺学好，看边效力"的良好的地方官。此外，努尔哈赤注意收容降众，整顿内部秩序，发展经济，"满洲民殷国富"。④

建州女真的统一和努尔哈赤的崛起，与同样强大的海西女真发生了冲突。1593 年（万历二十一年），海西叶赫部纠集了共九部的女真部落，组成 3 万联军，分三路向努尔哈赤发动进攻。努尔哈赤分析出九部联军"部长甚多，兵皆乌合"之不可克服的矛盾，便"立险要之处，诱敌来战"，集中优势兵力，重点出击，斩杀叶赫首领，俘获

---

① 戴逸：《简明清史》，人民出版社，1985 年，第 40 页。
② 同上书，第 41 页。
③ 同上。
④ 同上书，第 42 页。

乌拉首领满泰的弟弟布占泰，同来者"皆丧胆，各不顾其兵，四散而走"，努尔哈赤取得"破九部三万之众"重大胜利。①

此后 20 多年，为对付部众多、力量强的海西四部，努尔哈赤采取分化与蚕食相结合的办法和政策，如与较强大的叶赫、乌拉两部结盟联姻，同时先攻灭较弱小的哈达部、辉发部，对蒙古则加意笼络，蒙古科尔沁部、扎鲁特部都归附了努尔哈赤，成了统一女真部落的得力助手。②

在与海西四部 20 余年的争斗中，地域辽阔、兵员和劳力充足的东海女真是努尔哈赤与海西四部争斗的焦点。1607 年（明万历三十五年），东海瓦尔喀部自愿归附努尔哈赤时，遭海西乌拉部袭击。努尔哈赤派其弟速尔哈赤在乌碣岩大败乌拉部，由此打开了通往东海诸部大门，并连续 3 年取得兼并重大成果。③

面对原始部落残留的军事民主传统阻碍统一大业，当努尔哈赤同母弟速尔哈赤拥兵自重、"临阵退缩""出奔他部"时，努尔哈赤于 1609 年拘留了速尔哈赤，没收了其财产和奴隶，为统一女真踢开了绊脚石。④接着，努尔哈赤经过连年征战，至公元 1617 年征服东海各部，攻占库页岛及附近岛屿；至公元 1619 年统一海西四部。⑤

经过 30 多年奋斗，以十三副遗甲起兵的努尔哈赤，发展到拥有精兵六七万，"自东海至辽边，北自蒙古、嫩江，南至朝鲜鸭绿江，同一语言俱征服"，使"诸部始合为一"，基本上完成了统一女真各部的大业，随之农业、手工业、采猎业、商业等都得到发展，农业生产更为显著，成为社会生产主要部门。在新形势下，努尔哈赤在各方面采取了许多改革措施。⑥

首先是创造"八旗制度"。这种制度是"以旗统人，即以旗统兵"的军政合一，又是"出则备战，入则务农"的兵民一体的社会组织形式。具有行政管理、军事征伐、组织生产的三项职能。它是在统一战争中逐步发展起来的，是由女真人狩猎时实行"牛录"组织演变而来的。当时"凡遇行师出猎，不论人之多寡，照依族寨而行，

---

① 戴逸：《简明清史》，人民出版社，1985 年，第 43 页。

② 同上。

③ 同上书，第 44 页。

④ 同上书，第 45 页。

⑤ 同上书，第 46 页。

⑥ 同上。

满洲人出猎开围之际，各出箭一支，十人中立一总领，属九人而行，各照方向，不许错乱，此总领呼为牛录（意为大箭）厄真（意为主也）"。1601 年（明万历二十九年），努尔哈赤在这种"牛录"组织的基础上并参考其先世金朝猛安谋克制度，正式创建旗制，设立四旗，即黄、白、红、蓝四色，规定每 300 人编为一牛录，每牛录厄真一人，管理该牛录内的一切事务。到了 1615 年（明万历四十三年），"因归附日众，乃析为八"，在原有四旗之外，增设镶黄、镶白、镶红、镶蓝四旗，黄、白、蓝均镶红边，红旗则镶白边，合为八旗。八旗制度规定 300 人为一牛录，设牛录厄真一人，5 牛录为一甲喇，设甲喇厄真一人，5 甲喇为一固山，设固山厄真一人，副职二人称美凌厄真。固山厄真即旗主，领有步骑 7500 名。努尔哈赤是八旗的最高统帅，并有巴牙喇（直属精锐卫队）5000 余骑，各旗旗主也有人数不等的巴牙喇。当时努尔哈赤领两镶黄旗，代善（努尔哈赤二子）领两红旗，皇太极（努尔哈赤八子）领镶白旗，莽古尔泰（努尔哈赤五子）领镶蓝旗，杜度（努尔哈赤长孙）领正白旗，阿敏（努尔哈赤侄子）领正蓝旗……八旗制度是一套完整的军事组织和政权的统治机构，它把分散的女真各部组织在旗下，进行生产和战斗，保证了统一战争的胜利。①

其次，兴筑城池。先在努尔哈赤原居地二道河村南山上"土垒方里"，俗称旧老城；1603 年（明万历三十一年），在苏子河与嘉哈河交汇处的东岸，"因山为城，垒土为郭"，俗称老城；1605 年，努尔哈赤又在老城加筑一道外城，城高 6 丈，做门 8 处，内城居住着努尔哈赤及其贵族，外城居住着旗兵，而奴隶则居于城中，各种工匠皆居城外，全城有 3 万多人。被命名为赫图阿拉城的地方不仅规模大，而且有一定布局，它是努尔哈赤管辖地区的政治、军事、经济和文化中心。②

再次，选人才，设议政，理诉讼。努尔哈赤采取推荐和选拔的方式任用大批官员，并指出选择时不要看血统，而要看才德，是否有一技之长，符合条件的人予以录用，使之执政。1615 年设议政五大臣，与八旗旗主一同议政，参决机务，"每五日集朝一次，协议国政，军国大事，均于此决之"，这种联席议政制是建州政治、军事的中枢决策机构。与此同时，还颁布法制，命扎尔固齐 10 人，分任庶务，负责审理诉

① 戴逸：《简明清史》，人民出版社，1985 年，第 46-47 页。
② 同上书，第 48 页。

讼案件。如有刑民案件，先由扎尔固齐 10 人审问，然后报告五大臣，再由五大臣复查，并把案情告诉诸贝勒，讨论议决。如果原被告一方不服，可以申诉，由努尔哈赤查明情由，最后裁决。这种层层会审制度的建立，强调了遵循法规，让人预先知道，从而改变了以往随意处分、说打就打、说罚就罚的混乱情况。①

最后，创制满文。在努尔哈赤早期，原先的女真文已不通行，此时的女真人只有自己的语言，而无本民族的文字，"凡属书翰，用蒙古文字以代言者，十之六七，用汉字以代言者，十之三四"。面对不能满足时情的现实，1599 年（明万历二十七年），努尔哈赤命额尔德尼和噶盖两人，以蒙古文字母与女真语言拼成满文。此种满文，其字形与蒙古文很相似，称为老满文，又称无圈点满文。尽管老满文的文法不完备，缺点很多，但是作为本民族文字，开始应用推广，这标志女真社会向前迈进了一步。②

《简明清史》在此小结道："努尔哈赤推行以上各项措施，无疑是为了加强和巩固以他为首的奴隶主贵族的统治。但是，这些措施是统一战争的产物，它又反过来推动了统一战争，而这场统一战争是进步的，对满族共同体的形成，对促进社会生产力的发展，对加强各族之间的经济和文化交流，都起着积极作用。努尔哈赤顺应历史潮流，基本上完成了统一女真诸部的历史使命。1616 年（明万历四十四年），努尔哈赤遂称汗登位，建立'大金'（史称后金），建元天命。他把分散的女真诸部统一在后金地方政权之下，因而使后金力量迅速壮大，成为与明朝中央政府对抗的强大地方势力。"③

就在努尔哈赤为统一女真各部而奔忙操劳之际，明朝统治者不仅在女真的建州和海西各部中挑拨离间、制造分裂，而且其辽东官吏竟视女真"如昆虫，极其侮慢"，甚至随便加罪，无端杀害；再加对女真在经济上加以封锁、禁运，强制关闭马市，强索耕地，民族间的隔阂和矛盾到了无以复加的程度。④ 1618 年 1 月，努尔哈赤对诸王、大臣秘密宣布"今岁必征明"；同年 4 月 10 日，以"七大恨"作为征明檄文，分兵两路攻打抚顺，1 万明军全军败没。明朝政府又经过 9 个月准备，于 1619 年（明万

---

① 戴逸：《简明清史》，人民出版社，1985 年，第 50 页。

② 同上。

③ 同上书，第 51 页。

④ 同上书，第 51—52 页。

历四十七年，后金天命四年）共调集 10 万余明军，号称 47 万大军，兵分四路进攻后金，直指后金都城赫图阿拉。努尔哈赤分析了明军的声东击西战术，决定只派 500 人抵御、阻滞南路的刘𬘩军，放任东路、北路的马林、李如柏率军在崇山峻岭间跋涉。然后集中优势兵力，于 4 月 14 日由自己率领后金 6 万兵力，对付西路出抚顺的杜松军 3 万人。结果在抚顺东、浑河南岸的萨尔浒爆发阻击战，杜松丧生，全军覆没。4 月 15 日，努尔哈赤乘胜指挥北上，明兵大败，马林仅以身免，逃往开原。时至 4 月 16 日，刘𬘩率领的南路明军抵达距离后金都城赫图阿拉仅五六十里的富察，而努尔哈赤已命令扈尔汉、阿敏、代善、皇太极等八旗旗主率 3 万多人"隐伏山谷"，待机而动。当明军还在"分掠部落"、焚毁村寨时，后金军从天而降，刘𬘩战死，明军覆没。明军中还有被胁迫征调的 13000 名朝鲜兵，其领兵姜弘立以下，全军投降。明朝辽东经略杨镐惊悉三路丧师，急令李如柏撤兵，明朝四路大兵只有这一路逃脱了败灭的厄运。①

《简明清史》如此评价"萨尔浒之战"："萨尔浒战役是集中使用兵力、选择有利的战场和战机，连续作战、速战速决、各个击破，在战略上以少胜多的典型战例。在战斗中，充分显示了努尔哈赤机动灵活的指挥才能和后金将士的勇猛战斗作风。""这次战斗对双方都是十分关键的一仗，从此，明朝的力量大衰，它阻碍女真各部统一发展的政策彻底失败，不得不由进攻转入防御；后金的力量大增，它的政治野心和掠夺财富的欲望随之增长，由防御转入了进攻。"②

努尔哈赤在取得萨尔浒大战胜利后，挥师西进，蹂躏辽东，攻破开原、铁岭，8 月又灭叶赫。辽东地区的明军，处于风声鹤唳、草木皆兵之中，明朝长期经营的辽东精兵重镇，完全解体。明王朝不甘心就此作罢，特派熊廷弼（万历进士，时任兵部右侍郎）代杨镐经略辽东，责令他进攻后金，收复失地。熊廷弼决定"坚守渐逼"之策，整顿军务、修城筑堡等等，任事才 10 余月，效果显著，努尔哈赤不敢轻于西进。但明廷大官僚深怀大民族主义偏见，攻击熊廷弼的方针，迫使熊去职，又派毫无军事才能的袁应泰取代熊，结果明军还未出动，努尔哈赤就于 1621 年（明天启元年）3 月率军攻占沈阳，接着又攻占辽阳，袁应泰自杀身亡。至此，努尔哈赤又将都城由萨尔

---

① 戴逸：《简明清史》，人民出版社，1985 年，第 51—56 页。
② 同上书，第 56 页。

浒迁至辽阳。①

辽沈失陷的消息使明廷举朝震惊，明廷又起用熊廷弼为辽东经略，以王化贞（万历进士，右佥都御史）为辽东巡抚。经略主守，然拥兵仅 4000；巡抚主战，拥兵 10 万，"遂成水火"。王掌实权，为所欲为，而熊无可奈何。1622 年正月，努尔哈赤利用熊、王矛盾，发兵渡辽河而西，围攻西平。王化贞派心腹孙得功前去救援，战败，奔回广宁（今辽宁省北镇市，明代在东北最高军事机关驻地），蓄意投降后金，大呼投降口号，"一城讧然，争夺门走"，王化贞仓皇西逃，广宁失陷，后金又连陷 40 余城，努尔哈赤又从辽阳迁都沈阳。②

广宁失守后，熊廷弼、王化贞被下狱处死，明廷又派王在晋经略辽东。王是一个胆小鬼，主张放弃关外，退守山海关，遭到袁崇焕等中下级将领反对。袁有谋略胆识，认为若保关内，必守关外，若保关外，必守宁远（今辽宁兴城市）。其在广宁失陷时，曾单骑出山海关巡阅，不畏艰险，敢于任事。在明廷起用兵部尚书孙承宗代替王在晋经略辽东后，孙继承熊廷弼"以守为战"战略，采纳袁崇焕建议，大力整顿防务，构成了以锦州、宁远为重点的关外防线，使努尔哈赤无机可乘。1625 年（明天启五年，后金天命十年）九月，孙承宗因耀州（今辽宁兴城市辖区）之役战败，遭到阉党攻击，使辞职不干。接替孙承宗的高第（万历进士，时任兵部尚书）认为关外不可守，尽驱屯兵入关，致"死亡载途，哭声震野，民怨而军益不振"，而袁崇焕不肯从命，坚守宁远孤城。在 1626 年（明天启六年，后金天命十一年）正月努尔哈赤大军围攻宁远时，袁鼓励将士，誓以死守，使努尔哈赤"大挫而退"。努尔哈赤失败于宁远，退回沈阳，悒悒不自得，这年七月身患毒疽，八月十一日病逝。这是清朝初兴时期遭到的最重大的损失。③

《简明清史》以有力的笔触勾勒了满族社会由奴隶制向封建制的过渡，由此不仅有力地推动了社会经济尤其是生产力的发展，而且逐步实现了与汉族封建社会的有机融合，这是满族得以久远统治中国的社会基础。

《简明清史》指出，"满族的直系祖先、原居黑龙江流域的女真人早就进入了奴隶制。明代中叶，他们南迁到开原以北、浑河上游一带居住，此时他们处在家内奴隶制

---

① 戴逸:《简明清史》，人民出版社，1985 年，第 58 页。
② 同上。
③ 同上书，第 60 页。

阶段，把掳掠来的汉人'为奴使唤'"，等等。"努尔哈赤时期，女真的奴隶制又向前迈进了一大步，以他为首的奴隶主阶级，创建'八旗制度'，'以旗统人'，把后金管辖下的所有人都编在旗内，从而八旗旗主控制了全部社会劳动力，由家内奴隶制过渡到庄园奴隶制"①。

《简明清史》以大量数据和事实表明，女真社会制度的变迁对社会经济的发展产生了巨大推动作用。史料讲道，在努尔哈赤占领沈阳、辽阳广大地区后，后金社会又经历了曲折、复杂乃至痛苦的由奴隶制向封建制过渡的过程。明朝政府原来在辽沈地区长期实行军屯制度，嘉靖后期（16世纪中叶）辽东有军屯户96400余户，达38万多人，军屯地368万亩，还有大量的民户和民地，这是"岁有羡余，阡陌相连，屯堡相望"的富庶之地。但在后金进入辽沈地区后，战争不仅破坏了生产，也打乱了原有的生产关系，但原有的先进生产方式不会完全消失。女真人移居来此，努尔哈赤实行"计丁授田"政策，实际是将汉族军屯之地和汉民之地收归女真所有，再分配给八旗士兵，而对汉民实行奴隶化，造成汉族民众逃亡、反抗、暴动如火如荼，仅一次铁山的农民起义就打死、打伤后金兵三四千人，而零星反抗更是层出不穷。②面对汉人的反抗，后金社会进入了镇压—反抗—再镇压—更大的再反抗、起义的恶性怪圈，社会秩序更加混乱，生产急剧下降，后金的军事供应和日常开支已入不敷出，最后只能缓和将汉民奴隶化的过程，把残留的汉民实行编庄，即将女真奴隶主的拖克索（满语，庄园）制度与明廷的军屯制结合。虽然庄丁与奴隶地位相近，但毕竟有了归自己耕种的一份土地，有了自己独立的经济收入。据《满文老档》记载，此时相当一部分奴隶主是实行定额剥削的，劳动者有可能从生产物中获得一个超过其必要生活资料的余额，这比奴隶制是一个重大的历史进步。③

随着后金在对明战争中的不断胜利，占领的地域更广，俘虏的人口更多，庄园也设立得更多，但庄丁依然是奴隶，生产效率不高，产量很低，每年"所费不如所得"。相比庄园生产效率更高的"屯地"，发展更快。屯地是努尔哈赤统治时期按"计丁授田"领取"份地"的女真自由民和汉族归顺后的国家农奴户，他们组成庄屯，自耕自种，向国家交纳官粮，应差服役，且被编入八旗组织，虽在八旗相关头领的监督、管

---

① 戴逸：《简明清史》，人民出版社，1985年，第60-61页。
② 同上书，第70-71页。
③ 同上书，第72-73页。

理下劳动，但交够了官粮后有余粮，所以产量颇高，再加后金政权大力扶植，屯地已成为后金开支的重要支柱。1626 年（天命十一年，改次年为天聪元年），皇太极（努尔哈赤第八子）受推举承袭努尔哈赤汗位后，顺应历史发展趋势，大力促进封建化进程：天聪初年，将"各处余地"归公，分给民众耕种，不许再立庄田；天聪四年，下令编审壮丁，对隐匿壮丁者治罪；天聪八年，宣布"俘获之人，不必如前八分均分，当补壮丁不足之旗"……使奴隶主贵族特权受到重大打击。[1]

为了进一步削弱旗主贝勒的权力，皇太极于 1631 年（天聪五年）颁布了《离主条例》，规定凡奴隶主犯有私行采猎、擅杀人命等罪的，许奴仆告发，"准其离主"。第二年又对此条例做修订补充，凡奴隶告发之罪数条中有一坐实者，免坐诬告之罪；凡准离主之奴婢，允准出户，转化为农奴。1638 年，皇太极又下令直接解放部分奴婢，对削弱奴隶制起了一定作用。[2]

《简明清史》还列举了皇太极对屯田生产的重视，对满族"只战不耕"政策的改变，对农业生产技术的改进，等等，这对满族社会经济的发展作用颇大。

后金所以能快速崛起取代明皇朝，除了其加快封建化的步伐，努力发展社会经济之外，很重要的一个因素是进行了政治改革，并以政治改革推动封建化。

皇太极之所以要推动政治改革，还得从努尔哈赤创造八旗制度说起。其时，努尔哈赤及其子侄担任了各旗旗主，从而引发了明争暗斗不断，致使其到晚年时，企图用八旗旗主联合共同主政的办法来协调矛盾。当皇太极继承汗位后，他与代善、阿敏、莽古尔泰三大贝勒共理政务，实际上是 4 人逐月轮流执政，其间的矛盾、纷争不言而喻。皇太极决定以"汉法"（主要是借鉴明朝的办法）改革氏族社会军事民主的合议制，措施如次。

第一，加强和巩固汗权。皇太极先是在每旗设总管旗务大臣一名，直接掌管旗务，与诸贝勒偕坐共议国政，并让每旗增派 3 人议政，从而打破了旗主的控制权，使决策机构变成咨询机关；后又以第二大贝勒阿敏战败为罪名，将其幽禁，不久阿敏病死；再后又以第三大贝勒莽古尔泰与其发生口角拔刀相向治罪，革去贝勒衔，夺取其牛录属员，莽古尔泰气愤而死；仅剩的三大贝勒之一的代善被治罪后，变得唯命是

---

① 戴逸：《简明清史》，人民出版社，1985 年，第 75 页。
② 同上书，第 76 页。

从，皇太极独自控制八旗中的正黄、镶黄、正蓝三旗，汗权得以加强巩固。^①

第二，整顿和改革国家机构。皇太极即汗位后要求"凡事都照《大明会典》行"，故行政机构，都仿自明制：先设文馆，这是内阁的雏形；再改文馆为内三院，即内国史院（负责撰拟诏令、编纂史书等）、内秘书院（负责掌管和起草对外文书和敕谕等）、内弘文院（负责讲经注史、颁布制度等）；另设置八承政，分管内三院事务。再后又更定内三院官制，设置大学士、学士，使其组织、职掌更规范、扩大、完善，其不仅是皇太极处理政务的左膀右臂，而且还评议旗务、掌握权力，起着牵制八旗的作用。至后金天聪五年（1631），皇太极又设立吏、户、礼、兵、刑、工六部，每部都规定由满、蒙、汉人任"承政"，另有参政员，皇太极直接控制六部，即使贝勒分掌六部事务，但已是君臣关系了。清崇德元年（1636），在三院六部之外设置都察院（参加议奏、会审案件、稽察衙门、监察考试等）；1638年又定蒙古衙门为理藩院，负责管理内外蒙古事务，以后成为清朝统治少数民族的统治机构。内三院、六部和都察院及理藩院，合称三院八衙门，这是仿照明制建立起来的一套比较完整的国家机构。它虽然同八旗制度并存，但已逐步取代了原先八旗制度所行使的国家权力，皇太极也由此把权力集中了起来。^②

第三，团结汉族官僚和知识分子。以范文程为例，皇太极即位后，"拔置公帷幄"，"以公为秘书院大学士，领机密"，足见皇太极对汉人谋臣信任重用，而这样的人有一大批。1629年，后金开科取士，这一次考试就录取了200多人，后于1634年、1638年、1641年继续开科取士，这就把一些汉族知识分子从被奴役的地位中解放出来，在政治上赢得了他们的支持和拥护。

第四，创立汉军八旗和蒙古八旗，既平衡了满族八旗的军事势力，又为与明王朝作战扩大了兵源。在入关前，满洲八旗有63000多人，蒙古八旗为25000多人，汉军八旗为33000多人，而最高统帅为皇太极。与此同时，皇太极为加强八旗战斗力，不断颁布军律和加紧制造火器，以至于不仅有善于野战的八旗骑兵，而且有了能够攻坚的炮兵。^③

第五，创立新满文，利用喇嘛教。努尔哈赤时期借用蒙古文创制的老满文，缺点

---

① 戴逸：《简明清史》，人民出版社，1985年，第80页。
② 同上书，第80-81页。
③ 同上书，第83-85页。

很多，文法也不完备。1632 年（明崇祯五年，后金天聪六年），皇太极命人在老满文基础上增加圈点，并创制十二字头和专记外字符号，这种结构与应用完备的新满文成为有清一代 200 余年通行的满文。同时，为了联络蒙古和西藏，皇太极大力宣扬和扶植喇嘛教，如把著名的传教士请到后金、隆重接待、死了建塔树碑等等，这种政策对于统一漠南、漠北，团结西藏、蒙古起了很大作用。[1]

皇太极的种种改革举措，大大加强了王权的集中统一，加快了女真社会内由奴隶制向封建制的转变，实行军政分开就避开了八旗旗主干政，至于学明朝推行三院八衙门的体制，更使国家机构走上了正规化，再加加强军队建设、加强文化建设，使后金政权的崛起呈势不可当之态。此时的皇太极，已羽翼丰满，对明王朝再也不用委曲求全、俯首称臣、韬光养晦，他决定一改前非，对明王朝发兵进攻了！

原来，努尔哈赤在临终前，虽然安排了九王多尔衮（第十四子）继承汗位，因其年幼，以大贝勒代善（第二子）摄政。但在努尔哈赤死后，诸子未遵遗命，兄弟间激烈争夺汗位。最后四王皇太极（第八子）凭借自己手中的兵权，再加上代善的支持，终于夺得了后金的汗位。皇太极上台后，雄心勃勃，决意承袭父志，把入主中原、取代明朝统治作为后金的基本方针。但此时的后金社会矛盾丛生：第一是民族矛盾，满族贵族与广大汉族人民之间的矛盾十分尖锐；第二是阶级矛盾，后金农奴主与农奴之间的矛盾；第三是后金统治阶级的内部矛盾，即汗权与诸王权力之间的矛盾，这是不言而喻的；第四是经济问题，由于明朝停止后金朝贡和互市，又连遭严重天灾，社会上出现了"人有相食"的情景；第五是在军事上东有朝鲜、西有蒙古、南有明朝这腹背受敌的困境。据此，皇太极采取了"尺蠖之屈"战术，对明朝秉取委曲求全、韬光养晦之术，不断通过朝鲜、蒙古乃至明廷官员频频奉书称臣，希望媾和，前后达 8 次之多，而这一切都是为了争取时间，摆平内外诸多事务。直至 1629 年（明崇祯二年，后金天聪三年）皇太极率军入关，兵临北京城下，还"赍和书致明帝"，仍表示愿意议和。[2]

从 1627 年（明天启七年，后金天聪元年）皇太极登上汗位起，在加紧治理内部事务的同时，先是趁朝鲜内乱，发兵攻占义州，然后分兵进攻驻扎在铁山的明军毛

① 戴逸：《简明清史》，人民出版社，1985 年，第 85 页。
② 同上书，第 86~88 页。

文龙部，毛兵败守皮岛；朝鲜政府在兵临城下之时被迫签订《江都合约》，由此割断朝鲜与明朝的联系。至1636年（明崇祯九年，清崇德元年），皇太极又第二次对朝用兵，朝鲜国王被迫投降，向皇太极称臣，由此解决了清政府的后顾之忧。[①] 对处于分裂割据状态的漠南、漠北和漠西三大部的蒙古族人，皇太极采取"恩威并用"的"征抚"手段，积极团结和争取那些愿意归顺的全部首领，赐给厚礼，授以官爵，使统管其民。而对漠南部中最强大，且自称汗、肆意侵扰欺侮他人的察哈尔部首领林丹，皇太极亲督诸军进攻，林丹败退至青海大草原，后金天聪八年死于青海。第二年，皇太极又遣多尔衮西征，将林丹残部彻底消灭，并得元朝传国玉玺而还。至于对漠北蒙古即史称的喀尔喀三部，皇太极通过劝其归附的办法加以笼络。这样，就使所有蒙古人归顺了清朝，不仅消除了来自蒙古人的威胁，而且使骁勇善战的蒙古骑兵成为进攻明朝的一支重要力量，还在抵抗沙皇俄国对我国北部边疆侵略的斗争中起到了积极作用。此外，皇太极还对满族的故乡黑龙江流域做了细致的收复、抚慰、整顿、经营、管理等诸项工作，把当地所有居民编入旗籍，使这里真正成为巩固的边防和清朝的大后方。[②]

到了1636年，皇太极经过9年的努力，已加强和巩固了对后金的统治，基本上消除了来自朝鲜和蒙古的威胁，为夺取明朝中央政权做了准备。是年五月，皇太极称帝，定国号大清，改元崇德。从此，皇太极把主要力量放在进攻明朝上，明清之间的关系进入了一个新的时期。[③]

1636年的时间定格，皇太极称帝，国号清，崇德元年，这几个字码和词组，不仅对满族将产生重大影响，而且会波及中华民族268年的历史，至于影响则会更加久远！

笔者所以花较长篇幅将《简明清史》中关乎满族兴起的历史以梗概勾勒，因为这段历史更为重要，且能给人以诸多启示。

1. 满族在中华民族大家庭中崛起，是清王朝执掌中国268年历史的基础，这不仅在清朝的历史上关系重大，为中国史学界十分重视，也为世界史学界所关注。这段历史的真实面貌究竟如何，是关乎清史学界其称谓的"学派"能否得以真正确立的根基

---

① 戴逸：《简明清史》，人民出版社，1985年，第88-90页。
② 同上书，第88-94页。
③ 同上书，第95页。

问题。《简明清史》以确凿无疑的史料还原了这段历史，其工作是原创性的、开创性的，这就使有些学者所称满族是"外来民族""异族"抑或用新名词"内亚民族""内亚因素"等与中华民族大家庭割裂开来、对立起来的"满洲外来论"难以成立了。虽然《简明清史》撰写当初并非针对此等论点、论述而为（当时还未有这些观点、论述），但它在世界史林中所蕴存的现实意义是不容置疑的。

2. 满族在中华民族大家庭中源远流长。生活在亚洲东部北至外兴安岭，西至黑龙江上游和嫩江两岸，东至海滨和库页岛的广大地区上的满族先世在旧石器时代（距今 300 万年—距今 1 万年），其石器与华北地区的旧石器的类型和加工技术有许多相似、相同之处；至新石器时代（距今约 1 万年前开始至 5000 多年的时间区段），其石器和其他相关器物的形制和中原地区，特别是与山东龙山文化（公元前 2500 年至公元前 2000 年）十分相似，某些陶器可以说是仿制品，有的玉器几乎完全一致。这说明在遥远的古代，满族先民的文化就和中原地区的文化有紧密联系。

到了有文字记载的时代，在周武王灭商之后，满族的祖先肃慎人就有前往祝贺乃至遣使入贡的记录。至汉代，肃慎改称挹娄。南北朝时，挹娄改名勿吉。隋朝，勿吉又叫靺鞨——其间七八百年，满族先世一直对中原王朝遣使入贡，史不绝书。在唐代，李氏王朝在黑龙江和乌苏里江汇合处设勃利州，任命靺鞨首领为州刺史；后又设黑水军、置黑水都督府，任命靺鞨首领担任都督、刺史等职，而唐朝中央政府则派人前往担任"长史"，直接参与管理地方行政事务。至唐开元元年，经唐王朝册封，靺鞨人以"渤海"之名称郡王，这是满族先世在中国历史上第一次建立的地方政权。这表明满族的先世不仅在唐代入朝为官，而且经朝廷册封，建立了地方行政机构，行使治权，该地区已成为我国版图不可分割的一部分。

及至五代十国时期，契丹族在东北崛起且于 947 年建大辽政权，其间满族人将靺鞨改称女真。其中，散居辽东、内蒙古的"熟女真"被辽代契丹人融合；而居住于松花江流域的"生女真"则在其领袖阿骨打带领下大败辽兵，并于 1115 年阿骨打称帝，国号大金，定都上京（原辽代都城，位于今内蒙古巴林左旗林东镇南）——这是满族先世继"渤海"之后建立的第二个地方政权。然后，金朝灭辽，再兴兵南下，于 1127 年攻破北宋都城东京（今开封），俘徽、钦二帝，此史谓"靖康之变"。幸存者宋徽宗九子赵构称帝并建都于临安，史称"南宋"。久斗不决的金、宋，于 1141 年达成"绍兴和议"，双方议定以淮河为界，不再兴兵互伐。尽管金、宋处于南北对峙状态，但金朝是满族先世在中国历史上取得的带有全国性的政权，金朝掌史 166 年。

在 12 世纪，在北方兴起的蒙古族先后灭西夏、金朝、南宋之后，位于东北的女真族在元朝政府管辖下与内地联系紧密，驿站遍布，经济发展很快。

至明代，女真建州部、海西部、"野人"部之间争斗不断，建州部首领阿哈出及其相邻的猛哥帖木儿相继出任明廷任命的建州指挥使、建州左卫指挥，他们迁居至辽宁的苏河子流域重新聚集，这里后来成了清王朝的发祥之地。海西女真南徙至开原，其首领由明廷委任相关职务。至此，女真的社会经济迅速发展，由采猎经济过渡到以农业生产为主的农牧经济。有资料显示，清代皇室曾多次撇清满族首领与明廷官府、命官的关系，自诩满族人士与明廷官、军斗争的业绩，而历史事实并非如此，因为在中国的历史上，是有据可查的。清朝的奠基者、后金开国之君、清太祖爱新觉罗·努尔哈赤系明廷命官建州左卫都督猛哥帖木儿的六世孙，其历史祖先有多人被明廷册封为建州左卫指挥使、都督金事、都督等官；努尔哈赤起兵时其祖父觉昌安任明廷建州左卫都指挥，其父塔克世任明廷建州左卫指挥，在其祖父、父亲被人陷害致死后，明廷特授努尔哈赤为建州左卫都指挥使，由此走上了先是统一建州女真各部、后又统一女真各部的道路，并进行多项改革，获得很大成功。至皇太极接任努尔哈赤后金汗位之后，面对内外交困的诸多矛盾，通过朝鲜、蒙古乃至明廷官员频频奉书称臣、希望媾和，前后达 8 次之多。虽然这是皇太极的韬光养晦之术，但掩盖不了历史上女真首领向明廷俯首称臣的史实。其实，在中国历史上，由少数民族发展起来而其首领成为一个历史时期中国朝廷君主的事实，绝不限于满族。如契丹（辽国）、党项（西夏）、蒙古（元代）、女真（金代），中国并未因少数民族入主中原而改变中国历史的源流和脉络，虽然其间民族、宗教等的矛盾不断，以致征伐甚多，但并未改变中华民族五千年历史文化及传统等的流脉，成为独秀于世界民族之林的特有现象，这是不容抹杀的，也是改变不了的。

3. 满族先世主动大力推进社会制度由奴隶制向封建制过渡，是满族得以崛起的推动力量。在努尔哈赤带领后金的女真人进入明朝实行军屯制的辽沈地区时，女真人实行的"计丁授田"（把军屯之地、汉民之地没收并分配给八旗士兵）、将汉民奴隶化的政策致使汉族民众的反抗、起义层出不穷，社会生存水平急剧下降，后金财政入不敷出，军无粮草，社会生活难以为继，遂被迫缓和汉民的奴隶化过程，将汉民实行编庄。虽庄丁与奴隶地位相近，但庄丁有地可种，有独立经济收入，而奴隶主则被规定实行定额剥削，这比奴隶制有了重大进步。

在后金对明战争的不断胜利中，女真自由民与汉族庄丁组成的"庄屯"，自耕自种，按规纳粮、服役，且被编入八旗，生产效率更高，遂被后金政权扶植为后金主要支柱。当皇太极承继努尔哈赤汗位之后，颁布了打击奴隶主的一系列措施：不许再立庄田，不许再添庄丁，允许奴仆告发庄主，允许离主转化为农奴，直接下令释放奴婢，改变满族"只战不耕"政策，推广先进农业技术，等等。这不仅推进了向封建制社会的转变，而且发展了社会生产力，助力了满族的崛起。

4. 建立集中统一、职责分明、互相制衡的封建社会体制，遂使国力更为稳固强盛。在革除与三大贝勒共理政务的氏族社会军事民主会议制度后，皇太极要求仿《大明会典》改制行政机构，内阁设内三院——内国史院、内秘书院、内弘文院，分管三院的官制设大学士、学士，不仅辅佐皇太极治政，还负责评议旗务，起着牵制八旗的作用。稍后皇太极又决定设吏、户、礼、兵、刑、工六部，每部都由满、蒙、汉人"承政"，另有参议院，由皇太极直接控制六部；再后又在三院六部之外设都察院、理藩院，除了首辅（宰相）外，后金国家体制的雏形——三院八衙门的体制，已与中国长期封建社会的行政体制几无差别了。这是满族得以成功崛起的治理机制。

5. 处于上升时期的满族，是一个朝气蓬勃的民族，这是一个善于从中华民族大家族的文化宝库中学习借鉴，从而不断丰富、壮大自己的民族，是一个善待知识分子的民族——这是满族得以迅速崛起的认识论基础。

还在盛唐时期，满族先世靺鞨首领、"渤海"君王就派遣了许多学者和留学生"诣京师太学，习识古今制度"，他们抄回去了很多汉文书籍，还参加唐朝的科举考试；其官制和府州设置都模仿唐朝制度；而渤海通行的文字，"大抵汉文居十之八九"。至努尔哈赤带领女真人崛起时，女真人只有自己的语言，而无本民族的文字，"凡属书翰，用蒙古文字以代言者，十之六七，用汉字代言者，十之三四"。于是，努尔哈赤命人于1599年以蒙古文字母与女真语音拼成满文，其字形与蒙古文很相似，称为老满文，又称无圈点满文。至1632年，皇太极又命人在老满文基础上增加圈点，并全新创制十二字头和专记外字符号，于是这种结构与应用完备的新满文就成了清代的通行满文。以皇太极为代表的满族新兴力量不仅大胆任用汉族官僚和知识分子，还完全仿建了明朝中央政府的三院八衙门国家机构，而且一大批大学士、学士也由相当的汉族官僚和知识分子充任。从 1629 年开始，后金开科取士，第一次就录取了 200 多人，后来又连续开科取士，一批汉族知识分子由此从被奴役的地位上解放出来，这正是政治昌明的表现。

6. 创建独特的八旗制度，为满族夺权并巩固全国政权做出了强有力的军力保证。

八旗最初源于满洲女真人的狩猎组织，也是清代旗人的社会生产、生活、军事组织形式，后来也是清代的根本制度。1601 年（明万历二十九年），经努尔哈赤整顿编制并逐步发展完善。初置黄、白、红、蓝四色旗编成四旗，后又增设镶黄、镶白、镶红、镶蓝四旗，八旗之制确立。按八旗规定，丁壮战时皆兵，平时皆民，军队具有极强的战斗力。还在努尔哈赤时，始设蒙古旗，至皇太极时编成蒙古八旗，后又完成汉军八旗的编制，合称八旗：八旗满洲（约 12 万人）、八旗蒙古（2.5 万人）、八旗汉军（3.3 万人），八旗制度至此臻于完善。这是清政权得以发展、巩固的武力支持。可见，无论是在努尔哈赤的初创期，或是皇太极的完善期，在满族政权极为敏感的八旗制度上，清政权的创立者对八旗制度是抱着开放、包容态度的，对归附女真政权的蒙民、蒙军和汉民、汉军予以重用、利用，其间当然不乏缓和民族和社会矛盾的考量，因而八旗制度并非只是满族人独享的专权，而是也有蒙古族人、汉族人参与的军事组织。这就是清政权初创时期真实的八旗。这也是对立统一规律的真实写照。

《简明清史》是戴逸先生获得吴玉章人文社会科学终身成就奖的代表作，也是先生创立清史学派的奠基性成果之一。正如戴逸先生自己所言，史学工作者必须在"资料、思想、文采、道德"四个方面下功夫，努力锻炼，不断提高，才能成为合格的以至优秀的历史学家。戴先生为什么把"资料"作为史学工作者成才四要素之第一要素？他说："科学研究必须重视资料，重视知识信息，历史学家要掌握丰富的第一手资料。我们的研究是从事实出发，对事实材料进行归纳、分析、综合，抽引出规律，而不是从概念或定义出发，也不是单凭头脑玄想。没有丰富而确凿的材料，就不能进行科学的概括。资料对研究者来说，犹如水对于鱼，空气对于鸟一样。离开了水，鱼就不能游动；离开了空气，鸟就不能飞翔；离开了资料，研究就不能进行。丰硕的科学之果是在坚实的资料的树干上结出来的。"[1]

① 戴逸：《皓首学术随笔·戴逸卷》，中华书局，2006 年，第 25-26 页。

    戴逸主编、主撰的《简明清史》，就是以翔实、确凿的资料开辟学术研究广阔道路的典范。以该书的第一章"满族的兴起与后金政权的建立和发展"为例，全章正文文字约为 6 万字，所用脚注达 365 条，其中最长的一条脚注出现在第 31 页，所述关于清代史籍中对满族起源资料的引证，达 600 多字，所引资料有《满文老档》、日本学者译注《旧满洲档》、记载康熙帝话语的《满洲源流考》、清乾隆四十四年奉敕撰写的《盛京通志》，以及由清朝绘制的《皇舆全览图》《盛京吉林黑龙江等处标注战迹舆图》《布特哈衙门管辖图》。对一条脚注，《简明清史》的编撰者竟查阅了中外档案、文献、图录 7 个文本，其敬业精神可见一斑！

    《简明清史》编撰者留下的脚注，为读者提供了编撰者编撰时的用心心迹：

    居住在黑龙江流域的满族先世在遥远的古代就和中原地区有密切的联系：1978 年 1 月 24 日《人民日报》关于黑龙江流域旧石器时代遗址发掘出土石器的佐证；1960 年第 1 期、第 4 期、第 7 期和 1973 年第 8 期《文物》，1960 年第 4 期、1974 年第 2 期《考古》，黑龙江省博物馆刊《乌苏里江流域发现的古代文物遗存》的资料表明：进入新石器时代，东北地区大量人类遗址发现的石器和器物及玉璧、玉珠等与中原地区、黄河流域的器物可说是仿制品或完全一致……

    自中国有文字记载以来的资料表明，满族人的祖先肃慎人在周武王灭商后就开始与中原地区建立了密切的关系——由中国古代最早的国别体历史著作《国语》、研究先秦历史的重要文献《左传》的记录做证……

    兹后，无论是肃慎改名挹娄，还是再改名勿吉，或改为靺鞨，后又改为女真，朝代也由南北朝、隋、唐、五代十国、辽到女真崛起称国号大金，出现了与南宋政权南北对峙局面，时间跨度达 2000 多年，满族始终与中原及各族人士处于不离不弃、密切交流状态，尽管其间矛盾的交错乃至斗争不断，这是全世界多民族国家的常态——《简明清史》编撰者分别选取史料于北宋百科全书式史籍《册府元龟》及《北史》《旧唐书》《新唐书》《渤海国志长编》《辽史》《全唐诗》《金史》《元史》《明史纪事本末》《四镇三关志》《弈州史料》《纪录汇编》、朝鲜《李朝实录》、日本《类聚国史》等，因有 365 条，故不再一一录写，然足见编撰者之用心良苦。

    戴逸先生的一席肺腑之言，不仅是他的经验之谈，而且是他编撰《简明清史》的生动写照。他说："为了找资料，可能会碰到很多困难，切不可灰心丧气，要不嫌麻烦、不辞劳累、不怕挫折，要有一股韧劲，锲而不舍，持之以恒，才能积累越来越丰富的资料，向着科学的高峰攀登。"①

按戴逸先生自己所说，他凡读书，必做笔记、卡片乃至长编——把所有摘抄资料以及自己的感受、看法，包括评论，写成一篇文章，即谓"长编"。用系统工程的说法，"长编"即是一台完整机器的部件，等到组装机器时，将部件按系统组装即是。如此说来，在戴先生主撰《简明清史》时，仅编撰第一章时而做的"长编"即不会少于200篇，而就70多万字的一部著作来说，究竟阅读了多少文献资料、摘了多少笔记、做了多少卡片、撰录了多少长编，正可谓难以数计了。

就这样，戴逸先生和他所带领的团队以翔实可靠的资料、锲而不舍的思想能力，通顺流畅、文采斐然的文笔，遵循学术规范的道德文章，勾画了清朝268年汹涌澎湃的皇皇篇章，它就是70万言的《简明清史》。

《简明清史》的历史作用不仅在于为驳倒任何妄图分裂中华民族大家庭的谬言邪论提供了坚实的史实和论据，而且为中国目前推进改革开放、稳定社会大局提供了史学借鉴，如国家统一问题、民族问题、边疆问题、军队问题、发展经济乃至西部开发问题等等。除此之外，笔者在研读戴先生的著作、讲话之后发现，先生之所以在编纂《清史》初期一直坚持并说服同人开创性地编纂《清史·通纪》，因为他在主撰、主编《简明清史》时就有了一个了然于胸的感悟：应当突破"二十四史"平摊式的编纂方法。没有一条历史主干贯通，《清史》是站不起来的——这就是实践出真知！这就是《简明清史》在《清史》编纂中的历史贡献！

国际视野

在中国乃至世界学界，有一个可称为"世界之问"的问题：至清朝盛世，中国封建社会达到世界封建社会的顶峰，创造了粮食产量世界第一、人口总量世界第一、GDP总量世界第一等为世界仰慕的业绩，然而，为什么向资本主义转变不仅没有在中国发生，而且号称"天朝上国"的大清朝反而在列强坚船利炮的攻击下竟瞬间轰然倒塌，逐步沦为半封建半殖民地，长时间陷入了任人宰割的悲惨境地？

---

① 戴逸：《皓首学术随笔·戴逸卷》，中华书局，2006年，第27页。

回答"世界之问",需要世界眼光、国际视野。

戴逸先生所著《乾隆帝及其时代》,就是以国际视野研究中国封建盛世的力作。正如先生在此论著的前言中所说:"18世纪是伟大的时代,无论对中国或世界都非常重要。中国适当康雍乾盛世,经济、政治、军事、文化都发展到了前所未有的新水平,封建社会攀登到了巅峰,但这不等于说资本主义就在眼前。中国的经济状况、政治体制、社会结构、意识形态具有自身的特点,在这个基础上曾创造和发展了独树一帜的中华文明,它将沿着自己的轨道发展,而不会按照西欧历史的模式,亦步亦趋。中国和西方的历史、文明,各有自己的道路、自身的价值。如果没有外国的入侵,中国将循自己的道路继续行进下去。历史会在何时转轨?怎样从封建主义向资本主义过渡?很难做出判断。可能是经历漫长的演变,而且会和西欧国家的过渡方式截然不同。"①

——可把戴先生的这番论述拟为他对"世界之问"做出的简明结论,概括如次:

中国清朝的康雍乾盛世虽然攀登上了封建社会的巅峰,但社会并不会自然转轨走上资本主义道路;

中国清代的经济状况、政治体制、社会结构、意识形态,决定了其社会发展、过渡会走自己的道路,不会按西欧的模式行进;

如果没有外国入侵,中国清王朝的社会结构将会漫长地向资本主义社会演变……

戴逸先生关于清代与资本主义社会演变相脱失的论断,是以"18世纪中国历史的参与者、领导者和塑造者"乾隆帝为研究对象,"既要研究他的思想、行为、政策、功绩、失误,也要研究他的经历、性格、才能、爱好、心态,而更重要的是要着眼于一个时代,即18世纪的中国"②。正如戴逸先生在本著"前言"开宗明义时说:"这不是一本乾隆帝的传记,也不是关于18世纪中国史的全面叙述。"同样,戴先生研究所及相关论述、结论,并不是针对"清代脱失资本主义演变"而做,也并不完全是中国18世纪的历史。其另一主旨,在对18世纪中国历史的研究中,还关注着历史写作的一种探索。即除了其勾勒的事件反映了这段历史的部分面貌外,通过展示乾隆帝这个历史人物有血有肉、有情有感的多彩生活,折射的历史更加生动有趣。这对相当多于

---

① 戴逸:《乾隆帝及其时代》(插图本),中国人民大学出版社,2008年,前言。
② 同上书,第2页。

历史望而生畏甚至望而生厌的读者来说，不失为启智启趣的入门之作。因此，《乾隆帝及其时代》无论从学术价值、史学专著的写作探索抑或欣赏趣味来说，都是有重要意义的。

《乾隆帝及其时代》虽然不是乾隆帝的传记，但由于乾隆帝（爱新觉罗·弘历）生于康熙五十年（1711），卒于嘉庆四年（1799），享年88岁，在位60年，传位于皇十五子颙琰（嘉庆帝）后又当了3年独揽大权的太上皇，成了中国历代帝王中寿命最长、实际掌握权力的时间比所有帝王更长的皇帝（在位时间仅比其祖父康熙帝少一年），可以说乾隆帝统治清朝几乎贯穿了整个18世纪的中国，他的所思、所言、所行深刻地影响了时代。分析、研究乾隆帝，从某种意义上说，也可以视为分析、研究18世纪中国的重大变化。

综观《乾隆帝及其时代》的脚注可知，戴逸先生在著述时，用大量的时间和精力从清代档案、官书、文集、方志、笔记、传记、谱牒、契据、报刊、野史等各种浩瀚繁杂的资料海洋中进行淘洗；在大量翔实的第一手资料的基础上分析综合，苦心思辨，探赜索隐，抉奥阐幽；把乾隆帝这个人物放在18世纪的中国历史和世界历史发展的大局及焦点上予以比对、分析、观照，集中研究了政治、军事、经济、文化、对外关系等重大问题的决策和实施实践。

作为《乾隆帝及其时代》之纲的第一章"概述"，除简要勾勒乾隆帝的生平、简历、才能和政治要略外，分别就乾隆帝的"功"——"经济发展大大超过了前代王朝"；政治上"对承袭下来的专制政治体制有所改进"，"努力使中央的权力更加集中"；军事上"在完成国家统一、保护领土主权方面比前朝的战争规模更大，意义更重要"；"文化成就较之前代，并无逊色"，尤其是"编纂了我国历史上最大的丛书——《四库全书》，共收书籍3400多种，近8万卷，分成经、史、子、集四大类。此书包罗宏富，浩瀚广博，为我国古代思想文化遗产之总汇"。乾隆帝的"过"——"其政策方面的问题、矛盾或保守、失误"，如"清政权实质上是满汉地主阶级的联合专政"，但乾隆帝"对汉族的警惕、防范几乎超过了清代其他帝王，他对汉族大臣和绿营兵很不信任"，致使"满汉矛盾虽然不是社会的主要矛盾，但始终是影响政治的重要因素"；尽管乾隆帝"致力于保存满族的文化习俗和尚武精神"，但"八旗贵胄生活骄奢，浸染汉俗，废弃武事的趋势愈演愈烈，竟不可遏制；而一般旗人虽有额俸，但清廷禁其从事生产和经商，致使日益滋生繁衍的满族衣食无着，发生严重的生计问题"；在文化领域，虽然乾隆朝有文化繁荣的一面，"不幸的是这种繁荣并未导致文化思想在性质、内容上的飞跃，反而时常遭到风刀霜剑的凌逼摧残"，"有人估算乾隆朝文字狱有130起，比康雍两朝大大增加"，而"乾隆帝趁编纂《四库全书》之机，搜检全国的书籍，对所谓'悖逆''违碍'书籍进行查禁、销毁或篡改"，致使"古代典籍遭到了一次极大的厄运"；乾隆朝还有"一项重大的政策谬误，是变本加厉实行闭关政策"：乾隆五十八年（1793），英国政府所派的马戛尔尼使团来到中国，在热河觐见乾隆帝，因在觐见的礼节上发生严重争执，英国使团被拒。就英国而言，尚不能向中国发动武装进攻，只能采取和平谈判的手段谋求进入中国。就中国来讲，应尽量扩大疏通外交渠道，进行经济文化交流，扩大视野，了解世界的新潮流。但乾隆帝不仅没有这种迫切性，而且以天朝上国自居，轻视和蔑视外国，因使团的礼节不合清朝要求而怦然关闭了谈判的大门。马戛尔尼使团带来的丰厚礼品，大多是显示科技成就和工业实力的仪器、模型、机械和工业制品，但乾隆帝缺乏科学知识，不屑一顾，被自大心理与愚昧无知蒙住了眼睛，错过了认识外部世界的一次机会，堵塞了其臣民和后人去了解、探索外部世界的渠道。乾隆帝这种保守落后的思想及夜郎自大、闭关自守的政策造成了难以弥补的恶果和深远、长久的影响。

《乾隆帝及其时代》所展示的国际视野，在第一章即概述中就把乾隆帝陶醉于前代所不能企及的成绩放到当时世界范围中与欧美国家做横向的比较考察，显出了黯然失色的图景。"18世纪的欧美国家正处在资本主义上升时期，生产力和科学技术突飞猛进，革命已经爆发，社会突破了封建桎梏而进入人类历史发展的又一阶段，即资本主义时代。而中国仍处在封建时期，即使取得了封建社会中所能达到的最大成就，如果与欧美国家雄健迈进的步伐相比，仿佛一个龙钟老人，行动迟滞，步履蹒跚，越来越落后于西方国家。"史著紧接着就欧美国家翻天覆地、一日千里的五个方面重大事件做了勾勒梳理。其一，与乾隆朝同步，英国经历了产业革命全过程，即从纺织业发明飞梭，揭开产业革命序幕起，新式纺车、水力纺纱机迅速提高了纺织业的生产能力。瓦特改良蒸汽机，使"万能动力机"摆脱了人类对自然能源的依赖；各种机械开始实现规范化、标准化，机器大工业取代了工厂手工业，社会化大生产奇迹般地实现了。在英国，从纺织业纺纱织布的机械化起步，到全社会实现工业化、机械化、社会化大生产，时间仅仅用了60年！其二，自然科学跨进了近代科学的殿堂，数学、物理、化学硕果累累。电学因风筝引电试验破除了对电闪雷鸣的迷信而使脑洞大开，理论与实践的新成果此起彼伏；天文学领域，出现了解释太阳系起源的"星云说"，提出了银河系构成的假设，发现了天王星；地质学领域，"岩石水成说"与"岩石火成说"争论不休，在地球历史演变上则有"灾变说"与"渐变说"之争；法国生物学家以地球灾变解释生物化石缺乏中间传承环节的现象，英国有科学家则认为地域自然环境的变化是长期微小渐变积累而成，瑞典博物学家则搜索了数以万计的植物标本后，首创了植物分类；法国有科学家提出了物种的比较分类，开始认识到物种之间的变化传承关系……正由于此，恩格斯做出如此评价："18 世纪以前根本没有科学；对自然的认识只是在 18 世纪（某些部门或者早几年）才取得了科学的形式。"其三，发生于 18 世纪的法国启蒙运动，成了资产阶级革命的舆论先导。哲学家、政论家、文学家伏尔泰毕生不倦地反对教会、僧侣和专制主义；思想家、社会学家孟德斯鸠在《论法的精神》中提出的三权分立思想，成为日后资产阶级政体结构的原则；思想家、哲学家、教育家卢梭在其名著《论人类不平等的起源和基础》中尖锐指出私有制是产生不平等的根源，而在《民约论》中则主张消灭不平等和尊重"天赋民权"；思想家、哲学家、作家狄德罗带领一大批思想家、哲学家、科学家编纂了卷帙浩繁、内容丰富，汇集了当时自然科学、社会科学新成果的《百科全书》，除向封建制发动猛烈攻击外，其中的科学理论、科学思想、科学方法、科学精神对全社会的贡献是无与伦比的。其四，本分属于英、法殖民地的北美洲，经过延续 8 年之久的殖民地人民抗击英军的起义、战争，于 1783 年（乾隆四十八年）宣布独立，美国挣脱了殖民主义锁链，跃入资本主义行列，华盛顿当选为美国的第一任总统。其五，法国资产阶级革命震撼欧洲。导火索发生在 1789 年（乾隆五十四年）召开的三级会议（中世纪形成的等级代表会议）上。法国从 18 世纪 30 年代起随着资本主义发展的加快，社会分化加剧，第三等级市民与第一等级教士、第二等级贵族的矛盾激化。在 18 世纪 80 年代发生经济萧条、农业歉收、企业倒闭、财政破产刺激下，在 1789 年的三级会议上，受启蒙思想教育的第三等级代表要求分享国家权力，宣布成立制宪会议，而法国国王予以派兵镇压。群情激愤的巴黎人民于 1789 年 7 月 14 日举行起义，攻打巴士底狱，法国大革命爆发。革命迅速扩及全国，废除了人身依附、各种封建特权和苛捐杂税，并制定《人权宣言》。此后的斗争可谓反反复复，波澜壮阔。先是反动势力企图复辟，国王路易十六勾结外国势力以镇压革命。以中小业主居多的激进的雅各宾派领导人民打败外国干涉军，废黜国王，1792 年宣布成立共和国。翌年，将路易十六推上断头台。此后，雅各宾派单独执政，国内各政党的争夺十分激烈，大资产阶级颠覆了雅各宾政权，国外则有英、普、奥、荷、西等王国组成反法同盟。1795 年（乾隆六十年）巴黎国民公会起用青年军官拿破仑以对付内外敌人，拿破仑走上军事独裁道路。1799年（嘉庆四年，乾隆帝逝世）拿破仑发动政变，建立执政府，欧洲进入了连年战争的时期……

史著在简要介绍 18 世纪 30 年代后欧美国家发生的重大事件后指出："这六七十年间欧美国家的进步胜过了以往的一千年，它正在经历政治、经济、科学、文化领域全面而深刻的革命。""西方正在突破封建主义的桎梏而飞速前进，而中国的种种成就仿佛还在强化着封建的体制。两个不同的世界，其变化的性质和方向形成强烈的反差，中国越来越落后于西方世界。"[①]

戴逸先生对比欧美与中国在 18 世纪发展时说的"中国的种种成就仿佛还在强化着封建的体制"，可以说是经典的，如乾隆朝的经济、文化等，莫不如此。

以第五章"经济"为例，可以说这是著者潜心著述的章节之一。全章有 7 万多字，占了全书 1/5 的篇幅，用心可见一斑。农业种植是中国封建社会得以维系发展最主要的生产部门，封建统治阶级为了长治久安，在思想认识上十分重视农业，视农业为命根子，形成"以农立国""以农为本"的思想及一系列的政策措施。史著以乾隆帝重农劝耕的话为证，乾隆帝说："帝王之政，莫要于爱民，而爱民之道，莫要于重农桑，此千古不易之常经也。"乾隆帝不仅要求大臣们重视农业这一"养民之本"，而且身体力行，继承其父祖遗风，继续在中南海丰泽园内开辟农田，试行耕植；又在圆明园中布置多处农耕景点，不仅为了在田垄阡陌间怡情游玩，而且便于在水旱参差、稻香麦秀之处与农人讨论气候和农事，并要求大臣们把晴雨收成放在头等重要的地位。乾隆帝对农业的重视，还可从他钦定农业技术推广的《授时通考》可见一二。以该书要求推广的耕作技术为例，共有讲究选种（如小米品种达 500 多种，水稻品种达 3000多种）、改进中耕技术、重视施肥、凿井灌溉、试行耩耕和区田（耩，旧式翻田农具，乾隆用语："耩耕之法，三寸之雨，即可翻陇。"在少量土地上精耕细作，等距密植，多施肥料，讲究中耕灌溉之法谓"区田法"）、增加复种面积、集约化耕作。为了表示对农业及技术的重视，乾隆帝还亲自为此书写了序言，正如史著所言："此书博采群

---

① 戴逸：《乾隆帝及其时代》（插图本），中国人民大学出版社，2008 年，第 231 页。

籍，分类编纂、按时代先后为序，对于古代至乾隆时的农耕、水利、畜牧、园艺、纺织等，详细叙述，条分缕析，图文并茂，是记录和总结我国古代农业生产技术的一部重要作品。"[1]

乾隆时代末，中国经济达到了世界封建社会的顶峰。此时，中国有多少耕地？产多少粮食？全国有多少人口？这是令研究者十分感兴趣然而又是十分棘手的问题。关于清代耕地面积数，清代官书《大清会典》《户部则例》《清朝文献通考》记载数目较系统而详细，为学术界所普遍引用；清代官书《清实录》所载田亩数比前者要高。前者在乾隆三十一年与明代崇祯年间一样为 7.8 亿亩，而后者在雍正初（1724）为 8.9 亿亩。以乾隆朝开疆拓土、奖励移民等措施，耕地增加数甚多。如乾隆三十一年（1766）至嘉庆十七年（1812）东北奉天、吉林、黑龙江的耕地就增加 2000 万亩；乾隆朝自平定准噶尔以后，清廷在天山北路、伊犁、乌鲁木齐、哈密等地开展了名为兵屯、民屯、回屯、遣屯等名目的屯田，就民屯而言，屯户均以 30 亩计，登记在册的 3.4 万余户垦地已达百万亩以上；蒙古地区在乾隆时期由于内地汉人前往耕垦者接踵于道，农业发展亦极迅速，如乾隆三十二年（1767），和林格尔、清水河两厅官有牧厂余地 1600 余顷及沙碛地 800 余顷共 24 万余亩，在招募佃户开垦后，所得地租银拨充了旗营兵饷，各地纷纷招民垦种，耕地面积大量增加；湘黔川滇自从雍正时改土归流后，汉民纷纷徙入，如云南安宁州于乾隆八年界内即有无水荒瘠田地 1.3 万余亩可引民耕种；四川的金川在长期战争后人亡地荒，至乾隆五十三年已有 11.7 万亩招民垦种……[2]

经过对史料、文献、资料的反复甄别、比较、分析、测算，史著得出如下结论：到 18 世纪末，"全国耕地面积约有 10.5 亿亩，当时的人口已达 3 亿，每人平均有耕地 3.5 亩"[3]。

史著指出，"乾隆末，全国人口已达 3 亿，远远超过历史上的任何时期，由此可以推论，当时的经济实力也必大大超过以往的任何朝代"[4]。这就是史家所说的中国封建社会巅峰时期的经济盛景。然而，另一个不争的事实愈加显现：封建体制改变不了

---

① 戴逸：《乾隆帝及其时代》（插图本），中国人民大学出版社，2008 年，第 232 页。

② 同上书，第 242-246 页。

③ 同上书，第 247 页。

④ 同上书，第 261 页。

腐败！"与康熙、雍正两朝相比，乾隆朝赈务的规模和耗用银米数，大大超过前两朝。""更为严重的是当时清朝官场黑暗，吏治腐败，对赈济银米，侵吞乾没，弊端累累。乾隆朝因赈灾舞弊而惩处的官吏很多，如甘肃省假冒赈粮案，诛杀总督、巡抚以下，知县、知府以上数十人，是一桩特大的贪污案件。"对赈灾中大官僚的贪污，各级官吏和绅衿的层层朘削，乾隆帝也心知肚明，故在谕旨中指出："印委各官，点验灾黎，按户计口。每有豪绅劣衿，将家人佃户，连名开送。又各官书役，结引亲族邻友，混报私收。甚至并无其人，捏造名口，借端影射，诡冒累累，转使真正饥户，遗漏删汰。"对赈灾中出现的大部分赈济银两都被层层朘削，进入各级官员胥役私人腰包，连外国人目睹乾隆晚年的赈灾情形，都不乏记载，如随同马戛尔尼使团来华的英国人就有如此记载："去年，山东河决，淹没居户无数……立命拨发库银十万两，赈济灾民，而户部先没去二万两，以下每一转手，则复去若干两，自二万、一万以至数千、数百不等。层层乾没之手续既过，最后之实利及于灾民者不过二万而已。"朝鲜使臣回国报告：乾隆帝虽恤民勤恳，"而任事之臣，率多壅阏。辽东分赈时，凤城将只行两朔赈政，而余皆于私橐，且以赈银换作唐钱。饥民一月所受，各不五十文，号诉无阶，怨声载路"①。赈灾尚且如此，其各层官吏贪腐之烈，可见一斑。

18 世纪，中国和欧洲几乎同时发生了两个巨大的文化工程，即中国的《四库全书》和法国的《百科全书》。1772 年，法国完成了共 28 卷《百科全书》的编纂，而后的 1789 年，巴黎爆发了飙举霆击、扫荡法国和欧洲封建制度的资产阶级大革命，全球历史揭开了新的篇章。由此可见，《百科全书》的编纂、出版，与法国大革命前夕的思想启蒙、思想解放、理性思维的发展必然存在因果联系。《百科全书》于 1751 年开始出版，28 卷全部出版完毕是在 1772 年，即乾隆三十七年；颇有意思的巧合就是在这一年清政府下令在全国征集书籍，第二年开设"四库馆"，开始进行规模浩大的修书工程。法国《百科全书》的补编 5 卷、索引 2 卷分别于 1777 年（乾隆四十二年）和 1780 年（乾隆四十五年）出版。此后第二年，即 1781 年（乾隆四十六年），《四库全书》的第一部即文渊阁四库全书告成。七部《四库全书》全部完成在乾隆五十二年，即 1787 年，两年之后，法国爆发了惊天动地的资产阶级大革命。史著如此感叹："东西方

---

① 戴逸：《乾隆帝及其时代》（插图本），中国人民大学出版社，2008 年，第 300-305 页。

两部鸿篇巨著在 18 世纪下半叶先后修纂，接踵告成，可称是同一时代的产儿。"①

正由于此，史著《乾隆帝及其时代》以第六章"文化"整章的篇幅，对这两部代表东西方文化发展的成果，从它们产生的社会背景、编纂的宗旨和目的、体例、方法、内容、影响等各方面进行了全方位的比较、分析，这是这一史著所具国际视野的体现。

《四库全书》的编纂宗旨在收集、保存前人已经撰写的书籍，用力于"汇编"，办法先是把已有书籍搜罗集中，共收书 3500 种，存目 6700 种（各省进献图书有 1.3 万种），其中很多是善本、孤本，加上宫廷藏书，极为丰富。在搜集中，学者从《永乐大典》中辑录散佚的《旧五代史》，即先从"大典"韵部甄录，再从类书、史籍、说部、文集中采摘，终使失传的《旧五代史》恢复原貌。类似失而复得的古书有 380 余种。故《四库全书》虽是汇编，但"博大"是其最大特点。《四库全书》在编纂过程中将所搜集书籍都进行大量考证，如鉴定版本、辨别真伪、考析篇章、校勘文字，进而"分别流派，撮其要旨，褒贬评述，指陈得失"，故可见《四库全书》并不是简单地把许多书籍凑集誊写，而是做了大量研究，对中国古代文化做了大规模的清理和总结的产物。如北魏（386—534）郦道元所著历史地理名作《水经注》经长期流传，辗转抄录，经注混淆，讹误不可卒读。戴震经过细致研究，发现了区别经文和注文的三条原则，解决了长期混淆的问题；又如《四库全书》子部首列的《孔子家语》，旧称传自孔子后裔，《汉书》虽曾著录，然书实已散佚，《四库全书》列出诸多理由，明确判断乃魏王肃伪作。类似研究成果很多。由于《四库全书》卷帙浩繁，不能雕版印刷，遂雇用落第士子等人 3800 多名誊写缮录 10 余年之久，七部《四库全书》分贮于北四阁（内廷文渊阁、圆明园文源阁、避暑山庄文津阁、沈阳文溯阁）和南三阁（扬州文汇阁、镇江文宗阁、杭州文澜阁），七部书共缮写 1600 万页，每页 18 行，每行 21 字，七部书共 60 亿字，这是历史上从未有过的巨大文化工程。②

法国"百科全书"编写的起因是出版商出于营利的目的，要翻译于 1728 年出版的英文版、张伯斯著《艺术与科学大辞典》，商人委托思想家狄德罗主持译事。狄德罗认为当时科学文化的发展已突破了辞典内容，已无翻译必要，应该用新观点、新成

---

① 戴逸：《乾隆帝及其时代》（插图本），中国人民大学出版社，2008 年，第 307 页。
② 同上书，第 306-308 页。

果重新撰写一部书籍。当以狄德罗为主编、达朗贝尔为副主编且集结了能囊括一切领域的知识精英从事编纂之际，法国司法部长提出让国王支持这一工作，被狄德罗断然拒绝。1752 年，《百科全书》出版两卷时即遭查禁；不久开禁后出版至第七卷时，即在 1759 年再遭查禁，御用文人、教会和统治集团中的顽固分子把《百科全书》当作恶魔一样进行攻击；德皇腓特烈和俄国女皇叶卡捷琳娜怀着各自目的邀请狄德罗将《百科全书》移至柏林和彼得堡继续出版，而狄德罗却谢绝邀请，终于争取再次解禁，于 1772 年将 28 卷出齐。[①]

　　史著指出，《四库全书》和《百科全书》都有一个宏伟的理想，即要囊括前人的知识成果，而其分类两书亦有相似之处。《四库全书》的经部与子部，相当于《百科全书》的宗教和哲学类；《四库全书》的史部相当于《百科全书》的历史类；《四库全书》的集部相当于《百科全书》的诗类。但如果仔细分析，两者有很大的不同，《四库全书》是汇集书籍的丛书，其分类属于目录学的范畴；而《百科全书》以各门知识的统一为基础，勾画的是一个包罗万象的学科分类体系。两书分类的不同，既是体例上的差异，也是东西方知识结构的差异。中国文化着重伦理和政治的关系，忽视自然科学、生产技术、商业工艺和民间文艺，如总结了我国农业和手工业技术成就、内容丰富系统的明末宋应星所著《天工开物》未被《四库全书》收录，连存目中也未列入。我国很早就发明并运用珠算，明人程大位所撰《算法统宗》是我国仅有的一部研究珠算的书籍，《四库全书》亦未著录，只列存目。《四库全书》馆臣对民间文艺更加鄙薄，至于源自话本的《三国演义》《水浒传》《西游记》以及清代的《聊斋志异》《红楼梦》被视为"猥鄙荒诞，徒乱耳目"，当然都在摒斥之列。史著认为，《百科全书》追求世界知识统一性而进行的知识分类缺陷很多，不便于应用，但它毕竟包罗宏富，知识领域宽广而比较全面，具有近代知识结构的雏形。从总体而言，其显著特点是十分重视正在蓬勃发展的科学技术。《百科全书》的撰写者不少是著名的科学家和在实际岗位上的工艺师，后人称赞狄德罗"在人类历史上破天荒第一次像我们现在通常做的那样吸收有经验的实际工作者来同著作家合作"。《百科全书》的另一种特点是现实性很强，不仅总结过去取得的文化成果，而且反映了法国当时的社会生活，展现了经济、政治、生产、生活多方面的情况，涵盖面很宽广，它是 18 世纪法国社会的

---

①　戴逸：《乾隆帝及其时代》（插图本），中国人民大学出版社，2008 年，第 308-309 页。

一面镜子。①

《四库全书》和《百科全书》最重要的差异在指导思想方面。《四库全书》是清政府主持编纂的,自然站在官方的主场上,编纂的目的是有助于巩固封建主义思想统治,所以,著录的书籍并非兼收并蓄,而是有严格的去取标准,而标准就是乾隆帝于乾隆三十七年正月初四颁布之"上谕"。如果违反或稍稍背离此标准的则只存其目,不录其书。《四库全书》著录的书籍达 3500 种,存目的书籍 6700 种;凡著录或存目的书籍都分别撰写提要,其中最重要的是评论书籍的是非得失,评论的标准亦以乾隆帝上谕"惟准以大中至正之道,为万世严褒贬"为准。这一官方的评判立场,给《四库全书》造成了重大的损害。《四库全书总目提要》为众多学者精心撰著,虽有很高学术价值,但也充斥着卫道者的偏见。如东汉的唯物主义思想家王充所著《论衡》,因其中有《问孔》《刺孟》二篇,《四库全书总目提要》称其"露才扬己""其言多激"云云;明代进步思想家李贽、焦竑被说成"狂禅""妄诞",等等;称才士祝允明"放言无忌,持论矫激",如此偏颇不公的评价,在《四库全书总目提要》中相当多。正是由于这种官方指导思想,在编纂《四库全书》的同时发生了禁毁书籍事件,清廷以内容"悖逆"或有"违碍词句"的书籍,不是焚毁劈版,就是删改挖补,当时禁毁书总数达 3100 多种,其数量和《四库全书》著录的书籍几乎相等,形成我国文化事业的一次浩劫。法国《百科全书》的情况完全不同。编纂者不受官方束缚而自由表达自己的思想,他们的评价标准是普通理性和人性,他们鼓吹民主、自由,主张天赋人权,人的尊严不容侵犯,人的权利不容剥夺……在一再遭遇查禁、几乎夭折之中,编纂者们也常用隐晦曲折的语言来表达意见,但在许多条目中,他们抨击农场主,揭露当时法国经济衰退,大批农民丧失土地,贫困无告,政府苛捐杂税,民不聊生……在"暴君"条目中,狄德罗指斥"滥用权力,践踏法律,将属下臣民变成自己各种欲望和无理贪求的牺牲品"的"暴君",是"折磨人类的最致命的祸害"。所以有人评论说:《百科全书》是"轰击旧制度的攻城武器","对于 18 世纪中教士中的保守分子来说,这部书就像吹响了走向毁灭、无政府、无神论和无秩序的嘹亮号角",它为法国革命铺平了道路。②

---

① 戴逸:《乾隆帝及其时代》(插图本),中国人民大学出版社,2008 年,第 313—316 页。
② 同上书,第 316—318 页。

《乾隆帝及其时代》在对《四库全书》和法国《百科全书》做比较研究的最后概括指出："《四库全书》汇聚了中国大量古籍，网罗广博，内容丰富，考订精审，编次有序，在清理和总结中国历史文化遗产方面做出了重大贡献，后人深入研究中国的传统文化都将离不开这部大书。"至于法国的《百科全书》则总结了西方科学与文化的成就，利用已有的知识和思想资料，发展了唯物主义和进步的历史观、政治观。它对后世的影响极为深远，伏尔泰说'《百科全书》是世界上最伟大的作品，是雄伟壮观的金字塔'。"

史著对《四库全书》和《百科全书》产生的历史背景和文化氛围的对比分析，揭示了18世纪世界东西方两大民族、两个国家在社会制度、经济基础和意识形态方面的差异，因而其所产生的文化思想成果自然会迥然不同。"什么样的社会条件和经济基础就会产生什么样的文化思想成果，乾隆时代尚是封建盛世，它能为总结汇集封建文化典籍而做出巨大的贡献，但当时新的经济因素和阶级力量尚未成长。……《四库全书》不可能偏离封建主义正统儒学的轨道。""法国在1789年革命前夕，生产力迅速增长，资本主义工场手工业已蓬勃发展，科学技术与民主思想随之勃兴，第三等级正在崛起，烂熟了的封建制度百孔千疮……只有经过暴力扫荡，只有经过革命洗礼，才能洗涤封建主义的污泥积垢，振兴法国，使孕育成熟的资本主义脱胎诞生。"史著热情洋溢的颂歌呼之而出："法国《百科全书》的学者们是唱起新时代乐章的歌手，是呼唤暴风雨的海燕，他们为行将到来的法国革命做了思想准备。"并做出如此论断："对两部生产于两个世纪前的巨著进行研究，对于理解中法文化的特点和差异，促进两国文化的进一步交流是有重要意义的。"[①]

---

① 戴逸：《乾隆帝及其时代》（插图本），中国人民大学出版社，2008年，第321–323页。

第八章　萧萧落木思梓乡

过尽遥山如画。

短衣匹马。

萧萧落木不胜秋，莫回首、斜阳下。

别是柔肠萦挂。

待归才罢。

却愁拥髻向灯前，说不尽、离人话。

　　清代词人纳兰性德的这首《一络索·过尽遥山如画》词作，可以用来贴切地描摹戴逸先生有段时间的如麻心绪。是时，清史编纂进入了关键时期，不测的是晴天霹雳而至——相濡以沫 60 多年的夫人刘炎倏然而逝，撒手人寰……

永诀之痛

　　2008 年，戴逸先生的夫人刘炎教授也真正进入了耄耋老者行列。一年前，戴先生带领全家人为夫人做了"杖朝之贺"，祝福她平安、快乐地度过了 80 岁生日。在孩子们的起哄声中，刘炎还一展歌喉，博得满堂喝彩，国家话剧院一级演员、女婿廖京生做出如此评价："字正腔圆，歌声嘹亮，中气十足，底蕴深厚。"廖京生的潜台词是说岳母的身体还是很好的！可是在 2008 年北京奥运会过后不久，刘炎说觉得自己很疲惫。戴先生说不会是为奥运会操心过度，孩子们也回家过多，过于劳累了吧？刘炎取笑自己是劳碌命,休息几天就好了!

可是,不久后的一天晚上,刘炎在弯腰去端洗脚水时,突然听到自己背后腰部发出"咔嚓"一声,顿时觉得剧痛难忍。埋头在灯下苦苦审阅、修改《清史》初稿的戴逸先生惊闻夫人呼痛之声,立即放下书稿急忙捷步走了过去。他紧紧抱住了弯着腰的刘炎,慢慢把她扶直了,在半抱半扶中把她送到卧室床上,又轻手轻脚地抱着她躺平,睡好。此时两位80多岁的老夫妇已是满头大汗了!戴先生是因为瘦弱乏力和紧张所致,刘炎则纯粹是疼痛引发的。住在2号楼老宅里的大儿子戴寅闻讯赶来,虽是一筹莫展,但也让两位老人踏实了不少,因为万一事态还要发展下去,毕竟有一年轻人近在身旁。原来,戴寅在中国人民大学获得文学硕士学位后,又到澳大利亚珀斯在西澳墨朵大学读了比较文学博士学位;当他正准备留校工作时,他的母校中国人民大学向他伸出橄榄枝,于是戴寅便以"海归"的身份走上了中国人民大学的讲台;一年之后,担任国家清史编纂委员会主任的戴逸工作千头万绪,而生活又少有照顾,于是清史编纂委与中国人民大学商量,把戴寅调到了清史编纂委,除负责清史外文史料、档案、文献的翻译工作(还兼对国外、境外事务的联络工作)外,还要承当对其父亲的生活服务工作。现在回家,照顾父亲和母亲,当然是作为长子的他的头等任务了。第二天上午,老大戴寅和老三戴珂小心翼翼地陪着母亲去积水潭医院挂了急诊。戴珂的本职工作是宣武医院儿童脑外科大夫,骨科不是她的本行,但毕竟学医出身,陪母亲看病理当是第一要务,只能向院方请假了。老二戴琛远在深圳,自然爱莫能助。老四戴玮在国家烟草专卖局审计处工作,公务繁忙。所以,戴逸与刘炎商定先由老大、老三陪同去诊断病情,确诊后再说。

在积水潭医院,刘炎经过一系列化验、拍片等检查,确诊为胸脊体压缩性骨折。戴珂向医生请教后获悉,母亲胸脊骨折端移位明显,椎体压缩超过了1/2,说明骨质疏松十分严重,而且椎管内脊髓体可能已受到损伤。医生认为,因骨质疏松而导致脊椎骨折在老年人中是多发病,但如刘炎这样骨质疏松得如此严重甚为少见。经过反复商议,并向戴逸做了沟通,戴寅把母亲的病情与老二戴琛、老四戴玮做了通报。最后在全麻的情况下,对刘炎施行了胸脊柱骨折部位注入骨水泥填充手术。住院一周后,回家卧床疗养。医生认为,在正常情况下,病人经6~8周卧床休息,可下地活动,逐步恢复常态生活,但必须严防摔倒或因体力劳动再引发骨折损伤。

躺在自家床上养病的刘炎,可谓百感交集,尤为心痛。为了让她平顺养病,4个孩子经父亲戴逸同意，举家房舍做了大调整。还在几个孩子陆续要结婚的时候，戴逸、刘炎破例被人大房管部门安排住进了前清陆军部、海军部大楼的机要通信处，戴先生戏称其为"借来斋"。后来，作为人大校舍的前清陆军部、海军部大院的6幢楼被列为"国家重点文物保护单位"并决定加以保护性修缮时，戴逸、刘炎被安排借住在西二院的平房里。现在，刘炎睡的还是原来的大床，在西二院进门右侧套间的里间，大床边加了一张折叠式小床，是为她专门请的护工的安榻之处；外间也安了一张床，4个孩子每晚确保有一个人值更，做到随叫随起；戴逸先生的住处是在西二院底部厨房边的书房，房里架支了一张小床，书房兼做卧室。令刘炎感到忐忑不安的，第一是戴逸的变化：只要他在家改稿，一小时里总要过来两三次，嘘寒问暖、端茶倒水，抑或说国家大事、聊清史编纂委的工作，以及儿孙们的情况……刘炎心里直打鼓：这太反常了！打从与戴逸结婚成家起，她就是家庭的顶梁柱、万能胶、总会计、大管家、"老用人"；戴逸除了埋头教学、研究、写书写稿外，在家过着饭来张口、衣来伸手的日子，每天喝的茶水都是刘炎冲泡好了送到书桌上的……现在看到戴逸为自己倒茶续水，刘炎的眼里沁出了泪水——这一细节被戴逸先生悉心捕获，他抽出床头纸包中一页绵纸，慢慢地、轻轻地为刘炎擦去眼角的泪水，再紧紧地握住了刘炎的手，相顾无言，可谓此时无声胜有声……

遵照医嘱，刘炎卧床静养了整整两个月。虽然身体可以稍做活动，在人的搀扶下可以下床了，但莫名其妙的是全身的疼痛加剧了，而且还找不到确切的痛点！刘炎是离休干部，定点医疗单位是北大医院，于是在孩子的陪护下去北大医院就诊，结论是：刘炎患上了浆细胞瘤！

浆细胞瘤！

陪同母亲看病的戴珂根据X光片检查、诊断大夫对母亲做的颅骨、脊柱、骨盆检查的情况和分析，以及化验大夫对血生化和血清蛋白电泳、免疫蛋白固定电泳的检测分析报告，对母亲的病状做了如下梳理：母亲两个月前的胸脊骨折，只是病症的表象，深层的根源是浆细胞瘤。浆细胞，又称效应B细胞，来源于B淋巴细胞（其存在于骨髓的多功能干细胞中，而干细胞是一类具有无限的或者说永生的自我更新能力的细胞）；浆细胞之所以被命名为效应B细胞，是因为它是免疫系统中释放大量抗体的细胞，它对人体健康具有重大作用；在人体血液中，B细胞约占淋巴细胞总数的15%。浆细胞瘤是起源于骨髓的一种原发性的和全身性的恶性肿瘤，其来源于B淋巴细胞的变异，具有向浆细胞分化的性质……

戴珂对母亲病症的梳理、分析、归纳，得到了北大医院几位大夫的认可，她进而请教："能不能说'浆细胞瘤'就是'血液的癌症'？"

戴珂的问话，得到了医生肯定的答复："可以通俗地这样说，是血癌的一种，也可以说是骨癌的一种。"

医生建议：住院，再做全面检查，放疗、化疗，同时服药，这是唯一途径……

还是由同时结伴而来的戴寅前前后后帮助母亲办理入院手续，戴珂则与戴寅兵分两路，直接回家向父亲通报母亲的病况。当戴先生得悉夫人的真实病情时，"啊"的一声紧张得嘴巴都合不拢了，戴珂立即抱住了父亲，用手在他胸前轻轻地上下抚摩，转移他的注意力，以防不测……

老四戴玮及其妻子武林薇闻讯赶回了家里；戴珂的爱人廖京生则向国家话剧院领导告假回到了戴家；老二戴琛在北京家里护理了母亲一个多月回到深圳华侨城工作单位还不到 10 天，接到妹妹电话后立即动身再回北京……在家的人共同议决了诸多事项：

在刘炎还没有住院前，虽然身在床上，可家里诸事还由她做主；这次住院，肯定时间不会短，因而家庭的重担要由老大戴寅挑起来；家里再请一个保姆，饭菜要做得好一些，送到医院，确保母亲的营养；几个兄弟姐妹要轮流在白天到医院去陪护母亲，老大戴寅责任重，不去医院值班陪护，父亲去医院探视母亲时由戴寅负全责；在夜里陪护母亲的任务请护工承担；母亲患"浆细胞瘤"的病情如实地、简单地告诉她，因为再次体检后立即要开始放疗，瞒也瞒不住的，遮遮掩掩反而会增加她的忧虑……

刘炎的放疗，按北大医院医生的安排，如期进行。这天的 8 点 30 分，由戴逸先生带队，全家在京的所有子女家属，悉数到齐，队伍达 10 人之众！这岂不违犯医院的规定吗？实事求是说，是远超了医院的规定！不过，医院也有按人性网开一面的时候！戴逸和刘炎先生作为北大医院的患者，在北大医院的历史上，是少之又少的离休患者了。还在 60 多年前的 1947 年，作为北大学生的戴秉衡身罹盲肠炎穿孔，在九死一生中就是由北京大学教务长郑天挺先生电令北京大学附属医院（现北京大学第一医院，简称北大医院）全力抢救才转危为安的，可以说由此戴逸先生结缘北大医院。随华北大学进入北京城并成功走上中国人民大学讲台至今，除去江西余江"五七干校"外，戴逸先生的医疗关系一直在北大医院。无论是领导干部还是专家学者，从 1947 年至今就与北大医院建立医患关系的，可谓屈指可数。后来，刘炎教授的医疗关系，也夫唱妇随地建在了北大医院，4 个孩子寅、琛、珂、玮也都在这里来到了这个世界。戴逸、刘炎两先生与北大医院的关系可谓情深谊长。现在，刘炎先生身患重病住院，戴逸先生率全家前来探视，知情的院方领导决定网开一面，打开了一间小型会议室，让他们会面。戴先生及家人是这天 8 点 30 分抵达医院的，不久刘炎先生就端坐在轮椅上由护工推到了会议室。戴、刘两人分别虽然才 4 天，然恍若经年，因为别离就在罹病期间。当然，儿孙们对母亲、奶奶也是牵肠挂肚、情真意切的。为了让老人高兴，大家事前约定只说好话、开心话、家常话，所以会面时依旧像往常一样，家庭气氛浓厚，其乐融融。至 9 点，护工将刘炎依然用轮椅向放射治疗中心推去，戴珂紧随其后。40 分钟后，刘炎平安归来，精神比去的时候还好，连连说："照射才 2 分钟，什么感觉也没有！"原来，刘炎去放射治疗中心时需要做一些辐射防护处置，使用的射线是质子流，放射治疗的部位是发生骨折的胸椎处，治疗的时间是 2 分钟。一个疗程是两个星期，每星期照射 5 次，星期六、星期天休息，先做两个疗程，两个疗程之间休息两周。在放疗之后，休息了一段时间的刘炎又开始化疗。所谓化疗，就是运用化学药物阻止癌细胞的增殖、浸润、转移，扼制和杀灭病人体内肿瘤细胞的治疗办法。刘炎使用的是烷化剂，将药物直接作用于 DNA 上，以防止癌细胞再生。具体办法是连续 8 天输液给药，休息 13 天，此为一个周期；连做 4 个周期，再休息一个月……

刘炎身患重病的消息惊动了中国人民大学上上下下的不少相关人士。原校长李文海对刘炎先生一直以"师母"相称，戴逸先生是李文海在中国人民大学第一期研究生班的班主任兼近代史课的任课导师，可以说是李文海进入史学领域的引路人；粉碎"四人帮"后，在李文海工作无着时，是戴逸先生伸出援手让他回到人大，逐步走上了领导岗位。在获悉刘炎病倒后，李文海是人大领导中前往探视的第一人。接着学校领导、刘炎离休前工作的哲学系领导和有关教师、清史研究所的领导和戴先生的学生，几乎使刘炎所在的病房在探望时间天天人满为患，鲜花多到了无处安放的程度……更令人唏嘘的是，人民大学张自忠路三号大院的门卫、烧锅炉的工友甚至打扫卫生的工人，都买了鲜花去探视、慰问刘炎先生，这个说："你每年的大年夜，总不忘给我们送饺子！"那个说："我家里孩子多，当年你总是接济我们粮票……"他们不善言辞，他们从心底热诚希望被人尊为"人大家属院里第一好人"的刘炎老师早日康复！什么叫"赠人玫瑰，手留余香"？现在的刘炎就是！刘炎见到如此真诚的人们，诚朴的工友，暖心的话语，感到极大的慰藉，眼里溢出了泪水……

戴珂是一开始就知道母亲病情底细的。凭她作为医生所掌握的医学知识，她认定母亲凶多吉少。随着检查、化验的深入，主治大夫告诉她：她的母亲已进入癌症晚期，浆细胞瘤早已随淋巴细胞扩散了。尽管父亲年事已高，但戴珂不能也不敢瞒着父亲。震惊之余，阅人无数的戴逸先生只能正视现实，但他决定无论如何也要好好伺候好爱妻，让她快快乐乐、高高兴兴地度过人生的最后日子。于是，在刘炎于北大医院住院的日子，戴逸先生编纂清史的工作可谓日理万机，案头的书稿每日盈尺，但他每个星期总要抽出一天或两天去探视夫人。在北大医院的病房里、楼道里，抑或医院的小花园里，一位满头白发的耄耋老者，手握着满脸病容的老太太的手，或四目相视，或徐徐交谈，或盈盈一笑，或轻轻拥抱——这一温馨的画面，成了北大医院一时的动人图景。至于刘炎的三子一女，以及儿媳、女婿、孙子、孙女、外孙，自然亦对她关怀备至，稍有空闲就去医院探视、慰问，大儿媳则从澳大利亚飞回北京，二儿媳则从成都飞回北京，亲情的力量，在刘炎的心灵上撑起了强大的支柱。当然，再加医生精心的治疗，使医生原判断为"谢幕约为一年"的刘炎，足足在北大医院待了3年多……

时至2012年春节之后，刘炎出现了昏睡现象。戴家子女以为母亲是在春节期间访客过多造成的劳累所致，而医生则断定：此是间歇性昏迷，是肿瘤细胞在脑部扩散所致；尽管会很快醒来，但频率会逐步加快，病人已来日无多！消息传来，戴家人无不焦虑万分。为了让母亲有更多时间与家人相聚相会，戴家兄妹将母亲转院到了北京第六医院。这所医院位于东城区交道口北二条36号，这里不仅离戴家住所很近，而且按院方规定刘炎还可以住单间，这样就更便于家人照顾。从此以后，戴逸先生几乎每天都要抽出时间探视夫人。细心又敏感的戴逸先生，眼见夫人日薄西山、不可挽回的颓势，内心犹如滴血——本来十分开朗、性格外向的她，言语越来越少，昏睡时间越来越多，有时戴先生握着她的手，在她床边坐等两个多小时，她竟然连眼睛都没有睁开一次，他心如针锥，不寒而栗；本来面如满月、容颜姣好的她，如今成了长脸、皱纹密布，他内心原本之愿是眼不离她，可又不忍心看她……

2012年6月中的一天，这天天气晴好，气温也不冷不热，戴先生在下午4点钟到达了夫人的病房，他惊奇地发现：夫人今天的情绪和精神出奇的好！在他刚进病房与夫人两眼交汇时，他看到了夫人的笑意；及至他走到病床前时，她似乎给他点了一下头，这使戴逸心头立即涌起了一股暖流，这是近几个月来没有过的啊！戴逸赶快坐了下来，用温热的双手握着刘炎已变得纤细的左手，可谓相看不厌，默默无语，享受着二人的时光。就在近旁的儿孙，也十分理解两位老人的心，不声不响，静静地、淡定地注视着他们……过了一段时间，也许刘炎累了，动了一动嘴，戴逸轻声细语地说："你有什么吩咐，请说，我听着哪！"他还整了一下自己的助听器，身体向前稍稍倾过了一些，而刘炎则用足了力气，细声说："我不放心……我走了以后……你怎么办？"说完，她的眼角泛出了晶莹的泪水。哽咽着的戴逸先生赶忙用手指擦拭掉了夫人眼角的泪花，站在戴逸先生身后，呜咽着的老大戴寅告诉母亲："妈，您不用再操心了！您好好养病吧！我们兄弟姐妹8个人，每天轮班守护着爸，晚上也值班！下面，还有6个孙子、孙女哪！您放心吧！"为了不致让刘炎忧心，戴逸、戴寅他们抑制了哽咽的心声，病房里又渐渐恢复了不安的宁静……

又度过了难受的、让人似要窒息的一阵安静之后，刘炎再次睁开了眼睛。戴寅告诉笔者说，自母亲患病以来，他从未见到母亲的眼光有如此的锐亮。刘炎盯着夫君戴逸嗫嚅地说："我走了……想回常熟去！……和你的父母……还有祖辈……在一起！"说完，她再次闭上了双眼。戴逸还没回话，就呜咽起来。戴寅他们一边想放声号啕，一边又怕惊扰母亲，同时还要照料父亲生怕万一，只能哽咽地抱着摇摇欲坠的老父亲……

"想回常熟去！"——这是刘炎给丈夫的最后交代！此后，她还曾醒来过多次，但再未说过一字一句。此后，她昏迷的次数越来越多，昏迷的时间越来越长……

了解戴家包括刘炎先生情况的人曾问过一个不解的问题："刘炎先生作为中国人民大学一位堂堂的哲学教授，怎么还会想到死后遗骨的去向问题呢？"

有人做出如此解释："一个意志再坚强的人，经过几年癌症、放疗、化疗等的折磨，发生思想波折，是再正常不过的了！"

还有人这样评论："刘炎是位哲学教授，但她首先是一位常人，是一个普通人，不能苛求于她！"

对于刘炎"想回常熟去"的临终嘱咐，戴逸没有把握办成，也颇为纠结，甚至忐忑……

戴逸及其家人就在这种处处充满不安的氛围之中，熬来了刘炎的弥留时分。时至2012年8月中旬的一天，医生告知刘炎家人，病人熬不过3天！

第一天，戴逸先生一直陪同夫人到了晚上10点，看到她呼吸还算平顺，医生也说估计今晚问题不大，在子女的竭力劝说下，他才一步三回头地离开了病房，由老四戴玮开车送了回去，一晚无话。

第二天，依然如故，戴先生是熬到11点才被子女催促着离去的……

第三天，实际是午夜刚过，时间是0点45分，女婿廖京生开车、女儿戴珂一起赶回家；与在家陪伺父亲的老二戴琛3人搀扶着戴先生赶到六院，时间是午夜1点整。抵达病房，戴先生的几个孩子、孙子正在抽噎、哽咽，掩面哭泣之中，见老父亲进门，戴寅哭着说："母亲是0点50分停止呼吸的！"随后，他紧紧依拥着父亲，其他几个孩子也依拥着他，怕他发生什么意外，86岁的老人，怎能经受如此凄苦、惨烈的打击。况且近几个月来，老父亲经历了许多折腾，已经心力交瘁了！从昨夜11点离开医院，到现在又赶来，中间不过两个钟点！很可能这两个钟头他也并未睡着！现在母亲已经走了，古人云，"逝者已矣，生者如斯"，如果此时父亲再出什么短长，如何向人做出交代？他们小心翼翼地簇拥着父亲在母亲的遗体旁缓缓坐下，戴珂为父亲擦干了泪水，戴逸强忍着心底的痛楚，一边哽咽呜呜，一边轻轻用手巾擦去爱妻刘炎眼角残存的泪花，再轻轻在刘炎的上眼皮上往下一抹，刘炎的眼睛从此彻底闭上了！戴逸又用手巾轻轻擦去刘炎嘴角残余的口沫，再轻轻把刘炎的上下嘴唇一抹、一按，刘炎微微张开的嘴巴由此彻底合上了！这细枝末节的点滴之举，让戴先生的孩子们看得目瞪口呆！可这还没有完！戴逸又伸出双手，直起腰把爱妻的右手往她自己的身旁轻轻捋直、扶正、靠好，再把刘炎的左手轻轻合在自己的双掌之中，刘炎的手心余温尚存，戴逸的眼泪再次夺眶而出。他又呜咽起来，60多年来的历历往事，在脑海中如汹涌波涛，翻卷奔腾而来——

炎炎呀……我来迟了！
放疗化疗把你生命延，
我热望你能平安把家还！
到如今你撒手离开人世间，
空留我心如刀绞没依伴！
炎炎呀，炎炎呀，
到如今你是千呼万唤唤不归，

你魂游何处我难寻觅!

昏迷醒来你说要回常熟去,

这是诀别之前的总交代。

你的交代要兑现,

可我腿脚不便行路难。

炎炎呀,想当初,

你是课后信步上讲台,

问我问题我难启言。

我只助胡华先生写板书,

岂能随意答题把口开?

哪知你是为情所钟大步来,

问话仅是相见找话茬。

正定学子进京城,

议定纵情游北海。

名门闺秀你说与我交朋友,

为难穷书生岂敢把高枝攀!

可你义无反顾往前走,

毛衫定情让我心震颤。

两人被子合一床,

撒把瓜子糖果就成拜了堂!

你给了寅琛珂玮四生命,

别人欢乐你却尝苦难。

闹闹乐乐蹦蹦跳跳嘻嘻婷婷相继来人间,

从起名,到奶水,

从咿呀,到蹒跚,

你是操不完的心,

受不完的累,

奉献了一代又一代。

你主持全家吃喝拉撒几十年,

可我只会饭来张嘴冷添衫!

"文革"之初我成棚中牛,

回到家里你伴我说话夜无眠。

你是身在曹营心在汉,

专案组员竟敢报信"走资派"。

大院里工友你也频频伸援手,

"第一好人"实至美名归!

常言道,成功男人背后总有贤内助,

你无怨无悔、默默奉献树口碑!

时至《清史》编纂启动时,

我的冷暖饥渴你时时更加挂心间。

实指望,我把完稿《清史》陪你读,

谁知晓,《清史》半成你却入杏林。

自你患病离家起,

我是食不甘味夜难睡。

手摸床空心寞寞,

冷雨敲窗等天明。

炎炎啊,炎炎啊,

无情岁月风霜剑,

病魔逼你丧九泉!

恩爱鸳鸯今天成孤雁,

漫漫路上我怎办?

漫漫路上我怎办?

归根之慰

成语"叶落归根",从广义上说,是比喻事物都有一定的归宿;从狭义上说,喻指离开家乡的人最终回到本土,乃至殁后归葬故里。刘炎教授祖籍河北乐亭,1928 年出生于北平，但她自认既然嫁给了常熟人戴逸，因而在弥留之际提出要求百年之后能随先生回归常熟，进入戴家亲人的怀抱，此亦可谓"叶落归根"。

戴逸先生发小、中学同班同学徐家骥先生得悉戴夫人辞世后，认为凭戴的学术地位及其成果，百年之后他们夫妇的骨殖完全可以进入常熟"名人墓苑"，故徐家骥在电话中建议戴先生找市里有关领导及相关部门申办墓穴事宜。戴逸先生随后从侧面做了一番调查了解，方知"名人墓苑"确有其事。

原来，在1998年12月10日我国"两弹一星元勋"之一、常熟籍著名科学家王淦昌先生辞世后，常熟方面开始酝酿"名人墓苑"的构建事宜。首先提出这一动议的是时任常熟市委副书记戈炳根，动议初衷是作为人文渊薮的历史文化名城常熟，对为国家做出重要贡献的常熟籍人士（包括其配偶）作古后其骨殖可以进入常熟"名人墓苑"，以示常熟继承、弘扬尊重知识、尊重人才的优良传统，亦以此作为祭奠、怀念、瞻仰名人，教育、启示后人的场所。进入"名人墓苑"的条件，生前为两院院士、党政机关部长（正职）以上、部队少将以上。戈炳根的提议经常熟市人民政府市长办公会讨论、审议，获一致通过，再经过民政等部门合力运作，在虞山公墓独辟了一片墓区。除规范构建了一批墓穴外，另筑有名人生平事迹碑廊，廊首为古色古香的纪念亭，墓区苍松翠柏，星罗棋布。此墓区地处虞山半山腰，南临尚湖水，北靠辛峰亭，与原墓区互为呼应。常熟"名人墓苑"于1999年底落成，王淦昌（1907年5月28日—1998年12月10日）及其夫人吴月琴（1904年4月17日—1998年7月4日）是最早入驻常熟"名人墓苑"一号墓穴的墓主，时间是2000年清明节。此后，原船舶工业部部长张寿（1930年—2001年10月1日）、中国科学院院士钱人元（1917年9月17日—2003年12月6日）等人及其已故夫人的骨殖先后入驻"名人墓苑"。

戴逸先生在核准了常熟"名人墓苑"的来龙去脉后，萌生了将其夫人刘炎的骨殖回归故里，以慰夫人之愿的想法。随后，先生着大儿子戴寅、女儿戴珂、女婿廖京生、小儿子戴玮奔赴故乡常熟，与市领导及有关部门沟通、落实他们母亲骨殖安葬事宜。时任常熟市委常委、常务副市长王建国在接待来客并倾听申述后表示：问题不大，研究后予以答复。

但在落实过程中，卡壳了！

经办部门研究后给市政府领导反馈说：戴逸先生不属"两院"院士、党政机关正部级干部、部队将军，不合"名人墓苑"入驻规定，故其人将来骨灰不能入穴，现在其夫人骨灰入穴也不合规定。

有人提出商榷看法：戴逸先生是新中国历史上由我们教育部门最早评定的一级教授！是著名的清史专家，贡献很大，是国家清史编纂委员会主任！

经办部门领导强调依规办事，指出：常熟籍的一级教授好多哪！都找我们办，我们接受得了吗？

…………

就这样，戴先生想让夫人的骨殖回归故里的愿望搁浅了。在万般无奈之中，戴先生托人找到清西陵管理处，请他们在易县为刘炎的骨殖找了一个暂存之所。戴先生还曾打算，如果自己百年之后真的不能做到叶落归根，就和刘炎一起在易县扎根了。他用大半生的时间研究清史，称"清史是生命之安宅"，在生命结束后之安宅设在雍正帝、嘉庆帝、道光帝和光绪帝邻近的地方，让灵魂与他们有共同叙谈的话题，也算是不错的选择。戴先生是坚定的唯物主义者，是不相信灵魂一说的，但他曾向爱妻刘炎承诺要处理好她的后事，尤要想让她生命之最后一点念想按她所愿回归故乡常熟。可现在做不到，于是就想到了易县。当戴先生把自己的想法与他的孩子们商议时，个个孩子都眼噙泪花点头称是。就这样，刘炎的骨殖孤零零地遥寄到了易县……

转机发生在 2016 年的春夏之间。

是年 3 月初，笔者依"候鸟南飞"惯例回到故乡常熟。在一次与几位朋友喝茶聊天时，他们认真地说："你作为北京常熟同乡联谊会会长，应该关心、关注一下戴逸先生！他近期情绪不好。市政府主要领导说，他夫人刘炎的骨殖因他的学术成就和学术地位先于他进入常熟'名人墓苑'的要求'问题不大'，可此事搁置已达 3 年，至今还是杳无音信！"

几位朋友的建议和提醒，如重锤击于我心。戴逸先生是笔者敬重的史学大师、乡贤。记得 1983 年常熟撤县设市时市委、市政府领导专程在人民大会堂召开同乡联谊会时，笔者及夫人胡家贞与先生同坐一桌。当时笔者对先生早就仰慕已久，大名可谓如雷贯耳。一场热情洋溢，他乡遇故知的谈话就此展开了：先生说，他在常熟东门大街住得最长的是归家大院的小石楼；胡家贞接话说，那是她家隔壁的隔壁，她还去过小石楼（2007 年东门大街拓宽、改造时，胡家贞为拆除中的归家大院及小石楼留下了珍贵的照片。2019 年 6 月戴先生在看到此照片时一眼指认那是归允肃状元家的亭子，右下方就是小石楼，为此不胜惋惜、感伤）。先生说，他小学一、二年级是在虞阳小学读的，接着在塔前小学读到小学毕业；胡家贞接他的话说，她读小学也是在虞阳小学，还说现在的塔前小学就在她家的对门。先生说，他在常熟最要好的朋友是他的发小、高中同学徐家骥，至今时常还有书信往返；胡家贞接先生的话头说，徐家骥是她的舅舅，因为原来与藏书家瞿启甲先生隔壁的住宅被日本飞机炸掉了，逃难回来无处安身，只能借住在舅舅家，她就是出生在徐家的。接着，戴先生与胡家贞聊他父亲工作的钱粮东柜、柳如是梳妆楼、大仙堂等等，真是越聊越起劲，越聊越有味……与戴先生的第一次见面，使人印象至深：温文尔雅，没有一点大学问家的做派，对同学、母校一往情深，对故乡满腔眷恋感恩之情！后来，在京的常熟同乡组建了松散的联谊会，由于戴先生工作繁忙，再加年事渐高，几乎不参加同乡的联谊活动了，笔者与联谊会秘书长彭介民前后有3次代表市委、市政府领导去先生家表示慰问，与先生的交往不多。由于后来同乡联谊会的活动基本停顿了，所以对先生遇到的问题和困难竟一无所知，颇感遗憾。

经几位朋友的提醒和帮助，笔者做了一番调查后领悟到，要妥帖解决戴先生所提出的问题，需处理好几个关键之点。一要处理好社会科学的地位问题——在新中国成立之初，国家在规范知识体系包括高等院校和科研机构的系科设置时，明确学科分为数、理、化、天、地、生、农、工、医、文、史、哲十二大类。在1955年创设中国科学院学部（国家科学咨询机构）时，前九类中的委员后即明确为中国科学院院士。及至1994年，国务院又组建了中国工程院（国家工程咨询机构），遴选了一批工程院士。至此，"两院"院士作为知识精英的崇高地位得以确立。由于社会科学即文、史、哲三类的知识精英没有进入"两院"院士系列，社会科学界的知识精英在社会上的公众认知度与"两院"院士不可相比。常熟"名人墓苑"要改变当初的规定和入驻条件，就要从认识论上解决文、史、哲类的学术知识精英在国家社会生活中与"两院"院士一样享有崇高的学术社会地位，并受到社会尊重。二要处理好常熟籍文、史、哲类学术知识精英百年后进入"名人墓苑"可比较、可操作的遴选条件问题。三是处理好戴逸先生学术贡献和学术地位的确认问题，不致招人非议。按照这一思路，笔者给当时接待过戴先生亲属的市委副书记王建国同志写了一份报告，同时将此报告报送常熟市民政局局长戴炳元，抄送给当时主张构建"名人墓苑"的常熟市委原副书记戈炳根同志。笔者给常熟市委副书记王建国的报告存常熟市委办公室。

报告全文如下：

关于戴逸先生的意愿及相关情况的报告

中共常熟市委

王建国副书记：

作为北京常熟同乡联谊会会长，近悉常熟籍国家著名史学家戴逸先生对常熟"名人墓苑"有一点意见，深感有责任予以关注，特报如下：

三年前，戴先生的夫人过世。戴先生为落实夫人生前"回归故里，落土为安"的遗愿，并考虑到自己年事已高，遂着两个儿子、女儿和女婿一行四人专程回到故乡常熟，提出了在"名人墓苑"物色墓穴的意愿，以慰戴夫人生前和戴先生平生最后之愿。据戴先生说，当时市有关领导当即表态说"问题不大，研究后予以答复"。现已时过三年，未见复音，戴先生对此深为焦虑。

鉴于20世纪90年代常熟决定兴建"名人墓苑"时有凡常熟籍国家党政部长、将军、"两院"院士百年后骨灰可入"名人墓苑"而无国家社科、文化相类似级别著名专家能予以进入的规定，特建议增补有关条例如下：

一、凡中国文、史、哲和文化类国家一级学会、协会会长、理事长、主席（不含副职）且其重大成就为国家确认者；

二、承担党和国家确定的重大科研、工程、编纂项目的领衔人且重大成就为国家确认者。

增补上述规定，使进入常熟"名人墓苑"的规定更显科学、全面，且具有"可持续操作性"。

从戴逸先生在中国史学界的成就及担当的社会职务来说，其百年后进入常熟"名人墓苑"是当之无愧的：

戴逸，1926年出生于常熟，原名戴秉衡，1948年在北京大学历史系就读时遭国民党通缉，经地下党安排进入华北解放区，遂更名为"戴逸"。在华北大学培训后留校任教，随后转入中国人民大学，从事史学教育和研究工作。

1958年，戴逸携38万字专著《中国近代史稿》接触清史时，受到史学前辈范文澜、翦伯赞、尚钺、吴晗、邓拓等人的好评与赏识，一举奠定了青年史学家的地位；后成为人大老校长吴玉章的学术秘书。

1965 年，经董必武副主席提议，周总理商议、安排，中央宣传部做出决定：成立清史编纂委员会，戴逸是七委员中最年轻者。此事后因"文革"而作罢。

1974 年，中苏珍宝岛事件后两国就边界问题展开谈判，戴逸受命撰写了《一六八九年的中俄尼布楚条约》，为中方代表提供了有力的历史依据。

粉碎"四人帮"后，戴逸受命组建并主持中国人民大学清史研究所，领衔主编《简明清史》第一、二册，成为系统、全面研究鸦片战争前清代历史的专著，国家教委指定其为大学文科教材，并被评为全国优秀教材，获吴玉章奖（中国史学研究最高奖）。

此后，戴逸主编了获"中国图书奖"的 22 卷本《清通鉴》和《中国通史·彩图版》，主编了 9 卷本《18 世纪的中国与世界》，承担了"六五"社科项目 10 卷本《清代人物传稿》……

戴逸以等身著述和极高的学术威望，支撑起人们称誉他的八个字："清史大家，史学重镇。"

学术期刊《东北史地》2011 年著文称："在当代学术界，贯通清前史和近代史而同兼中国古代史、近代史博士生导师于一身者，唯先生一人。"

在社会工作和史学学术研究组织工作方面，戴逸先生亦堪当重任：

他担当 1987—1997 年中国史学会（第四、五届）会长；

国务院学科评议组召集人；

国家社科基金评审组成员；

国务院古籍规划小组成员；

1988 年当选为第七届全国人民代表大会代表；

根据戴逸先生等人的建议，2002 年 8 月，中共中央、国务院做出决定，正式启动清史编纂工程；同年 12 月，国家清史编纂委员会正式成立，戴逸出任编纂委员会主任；

2011 年 4 月 14 日上午，中共中央政治局常委、国务院总理温家宝在中南海向新聘任的 8 位国务院参事和戴逸等 5 位中央文史馆馆员颁发聘书；

…………

我认为，以戴逸先生的学术地位和成就，他百年后进入常熟"名人墓苑"是完全应该的，是无人能与其攀比的，诚望早日了结其心愿。

特此报告。

孟东明

北京常熟同乡联谊会会长

《工人日报》原常务副总编辑

2016 年 4 月 11 日

2016 年 4 月 30 日，常熟市委副书记王建国召集市民政局局长戴炳元、副局长董萍开专题会议，邀请市委原副书记戈炳根和笔者列席会议，议题是如何妥帖解决戴逸先生的意愿问题。王建国首先征求戴炳元的意见，询问民政局领导有什么看法？戴炳元说，他和董萍等人看了笔者抄报的报告，认为报告有道理、有措施，应该解决戴老先生提出的问题。不过，民政局作为市政府的办事机构，最终要听市政府的决定和安排。戈炳根抢着发言说："戴逸先生所提问题拖了 3 年多，我是负一定责任的！当初建立'名人墓苑'的动议是我提出的，得到了当时市里领导的一致同意，社会反响也很好。但是，进入墓苑的人士方方面面都考虑到了，可就是没有把社会科学家放进去，这是规划、设计上的失误，或者说不周全。现在有人从源头的规划、设计上提出了补全的建议，条件也实事求是，有可操作性，我认为可以定下来。至于戴逸先生，是当今'史学大家''清史泰斗'，国家清史编纂委员会主任，这个项目是四位政治局常委批准的，有报道说这是新中国成立以来最大的国家文化工程，参与专家人数之多，动用经费之大，历时之久，都是史无前例的！大家都知道中国历史上有个太史公马迁，他编纂的《史记》开创了历朝历代的史书，这个传统在全世界只有中国才有，是独一无二的，这就是'二十四史'。编纂'二十四史'，就有 24 个总纂官。现在戴先生领衔编纂《清史》完成后，就是中国有了'二十五史'。在中国历史编纂史上，戴先生就是第 25 个总纂官。在中国历史 2000 多年期间，总共出了 25 个编纂历史的大历史学家，常熟人占了一个，这还不是常熟的历史文化名人？如果连这个问题都不能解决，我看常熟的'历史文化名城'要被人笑掉大牙了！……"面对老书记气呼呼的尖刻言语，王建国当即表示，五一长假以后他一定与市长办公会议的组成成员沟通好，把戴先生提出的问题圆满解决好!

真可谓好事多磨。当时王建国虽任市委副书记,然由于市委原书记王翔调任苏州市政法委书记,原市长王飏接任常熟市委书记后,市长人选处于空缺状态,故经市委领导提名,并经苏州市委组织部确认,暂由王建国主持市政府日常工作。王建国认真地把戴逸先生所提问题与市长办公会议领导成员一一沟通并得到认可后,不料5月下旬的市长办公会议竟由于数人另有要事不能赴会致使组成成员不够合法人数造成泡汤,戴先生所提问题又搁浅了!

更麻烦的是,至5月底6月初,3年前接手戴先生所提问题,后又一直主管处理这一问题的王建国,竟在这节骨眼上调任太仓市人民政府当代市长去了,这又使这一说简单就很简单、说复杂又可能很复杂的问题变得迷茫起来了!

2016年6月初,时任苏州市人民政府金融工作办公室主任周勤第,调任常熟市委副书记、代市长。民政局局长戴炳元按王建国离开常熟前的交代找到代市长周勤第提出解决戴逸先生希望解决的问题,周勤第以刚进入常熟工作角色,无暇顾及此等问题为由,把戴先生所提问题又搁下了。

2016年11月初的一天,为戴逸先生所提问题做了充分准备的戴炳元,径直找到周勤第代市长。周勤第仔细审阅了笔者给王建国所呈报告,又倾听了戴炳元汇报的事情之来龙去脉,然后果断地说:"这是好事,不应该拖这么长时间,也不用放到市长办公会议上讨论了,就这么定了!我负责!你去办!如果谁有意见,让他来找我!"

戴先生及其家人为之不少操心的一件事,终于尘埃落定!接着,戴炳元及接任民政局副局长的陆培新立即动手帮助戴家人把好事办好……

2017年清明节后第三天,明代诗人沈玄笔下"十里青山半入城"的常熟虞山,可谓青山巍峨、草木苍翠、郁郁葱葱,生意盎然,一派春光。9时许,一行10多人的队伍,先后从公交车的虞山公墓站下来,他们虽然衣着各异,但都有共同的治丧装束:头上男戴孝帽,女束孝带,腰扎孝布。这就是戴逸先生的家人和其常熟的亲友,领头的是戴先生的大儿子戴寅,他手捧着的母亲的骨灰盒用红绸做就的盒套包裹着,女儿戴珂及其丈夫廖京生、小儿子戴玮及其夫人武林薇、外孙廖天石、孙戴天放等。他们穿过陵区150米左右的主干道,右拐,踏上逶迤的林间小道,约莫100米之后,就到了常熟"名人墓苑"的石板路,直抵六号墓穴前停了下来。首先映入这些人眼帘的自然是约4平方米的墓穴地,连同周围石柱、连接链条、翠柏、绿化地,墓地总面积约有6平方米。墓穴为米黄色的花岗岩构筑，碑石则由青白色的金山石雕构，碑上"戴逸、刘炎之墓"赫然在列，戴逸的名字是全红的，名下有一行他出生年月日的红字；刘炎的"炎"字是黑色的，除她的出生年月日为红字外，"之墓"和她的卒日都为黑色；再下面靠右侧分列两行红字：常熟市人民政府立，二〇一六年十一月。碑上所有文字都为楷体。

是日上午9时30分，现场一切就绪，虞山公墓管委会主任姚卫龙一声令下，两位公墓工作人员把靠路一侧的一块石板徐徐抬起平放在路边，姚卫龙请戴家人在墓穴的四方石坑里点燃一些冥钱，说这叫"暖穴"。然后再请工作人员在墓穴里并排安放了两块石条，说此谓"搁石"。接着，姚卫龙向众人宣布：今天仪式最重要的一项要开始了，请人协助老大将母亲的遗骸叶落归根。其他人则放声呼喊——妈，回家了！在戴家人齐声高喊"妈，回家了！""奶奶，回家了！"的同时，老四戴玮上前协助老大戴寅把母亲骨灰盒上猩红的包袱褪去，戴寅把刻有花纹图案的青白玉骨灰盒紧紧地抱在怀里，由戴玮帮衬着徐徐朝前走去。按姚卫龙指点，刘炎的骨灰盒以坐北面南的方位落穴。当两位工作人员熟练地将搅拌就绪的水泥浆抹完墓穴周围平台，准备扛盖盖板时，戴珂哽咽着高喊："慢！"说完，她从身后包中取出一方形塑料盒，又郑重宣告："这是老爸馈赠给我们母亲最后的礼物！"随后她开启盒盖，众人为之一惊：是两朵玉兰！戴珂含着热泪说："这两朵玉兰花，是老爸自己在我们人大家属院里的玉兰树上采撷的。这是一朵花骨朵儿。"她一边让戴家人逐一过手递给大哥戴寅把蓓蕾安置在母亲骨灰盒的顶盖上，一边说："母亲1948年投奔解放区河北正定华北大学与父亲相识时，正是桃李年华、蓓蕾待放，他们相恋、相知、成家。母亲把毕生交给了人民大学，交给了我们家，最后她病倒了，凋谢了！"戴珂把另一朵花瓣发黄的玉兰花再次让戴家人逐一过手让大哥把残花轻轻放置在母亲骨灰盒的盖板上。到此，戴珂一边放声大哭，一边说："妈，你如愿回到了爷爷奶奶的怀抱，回到了我们戴家人祖祖辈辈安身的地方，你不会孤独，你安息吧！"说完，武林薇抱着戴珂两人呜呜咽咽地哭成一团，戴寅、戴玮、廖京生等人双眼含泪，泣不成声……

主持仪式的姚卫龙见此情景，指挥工作人员搬运盖板，将骨灰盒与人间形成所谓阴阳相隔，四周的边缝还用水泥封实……

正当现场戴家人及其亲友为刘炎的彻底离去悲哀得一时不能自已之际，一场细雨竟突然蒙蒙洒下，令众人惊奇得瞠目结舌：刚才还风和日丽、艳阳高照，怎么突然又下雨了呢？更让人不可思议的是，半分钟之后，细雨又悠然而止，陵区四周又是一片葱绿，普照的阳光把松柏交汇的丛林装扮得处处珠光闪耀，青翠欲滴，春色无限⋯⋯

触景生情，刘炎的爱婿、国家话剧院一级演员廖京生不由得感叹：

好雨知时节，

当需乃发生。

天公有慧眼，

行善则积福！

廖京生不会忘记，岳母是中国人民大学家属院里出了名的"第一好人"，十年动乱时她以"郭影秋专案组成员"身份掩护了很多位所谓"走资派"和"反动学术权威"，几十年间她无数次地接济大院里生活困难的工友；现在，常熟的父老乡亲接纳了她，天公为她垂泪，这不是对行善积德的好人的回报吗？

就在这万籁俱寂中，姚卫龙的指令在这静谧的山谷里更显响亮：

"上供品！"众人一片忙碌⋯⋯

"点香烛！"众人又手忙脚乱⋯⋯

"行三拜九叩之礼！"一拨又一拨的亲人好友发自肺腑地跪谢拜叩刘炎的大恩大德⋯⋯

"参祭人员在刘炎墓周围绕行3圈，行告别礼！"

至此，参祭人士终在刘炎之墓墓碑后发现了其墓的庐山真面目：

上面一行书写着通贯的大字："观古今之变　立一家之言。"

戴逸先生的子女都知道，其父中学时代就开始认真研读司马迁的《史记》，更牢记司马氏"究天人之际，通古今之变，成一家之言"，是他把司马迁的名言变通为"观古今之变，立一家之言"作为自己的座右铭，现在其座右铭竟成了他的墓志铭，怎不让人感慨不已！

再下面是一行行立碑者的具名：

子女寅琛珂玮

媳于青张乃俭吴泗英武林薇

婿廖京生

孙天放天驰天石天岳天舒天婷

二〇一六年十一月

上述所有文字都用魏碑体书写镌刻，显得灵动秀丽，且全部是红色的。整个墓穴从构思、设计、施工再加环境等看，可谓无懈可击！

仪式从开始之时起，廖天石、戴天放兄弟俩是最忙碌的，他俩的任务是录像。他们跑前跑后，大长镜，大特写，还要配上解说词，并频频以现场直播的方式用视频传到远在北京家里值班的戴琫的手机上，老爷子——戴家子女都这样称呼老父亲戴逸——几乎目不转睛地注视着手机屏幕上的一切动静……当戴先生看完两个孙子传过来的仪式全过程，他那依然清澈见底的双眸，渗出了两颗晶莹的泪珠，在长吁一声之后，对一直陪伴着自己的二儿子戴琫说："我感到十分欣慰！你妈的遗愿终于实现了！常熟的父老乡亲接纳了她，你的爷爷奶奶会关怀她的，她不会再受苦受累受罪，愿她一切安好！"

藏书之思

从 2016 年 12 月上旬起至 2017 年 3 月初，笔者分 4 次连续采访了戴逸先生。其间先生与笔者谈了他思考已久的问题——藏书。

先说常熟藏书的由来。常熟是人文渊薮之地，历史上盛行藏书、读书，入选著名藏书家的有 300 多人，遍及城乡的藏书楼有近百所。简要回顾这丝缕历史，对被人称为"藏书之乡"的常熟来说，颇有意义。以著名的藏书楼来说，明代隆庆五年（1571）进士赵用贤及其儿子赵琦美父子的脉望馆开启了非宋元版书不藏的历史，一时声名鹊起。东南文宗钱谦益及才女柳如是的绛云楼的藏书，书之珍贵一时无望其项背者，因为钱不仅学问渊博，泛览史学、佛学，还是散文家、诗人，并充明史馆副总裁，这是文人、官僚办藏书楼的典型。比钱谦益绛云楼时间稍晚的毛晋汲古阁，是常熟乃至全国文化史上的又一个典型。毛晋少时师钱谦益，受钱影响，以高价购求宋元刻本，聚书达 84000 余册，延聘名士为其校勘藏书，再雇高手以佳纸优墨影抄，"毛抄"遂名闻天下。常熟昆承湖畔七星桥边的汲古阁前百舸争流,成为全国书商集散之地,《四库全书总目提要》称"汲古阁版,至今流布天下"。至清代康熙年间,藏书家张仁济及其侄张海鹏、长子张光基、孙张金吾开创的"爱日精庐",亦开辟了藏书、著书的新天地。至晚清,仅靠个人奋斗撑起读书、著书、藏书一片天地的学问家徐兆玮,在常熟何市创设的虹隐楼,亦是别有洞天。他留下的 600 万字的《徐兆玮日记》,是研究中国近现代尤其是江南民俗文化的珍贵史料。要说常熟乃至全国的藏书史、文化史,不能不说到晚清四大私人藏书楼翘楚的常熟铁琴铜剑楼。戴先生深情地回忆道,自己对读书的钟爱,对藏书的喜好,铁琴铜剑楼第四代楼主瞿启甲爷爷的关爱不敢或忘。他带自己三登铁琴铜剑楼,把自己安排在翁同龢读书、勘书的座位只好好体会、读书,其情至深,其心可鉴!这方面已回忆甚多,需补充的是,从 2002 年国家启动的另一个重点文化工程"中华再造善本工程"中,可以窥视到它在中国文化史上的地位。当时由财政部、文化部共同主持,国家图书馆具体承办的国家文化工程,集中国内一批顶尖学者共同参与,大规模复制出版的 1300 种古籍中,由铁琴铜剑楼于新中国成立初期无偿捐献给国家的有 180 种,而全国善本工程选辑的 1300 种古籍中,出自常熟原藏书楼的竟占了 28%!这个比例是发人深省的。在巍巍中华大地上,一个县境之内竟藏有如此浩瀚的善本典籍,足以说明自古以来常熟的先贤藏书、读书蔚然成风是如何了得!这也从一个侧面说明了,为什么从隋代开科取士以来,常熟在历史上出了 486 位进士、8 位状元、9 位宰相这样的史实;在现代,常熟又涌现了 26 位"两院"院士,其中有如王淦昌先生这样为世界科学界尊崇的科学大师!

至于藏书、读书的重要性,戴先生笑着说,此番论述真可谓多如牛毛,常熟人喜欢的对联是翁同龢写就的,就是:绵世泽莫如为善,振家声还是读书!

那么,戴先生为什么要不厌其烦地发一通此番高论呢?他接着谈了几点思考。

常熟在中国文化史上以虞山文化流派蜚声文坛,虞山诗派始祖是明清之际的钱谦益。虞山画派的起始者是元代的黄公望,明人严天池创立了虞山琴派,虞山派书法可追溯到唐代书法家张旭,虞山印派创始人赵古泥是吴昌硕最杰出的弟子之一,虞山派藏书世家公认由毛晋开创。在战乱频仍等因素影响下,虞山文化流派日渐式微;随着非物质文化遗产为国家重视、保护、传承的前行,常熟的各相关文化流派正纷呈崛起,唯藏书了无声息,书去楼空依旧,令人扼腕。为承继先贤遗风,惠泽后人,先生说愿把自藏的一万几千册图书存于邑里,权作公益藏书楼,加入由常熟图书馆开展的

"发现身边的图书馆"书香寻访活动，让藏书、读书之风继往开来，发扬光大。

戴先生在总结自己的人生道路时，曾这样说："我的一生是读书的一生，笔墨的一生。""文革"前，全家人的开销都由夫人刘炎的工资承当，戴先生的工资除定时汇寄给常熟父母和用作老二戴琛的生活费外，100来元的剩余几乎全用来购买图书了。看书，爱书，犹似成了"顽疾"！虽然这两万多册图书在去"五七干校"前惨遭进入造纸厂化浆池的厄运，但从干校回京重操旧业之后又"旧病"复发，不改初衷。戴先生对当今社会流行的"快餐化"、娱乐化颇有微词。他严肃指出，现在不少家长都给小学生配备手机，孩子沉湎在手机里，时间荒废在娱乐中，连学业都兴趣不大，遑论阅读正经的课外读物了！据媒体报道，中国人年均读书0.7本，与韩国的人均7本、日本的人均40本、俄罗斯的人均55本相比，中国人的阅读量少得实在可怜！如果再以藏书来说，德国有8000万人口，家庭平均藏书达300本。戴先生说，在这种愧对先贤的景况下，经过与几个孩子反复商议，共同决定在家乡创办藏书楼，希望家乡的父老乡亲不忘常熟作为文化之邦爱书、藏书、读书的传统风范，使常熟这座历史文化名城更上一层楼，为社会、为历史做出更大贡献。

经过一系列运作，常熟市委常委、宣传部部长孙健于2017年7月下旬决定把常熟老图书馆作为戴逸先生在常熟的藏书之所。这个决定是十分妥帖的。这所图书馆建于1915年，首任馆长是瞿启甲先生。就是这位藏书家，当年对年幼的戴逸（当时名秉衡）犹如亲生的孙子一样关爱！现在戴先生的藏书回归此所，岂非命中注定？就是这所图书馆，作为常熟的文物保护单位，与国家一级图书馆、年读者流量超过100万人次的常熟图书馆毗邻而居，同在市中心的石梅文化广场。新图的南门与老图的北门相近，仅一箭之隔，不仅旺了人气，更便于由图书馆兼承管理。在孙健做出决定之后，诸项工作随之启动：文物部门组织专人对旧楼进行加固、粉饰；园林部门对楼后小园的古石榴、桂花、百年榉木及绿地进行养护；市图书馆馆长李烨与市文广局局长吴伟密切结合，在常熟市政府网站推出工程招标公示，并做相应准备；文史专家沈秋农日夜兼程构思撰写"戴逸与清史纂修工程"布展的文字、图片方案……

为应对在常熟构建藏书楼，戴家子女做了周密分工并全力以赴展开工作：老大戴寅协助父亲戴逸先生统筹全局，涉及文化部、中央文史馆、国家清史编纂与研究中心、中国人民大学、中国历史研究院、人大清史研究所、人大历史学院，还有诸多专家、学者等等，需要请求、报告、汇报、商量、协调，可谓事无巨细，日理万机。老二戴琛则可谓出大力、流大汗,辛苦之至,他冒着酷暑亲自动手并协助运输工人分六批把上千箱图书从北京几个存书地用卡车运抵常熟图书馆。同时他还把《清史》编纂过程中已形成二十几亿文字的"档案丛刊""文献丛刊""研究丛刊""编译丛刊""图录丛刊"的作者、编纂者的图章收集完备,然后在每套、每集的第一本丛书上一一钤印。这在《清史》编纂中形成的五部丛刊唯一的举措,展现了戴先生对作者、编纂者的尊重,也体现了藏书的文化价值。然此举是十分辛劳、麻烦的事(常熟图书馆馆长李烨曰,为等待钤印的图书,4000多册16开本,每本40~50mm厚的书籍在图书馆库房里坐等了半年多,至2019年8月才完成编目)。老三戴珂负责父亲的文章、资料、手稿、照片等的收集、整理工作,这又是一件细致而麻烦的事。老四戴玮则是哪里需要哪里去,随时随地执行应急、补差事务,俨然成了"不管部部长"……

经过戴逸全家人士和常熟方面相关部门及人士的竭诚配合、努力,戴逸先生的藏书楼在常熟市中心的石梅广场于2019年8月初已初显端倪:由中国书法家协会原副主席、清华大学教授言恭达先生题写的孔雀绿篆书,以古铜色做底的"衣山楼"牌匾赫然镶嵌在藏书楼大门的山墙上,显得十分古朴典雅。当藏书楼大门洞开时,25米长、2.2米高、60厘米厚、内外双层的巨型书橱呈圆弧形展现,左右又各一结构相同的巨型书橱与主橱呈"丁"字状相隔分列,书橱中布列的是装帧划一、基色相异的"档案丛刊""文献丛刊""研究丛刊""编译丛刊""图录丛刊"图书。藏书楼之主角《清史》,是时已编纂完成,正在送审之中,书橱里存列着《清史》模型。据介绍《清史》送审稿现正在后楼底厢房的书架上。爱新觉罗·启骧(雍正帝第九代孙)在"衣山楼"开幕式当天作为清皇室成员读《清史》的第一人,在翻阅《清史》时激动地说:"震撼人心!"

"衣山楼"底楼除《清史》相关文献外,四周墙上是"戴逸与清史纂修工程"展览的"学术人生"部分,东侧一间40平方米的房间,为"衣山楼"书库,内存戴先生的藏书1万多本。从西侧楼梯拾级而上,二楼为"戴逸与清史纂修工程"的"清史人生"展览,东侧一间40平方米的房间复原了戴先生的书房"借来斋"。

"借来斋",何解?读戴先生《借来斋记》[①],笔者试作《借来斋小记》,现录如下:

---

① 戴逸:《借来斋记》,《光明日报》1993年10月23日。

雏凤声声催爱巢,

老凤苦苦觅栖所。

人大待吾情不薄,

破例暂借两间居。

两间居有专递窟,

寻思方知军讯处。①

前清战事此发端,

发端之处纂清史。

两相逾越超百年,

借来之斋情缘重。

十年磨得半剑成,

要记陋室第一功。

琴川父老意切切,

议决修建衣山楼。

复原当年借来斋,

叹为修史浪一朵。

己亥年八月十二日撰

2019年9月10日,中国教师节,恰逢戴先生93岁生日。是日上午9点,笔者如约拜见戴先生。一是对他的生日、教师节致以双贺。二是又采访了几个需要询问的问题。三是向先生通报:常熟方面藏书楼、学术馆的装修、装潢设计师张利群先生着笔者撰写"借来斋"的来历说明。遂向先生展示,诵读了《借来斋小记》,以征求先生的意见。不料先生在听了笔者申述、吟诵后竟哈哈大笑,连连说:"不错,不错!"话音刚落,就在笔者稿件上欣然命笔:"同意,戴逸。"这就是拙诗《借来斋小记》的由来。

---

① 戴逸先生20世纪90年代初向中国人民大学房管处转借的两间居所原为清朝海军部、陆军部(位于原北平铁狮子胡同一号院,现北京张自忠路三号)函文通信交接处,现在大楼西侧拐角处。

戴氏常熟衣山楼藏书馆除主体建筑为上、下两层共 800 平方米的欧式洋楼外，与主楼相衔接的东、西两层厢房是 20 世纪 90 年代另行翻建的，每间 100 平方米，风格与原建筑浑然一体。改为藏书楼后，常熟方面在征得戴家人士同意后，做了如是安排：

东厢房一楼：为阅览室，备有整排书橱，内存戴先生藏书，书橱风格新颖，桌椅齐全。

东厢房二楼：为接待室，墙上字画典雅，沙发舒适现代，正面的超大尺寸电视的存储器，存贮了戴先生的所有影像资料，除全套《清史》编纂资料、电视台播放资料片等之外，被叶嘉莹先生称赞为正宗"唐调"（国学大师唐文治先生之吟诵风格称"唐调"，唐文治之风传于其学生杨毅庵先生，杨为戴逸之师）的吟诵资料片也悉数齐备……

西厢房一楼：多功能厅——北墙为满架戴先生藏书，桌、椅、板凳、沙发、电脑齐全，可作为读书之所；亦可在此从事清史研究；还可以做小会议室，十几人的小型会议不成问题；当然，三四位挚友，七八个文人，在此间切磋诗文、学问，亦是很好的选择。试看：室外，百年残榉依然兀立，宣示着其不屈不挠的孤傲个性；一棵百年石榴则盘根错节，红灯满枝；还有一棵巍然耸立的桂花又应季而放；虽庭院不深，可错落有致，绿茵覆地，令人心旷神怡。再看室内，与满架藏书相对的南墙上，一幅由常熟书画院画师绘就的山水长卷贯通半壁，劲松、黛山、云海、近瀑……大自然的神工造化，令人肃然起敬；进入门厅正中墙上的涟漪散波装饰图，引人思绪万千；装饰阁两侧悬挂的一副对联"源远流长小筑揽琴川胜境，地灵人杰旧家怀虞麓宗风"，为清代光绪秀才、江阴著名书法家缪海岳所书，让人恬淡、宁静之心油然而生……

西厢房二楼：戴先生藏书藏画展示厅。说来也许有人不会相信，一代大儒，清史重镇，家中书画藏品可用"家徒四壁"予以概括，仅有的一书一画系故乡常熟为戴先生捐款善举之回赠品。赠品的来历是 1998 年初，常熟市人民政府召开"常熟市实施方塔维修工程新闻发布会"，动员社会各界捐资参与维修方塔。戴先生对方塔怀有深沉甚至谦卑的感情。他的出生地常熟大东门青和稼桥的王家（外婆家）离方塔仅一箭之遥，可以说在摇篮里时就是听着方塔叮当作响的风铃声入睡的。孩提时代，他与东门大街的玩伴无数次地从方塔里狭窄的梯道爬上九屋塔顶层鸟瞰全城。读小学时，塔前小学的校舍就在方塔正面的崇教兴福寺里，可惜的是，"七七事变"后日寇轰炸常熟古城时崇教兴福寺被夷为平地，方塔也伤痕累累。及至戴逸成了史学工作者后，他更明白了方塔在古城常熟的地位，这是南宋建炎年间的古建筑，是常熟的标志，后来还成了国家重点文物保护单位。现在政府要为之全面维修，戴逸自知有崇高的责任，于是毫不犹豫地给常熟市政府邮寄了1000元，并在附言中表示为了修缮方塔略表游子心意。市政府办公室蒋伟国请古琴艺术馆馆长朱晞①先生挥翰书法一幅回赠戴先生，感谢先生对家乡文化事业的关爱。是时翁同龢纪念馆首任馆长朱育礼②先生亦有感于戴先生浓浓的乡情，遂绘就"岁寒三友图"一幅，寄赠给了戴先生，戴先生又一一复函诚表谢忱。这就是戴家两幅书画藏品的由来。作为一个见多识广的文化人戴逸先生，怎么会对字画鉴赏了无兴趣呢？戴先生的大公子戴寅这样解释："如果要说父亲对中国文化的重要领域字画了无兴趣鉴赏，这个说法是不对的，不符合事实。父亲从小就接受中国传统文化教育，曾长期临帖，毛笔字也是写得很好，不少出版物的书名是请他题署的。问题是他整天忙于工作，没有时间参与书画艺术界的活动，北京文史馆、中央文史馆的书画大家不少，开会时他怎么可能开口向人家索取书画墨宝呢？"

无心插柳柳成荫。戴逸先生在家乡常熟的藏书楼筹办组决定在衣山楼里设戴先生书画收藏室的消息不胫而走，引发了戴先生亲朋好友、学者、常熟乡贤、学生等人的极大热情和浓厚兴趣，大家纷纷行动起来，真可谓"八仙过海，各显神通"：

第一位为戴先生藏书楼、学术馆奉献墨宝的是当今书法大家沈鹏先生，他挥毫书就的是"戴逸学术馆"（今存衣山楼书画展示室）、"戴逸座右铭：观古今之变，立一家之言"（现存衣山楼戴逸书房即"借来斋"右壁），沈鹏先生另为戴逸先生之造像题署名款，造像由国家一级美术师、苏州画院原执行院长姚新峰绘就。

接着为戴先生藏书楼、学术馆挥毫奉献的是中国书法家协会原副主席、清华大学教授言恭达先生，他书就了楼堂匾额小篆"衣山楼"，还有隶书"借来斋"及展览标牌"戴逸与清史纂修工程"。

原文化部部长、被国家授予"人民艺术家"光荣称号的王蒙，书赠戴逸先生"德润清史"书法条幅。

---

① 朱晞，自幼师从虞山琴派大师翁瘦苍，江苏常熟古琴艺术馆馆长，虞山琴派艺术工作室主任，第五批国家级非物质文化遗产代表性项目代表性传承人，书法有古风。

② 朱育礼，原任江苏常熟书画院专职画师，后任翁同龢纪念馆首任馆长。

亚投行行长金立群先生经反复斟酌亲书条幅书赠戴逸先生：以史为鉴渊海泰斗高悬明镜，格物致知清史巨擘躬耕学田。

中央财经委员会办公室副主任、财政部副部长廖岷请书法家张浩元先生书写的祝贺衣山楼落成对联是：藏书播传乡梓，学术惠泽后世。

诗人、著名书法家林岫为戴逸先生藏书楼题书"清风雅逸"，她致信戴先生大儿子戴寅道："戴先生是研究清史的领军学者，得'清'字，隐'学'字，而风以雅为正。逸，固然其名也，也有潇洒出群意。见《三国志·诸葛亮传》'亮少有逸群之才，英霸之器'，乞教。"

清雍正帝胤禛九世孙爱新觉罗·启骧为衣山楼留存雍正帝为清代上书房撰联"立身以至诚为本，读书以明理为先"。

中国艺术研究院终身研究员刘梦溪先生为衣山楼亲书对联"依山楼堂庋心史，学术奥窔通古今"。

中央文史馆研究馆员、书画家侯德昌先生题写的对联为："笔底纵横千篇作，茅屋犹存万卷书"。

在衣山楼书画藏品展示厅展品中，有一位送展者及其展品不能不稍做展开的介绍，此人即戴先生爱徒杨念群及其展品杨度《湖南少年歌》①诗句：

> 十载优游湘水滨，
> 射堂两畔事躬耕。
> 陇头日午停锄叹，
> 大泽中宵带剑行。
> 窃从三五少年说，
> 今日中国无主人。
> 每思天下战争事，
> 当风一啸心纵横。

诗后题跋为："弟子杨念群录曾祖杨度先生《湖南少年歌》佳句，敬贺恩师戴逸

---

① 杨度流亡日本时作，首刊于梁启超主笔《新民丛报》，是杨对梁所作《少年中国说》之呼唤应答。诗作通篇气势磅礴、慷慨激昂，尤以"若道中华国果亡，除非湖南人尽死"对湖南爱国青年产生强烈的鼓舞作用。

先生学术馆落成。"

书作由钱君匋①弟子朱剀先生书就。

有报道说，杨念群先生虽是从杨度起杨家四代中至今唯一男丁，可说是杨度嫡传了，可杨念群在外界从不谈及其曾祖父杨度。有人会提出疑问，杨念群先生为何在衣山楼展品中不仅如实推出其曾祖父，而且满怀崇敬之心，可见他深知在其恩师面前没有必要隐瞒，因为作为清史大家的戴先生对杨度是了如指掌的。戴先生送给笔者的第一本书《澹澹清川：戴逸先生九秩华诞纪念文集》系先生90华诞的纪念文集，该书正是杨念群策划、组织并作序出版的。戴先生在向笔者介绍这位杨度的曾孙时，满脸笑意，显然对这位爱徒是甚为垂青的。杨念群对戴先生满怀感激、感恩之情，在展件附函中诚告"敬请戴师裁定"，而戴先生欣然接受，师徒间的默契可谓尽善尽美。

那么，杨度究竟是何许人也？

有资料显示，杨度祖上一直在湖南湘潭务农，及至祖辈参加湘军且执掌一方，使杨家人士始有宽广视角。杨度生于光绪元年（1875），光绪十八年（1892）考取秀才，次年为乡试举人，后会试落第。会试期间适逢公车上书，结识了梁启超、袁世凯、徐世昌等人，对公车上书亦相附和。回乡后，师从善于宫廷权术的大儒王闿运（晚清四大日记之一《湘绮楼日记》的著者），王在日记中频称其为"杨贤子"。受光绪二十四年（1898）湖南实施新政影响，杨度自费留学日本。1903年，回国后被保荐进京参加新开的经济特科进士考试，取得一等第二名即榜眼的好成绩，但被慈禧太后疑为康党，受到严查并通缉，不得已再赴日本研究宪政。此后，杨为清廷出洋考察宪政的五大臣起草报告，任宪政编查馆提调。1907年又主编《中国新报》，力主君主立宪。1911年辛亥革命后，任袁世凯内阁学部副大臣，并于1915年写成《君宪救国论》，一时风靡全国；还联络孙毓筠、严复等5人以"筹一国之治安"为名组建学术团体"筹安会"，实际是伪造民意，为袁世凯复辟帝制制造舆论。当袁世凯83天的"洪宪"皇帝梦破灭，杨度作为袁世凯"帝师"遭北洋政府通缉，只能亡命出走，此后向往革命。1922年起投向孙中山，为民主革命奔走。1927年李大钊被张作霖逮捕后，他曾多方营救。晚年杨度移居上海，参加进步团体活动，1929年经潘汉年介绍，由周恩

---

① 钱君匋（1907—1998），浙江桐乡人，华东师大教授，曾随吴昌硕学画，为鲁迅、沈雁冰、叶圣陶等书籍设计封面，中国装帧艺术开拓者。

来"特批",秘密加入了中国共产党。此事由时任国家文物局局长王冶秋于1978年在《人民日报》撰文回忆周总理时提及：1975年10月7日，周恩来从昏迷状态清醒过来，对秘书说："你告诉王冶秋，'筹安会六君子'之一的杨度，晚年加入了中国共产党，为党做了大量工作。请王冶秋将此情况转告上海辞书出版社《辞海》修订编辑委员会，在编写'杨度'这一人物条目时，要将这一史实写入，以免日后湮没无闻。"①这就是杨念群曾祖父杨度（1875—1931）的传奇人生。不做此番简介，杨念群之赠书读者难识其意也！

此外，还有吴伟（笔名吴苇）书："贺戴逸学术馆落成——嘉高岗之崇峻兮，临玄谷以远览；仰高丘之崔嵬兮，望清川之澹澹。"（小篆，晋胡济《漄谷赋》句）

沈秋农赠行草联"黄金非宝书为宝，万事皆空善不空"（落款为：张爱君书于金陵）。

…………

可以这样说，展示馆的每一件艺术佳作背后，都蕴藏着深邃内涵和趣味隽永的故事，这是戴逸先生以他高山仰止的德行操守和满腹经纶的历史积淀所引得的珍品，其学术、艺术的价值，将永垂青史，可永远为后人学习、借鉴！

衣山楼的构建，在常熟图书馆馆长李烨的统一指挥、调度和设计装帧专家张利群先生的运作下，硬件架构基本完成了。2019年10月30日，戴寅、戴琛、戴珂三兄妹代表戴逸先生与几位具体操作人员小聚致谢，行将分别之际，市文广局原局长吴伟毛遂自荐篆刻"衣山楼铭"印章一方，着笔者修文，获众友一致通过。现将铭文记录如次：

衣山楼铭

言子故里，
虞仲名山。
芸香千秋，
弦歌百代。
史学泰斗，
念念闾阎。

---

① 王树人：《杨度是个传奇人物》，《党史博览》2019年第7期。

存全楼古今典籍，

寄满堂桑梓情怀。

衣山续琴剑，

研馆着先鞭。

文化名城，

平添重彩。

窗含西岭一脉，

门对东水七弦。

南通天一阁，

北接皇史宬。

子曰：不亦乐乎！

2019 年 10 月 28 日，沈秋农、李烨、张利群等为衣山楼戴逸学术馆落成铭章志贺，吴苇篆刻，孟东明执笔。

学术之愿

就在笔者 2016 年 12 月至 2017 年 3 月初采访戴逸先生期间，先生还与笔者谈了另一个题外题——希望能在常熟筹建清史南方研究基地。他的提议当时让笔者吓了一跳，以为自己听错了，疑虑重重。而先生则微微一笑，说："没错！我会细细向你说明白的。"从先生的字斟句酌之间，我逐渐清楚，主事者当然是戴逸先生，而关键在常熟市委、市政府的主要领导及其科学、正确的决策。戴先生认为，笔者与常熟方面人事熟稔，不妨一试，如果不成，也没有关系。

那么，先生之如此宏愿又从何而来？怎样实现呢？

说来话长。先生说，长话短说吧！中国进入近现代，学界不视"清史"为一门学问，大学里也不开设近代史课，可谓"言必称先秦"，连汉唐也并不时髦。北大孟森先生首开清史研究，郑天挺先生也下了苦功，但清代档案没有开放，史料苦少，独木难支。在中国大学讲台上始开近代史课程的是中国人民大学，建校初期，戴先生由革命史教研室转至中国历史教研室，是时人大连续开办近代史研究生班，1953 年 12 月尹达先生应郭沫若先生之请去筹办第一历史研究所，戴先生接手尹先生的教学任务，主讲中国近代史，历 10 多年时间，形成代表性著作《中国近代史稿》。其发展机遇是得益于新中国成立初期由中国史学会主持，几乎当时所有国内著名的历史学家都参与编纂的一部关于中国近代史研究的大型资料汇编《中国近代史资料丛刊》，在 1951 年至 1959 年间陆续出版发行了大部分资料，前后有 3400 多万字，后来各地还陆续出版了"新编""增编"等等。"文革"后期，从江西余江"五七干校"回京的戴逸先生，奉外交部之命撰写了应对当时中苏边界谈判需要的史著《一六八九年的中俄尼布楚条约》。而还在"文革"前夕，先是在 60 年代初吴晗先生受周总理之命准备纂修《清史》，为此吴先生与戴先生做过长谈，至 1965 年郭影秋从中宣部接受任务，筹建清史编纂委员会时，戴先生成了"七人小组"中最年轻的成员。为了保住纂修《清史》的"火种"，在十分困难的境况下，郭影秋经过艰苦努力，把原中国人民大学从事清史的 20 多名教学研究人员成建制地安排到北师大，不致流散失去。在中国人民大学复校后，戴先生按郭影秋的部署，招兵买马，把教学、研究人员扩充到 40 多人，并组建了清史研究所；在研究课题的配设上，人大级别的课题是《清代大事记》，所级重点课题是《简明清史》。这两大课题在不长时间内的胜利完成，标志着在中国人民大学乃至在中国史学界，建起了完备的清史学派。所谓"学派"，在学术界解释为"一门学问中由于学说师承不同而形成的派别"。中国人民大学形成的清史学派，是在中国这特定的历史条件下，历史性地形成的，是花了 70 来年时间形成的，在这个过程中，吴玉章校长、郭影秋副校长和许多同人、学者都做出了重要贡献。

的确，"清史学派"的构建来之不易，令人欣慰；但是，学派同样也存在局限性，因为即使有特色学术传统的学术群体，如"问题性学派""院校性学派""地域性学派"等，如果固于自己的所谓"特色"，没有广阔视野，有可能成为束之象牙之塔的小众，难为大众接受。就清史研究而言，中国人民大学清史研究所兵强马壮，人才荟萃，成果丰硕，这当然是好事；但也有曲高和寡的问题，就像"水至清则无鱼，人至察则无徒"一样，在相当一段时间内，清史研究仅局限于中国人民大学的天地里。这种状况在 20 世纪 80 年代时就引起了戴先生的重视。由是，当美国哈佛大学以欧立德为首的一批访问学者进入人大清史所时，戴逸先生和清史所的学者、同人敞开胸怀，拥抱大洋彼岸的同道；同样，首都的一些院校和研究单位，开始涉足清史，远在东北的吉林师大在清史研究中也异军突起。然而使戴先生始终惴惴不安的是清史研究始终没有跨过长江，在我国南方，即使有学者涉足清史领域，也几乎是个人行为。这种态势是不能适应我国社会科学均衡发展要求、百花齐放形势的，因为历史科学正是基础科学，就像数、理、化于理工科的重要性一样。就个体而言，它对人构建科学、正确的世界观、人生观、价值观十分重要；就整个社会来说，它是能否传承优秀文化遗产，以史为鉴问题……

戴先生说，在中央领导的关怀和全国学界的努力参与下，清史纂修工程的胜利完工指日可待了。这是我国学界的一件大事。可以预见，"清史"将成为一门显学，理论界对它的关注当然可以理解，人民群众对它的好奇乃至关切也在情理之中。从西汉司马迁开创中国历史延续传承的《史记》之后，至中国共产党领导中国人民站起来的70多年之时，终于诞生了中国历史上的第二十五史《清史》。它对中国文化的传承作用不言而喻，而它的"经世致用"即"鉴戒""资治"功能更为意义非凡。

戴逸先生特别指出，由于清代历经的时间长，涉及的问题多、复杂、重大，且与当代贴近，中国在革命与建设中所遇到的矛盾、困难、问题几乎都可在清代历史中找到线索影子乃至源头，比如国家统一、边疆问题、民族关系、宗教问题、军队问题、中央集权与地方分治问题、惩治腐败问题、发展经济及西部开发问题、发展传统文化及禁言问题、禁锢与开放问题等等。透析这些问题，接受其成功的经验，剔除其糟粕，避开其教训，对我们决策的科学化会大有裨益，对广大人民群众从历史的经验教训中增强共识的趋同性，也有帮助。正由于此，清史研究局限于北方的现状一定要加以改进。

有鉴于此，戴先生经反复斟酌：以在常熟创办藏书楼为基础，将其运作成清史南方学术研究基地。

图书、档案、资料、文献基础——作为国家清史编纂委员会主任，戴逸先生依规拥有全套《清史》（待出版），其附属的"五系"已出版丛书，还有他在近20年编纂《清史》过程中的讲话原稿、策划资料、录像，他从事70来年教学、研究中所存的著文、手稿等均已保存。将来《清史》出版以后，《清史》及其附属出版物完整的拥有单位是国家图书馆、文旅部清史研究与纂修中心、中国人民大学清史研究所，除此之外，戴逸先生属于拥有这套完整出版物的个人收藏者。因此，戴先生将这套完整出版物及相关档案、资料、文献存于其家乡常熟，并以此作为清史南方学术研究基地的基础，不仅弥足珍贵，而且得天时、占地利、善人和，可谓是尽善之举。有人把戴先生的创举比喻为《四库全书》之"北四阁、南三阁"一样，称之为"北三史、南一史"，确有异曲同工之美。

清史研究的人脉基础——戴先生曾与清史研究与纂修中心的领导、专家专门地做过探讨，大家都十分支持先生的设想；人大清史研究所以及中央文史馆和后来创建的中国历史研究院的领导、专家都赞赏戴先生的想法，并表示在研究力量和科研项目的配置部署上予以全力合作……

怀揣着先生的企愿和嘱托，笔者于 2017 年 3 月初返回故乡常熟后，即找市委原副书记戈炳根、市文广局局长吴伟、市图书馆馆长李烨、市关工委副会长沈秋农，把先生的想法与大家做了沟通，大家对先生胸怀大局、关爱家乡的行为深为感动，同时备受鼓舞，决心全力以赴，支持戴家人士把好事办好。趁清明时节戴家人士抵常熟办事之际，几个人又与戴寅、戴珂、廖京生、戴玮、武林薇等人就藏书楼、学术馆的体制、机制、人员、费用、场地以至最终产权等问题敞开思想，各抒己见，开了一次"神仙会"，取得较为一致的共识，如最终产权的处分权，也没有歧见。与会人士认为，戴逸先生带领戴家人将善本藏书存于故乡，与常熟政府部门构建公益性的藏书楼、学术馆，在现行体制下没有既成模式可以套用，对这新生事物予以保护的举措就是——在合作协议中明文规定：戴家人士拥有"戴氏藏书最终产权的处分权"。当常熟方面明示不再应用"戴氏藏书"于公益事业时，戴家人有权收回，运输及相关费用由常熟市政府有关部门承担。讨论中人们如此议论：这不是"小人之心"，因为现实社会生活中个别地方官员"拍脑袋决策，拍胸脯担保，拍屁股走人"的情况不乏其例。而从管理学上说，闭环管理才是安全、稳妥的。这一条共识，解脱了戴家人的后顾之忧。

2017 年 5 月 27 日下午，常熟国际会议中心。"王淦昌诞辰 110 周年纪念会"在此召开。作为王先生（20 世纪 70 年代后期任中国原子能研究所所长）曾经的部下，笔者应邀参加了会议。在会议休息间隙，笔者把沈秋农先生刚送来的《关于筹建"戴逸学术馆"的建议》径直呈送给了常熟市委书记王飏。他快速浏览了一遍报告后，把文件递给了身边的秘书，还交代秘书把他的手机电话告诉笔者，然后说："戴逸先生我是知道的，在我刚担任常熟市的代市长时，就收到他建议复建柳如是梳妆楼的一封信。你们的建议很好，所谓市委中心工作的调整转移，就是要花力气关注这些问题。我一定会把情况及时与你沟通的。"约一周后，王飏书记的秘书陈晓宇电告笔者：筹建"戴逸学术馆"的建议报告王书记已批给市委常委、市委宣传部部长、市委副书记、市政协主席韩卫兵同志了，批示说请韩卫兵同志进行调查研究，弄一个方案。王飏的批示表明，"建议"并未被打入冷宫，而是产生了积极的反应，实现戴逸先生企愿出现了契机。现将"建议"转录如下。

关于筹建"戴逸学术馆"的建议

市委王飏书记：

国家清史编纂委员会主任戴逸先生是我常熟人。在多届党和国家领导人的直接过问、关心下，国家重大文化工程、中国历史上自明朝以降 600 多年来第 4 次修史的《清史》即将全面完成，兹此清史研究必将成为显学，并引起世界学术界的重视和关注，国内亦将形成一个关注、学习、研究清史的社会热潮。在这大背景下，我们以为在我市抓紧启动并加快筹建"戴逸学术馆"正当其时，很有必要，完全可能。现建议如下：

一、筹建"戴逸学术馆"是我市"文化立市"的创新之举

当代著名历史学家戴逸，1926 年 9 月出生于常熟，先生在常熟塔前小学、苏州中学、常熟孝友中学、上海交通大学和北京大学学习，1948 年参加革命。中华人民共和国成立以后，在中国人民大学长期从事教育和史学研究工作，创建我国清史学派，曾任全国人大代表、清史研究所所长、中国历史学会会长；现任国家清史编纂委员会主任、中国人民大学一级教授、中央文史馆馆员。数十年间，先后出版个人专著数十种，发表论文、文章 800 多篇。戴逸先生是新中国成立初期由董必武向毛主席建议修纂《清史》后，在周恩来总理直接部署下成立的《清史》编纂工作领导小组的 7 位组成人员之一，是至今唯一健在者。20 世纪 80 年代以来，他关于迅速启动《清史》编纂工程的意见得到江泽民、朱镕基、胡锦涛、李岚清和现任总书记习近平等中央领导同志的高度重视，刘云山、王岐山、刘延东等多位党和国家领导人曾登门慰问并倾听意见建议。

中国官修前代历史，自汉代以来已形成 2000 多年的不间断传统，故有"二十四史"承传，乃使中国 5000 多年文字记载的历史不绝于世。正由于此，

中国成为世界上唯一保持这一文化传统的国家，中华文明因此有了长久兴盛、进步不衰的坚实基石。从《史记》开创由中央政府专设机构修史以来，历史上的各朝各代都由国家最高决策者或行政首辅者主持，全民族上下，视修撰前朝历史为兴国大要，治世镜鉴，经验承继。主持纂修历史的人物，因对国家有特殊贡献，故都受国家之敬重，学人之爱戴，民众之仰信。

据了解，由戴逸担纲编纂的《清史》将于 2018 年完成，共 100 余卷 3000 万字，另配套出版的《清史》文献丛刊和原始档案有四类，字数以 10 亿字为计，这是继"二十四史"之后的第二十五部国史，其意义重大，功德卓著，将无可估量。因此在常熟建立"戴逸学术馆"这一学术平台，是与戴逸先生对党和国家的卓著贡献和在历史上、学术上的重要地位相匹配的重要举措，堪称此其时矣，机不可失。

常熟是国家历史文化名城，"文化立市"是常熟发展的重要方针。但回望历史，辖区内建有的名人墓冢、纪念标志者多为诗人画家、高官名士，如钱谦益墓、柳如是墓、黄公望墓、王石谷墓、翟式耜墓，当代者有李强墓、"两院"院士墓、翁同龢纪念馆、庞薰琹美术馆，今年还将在支塘建立王淦昌纪念馆，多为文学艺术界、自然科学界杰出代表，而社科界名人的纪念馆至今尚无先例，因此抓紧启动"戴逸学术馆"的建设工程，无疑对扩大我市作为国家历史文化名城的美誉度和影响力具有重要现实意义和深远历史意义。而且在全国首开由地方研究清史的专业平台，对丰富"文化立市"内涵，营造学史明理、读书益智的氛围，推进常熟的人文社科研究，具有极大帮助。

二、"戴逸学术馆"的初步构建设想

1. 展示事迹、陈列成果，学术馆也是陈列馆，往后延伸也可成为纪念馆。馆内展示戴逸生平事迹、清史编纂工程的出版成果、个人文章著述、所藏书籍、个人物品等。这不仅是陈列成果、展览收藏，也是宣传常熟历史文化和开展爱国主义教育的特色基地，是对外开放的一个文化场所。如无锡是红学家冯其庸先生的故乡。还在冯其庸先生在世时，无锡就建起了"冯其庸纪念馆"，实际是"冯其庸学术馆"。不久前冯其庸先生辞世，现在"冯其庸纪念馆"不仅成为冯先生的纪念之地，而且成了中国红学的重要研究场所。无锡的经验值得我们借鉴。

常熟文化积淀深厚，藏书、读书传统源远流长，人文渊薮数千年不绝。戴逸先生正是在常熟这种深厚文化积淀中耳濡目染、成长起来的。依靠历史文化的引导，教育与提高广大市民的文化修养和人文素质与其息息相关。建立"戴逸学术馆"，把戴逸先生治学治史路径及业迹、成果集中展示，与常熟既有的古代、近代先贤遗迹、旧址、文化建筑连为一体，将大大拓展常熟历史文化的深度、广度，增强厚重感、自豪感，市民尤其是青少年的历史文化教育将有更为广阔的空间。

2.建构学术研究平台。通过"戴逸学术馆"的建立，使之逐步发展为清史研究的新基地。目前我国清史研究的重要机构和单位，主要在北方，在大城市。这种状况并非必然固定不变。戴逸先生曾多次表示希望有一个清史研究的南方中心，他更希望常熟能在这方面做出努力。我们认为在"戴逸学术馆"基础上建构清史研究平台，是完全可能的，而且具有开创意义。

建立"戴逸学术馆"的有利条件是：有清史工程的史料基地，有戴逸先生已出版的学术著作，有他愿意奉献给家乡的丰厚藏书，也有常熟重视文化建设、敬重乡贤才俊的社会基础。学术馆一旦建立，还可通过与外地院校和机构的合作，吸引人才来此开展研究，并通过研究和教育实践逐步在常熟培养造就清史研究专业人才，使常熟成为清史研究在南方的一处基地。

3.发掘潜力，建设一个多功能平台。"戴逸学术馆"有潜力可以建设为一个多功能平台，如青少年教育基地，"清史"教育平台，"清史"研究平台，"戴逸纪念馆"名人纪念平台，依托"戴逸学术馆"组建"戴逸学术思想（常熟）研究会"，先于国内其他地方组织"戴逸学术思想"爱好者及其史学工作者，并邀请国内有关史学专家就戴逸先生的成才之路、清史治学等展开研究，形成有常熟特色的清史研究路径。近年来，孟东明、沈秋农已与戴逸先生及其亲属多次接触，就建立"戴逸学术馆"一事交换意见，探讨切磋。戴逸先生表示，常熟市委、市政府如有意愿，他当表示理解并提供力所能及的支持、帮助，其亲属也表示如"戴逸学术馆"得以建立，他们将全力支持。

建立"戴逸学术馆"是我市文化建设的一件大事。如蒙领导重视并同意立项建设，建议由市领导牵头，成立由相关部门负责同志和专家学者组成的领导班子和工作班子，及早制订建馆方案与工作计划，使"戴逸学术馆"的建设能抓紧落实，从事建设，确保把好事办好。

上述建议当否，请指示、指正。

孟东明

《工人日报》社原副总编辑

沈秋农

常熟市档案局（馆）原局（馆）长，现任常熟市关工委副主任

2017 年 5 月 27 日

附：一、戴逸年表初稿（从略）

二、戴逸主要著述目录初汇（从略）

常熟市委书记王飚对筹建学术馆的批示，对常熟市文广局局长吴伟、图书馆馆长李烨等人来说可谓鼓舞有加。他们认为，市委领导的安排下级干部自然左右不了，但他们可以安排自己，主动出击！于是，吴伟、李烨由笔者陪同晋京专诚拜谒乡贤戴逸先生，聆听他对创办学术馆、藏书楼的宏图大略，两位同乡晚辈则和盘托出常熟的条件和可能的作为，当然还有乡愁——常熟城市变迁的家长里短。两位常熟同乡匆匆离去后，戴逸、戴寅父子商量开了筹办藏书楼、学术馆的分工事宜……

2017 年 6 月 29 日下午，常熟市委书记王飚由常熟驻北京办事处原主任姚志强陪同拜访了戴逸先生。关于戴先生有意在常熟构建清史研究平台问题，王书记说，常熟沈秋农等人有个建议，他对此很赞成，已在建议上批请韩书记牵头搞调研了。王书记认为，如果要办，就要办成有学术地位的，有高水平、有前途的机构。要达到这个要求，常熟没有这个水平，没有人才。因此，现在的关键是体制、机制及运作方式，而经费和场地等都不是问题。与常熟合作的是戴逸先生，是戴家人士，还是什么大专院校、科研机构，这是要慎重妥善考虑的。在王飚书记拜访戴逸先生时，戴先生又重提建议常熟复建柳如是梳妆楼问题。王飚书记说，这应该加以研究考虑。常熟继修复王淦昌故居后，正在修缮李强故居，复建柳如是梳妆楼也应该排上议事日程。①

———————

① 姚志强于 2017 年 6 月 30 日下午给笔者打的电话。姚志强，常熟市人民政府接待办工作人员，常熟驻京办事处原主任。

2017 年 7 月 3 日下午，笔者如约看望戴逸先生。先生说，关于在常熟办清史研究平台，他非常赞成王飏书记的看法。过去思考学术的可能性多，但地方政府领导一眼看清了问题中的本质和要害，创办清史研究平台的目的在于真正推动清研究，而不在于搞摆设，因此体制问题是根本性问题。戴寅补充说，他将协同父亲把常熟与"有关部门"关系的构建、协调即将国家清史研究机构、大专院校纳为平台研究主体作为当今的第一要务来办，具有很大可能性。

时至 2018 年 3 月初的一天，已在年初从常熟市虞山镇党委书记因撤镇而调任市委宣传部部长的市委常委孙健召集戈炳根、吴伟、李烨、沈秋农和笔者专门就戴逸先生所提的学术馆、藏书楼问题进行了一次深入讨论，他表示：一定加快运作，把此事予以推进！

接着，孙健与常熟市委副书记、市政协主席韩卫兵专程赴京拜访了戴逸先生，这是受常熟市委一把手之命，前后负责调研处理戴先生所提在家乡创建学术平台、藏书楼议题的直接负责人。他们向戴先生承诺：不辱使命！

就在此后，国家文旅部党组成员、副部长张旭和文旅部公共服务司副司长白雪华，专程到常熟考察、调研文化工作，而戴先生所提在家乡创建清史研究平台、藏书楼问题，正是他们关注的议题之一。白雪华还专程抵达常熟图书馆现场做了一番实地考察，与常熟图书馆馆长李烨做了深入讨论。张旭副部长、白雪华副司长对常熟的文化建设成绩和发展战略予以了充分肯定。

也就在这大背景下，常熟市文广局局长吴伟给市长周勤第申请的"戴逸学术馆专项建设资金"可谓瓜熟蒂落，亦可谓水到渠成：206 万元，在市宣传专项资金中列支。

至此，常熟图书馆馆长李烨在市文广局的领导、监督下将项目按部就班地推进：公示，招投标，初步设计，专家会商，评审……

戴逸先生及其家人总动员……

国家清史编纂委员会、国家清史编纂与研究中心、中国人民大学及其清史研究所对戴逸学术馆的筹建可谓有求必应、全力以赴……

在 2019 年 1 月 10 日召开的常熟市第十五届人大第三次会议上，常熟市市长焦亚飞在"政府工作报告"中把创建清史研究平台"戴逸学术馆"列成了当年全市两大文化工程之一；苏州市人大常委会则把常熟市政府创建"戴逸学术馆"工作列为督察、考核目标之一，这就形成了上下同欲的顺畅格局……

2019年7月底，常熟市财政局等单位对"戴逸学术馆专项建设资金"使用情况的专项审计表明，资金使用情况合理、合法、合规……

从2019年8月开始，戴逸学术馆、衣山楼的构建工程，进入了收官阶段……

2019年10月28日，常熟市中心石梅广场上的老图书馆前，彩旗招展，人头攒动，人们的脸上无不洋溢着喜悦之情。熟知常熟变迁历史的人这样慨叹：今天是这座中西合璧的百年洋楼历史上最光辉的一天！远在1915年著名藏书家瞿启甲先生主持这常熟第一座公共图书馆建成之后，其命运实在多舛，不久就被挤到了石梅园，这里成了达宦的办公之地，时至新中国成立，又成了常熟县人民政府的所在地。新中国成立初的县政府大门在西门大街上，进入大门，需通过百米甬道才能进入这座洋楼，至20世纪90年代中期，常熟启动"亮山工程"，常熟老城区北门大街和书院街两侧的房子除了虞山饭店和这座百年洋楼，其他所有建筑包括有名的绛云楼遗址都荡然无存了。就这样，这座百年建筑终于迎来了百年以来的光辉时刻。

是日上午9时30分。晴空万里，阳光璀璨，掩映在绿树丛中黛瓦白墙的老图书馆旧貌呈现新颜：由沈鹏书就馆名的"戴逸学术馆开馆典礼"红底白字的大幅会标，横跨在洋楼二层走廊的欧式廊柱上，格外引人注目；由言恭达篆就的"衣山楼"孔雀绿字赭色藏书楼匾额，在大门上檐泛现着古朴的色泽，令人赏心悦目；学术馆的挂牌悬在大门东侧的廊柱上，它通体披着红绸，遮掩着揭幕前的一丝神秘色彩；大门外临时搭建的30多平方米的主席台上，铺满了红毯，彰显着此项活动的庄重；主席台下的广场上，8排共160把清一色的座椅上，来自全国各地的贵宾、学者、教授、官员已经就座，可谓"群贤毕至，少长咸集"……

是时，常熟市委常委、市委宣传部部长孙健步上主席台中央，在做了一番自我介绍后，通报当日仪程的相关事项。

主办方：

中央文史研究馆代表、文史业务司司长耿识博；

中国人民大学代表、副校长朱信凯；

中共常熟市委书记周勤第；

常熟市人民政府副市长赵红。

承办方：

中共常熟市委宣传部；

常熟市文化体育和旅游局。

各方来宾：（略）

孙健主持的典礼仪程记录如下：

1. 常熟市人民政府副市长赵红女士介绍戴逸学术馆筹建情况；

2. 戴逸先生长子戴寅先生宣读戴老致辞；

3. 中央文史研究馆文史业务司司长耿识博先生讲话；

4. 中国人民大学副校长朱信凯先生讲话；

5. 全国政协原副秘书长陈洪女士讲话；

6. 中国艺术研究院终身研究员、中央文史研究馆馆员刘梦溪先生讲话；

7. 文化和旅游部清史纂修与研究中心主任崔建飞先生与中共常熟市委书记周勤第先生为戴逸学术馆揭牌；

8. 合影留念并参观戴逸学术馆。

笔者之所以原原本本地将戴逸学术馆开馆典礼仪程如实摘录，是因为这在中国学术思想史上是一件新生事物，在常熟来说，与会人士规格之高、赴会单位之广众，都是罕见的，不仅有史学价值，而且有借鉴意义。

下午，在国家清史编纂委员会副主任马大正先生向常熟及周边地区学校历史教师、史学工作者和爱好者做"中国清史的编纂历程"学术报告的同时，与会专家、学者还就"戴逸学术馆的未来与发展"话题进行了深入的探讨，现简述如下。

顾玉芬（常熟市文化体育和旅游局局长）：就常熟而言，学术馆的工作就本地人才、资源的条件和可能，拟开展史学图书、资料的整理、收藏；清史成果的推广、介绍、普及、展览；戴逸学术思想研究，常熟要有大视野，做大文化。

顾春（文化和旅游部清史纂修与研究中心副主任）：衣山楼和戴逸学术馆的落成，不仅是常熟文化建设的一件要事，而且在中国史学界也是一个创举！

杨念群（国家清史编纂委员会委员、中国人民大学博导、教育部清史教育研究中心主任）：戴逸先生藏书楼在常熟落成，接续了晚清以来中国藏书传统，具有示范意义；常熟之所以人才辈出，从某种意义上说，是因为常熟有尊重乡贤的传统，应该发扬这种传统，重新尊重乡贤，乡贤对家乡的感情是深厚的文化资源，要建设现代意义上的乡贤谱系；在精美的民国建筑老图书馆构建藏书楼、学术馆此举非常好，是历史的延续和传承，与翁馆遥相呼应，凸显了历史传统意义。至于今后工作，应注意两点：一是处理好"展"与"用"的关系，藏书楼、学术馆的落成，包括展览效果很好，但怎样用好，更需关注，如学术讨论会、学者来访、开发研究空间，要以"用"带"展"。二是学术馆要办出特色，馆藏也要有特色。戴先生是史学界唯一贯通古代史到近代史的博导，晚年则以《清史》总纂身份兢兢业业、珍惜责任，应把他的笔记、讲话、文章、手稿、史料、档案、图片包括电子文本等收集举办"大清史编纂文献展示·特藏"，这不仅是学术馆的馆藏特色，也是国家研究专题的宝库。

朱诚如（国家清史编纂委员会副主任）：常熟接纳戴先生的藏书楼，创办学术馆，这是远见卓识之举！二十五史出版为期不远了！二十五史谁总纂？戴逸，常熟人。常熟由此与《清史》挂上钩，也由此更为声名远播。上百卷的工程，先生领衔完成，这是由他的地位和贡献决定的。戴先生坚持用唯物史观研究历史，既有继承，又有创新，不搞左右逢源，而是追求历史本来面貌，从国家、人民、民族利益出发。边疆问题、民族问题，是很容易引发国际纠纷的。清朝时有五个藩属国，如何处理？先生坚持按历史本来面目撰写。太平天国问题、义和团问题等，这些问题在政治上都是大问题，戴先生先前的表达与中央的表述是一致的，这谈何容易？这是学术功底、古文功底、传统文化基础、表述能力相结合的产物！直接参与《清史》编纂的有1600多人（有学者说参与其事的约3000人），其中牛气学者有的是，称爷的也不少，还有港、澳、台学者，另有海外学者，大家之所以能齐心合力，这就是先生的人格魅力所在，可谓德高服众。至于学术馆的定位，应该是：资料、档案、研究、教育，既不是图书馆，也不是博物馆。先生于常熟来说，不只是乡贤，还是国贤，要进一步搜寻先生的文物、档案、文献，以备研究教育之需。

郭成康（国家清史编纂委员会委员、典志组组长，中国人民大学博导）：戴先生的藏书楼落地常熟，延续了江南文化的传统。藏书的宝贵，第一位的在于教育下一代，藏书是前提，藏书对读书的引领是重要的。今天的孩子不读书，成天打游戏，看手机，就是因为缺少引领。只要不是熊孩子，从小就会被藏书、读书感染，福建陈嘉庚、邵逸夫努力办教育，重视硬件建设，就是这个道理。清史的编纂，戴先生人格力量起了很大作用，正是他的人格魅力，把大家团结在一起。

陈洪（全国政协原副秘书长）：建议常熟同道快捷地进入研究通道——"戴逸

学术思想研究"，举例如下：在粉碎"四人帮"后，先生在思想解放热潮中发表长文《阶级斗争不是历史发展的唯一动力》，这不仅要学术造诣高超，而且要敢于担当，这在当时史学界是振聋发聩的。二是先生治学中透射出强烈的"经世致用"的理念，但不为政治局势所左右。三是先生的立德理念，大有研究。先生还是学界"口述历史"的先行者之一，这也是值得发掘的。

金恒源（上海历史学家）：戴先生作为一位史学大家，平易近人，扶持后人，令人感动。我第一次拜访请教他，他与我谈话3小时，真正是诲人不倦！如果常熟开展清史研究，不能就史料论史料，就学术论学术，应扩展到常熟乃至江南地区的历史、经济，为长三角经济的发展总结历史的经验、教训，这就会有裨益。

华立（日籍华人历史学家）：戴先生的藏书楼、今天落成的学术馆，是常熟文化的样板。先生的乡土情怀、学术道路，离不开常熟的滋养，反过来，先生又非常关爱家乡的文化建设，我听到的故事有十几个，非常感人。在开展学术研究的同时，要把乡土文化立体地、多侧面地建设起来。据我所知，先生的吟诵文化就很有特色，常熟如何把戴先生的吟诵文化继承下来，发扬光大，就是一个很好的选题。

杨艳秋（中国历史研究院史学史研究所副所长）：常熟优秀的历史文化底蕴造就了戴逸先生，可以这样说，没有常熟，也就没有戴逸先生。常熟延绵不绝的藏书文化孕育了他，延绵不绝的耕读文化培育了他，在中国文化史上，藏书文化是培育英才的文化，这在戴先生身上得到了最深刻、有力的体验。常熟构建戴先生的藏书楼和学术馆，表明常熟市领导的文化观是正确的。改革开放以来的历史经验表明，发展文化与发展经济并重，发展文化，普及教育，提高人民群众素质，城市生态就会协调发展。戴先生的藏书楼、学术馆的落成是常熟经济、文化协调发展的新发端。

刘梦溪（中国艺术研究院终身研究员）：常熟是一个文化之地。戴逸学术馆的落成，使这里又增添了一个新的文化事件，对今后常熟文化研究的展开、历史文化的传播将发挥重要作用。戴先生并不是我的同门师父，我是20世纪50年代就学于中国人民大学语言文学系，他那时已在历史系讲台上神采飞扬了，由于文史不分家，我一直尊崇他是我的先生。先生待人的热心和关心是使人难以忘怀的。我曾经写过关于思想史方面的一篇长文，先生读后给我的文章写了评论，有五条之多，主要是肯定的。但文章在学界引起了很大争议。出版社建议开一次学术讨论会，与会的有戴先生、李慎之等，都是学界大家。戴先生的评论除原来的肯定意见外，提出有四个问题与我商榷，态度之严谨、认真令人动容。后来有人发言时引发了急剧的争论，不仅吹胡子、瞪眼睛、拍桌子，而且有人竟拂袖而去！戴先生等赶紧做工作，才使讨论得以为继。出版社决定将不同意见在书中如实照录，这就是学术民主。与先生讨论学术问题，如沐民主、自由的学术春风。不仅如此，我还有一个发现，先生的眼睛，洋溢着善良，这是发自他心底的，装是装不出来的；还有，你可以看到他眼底会放射出睿智的光芒！真正的睿智的光芒！我阅人无数，在学者中既有善良又有睿智眼光的，戴先生可谓唯一！在先生学术馆落成之际，我奉献对联一副：依山楼堂庋心史，学术奥窔通古今……①

对于衣山楼、戴逸学术馆的落成，传媒界给予了足够的关注：

网上一时成为热门话题；

常熟电视台做了连续报道；

《常熟日报》在开馆次日刊登头条新闻《常熟文化亮丽新名片》；

《光明日报》于 2019 年 11 月 20 日在头版头条位置刊登该报记者王国平、苏雁撰写的长篇通讯《常熟：文化传承　成熟质地》，通讯以衣山楼、戴逸学术馆的落成为新闻眼切入，浓墨重彩地介绍了常熟这座历史文化名城的优秀传统文化，以及城市文脉在新时代传承创新的生动故事。

…………

对衣山楼、戴逸学术馆的落成感受尤深的是中国社会科学院近代史专家、中央文史馆研究馆员杨天石先生。在学术馆草创时期，杨先生就在现场考察过，然开馆时因工作忙而未能成行。一周后专程赴常再次考察时，他对陪同考察的常熟图书馆馆长李烨说："在中国学界，可谓历史大家林立，能享有此等厚重殊荣，构建学术馆的，戴逸先生尚属唯一！但愿书藏长存，学业常青！"

杨天石先生的评价，是言而由衷的；

杨天石先生的愿望，是中肯切肤的！

---

①　刘梦溪先生的讲话发表于 2019 年 10 月 28 日上午"戴逸学术馆开馆典礼"上。为行文方便，笔者特摘录于当天下午的座谈纪要之中。

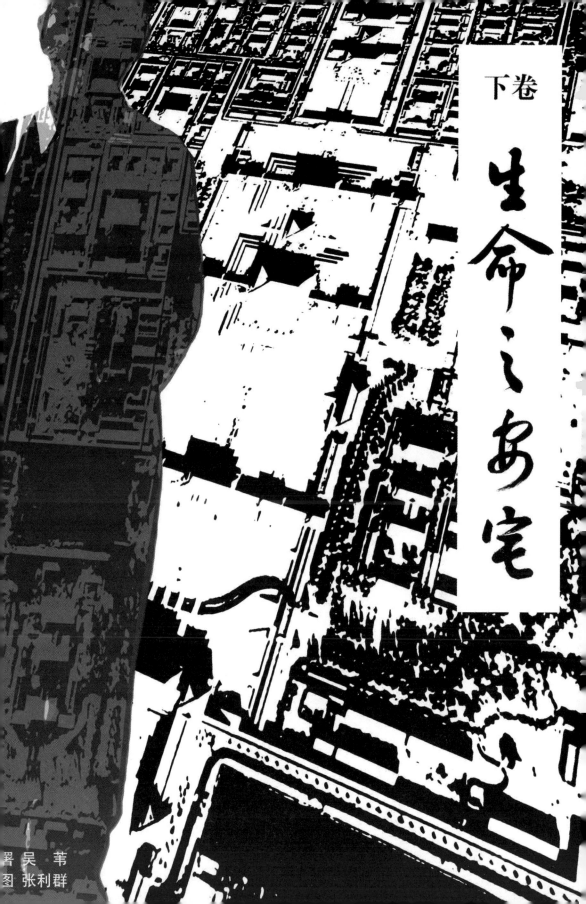

下卷

生命之家

署 吴 苇
图 张利群

第一章 《清史》总纂答客问

清史纂修工程从 2002 年启动以来，戴逸先生接受传媒的采访不下 40 次，"《清史》总纂答客问"即从各地传媒及笔者所提修史问题汇编而成。

一问：先生说——清史是我理念之归宿，精神之依托，生命之安宅。能请先生就此治史态度先行做番解释吗？

戴逸：清史是我的专业，我将毕生的精力贡献给它。可说是寝于斯，食于斯，学于斯，行于斯。清史是我理念之归宿，精神之依托，生命之安宅。"生命之安宅"源自《孟子·离娄上》："仁，人之安宅也；义，人之正路也。旷安宅而弗居，舍正路而不由，哀哉！"安宅，即安稳、舒适的住宅；正路，即方向正确、宽阔平坦的大路。有安宅不住，让它空着，有正路不走，让它闲着，是可悲的。而居住于安宅，行走于正路，是士人高尚追求的基础和条件。在承担主持纂修《清史》任务后，我即想到了 1944 年参加上海交大入学考试的作文题：释"仁，人之安宅也；义，人之正路也"。感谓"生命之安宅"即由此而发。

阅读和研究清史犹如站在高山之巅，凝视先人们走过的那段路程，有喧闹的朝市、血洗的战场，也有崎岖的山径、冷漠的村庄，一幕又一幕不同的历史场景显示在眼前。

阅读和研究清史犹如漂荡在汪洋大海之中，政治、经济、军事、文化、外交、社会生活众多的浪潮奔腾澎湃，一个个像浪花似的喷溅，缤纷多彩，目不暇接。

阅读和研究清史犹如谛听一曲优美的交响乐，有金戈铁马之雄健，有缠绵悱恻之哀怨，有勇往直前之奋进，有神态自若之淡定，各种情感交替迸发，交织映现。

阅读和研究清史，展示 300 年封建王朝的际遇和命运，匆忙地奔驰过兴、盛、衰、亡的轮回，从盛世的辉煌走向末世的凄凉，其间的经验教训使人感慨，发人深省。

我常读清史，爱读清史，也常写和爱写清史文章，尤其进入老年专嗜清史，几乎摒弃其他书籍于不观，谢绝其他文章而不作，集中精力，专骛清史，专写清史。因为清史的书籍和资料浩瀚广博，无穷无尽，就是毕生专读清史也只能读极小部分。人的生命太短促，只能从广阔无垠的清史知识海洋中掬取一勺之水，或观其大体态势，或测其某个角落，并不能达到全真和全知。"吾生也有涯，而知也无涯"，这句话，我到老年体会得越来越真切。

清史研究是自己的工作、专业与职责，我刻苦自励，以至诚之心力求敬业，用探索精神去追求未知，用怀疑精神去发现问题，用勤奋精神去搜寻资料，用科学精神去分析疑难，用理性精神去阐释历史，在客观历史千变万化的运动发展中寻求其规律，真实地、清晰地揭示历史的真相。司马迁说"究天人之际，通古今之变，成一家之言"，我材质驽钝，难期高明，虽不能至，而心向往之。

"暮年多见世上客，未识真容已白头"，说的是人到暮年，见多识广，但还没有能了解世人和世事。其实做学问比这还要难，因为每一种学问，广阔无比，其深难测，学问要靠积累才能成熟。我们清史学科以至整个社会科学必须更加努力、更加积累、更善创新、更快前进。中国需要更成熟的社会科学、更成熟的历史学与清史学，因为这是提高民众文化素质之必需，加强爱国主义教育之必需，深入了解国情以建设中国美好将来之必需。

这可作为我治学态度的简要阐释。

二问：为什么要纂修《清史》？有人说研究清史根本不需要有一部定史，况且已经有了一部《清史稿》在那里，何必再次搞一些资料的堆积！您怎么看？

戴逸：对纂修《清史》的批评我们听了很多，有则改之，无则加勉。至于并非学术问题的争论，由于时间紧促等原因，我们原则上不予参与了。

为什么要修纂《清史》，这是个大题目。大家知道，从西汉司马迁开创《史记》以来，中国历朝历代都要修史，即后代为前朝修史，而历朝历代都力求将本朝本代的历史资料全面、完整地保存下来，为此每每都设置了专门的史官和机构。唐太宗李世民说："以铜为镜，可以正衣冠；以史为镜，可以知兴替；以人为镜，可以明得失。"所以，从汉唐以来，中国形成了有本纪、列传的纪传体史书二十四部，它上起传说中的黄帝，止于明朝崇祯十七年（1644），统称"二十四史"。1921年，中华民国总统徐世昌下令将《新元史》列入正史，与"二十四史"合称为"二十五史"，而多数地方不将《新元史》列入，而改将《清史稿》列为"二十五史"之一，如果将两书都列入正史，则形成了"二十六史"。无论是"二十四史"或谓"二十六史"，这一史实为世界学界所公认：从汉唐以来中国历朝历代绵延不绝的修史，是全世界四大文明中唯一拥有的历史文化现象！许多学者据此指出，中国绵延不绝的历史，是中国优秀传统文化得以生生不息、不断传承的源头之一。无论从几千年优秀文化的传承还是世界文明的有序发展看，我们国家纂修"二十五史"或谓"二十七史"的《清史》都是不可或缺的。

纂修《清史》，更为重要的目的，就是"经世致用"，借鉴清代的成功经验，规避清代的错误、教训。清代276年的历史，时间长，距今近，处于世界大变革时期，又是结束中国数千年封建王朝统治的时代，问题重大，其借鉴意义是不言而喻的。周恩来总理在新中国成立初期说，我们国家地域辽阔，民族众多，国家统一，这可以说是吃清朝的饭。周总理的这番话，说了一个非常重大的问题，即清朝为我们中国作为统一的多民族国家，做出了重大贡献！为什么？因为民族问题，与之相伴相联的还有宗教问题、所辖地域抑或疆域问题、语言问题、经济问题等，都是牵一发动全身的问题，各民族之间要能平等、公平、和谐地相处并解决其间的矛盾和问题，绝非易事。举一件事例说：在人们印象中，河北承德的避暑山庄包括外八庙那是从康熙四十二年（1703）开始营建，是清代皇帝避暑办公及行乐之地，其实之中还有不少鲜为人知的细节问题。粉碎"四人帮"后，随着中国人民大学的复校和清史研究所的成立，承德避暑山庄管理部门几次与清史所联系假避暑山庄开展清史研究，不仅成果丰硕，而且揭开了清代民族史的一些细节、内幕。人所共知的是北京的东黄寺（又名普净禅林）建于顺治八年（1651），是为治佛脑木汗所建；西黄寺建于顺治九年（1652），达赖喇嘛五世在当年12月来京时住此。后来发现，藏族宗教首领来京觐见清朝皇帝时往往生病，甚至还得天花，致使清代皇帝大为不安。于是，在乾隆帝时，在承德同时为藏族宗教首领兴建庙宇佛堂，蒙族首领亦有类似需要，外八庙就此先后落成。可见清代统治者在解决民族关系时是细致入微的。清朝统治者在东北崛起时先与蒙古族首领处理好了民族关系，后来又与藏族宗教领袖处理好了关系，遂为夺取全国统一政权奠定了多民族国家的民族基础。见微知著，民族关系是这样，其他问题亦无不如此。在人们的印象乃至记忆中，说到清朝，就把它视为没落、腐朽、衰败、无能等的代名词，这是片面的，有失公允的。清王朝不仅创造了中国封建王朝最辉煌、鼎盛的经济，养活了世界上一个国家约3亿人口，而且疆域辽阔，民族和睦，国家统一，文化昌盛，创造了史称"康乾盛世"的繁荣昌盛，其成就是完全可以与文景之治（西汉）、开元盛世（唐代）媲美的。这绝不是为清朝统治者评功摆好，而是说，清朝统治者凭借当时正确的政策和策略，团结全国各族人民，从而创造了历史上著名的"康乾盛世"的辉煌。

但是，与此同时发生的是，历史的、时代的、制度的局限，使年迈昏聩的乾隆帝一而再，再而三地犯下了历史性的重大错误，致使清朝一落千丈，终于不治，真可谓"成也萧何，败也萧何"。这又是为什么呢？

放眼世界，与乾隆帝执政同时代的欧美国家，虽然还有封建主义的残余，但在英国通过资产阶级革命确立资本主义制度的引领下，西欧、北欧诸国参参差差地步入了资本主义社会，世界历史揭开了新的一页。其时，乾隆帝登基（1736）前的1733年，英国人发明飞梭改变了传统的纺织业面貌；乾隆三十四年（1769），瓦特改良的蒸汽机推动了机械化大生产，工业革命风起云涌；工业产品的大量涌现，促使资本不断开拓海外市场，西班牙、葡萄牙、挪威、瑞典与英国等一起不断在海外开疆拓土，海洋文明迅速崛起，地理大发现成为时代潮流；法国人另辟蹊径，以思想解放为先导，发起了向封建主义、宗教桎梏宣战的声势浩大的战斗，乾隆十九年（1754），思想家卢梭发表《论人类不平等的起源》，标志着新兴资产阶级在政治上取得了标志性的胜利；乾隆五十四年（1789），法国爆发了震惊世界的大革命，随后发表了《人权宣言》，"自由、平等、博爱"的旗帜取代了封建主义、宗教桎梏的禁锢，资产阶级在政治上取得了重大胜利；与思想解放相适应，现代科学技术和民主主义思想在欧洲大地以《百科全书》的编纂为标志风起云涌地发展起来……

如果把欧洲这种春风得意、一日千里、蓬勃向上的新兴资本主义与清朝那昏聩老朽、暮气沉沉、日薄西山的封建主义相比，就可知什么叫清王朝气数已定，离覆亡的日子已为期不远了！中国在唐宋时期是兼具大陆文明与海洋文明的综合体，及至明朝实行海禁，才转型为纯大陆文明国家。清朝出身于中国东北的游牧民族，承载着采集狩猎文明民族习性的清王朝统治者，不仅不可能接受、践行海洋文明，而且恐惧、抵制海洋文明，其时的海禁比明代更有过之而无不及，人们从2017年在全国热播的电视剧《于成龙》中清代在福建、广东等地严禁、缉捕渔民出海捕鱼的情节中可见一斑。于成龙的故事就发生在雍乾年间。乾隆帝主政时期，正是西方列强在海外开疆拓土成为时代潮流的地理大发现时代，面对宫中一个个精通欧洲科学文化的传教士，乾隆帝对世界知识不闻不问，陶醉于"天朝上国"的伟大成就，对巨大的海洋利益、海外利益丝毫不感兴趣，主动放弃了成为世界海洋大国的历史性机会，闭关锁国断送了清王朝的世界发展空间。乾隆十八年（1753），南洋的苏禄苏丹国（今菲律宾）向清廷上《请奉纳版图表文》，请求清政府将苏禄苏丹国的土地、丁户编入大清版图，以依托中国，得到庇护，然此等好事，被乾隆帝一口拒绝。乾隆四十一年（1776，同年美国独立），东南亚的加里曼丹（今印尼婆罗洲）西部，建立了华人国家兰芳大统制共和国，开国元首本是大清子民、广东梅县人罗芳伯，要求清朝承认其藩属国地位，又被乾隆帝拒绝，此后"兰芳"与荷兰殖民主义者苦斗了 107 年 ①。乾隆五十八年（1793），企求打开中国通商门户口岸竟屡屡受挫，然初衷不改的英国政府派出了以马戛尔尼伯爵为首的高规格代表团，并备有大批贵重科学仪器等礼品，作为访华的第一个政府代表团，希望与清王朝最高当局谈判，开拓中国市场。然而，在乾隆帝的热河离宫避暑山庄英国代表团觐见大清皇帝乾隆帝的礼仪一切行将就绪之际，代表团的名单乾隆帝满意了，礼单也通过了，可就在礼仪的最后一项卡壳了：乾隆帝必须让英国代表团成员双膝跪地，如奴才般觐见皇上；英方的底线是只能单腿跪地觐见！乾隆帝可谓龙颜大怒，把英国政府代表团逐出宫门；对英国政府代表团来说，亦可谓煮熟的鸭子飞走了！乾隆帝虽然保住了尊颜，然骨子里的恶果是：再一次对当时世界上头号资本主义列强关上大门的同时，也就使自己痛失认识工业革命、科技革命、思想变革等世界风云变幻这最重要的机遇，也就痛失了如日本明治维新那样自上而下、变革图强的机会。当清王朝再一次把铁门关上的同时，开启的是没落途穷的黄泉路！当英国再次打开中国的大门时，使用的是鸦片，是坚船利炮，清王朝只有招架之功，没有还手之力！然后是群狼侵入羊圈，清王朝一朝覆亡，中国坠入了半封建半殖民地深渊百年而难于自拔！

闭关锁国没有出路！

落后就要挨打！

历史的经验教训值得永远记取！

---

① 见吕振羽著《简明中国通史》第 927–932 页。

三问：还是纂修《清史》必要性的问题。先生曾说过，如果现在纂修的《清史》定稿出版了，你主张可定为"二十七史"，而《清史稿》可称为"二十六史"。既然《清史稿》可称为"二十六史"，那为什么还要纂修"二十七史"，这岂不矛盾了吗？

戴逸：一朝两史不是我的发明，中国历史上古已有之。唐代之后，五代后晋时官修《唐书》，由刘昫主纂而成。至宋代，宋仁宗赵祯认为《唐书》浅陋，下诏重修。宋祁、欧阳修、范镇、吕夏卿等历时17年完成了纪传体史书《新唐书》，在体例上第一次写出了《兵志》《选举志》，系统论述唐代府兵等军事制度和科举制度，成为我国正史体裁史书的一大创新；为了有别于刘昫主纂之作，史家就把刘昫之作命名为《旧唐书》。这是一朝两史的开端缘由。再说宋濂主编的《元史》，有说成书仅330天，当时很多学者不满其过于草率，错误百出，后代学者皆呼吁重修元史。晚清名儒柯劭忞（山东胶州人，光绪十二年进士），以《元史》为底本，利用明清有关元史的研究成果，又吸取了西方学者的成果精华，以30年之功，终成《新元史》，定稿于1920年，1921年北洋政府总统徐世昌下令把《新元史》列入正史，1922年刊行于世。由此，原来由中央政府承认的官修史书"二十四史"就延展成了"二十五史"。

我是不止一次说过，如果这次纂修的《清史》能正式出版，可以称为"二十七史"；民国初期编修的《清史稿》，则可称为"二十六史"。前半句，是我的主意，因为如果《清史》能够正式出版，进入中国史书序列，估计学界能够通过；而后半句，则不是我的发明，这是历史上曾经有过的说法。《清史稿》的编修说简单可谓简单，说复杂亦颇为复杂。民国三年（1914），经民国国务院呈文，大总统袁世凯决定设清史馆，以赵尔巽（今辽宁铁岭市人，清同治年间进士，授翰林院编修，1911年任东三省总督）为馆长，缪荃孙（江苏江阴人，清光绪年间进士，授翰林院编修）、柯劭忞等多人为总纂，参与者100多人均系名士学人，全书以历史上正史体例即纪、志、表、传分类，以纪传为中心，记写了上起1616年清太祖努尔哈赤建国称汗，下至1912年清朝灭亡，共296年的历史。民国清史馆成员经14年编修，至1927年时主编赵尔巽见全稿已初步成形，然时局却南北对峙，形势紧张，又担心自己来时无多（果然于当年9月3日辞世），遂决定以《清史稿》之名将各卷刊印出版，而所以称"稿"，示其为未定本，从赵尔巽在《发刊缀言》中指出的本书是"作为史稿披露"的"急救之章"，"乃大辂椎轮之先导，并非视为成书"，就可明晰地看出其当时之苦衷。而在刊印发布时，负责刊印的金梁（今杭州人，光绪三十年进士）竟私自增删，金梁在奉天发布的稿本（后称"关外本"）触发众编纂者怒怼，重加增删，之后金梁再次增删，再加政界、学界、出版界参与，版本出现了"关外本"（又称"关外一次本"）、"关内本""关外二次本"（又名"金梁重印本"）、"上海联合书店影印本""日本印本"，至现代，《清史稿》的增删刊印依旧不断，致使读者莫衷一是。

《清史稿》的缺点和谬误较为严重，主要是参加编写的人大多是遗老遗少，他们站在清朝的立场上，为其歌功颂德，反对革命，反对进步。《清史稿》刚刚发行，有人就指出此书的 19 条谬误。其中有的是政治问题，也有的是学术、体例和材料问题。一部大型历史著作存在某些错误和缺陷是难以避免的，可是《清史稿》一书的问题确实太大了。他们在中华民国时代修史，对辛亥革命和中华民国抱敌对的态度，用所谓"春秋笔法"进行褒贬。例如，把武昌起义写作"革命党谋乱于武昌"（本纪二十五），把四川保路运动写作"四川乱作"（同上）。在辛亥革命中，有一些清朝督抚如端方、赵尔丰、松寿、陆钟琦等被革命派击毙，《清史稿》大发议论说"或慷慨捐躯，或从容就义，示天下以大节，垂绝纲常，庶几恃以复振焉"（列传二百五十六）。中华民国成立，孙中山先生当选临时大总统，《清史稿》连孙中山的姓名也不予记载，说："甲戌，各省代表十七人开选举临时大总统选举会于上海，举临时大总统，立政府于南京，定号曰中华民国。"（本纪二十五）至于临时大总统是何人，《清史稿》中不予记录。这类谬误之处甚多，几于俯拾皆是，难于枚举。

《清史稿》付印后，由于明显地抱着与民国敌对的立场，被国民党政府禁止发行，有人建议做重大修改，或者另外编写新的《清史》，但一直未能进行。1959 年，台湾当局组成"清史编纂委员会"对《清史稿》做了一番修改，主要是对南明史、太平天国史、辛亥革命部分有较大的补充修改，改名《清史》，装订成八巨册出版，但工作时间仅一年，其他部分变动很小，无论在政治上、学术上还是在资料的搜集上都不可能有根本的改善和提高。

既然我国易代修史的传统和任务赵尔巽及其带领的民国清史馆没能完成，诸多谬误也是不能通过修改完成的，现在这个任务历史地落到我们肩上，我们应该义不容辞地担当起来。

话又说回来，如果我们编纂了完整的清史，又为什么要拟议把《清史稿》列入正史，且称为"二十六史"呢？应该说，以赵尔巽为首的民国清史馆的 100 余位编撰者，不是进士、内廷编修，就是封疆大吏，最起码也是学者，其中桐城学派的士人就占了相当大的比例。他们在编纂中依据如《清实录》、清代的国史列传、《清会典》或自身的经历及其他档案资料，完成的 536 卷《清史稿》，是近代一部大型的重要历史著作，篇幅比"二十四史"中的任何一部都大（"二十四史"中篇幅最大的是《宋史》，共 496 卷），此书在汇集和排比资料、叙述史事方面有重要的参考价值。正由于此，1942 年上海联合书店影印《清史稿》时对关内、关外两本的不同之处加以选择，多处采用了关内本，并把其同"二十四史"、《新元史》合为"二十六史"，此为"二十六史"之由来。

我们之所以敢于承认《清史稿》为"二十六史"，当然并非表示对其谬误、问题的承认，而是肯定其在史学上的重要价值；而对其的谬误和问题，相信学人和读者有能力予以辨识和甄别，这是具有文化自信、学术自信、理论自信的表现。

四问：有人认为这次清史编纂决策过程中的"盛世修史"之说很成问题。那么，能否以决策的实际过程回复这种说法，并以飨读者呢？

戴逸：我是这样说的：我国有盛世修史的传统，现我们正在向盛世迈进，应该抓住时机，完成前人的夙愿，纂修一部经得起历史检验的《清史》。从改革开放以来，尽管也经历过挫折和困难，但总体而言，整个国家摒弃了以阶级斗争为纲，坚持以发展经济为中心，努力实现政通人和，具备了相当的物质基础和环境条件，可以也应该把大型《清史》的编纂任务提到日程上来。

如果从中国共产党领导全国人民夺取全国胜利之后中央领导提出纂修《清史》算起，至今（是时为 2020 年初）已整整 70 个年头了——

在新中国成立初期的一次国务会议上，在党内被尊称为"长征四老"之一，时任政务院副总理董必武（生于 1886 年，另三位分别是徐特立，生于 1877 年；吴玉章，生于 1878 年；谢觉哉，生于 1884 年）提出，现在我们主政了，应该纂修一部《清史》。董必武 17 岁中秀才，参加过中国同盟会，曾是中国国民党的元老，又是中国共产党的创建人之一，在党内真正是德高望重的前辈，所以董老的提议深得毛泽东主席和周恩来总理（时任政务院总理）的赞许。

当着毛主席和董必武的面领受协调纂修清史任务的周恩来总理，可谓困难重重。中国著名的历史学家众多，可少有研究清史的，仅北大郑天挺先生一人，独木难支啊！周总理主动请缨领受的组织协调编纂清史的任务，一搁就是 10 年！

时至 1959 年，周恩来总理把董老提出的任务交给北京市副市长、明史学家吴晗领衔操办。就在这年，吴晗牵头成立了北京市史学会，他任理事长，本人为常务理事兼近代史专业分会会长，相处甚欢。1962 年初的一天，上午是北京市史学会理事会讨论全年工作，简便的工作餐是以吴晗先生的稿费给理事们请客的。没有午休，吴晗先生以整整半天的时间与我讨论周总理给他交办的任务：编纂《清史》。这是我有生以来第一次听到中央领导动议修纂清史的事，既震撼，又不解：吴先生与我商议这样的大事，能解决什么问题？吴先生说他喜欢与年轻人讨论问题，年轻人没有包袱，没有框框，思想活跃，再加我是从事近代史的教学、研究的，所以就与我商议了，纯属神仙会性质，不做定论，可以放开讲，真所谓海阔天空，无所不谈，甚至到全国著名高校历史系等地直接招生、由我开课、定向培养人才等等，都有涉及，吴晗先生对年轻人的关爱，让人永志不忘。

不可思议的是，从吴晗先生与我就编纂《清史》问题长谈以后，北京市史学会的活动越来越少，即使见到吴先生也谈话不多，原以为他要为海瑞问题又要写文章，又要编剧本，忙得不亦乐乎，后来才知，吴先生是被江青及张春桥、姚文元他们盯上了，成了十年浩劫的突破口，他怎么还能关注编纂清史呢！

在吴晗陷入困境不能再为纂修清史筹划之后，周总理指示中宣部重新布局谋划，最后决定组建以中国人民大学常务副校长、党委书记郭影秋担纲的七人编委会，负责《清史》编纂事宜，委员有关山复、刘导生、尹达、刘大年、佟冬、戴逸，本人排在七人委员会最后一名，时年 39 岁，在七位委员中纯属小字辈。此后不久风云突变，结果是七人编委会无疾而终，不了了之。

虽然 1965 年组建的清史七人编委会因"文革"开始而无声无息地消亡了，但由中国共产党执政初期就确立的清史编纂课题薪火，郭影秋作为重要传承者的地位，是不容抹杀的。当初中共中央宣传部为什么决定、怎样决定由郭影秋领衔清史七人编委会，郭影秋校长没有告诉我，遗憾的是后来也没有当面询问他这个问题，因为当时我正借调在中宣部写作组，住在香山，不在学校，郭校长的兼职、七人编委会、我自己名列七人之中等是由校长办公室的同志按郭校长的吩咐告知我的。现在回头想，中宣部确定郭影秋担纲清史七人编委会，起码是周总理同意的，而且很可能是由周总理直接提议的。为什么这么说？早在 20 世纪 50 年代中期，周恩来总理、陈毅副总理（兼外交部部长）访问缅甸和缅甸总理吴努访问中国时，时任云南省省长、省委书记处书记郭影秋就与周总理熟稔了；在中央号召向科学进军时，郭影秋向中央主动请缨到学

校教育第 线任职，后到南京大学任校长、党委书记之职，而一个省长的调动不经过总理批准这是不可能的；至20世纪60年代初，周总理当面邀约郭影秋到周总理身边任国务院副秘书长，郭影秋竟然毫不犹豫地婉拒了；1962年的一天，吴玉章校长询问我是否了解南大校长郭影秋其人，说要直接去找周总理要求郭校长来人大接他的班，我说读过他写的《李定国纪年》，很多材料是他在云南当省长时的实地调查所得，实不容易；几天后，吴校长说，周总理认为可能性不大，因为总理调他任国务院副秘书长，郭都推辞了，不过周总理答应派人去做郭的工作；不久，郭竟答应调来人大，且于1963年初夏进京了……

可以这样负责任地说：如果没有郭影秋同志如此担当地传承党中央领导提出的编纂《清史》的薪火，我们目前所进行的大型《清史》的编纂工作，肯定不会如此顺畅，肯定还要推迟若干年！

1973年，已被"四人帮"撤销了的中国人民大学的教职工，在江西余江的"五七干校"再次被撤销而各奔前程时，因"文革"中被斗伤了腰脊缠绵病榻的郭影秋，经多方呼吁，终使在中国史坛惨淡经营了20来年的清史教学、研究"火种"——中国人民大学近代史教研室成建制地保留在北京师范大学，这是中国编纂清史的"星星之火"。

粉碎"四人帮"后，中国人民大学复校，任职人大副校长、党委第二书记的郭影秋为落实周总理编纂《清史》的嘱托领导甚至直接操办了几件要事：创办清史研究所；招兵买马，扩充力量，教学研究人员由20多人扩展为40多人，并立即招收研究生，加强人才培养等；把《清代大事记》列为学校重点研究课题，《简明清史》列为研究所重点课题，两者互为骨肉支撑，相得益彰……

在真理标准讨论如火如荼展开，国计民生日理万机之中，邓小平还抽时间阅览建言，做出了批示。遵照邓小平的批示，由中国社会科学院院部主持成立了《清史》编纂规划起草小组，作为小组成员，由本人起草了《〈清史〉编纂规划（草案）》（内含四个附件：《关于成立清史资料编纂委员会、出版清史资料的建议》《关于为配合〈清史〉修撰而加强清代档案整理工作的建议》《编辑清史图录的建议》《清史（1840年以前）研究拟题》）[1]，内容涉及清史研究的重要性和现状、任务和方针、体例与篇幅、机

---

[1] 戴逸：《清史编务》，中国人民大学出版社，2018年，第5-27页。

构、研究人员的培养、预备时期规划要点、编纂时期规划设想等等，真可谓包罗万象，是后来清史正式纂修的前期大演练。后来，由于政局的变化，应该说高层无暇顾及此等问题，规划、计划、设想等都搁置于库存文档之中了。

时至世纪之交时，人大校长李文海等人作为全国人大代表及众多文化界的政协委员，频频在"两会"提案修纂《清史》；2001 年 4 月，北京大学季羡林教授、国家图书馆任继愈教授等 13 位专家学者联名向中央领导建议纂修清史；本人亦应《人民日报》之约在该报发表了《一代盛事　旷世巨典——关于大型清史的编纂》[①] 长文，引起了有关领导和广大读者的重视。

2002 年 8 月，在中央政治局 4 位常委批准此项目后，党中央、国务院批准了文化部报送的《〈清史〉纂修工作方案》，清史纂修工作由此正式启动。

五问：清史编纂采用项目责任制，用招投标的办法，即用最低价钱的办法竞领编纂任务，有人认为用这种办法纂修的著作，水准很难保持，再加中国高端史学人才稀缺，编纂任务是很难完成的。事实究竟如何？

戴逸：这次纂修清史，是新中国成立以来最大的文化工程，动员、组织、投入的编纂人员之多（有人估算参与编纂人员为 1700 多人，从事研究、文案、档案、资料、图录选编等工作的有 1300 多人），耗资之大（国家财政拨款为人民币 6 亿元），工程量之大（开始时测算主体工程《清史》约为 3000 万字，最终为 3500 万字），都是史无前例的。

由于工程浩大，参与人员众多，再加清代历时之长，重大问题众多，当时又处于社会转型时期，十分繁纷复杂，如何保证质量，如何实施管理，是非常棘手的问题。就全国而言，过去的文化事业从未用过工程招标的办法，把改革开放以来市场经济交易中通行的项目责任制管理和招投标这种公开、公平、竞争办法移植到《清史》编纂中，是一个大胆尝试，也是勉为其难，不得已为之的尝试，而实践证明这是可行的、成功的尝试。

《清史》编纂实行的项目责任制，采用三级管理制，有的还实行四级管理制进行管理：整个《清史》编纂是一级项目，由编纂委员会主任率领共 25 位委员对国家清

①　见《人民日报》2001 年 4 月 14 日。又见《清史编务》，中国人民大学出版社，2018 年，第 28-32 页。

史纂修领导小组（2002年10月经国务院批准成立，由国家15个有关部门、单位组成，时任文化部部长孙家正任组长，办公室设于文化部）负责并接受其考核、审计；二级项目设通纪、典志、传记、史表、图录五项，分别由编纂委员会副主任、委员领衔、担纲；每个二级项目名下各分若干三级独立项目，此即为参与编纂人员的竞标项目，均由编纂委员会委员分兵把口，每个委员可能领衔几个三级项目，为了集中力量，委员之间也可能互相交叉，不做硬性规定。以《通纪》为例：8卷本《通纪》共分为九个三级项目，项目以投标说明和有关资料除在"国家清史编纂委员会官网"公开发布外，还定向给有关大专院校、科研院所投送标书等相关文档。凡拟参与编纂的人，必须在筹备立项中参与申报、参与立项竞标。特别需要指出的是，标书中没有标的（酬金），故不存在"以最低价钱接受编纂任务"之说，而能否中标的关键在于标书对项目的认知度和需编纂历史段落及其文字的驾驭能力和水平。从这个意义上说，《清史》纂修中的项目招投标与市场商战中的招投标是不同的。这里招投标的目的是为了出纂修成果，侧重点在社会效益；而商战中的招投标是为了以最小成本获取最大利润，两者是完全不同的。所以要运用招投标这个概念，纯属为了运作方便而已。

项目运作步骤如次：

第一步为填写项目申请表，每个三级项目以成员2~3人为好，其中一人为主持人。每个三级项目5年完成，其每卷的文字总量约35万字，平均每年完成的文字数量为7万~8万字，这不需要很多人，以免麻烦。编纂委员会要求绝大部分内容都由主持人自己完成，因为主持人都是年富力强、有写作经验的人。申报表要求对本项目即本卷的内容梗概做一叙述，行文为3000字，讲本卷写什么、解决什么问题、重点突破什么问题、可能的创新之处在哪里、可能的难点在哪儿等。

第二步为三级项目领衔者组织专家、学者对所有申请人及团队尤其是申报材料进行评审，最后确定此项目的归属，签署合同。

第三步为筹写长编①，编纂委员会按合同发送第一期酬金。项目组编写的长编，需分步挂到国家清史编纂委员会官网所在项目的页面上，以使该项目的进展和纂修水准处于编纂委员会的受控状态。我们坦言，纂修《清史》的稿酬是优渥的，这不在于它

---

① "长编"亦称"资料长编"，系撰写编年史或史学著作前先行搜集资料，按次排列，称为"长编"。典出司马光编《资治通鉴》先成长编，再删定成书。南宋李焘编北宋九朝编年史，谦言不敢续《通鉴》，名为《续资治通鉴长编》。

是国家级的项目，而在于其最终所有权是国家的，尽管纂修者能随《清史》而名垂青史，但纂修者不能将自己纂修的文稿随意发布、发表，国家是买断了的，这在合同中也有明确约定。曾有人质疑长编挂在官网上处于受控状态的做法，认为这存在对项目主持人及纂修者有不信任之嫌。编纂委员会经过研究坚持这样做，因为不怕一万，就怕万一，而在市场经济充斥诱惑的环境下，沽名钓誉之人是不得不防的。而纂修过程中出现的一而再，再而三的事实，足于证明编纂委员会的决策是正确的。有学者以自己在学界的名望、地位申请项目，前期工作也很到位，中标了，项目到手了；从此，撒手不管了，让他的学生去做，学生上行下效，让学生的学生去做，成果可想而知。在项目在线控制的状态下，三级项目主纂一再警示，因为时不我待，对依然故我的情况，按照规定终结合同，收回发送的第一期酬金，重新搞项目招投标。完成长编，增发酬金至总额的大部分。

第四步，删编长编，定稿交稿，经三级项目主纂组织相关专家学者审阅通过，合同完成，付足酬金。

万丈高楼平地起，吹尽黄沙始见金。《清史》100卷，分解成了一百几十个项目，加上文献的项目、档案的项目、编译的项目、研究的项目、辅助工程的项目，总数要两三百个项目，仅两三百个主持人，也是通过人才库，通过公开招投标，不断探索，花了十五六年时间，最终成形了。之所以要介绍这个过程，是因为社科界从未这样做过。而如此浩大的工程要把握好质量，是至艰至难至困至苦的，这不仅是回答诘问的，也希望得到社会各界的检查批评，使这笔财富更趋完善、成熟。

六问:《清史》纂修采用项目责任制和招投标竞争，在中国社科研究中确是创新之举，且成绩斐然。在整个《清史》纂修中，还有哪些创新？

戴逸：这次编纂清史的创新之处主要体现在以下几方面：一是具有世界眼光，把清代社会放置在世界历史的发展进程中来对照，并吸收国外清史研究的重要成果。二是在主体工程之外搞了一个数量浩大的基础工程——整理出版清代档案和各种文献。这样，不但修了史，而且整理保存了一大批有价值的文化遗产，把修史的根据完整保存下来，这是前所未有的。三是编纂体例的创新。与以往史书相比，增加了通纪、图录部分，传记中增加了类传，史表中增加了事表，典志的数量和涵盖面也大大增加。比如图录部分有12卷之多，专门收录清代社会的各种绘画、图像、地图、照片等，如《康熙南巡图》《耕织图》之类，可以形象地再现当时的生活场景和人物肖像。四是史观的创新。以往史书按统治阶级的标准书写，基本上是被扭曲了的"官本位"的历史或帝王将相的家谱。我们去掉了许多事迹、言行不彰的文武官员和贞女烈妇，在类传中挖掘出大量有才能、有贡献的下层人民，使新清史能够比较全面地反映清代社会结构。比如，建造了故宫、颐和园、承德避暑山庄、清东陵等世界历史文化遗产的"样式雷"，说书艺人柳敬亭，相声艺人朱绍文，拳师霍元甲、大刀王五，京剧名家程长庚、谭鑫培等，我们都为他们立了传。五是修史用语的创新，这次重修清史不再采用文言文，而是用简洁典雅的白话文。总之，我们在继承前人的基础上开拓创新，争取修出一部既反映清代历史实际，又符合时代特点的大型清史，使之成为当代学术研究的精品。①

七问：先生曾说，清代的诗歌并不亚于唐诗，问题在整理差强人意，研究也少，宣传不多，人民群众也不甚了解。在纂修《清史》时这方面的工作是如何规划、开展的，有什么特色？

戴逸：我们非常重视档案文献的整理，这几乎占了整个清史纂修工程的半壁江山，影印的一套丛刊《清代诗文集汇编》达800册，点校的《李鸿章全集》有39册。起初很多人不理解，后来慢慢明白了。整理档案文献和纂修清史相辅相成：要撰写一部高质量的"信史"，必须对原始资料做一番认真、切实、细密的清理和研究，力争实事求是、言必有据，而纂修清史又可以带动文献档案的整理，功在当代，利在千秋。有清一代的档案文献数量庞大，分散各地，不少由于年深日久，纸质脆薄，面临行将毁灭的危险。我们专门安排了100多人抢救、整理，或妥善保存，或整理出版。现在已整理了200多万件原始档案，出版了合计超过18亿字的200多种图书，相当于3部《四库全书》。

清朝历史和以往历史有一个很大的不同，就是和世界的联系越来越密切，在战争、贸易及思想、文化上都和外国交往很多。清史中的很多问题，不联系世界背景就看不清楚。比如研究鸦片战争，结合英国议院讨论的过程，水平才会更高。因此，我们不仅重视搜集中国史料，也注意搜集外国史料，但这项工作难度很大，也是有别于过去史书的创新之处。光靠我们到海外调查远远不够，还要加强国际联系，发动海外

---

① 陈斐：《"清史是我生命之安宅"——戴逸教授访谈录》，《文艺研究》2017年第8期。陈斐为中国艺术研究院文化研究所副研究员。

学者参与到修史工程中来。澳大利亚学者就把《泰晤士报》记者莫理循的全部日记复印件慷慨地捐赠给我们。①

八问：中国学界不少学者认为，清史研究正在成为显学，随着《清史》的正式出版，其热度会愈加升高。这种预测能成为事实吗？前景到底如何？

戴逸：2002 年 12 月成立国家清史编纂委员会之后，一年时间内先后在北京、上海、沈阳、广州、台北召开了 13 次座谈会，并向社会发出了调查问卷 1000 份，问卷回收 916 份，反响强烈，一致的意见是：全力支持国家纂修《清史》！同时专家学者在体裁体例方面提出了很多很好的建议和意见。党中央、国务院做出决定纂修《清史》，吹响了向《清史》进军的号角，这是清史走向显学的发端。清史编纂委员会决定实行项目责任制，招标竞聘清史项目主持人和编纂人员，总数达 1700 多人，又招标竞聘与协商相结合，招集档案、文集、文献、研究等专业人才 1300 多人，这犹如播种机一样把清史研究人才播撒在中国史学大地上，他们的蓬勃成长，又使清史的研究热度得到了提高。

历史作为一门科学，被公认为基础课，在人生旅途上对人的世界观、人生观、价值观的正确树立和培养，具有基础性的作用；对社会来说，就是常说的"以史为镜，知古鉴今"，以历史经验为镜，借鉴发展，以历史错误为镜，避免重蹈覆辙，我更喜欢用古人的"经世致用"予以概括。有人提到傅斯年（山东聊城人，1896—1950，著名历史学家，曾任北京大学代理校长、台湾大学校长）先生"史料即史学"的观点，我不同意。史料当然重要，编史书要从史料开始，但史学应该有观点，应该致用。曾经有一段时间，人文社会科学不太受重视，我也呼吁过这个问题。中国的发展不但要依靠自然科学，还要依靠人文社会科学。自然科学没法把人生意义等问题阐述清楚。如何看待自身和他人、人类和自然、历史和现实的关系等，显然需要人文社会科学来回答。现在和未来，都是过去的继续、延伸。历史的因铸成现实的果。现实的一切，或成就，或挫折，或胜利，或困难，无不萌生于过去，无不和过去结有不解之缘。"鉴古而知今"，史学可以使我们在一个巨大的远景中，在过去至现在的长期发展中，观察自己和社会，这样才能够透彻地了解现在、预见未来。史学研究的对象虽然是过去，但它的意义并非只局限于过去。对过去的事情进行研究和解释，正是为了更好地

---

① 陈斐：《"清史是我生命之安宅"——戴逸教授访谈录》，《文艺研究》2017 年第 8 期。

理解现在和未来。人们之所以重视史学，也因为他们带着现实中的迷惘和困惑，不得不求助于历史，寻求比较正确的答案。因此，史学从根本上说要服务于现实。史学如果不食人间烟火，对现实不发生任何作用，就会失去生命力而萎缩消亡。况且，史学研究者越是关心现在、理解现在，就越能够深入地反思历史，现实生活中的感受有助于他们去体验各种各样的历史生活。史学研究者应该改进自己的知识结构、思维模式和研究方法，开辟具有现实意义的课题。最近南海问题出来了，我们特意在新修《清史》中增加了"海洋篇"。光绪年间，广东水师提督李准就带水师在南海各个岛屿巡逻，这是南海为我国领土的铁证。但是也要看到，史学不是对策学，为现实服务必须以尊重历史事实、尊重客观规律为前提，必须尊重史学自身的特点、科学性和独立精神。任何以现实需要为借口随意剪裁历史的行为都是不被允许的，都是对历史的歪曲和篡改。古代史家有"秉笔直书"的美德，要继承发扬。史学不能成为政治的侍婢，屈从势力集团的驱遣。十年浩劫中影射史学的教训记忆犹新，不能忘记。①

令人欣喜的是，习近平同志对历史学的基础性作用、全民普及历史知识的重要性，尤其是各级领导干部都应该多读历史的论述，成了时代的语言。他说："我国的古代史、近代史、现代史构成了中华民族的丰富历史画卷。领导干部要多读一点历史，从历史中汲取更多精神营养。""领导干部不管处在哪个层次和岗位，都应该读点历史。""这样才能使自己的眼界和胸襟大为开阔，认识能力和精神境界大为提高，使自己的领导工作水平不断得以提升。"更令人欣慰的是，习近平同志两次对《清史》编纂工作做了批示，要求我们加快进度，保证质量，并直接以电话做了指示，使我们备受鼓舞和鞭策。我们相信，在以习近平同志为核心的党中央领导下，在全国人民的关心支持下，《清史》的编纂和研究一定会在璀璨的百花园中更加夺目鲜艳！

九问：依据先生的分析判断，《清史》的编纂、研究和知识普及会形势甚好，众多读者尤其是年轻人可能会成为一批新的粉丝。这是希望之所在。作为老一辈史学专家，先生能与年轻人分享你的治学经验，或者说给他们一些提示吗？

戴逸：我认为，史学研究无非是叙述历史、考证历史、解释历史。把历史事件的真相清楚地、如实地讲述出来，勿做粉饰隐讳，就是叙述历史。而要弄清真相，必须

① 本节中从傅斯年开始部分见陈斐著《"清史是我生命之安宅"——戴逸教授访谈录》，《文艺研究》2017 年第 8 期。

占有大量一手资料，对纷繁复杂、相互矛盾的记载进行分析比较，以去伪存真。这即考证历史，虽然烦琐、费劲，却是史学研究不可缺少的环节。最后是解释历史，告诉人们历史事件如何发生、因何发生。也就是探究历史因果，揭示历史规律，使人们更加深刻地理解历史，接受经验教训。将叙史、考史和释史统一起来，是我终生渴求的理想境界。

古人认为优秀的史学家应具备史学、史识、史才、史德，我把这转换成资料、思想、文采、道德。只有从这四个方面用功，才能成为合格以至优秀的历史学家。历史研究首先要掌握丰富的第一手资料，从中抽引出规律，而不是从概念或定义出发，也不是单凭头脑玄想。古往今来的大史学家，如顾炎武、吴晗等，都在掌握资料方面花费了大量的时间和精力。其次，要开动脑筋，分析资料，透过纷繁复杂的现象总结出本质性的规律来，这就要靠思维能力。而锻炼思维能力，一要敢于怀疑，勤于提问；二要发现矛盾，追溯究竟，从而得出有价值的成果；三要学会辩证思考，从事物的发展和相互联系中看问题，不要孤立、静止地看问题。此外，经常阅读思想水平高的著作，领会书中蕴含的高度智慧和深刻的洞察力，也是提高思考能力的重要途径。复次，要讲究文采，锻炼自己的写作能力。研究要深入，表达要浅出，力求使自己的文章合乎文法和逻辑，力争概念准确、条理清楚、观点鲜明、文字精练；要用简短的篇幅来表达丰富的内容，切忌用庞大的篇幅掩饰内容的贫乏。范文澜先生的名言"板凳要坐十年冷，文章不写一句空"，值得作为治学的座右铭。最后，谈谈道德。人品和学问相互关联，是衡量和评价学者的两把尺子，伟大的学者，其道德、文章均为世所景仰。治学应有严肃认真的态度，要把学术当作神圣的事业、崇高的责任，从搜集材料、思考问题到撰写论著，都要一丝不苟，言必有据，不可为取得轰动效应故作惊人之笔，更不能抄袭、剽窃。治学应有谦虚宽容的精神，对自己的学问和成果，一定要清醒地实事求是地评价；对于学术上的不同意见，一定要充分尊重，认真听取。治学要有坚持真理的勇气。撰写历史，涉及当时的政治事件和政治人物，常常会触犯某些人或某个集团的利益，更会引起强烈反对，甚至会招来杀身之祸。敢不敢面对事实秉笔直书，这是对历史学家的严峻考验。"实录""书法不隐"是我国史学的优良传统。历史学家应该抛开利害得失，排除一切干扰，坚持真理，揭示历史的本来面貌。

至于说到如何做学问，我认为做学问没有捷径，结合我多年求学、治学的感受来说，大约有"勤""苦""乐""迷"四个境界，它们相互贯通筑起了一条成才的道路。

先说"勤"。古今中外学问有成的都是勤奋努力的人,天赋绝非主要因素。"业精于勤荒于嬉"是不朽的格言,要勤于读书、勤于思考、勤于写作。再说"苦"。勤奋就会带来辛苦。苦是为了克服困难,必须忍受种种艰苦寂寞,自我克制,坚持到底,做出牺牲,否则就搞不成学问。三是"乐"。乐与苦相互联系,相反相成。做学问固然是苦,但苦中也有乐,苦尽会有甘来。常年读书,能得到精神上的满足。当研究工作有所突破或进展时,更能体会到莫大的愉快和欢乐。要能苦中作乐,以苦为乐,并努力去寻求苦思不解、一旦豁然的苦后之乐。不能吃苦、不肯吃苦的人当然成不了才,而在勤苦治学中寻求不到乐趣的人也成不了才。四是"迷"。乐到极处,就会进入"迷"的境界。生活中常有球迷、戏迷,做研究也会入迷。对自己的专业具有深厚的感情,甚至废寝忘食、朝思暮想,这样年深日久,自然就会有所成就。这四个境界中,"勤"是最主要的,"勤"是主体的投入,"苦""乐""迷"是投入后的感受,这种感受可以促使主体更加投入,这就又回到了"勤",但这时的"勤"是自觉自愿的,而非勉强。这样,研究者就走上了一条良性循环的成才之路,从自身持久地产生前进的动力,不断奋进。①

---

① 陈斐:《"清史是我生命之安宅"——戴逸教授访谈录》,《文艺研究》2017 年第 8 期。

第二章 殚精竭虑领全局

2002 年 8 月中旬的一天，戴逸接到文化部部长孙家正的电话，说是要登门造访戴先生。戴逸直言相告，因儿孙众多，鹊巢鸠占，老两口暂借清史所的房舍居住，实无法接待，云云，遂商定到文化部长办公室会见。

2002 年 8 月 20 日上午 9 时整，孙家正的秘书把戴逸先生接送到部长办公室。已经步入古稀之年的戴先生操着常熟蓝青官话问候孙部长，孙家正虽北方口音颇为纯正，但也完全难改南京腔，两人可谓有同乡之谊，再加孙家正长期从事宣传工作，又说到系南京大学中文系毕业，文史不分家，乃同道中人，故两人开场交谈甚欢，礼仪之叙过后，很快就进入正题了。

孙家正说，已酝酿多时的清史纂修工程，中央政治局 4 位常委江泽民、朱镕基、胡锦涛、李岚清已批示同意了，党中央、国务院还要发专门文件通报全党、全国相关部门，这是我国文化史上的一件大事。孙家正不急不缓，款款而叙，戴逸频频颔首，未插一言。孙家正找他谈话，自己的思绪和揣度竟分毫不差。孙家正又说，主持这项工作的岚清副总理嘱托他与戴先生交谈一次，请先生领衔国家清史编纂委员会的工作，如何？

戴逸诚恳地说："感谢岚清副总理和孙部长的信任和厚爱，自己所虑之处在于此任务重大而自己年事已高，力所难及，可能会辜负领导重托。"戴先生陷入了深沉的思考，说："自己第一次听吴晗说周总理托他筹划纂修清史是 1962 年，那时自己是 36 岁；1965 年你们南大校长郭影秋已调到人民大学主持全面工作，又受周总理嘱托组建编纂清史七人编委会，自己是七人中最年轻的，是 39 岁；20 世纪 80 年代初中国社科院遵照小平指示再次筹划方案，那时我已年届耳顺之龄了；现在再挑这副重担，快要进入耄耋之年了，多少人已颐养天年，如果自己去担了重担，万一身体不允，半途撂挑子转给别人，岂不要重起炉灶，耽误大事……"

孙家正看着沉思中徐徐而谈的戴先生，深知先生之虑确是不得不正视的实际问题，所以也没有插任何一句话，谈话现场话题停顿了，冷场了，似乎有点不合时宜……过了一会儿，戴先生说："能不能做一点变通，找一位稍微年轻点的同志任编纂委员会主任，自己辅佐他，这样做风险要小些。如何？"

孙家正面无表情，一团和气地盯着戴先生，他知道，先生之言是出自肺腑的，是真诚的；但他自己也知道，来自最高领导当局做出的决定，自己是无权更动的，于是，孙家正只能把领导的话和盘托出了，说岚清同志说，中央讨论时是慎重的，你年岁偏大的问题也议到过，且经过调查了解，你身体尚健，血压稍高但容易控制，没有其他器质性疾病。岚清同志说，先生是中国史学界既精通古代史，又熟稔近代史的学者，能予贯通实不容易，又长期从事组织管理工作，富有领导经验和能力……

孙家正很真诚地说："岚清同志这样评价你，向中央推介你，作为岚清同志下属的我，连这点工作都做不了，怎么回应岚清同志的交代呢？"

见戴先生还未表态，孙家正进一步交底道："国务院还要组建一个清史纂修领导小组，我任组长；副组长周和平原任国家图书馆馆长，他说与你熟识；还有副组长是教育部副部长袁贵仁同志，与你也是熟悉的。你有解决不了的问题，都可以直接找我们，我们做你的坚强后盾……"

至此，戴先生在孙家正部长前再也没有托词了，只能勉为其难地领受任务了……

"国家清史编纂委员会主任"这个职衔在人们眼里当然是至高无上的荣耀，但在戴逸看来首先是国家压在他肩上的崇高责任，是大山一样的责任！年岁不饶人，他为此惴惴不安！戴逸离开孙家正部长办公室以后，来不及打招呼，就径直抵达了中国人民大学校长纪宝成的办公室。比戴逸先生年轻18岁的纪宝成，虽然是人大毕业的经济学硕士，但确确实实晚了戴先生一辈，所以一直称戴先生为先生；见到戴先生进得门来，笑着说未卜先知，晓得先生今天会上门！原来纪宝成也是刚接到电话的正式通知，他也是"清史纂修领导小组"成员之一，且明悉先生任"国家清史编纂委员会主任"，还说这是实至名归，是举国的不二人选，云云。至于人事问题，未等戴先生开口，纪宝成说："校方会全力支持，悉听尊便，韩信点兵，也不在话下！"纪宝成还建议，运作框架、编纂委员会涉及清史所的人员去留，这些同志的人事关系变动等等，都可以与李文海、成崇德、杨念群等人商量，他本人会全力支持，绝不介意，先生可放手、放心而为！——开明的校长，磊落的态度，使戴逸毫无后顾之忧，可以放心、大胆前行！

就在戴逸为清史纂修而辛劳奔忙策划之际，中共中央、国务院联合发文批准文化部报送的《〈清史〉纂修工作方案》，清史纂修工作正式启动。从新中国成立以来，为出版一部书而由党中央、国务院联合发文予以告示，这在新中国的历史上是第一次，其在国家社会生活中的重要性，对社会科学尤其是史学发展的促进、推动作用，是不言而喻的。

2002年10月，国务院发文批准成立清史纂修领导小组（2004年4月领导小组及其所属管理机构冠以"国家"称谓即"国家清史纂修领导小组"及"国家清史纂修领导小组办公室"），文件还公布了国家清史纂修领导小组的组成单位及成员名单[1]。

组　　长　　孙家正　　文化部部长

副组长　　周和平　　文化部副部长

　　　　　袁贵仁　　教育部副部长

　　　　　朱佳木　　中国社会科学院副院长[2]

　　　　　张少春　　财政部部长助理[3]

成　　员　　雒树刚　　中宣部副部长

　　　　　金冲及　　中央文献研究室常务副主任

　　　　　李盛霖　　发展改革委副主任

　　　　　侯建良　　人事部副部长

　　　　　柳斌杰　　新闻出版总署副署长

　　　　　单霁翔　　国家文物局局长

　　　　　郭树银　　国家档案局副局长[4]

---

① "国家清史纂修领导小组"于2003年由中央机构编制委员会批准成立；2004年更名冠以"国家"称谓，由国务院发文确认；2004年国务院办公厅发文调整组成成员；2008年国务院发文"对外称中国国家清史纂修领导小组"，并公布文化部党组书记、部长任国家清史纂修领导小组组长；2014年国务院发文宣布文化部党组书记、部长任国家清史纂修领导小组组长。

② 由国务院办公厅于2004年4月2日发布通知增补。

③ 同上。

④ 同上。

戴　逸　中国人民大学教授

纪宝成　中国人民大学校长

任继愈　国家图书馆馆长

郑欣淼　文化部副部长、故宫博物院院长

邢永福　中国第一历史档案馆馆长

在国家清史纂修领导小组的统一筹划下，国家清史编纂委员会于 2002 年 12 月 12 日正式成立，并召开了第一次全体会议。组成人员如下：

主　任：戴　逸

副主任：马大正[1]、朱诚如[2]、成崇德[3]

委员（按笔画顺序排列）：王晓秋、冯尔康、吴建雍、张岂之、张海鹏、李文海、李治亭、李致忠、杨念群、杨珍（女）、邹爱莲（女）、陈祖武、陈桦、经君健、姜义华、姜涛、桑兵、郭成康、章开沅、黄兴涛、龚书铎[4]

国家清史编纂委员会的机构编制也同时确定，如主任办公会议、秘书组、项目中心（全面协调组织管理清史编纂工程的所有立项项目）、通纪组、典志组、传记组、史表组、图录组、档案组、编译组、文献组、出版组、网络数据中心、图书资料中心。当然，就如同罗马不是一天建成的一样，从这天开始，他们启动了机构建架之旅。

另外，国家清史纂修领导小组办公室（清史办公室）亦按规组建，职能处室有：综合处、财务处、业务处、服务处、人事处。

颇为巧合的是，在国家拨款到账后，当时北京地区房价不高，经相关领导部门批

---

①　马大正，生于 1938 年，浙江省鄞县（今宁波市鄞州区）人，1964 年山东大学中国近代史研究生毕业，入中国社会科学院从事中国民族史研究，后任中国社会科学院中国边疆史地研究中心副主任，研究员。

②　朱诚如，生于 1945 年，江苏淮阴人，本科毕业于北京大学历史系，山东大学历史系研究生毕业，1994 年任辽宁大学校长，1998 年任故宫博物院主持行政业务工作副院长，教授。

③　成崇德，生于 1949 年，山西省祁县人，1978 年毕业于内蒙古大学蒙古语言文学系，后任中国人民大学清史研究所所长，教授。

④　龚书铎（1929—2011），男，福建泉州人。马克思主义历史学家、教育家，1947 年考入台湾师范学院史地系就读，1950 年转入北京师范大学历史系，1952 年毕业留校任教，曾任北师大历史系主任、史学研究所所长，培养博士研究生 32 人。曾任国务院学位委员会历史学科评议组召集人、中国史学会副会长等职务。

准，国家清史编纂委员会在北京市海淀区苏州街 16 号神州数码大厦购置了一批房产。纂修清史刚开张就有了办公所在，着实让所有工作人员快乐了一阵子。

2003 年 1 月 28 日，戴逸及国家清史编纂委员会的成员，国家清史纂修领导小组的成员，迎来了清史纂修史上具有重要历史意义的一天——在中南海，中共中央政治局常委李岚清在听取与会专家学者就清史纂修问题的意见、建议后，代表党中央、国务院发表了重要讲话，明确了中央对新编清史的要求是："编纂的清史质量要高，必须是精品，要注重科学和可读性。确保编纂出一部能够反映当代中国学术水平的高质量、高标准的清史巨著，使之成为经得起历史检验的传世之作。"

北京中南海，对戴逸来说这里他并不陌生，他曾多次在这里参加会议，讨论问题，有次一位中央领导急召他来到这里，他未带任何资料书籍，3 小时侃侃而谈，从容对答，终使这位领导明白了相关历史原委。可这次李岚清副总理的讲话，使戴逸十分纠结——他按岚清同志说的要求一个一个地记录着："质量要高""精品""科学性""可读性""高标准""巨著""经得起历史检验""传世之作"……他每记下一个词，似乎就是一记重锤敲打在他的心扉上。后来每每想到在中南海坐在岚清同志正对面听他抑扬顿挫浑厚的镇江口音的讲话，就会产生莫名的情愫，因为岚清盯着他，似乎就是与他一个人交谈似的。戴逸见到过很多高层领导，从不惧怕人，也从不怯场，因为他一辈子没有做过一丁点亏心事，堂堂正正，而想到岚清同志的讲话，之所以会产生莫名的情愫，是因为感到那是岚清同志对自己的嘱咐、重托、信任……

"高质量""高标准"，戴逸扪心自问，过去自己的研究、写作始终坚持高标准、严要求的态度，这也是起码的史德要求。但现在，要组织几百、上千甚至几千学者从事一项特大工程，诚如俚语所说"百人百心"，该怎么办？戴逸想到，学者们都是奔着同一个崇高目标而来，因而必须善于沟通，统一认识，这是至关重要的……

如果把清史纂修工作比作一座超大的高楼，或为建筑群，作为编纂委员会主任的戴逸，无疑是这建筑集群的总设计师。作为《清史》总设计师的戴逸，上任伊始面临的首要任务，就是编撰一份《〈清史〉编纂规划草案》，送国家清史纂修领导小组审批，或认可，或备案，至于该案是否还要送呈高层领导审视都由领导小组定夺。还在将近 20 年前，戴逸被临时借到中国社会科学院《清史》编纂规划起草小组时，曾负责撰写过一份规划草案。当戴逸再从自己的故纸堆里翻出这份草案时，发现时过境迁，已大不适合，必须重起炉灶，推倒重来。为什么？当初他本人及清史所既往的清史研究已进行了 20 来年，对清史的了解及研究成果可谓比比皆是，再沿袭旧案，岂不削足适履了？比如，当初戴逸的谋划是编纂 1000 万字（10 卷）规模的清史，另行出版一部《清史人物传》（20 卷本），后来戴逸领衔编纂了《清代人物传稿》（中华书局版，1984—2001）上、下编各 10 卷，这就为新编清史的"传"打下了坚实基础，如果在正史外再出一部《清史人物传》，两者必然互为干扰，这是不合适的。正是在这种情势下，戴逸再次撰写的尽管还是"草案"，却尤为审慎。为此，他集中精力，调集自己的积累、智慧，运用最精当的文字，在短期内编纂完成了规划草案，内容涉及：把纂修清史的任务提上国家议事日程、任务和方针、体制与篇幅、机构设置、项目责任制、启动规划要点、编纂时期规划设想、费用估算等。先生用心之良苦，可见一斑。

如实地说，作为编纂委员会主任的戴逸，在启动阶段当然要谋划全局的诸多问题，但他思考最多、花力气最大的问题就是框架、体裁、体例。在中国史学领域，早就存在编年体史书，如《春秋》《左传》，而《资治通鉴》则将这类史书推到了极致境界，即不仅史实有据，且文字精美，不足是史料存有捉襟见肘之感，尤其是人物传略往往有不够丰满之憾。因此，在司马迁以纪传体为代表的《史记》问世后，纪传体史书大行其道，编年体编纂法一度受到冷落了。风水轮流转的情况发生在辛亥革命后的近现代史学界，因编年体史著纲举目张、眉清目秀更获读者青睐，史学大师们对编年体写法可谓争先恐后，并将其做了改进，称之为"章节体"，而纪传体除《清史稿》沿用外，史学界应用甚少。在戴逸先生看来，章节体与纪传体并无优劣、长短之分，都是中国史学的传统笔法，是前贤留给我们的宝贵财富。戴逸先生认为，清代时间跨度大，经历的大事多，中国的封建社会在有清一代走到了顶点，然后封建社会走向了终点，清代的历史可以说是整个中国封建社会历史的缩影。这是先生心心念念纂修《清史·通纪》的起始设想。这种设想，在 2003 年与全国各地包括台湾史学界学者的讨论、座谈中不断完善，包括"通纪"的名称、规模等。《清史·通纪》为"章节体"（规模为 300 万字，8 卷），而典志、传记、史表、图录则采用"纪传体"，使两种中国传统史书体裁各居所长，相得益彰，由此《清史·通纪》得以成了正式出版后《清史》的最大创新点。有学者指出，如果把《清史·通纪》进行压缩，则完全可以作为大学之历史教材，此乃中国史学教育之幸，中国大学史学学生之幸也！

以下这一段话，是戴逸先生对《清史》体裁的经典概括：新编《清史》既非传统的纪传体，亦非 20 世纪初开始风行的章节体史书体裁，故曰"综合体"或"新综合体"。何以此谓？一方面，它含有纪、传、表、志等传统的体裁；另一方面，它也有通纪、图录这样新的现代史书的特点。我们认为，传统史书体裁的长处是包容丰富，体现了历史的丰富性和多样性，这是优点。但也有缺点，就是章学诚[1]讲的"大势难贯"，总的历史发展趋势不容易表现出来。中国传统史书从来都是这样写的。到了 20 世纪，史书体裁背离了传统，改为章节体，其特点是能表现历史的发展趋势，对历史可以进行连续的叙述，比较符合现代人的思维，但章节体包容量小，包容不了很多人，也不能兼顾历史很多的横断面。所以，我们兼采了纪传体和章节体，这既是背离传统又是回归传统，故称其为"综合体"，试图吸收两种史书体裁的长处。[2]

戴先生在接受笔者采访时说，作为编纂委员会主任，必须统筹全局，要像毛主席说的要学会弹钢琴，即使细节也不能疏忽、马虎。他说的一件"小事"很能说明问题。新中国成立后，对于明、清时代的档案，中央建了第一历史档案馆负责管理。由于人员编制所限，档案未及清理，总体上呈现散、乱、杂的状态，1000 万件档案还装在麻袋里。这些是国家的宝贝啊！还在北洋政府时期，军阀政府缺少资金，竟私自把这些档案送到造纸厂去当废纸化浆！此事在报纸上披露后，舆论大哗！是爱国人士花巨额赎金买回来才得以保存的啊！有鉴于此，在清史纂修工程启动伊始，戴先生与领导小组成员之一、中国第一历史档案馆馆长邢永福商定，协请北京市有关部门组织了 50 位身体好、有文史功底的退休教师，花半年时间终使 1000 万件堆在麻袋里遭受风吹、雨漏、虫蛀、尘蒙的明、清宫廷档案得以重见天日，明晰入档；按轻重缓急之分，有 200 万件完成了正规化、数字化保存处理。妥善处理清代档案，在清史纂修中似是"小事"一桩，实则"小事"不小，不只对正史编纂具有重要作用，其对文献编辑出版的作用更是不可限量。以 2800 万字规模的文献丛刊《李鸿章全集》来说，其中相当一部分就来自这次清理出来的清代宫廷档案，如奏章、御批、御前记录、军机处拟稿、外交文件等，都是首次正式刊布，由于李鸿章在晚清政治中极具重要地位和作用，这些档案文献对清史及李鸿章的研究，作用是不言而喻的。

主纂清史，不仅要有贯通古代、近代、现代的史学造诣，要有深厚的古文根底，

---

[1] 章学诚（1738—1801），会稽人，乾隆四十三年进士，中国古典史学终结者。

[2] 戴逸：《在两岸〈清史〉纂修研讨会上讲话》，见《清史编务》，中国人民大学出版社，2018 年，第 85 页。

要有驾驭多种文学艺术乃至边缘学科的能力，要有宽广的胸怀以知人善任，要有炉火纯青的策划和组织能力，而且还要有浑厚的积淀，从而以敏锐的眼光、广阔的视野捕捉崭露头角的新生事物，不断开拓创新，占领新的制高之地，攀登新的高峰。肯定有人会如此发问：此等溢美，居心何在？笔者坦言，戴逸先生之能力和水平能为中央相中，能在同行同道中服众，他的学术水平和领导能力不是从天上掉下来的，也不是从娘肚子里带来的，他孜孜以求的钻研、学习的精神，不能不使人叹服。这里要说的就是在"光绪之死"这件轰动中国乃至世界学术界的历史事件的揭秘中戴先生的求新、求变和担当。

在党中央、国务院决定启动清史纂修工程后，中央电视台科教频道资深编辑钟里满经请示批准，决定拍摄一部《光绪之死》的20集科教片，以适时配合清史工程。在钟里满他们看来，晚清时期的光绪之死震惊世界，是一个特大谜案，现在修史也回避不开这个问题，即使是纪实片，也有可视性。钟里满等深入清西陵管理处了解到，20世纪30年代因发现光绪帝陵寝被盗，在后来的清理过程中曾将光绪帝尸体上的残衣、头发、废弃物、泥土、水样等做过专门保存。曾在大学就读物理专业的钟里满明悉现代科学技术能做中子活化分析以了解超微量元素的含量，便在清西陵支持下将光绪帝的头发样本委托中国原子能科学研究院做中子活化分析，结果发现：光绪帝头发中的砷（俗称砒霜）含量远高于现代人头发中的正常量，怀疑光绪帝为砷中毒致死。戴逸先生及编纂委员会里的多位史家在听取钟里满等人的情况沟通后，当即决定组建"国家清史编纂委员会'清光绪帝死因研究'"课题组，并将该课题列为重点课题，开启专题研究。课题组由央视钟里满（主持人）、耿左车（清西陵文物管理处主任）、王珂（中国原子能科学院反应堆工程研究设计所高级工程师）、张新威（北京市公安局法医检验鉴定中心高级工程师）等13人组成。经过近5年研究，如相似条件对比实验、假设类比实验、全面检测光绪帝头发残渣、光绪帝遗骨表面附着物检测、光绪帝葬衣砷分布检测、光绪帝衣服中残渣品种态的分析检测、小鼠砷中毒死亡之脏器砷种态置换分布分析、光绪帝尸体中砒霜总量测算、光绪帝遗物及棺椁和围账的测试分析梳理等等，仅中国原子能科学院对样品的辐照联动光谱或色谱或质谱或X射线荧光分析研究等就约800次，真可谓艰难困苦，玉汝于成。

2008年8月，国家清史编纂委员会通过组织专家学者评审验收之后，国家清史纂修工程重大学术问题研究专项课题之"清光绪帝死因研究"课题的课题组向社会公开发布《国家清史纂修工程重大学术问题研究专项课题成果：清光绪帝死因研究工作报告》[①]；与此同时，戴逸著《光绪之死》[②]亦载《清史研究》2008年第4期，后由人民出版社大型半月刊《新华文摘》全文刊载，《文汇报》亦加转载。至此，国家清史纂修工程重大学术问题研究专项课题"清光绪帝死因研究"课题组织的研究结论"光绪帝系砒霜中毒死亡"走向了全世界。

厘清光绪帝的死亡缘由与光绪帝之死，相隔整整100年！

细心的读者可能已经发现，央视钟里满他们的学术报告与戴逸先生的史论是同时发表在同一学术刊物2008年第4期的《清史研究》上的，学术报告以科学性见长，戴先生的史论以可读性称优，两者互为补充，相得益彰。戴先生的史论从光绪帝猝亡时史学家的争论、医家不同学派的交锋写起，然后把课题组的工作尤其是高科技科学实验以准确而生动的科普语言洋洋洒洒地一一呈现在读者面前，业内同道不仅折服先生在课题决策时的前瞻敏锐和深邃的洞察力，而且为他孜孜追求新知识、探索新领域的不懈创新所感佩！

兹后，"清光绪帝死因研究"课题组的钟里满犹如大侦探福尔摩斯般地进行剥茧抽丝，经过在中国第一历史档案馆故纸堆里整整7年冷板凳的煎熬，终于把慈禧太后置光绪帝于死地的史实明明白白、清清楚楚地展示在世人面前！

戴逸先生及修史学人终在《清史》中再次严正写明："是慈禧太后害死了光绪帝！"

276年清代历史上最大的冤案百年后终致洗雪！

慈禧太后终致被钉在历史的耻辱柱上！

---

① 钟里满、耿左车等：《国家清史纂修工程重大学术问题研究专项课题成果：清光绪帝死因研究工作报告》，《清史研究》2008年第4期。

② 戴逸：《光绪之死》，《清史研究》2008年第4期。

第三章 革故鼎新构通纪

2005 年，戴逸先生在《社会科学战线》第 5 期发表了富有功力的论作《贯穿清史的一条主线——新修〈清史·通纪〉内容要旨》[①]，在史学界引起振聋发聩的反响。人所共知，纂修新《清史》，是当代中国一项世纪性的文化学术工程，是学术界百年宏图大业。是时，国家清史编纂委员会组建成立不久，不少下属机构、组织还没有完全建立起来，而正在这情势下，先生提出了他对新《清史》最重要，也是最有创新意义的"通纪"建构设想。先生在谈到"新修《清史》的总体设计"时特别指出："通纪与典志、传记、史表、图录共 5 项，合为新修《清史》的主体内容。5 项都是新《清史》的不可或缺的组成部分。但通纪之重要，可用'全书的总纲''全书的核心'来概括。"[②]

既然《清史·通纪》是"全书的总纲""全书的核心"，人们自然会关心地发问：戴先生的这一建构，是从哪里发端的？它与传统史书"二十四史"或"二十六史"有什么传承关系？与 20 世纪初发端的中国近代史学的书写体例有什么关联？为什么要独辟这一纪项？

戴逸先生的学生、中国人民大学清史研究所副所长杨念群教授这样写道："在主持新修《清史》时，如何在继承传统'二十四史'优秀体例的同时又根据时代的要求有所创新，乃是先生殚思竭虑的关键问题，在征求各方意见之后，先生决定增加'通

[①] 戴逸：《贯穿清史的一条主线——新修〈清史·通纪〉内容要旨》，原载《社会科学战线》，2005 年第 5 期，系 2003 年 6 月 4 日在清史会议上的讲话。又见《戴逸自选集》，学习出版社，2007 年，第 120 页。

[②] 同上。

纪'部分，作为全书的统领总纲。"① 作为学者的杨念群教授在这里郑重而又慎重地使用了"殚思竭虑"和"关键问题"两个词语，这对一位当时已"近80岁高龄"的戴逸先生来说，体现的是一种怎样的责任心和使命感啊！

"通纪"到底是什么史体？它的"要旨"是什么？戴逸先生说："按我的设想，通纪也就是通史。"② "要旨""就是用8卷本、300万字的规模，把清代300年史加以扼要的叙述，前后贯通，表现历史发展的大趋势和我们的历史观，阐明清代从崛起到发展与鼎盛时期，到衰落以至于灭亡的全过程。"③

对于《通纪》的体裁，包括新《清史》其他部分的体裁安排，戴逸先生是这样写的："新修《清史》设置5个部分，即通纪、典志、传记、史表、图录，一方面集成了传统史书的体裁，一方面也吸收了20世纪以来新的体裁，它们各有长处。传统的纪、传、表、志体裁的优点，有比较大的包容量。中国传统史书，如'二十六史'，都是用传统体裁写的，直到20世纪，从梁启超、章太炎开始才有了章节体，以后的20世纪100年间修史都用章节体，而传统体裁几乎被废弃不用了，只有罗尔纲修《太平天国史》用了传统体裁。我认为，这两种体裁都有它的优点，也各有它自身的缺陷，我们新修《清史》，主要采用了传统史书的传统体裁，发挥其优点，从各个方面反映清代历史内容，体现历史发展演变的丰富性和多样性。同时，我们又考虑到20世纪以来盛行的章节体的长处，就在于它能表现历史发展的大趋势，揭示历史的规律，可以对历史进行连续性的、立体式的、有重点的编写。所以，我们设计的5个部分，其中4个部分是用传统体裁，1个部分即《通纪》采用章节体。"

按国家清史编纂委员会的总体设计，《清史》内设《通纪》为8卷本，拟写300万字，占全书约3000万字的1/10。那么，这个8卷本的构想又是从何而来的呢？戴逸先生这样写道："《通纪》分为8卷本，是根据清史的内容和新修《清史》的各部分的比例，经过反复考虑以后才定下来的。有一种意见，主张《通纪》不宜写多，写两卷就够了。我觉得这样写困难比较大。第一，要阐明清朝300年发展大势，两

---

① 杨念群：《澹澹清川：戴逸先生九秩华诞纪念文集·序言》，中国人民大学出版社，2016年，第6页。

② 戴逸：《贯穿清史的一条主线——新修〈清史·通纪〉内容要旨》，原载《社会科学战线》，2005年第5期，系2003年6月4日在清史会议上的讲话。又见《戴逸自选集》，学习出版社，2007年，第121页。

③ 同上。

卷本是不够的，100万字以内不行，3卷也不够，8卷已经是比较少的了。300年的时间跨度很长，内容太多，前后变化太大，比较短的篇幅难以说清这个大势，很多问题说不清楚。第二，《通纪》部分涉及的内容，如阶级斗争、民族斗争、经济基础与上层建筑等，各个方面都需照顾到，不能太简略。再比如，《通纪》重点讲政治、军事、外交这些问题，因为这些问题也只有在这里可以说清楚，在后边就没有地方再讲了。就说军事，清朝打仗可不得了，17世纪打了一个世纪，18世纪是一个太平世纪，当然也有乾隆朝的十大武功，但是战争还是比较少。到19世纪时，又打了一个世纪，从白莲教、太平天国，到鸦片战争、中法战争、甲午战争、义和团、八国联军，整整打了一个世纪。哪个志能写战争呢？《兵志》是不能写战争的。因为《兵志》是记述军队的编制，讲八旗、绿营的编制，不能写打仗的事，所以，不能指望《兵志》来解决具体战争问题。那么，传记能写吗？的确，有些人物参与过战争，可能是个统帅。但一次战争中统帅也常常撤换，写一个人物不可能贯穿地写一场战争。至于《表》，就更无法反映战争的内容了。显然，只有《通纪》才能反映这么多的、这么重要的、这么激烈的战争！这些内容的重要性和必要性都要求写到《通纪》部分。再如，鸦片战争过程不一定展开，不能写得很多、很详细，但不能没有它。政治斗争也是这样，有许多重大的政治斗争，如雍正夺嫡问题，有各种不同意见，有的认为雍正是合法继承，有的认为雍正是非法继承。这些都可以讨论，但雍正继位这件事不能不写，放到哪里去写呢？也只能在《通纪》里去写。雍正帝传肯定要写这个内容，但涉及的人多，内容也多，不能全写进传记里。再如，北京政变，慈禧上台，当然可在慈禧传里写，主要还是在《通纪》里写。很清楚，没有相当规模的《通纪》，无法处理这些政治上、军事上的重大事件。"原先我曾设计《载纪》，将一些特殊的历史事件，如南明、吴三桂建周政权、太平天国、准噶尔等，都附载于清史，名为《载纪》，这也是沿用了二十四史中《晋书》的体例。后来，反对设《载纪》的意见比较多，我也就把它撤掉了。那么，《载纪》里的内容放到哪里去写呢？如上面提到的太平天国，不仅是打仗，不仅是军事，还有一些制度——'天朝田亩制度''守土乡官制''天历'等，都可以放到《通纪》里写。准噶尔的丘尔干会议，是一项很重要的制度，但不是清朝的制度，在官制里也不能写，跟准噶尔打仗的内容，该写在哪里呢？显而易见，这些内容只能写到《通纪》里，这就使《通纪》的内容很拥挤，用8卷写，已显得容纳困难，如用3卷，就将使《通纪》困难重重，无法承受。"①

把 300 年清史划分为 8 个历史阶段对应出 8 卷本的《通纪》，其要旨到底如何建构呢？这部分戴逸先生说得很长、很细，现摘要如下。

第一卷：满族兴起和清朝建立（1583—1643）

这是努尔哈赤以 13 副遗甲起兵，一直到清兵入关，一共 61 年时间。努尔哈赤起兵打败了尼堪外兰，统一了建州各部，接着又平定了海西女真辉发、乌拉、哈达、叶赫四部，共花了将近 30 年时间，从小到大，从弱到强，一个新兴的民族在东北崛起，直到萨尔浒战役和明朝对抗，明朝号称 40 万大军实则近 10 万人全军覆没。又经过多次战争，努尔哈赤进入辽沈地区，以后又进入辽西锦州地区，逼近山海关。满族仅几十万人，人口很少，从统一内部开始，花了 61 年时间发展成这么大的势力，跟明朝对抗；皇太极时，屡次突破长城，并且曾经围攻北京，势如破竹，百战百胜。

毛主席曾经提出这个问题，说满族几十万人口怎么把汉族 1 亿人口都征服了？这个问题是值得我们思考的。我认为，第一点，满族处于从奴隶制走向封建的农奴制关头，这个民族最容易产生一种蓬勃的朝气。第二点，由于努尔哈赤和皇太极这两代领袖的英明善战，而且创造了非常坚强善战的兵民合一的八旗组织，把整个满族的人组织在八旗制度之下，团结在领袖的周围。第三点，它是一个上升、前进的民族，这时它的凝聚力是最强大的，而且能够比较果断地解决内部矛盾，跟舒尔哈齐的矛盾、跟褚英的矛盾，以及四大贝勒之间的矛盾，最后多尔衮跟豪格的矛盾，不至于像太平天国一样闹到内讧，相互残杀。第四点，就是它向汉族学习，学习汉族的文化、制度，重用汉人，像李永芳、范文程、洪承畴、孔有德、尚可喜，一直到吴三桂。第五点，联合蒙古及黑龙江流域的各民族，尤其与蒙古族联姻联盟，获得它的支持，成为清朝的一支劲旅。②

第二卷：清朝入关和确立全国统治（1644—1683）

李自成进京，崇祯皇帝吊死，明朝灭亡，清朝入关。清朝入关伊始，势力在华北

---

① 戴逸：《戴逸自选集》，学习出版社，2007 年，第 122–124 页。
② 同上书，第 124–125 页。

北部，然后扩展到整个华北，一直到长江流域以南，跟南明进行了长期的战争。南明失败后，又跟三藩长期进行战争，一共花了近40年才把南中国统一下来。闯王进京，明朝灭亡，对清朝来说，这是问鼎中原的最好的机遇。可这个时候，皇太极偏偏刚病逝，内部一度很混乱，多尔衮和豪格两个人谁当皇帝？黄旗和白旗争起来，险些火并。但是，清朝的高明就在于它内部协调，两个人都不做皇帝，捧出一个小孩——福临（皇太极第九子）改年号为顺治做皇帝，他们辅助顺治帝。豪格是皇太极的长子，本应名正言顺做皇帝，但其叔父多尔衮能干，权力和势力大，也想做皇帝，如果他们两人火并起来，清朝就进不了关了，即使勉强进关也难成功。这是历史上很重要的经验教训。

入关以后40年中，争夺全中国的统治权，主要是在长江以南，对手是南明。南明之后，又有三藩问题，以吴三桂为首起兵叛乱，一直到收回台湾（1683）。当时清军入关后，很有可能变成南北朝。因为中国历史上，游牧民族入居中原一般都出现南北朝：晋朝时候"五胡"乱华，形成第一个南北朝；第二个南北朝是南宋与金朝，金朝也是占了开封汴梁后，把宋高宗赶到杭州，后来金兵打到杭州，宋高宗又跑到海上，金兵守不住而退兵。但清朝就挥师南下，势如破竹。这是怎么回事？我认为，一是当年清朝与南明的战争，不仅是军事斗争，而且是一场政治斗争，清朝就高明在政治上争取汉人的认同。满族本来是一个落后的民族，一进关后就屠城、抢掠、乱杀人、在北方圈地。但是它的野蛮政策逐渐改变，圈地很快停止，顺治四五年后基本停止圈地，屠城后来也停止，而且用各种宽大的政策招抚汉民，免除"三饷"，采用科举考试来招抚汉族知识分子。反之，南明最根本的要害即弱点就是分散，有几个小朝廷，各自为政。农民军也有好几支，内部斗争很激烈，闹得一塌糊涂、非常腐败。清朝则号令一致，多尔衮发布命令没人敢违抗。再一点，清朝打南明，主要利用汉族军队，不是利用八旗兵，即用吴三桂、孔有德、尚可喜这些人。汉族军队适应汉族地区的天时、地利、风俗习惯。三藩之一的吴三桂的失败是必然的，吴三桂本来招清兵入关，把永历皇帝杀掉，后来又反叛清朝，道义本来就没有了，对老百姓来说，他毫无威信，这在战争中是很重要的。再加上他保守，守在岳阳一带不再前进，无所作为，预示着败亡。第二卷的内容要讲清楚清朝为什么能够很快打下南明，而且没有形成南北对立的局面。没有清朝大统一的局面，我认为我们今天就可能分崩离析。①

---

① 戴逸：《戴逸自选集》，学习出版社，2007年，第126-128页。

第三卷：经济的恢复、发展和康熙之治（1684—1722）

进入康熙中后期，也是康雍乾盛世的开端。在统一南中国、平三藩、收复台湾时，清朝后方起火。一是在黑龙江流域，俄罗斯入侵到黑龙江，建立据点，遭遇强大的反抗，跟达斡尔人、赫哲人交战非常激烈。另一件事是察哈尔蒙古的布尔尼在三藩之乱时叛乱。第三件，威胁最大的就是准噶尔在新疆伊犁崛起。这迫使康熙帝一面打前边，一面看后边。布尔尼叛乱时，北方已没有军队，都派到南方去了，是图海率领满族的家奴去打的。布尔尼很快平定下来。东北方面，雅克萨战争打败了俄罗斯，签订了《尼布楚条约》，安定了中俄东段边界。西北方最主要的敌人是准噶尔，它的根据地在伊犁，军队很强大，已经把新疆都占领了，往西打到哈萨克，现在中亚细亚的大部分国家当时都是它的势力范围，东边袭扰整个外蒙古，往南威胁内蒙古，外蒙古的领袖包括哲布尊丹巴、3个大汗往南跑，向康熙帝求援。北方相当紧张。这个时候康熙帝发兵，在乌兰布通一战把噶尔丹打得大败，噶尔丹逃到外蒙古。1736年噶尔丹病死，这场持续了七八年的战争才告一段落。准噶尔往南攻打北京的威胁解除了（乌兰布通距离北京只有800里），但是它的老窝伊犁仍然被噶尔丹的侄子策安阿喇布坦占领，清朝与策安阿喇布坦时战时和。策安阿喇布坦曾经派军队进入西藏，所以康熙末年有一场援藏战争。那场战争一开始也是全军覆没，后来派十四皇子胤禵去，还有岳钟琪、年羹尧也都是在那场战争中崭露头角的。雍正时又在外蒙古打和通泊战役、打光显寺战役。和通泊战役清朝军队几乎全军覆没，光显寺战役策安的军队几乎全军覆没，双方打了平手。乾隆初年开始讲和，以阿尔泰山为界。乾隆二十年以前，噶尔丹策凌死掉，他死后准噶尔内讧，达瓦齐上台，准噶尔很多人跑到内地投奔乾隆，这给了乾隆帝一个千载难逢的统一时机。因为当时到新疆去打仗谈何容易！北京一两银子可以买一石米，运到那边要十七八两银子，开销很大，仗没法打。所以乾隆帝当时看到准噶尔内讧，决定"平准"，把来投奔的人都派回去，让他们自己打自己。出兵时朝廷的许多大臣都反对，特别是宰相刘统勋，说粮食要准备3年！清朝进入新疆，先锋就是那些投降过来的人马，一进伊犁把达瓦齐抓住后，清朝马上撤退，只留了几百人。准噶尔又重新起来反抗，这就有了第二次"平准"。平下来以后，打大小和卓就顺理成章，比较容易了。这样，我们才有北疆、南疆、西藏这样的地方，不经过这一战是没有这些地方的。在当时新疆，蒙古人是主要的，由于它反复叛乱，乾隆帝非常恼火，采取了民族灭绝政策。他的这场战争我们肯定是进步的，没有这场战争中国统一不了，但是这场统一战争付出很惨痛的、很血腥的代价。康熙帝在北方打仗的同时，还抓中原地区的经济恢复。康熙中叶以后特别注意这方面：治河，治黄河不惜工本；垦荒，把荒了的田地都垦出来；北方是挖井，雍正时光陕西一省就挖了5万口井。平定三藩后，100年没有战争，经济能够恢复、发展，中原地区长期安定为康雍乾盛世创造了条件，所以康雍乾盛世包括两个方面，一个是统一，一个是经济。[1]

第四卷：雍正改革和乾隆统一全国（1723—1776）

康熙后期问题也多了。一方面儿子太多，20多个儿子抢皇位，抢得康熙帝为之痛哭，太子立了又废，废了又立，闹得很厉害。另一方面官员贪污，吏治松弛。康熙时的官饷很少，也是低薪制，三藩之乱时全国知县不发俸银，要自己想办法养活自己。雍正帝上台，力行改革，严厉惩治贪官，成立"会考府"如今天的反贪污办公室。雍正帝从制度上进行整顿，实行高薪，耗羡归公，设养廉银等很有成绩。从雍正以后，国库的存银逐渐增加，国家有钱了。

第四卷从雍正帝上台一直到乾隆四十多年，这一段是康雍乾盛世的后期，也是最高峰。一是乾隆二十年以后两次"平准"，一次"平回"（维吾尔），完成全国的统一，这是中国历史上极大的功绩，所以毛主席说我们现在是靠乾隆吃饭，我们今天的版图是乾隆时奠定的。经济上又继承了康熙的有关政策，又向周边移民。中国从前历史上的移民都是从北向南——从黄河流域向长江流域、从长江流域向珠江流域移民，康雍乾时期人口极度增加，移民向四面八方移动，中原地区是核心，向南移民、向西移民，很多新疆移民就是从这个时候开始的，还向东北移民。农业上，乾隆时大搞水利，有一次黄河青龙冈决口，花了两年才堵上口子，用了半年的全国财政收入，不惜工本。乾隆时期经济上的繁荣可以说达到了历史上的最高水平。明朝以前，中国历史上的人口记录最高没有超过8000万人，当然实际人口可能达到甚至超过了1亿。清朝乾隆六年人口为1.4亿多，这是正式统计，比较准确，乾隆末年人口3亿，道光4亿，道光以后一直打仗，到民国时期也没有增加。明朝以前，中国粮食的生产能养活不到1亿人，到乾隆时养活3亿，粮食生产增加1倍多，这还不算历史上最高水平

---

① 戴逸：《戴逸自选集》，学习出版社，2007年，第128-131页。

吗？农业国的经济就是看农业生产，粮食生产多了就说明经济发展水平高。我认为清朝的经济发展水平超过汉唐。唐朝是 6000 万人口，汉朝最多是 5000 万人口，只能生产养活这么多人的粮食，而清朝有养活 4 亿多人的粮食，所以经济发展水平肯定超过汉唐。在世界上有两种统计，一种说中国的农业产量占全世界的 32%，比全欧洲生产的粮食还多；还有一种说法是占全世界的 24%，差不多占 1/4。究竟当年的 GDP 是多少？这个工作比较难但不妨做一做。当时清朝确实达到了一个很高的水平，工农业的产值全部超过欧洲，就是现在的英国、法国、德国、俄罗斯等加起来也赶不上一个中国。这个资料是我从保罗·肯尼迪的名著《大国的兴衰》上看到的，他说的也不一定可靠、准确，但他是有根据的，是引用了一个统计学家的研究。

为什么中国有康雍乾盛世的到来？一是当时的世界潮流，中外的接触增加了，尽管中国当时是闭关政策，但实际上做生意的商人、传教士到中国来的很多，中外贸易也达到很高水平，丝茶出口量很大，白银大量输入。最近有一本书《白银资本》说，全世界有 1/2 的白银输入到中国来了。另外，雍正朝改革也使得国内政治、经济各方面的制度有所前进。但是要看到繁荣下面掩盖的阴暗。如果跟当时世界的其他国家相比较，虽然我们国家的 GDP 相当高，但是我们仍然是封建国家，仍然是小农经济的汪洋大海，仍然是牢不可破的专制主义，传统的阻力非常大，难以前进。所以，尽管 GDP 相似，但后续的发展劲头就差了，不像欧洲出现了市民阶级，掌握了一部分权利，逐渐向中产阶级发展。另一个是闭关自守，全国人民不了解世界是怎么回事，虽然已经与世界开展了规模相当大的交流，但是不允许老百姓接触外国人，觉得我是天朝上国，你们都是蛮夷小邦。第三是重农轻商，不保护、不奖励工商业。第四是思想统治上的高压政策，"文字狱"搞得大家都不敢谈现实，不敢谈政治，不敢谈进步，不敢谈自由，也没有自由。另外轻视科学，科学技术被认为是"奇技淫巧"，没有持续前进的动力。而当时西方的英国，生产发展阶段是处在从一个社会进入另一个社会的上升时期，朝气蓬勃，一日千里。中国却停滞在那里。所以康雍乾发展到高峰，又跌落下来，也必然要跌落下来。

那么，当时中国有没有前进的可能呢？也不能说没有。因为历史就是不断给人们提供选择的机会，就看你怎么选择。清朝有选择的机会。譬如闭关政策，中国人被限制不能出洋，不能了解外国，但是也不是说没有机会突破。乾隆二十四年，英国商人洪仁辉上北京告状，告广州海关官员贪污，他要求在宁波、厦门等地方做交易。当时清朝也讨论过这个问题，要求督抚们上书，能不能多开放口岸。有的官吏主张多开放，大部分官吏主张不要开放，特别是广州的官吏反对开放别的地方，两广总督杨应琚坚决反对。乾隆帝犹豫，他觉得开的话，跟广州税收一样，可能好一点。最后讨论的结果是没有开放。这是一种选择的机会，科举制度也是如此。当时很多人觉得科举制度很不好，当时的小说《儒林外史》《红楼梦》《聊斋志异》都反对科举制度，包括许多大官都说科举制度不好。这个问题引起过争论，乾隆皇帝也没有改革。它是有机会选择前进的，清朝没有前进。①

第五卷：清朝中衰（1777—1839）

1776 年金川战争结束。金川战争从性质上讲，也是一场统一战争，但是它和"平准平回"的意义不可同日而语，因为它是内地四川的割据势力，挡住从四川进入西藏的道路，所以不平金川就不能很通畅地进入西藏，虽然它是规模最大的战争，花了白银 7000 万两，打的时间很长，花的力气最大，但实际上金川只有 5 万人，清朝出了十几万军队，战争得不偿失。金川战争结束，统一的任务完成。就在这个时候，发生了临清的王伦起义，这是中原地区第一次大规模的农民起义。中原地区太平了 100年，到这个时候又掀起农民起义。国内固有的阶级矛盾激化，土地兼并严重，到 1796年，也就是乾隆帝禅位的第二年，爆发了白莲教起义。白莲教起义后，起义连续不断，南方是天地会起义，北方是林清、李文成起义，各教门的起义，一直到太平天国。外国势力也越来越进入中国，1793 年马嘎尔尼使团来华，20 年以后又有阿美士德使团来华。中国那时在对外贸易上始终保持着顺差，外国人的白银输入中国，购买丝茶等，他们没有什么东西能够运到中国来卖的，开拓不了市场，这时就开始输入鸦片了。一下子，鸦片泛滥。这个时候，中国越来越落后于世界了。这样，终于在 1840年爆发鸦片战争。历史又进入新的阶段。②

第六卷：外国武装侵略和国内农民战争（1840—1864）

第六卷的内容已进入近代，从鸦片战争到太平天国被镇压。这一段对清朝来说是面临着大危机，大灾难。一个是太平天国占了南中国的很多地区，一个是英法联军占

---

① 戴逸：《戴逸自选集》，学习出版社，2007 年，第 131-136 页。
② 同上书，第 136-137 页。

了北京，火烧圆明园，咸丰皇帝逃到热河，南北夹攻，眼看着清朝就要灭亡了，却没有在这个时候灭亡，真是个侥幸！历史发展出人意料，为什么清朝能够死而复生呢？第一，太平天国的迅速腐败，1856 年杨、韦内讧，韦昌辉杀掉杨秀清，不仅杀掉一个人，而且把东王的部属几万人杀掉，都是广西来的老战士；反过来，洪秀全又杀掉韦昌辉，石达开又带兵跑掉。太平天国就在形势很好的时候，爆发了这场内讧，元气大伤。第二，英法侵略者的态度改变，他们在鸦片战争的时候是打清朝，到了第二次鸦片战争就是既打清朝又帮清朝了。他们要在中国搞一个统治的工具，策略上转变为扶持清朝来对付太平军。第三，国内汉族地主阶级的崛起，也就是湘淮军的崛起。太平天国战争中，向荣的江南大营崩溃以后，清朝的整个军事体系已经摧毁了，八旗军不行，绿营兵也不行。没有军队，就是靠着湘淮军，曾国藩、李鸿章、左宗棠这些人，取代了满族的八旗以及绿营。由于这样的三个原因，清朝死而复苏，又能够恢复元气，把太平天国打下去。从此形势发生了根本性的变化，跟鸦片战争前的形势完全不同。最大的不同就是外国势力的入侵，中国社会上不再是地主和农民两支力量，而增加了一支帝国主义、外国侵略势力。从此中国社会产生了两个任务：一个任务是抵抗外国的武装入侵，你必须进行抵抗。如果不抵抗，你的民族精神就萎缩，就失去了民族的信心、失去了民族的尊严和凝聚力，就很危险了。为什么说近代的主和派误国？比如日本要打你，日本只有打败中国，从中国勒索很多赔款、土地，它才能够得到原始资本积累。李鸿章觉得不打，请别的国家调停是不是也可以？历史证明妥协之后，不仅要赔款，还要割地，而且失去了你的民族的信心和尊严，这更危险。第二个任务就是必须要向侵略者学习。这就矛盾得很，要抵抗侵略就必须要向他学习，要"师夷长技以制夷"，否则无法抵抗。学习什么？学习先进的科技、先进的文化、先进的制度，学习西方实现近代化，就是近代化的任务。这两个任务从这个时候就开始产生。不学习就不能前进，爱国行为、抵抗行为就会转化为盲目的排外，义和团就是抵制侵略发展到对一切外国人不分青红皂白地屠杀。所以，抵抗外国侵略和向外国学习的任务一直贯穿于中国近代历史。①

---

① 戴逸：《戴逸自选集》，学习出版社，2007 年，第 137 页。

第七卷：清朝自强运动及其失败（1865—1895）

从太平天国失败到甲午战争失败，这30年的历史就是洋务运动。这时中国面临3000年未有之大变局，整个封建社会向半封建半殖民地社会转变，各种事物和人都在变化。

洋务运动的历史中，充满着帝国主义的侵略，也充满着和帝国主义的谈判、交涉、妥协、反抗。19世纪六七十年代，发生修约热潮，通过修改条约进一步侵略中国；又发生很多教案，如震惊中外的天津教案①等；接着发生马嘉理事件②，中英在烟台进行谈判；接着是琉球交涉，日本侵占琉球，就是现在的冲绳；接着是伊犁交涉，俄国侵占了伊犁，中俄剑拔弩张，几乎打起来。19世纪80年代，中国与法国在安南（现越南）发生战争；跟日本在朝鲜引起冲突。在此中间，清朝也还有抵抗的一面，所以它整顿武备，学习外国，建立北洋海军。北洋海军当时在全世界是名列前茅的，日本的舰队开始赶不上北洋海军，到甲午战争前夕才赶上了。但是，清政府跟外国也有妥协的一面，好多仗都没有打起来，只有中法战争打起来，中国战胜了，结果还是签了一个屈辱的条约。无论抵抗还是妥协，都不可能胜利。因为胜利与否决定于国家的实力，所以反侵略的任务演变得越来越艰巨。

另外，学习西方，实现近代化的任务提上日程，这个任务和反侵略的任务同样重要。清朝开始认识到西方的船坚炮利，学习开兵工厂，上海、南京、天津、福建四大兵工厂，跟着是轮船招商局、开平煤矿、上海织布局、漠河金矿等，工厂、铁路、矿山、轮船，带来了军事上的利益和经济上的利益。同时又急需人才，因为开工厂邀请外国工程师，但没有翻译，于是开同文馆、开船政学堂，送学生到美国去留学。詹天佑、唐绍仪等第一批留学生送出去时都是12岁的小孩，准备学9年的。中国在近代化的道路上迈开了步伐。但是，中国的传统力量太大、顽固派的势力太强大，要创

---

① 天津教案是1870年（同治九年）在天津发生的一场震惊中外的教案。当年6月，一些施暴民众为反对天主教会在保教国（法国）的武力庇护下宣教，攻击天主教会机构，造成法国驻天津领事等数十人死亡，多处教堂被焚。此后教会动用武力，外国军舰开到天津，七国公使向清政府总理衙门抗议，清政府先后派曾国藩、李鸿章出面处理，最后以处死首犯16人、死缓4人、充军流放25人、赔偿损失46万白银，并以三口通商大臣出使法国赔礼道歉结案。此案在社会上引起很大争议。

② 1875年1月，英国驻华公使派出翻译马嘉理南下抵达缅甸八莫，与英国为打通西南口岸派出的以柏朗上校为首的二百人武装探险队会合；2月21日在云南腾越地区蛮允与少数民族发生冲突，马嘉理及数名随行人员被打死。此谓马嘉理事件。

新，要改革，阻力重重，非常困难，每走一步都要碰到顽固派的反对。招商局，1873年开办，仅1874年弹章就三件，那些御史骂招商局贪污，骂李鸿章，总算李鸿章顶住了他们的弹劾，但轮船不准开到他们的地方，湖南就不准轮船开进去。北京要开同文馆，招收一批科举出身的高级人才进同文馆学习外国语言文字，所有科举出身的人员全部抵制，一个人也没有来考的。留美学生派了12岁的小孩去，准备学9年，到了5年全都撤回来了。为什么呢？说这些孩子辫子也剪掉了、穿了西装了等等，那些官僚一看，这还得了！没学完就撤回来了。当时容闳、李鸿章都反对撤回，但挡不住。造铁路争论了10年，从刘铭传、李鸿章开始上书要建铁路，争论了整整10年，朝廷里一片反对之声。李鸿章在唐山到胥各庄开了一条十几里的铁路运煤，开始不敢用蒸汽机，在轨道上用马拉。阻力之大，难以想象。洋务运动搞了30年，有几个科举人员出来干洋务的？没有。风气闭塞，老牛破车，中国的传统势力太强大，传统的包袱太沉重，一下子甩不掉。

中国是这样，日本却抓住了历史机遇。日本也是一个封建国家，但是它的包袱比较小，比较早地接受了西学，它的明治维新跟我们洋务运动是同时起步，但它走得快。日本也是派留学生，伊藤博文等一大批一大批地派出去；也是开工厂，比洋务运动的煤矿、招商局开得还晚。但到甲午战争以前，日本已经开了国会，成立了议会，制定了宪法，30年时间走在了前头。当时的历史形势是中国和日本竞赛，谁走在前头谁就上来了。如果当时中国打败了日本，中国就上去了，日本上不去，反之日本打败中国，中国就上不去，日本上去了，这是一场你死我活的竞赛。中国就是由于老牛破车，走得慢，结果甲午战争一再失败，割地赔款，把台湾割走，本来辽东半岛也割走了，旅顺、大连是三国干涉还辽，花了3000万两银子赎回来的。甲午战争赔款2亿两，相当于当时日本6年的财政收入，日本把这些钱用来扩大军队、开军工厂、搞教育、建铁路，一下子上去了。中国在那样的世界里，落后就要受人家的欺负、蹂躏。[1]

第八卷：清末改革和清朝覆亡（1896—1912）

1894—1895年的甲午战争以后，日本割去台湾，其他列强也争先恐后，德国分

---

① 戴逸：《戴逸自选集》，学习出版社，2007年，第140-143页。

走山东、俄国分走旅大、英国分走长江流域、法国分走华南，都来瓜分中国。甲午战争和当时瓜分中国的局面促使了中华民族的觉醒，反对割台的声浪惊天动地，台湾的老百姓、北京的举人都强烈反对，这是中国群众运动的开始。接着就是戊戌变法。要改革科举，当时的知识分子靠科举做官当老爷的生路断了，他们干吗？所以要废止科举很难。要改革军队，裁军，也是闹了几十年，不仅各省的督抚纷纷反对，而且士兵也不干，军队裁员后他们就失业了。要办教育、开学堂，当地的士绅都不同意，连和尚、道士都不干，因为要搞学堂，一般都是把庙宇改成学堂。要裁冗员，精简机构，北京城的官吏都反对。

当年，器物层面的改革，如轮船、枪炮、铁路、火车等，逐渐显露出好处来，人们可以接受了；但是，制度层面上的改革、思想层面上的改革，人们不接受。什么叫立宪？什么叫宪法？什么叫民权？人们都不知道，认为纲常伦理才至高无上。所以维新派被孤立，结果慈禧太后发动政变。当时维新派走投无路，就想包围颐和园劫持慈禧太后。本来史学界认为这个事情可能是袁世凯告密造谣，现在看来实有其事。在日本发现毕永年①的日记，记载了"围园劫后"的详细情况。维新派想孤注一掷，把慈禧太后劫持，让光绪帝出来下命令硬干。即使这件事成功也不行，因为当时的阻力太大了，何况当时没有成功，所以慈禧太后一个谕令，维新派人头落地，"六君子"牺牲。②

戊戌变法是清朝挽救自己的最后一个机会，错过了这个机会，清朝走向灭亡就不可避免，没有第二条路。为什么？戊戌变法以后，特别是义和团以后，社会上的精英分子很快站到清朝的对立面，很快走向革命。孙中山在成立兴中会的时候感叹没有人跟着他走，当时人们都是跟着清朝走。孙中山本人开始向李鸿章上书想革新。后来他才觉悟要进行革命。所以，20世纪革命的潮流汹涌澎湃，势不可当。历史证明，在中国这样的国家，几千年的传统，要改革，阻力非常大，只有各种社会力量汇合起来，和旧势力决一死战，才能够冲破这种阻力。所以革命是客观形成的，而不是谁制造出

---

① 毕永年（1869—1902），湖南长沙人，清拔贡（由地方贡入国子监的生员，如经朝考合格，可充任京官、知县或教职），后参与维新政变，康有为欲委其领兵围颐和园杀慈禧太后。慈禧太后政变后毕永年逃往日本。

② 1898年9月28日，"六君子"被清廷下令杀害，其中谭嗣同、林旭、杨锐、刘光第为光绪帝戊戌年新任命之军机章京；杨深秀乃山东道监察御史；康广仁乃康有为（当时已潜逃）之胞弟。

来的，某个革命家制造革命是不可能的。到了 20 世纪，参加革命的人一下子都来了，这是整个客观形势变化造成的。清朝的最后几年全国一片反对的声浪，人民反对它，革命派反对它，立宪派反对它，连汉族地主也反对它，可以说是众叛亲离。所以武昌起义一声枪响，全国响应。清朝灭亡是中国政治上的一件大事，结束了 2000 多年的封建专制，开创了共和国，这是中国人民一个伟大的胜利、伟大的前进。

为了帮助读者能提纲挈领地把握《清史·通纪》的要旨，特将戴先生编纂《通纪》更简要的纲领性语言传抄于后：

通纪，通就是司马迁讲的"通古今之变"，我们强调记录事实，而不是发表意见。这部分是全书的核心，是全书的纲领，应该做到史事准确，观点正确，表现清朝一代的兴、盛、衰、亡。要写清朝的重大历史事实，以政治、经济、军事为主干，也有相关的社会文化内容。必须结合事实，对历史大势做出清楚的交代。《通纪》一共 8 卷，8 个段落，这是我们根据历史呈现的阶段性确定的。本来历史是连续的，不能割断，前后都有联系，但这 268 年的历史有其发展特点。每一段历史的重点不一样。根据我们的认识，将其划分为 8 个阶段，总体上展现清朝的兴、盛、衰、亡。前两卷讲清朝的兴起，第三、四卷讲清朝的全盛，第五、六卷讲清朝的中衰，最后第七、八卷讲清朝的灭亡。我们没有用 12 个皇帝来划分，当然这也是一种写法。本纪就是这样，以皇帝为中心，我们没有采用，因为我的考虑围绕皇帝个人展开，有点像"帝王家谱"。因此，我们考虑用通纪，而不用本纪。①

---

① 戴逸：《在台北〈清史〉纂修座谈会上的讲话》，见《清史编务》，中国人民大学出版社，2018 年，第 99 页。

第四章　林林总总数典志

　　2004年2月28日，这个常人眼中平淡无奇的一天，对中国一批史学工作者来说，却有不平常的意义。

　　是日上午9点，北京海淀区苏州桥边数码大厦12楼国家清史编纂委员会的会议室里，从全国各地召集来的6位年轻人正襟危坐。年轻人正对面端坐着的是：银发白眉、仙风道骨的清史编纂委员会主任戴逸，78岁；面戴玳瑁眼镜、书卷气十足的编纂委员会副主任马大正，66岁；温文尔雅、慈眉善目的编纂委员会副主任朱诚如，59岁；风华正茂、意气风发的编纂委员会副主任成崇德，55岁。还有一些中年和青年人在4位领导旁边或身后散坐着，他们或是编纂委员会委员，或是编纂委工作人员⋯⋯

　　今天既非三堂会审，亦非商业谈判，气氛似乎过于严肃，于是鹤发童颜的戴先生嬉笑说："今天要签6份合同，这是童稚破蒙开笔！从今天开始，《清史》就要一笔一画地开始正式纂修了！"戴先生的开场白，立时引来满堂笑声，会场上轻松愉快之情洋溢其间。

　　戴先生如数家珍地徐徐道来："6位年轻人有幸参加的是新中国成立以来最大的国家文化工程。由4位中央政治局常委特批，党中央、国务院下达了专文；由14个部、委、办等单位领导人组成了清史纂修领导小组；接着成立了25人的清史编纂委员会，一年来连续召开了13次专家学者座谈会，其中包括一次在台北的学者问计会，确定了体例为'新综合体'，即既不是《史记》的'纪传体'，也不是《资治通鉴》的'编年体'，而是取两者之长，予以综合之后再加'通纪''图录'的'新综合体'；在一年多时间里策划、编撰了六稿'目录'，按这个'目录'已经开始了招投标，运用项目责任制管理。在座的6位年轻人就是经过招标与议标产生的6位项目主持人！"

6 位年轻人频频点头，喜形于色。

戴先生接着说："为什么新编清史要首先启动典志项目？清史'目录'第六稿计划纂修 92 卷，每卷 35 万字，共 3000 万字；其中典志有 35 个志，计 39 卷，有 1365 万字的规模，工程量大，必须抓紧动手。"

戴先生在勾勒新编《清史》林林总总的典志时，真可谓让年轻的史学工作者都叹为观止："《天文志》《地理志》《农业志》《水利志》《人口志》《灾赈志》……就一般通常的典志而言，我们现在典志的数目要比《清史稿》超过一倍以上，《清史稿》只有 16 个志……"

6 位年轻人听到戴先生说的典志中他们的项目不仅赫然在列，还涉及与《清史稿》的关系，再加戴先生一开始就说到今天是一次协商讨论会，于是就放胆发问了：

"《清史稿》的资料能引用吗？"

"为什么我们编纂的典志数量会超过《清史稿》？"

"我们主持的项目属几级项目？与哪位领导签约？我们的项目如何管理？进程如何把握？"

…………

还在会议开始前，主持会议的马大正先生曾对与会专家做过介绍，此时戴先生再把主持《典志》项目的马大正、朱诚如先生介绍给 6 位年轻人，还说编纂委副主任成崇德先生将主持《清史·通纪》项目，还介绍了杨念群、郭成康等先生……年轻人这次真真切切地认识了众多学界前辈和名家，十分高兴，备受鼓舞……

戴先生说："《清史稿》的很多史料是很有参考价值的，除了纂修者的政治立场大有问题外，引用史料需要考证查实，因为当时清宫的档案没有开放，差错颇多，去年赴台北座谈时发现台湾同道出了一部《〈清史稿〉校注》，全书有 1200 万字，比《清史稿》正文还多，考证了 8 万条异说，这表明《清史稿》确实存有很多谬误之处，这次纂修新《清史》一定不要重犯前人的错误。这次修史工程启动时，我们把清宫的档案包括吏部、户部、礼部、兵部、刑部、工部即所谓六部档案都清查了一遍，所以只要用心，史料基本都可查到。这与北洋政府时期纂修《清史稿》时，可谓不能同日而语了。"

为什么要修这么多的典志？戴先生说："清代与以前的历朝历代有很多不同，比如，它创造了中国封建王朝最鼎盛的经济，人口达到 3 亿；再加时间跨度很大，社会变化很大，内容繁杂，因而要用比较多的典志来反映社会面貌，如《交通志》《华侨志》《港澳志》，比如徽班进京，需要《戏曲志》；清末又有了新的法制法规，所以需要《法律志》；以前中国历史上的赈灾都是官方的，而晚清已有了民间赈灾，故《灾赈志》也有新的特色；再加清代又是封建社会的终结，近代社会开始，涌现了很多新事物，比如《医药卫生志》，出现了西医、西药，还有公共卫生和防止疫病蔓延、扩散等问题；再比如《宗教志》只有一卷，但有佛教、道教、藏传佛教、基督教、天主教、伊斯兰教等，没有哪个人对这些宗教都精通，必须要分出好几个项目，写了以后还要合成一卷，所以工作必须做细做实……"

接着，马大正、朱诚如两先生就6位年轻人提交的可行性报告、试写段落、建言建议分别做了点评，称他们是所在领域的顶尖专家，"敲门砖"已把纂修清史的大门敲开了，会场气氛更趋轻松活跃了……

典志的稿件怎么写？戴先生说："提这个问题可能会被人说是小孩子提问题，三十几岁的史学专家，还不会写稿？见仁见智，戏法人人会变，各有巧妙不同，难道还要做硬性规定吗？"戴先生解释说："这不是硬性规定，而要定几条基本原则——因为偌大的一项工程，如果处于不受控状态，一旦生米煮成熟饭，夹生的，再回炉就麻烦了，肯定不会好吃的！那怎么办？有人在可行性报告中提出以两年时间做准备、搞资料，接着再以两年时间写专题研究，第五年出文章。这样做是肯定不行的！"

戴先生以他800篇论文、40部论著、60多年的写作经验，为清史纂修工程定下了项目在线受控的流程规范，亦可给年轻人作为史论写作门径之参考：

一、3个月至半年为限，在调查研究基础上写出工作大纲，或计划，或写作纲要，或写作规划（资料来源、资料摘录自留）——上传清史纂修中心网络项目管理部。

二、边收集资料，边写作"资料长编"——上传清史纂修中心网络项目管理部。

三、写作"资料长编"的同时，编写"考异"。因清代存有一事多说即异说问题，前人已考的，注明谁考、出处；现在编纂者做的，必须注明，上传考异成果，此乃保证纂修质量的重要手段，或在典志出版时标明，或另行出版考异集注，或留档。

四、专题研究，即将"资料长编"进行删、改、统筹，成为研究成果——上传。

五、评审，通过后入档。

戴先生还特加交代：清史纂修中的阶段性成果及最终成果为国家所有，劳动酬金国家从优处置，纂修者不得一稿多投……

国家清史编纂委员会于 2004 年 2 月 28 日的这次会议，不仅开启了清史的纂修工程，而且成了以后通行所有工程的惯例，它的示范意义，是不言而喻的。

戴先生还告诉笔者：虽然《典志》是最早启动编纂的，但完稿的时间并不早，原因除了规模大，典志多，另外就是随着国际、国内形势的变化，还增添了《海洋志》。

2013 年 1 月 22 日菲律宾阿基诺三世在美国当权者唆使下正式向所谓联合国海洋法法庭提请针对中国南海主权的"仲裁"之后，编纂委迅即启动了《海洋志》的纂修工作，还原从汉唐以来中国在南海行使主权的史实，恢复其本来面貌，正是史学工作者的崇高责任！

第五章　蔚为大观立传记

史家曰:"无传不成史。"此论足见传记在史书中具有举足轻重的地位。

作为国家清史编纂委员会主任的戴逸先生,在筹划《清史·传记》时是怎么考量的?为什么这样考量?历史上有什么经验、教训?这次新修《清史》,有哪些创新、闪亮之处?等等,都是广大读者和史学工作者关注的。这里记录的,除先生在接受笔者采访时的记录外,均来自先生在清史编纂委员会的报告、讲话,以及先生与媒体记者的谈话。

先从传记的重要性谈起:

> 传记在纪传体史书里占的分量非常大。本纪就是一个纲,传记就是一个目了,纲举目张嘛!"二十四史"里头有很多史书只有本纪、传记,没有表、志,所以后人有很多补表、补志的,没有补传的。没表没志可以成为一部史书,但是没有传记就不能成为正史。"二十四史"里哪部没有传记啊?都有的!这就是"无传不成史"的来历。

现在再说新《清史》传记的考量及其渊源:

> 我们现在(指 2004 年 3 月 27 日,在《清史》传记样稿讨论会上讲话之时)传记定了 22 卷,分量不是很多(22/92),但也不少了。其中正传是 15 卷,7 卷是类传。分为正传和类传,传统史书上也是这样分的。传记要记述各种类型的人物,凡有贡献的,有名望的,而且也有史料的都要写传记。各种

类型，从帝王将相到三教九流。精彩的史书以传记最为吸引人，就像《项羽本纪》《屈原贾生列传》等。传记很多都是合传，四五个类似的人，合成一卷传记，我们较少采取合传形式，大多是单独成传，但是有些情况我们可以采取附传的形式。某个人和一些次要的人关系密切的话可以用附传。比如《清史稿》的岳钟琪，那是重要人物，所以他有单传，但是还有附传，一个是他的叔叔岳升龙，一个是他的堂弟岳钟璜，还有他的儿子岳濬。他们虽然也是重要人物，但没那么多事儿，够不上写单传。又如鲍超，也有好几个附传，都是他的部将，如娄云庆、宋国庆、唐仁廉，所以《清史稿》里的附传是很多的。因为有很多人和其他人有关系，或者是部下，或者是儿子，史料中记录的事情很少。也有儿子附父亲的，有的儿子名气更大，附的是父亲的传。有的可以考虑合传形式。如几位将军，一起打仗，要是每人都给写一个传，事情重复，那就很啰唆，所以干脆就立一个人的传。如僧格林沁，他的附传是很多的，因为他打的仗很多，部将很多，附传的人也很多，这种附传办法可以采用。

现在要重点讲一下类传。因为这里有分歧，我们立了 7 个类传，立那么多类传做什么？新修《清史》的类传和以往的类传不一样，以往都是皇后有类传，太监有类传，党锢有类传。我们列的类传很多是新的。因为清代社会有一个特点，它是一个过渡社会，从旧社会、传统社会向近代社会过渡。在此期间，产生了许多人物，新的方生，旧的未死，新旧交替，有许多人物带有一些新社会的特色，但不很鲜明，名气也不大，当时社会看不起他们，事迹也不多，但他们代表着一个新的势力的崛起。因此这样的一些人物，我觉得应该给他们立传。但他们没有许多事迹可写，当时的人瞧不起他们，没有多少记载，《清史稿》里也找不到他们的传，例如陈启源，第一个民族资本家，《清史稿》没有他的传，很多资本家都没有传。

修好类传，就可以成为新《清史》的亮点，所以需要从多方面来创新、挑选，写什么人，这个创新很重要。历史上对此不曾注意，《清史稿》里没有，《清史列传》里也没有，这些人物我们以前不知道，要去挖掘，挖掘出来就是创新。现在所拟选的传记人选，都是《清史稿》《清史列传》《清代七百名人传》等，包括我们自己编的《清代人物传稿》里的老面孔，写来写去都是那批人，资料就这么多，再花时间难度很大。比如曾国藩、李鸿章、洪秀全等，研究他们的人、研究的论文那么多，再创新是很难的。当然这部分也是非常重要的，要花力量搞好，但应该转移我们的一部分力量去发掘一些新的人物。

类传作为创新之点，是大有可为的。比如妇女传，我们现在列了一个妇女传。有的人问，妇女写什么？妇女传是不是还搞烈女传？当然不是。我认为到清代妇女有一些变化，当然变化不是很大，就算是一个小的变化吧。女子从来都是无才便是德，但在清代可能有些改变，知书识字的妇女很多，才女非常多，如清初的柳如是、顾横波等，清中叶的王渔洋的女弟子，袁枚的女弟子席佩兰、金纤纤、严润珠，还有他的妹妹袁杼、袁机，还有顾太清、王照圆、汪端，清末还有个女侠秋瑾。陈寅恪发现了一个柳如是，一个陈端生，我们能不能再发现一些女性？前几天我与一位同志谈文献的事，请他编一个清代闺阁诗文选。清代妇女诗集有2000多部，现在能看到的有800多部，分散在各地图书馆。他说他知道一些，看过一些，清代妇女有一个不同的特色，读书识字的很多，特别是在江南、浙江、安徽等地的很多妇女会著书写诗，诗写得很好。妇女们能写很好的诗，有些是大学者的夫人，有些是女儿。我们可以看到的有800多种妇女诗集，当然不可能把800多种都编起来，但是我们可以挑选一些来编，这就是一个创新。从前不写妇女，"二十四史"里写妇女都是节妇贞女、夫死不嫁之类。现在我们转换一个视角，去写妇女，我觉得这可能是超出以往传记的地方，是非常有意义的。因为妇女的自由度越来越高了，虽然还是男权社会，依附于男权，但是妇女的地位已经有所不同了。

再说科学技术专家的类传问题。譬如沈雨梧（生于1936年，浙江嘉兴人，1962年中国人民大学历史系中国近代史研究生毕业，浙江师范大学历史系教授）搞的科学家，研究勤奋，资料也很多，我觉得很好。但是我看还有一个问题，清代的科学家不一定是传统的学者、文人，因为近代机器工业已经产生，工厂里有许多工程技术人员，他们名不见经传，以往史书中不写他们。其实他们为中国工业建设做出了贡献，我们该不该为他们立传？如魏瀚、陈兆翱，他们是法国留学生，在福建船政局工作，自己造军舰，虽然被打沉了，但是自己能造军舰，这已经是很了不得了。有一个叫赖长，左宗棠把他请到甘肃，搞织呢厂，后来成为甘肃很有名的搞各种各样工程的人物。有个曾昭吉，是丁宝桢手下的，丁宝桢在四川开机器厂，他是工程师。当时没有工程师这个名称，是个匠人吧，后来又随丁宝桢到山东。还有一个李维格搞汉阳铁厂，是东亚的第一个钢铁厂，他是技术人员，他好像是广东人吧？还有彭英甲，他是在兰州建造黄河铁桥的，兰州的黄河大铁桥在清末建造，彭英甲虽非技术人员，但也主持了铁桥工程，在类传中可否给他一个位置？这座铁桥不久以前还在使用吧？像这样的人，传记中一个都没有。这些资料很少，确实有困难，难度很大，但是不冲破难关就没有创新。你就得去找。当时的报纸《申报》等，以及各省的地方文献都会有不少记载。还有许多经济资料里，偶然提到一笔，事情很少，仅留下名字。有些人也不知道是哪儿的，比如赖长这个人很灵巧，不知道是哪里人。所以不仅要有徐寿、华蘅芳、李善兰这些著名的人，还要发掘更多的对中国有贡献的人，尽管他们的事情少，我们说不出多少来，但是我们还是要为他们立传，这是写《清史》的一个重要责任。所以类传一般人物量很多，但是字数很少，因为他确实没有留下东西来，可惜啊！江南制造局就有很多搞技术的工程师。江南制造局有位大学者萧穆，搞西北地理的，在江南制造局待了许多年，他是个传统文人，但是在他的文集里就什么都不记，没有任何江南制造局的信息，其实他是一个大学者，应该有记载。我找了萧穆的《敬孚类稿》，其中一点没有记江南制造局的事，因为传统学者看不起"奇技淫巧"，这也是中国的悲哀。所以现在要找这类材料，像沙里淘金，要下很大的功夫。我们既要在传统的重要人物上花功夫，也要下功夫去找那些不被注意但是非常重要的人物。因为这是一个新旧交替的时代。很多新的人物不被注意，被埋没了。有的教育家，在清末开了那么多的学堂。医生，中国第一个西医是谁？是黄宽，他是和容闳一起留学的，回来以后是搞医生的。像这类事情都应该写。我觉得类传的发掘余地是很大的，也很有意义。还有华侨，华侨从前没有，《明史》里没有华侨。《清史》应该有华侨，现在我们要列一个华侨类传的名单，举不出什么人物来。因为我们没有研究，不是没有人物，你去找搞华侨史的人，他肯定能说出一些人物来。台湾、澳门、香港，有些什么人物能够放到我们传里？我们说不出人来，以前我们没有注意，现在修新《清史》，香港、台湾、澳门有志，如果香港、台湾、澳门的人在传里连一个都没有反映，那不是就闹笑话吗？这些不是中国的地方吗？台湾有一个大富豪林维源，光绪时人，非常有名，清代官书中常常提到，有人给他写传记吗？我想台湾肯定有人写。现在台湾我们知道的有丘逢甲、郑成功等，我们去发掘发掘肯定会有很多的人，所以类传立的人物很多。我提出写类传以后，有的同志不同意，认为就写一般我们知道的人就行了，干吗花那么大力气去写我们不熟悉的？我觉得老写那种人所皆知的传统人物，没有创新，没有新意，再花多少力气也就是那么多资料，某种意义上，是翻来覆去炒冷饭。但是一些重要人物一定要写好，如曾国藩、李鸿章等这些重要人物。我觉得创新亮点之一就在类传上。我这个看法也不知道对不对，请教大家。

我还加了孝义传、忠烈传。什么是忠烈啊？农民战争中被打死的叫忠烈？当然不是，我指的是在与外国侵略者作战中牺牲的，这些人不是大官，够不上列大传，像鸦片战争中牺牲的第一个人姚怀祥，是定海知县，小小的知县，也没有什么大事，专门立传立不上。还有文丰是圆明园管理大臣，在火烧圆明园中他跳福海死了。还有一位畅春园千总燕桂，他砍倒了几个烧园的侵略兵，他牺牲了，他全家16口均遭杀害。现在大家谈火烧圆明园，却不知道提这些以身殉国的人。就这一点，我觉得表现了中华民族的气节！可以写。黄海大战中邓世昌、丁汝昌等都有大传，有正传，可以写。但是还有一批人，像陈金揆是个大副，立不上传，甚至林永升能不能立上传都成问题，他是管带。好多人都立不上传，可以放在类里，以表彰为国牺牲的人物。忠烈是指在和帝国主义作战中死去的人，我们不要忘记他们。不知道我这个想法对不对，请同志们斟酌。不是光指邓世昌等人，死的人多了。老舍的父亲就是被八国联军打死的，当然他可能不会列在我们的传里。

我们还立了一个孝义传，为什么要立孝义传呢？我觉得孝是中国的传统道德，当然我们不能愚孝，卧冰求鱼、割股疗亲都是愚蠢的办法，那个不要写，但是真正对父母好的，赡养父母非常尽心尽力的，历史上不乏其人。我就看过陆陇其写的文章，是我读初中时的语文课本中的，我不记得篇名了，但印象深刻，至今不忘，讲兄弟几个怎么赡养他们的父亲，看了以后才知道对父母应该这样做，这也是一种伦理教育。义，对兄弟友爱也是一个优良传统，这种例子很多，史料也不少，家谱、墓志里边都有一些，当然家谱用起来要小心，有吹牛溢美的地方。但是地方志就稍微好一些。要大量看家谱、地方志。还有循吏传。小官吏哪儿赶得上立传啊！但是他做的事情可真是感人，为老百姓做了好多事情，赈灾、水利、修桥、铺路、断案，但是史中无传。所以我觉得应该去发掘，到处去找，《清史列传》《清史稿》里都是些大人物，当然《清史稿》的循吏传里也有很感人的。所以传记组目录迟迟提不出来，因为有个类传在那里，大传好提。大传都会提，《清史稿》里7000人呢，从这里找出两三千还不容易？难就难在这个类传上，到现在半年了，传记没提出个名单来。为什么？因为类传，该立谁啊？你不去找书，不去努力发掘，那就永远立不出来。还有一些人，像武训，武训将来要不要立传？《武训传》搁在哪？还有像叶澄衷、杨斯盛，干了那么多义举，这些人的传搁在哪呢？所以到最后一稿，我才决心加上了孝义和忠烈，最早我也不敢加，后来我下决心要加，而且一定要加。类传我觉得应当特别着重讲。当然不是小看正传，正传当然很重要，康熙、乾隆传当然重要，曾国藩、李鸿章这些传当然重要，阿杜、兆惠、鄂尔泰、张廷玉这些著名人物当然很重要，但是他们的传记说实在的，现在已经写了很多了。当然还有深入挖掘的必要，像曾国藩、李鸿章的全集等。我们新编的《李鸿章全集》有2800万字，以前编的只有700万字，超过3倍，明年年底就可以出版了。如果看完《李鸿章全集》再去写李鸿章传那当然是更好了，但是不行，太多了，时间也来不及，只能看一部分。所以传记确实很有潜力可挖，有已经写过的，也有许多是从来没有见到过的人物和资料，特别还有很多新旧交替时候的重要人物。还有少数民族，从前的传记里少数民族是很少的，非常汉化的少数民族才有。《清史稿》里连噶尔丹的传都没有，达赖喇嘛、班禅额尔德尼也没有传，四大活佛没有传。还有土谢图汗、大小和卓、阿睦尔撒纳、莎罗奔、索诺木、杜文秀、张秀眉，一律无传。这次新修《清史》里我们就增加了四大活佛的表，增加了哲布尊丹巴、章嘉等的表。

我们这部《清史》最重要的是质量问题，成败利钝就在质量，这是我们的生命线。质量搞不上去不仅是每个人的事情，而且影响到集体的荣誉，影响到我们国家的荣誉。自从担任这个任务以后，我一天到晚就在想这个问题，怎么样提高质量，要不然我对不起国家。国家花了那么多的钱，投入了那么多的人力、财力，结果被你们搞得一塌糊涂，这个你说得过去吗？修史是千载难逢的机会，朱元璋修《元史》的时候是洪武元年，离开现在 600 余年了，600 余年来只有几次修史，第二次是顺治二年开始修《明史》，第三次是《清史稿》，第四次就是我们，这是 600 余年里的第四次。作为一个历史学家，能够碰到这样一个修史的机会，是我们的幸事，能够参与到修《清史》的行列中，来为这个出力，的确是一种幸事。我们决不能辜负了国家的希望、人民的希望。老百姓非常希望修好《清史》，给我的来信多得不得了。昨天《清史》中心还转给我一封小学生写的信，小学六年级的学生写的信，谈修史的事情。你看他们都那么期待我们，所以我们的质量问题一定要做好，拜托各位！特别是样稿，样稿是提高质量的一个重要的手段。因为我们将来写人物，会有许多专家参加，写 3000 人物，少说也得有一二百位作者，每个人都有不同的写作水平、不同的写作习惯、不同的写作用语等。我们这个书是一部书，要思想统一、体例统一、文风统一，不能够五花八门，样稿就起一个标兵的作用，就要照着样稿来写。同志们的责任重大。将来你们二十几个样稿都要发给大家，就按照这样子来写。一般光讲讲原则、讲讲细则的话，弄不清楚应当怎么样来执行。比如写一个人物，先写名字，再写生卒年月、籍贯、字号，先写什么，后写什么，这就是统一。如李鸿章先写合肥人，哪年生，字少荃，等等。体例上要统一。这里还有个写法问题，比如，一个人死怎么写？你们细则中没有说到，升官写了，死是也有讲究的。皇帝叫崩，亲王叫薨，大臣叫卒、死，被处斩的叫斩首，有的叫伏法、赐令自尽，各种各样的写法。当然这些写法不一定完全遵从，有一些也不一定合理。但是我们要有个规范，像"牺牲"之类的词可否不写，如认为某某人牺牲了，邓世昌就不要写牺牲，直接写死，就是战死，这本身就是一件很壮烈的事。我这意见对不对？这就是写作规范。同志们一定要注意，要看细则，要不五花八门地写出来，将来改就很难，谁来改啊？所以细则非常重要。写样稿，我们的时间放得比较久，原则是宽以时日，从优酬谢。时间比较宽，最多 5 个月写 1 篇，最少 3 个月，3 个月写 1 篇比较短的。5 个月 1 篇那就是 5000 字，5000 字写

5个月时间很充裕了，1000字1个月，所以有从容的研究推敲的时间。

我想关于要求呢，就提一些原则性的。第一条，事实准确。真实是写史的生命，如果不真实，弄错了，写了虚假的东西，甚至一些造伪的东西，那怎么行啊！一定要弄确切，当然有些事情很难弄确切，但是我们一定要尽最大的可能，把事件、人物、时间、地点弄确切，不出错，要不你老是错，那人家谁还用你的书啊，不相信你。真实性是最重要的，一定要反复核对。台湾的学者们花了很长时间搞了部书，叫《〈清史稿〉校注》，当然这部书也有缺点，但是他们花的力量是很大的，他们一共校出《清史稿》8万多条错误和异说。15册，1200万字，《清史稿》才800万字。我们这次写一定要看《〈清史稿〉校注》，千万不能再犯《〈清史稿〉校注》已经校出的错误，否则就让人家笑掉大牙了。你们修史，连《〈清史稿〉校注》已指出的错误都不知道，真是孤陋寡闻，成了大笑话，所以大家都要看。但是他校出的不一定是错误，也许本身不是错误反而校错了。你也不能盲从它，所以还有核实的工作。他校出来的错误可能大多数是错误，或者有些不是错误，但是无论如何，我们都一定要看这部书。另外还要看档案。档案里有很多东西。不一定去看最原始的档案，那里是汪洋大海，短时间内摸不清楚，可能看不出什么东西来。当年的国史馆有许多成稿，在第一历史档案馆，从来没有什么人用过，当时写《清史稿》的人用了一些。有6000个人的传包。有的传包在台湾，放在两地啊！真是很宝贵的材料，因为当年写作时间离传主的时间近，比我们清楚，一定要看，你们领到这个任务以后，一定要到北京来，到档案馆去查阅资料。有些人可能没有传包，大部分人都有传包，有的可能在台湾，现在传包在大陆较多，表志在台湾比较多。我看《天文志》，《清史稿》的《天文志》写到乾隆朝为止，下面没有了。我原以为修《清史稿》的人没有写完，到台湾一看，完整的《天文志》都有，是由多年前国史馆史臣所写，写《清史稿》时没有看到，因此只写了半部《天文志》。所以档案是非常重要的，我们需要发掘。千万不能怕费力，不去博览群书。要尽量翻阅，这样才能使我们的传记写得好。这个第一条真实性非常重要。

第二条就是条理性，条理要清楚。一个人的事儿很多，一生的事很多，要分清楚主次，不要眉毛胡子一把抓，没有条理。按照历史顺序叙述下来，重要的多写，次要的少写，有的根本不写。我是主张文省事增，字数不要太多。我们以前写的《清代人物传稿》，字数太多了。李鸿章传在《清史稿》里写了8000字，我们则写了16000字，多出了1倍，当然我们用的是白话。这个还不严重，最严重的是学者的传，把他的生平、思想、著作等全部写出来。这在《清史稿》里是没有这么写的，一般都是几百字、千把字。当然，他们是文言，我们是白话。欧阳修说：修史应文省事增。文章文字要省，笔墨不要太多，事情要增加，他认为他的《新五代史》比《旧五代史》写得好，就是文省事增，所以不要写得啰啰唆唆。欧阳修的文章写得好。文章的条理要清楚。

第三条就是文字简要，无关紧要的，一大篇名词、形容词等都是不必要的。穿鞋戴帽也不必要，开门见山。我们虽然用的是白话，但是文章力求典雅、简洁。《清史稿》虽然缺点很多，但是它的文字很好，有桐城派的味道。参加《清史稿》写作的有两部分人，一部分是桐城派，一部分是满洲的才子。桐城派的很多，文章作得很好，史写得较差。

第四条是要生动形象。我还是希望能够生动一点，因为传本身就是生动的事实记载，是非常生动的故事，读史的人一般都喜欢读传。读表的人很少，表是非常枯燥的，表是用来查的。我们千万不要把人物写成履历表，《清史稿》就有这个毛病，今年升什么官，明年升什么官，性格没有，情节没有，干巴巴的，没有可读性。

第五条就是要讲究文采了，语言要规范，要讲究修辞，写成好文章。

通过上述戴逸先生在2004年3月27日清史编纂委召开的"《清史》传记样稿研讨会"上的讲话摘要，可以领略先生就《清史·传记》的修纂框架，正传、类传入传人物的门槛，传记中合传、附传的设置办法和要求，尤其是对类传中才女、科学家、工程专家、华侨、港澳台名人、孝义人物、忠烈人物等做了一一解析，令人大开眼界。另外，他还就如何做到编纂中思想统一、体例统一、文风统一，把握质量等提出了明确要求。在戴先生这些指导意见的推动下，经过编纂委众多专家及相关人士130天的努力，洋洋洒洒的3000位入传人物名单草就了！在2004年8月6日召开的"《清史·传记》人物名单讨论会"上，戴先生再次发表了长篇讲话。笔者在这里之所以把他的讲话原封不动地加以传抄，是因为这样可以使人掌握先生思量清史人物的脉络，这不仅可以学得大量史学知识（对非从事史学工作的更为众多的普通读者来说，饶有兴味，引发喜爱的是有血有肉的历史人物的传记，这是"二十四史"重视传记的原因之一），更重要的是可以从中学习先生治学的思想、观点、立场、方法，这是更有意味的。以传记中的正传人物为例，要学习戴先生的治史之道，就要从诸多侧面去进行考察、研究：新编《清史》为什么不设"本纪"？如果后人要将新编《清史》列为正史，没有本纪的新编《清史》是否有违"二十四史"的传统？没有本纪的新编《清史》，贯通清代历史的《清史·通纪》势必一贯到底，如何划分清代的势运变迁？按先生"以功立传"（笔者此概括不一定能贴切表达先生的思想，纯为行文需要）的想法，即使是清代皇帝竟也未必能立正传，而重要的大臣如曾国藩、李鸿章却可入列正传，这是否有违祖制？这种做法合乎历史发展规律吗？等等。可见，不列"本纪"之后，仅"正传"人物的确定就涉及一系列史学领域的众多问题，有的甚至是重大问题。如果带着这些问题研读先生的讲话，对有心人学习治史就会大有裨益。有鉴于此，特将先生的这次讲话收录于下：

今天讨论传记的名单，名单里面的人物很多，大概有3000多人。我看了几天，晕头转向，犹如倾盆大雨。这个人物与那个人物是怎么回事，也弄不清楚，确实是很繁杂。传记的特点就是人物多得不得了。

传记目录的名单非常重要，它是我们分工写作的基础。传记22卷目录怎么分工，究竟写什么人，什么人入传，什么人入正传，什么人入类传，这些都要有一个抉择。排序要按时间顺序来排，人物又要定等级，所以必须有这个目录。可以说，目录是我们工作的前提，非常重要，决定了我们这本书的面目，也决定了我们这本书的质量。因此，把传记的目录搞好，非常重要。当然，目录不可能一下子搞好，只能逐步完善。现在讨论目录，初步确定以后进行分工，然后立项。之后，各传主持人还要考虑：这一卷写哪些人，排序怎么排，等级怎么定，并不是说目录定了以后，就成定论了，还要有调整，而且在写的过程中，还会发现问题。

传记在整个《清史》中非常重要，可以说无传不成史，中国传统史书的特点就是这样，没有传就不能成为正史。正史都是有传的，"二十四史"里面没有一部没有传的，可以没有表，没有志，但不能没有传记。有的甚至全部都是传，比如《三国志》无表无志，都是传。所以，人物传记在传统历史学里是非常重要的。纪传体作为正史，记载中国历史的最大特点，是写一个庞大的社会群体，一个朝代的重要人物统统立传，有几千人之多。《清史稿》的传，有统计说各色人物大概有8000人。我们现在的目录有3000人，也不少。这在世界历史著作中是独一无二的，哪一个国家的历史著作中有那么多人！记载大量历史人物的历史著作，就会展现一个丰富多彩的人物画廊，色彩鲜丽。本来历史就是人创造的，历史是人的实践活动，成千上万人的活动组合成历史活动的洪流，而且决定了历史的发展。写人物传记，有鲜明的性格，有具体的活动，有各种历史细节，甚至有他的对话。所以写人的历史，才会使历史著作生动、具体、充实。

去年在《清史》体例体裁的讨论中，有的主张写章节体。我也考虑了章节体，它本身有很多长处，但有一个缺点，就是不好写人物，章节里怎么写人物呢？一章里写几个大人物就不少了，更无法写群体人物，所以后来不完全采用章节体。传统的历史著作重视写人物，这个传统我们应该继承，这样历史容量更加宽阔，叙述更加生动，所以后来决定用现在这种体裁。但是我们也要看到传统传记写法的缺点，过去的传记最大的缺点是全是帝王将相，都是大官、重要的武将，正传尤其如此，只是在类传里有一些小人物。如果达不到一定品级，再重要的人物也不能入正传。比如，钱大昕当过广东学政，相当于一省的教育厅厅长，《清史稿》里没有正传，只在类传里有。所以，《清史稿》的最大的弱点就是政治、军事人物占据正传，这就反映了封建社会的官本位特点，不重视老百姓，也不重视那些非官方人物，即使是大官也要二品以上才能入传，当然三品以下也有，只是少数。所以如果我们要有所突破，第一个必须改变传记的结构，即写什么人物。我们以前已经考虑到了这个问题，重视类传。我感觉，类传比较接近平民，比较接近技术专业人员，如《畴人传》全是科学家，所以要增加类传。《清史稿》中的类传大概有9种，现在我们拟增加到13个类传，增加了很多。这是我们在结构上很大的创新。但是在现在的目录中，类传还比较凌乱，其中一个原因就是类传缺乏研究，好些人物不清楚，在《清史稿》里也没有。

　　传记目录有3000多人，已经经过再三斟酌、讨论、几易其稿，可以作为一个工作的基础。但目前仍然比较粗糙，需要补充、提高、修改。我看了以后，感觉现在的目录有四个特点：

　　第一，选人严格，比较有原则。与《清史稿》相比，人物已经大大简化，《清史稿》正传里许多人物没有入选。当然，有的人物写不写还值得考虑，但是很多人物被淘汰了，不太重要的政治、军事角色也已经去掉了。

　　第二，以时间为序，按时间排列。这样符合历史的发展规律，因为历史本来就应该按时间叙述。

　　第三，以类相从，按照类别区分，分为政治家、学者、军事家以及其他人物。但是部院大臣等分类将来出版时是不标明的，因为很难区分，所有的大学士，不是曾担任部院大臣就是曾担任督抚，要不怎么能升为大学士？所以很难严格地区分部院大臣和大学士，类传里文人学者和部院大臣也不能严格区分。比如阮元是个大官，他入正传是因为他当过两广总督、云贵总督，而并不是因为他的学术地位。这样的人物清朝还有很多，所以以类相从是相对的。

　　第四，分别主次。分别主要人物和次要人物，就是目前定的级别，分为特级、甲级、乙级、丙级等，按照人物在历史上的贡献、在历史上的地位影响进行划分。将来写的时候每个人物的字数就按级别来定，这是一种具体操作的手段，没有级别就不好确定字数。前天，我收到一封信，写一个科学家的，我们现在将这个人物定的是丙级，而他写了六七千字，丙级应该是3000字，他的文章再加上注文有1万字。文章写得还不错，很扎实，资料丰富，但是有个缺点就是字数太多。如果都这样的话，这部书的字数就不得了了。他还附了一封信给我，说你一定要开恩，要从宽处理，实在舍不得割爱。我说，你还得割爱。很多人物都可以写几十万字的一部传记，如果开恩的话，都往外撒开来，那还得了。所以定级，对字数进行限制是必要的。而且我觉得丙级定为3000字还多了，还应该减。总的感觉是，目前这个名单经过筛选，按时间排列，以类相从，而且有一定的等级，为下一步工作做了很好的准备。

　　对于这个名单，我一方面比较满意，另一方面又有不满意的地方。最大的问题是与《清史稿》的面目颇为相似，虽稍有不同，但是没有大的改变，好像是把《清史稿》简化了，正传尤其如此，类传要好一些。目前，正传里的绝大部分人物是政治、军事人物。当然历史人物总是那些人，怎么挑选也是那些人，与《清史稿》相似是必然的。但还是比较单一，帝王将相占90%，只有10%是其他人物。因此，我们应该进一步采取措施改变传记结构。

第一个措施，是加强类传。《清史稿》的正传是255卷，类传有41卷，现在我们大大增加了类传，正传与类传的比例是15∶7，类传分量加重了。而且，类传改革的力度比较大，与《清史稿》的类传已经有了很大的不同，除了文苑、学术、科学、遗民四卷一样外，其他都不同，增加了工商、宗教、少数民族、华侨、外国人、农民领袖、妇女、革命党人等，这些在《清史稿》中都没有。把各界人物都吸收进来，大规模地改变了类传的内容，因为类传更加贴近于下层，更加贴近于平民，这就大大减轻了官本位的色彩。所以，写好类传是我们很重要的任务，也是难点。因为类传的资料比较少，《清史稿》里也没有这些人物，我们要另外找材料，要重新开辟资源，无法从《清史稿》中单找，甚至《碑传集》《国朝耆献类征》《清史列传》里都很少，要从文集、地方志、族谱、家谱里找资料。这是一项非常艰巨的工程，地方志很多，看也看不完。不投入大力量是干不好的。所以我觉得，写类传是我们一个亮点，也是难点。

第二个措施，是改变正传的结构。正传原来都是写官员的，而且都是大官，小官还排不上。《清史稿》的正传全都是政治、军事人物，即使有几个学者，也是因为他当过大官才写进去的，而不是因为他是大学者。比如王士禛入正传，因为他是工部尚书，并不是因为他是诗人。同时代的黄宗羲、顾炎武、王夫之等大学者都没有入正传，只是在类传里。戴震是清代有名的大学者，也在类传里，没有入正传。至于医生、工匠、艺术家更不在话下，全在类传里。蒋廷锡倒是大画家，在正传里，这是因为他是大学士。曹雪芹、蒲松龄甚至在《清史稿》中找不到。文学家袁枚、桐城派鼻祖姚鼐也没有正传。还有商人，如盐商宛平查家、山西范家也没有传。红顶商人胡光墉也没有。程长庚作为京戏的创始人，《清史稿》里也没传，因为正史不会让唱戏的人入正传。我们能不能打破观念，把程长庚放入正传？还有"样式雷"的雷家，雷家世世代代都是宫中的掌案，是建筑总设计师，雷家七代都是清廷样式房的掌案头目，因此被世人称为"样式雷"。在清代200多年间，七代"样式雷"都为设计修建皇家建筑付出了毕生的心血。他们设计修建的建筑包括圆明园、颐和园、北海、中海、南海以及京城中的王府、御道、河堤等，他们遗留下来的作品被列为世界文化遗产的就有故宫、天坛、颐和园、避暑山庄、清东陵等。全世界有哪一个家族曾创造了这么多的建筑精品？创造了这么多的世界文化遗产？烫样也是雷家的发明，所以雷家非常重要。这样的家族，世代好几个人都可以入传，但是《清史稿》里一个人也没有。我们这里倒是注意到了，在目录中有一位雷发达，但写一个雷发达我觉得还不够，这样的家族应大书特书，不止写一代，后代的重要人物也要写，如雷发达之子雷金玉、四代孙雷家玺、五代孙雷景修。不给他们写传是不公平的，而且他们材料很多，有族谱，资料保存很好，可以写很多。所以第二个措施就是我们要打破传统传记的框框，不仅重要的政治、军事人物可以入传，而且文化和其他领域的重要人物，像程长庚、雷家等人物，也可以入传。把传记的面目改变一下，不要完全是帝王将相，当然，帝王将相还是会占多数。但一打开这个传记，面貌就与《清史稿》不一样了，能看到各种各样的人物，色彩斑斓，形象丰富多样。

至于哪些人物入正传，哪些人物入类传，由二级组来决定，由正传和类传的主持人进行协商。我的意见是将来要有一批非军政人物进入正传。同时，还要适当提高他们这些人物的字数级别。我觉得你们把这些人物的级别定得太低。目前定的特级人物有8个：努尔哈赤、皇太极、康熙帝、雍正帝、乾隆帝、慈禧太后、曾国藩、李鸿章，全是帝王将相。我想清朝最重要的人物就是特级人物。能不能拉一个名单，看看清朝最重要的人物到底是谁，历史贡献最大的人究竟是哪些人，我想这里面也应该有曹雪芹吧？当然曹雪芹写不了多少，因为没有资料，总不能去编造，但是没有关系，事情少，他也可以是特级人物，也入正传。这样，正传人物恐怕要有几十个人，到底多少人，你们拉一个名单出来，再考虑，然后按照这个来定甲级、乙级。有的人可以与努尔哈赤并列为甲级，如郑成功、林则徐、孙中山，还有黄宗羲、顾炎武，再比如曹雪芹，他的影响大，不一定比努尔哈赤小，我看知道曹雪芹的人可能更多些，贡献也大。当然我不是贬低努尔哈赤，两个人的级别至少是差不多吧。目前，对一般文化人物的级别定得都比较低，所以定级别还要斟酌。

第三个措施，我主张搞合传、附传。把相关的两个人或者3个人甚至更多的人物合起来。当然，这比较难搞，是难点，谁和谁合写，谁附在谁的后面，这都要考虑。现在我们的人物是一个一个的，很少有附传。《清史稿》倒是有很多附传。因为人是社会的人，不是孤立的一个人，人与人之间有各种各样的关系。写人物，重要的一点就是看人与人之间的关系，我觉得这对于写传记很重要，要了解人们之间的关系网络，现代社会有人与人之间的网络，封建社会更是如此。如果可能的话，应写一写合传、附传。它的好处，第一个是可以文省事增，就像欧阳修讲的原则，文字少但是事情不少，附传里的很多事可以略掉不讲。两人共同经历的事情可以只写一次。比如三河之战写李续宾，曾国华、丁锐义、孙守信可以作为附传，因为他们是一起作战又一起战死在三河镇的。

写合传、附传的第二个好处是可以看到很多人与人之间的关系，这一点我觉得也很重要。比如，清初五大臣中的额亦都是最早归附努尔哈赤的，额亦都要立正传，他的儿子彻尔格、图尔格、伊尔登、超哈尔、遏必隆都很有名。遏必隆后来是辅政大臣，也应立正传，另外有几个儿子是战死的。他们一家子全是在努尔哈赤时冲锋陷阵、投入全力创业的。如果一个一个地写，不知道他们之间的关系，也不了解额亦都、遏必隆为什么那么重要。额亦都是五大臣之首，为什么他那么重要？为什么努尔哈赤能兴旺起来？因为有很多人在帮助他，有这么多的家族集团在帮他干。如果用附传的形式，就可以看出他这个家族的重要。费英东也是这种情况。费英东的儿子索海在《清史稿》中有传，第七子图赖也很有名。他侄子鳌拜更是个重要人物。鳌拜当然要独立成传，但要交代清楚他是费英东的侄子。这样，我们就能理解五大臣为什么这么重要。他们作为家族集团，都在为努尔哈赤打江山，为此全家战死的人也很多。这样，读者对清初努尔哈赤的兴起就会有更深的印象。

汉人也有这种情况。比如昆山徐家的徐元文、徐乾学、徐秉义。目录里虽然已经列了徐乾学、徐元文，但是你们把他们分开了，看不出他们的兄弟关系。徐家是科举世家，三兄弟一个状元（徐元文是状元）两个探花，而且徐乾学4个儿子都是进士。他们当时在昆山势力非常大，是非常显赫的门第，后来有人弹劾徐乾学，说他鱼肉乡里，结果徐乾学被罢官。如果分开各立各传，就看不出他们之间的网络关系，就不能理解为什么有人要弹劾他。所以要提到他们的功名，要提到他们的子侄。桐城张家也是如此。张廷玉的父亲张英是大学士，他自己也是大学士，他弟弟张廷璐，侄子张若淮，儿子张若蔼、张若澄都是进士，还有很多人。所以，乾隆帝有一次说，这次科举会试你们张家不要考了，你们家的进士太多了。可以说，张家、姚家占了半个桐城，他们家里全是科举出身。科举世家在封建社会往往会形成很大的势力，他们的关系也往往构成一个社会网络。鄂尔泰是满族世家，他的儿子鄂容安、鄂实都死于平准战役。他还有一个儿子叫鄂弼，官不大。还有个侄子叫鄂昌，也是大官，是湖北巡抚，与胡中藻案有关。可见，鄂家的势力也很大，而且鄂家与张家是对立的两党。这种关系要在传记里表现出来。如果只写一个鄂尔泰，也不知道他是怎么回事，势力怎么会有那么大。

学术界也是这样的。清初学者万泰有8个儿子：万斯年、万斯程、万斯祯、万斯昌、万斯选、万斯大、万斯同等，个个都是大学者，在文学、史学等方面都很突出，号称"万氏八龙"。8个人不一定都立传，现在有万斯同的传，万斯大、万斯选也比较有名，其他的人可以做附传。又如黄宗羲，他的弟弟黄宗炎、儿子黄百家都可以做附传。

又比如说高斌一家。他是乾隆皇帝贵妃的父亲，儿子高恒是两淮盐政，侄子高晋曾是安徽巡抚、两江总督，也是一代名臣。乾隆帝对他的岳父高斌、小舅子高恒以及高恒的儿子高朴都不客气。有一年秋天，黄河因官吏侵吞工程款，导致误工决口。乾隆帝非常愤怒，要把有关人员斩首示众，同时命河道总督高斌等人绑赴刑场陪斩，以示儆戒。后来，高恒因盐政任上贪污，被处死刑。高恒的儿子高朴到新疆叶尔羌办事，采办玉石时贪污钱财。乾隆帝派人调查，证实确有其事，被诛杀。当时皇后的弟弟傅恒为高朴求情，说"高朴是皇贵妃的侄子，可免一死"。乾隆帝说："那如果皇后的兄弟犯法，又该怎么办？"吓得傅恒"战栗不敢言"。可见乾隆帝整治贪污的力度很大。所以写高斌时，把这几个人都写出来，可以看到乾隆帝当时整治贪污的力度和决心。所以我觉得写合传、附传有好处，可以看出人际关系，一个一个传不容易看。你不知道谁和谁是什么关系。

又如费扬古，他是打噶尔丹的主将，很有名，但他是董鄂妃的弟弟。这一点很少人知道，传中可以提一下。又比如琦善已经有传，他的孙子瑞澂是湖广总督，是武昌起义第一个逃走的清政府高官。如果两个人分开了，也不知道他们的关系，而琦善又是清初蒙古额驸恩格德尔的后人。可以在琦善的传里点一下，祖父是谁，孙子是谁。我觉得有必要这样，把人际关系搞清楚，可以使信息量更丰富。又比如姚鼐，《清史稿》有类传，我们这里列为正传，他的四大弟子方东树、刘熙载、管同、梅曾亮也非常有名，但可能立不上正传，可以在姚鼐的正传里写附传（或在学术类传中立传）。可以说，写附传、合传不是简单的一个人，而是弄清一个网络。战役也是这样，曾国荃传里可以附上李臣典、萧孚泗。他们两个是打太平天国时最早进入南京的，后来清朝封官时，曾国藩封了侯爵，曾国荃封了伯爵，李臣典封了子爵，萧孚泗封了男爵。这几个人不一定都立传，可以在曾国荃的传里附上李臣典、萧孚泗等人。又如王亶望的传里也可以写勒尔谨、陈辉祖，因为他们是一个贪污案里的人物，放在一起写，就更明晰。不单要看《清史稿》，还要弄清楚他们的关系，这一点很重要，难度比较大，但是我们要努力去做。

最后关于传记目录提几个具体意见：

第一，第一卷一开始列的重要人物有3个：努尔哈赤、皇太极、塔克世，我觉得可以加上觉昌安。

第二，类传中的忠烈不一定从鸦片战争开始，鸦片战争之前的也要算。在郑成功收复台湾、施琅收复台湾、雅克萨之战、平大小和卓中战死的人物都要算，但是在打缅甸、打安南的战役中战死的不能算，因为很难断定是什么性质的战争。

第三，还有些人物有缺漏。比如太监，好像一个也没有，吴良辅、魏珠、安德海、李莲英有吗？是不是也应立传？你们再考虑。另外，太平天国里没有洪仁玕，把李秀成、陈玉成放在类传里也不合适。我觉得应该把洪仁玕、陈玉成、李秀成放在正传里。

第四，体例前后不符。前面汤若望、南怀仁入正传，后面却没有外国人入正传。按说，近代外国人与中国的关系更密切，后面的外国人也应该更多，

比如赫德简直是清政府的大总管，是不是应该有？还有华尔、戈登等人都是
很重要的。

第五，次序有些混乱。鳌拜这个集团放在康熙朝了，应该放在顺治、康
熙朝这一卷。孔有德、耿仲明、尚可喜3个人分开了，分别在第一卷和第二
卷里。这3个人是密不可分的，应该在一起。吕留良不能放在雍正朝，他的
案子在雍正朝，而他本人不是雍正朝的人，应该放在前面。还有李鸿章的传
在光绪朝，他的弟弟李鹤章、李昭庆却在同治朝，他的部下程学启、周盛波、
唐殿奎也都排在他的前面了，不符合时间顺序。左宗棠也有这个问题，他的
部下刘松山等人都在前面，而左宗棠排在后面。还有漏掉的人，像黄兴、宋
教仁、蔡锷这些清末人物漏掉的比较多。

以上就是我的几点看法，可能有不合适的地方，仅供参考。①

---

① 戴逸：《在传记人物名单讨论会上的讲话》，见《清史编务》，中国人民大学出版社，2018年，
第139–147页。

第六章　收图入史开新篇

也许细心的读者早就发出了这样的诘问：为什么"二十四史"抑或《新元史》乃至《清史稿》，洋洋洒洒的文字充盈其间，竟然没有一张可供悦目的图片！代复一代，朝复一朝，如此延续，岂非咄咄怪事？

令人欣慰的是，怪事现已不再。新编《清史》在编纂委副主任朱诚如先生统领下，图录组全体学者经过艰苦卓绝的努力，把12卷本的《清史·图录》以1万张精美绝伦、赏心悦目的图片展现在人们面前。还在《清史·图录》编纂之中，戴逸先生就毫无遮掩地说："收图入史是新修《清史》的一大创新。""图录是我们新修《清史》最有希望的亮点之一，有厚望焉。"①

那么，新修《清史》为什么要编纂"图录"？"图录"的称谓有来历吗？

运筹帷幄的戴逸先生如此徐徐道来："图录的作用在于以图明史、以图补史、以图证史，即用图录反映人文历史，用图录补充文字历史，用图录形象地表现历史。以往的'二十四史'没有一部是含有图录的。在纂修《清史》的今天，我们给予图的部分以一个正规的命名——'图录'。这一命名并非我们随意杜撰，蔡文姬的父亲蔡邕著有《太尉汝南李公碑》，其中有'奕世载德，名昭图录'的佳句。'图录'一词最早的出典应在于此。另外，章太炎的《驳康有为政见书》也认定'图录有征'，强调'图录'作为证据的可靠性。基于以上用语，我们命名了'图录'，设置了图录

---

① 戴逸：《在图录组图片征集会议上的讲话》，见《清史编务》，中国人民大学出版社，2018年，第127-129页。

部分。"①

戴逸先生对"图录"的入选要求是这样考虑的:"能够收入《清史》图录的主要应该是具有历史价值、有代表性,并且是纪实性的舆图、图画、照片、文物遗址图像。这些图片应该能够反映清代的历史生活、社会风俗,从而强化新编《清史》的形象性与真实感。我已说过,古典的'二十四史'没有设置图录,但并不是说中国古代没有图。古代中国的图与书往往相提并论,'图''书'二词并联使用,遂有'图书'一词。古书中有'河图洛书''左图右史'的说法。"②

关于"图""书"在中国古代史书的历史渊源,戴先生的初步考证是这样的:《周礼》上记载说:"职方司掌管天下的图。"《史记·萧相国世家》篇章里记述:汉王刘邦率军攻破秦朝的国都咸阳,许多将领、士兵都急于抢夺金银财宝,而萧何则去收敛秦朝遗留的律令、图书。正因为图书记载着秦朝社会的方方面面,所以刘邦得以了解天下的险要,查知大众的户口,知晓各地的贫富,明了关中的物产。刘邦战胜项羽可以见证"图""书"的重要。

应该说,"二十四史"无图是中国文化史上的一大疑窦。对此,戴先生是这样看的:"司马迁在《史记·留侯世家》曾说:原以为张良的相貌奇伟、身材魁梧,但观看图画之后才知道'张某如妇人女子',可见汉代之际已经出现图画。然而,司马迁在哪里看到的张良图?又为何未编入《史记》?推测其中的原因,我估计最有可能是古代的图和书截然分开。汉代的文字是刻在竹简上的,竹简宽度有限,比较狭仄,没法画图。所以我们见到的汉代画图都是以绢为载体的。比如,马王堆出土的图画就画在绢上。竹简与丝绢是无法编为一体的。古代史书中不见画图大抵缘于此。但丝绸容易腐烂,难于保存,能够经历时间的销蚀而留存下来的画图为数很少,经考古发掘出来的图画就更少得可怜!绢画绘制需要较大的空间,因此,古代画家也把绘画移植到墙壁上,我们称之为'壁画'。""地表建筑上的壁画,长期遭受日晒、风吹、雨淋,难以在数百年后完好保存。湮没在沙土之下的建筑,尤其是大型陵墓,如章怀太子墓、永泰公主墓,倒是能够保存一些壁画。所以,以竹简、纸质为载体的'二十四史'没

---

① 戴逸:《在图录组图片征集会议上的讲话》,见《清史编务》,中国人民大学出版社,2018年,第128页。
② 同上。

有画图，我估计缘由在此。"①

如此说来，岂不是说明中国古代的史家对画图不甚关注、重视了！戴先生认为，不能这么说，这是两个概念的问题，不能互为混淆。戴先生明确指出："'二十四史'不载画图，并不表明古代史学家忽略画图的历史价值。郑樵《通志》里设有20略，其中一个'略'称为图谱略，专门讲解图的重要性。清代学者章学诚说，天象、地形、舆服（服装）、仪器'难以文字注，绘图以标明之'，阐述了画图的形象性。明清时期，画图逐渐多了起来，而且偏重于插图。四大古典文学名著之一的《水浒传》，配有陈洪绶绘制的插图，成为传之久远的画图版本。插图或者放在书的前面，或者置于书的中间，一章、一卷插入几张画图，附属于文字。这一时期表现出文字主干、画图枝叶的特点。应该说设置《清史》图录是一项创新，是新修《清史》的一个亮点。《清史》图录中的图片不像从前附属于文字，不是插图，而是成为主体。图录的图片不附属于纪、传、表、志。它自成体系，有相对的独立性，是利用整体来表现清代历史的。"②

《清史》图录到底是怎样一个体系？怎样实现这个体系？当时就引起了学界的重视。戴逸先生是这样说的："编纂《清史》图录是一项创新，没有前人的经验可以参照借鉴，因此要靠我们自己摸索、探讨。这就是一门学问，涉及整体设计、科学分类、真伪鉴别、严格保管、严谨编纂、贴切的文字说明等一系列的问题。既有技术攻关，也有理论性的规范。我知道前不久在大兴讨论编写总则时，关于图录定位出现了以图证史、以图明史、以图补史的各种说法，这都可以讨论。如今，我们拥有的编纂条件远胜于封建时代，纸张品质的提高和制版印刷技术的进步，给我们收图入史提供了极大的便利。编纂出版精美、考究的图录已经不再是一件难以实施的事情。此外，图片资料非常丰富，清代纪实性的图画多得不可胜数，舆图、风俗画、肖像画、战图等，种类繁多，晚清时节又引进了照相术，图片的摄影便利了许多，大量的晚清老照片汹涌而出，可以用来拼接历史的记忆，复原历史。因此我们决定与时俱进，设置《清史》图录部分。照片能够非常真实地反映历史时代的人物、建筑、器物、风俗及场景，关于这方面的图片多来自晚清之际来华游历的外国人。外国人到中国，对一切

① 戴逸：《在图录组图片征集会议上的讲话》，见《清史编务》，中国人民大学出版社，2018年，第128-129页。

② 同上书，第129页。

都感到新鲜，他们撰写旅游日记，拍摄旅游照片，回国之后出版描述中国社会面貌的图书。许多图书里附了照片，真实地记录了当时中国社会的人文风情。我浏览过一本《俄国人在黑龙江上》的书，里面有反映黑龙江流域达斡尔族、赫哲族的民居及黑龙江自然风貌的照片，非常漂亮。李希霍芬是非常著名的德国地质学家，在中国居留数年，足迹遍布山西、山东各地，听说他著录了四大卷书，里面穿插着很多具有历史价值的插图和照片，尤其是详尽的山东省全图。类似的图书不可胜数。晚清之际，许多传教士、外交官、探险家、军官到中国来，回国之后大多数人撰写了回忆录。图录组的刘潞①前年在英国休假期间收集了很多珍贵的图片。我花费一个下午仔细浏览了她赠送的光盘图片，觉得里面的图非常珍贵，颇有价值。"②

怎样收集、保管和利用图片，是《清史·图录》首先面临的问题。戴逸先生为此说道："我们要扩大积累清史图片资源，把收集来的大量图片归集到一个图片库，实现科学的保管利用。每一张图片收集回来，都要著录名称、年代、内容、形制、规格、收藏单位，还要评估图片的价值。这项工作现在就应该开始启动，因此我们请博物馆、图书馆、档案馆等单位给予援助，协助我们建立清史图片库。目前来看，散在各地各处的图片汗牛充栋，无法准确估算。苏州大学图书馆馆长王国平③，以一人之力花费五六年的时间，收集了5万张清代（不止清代）历史名人图片。我知道，第一历史档案馆有上万张舆图，故宫也有几千张！现在全国还没有一个机构收集这些图片，如果下功夫搞好的话，我们将是全国第一家。"④

戴先生对清史图片库的目标当时是这样设定的："建立一个容量达10万张以上的图片资料库。⑤在广泛收集图片的基础上精选图片，选出比较精彩，具有历史意义，能够反映清代历史的图片上万张。要一边收集，一边编写，用两年时间完成收集，用两年时间编纂出来，争取在2007年底完成。"

---

① 刘潞，女，1947年生于山西潞城，故宫博物院研究馆员。

② 戴逸：《在图录组图片征集会议上的讲话》，见《清史编务》，中国人民大学出版社，2018年，第130页。

③ 王国平，1948年生于上海，曾任苏州大学历史系主任等职，中国历史学会理事，全国历史学科教学指导委员会委员。

④ 戴逸：《在图录组图片征集会议上的讲话》，见《清史编务》，中国人民大学出版社，2018年，第130页。

⑤ 至2018年《清史》完稿时图片资料库的图片达20万张。

　　戴先生关于编纂《清史·图录》设计思想的表述，集中体现了史学大师对一个新问题从全局到细节的思路历程。推介他的这一历程，无论对史学工作者或企求入门的爱好者来说，都会大有裨益。他说："现在的这个编写总则，比当初体裁体例组议定的目录更细化，更具体了。但图录组取消了体裁体例组拟定的肖像卷，主张将肖像内容打散后分到其他各类里去，这属于学术分歧。我再阐述一下自己的理由：'我认为肖像还是应该集中起来立一卷。所谓肖像是杰出人物的个人像，不是群像。例如清帝狩猎、群臣朝拜、信使朝觐、接见外藩就不是肖像，而是群像。战争中的图画或者照片，场面千军万马，也是群像。我们说的肖像一般是指一个人，或者有名有姓的几个人。众多肖像集中起来，其本身就可以自成体系，成为一部清代名人的画廊。从努尔哈赤开始一直延续到光绪帝，甚至到溥仪幼年时代，不分类别，一律按照生卒年流水排列。用人物肖像来表明清朝的历史，使人们知道清朝有哪些历史名人，乾隆朝有哪些文臣武将，雍正朝有哪些勋吏封疆，其身高、相貌都能反映出来。可能会有人物缺漏，而且还是非常重要的人物，特别是清前期会有很多人物没有图像。晚清时期要好些，一些重要人物的肖像，我估计能够找到十之七八。我们要把肖像卷编纂成《清史》里一个有体系的形象化的部分。如果把肖像分门别类地打散，编入各个类别中，会产生几个缺点：第一，历史上著名人物以政治人物居多，文化人物居次，其他人物寥寥。如果以类划分，都集中到政治、文化类里，图录的结构会非常不平衡。政治、军事、文化类的图片极度膨胀，一卷的篇幅都容纳不下，仅仅是政治类恐怕就要有300人，其他如民俗类、建筑类，几乎没有肖像。这是非常不均衡的。第二，某些重要人物无法准确划定类别。如努尔哈赤、皇太极肯定有肖像，而图录组设置的政务篇是从多尔衮执政开始，加不进去。划分到军事篇里是绝对不合适的。努尔哈赤、皇太极是皇帝，一定要放到政治卷里。政务篇里设置了太上皇训政，那只是乾隆帝退位时段的事务，那么，清朝前期重要大臣阿桂、兆惠、张廷玉等人如何处置？不能归在太上皇训政里面，因为他们都是乾隆朝前期的人物，时间跨越了半个世纪！将来编纂图录的时候，肯定会发现以类划分将面临无法解决的难题：某些重要人物有肖像，但无法简单地划分为何种类型人物，也就无法恰如其分地放入相应卷目。'我提出设立肖像卷的建议，还可以协商探讨。"①

---

　　① 戴逸：《在图录组图片征集会议上的讲话》，见《清史编务》，中国人民大学出版社，2018年，第132页。

戴先生除了畅谈他对《清史·图录》的编纂设想外，还恳请社会各界对征集清代图片的支持。与会的单位有：沈阳故宫、承德市文物局、清东陵、清西陵、颐和园、圆明园、天坛、国家博物馆、首都博物馆、国家图书馆、首都图书馆、北京大学图书馆、北京师范大学图书馆、中国社会科学院文学所图书室、第一历史档案馆、北京市档案馆等。会后，各相关单位都迅即行动起来。

清史编纂委员会图录组的工作顺畅运转起来：有人四出公关征图，有人精心分类编文，有人忙于录制入库，20 台电脑丝丝贯注……

的确，对《清史》来说，戴逸先生可谓是事无巨细，事必躬亲，当然在他的精力允许之下。编纂《清史·图录》这一创新工作，他谋划了很多，但最关注的还是项目设置即立项问题。在立项专家评审会（2007 年 7 月 6 日）之后、编纂委主任会议之前，他又专门召集图录组及有关单位人员专门探讨，可见他对此项工作之重视。比如，细微的问题——立 11 个项目，还请 11 位专家担纲；工作离不开数据库，要坚持每周来 3 天上班，11 位专家大多在其他单位工作，有家住在天津的，还有的年已过 70 岁。"你们想过他们的困难吗？有何应对之策？"细微之处见衷肠，一位年届耄耋之年的学者的肺腑之言，会让家住天津的、年过七旬的人感激涕零！中观的问题——立项之后，每个项目要按图片进行整理、分类（细分）、挑选、说明，数据库全部图片拿到预定在 2008 年底，而图录组结项即全部工作完毕预定在 2009 年底，一年完成后期制作与原设定的 3 年搜集、3 集制作的计划势必矛盾，两者必居其一，否则计划很可能要落空！

再比如，宏观的问题——分类立项："目前的安排图片分 11 类，即政事、军事、生产、财贸、科教、社会、科技、民族、宗教、舆图、肖像。据此立 11 个项目，但收集的图片有的类很丰富，质量也高，有的类甚稀少，质量较低。视实际情况，类别可以补充或合并，不是一成不变的。"如现在"11 类中，无少数民族类，这类照片都混在其他类中"，有没有必要单列，这也需要通盘考虑。①

如果说人们还确实难以直观地从千万抑或百万文字中探知作为《清史》总纂的戴逸先生把握治史全局的学识、功力的话，那他在调整《清史·图录》大纲时的一番指

---

① 戴逸：《在图录组会议上的讲话纪要》，见《清史编务》，中国人民大学出版社，2018 年，第 252-253 页。

点江山的论述，乃可谓窥斑见豹，真是穿阅千画万图，纵览百年风云。所谓"调整大纲"，过程是这样的：

2007年12月的一天，清史编纂委召开图录大纲调整研究会议。从是年4月启动《清史·图录》项目工程以来，历经8个月的时间洗礼，图录项目组奉献的图录大纲共12卷，1万张照片，加上文字，林林总总，可谓工程浩大，好多图是从前没有见过的，反映了好多重要事件和重要人物的历史原貌，专家们劳苦功高，真正是功不可没！对于专家们的这些重大贡献，作为编纂委主任的戴逸先生，当然是看得清清楚楚的，因而他在会议一开始就做了充分肯定。但是，瑕不掩瑜。追求完美的戴先生对已完成的图录大纲不满意，甚至做出了要对大纲做重大调整的动议。这真是石破天惊！大纲，又称总纲，是著作具有总领全篇重点且具顺序性、逻辑性、系统性之所在。如果戴先生要做些微调，或适当调整，当然无可厚非，但一句"调整大纲"确实让人瞠目结舌了！

望着与会专家惊奇、紧张、焦虑的眼神，戴先生觉得自己有操之过急的问题，于是先从"下毛毛雨"开始：图录的框架结构层次即卷、篇、章，一、二、三，1、2、3要与《清史》一致，这好改；要没有遗漏，消灭硬伤，消灭张冠李戴，只要认真，也可做到；图片一定要有历史感，轻重缓急先后要有次序；说明要简单、明了、扼要，他还举例如何锤炼文字……接着，戴逸先生开始阐述他对图录大纲的调整意见了："整个图录把政事、军事分成两篇，现在看来可能不妥当。"[1] 为了缓和气氛，也为了不致强加于人，先生用了"可能"这个词，表明他是与大家平等地讨论的。请看他的具体看法：

图录12卷的顺序如果把政事卷定为第一卷的话，开篇即20多张天坛的图片，即政事卷的第一篇就是祭天，天坛是祭天的地方，似乎顺理成章。仪典中祭天礼的确很重要，但它是政事形式而非内容。我的意见是把政事的实质内容放在第一位，比如从努尔哈赤登基开始。政事卷的顺序改为：政务第一，法制其次，之后依次为民族事务和对外关系，仪典放在最后。当然，将

---

① 戴逸：《关于图录大纲调整的意见》，见《清史编务》，中国人民大学出版社，2018年，第274-278页。

来最后定稿可能还会调整。

再说政务篇。如果把政事卷的第一篇定为政务，则现在选定的图片中努尔哈赤的内容不多，讲了他的女儿，但他的儿子反而没有讲。要增加五大臣的内容，补充舒尔哈齐、褚英像。皇太极、顺治朝的内容不少，很丰富。到了康熙时，就只有储位之争这个内容。康熙帝在位 61 年，事情做了很多，如果只反映这一点内容，就显得过于单薄。到乾隆朝，更没有内容。这一部分我不太满意，因为没有显出康乾政事来，其实他们的政务应该有很多。为什么形成这个情况，是结构上出现了问题。

图录的政事、军事为什么不能独立地分为两篇？因为政治、军事是分不开的。太平天国是一场农民战争，只放在政事卷里，军事卷一点儿不反映，这就是问题。把政治、军事割离开来，如同被腰斩，首尾不全。这里面有好多例子，比如在鸦片战争中，清政府禁烟，林则徐虎门销烟，都在政事卷里。等战争来了，政事卷没有，放到军事卷中。战争打完，该签订条约了，又跑到政事卷"条约"目里去了，一件事情分成三部分。我觉得这个结构问题很大。还有辛亥革命也是这样，分成两拨儿，同盟会、起义活动、刺杀活动、秋瑾等，都在政事卷，武昌起义开始，放在军事卷，打到南京又没有了，南北议和呢？又回到政事卷了。

这个方案的问题是工程量太大，大家能不能集中力量搞，也请其他同志一起来干，这上下卷按清代的兴，从努尔哈赤开始，经皇太极、顺治帝到康熙朝平定三藩、收复台湾，即清代的兴起；盛，指康雍乾盛世，到乾隆末为止，有 100 来年时间；衰，从嘉道至太平天国结束，以同治三年太平天国失败为止，大约六七十年；亡，包括洋务运动、戊戌变法，直到清朝灭亡，也有约 50 年。这样跟《通纪》相呼应，一开头勾画清朝历史面貌，解决割裂问题，以免损害历史的真实性和历史感。

在这次会上，戴先生还谈了几十个具体问题，本文不再赘述了。

第七章　一目了然制史表

　　戴逸先生说："司马迁创 10 表，8 书，班固继之，作 8 表。史表和《清史》的其他部分不同，它以表格的形式表现历史现象，以一统多，以简驭繁，一目了然，这是叙写历史的一种好形式、好体裁。"[①]

　　先生的这段话，是开启《清史·史表》的钥匙。在常人眼里，说到司马迁的《史记》，就会想到"纪传体""本纪""列传"。这是不错的，但不全面，稍展开一点说，应是司马迁撰《史记》，十表、八书、十二本纪、三十世家、七十列传。十表是：三代世表，十二诸侯年表，六国年表，秦汉之际月表，汉兴已来诸侯王年表，高祖功臣侯者年表，惠景间侯者年表，建元以来侯者年表，建元以来王子侯者年表，汉兴以来将相名臣年表。"表"是各个历史时期的大事记，是全书叙事的联络和补充；"书"则是叙述天文、历法、水利、经济、文化、艺术等的现状及发展之著作，如司马迁作的《礼书》《律书》《天官书》《河渠书》等等；至于本纪、世家、列传，读者知之甚多……

　　令人难以置信的是，酷爱历史的中华民族，在其文化发展史上竟然千年史表断档！具体的史实及其个中缘由戴先生是这样说的：

　　　　值得研究的是自从司马迁、班固创制史表之后，1000 年间，无人为正史作
　　　表。随后继作的 16 部正史，包括《后汉书》《三国志》《晋书》《宋书》《齐书》
　　　《梁书》《陈书》《北魏书》《北齐书》《北周书》《南史》《北史》《隋书》《旧唐书》

---

　　① 戴逸：《在〈清史〉史表工作会议上的讲话》，见《清史编务》，中国人民大学出版社，2018 年，第 218-220 页。

《旧五代史》《新五代史》等均无史表，这是一个奇怪的现象。直到欧阳修写《新唐书》才恢复了史表，与《史记》《汉书》相隔 1000 年。这是什么缘故呢？

对《史记》《汉书》之后千年史书无史表的历史之谜，戴逸先生是这样剖析的：

第一，《史表》很难做，难在资料不全。因为《史表》的内容是实在的。譬如宰相表，某一朝宰相的姓名、任职岁月都要写明，一个也不能少，不能借助推测、传闻来补充，也不能靠模糊不准的记忆来写作，必须依靠准确的档案资料。自汉至唐，国家分裂为南北朝，战乱频仍，档案缺失，难于把一个个人名和年代写出，而唐太宗时大规模开馆修史，离晋代和南北朝时间已久，已难寻觅这些旧的人事档案，这可能是史表缺少的一个原因。

第二，南北朝史家很多，他们写了不少当代的历史，可惜所写史书散失殆尽，没有留传下来，即使他的书中有的作了史表，我们今天也看不到了。

第三，当年史家似乎对史表不甚重视。《史记》《汉书》以下几部史书，有本纪有列传，志则有写有不写，表则一律皆无，故而"二十四史"亦称纪传体史书，无纪无传不成正史，无表无志仍可列为正史。唐代的刘知幾称史表"有之不为宜，无之不为损"。在这位大历史学家心目中，史表也是可有可无的。后来还有许多史家为前史补表，但时间离得越远，资料越是稀少，工作也更困难。

戴先生指出，改变这种情况的是欧阳修。欧阳修继司马迁、班固之后为《新唐书》作表，这是很有眼光的，也是唐代复杂的历史现象促使他恢复了史表。中唐以后，由于藩镇林立，形成一团乱麻的长期割据现象，几十个地区都成了独立王国，各立山头，各推领袖。这种复杂混乱的历史现象，用史表的形式可以表现得简单明了。欧阳修为《新唐书》作方镇表 6 卷，把中唐以后的复杂历史交代得很清楚。

史表再进正史。戴先生这样说：

在欧阳修以后，史表在正史中的地位重新确立，以后的史书中，包括《宋史》《辽史》《金史》《元史》《明史》《新元史》《清史稿》中均有表，此后历史的内容越来越繁复，表的数量也越来越多。《清史稿》的一个优点就是史表多，共有 10 表，不仅设有部院大臣、总督、巡抚等中央地方大员年表，而且根据中国多民族特点设藩部世表，根据中外交往频繁的特点设交聘年表。我们更将史表增至 31 个，不仅新增提学布按、进士等多种人表，而且增设大量事表，如史事、书院学校、文祸、教案、中外约章、报刊等表。

史家对史表的评论，值得重视。戴先生这样说：

从《新唐书》设表以后，史家对史表也重视了。郑樵说："《史记》一书，功在十表。"梁启超说："史书仿周谱作十表，宜为史家之大法。后起诸史，或私自著述，力有不逮，且付阙如，或史臣无识，遂以删汰。"充分肯定了史表的作用。

对史表学界的前期工作，戴先生肯定地说：

你们所编《史表表文选编》与《史表配套成果选编》共三大册，洋洋洒洒，共 1200 页，斐然可观，初步印象有四个优势：

第一，立表之多远超前史。前史立表最多的是《史记》和《清史稿》，均是 10 表。我们立 31 表，这是为适应清代历史的复杂性、多样性而设的，可以反映多方面、多领域的社会生活，而且创立事表，也超出前史。如果我们能用心做好，每个表都可能成为一个亮点。

第二，使用原始档案资料远胜于前。前代修史能看到档案甚少，大多已散失。我们能看到基本完整的清代档案，实是幸运，表中所引，很多来自档案。

第三，我们的做法是先将档案、实录和其他文献编成资料汇编与考异，再据此作史表，根据确凿。汇编、考异等字数要超过史表 5 倍以上，将来虽不出版，却是我们这一代修史者的心血所凝聚，要很好地保留下去。

第四，我们的表格设计颇费匠心，参考了《清史稿》表、钱实甫的《清代职官年表》、魏秀梅的《清季职官表》等成果而有所改进。

就这样，经过几十位史表专家近 10 年的努力，以 13 卷共 31 表的《清史·史表》，约占总 92 卷中 14% 的分量，完成了其纂修使命，载入史册！

第八章　响必应之于同声

　　还在 2002 年底国家清史编纂委员会正式成立，戴逸先生接受任命成为清史编纂委主任的第一时间，先生就萌生了要与台湾史学界的专家学者共商清史编纂大事。因为他知道，台湾同道在清史研究上不仅有精深的造诣，而且看问题的角度很可能与大陆不尽相同，因而必须尽早与他们交流，听取他们的意见、建议乃至忠告。戴先生的想法得到了台湾同人的热烈响应，于是座谈、交流分别在北京、台北等地相继展开，这正应了唐代诗人骆宾王在《萤火赋》中所写的："响必应之于同声。"其结局当然是："道固从至于同类！"因为，这是我们中华民族共同的事业啊！

学苑盛事

2003 年 8 月 25 日，北京，中国人民大学会议室。

　　来自台北故宫博物院、台湾大学、辅仁大学等 6 所大学及研究机构的 13 位学者与大陆京、沪等地的学者 40 余人欢聚一堂，参与"两岸学者清史纂修研讨会"。媒体资深人士如此评论此番会议：史界首创，学苑盛事！

　　作为研讨会东道主的戴逸先生，他当然知道台湾方面的专家、学者能冲破陈水扁当局的刁难、阻挠来京赴会之不易，所以在感谢他们时尤为至诚意切："我们请来的是一批老师，在座的各位先生都是知识渊博、学有专长的专家学者，希望大家在这次研讨会上能够各抒己见，畅所欲言，展开讨论。我们将十分重视这次会议上提出的各种意见，尽量吸收采纳，来制订比较适当的体裁体例，制订比较完善的纂修方案。"①

---

　　① 戴逸：《在两岸〈清史〉纂修研讨会上的讲话》，见《清史编务》，中国人民大学出版社，2018 年，第 80 页。

在阐述《清史稿》形成前后中国当时修史情况时，戴先生对台湾史学界的工作是这样评价的："《清史稿》成书后，很多人对它不满意，多次提出重修《清史》。在抗战前夕，国民党政府准备修《清史》，但由于抗战爆发，没有启动。国民党到台湾以后，张其昀①先生等领衔对《清史稿》做了比较大的修改。近年来台湾学者们又写了一部《〈清史稿〉校注》，工程浩大，这些虽然不是直接修《清史》，但为修《清史》做了准备。"②

戴逸先生在回顾大陆方面从 20 世纪 50 年代以来几起几落纂修《清史》的简况以后，再次真诚地说："台湾学者这次光临北京开会，我们抱有很高的期望。因为台湾学者对清史研究很深入，许多先生都是成果累累、造诣精深的专家学者，一定能够帮助我们把工作大大地提高、推进，不仅如此，我热切地期望台湾学者能更多地参与修史工作，因为修史是中华民族优秀的悠久传统，编纂一部《清史》也是海峡两岸同胞共同的愿望。台湾有杰出的人才和丰富的历史资料，希望海峡两岸的学者能够通过适当的方式携起手来，共同纂修我们中华民族的伟大历史。"③

接着，戴逸先生向与会的台湾学者甚为详尽地介绍了大陆方面学者考虑到的主要原则和方法。原则是：编写《清史》要力求做到科学性和包容性的统一；以叙事为主，少发议论；在编好主体工程的同时，要大量整理清代历史文献档案；慎重地选择作者，加强质量检查。在具体做法方面，戴逸先生把设想的《清史》六个部分即通纪、编年、典志、传记、史表、图录一一做了一番梳理，以期得到台湾学者的指教。

从当时传媒对这次 3 天会议的报道看，气氛热烈，成果丰硕。新华社报道说："此间有关专家认为，大陆主持纂修清史，邀请台湾学者专家参与，两岸携手，共修清史，是件好事。""与会的台湾辅仁大学历史系主任戴晋新介绍，这是 2002 年底清史纂修工作全面启动以来的第 10 次研讨会，主要是听取两岸学者和专家对清史纂修体裁体例方面的意见。""戴晋新说，修史是千秋不朽的事，让海内外有关专家都参与到清史的纂修工作中来，这种交流本身就值得肯定。"④

---

① 张其昀（1900—1985），浙江鄞县人，中国人文地理学的开山大师，曾为蒋介石幕僚。
② 戴逸：《在两岸〈清史〉纂修研讨会上的讲话》，见《戴逸文集·清史编务》，中国人民大学出版社，2018 年，第 80-81 页。
③ 同上。
④ 吴晶、许席：《两岸学者清史纂修研讨会"在京举行》，新华通讯社通稿，2003 年 8 月 25 日。

造访宜兰

在北京召开的"两岸学者清史纂修研讨会"十分成功。按照双方商定的议程,由戴逸先生率领的大陆方面清史纂修学者,应台湾佛光人文社会学院历史学研究所邀请,于2003年10月26日造访宜兰,进行海峡两岸学者清史纂修研讨在台的第一站活动。

行前,戴先生对在京会议做检视时认为,两岸史学工作者在国际史学活动中接触颇多,但由大陆学界主持双方会议还是第一次。从自己来说,真诚、坦然很重要,请教、问计这在学界是很正常的事,尊重别人,也就是自重之矩,所以,在学术上可以做到无话不谈。这在学界可谓学风正。这是学者间交往的基本素质要求。召开这次会议,清史编纂委没有礼品可送,因为编纂大计才启动。会场外展览的,也可称拿得出手的出版物是刚出版的《庚子事变清宫档案汇编》《清宫热河档案》。眼见台湾学者对两本丛刊甚为喜爱,遂每人赠送了两本,所谓礼物,仅此而已。在会上,戴逸在讲话中充分肯定了台湾同道的清史研究工作,这不是客套,是真心话、实在话,他尤为赞赏台湾学者写了一部有1200万字的巨著《〈清史稿〉校注》。会下个别交谈时恳请台湾学者允许清史编纂委刊印这部巨著,做到编纂人员人手一册,得到了台湾同道的首肯,这让戴先生十分感动。他对台湾学者的感谢之情是发自肺腑的,是由衷的。

也正由于此,戴先生决定自己在宜兰佛光学院的主旨发言与在台北的讲话各有侧重,在宜兰应从台湾同道孜孜不倦地为清史奋斗以反证纂修《清史》的必要性,在台北则侧重如何纂修并全面回答同道提出的问题。

2003年10月27日,由星云大师创办的佛光人文社会学院迎来了建校后首访的大陆学者戴逸先生一行。戴先生的主旨发言在论述之所以要纂修《清史》是因为历史学极其重要之后,立即切入清朝,转入《清史稿》,在并不讳言其史料价值、文献价值的同时,点名其问题要害:"春秋笔法",观点有问题;其次就是史事上错误很多。戴先生接着说:"台湾的学者们花了很大努力写了《〈清史稿〉校注》,校正了《清史稿》的很多错误。最近我简单地翻了翻这本书,简直是考证精密,内容丰富,我很钦佩各位先生,做了那么好的工作。所以,我给《清史》编纂工作的同志们说,要人手一册,我们写的时候,可不能再犯《〈清史稿〉校注》已经指出的错误。《清史稿》错误很多,我也曾看到过一个很幼稚、很初级的错误。太平天国的时候浙江的一个村即诸暨县的包村被包围，在太平军打下以后，说杀了村民 60 万人，啊呀！这个你不用对史料，一看就知道这里是错误的，这个村子只是浙江一个小小的村庄，当时整个杭州可能还不到 60 万人，一个村庄怎么可能有这么多人呢？这类错误可能很多。还有，《清史稿》利用了国史馆的档案，但没有利用大内档案。由于这些原因，《清史稿》存在着不少缺点，不能令人满意，当然它自己也说自己是'稿'，并不是定本。"①

戴先生趁热打铁地继续说："《清史稿》成书以后，20 世纪内多次提出要重修《清史》。我记得，抗日战争以前，国民党曾拨款 50 万元要修《清史》，但由于抗战爆发，没有能够启动。台湾方面在 1961 年有张其昀先生领衔主编，修《清史》，萧一山等都参加了，这就是'国防研究院'印的《清史》。这部书在利用《清史稿》的基础上，对其做了重要的修改，不是重新编写，所以张先生在序言中说：'网罗有清一代的文献，完成理想中的新《清史》，寄厚望于后来之作家。'他希望后人来完成，并没有说自己已经完成了。1978 年，钱穆先生建议写一部《〈清史稿〉校注》，利用在台湾的档案和其他史料来校正《清史稿》的错误。后来出版了 15 大册，工程很大，共计 1200 多万字，远远超过了《清史稿》的 800 万字。今天就有很多先生，像冯明珠②先生、陈捷先③先生，还有庄吉发④先生都参加了当年《〈清史稿〉校注》的编写。"

接着，戴先生历数了自己从 30 岁出头开始参与大陆纂修《清史》三起三落、历经磨难、矢志不移、砥砺前行的坎坷经历后说，两岸学者对清史的关注充分表明了清史具有不可取代的重要性。戴先生这样分析道："因为清代历史离我们不远，清史对我们特别重要，历史上的很多问题与现实密切相关。我们今天为什么要发奋努力实现现代化，就是因为在清朝历史上中华民族受尽了欺负。还有人口问题，清之前历史上的人口记录从来没有达到过 1 个亿，最高也只有七八千万，当然历史记录与实际有出入，但也不会太多，清代以前中国实际人口可能只有 1 亿多。今天的人口有 10 多亿，人口的滋生基础主要在清代，研究人口问题就要追溯到清朝才能解释清楚。又如，外交问题、划分边界、中英问题、中俄边界问题、香港问题，这都是清代遗留下来的问

---

① 戴逸：《在台湾宜兰佛光大学谈〈清史〉纂修》，见《清史编务》，中国人民大学出版社，2018 年，第 90—91 页。

② 冯明珠，女，出生于香港，2012 年任台北故宫博物院院长，2016 年曾在京受聘为故宫博物院顾问，历史学家。

③ 陈捷先，1932 年出生于江苏江都，曾任台湾大学历史系主任。

④ 庄吉发，1936 年出生于台湾苗栗，清史、满族史学家，台北故宫博物院研究员。

题。又比如民族问题，也是清代遗留下来的。清代处理民族问题有成功的地方，也留下了很多问题。因此，如果要了解今天的现实，了解中国的国情，就必须了解清史，今天的很多现实问题都要追溯到清代的历史。以台湾为例，台湾是清代发展最晚的地方，也是清朝历史上非常重要的一个部分。以前关于台湾的历史记载，我们可以追溯到三国孙吴时期，以后隋、唐、宋、元不断有历史记载，而且以前人口比较少，但到了清朝，历史上发生了一件大事，就是郑成功驱逐荷兰，这是中国人民第一次反对西方侵略的斗争，当然要在清朝历史上大书特书。康熙二十二年收复台湾，这也是大事，平定三藩以后又收复台湾，清政府没有后顾之忧了，以后战略重点就放到了西北。康熙帝收复台湾以后，很多广东、福建的移民到了台湾，开发台湾。台湾当时只有 7 万人口，可是后来迅速增加，到甲午战争前夕达到了 225 万人口。自然生殖没有这么快，大多都是大陆来的移民，他们辛勤劳动，开发了这片土地。这些开发台湾的先民是中华民族子孙，他们的文化、他们的语言、他们的风俗也都是中国的。当时的台湾历史就是中国人在这个岛上的活动，是中国历史的一部分，《清史》要大书特书。说到这里，我自然而然地想到，最近台湾的教科书要把清史与中国历史剥离开，放到'世界史的范畴'，这使我大为惊讶，实在没有想到，怎么能发生这样的事情！这是对历史的公然篡改，忘掉祖宗，丢弃祖先，企图以此让百姓忘记自己的过去，忘掉自己的历史，忘掉自己是什么人。一手岂能遮天，两岸的同胞肯定会坚决地反对。"[1]

戴逸先生还在会上简要介绍了《清史》的纂修方针、方法。在介绍基础工程即整理大量文献档案时，他说，清人诗文集就有 4 万余种，如整理出版 2% 就有几亿字，相当于一个《四库全书》了。他再次呼吁："我们的力量太微弱了，我希望团结海内外的学者共同完成这个工作。"[2]

解疑释惑

2003 年 11 月 2 日下午，台北福华国际文化会馆，继 8 月 25 日在北京中国人民大学召开的"两岸学者清史纂修研讨会"后的台北会议，于是时是地顺利举行。国家清史编纂委员会主任戴逸，副主任马大正、成崇德共 14 名专家组团赴会，大陆多所大

---

① 戴逸：《在台湾宜兰佛光大学谈〈清史〉纂修》，见《清史编务》，中国人民大学出版社，2018年，第 92-93 页。

② 同上书，第 94 页。

学派专家学者赴台。会议由龚鹏程①和戴逸主持。美国、加拿大、中国香港等地学者、专家共80余人参加这次盛会。

在为期3天研讨会的最后一天，戴逸先生除了再一次把《清史》编纂工作10个月来的进展、设想做番介绍外，集中把在北京、宜兰和台北3次会议以及之前10次会议提出的问题和疑难、困惑做了全面梳理。

1. 我们是学者修史，学术意见是自由的，怎么修，采用哪些学术意见，完全由学者决定，由学者负责，政府不干涉。将近一年来，政府和我们一起开过多次会，但从来没有在学术上提出应该怎么修。最后，这次和官修正史不一样，我们不是独此一家，不是垄断修史，不是只准我们修，不准别人修。封建社会的时候修史是由官府垄断的，像清初修《明史》，庄廷钱个人修了个《明书》，也惨遭杀戮，后来戴名世搜集一些资料，还没有修史，也惨遭杀戮。所以封建官府不准别人修史，这是文化专制主义，是很恶劣的做法。我们遵从"双百"方针，欢迎私人修史，欢迎各种意见。

当然，我们与官修史书有相似之处，首先我们接受政府的支持，接受政府的委托。这个项目不是我个人的，也不是哪个单位的，而是政府的。其次，工程是经政府批准的，由政府出钱，由政府组织队伍，由政府协调、支持，如果没有政府支持，不可能进行这样一个宏大的学术文化工程。祖国大陆现有的国家社会科学基金，每年资助项目上千个，任何个人报的题目经批准就可以获得资助，学术意见完全自由，个人可以自主进行研究，而且目前有成效的科学研究基本上都获得了政府资助，但这并不意味着政府要干预。在我国历史上，一项伟大的文化工程必须有政府的支持，宋朝修《册府元龟》《太平广记》，元朝修《宋史》《辽史》《金史》，明朝修《永乐大典》和《元史》，清朝修《古今图书集成》《四库全书》，都没有离开政府的支持。祖国大陆也有各种各样的意见，也有人反对修《清史》。但是，一项有意义的文化工程必须有政府的支持，历史上一个有作为的政府也必会大力支持文化工程。

---

① 龚鹏程，1956年出生于台北，祖籍江西吉安，当代著名学者、思想家。

我们得到政府的支持，深感责任重大，要保证质量，要全心全意地将这项工作做好，不辜负人民的委托。同时我感到高兴，因为从年轻时就参与，一直到现在 70 多岁才实现这个愿望，清史工程终于启动了。①

2. 这些意见中有很多我很难解答，有许多问题不是没有考虑过。譬如说做长编，这是修史的一项基本手段，我们正在考虑。除了做长编，还想仿司马光之例，做考异。清代史事、逸事太多，分歧太多，资料太多，需要做大量的考证。这项工作难度很大，我现在找不到人来搞考异。我找到了一位先生，请赫治清②、张捷夫③去请这位先生做考异，他不愿来，说身体不好。我临来台湾的时候还给他写了一封信，不知道他能不能答应。④

3. 关于通纪、编年的重复问题。我主张小编年，编年小一点，尽量压缩，避免重复。但好多同志主张编年大一点。这个问题到现在还没有定论（据戴逸先生说，"编年"问题在清史编纂委员会 2003 年的全体委员会议确定全书总体框架时决定剔除"编年"，《清史》由通纪、典志、传记、史表、图录组成，共计 92 卷，3000 余万字）。⑤

4. 许多先生谈到清国史馆所藏档案的底本，这当然是很重要的资料，修史时必须利用。我们明天去台北故宫博物院，预先请求他们提取福安康、蒋廷锡、李鸿章、陈宝箴 4 个人的"传包"（国史馆修传时各种资料打包留存之谓也），因为"传包"保存了许多不同传稿的底本，可以看出当年传史馆的先生们是如何修史的，北京中国第一历史档案馆也存有大量纪传表志的底稿。⑥

---

① 戴逸：《在台湾宜兰佛光大学谈〈清史〉纂修》，见《清史编务》，中国人民大学出版社，2018 年，第 97—98 页。

② 赫治清，重庆人，1963 年毕业于四川大学历史系，后在社科院历史研究所工作，曾任《清史研究通讯》负责人。

③ 张捷夫，江苏沛县人，1963 年毕业于北京大学历史系，长期在社科院从事明清研究，曾任《清史论丛》主编。

④ 戴逸：《在台湾宜兰佛光大学谈〈清史〉纂修》，见《清史编务》，中国人民大学出版社，2018 年，第 101—102 页。

⑤ 同上书，第 102 页。

⑥ 同上。

5.许多先生集中地谈了"正史"的问题,力主现在修的就是正史,应该保留本纪。什么是正史?"二十四史"被正式列为正史是在修《四库全书》时,这是迟至 18 世纪的事。司马迁、班固、陈寿、范晔、沈约修史时,根本没有想到自己是在修正史,他们只是想修一部足以反映历史真实的史书。我们也只想修一部高质量的史书,至于是否被列为正史,对我们并不重要。

正史的体裁也有所不同,有的有载纪,有的无表志,而陈寿的《三国志》只有列传,并无本纪,不能说就不是正史。我们的通纪其实是对本纪的改造,随着时代的要求,史书的体裁应该可以改造。我们是尝试改造,尝试也许会失败,但不敢尝试就不会有前进。

本纪改为通纪,实际上是将以帝王划分阶段改成以历史内容划分阶段,何者更好?我想还是以历史内容划阶段为好,尽管以帝王划阶段可以固定不变。以历史内容划阶段,见仁见智,因人而异,会发生分歧,但每个阶段的历史内容经过深入研究和反复讨论,还是可能取得共识的。[①]

6.有的先生提到修史不要渗入意识形态,不要有价值判断,不要用褒贬的方法,如果有这些因素,就不能称为正史。当然写历史的不能简单化,不能简单地把人物分成好人坏人两大类,我们应该客观地、全面地对待人物和事件。但中国传统史书,包括正史在内都有价值判断和是非褒贬。"二十四史"中把起义农民称"匪",称"寇",这不是价值判断吗?为什么正史可以这样写,而我们仅仅把太平天国称作"农民战争"的写法就是渗入了意识形态呢?有的先生批评我在提纲中用了"革命党人"字眼,感到"流于意识形态",我感到惶惑不解。像陆皓东、徐锡麟、秋瑾、熊成基等,不称为"革命党人",又该称什么呢?"革命党人"是两岸学者多年习用的名称,并不是我的创造。

写历史不可能完全没有价值判断和是非褒贬。让亲历抗日战争的人来写抗战史,必然对日军义愤填膺,称之为"侵略军"。在侵略和被侵略之间,深明民族大义的人是无法站在中间立场而漠然无动于衷的。

---

① 戴逸:《在台湾宜兰佛光大学谈〈清史〉纂修》,见《清史编务》,中国人民大学出版社,2018 年,第 102-103 页。

7. 有的先生说，1980年以前祖国大陆史学界前辈的论文著作可参考的非常少。我不能同意这个看法，祖国大陆前辈史学家如郭沫若、范文澜、翦伯赞等都有杰出的成就，对历史有宏观性的、精深的研究，我们都是他们的学生。20世纪祖国大陆的历史学成绩是相当辉煌的，当然也有问题和缺点。我们下一代的历史学者都是沿着前辈的足迹继续往前进的。①

8. 有些同志也担心，国家修史是否会定于一尊②呢？③

这是完全不必担心的。此次是国家支持下的学者修史，国家从财力、人力上给予支持，加以保证，在机构、人员之间进行协调。至于修史，完全是学者做的事，国家不干预学术问题。像我们这样大的工程，国家不出头、不支持是不可能的。任何个人、任何单位都是无法独立完成的。过去修"二十四史"，修《永乐大典》，修《四库全书》，都有政府的参与；如果没有政府的参与，中国就不可能有这样的文化工程，就不可能留下这样珍贵的历史文化遗产。但是，今天的国家文化工程与以往有根本的不同，国家不干预学术，修史完全是学者们进行的，表达的是学者们的学术观点。我想10年以后，还会有集体或者个人继续研究清史，继续写《清史》，而且绝不会局限于这部《清史》的框架，肯定会后来居上，成就会更大，水平会更高。我们这部《清史》不仅不是唯一的一部，而且若干年后也不是最好的一部，因为以后会有更好的《清史》。因此，我们写的这部书仅仅是21世纪初一群学者的集体作品，当然我们力争达到我们这个时代的最高水平，不辜负人民的委托和期望，但也必然带有时代的局限性。④

---

① 戴逸:《在台湾宜兰佛光大学谈〈清史〉纂修》，见《清史编务》，中国人民大学出版社，2018年，第103页。

② "定于一尊"，旧指思想、学术、道德等以一个最有权威的人做唯一的标准。"尊"，指具有最高权威的人。语出《史记·秦始皇本纪》："今皇帝并有天下，别黑白而定一尊。"又如明徐光启："今世名为崇孔氏，黜绝异学，而定于一尊耳。"

③ 此节文字为北京研讨会上戴先生的一段答问。之所以在此补叙，纯为行文方便顺畅。

④ 戴逸:《在台湾宜兰佛光大学谈〈清史〉纂修》，见《清史编务》，中国人民大学出版社，2018年，第82-83页。

议论风生

与台湾清史学界隔绝久远后的交流研讨情况如何?

佛光会议和稍后的台北会议,"是数十年来规模最大的两岸学者间关于清史研究的专题学术会议,相信会对两岸未来的清史研究及大陆已经上马的《清史》纂修工程起到积极的促进作用"①。

正如戴逸先生在北京研讨会上所说,"台湾学者对清史研究很深入,许多先生都是成果累累、造诣精深的专家学者","台湾有杰出的人才和丰富的历史资料","张其昀先生等领衔对《清史稿》做了比较大的修改","近年来台湾学者们又写了一部《〈清史稿〉校注》,工程浩大",因此,听取台湾学者的意见、建议,甚至使海峡两岸的学者通过适当的方式携起手来,共同纂修我们中华民族的伟大历史,乃是《清史》纂修题中应有之义。

为了使读者对海峡两岸《清史》纂修研讨会的情况包括成果和问题有所了解,特将张永江先生的综述摘报于后(出处不再脚注):

佛光会议主持人为台湾著名的清史研究领军人物、清史学家、满文专家陈捷先教授。他执掌台大清史教席,桃李满天下,近年本已携眷移居加拿大颐养天年,但为研讨《清史》纂修,不仅回台主持这次会议,还率队共 13 名学者参加了北京研讨会。

赴会学者除戴逸先生率领的国家清史编纂委员会 14 名成员外,还有中国人民大学、南开大学、厦门大学、中国第一历史档案馆、中国社科院、北京市社科院、福建省社科院、广东省社科院、暨南大学等研究机构学者 20 余人,台湾本地学者和专业人士 50 余人,日本、韩国、美国学者 6 人,收到论文 60 余篇。

戴逸先生报告的题目是《纂修〈清史〉的缘起与方针兼论清史的重要性》,"戴先生的报告把大家带进了一个热烈的话题"。

与会人士有刚入清史门槛的青年学子,也有白发苍苍的学界耆宿,涉及新《清史》的文体、字体(文言、白话、繁简体)、史书定位(是否官修正史)、体裁形式(包括有无注释、考异、志的写法,如何统稿)、史论关系、史书功能、志的设置,直到具体内容的安排等等,有建议,有质疑,也有回应,有答辩,气氛热烈。在其他场

---

① 张永江:《兰阳论清史——佛光大学第一届清史学术研讨会综述》,《清史研究》2004 年第 2 期。台湾宜兰县境内有兰阳平原,乃佛光大学所在地。

次里，东道主也安排了有关《清史》纂修的发言，内容涉及《清史》纂修与外国的关系、《清史》纂修与档案整理利用、《清史》纂修与文献整理的关系等等。郭成康先生做的"乾隆皇帝生母及诞生地考——从最近公布的一则清宫档案说起"①学术报告，引起了与会者的极大兴趣。总的来看，对于重修《清史》这一中华民族的盛事，台湾学者是满怀热忱，倾心关注的，但由于两岸长达半个世纪的隔绝，学者们在意识形态特别是史学理念方面的差异不可谓小，沟通需要时间。但他山之石，可以攻玉，求同存异是可取的态度。

3天的清史研讨会在当地社会也引起了较大反响。28日当地媒体宜兰电视台直播了对会议东道主李纪祥②的采访。29日宜兰电视台的乡亲频道又特约大陆客人、国家清史编纂委员会副主任马大正、成崇德两教授和东道主陈捷先教授就《清史》编纂问题做了访谈。

在此次参加清史学术研讨会的学者当中，国家清史编纂委员会代表团是引人注目的，这不仅是因为当今大陆清史研究的一些重量级学者如戴逸、龚书铎等现身其中，还因为该团具有就《清史》编纂问题与台湾学者交流、讨论的重要使命。

会上，台湾学者畅所欲言，就《清史》纂修的各个方面都提出了意见和建议：

一是体裁体例。台湾学者对大陆方面进行细致的体裁体例调研工作表示肯定，但具体意见则分为两派。一派主张顺应时代潮流，将传统史书纪传体与现代章节体结合起来，吸收双方优点，开创新体，并寄厚望于新修《清史》能够成为后世史书的典范与表率。这和大陆清史编纂委员会专家的编纂思路是一致的。但是也有一些学者坚持传统正史体裁，认为此次纂修《清史》就是为了取代《清史稿》，是历代正史纂修传统的延续，理当固守传统纪传体体裁。实际上，大陆也有少数学者持此意见，不过多是受传统史学浸润较深的高龄学者，而台湾则是中年学者居多。有的台湾学者主张，现在要做的工作不是重修《清史》，而是整修《清史》，即在《清史稿》的基础上做整修工作。也有的学者建议修两部，一部通史体，一部纪传体，保存史料。

二是关于现有的清史文献、档案资料的整理和利用。学者们一致认为，新修《清史》要超越《清史稿》必须充分运用现存在大陆、台湾和海外其他地方档案馆、博物

---

① 郭成康论文见《清史研究》2003 年第 4 期。

② 毕业于中国文化大学，时任台湾佛光大学教授。

馆的清代原始档案和各种文献资料，尤其是分藏两岸的清代国史馆档案和清史馆的档案。台湾同行愿意合作及提供协助。同时，还必须广泛吸收现有的研究成果，如台湾历时多年完成的《〈清史稿〉校注》。

三是具体的纂修步骤、方法。台湾学者大多主张，正式撰稿前应先利用档案文献等做好典志、传记、史表等部分的史料长编。史料记载有分歧的史事，要做考异。这样既可弥补史书因篇幅所限无法备载史实的缺憾，也可疑以存疑，推进清史研究。在写法上，许多人强调应该站在客观中立的立场上去写，不做褒贬。同时避免预设结论，未审先判。注意最后稿件的审查、加工和统筹，使文字统一优美，保证史书质量。有的学者建议增修"纪事本末"。

这次座谈会再次表明，台湾清史学界很关注清史工程。尽管双方在不少问题上仍有分歧，如体例方面是否保留本纪、是否抛开意识形态、通纪如何划分阶段、传记如何分类妥当等等，但许多人以各种方式表示愿意参与其事，共襄盛举。因为这毕竟是中华民族共同的事业。

张永江的综述，勾勒了在台举办的《清史》纂修研讨会的情况，也印证了戴逸先生对台湾学者提出问题的回答，两岸学者所形成的共识，对《清史》纂修的推动作用是不言而喻的。

第九章　百年沉浮看科研

编著者按：国家清史编纂工程倡导、推动者之一的著名清史专家李文海指出，在科学研究领域，"专题性研究是基础，综合性学术成果则是概括、提炼、深化和升华"，"如果没有上世纪八十多年对清代历史的各个方面的专题研究，也不可能有今天提出清史编纂工程的成熟条件"；"要真正能够写出符合中央要求的'清史巨著'和'传世之作'，不但要正确吸收和充分反映已有的清史研究的学术成果，而且在修纂过程中，还要继续进行多方面和多角度的专题研究，使我们对清代历史的认识，不断扩展新的视野，做出新的概括，达到新的境界"。[①]

从国家清史纂修工程于 2002 年 12 月启动至 2015 年，《国家清史编纂委员会·研究丛刊》已出版专题研究成果的书达 30 部。[②] 剖析作为国家清史纂修工程重大学术问题研究专项课题的"清光绪帝死因研究"，对清史纂修工程中承担基础性研究、探索的专题研究，有着一斑窥豹作用。

"光绪帝死因"大白于天下，为晚清历史一大事件明确画上了句号，这既是中国历史上浓重的一笔，亦是清史纂修工程中应予重书的篇章，这也从一个侧面给清史纂修的怀疑论者做出了回答：纂修清史，很有必要！

1908 年 11 月 14 日下午 5 时 33 分（光绪三十四年十月二十一日酉正二刻三分），

---

① 李文海：《〈研究丛刊〉总序》，见《清光绪帝死因鉴证》，北京出版集团公司、北京出版社，2017 年，第 1–2 页。

② "清光绪帝死因研究"课题组：《清光绪帝死因鉴证》，北京出版集团公司、北京出版社，2017 年，第 670–671 页。

清光绪帝猝死，时年 38 岁。第二日，慈禧太后于下午 2 时 45 分（未正三刻）也去世，时年 74 岁。

对于光绪帝的死因，当时就众说纷纭，及后更扑朔迷离，遂成沉案达百年之久。

在光绪帝死后整 100 年的 2008 年，国家清史编纂委员会主任戴逸先生在当年的《清史研究》第 4 期《光绪之死》一文中，以及由中央电视台主任编辑钟里满领衔的国家清史纂修工程重大学术问题研究专项课题、"清光绪帝死因研究"课题组的《清光绪帝死因研究工作报告》中将此事同时发布："光绪帝系砒霜中毒死亡。"①

百年沉案，一朝洗白！

成果来之不易。由中央电视台编导钟里满率领的清史纪录片摄制组，联合清西陵文物管理处、中国原子能科学研究院反应堆工程研究设计所、北京市公安局法医鉴定中心四个单位共 13 名专家，历经 5 年磨难，运用当今世界最先进的技术，采用最精密的仪器，对光绪帝遗体的头发、遗骨、衣服和墓内外环境，以及与砒霜中毒病例相关人员及相关毒物的反复检验和缜密的分析研究，最终破解了光绪帝的死亡之谜。

对于这百年来争论不休、扑朔迷离的谜案之破解，戴逸先生在史论《光绪之死》中以斩钉截铁的语气下结论说："光绪帝被毒害致死，百年之后得以确证，尘埃落定，真相大白。"

对这百年洗沉，戴逸先生做出了这样的讲述："这项工作走出了一条超常规之路，是运用现代科学技术和侦查思维解决历史问题的成功尝试。是自然科学研究与社会科学研究并肩合作的范例。研究结果也会对我国史学界和全社会发生重大影响。"

写出这样的结语，在戴先生的学术生涯中，在无数的阅人、阅事中，可以说是鲜见的。为此，有必要再拎一下："超常规之路"、运用现代科学技术和侦查思维解决历史问题的"成功尝试"，是自然科学研究与社会科学研究"并肩合作的范例"，其研究结果也会对我国史学界和全社会"发生重大影响"。

那么，这到底是怎样的一条"超常规之路"？

其间现代科学技术与侦查思维是怎样成功尝试解决历史遗留问题的？

自然科学研究与社会科学研究又是如何并肩合作的？

① 戴逸：《光绪之死》，《清史研究》2008 年第 4 期。见"清光绪帝死因研究"课题组著《清光绪帝死因研究工作报告》。又见《清光绪帝死因鉴证》，北京出版集团公司、北京出版社，2017 年，第 22 页。

清光绪帝死因成功鉴证对我国史学界和全社会将发生什么重大影响？

——这正是本文试图破解的。

史家之论

对光绪帝之死，历史学家中虽有不同看法，但主流学派看法比较一致，即认为是"慈禧太后害死了光绪帝"。此论即史家之谓"阴谋论"，戴逸先生在其文《光绪之死》中做了如此梳理：

> 1908 年（光绪三十四年），名义上是清朝皇帝，实际上却被囚禁在瀛台的光绪帝和统治中国近半个世纪之久的慈禧太后几乎同时死去。皇帝死于光绪三十四年十月二十一日酉时（下午五至七时），太后死于十月二十二日未时（下午一至三时），相距不到二十小时。这正当八国联军攻入北京后的第八年，中国备受帝国主义的欺凌侮辱，国势阽危，民生凋敝，国将不国。光绪和慈禧同时死亡，老百姓深感震惊、诧异、惶感，有识之士担心中国这艘千疮百孔的破舟会不会在惊涛骇浪中沉没？其命运如何？光绪帝和慈禧太后在政治上势不两立，矛盾尖锐，一个是 38 岁的壮年，一个是 74 岁的老人，两人同时死亡，这难道是偶然的巧合？其中是否有不可告人的阴谋？会不会是慈禧太后临死之前恐怕光绪皇帝复出掌权、全翻历史的成案，故而谋杀了光绪？一天阴霾，疑云纷起。逃亡到海外的保皇党人为光绪帝吊丧，大肆声讨慈禧太后与袁世凯，指责他们是谋害光绪帝的主犯，舆论讨伐，沸沸扬扬。但他们远在海外，并不清楚光绪帝是怎么死的，仅在两人的死亡时间上质疑，拿不出确凿的证据。国内人众也狐疑满腹，流言纷纷，清廷严加查禁，"奉旨著民政部、步军统领、各督抚悬赏购缉造言煽乱匪徒"（许宝蘅《巢云簃日记》）。宫廷事秘，"斧声烛影"，谁也不明真相，也不敢公开议论。胡思敬回忆当时的情形说："德宗（光绪）先孝钦（慈禧太后）一日崩，天下事未有如是之巧。外间纷传李莲英与孝钦有密谋，予询向内廷人员，皆畏罪不敢言。"（《国闻备乘》）

> 其实，在皇帝、太后死亡之前四年，即光绪三十年，早已有人预言到光绪先死。清朝外务部右侍郎伍廷芳早在 1904 年就对日本公使内田康哉

透露光绪皇帝必定会死在慈禧太后之前。内田康哉问伍廷芳：当皇太后驾崩后皇上会如何？据《内田报告》："伍言道：亦如世间传闻，诚为清国忧心之事，万望无生此变。伍话中之意，皇太后驾崩诚为皇上身上祸起之时。今围绕皇太后之宫廷大臣，及监官等俱知太后驾崩即其终之时。于太后驾崩时，当会虑及自身安全而谋害皇上。此时，万望能以我守备兵救出皇帝。"（孔祥吉、村田雄二郎《罕为人知的中日结盟及其他·绪论》）

其实，慈禧太后死前必定会谋杀光绪帝，许多官员太监对此心知肚明，但不敢说出。国内较早指出这一弑君阴谋的是长期陪侍光绪皇帝的翰林院侍读学士、起居注官恽毓鼎。他的工作是记录光绪帝的起居言行。在清朝灭亡以前，即宣统三年四月他已写成《崇陵传信录》，这是光绪帝的一本传记。其中说：

"（光绪三十四年）十月初十日，上率百僚晨贺太后万寿，起居注官应侍班，先集于来薰风门外。上步行自南海来，入德昌门。门罅未闿，侍班官窥见上正扶阉肩，以两足起落作势，舒筋骨，为拜跪计。须臾，忽奉懿旨：'皇帝卧病在床，免率百官行礼，辍侍班。'上闻之大恸。时太后病泄泻数日矣，有谮上者谓帝闻太后病，有喜色。太后怒曰：'我不能先尔死。'"

这是恽毓鼎在光绪帝死前十一天亲历的记载，所记慈禧太后的话和伍廷芳告知日本公使的话完全符合。十月初十日是慈禧的生日，光绪帝率领百官前往慈禧太后处探病与请安，从南海步行到德昌门，恽毓鼎随从侍班，皇帝扶着太监的肩头，做身体起落的活动，以舒筋骨，可见身体尚健康正常，但太后不愿与皇帝见面，传谕竟说：光绪帝已有病卧床，不必再见面了。光绪帝听了大概很吃惊，话中包含杀机，是不祥之兆。这是武昌起义前半年多的记载。到了民国二年正月十七日，此时清朝已亡，言路已开，无所禁忌，恽毓鼎在《日记》中说道："清之亡，虽为隆裕（光绪帝的皇后，称隆裕太后。辛亥革命推翻清朝，批准发布退位诏书的是隆裕太后），而害先帝，立幼主，授载沣以重器，其祸实归于孝钦也。"（恽毓鼎《澄斋日记》二，632页）恽毓鼎直接指出了"害先帝"的是慈禧太后。民国以后，《崇陵传信录》传播甚广，慈禧太后谋害光绪帝之说得到佐证。越到后来，记事者日多，传闻更甚。如《方家园杂咏纪事》中说："吾闻南斋翰林谭组庵，内伶教师田际云皆言，大变之前二日，尚见皇上步游水滨，意志活泼，证以他友所闻，亦大概如此。"尚书陆润庠曾为光绪帝请脉，对人说："皇上本无病，即有病，亦肝郁耳！意稍顺当自愈，药何力焉。"（《国闻备乘》）许多曾给光绪帝看过病的医生虽然都认为光绪帝身体虚弱，常年生病吃药，但死前一段时间病情未见加重，身体尚属正常，并未突发急性致死的病症。其中名医屈桂庭说光绪帝死前三天"在床上乱滚"，"向我大叫肚子痛得了不得"，且"面黑，舌焦黄"，"此系与前病绝少关系"（《诊治光绪帝秘记》）。晚清内务府大臣增崇的儿子回忆，他幼年时适逢光绪帝之丧，他父亲接到光绪死的消息，跟叔叔们说："就是不对，前天，天子受次席总管内务大臣继禄所带的大夫请脉，没听说有什么事。""前天继禄请脉后说：'带大夫的时候，上头还在外屋站着呢，可怎么这么快呢？'一位叔父说：'这简直可怕啦！'另一位叔父说：'这里头有什么事儿吧！'我父亲叹了一口气，又摇摇头说：'这话咱们可说不清啦！'"（耆存著《关于光绪之死》，文史资料选辑总 122 期）光绪帝死后，穿戴入殓，一反常规，都由宫内太监一手包办，未让内务府插手。"光绪故后，便是销声匿迹地移入宫中，甚至入殓之际究竟是什么样，也无人能知其详，就连在内务府供职的我的父亲、叔父们都讳莫如深，避而不谈。"

还有曾经陪侍慈禧太后、在宫中生活多年的德龄在《瀛台泣血记》中写道："万恶的李莲英眼看太后的寿命已经不久，自己的靠山快要发生问题了，便暗自着急起来，他想与其待光绪掌了权来和自己算账，不如还让自己先下手为好。经过几度的筹思，他的毒计便决定了。"据德龄所述，光绪之死，就是慈禧同意李莲英下毒所致。德龄对慈禧很有好感，书中很多处赞扬慈禧。但德龄还是说："我竭力袒护老佛爷，可是对于她之经常虐待光绪，以及她谋害光绪性命的事，我却无法替她找出丝毫借口。"

新中国成立以后，溥仪从战犯变成了平民，写了一本《我的前半生》，其中说："我还听见一个叫李长安的老太监说起光绪帝之死的疑案。照他说，光绪帝在死的前一天还是好好的，只是因为用了一剂药就坏了。后来才知道这剂药是袁世凯使人送来的。"

这许多人所说虽然在细节上有不同和矛盾之处，但都猜测或肯定光绪帝是被毒害致死的。凶手是谁？多数说是慈禧太后，也有人说是袁世凯或李莲英。提供证言的有长期陪侍光绪帝的起居注官恽毓鼎，有给光绪帝治病的医生，有内务府大臣的儿子，有光绪帝继承人宣统，有陪侍慈禧太后的德龄，还有早就预言了光绪帝之死的晚清高官伍廷芳。众口一词，都认为光绪帝被害而死，因此距今30年之前，历史学界和社会上大多数人都相信此说。

戴逸先生上述文字中所引资料，大部分出于清内廷史料，也有一部分为清史纂修工程启动之后新涌现的研究成果，如文中所引清朝外务部右侍郎伍廷芳在1904年与日本公使内田康哉透露的话语，就出自《罕为人知的中日结盟及其他——晚清中日关系史新探》①。两位作者从日本外务省史料馆、防卫厅史料馆馆藏的大量中日两国交往的历史文献中，除梳理出如清朝外务部右侍郎伍廷芳（职务相当于现在外交部第一副部长，曾陪同李鸿章与日本签署《马关条约》）有关"慈禧太后驾崩之日，即光绪帝暴亡之时"等绝密情报外，还有如甲午中日战争、八国联军入侵、日俄战争的情报资料，以及清廷高官之间的矛盾冲突，如翁（同龢）李（鸿章）矛盾，张（之洞）与康（有为）、梁（启超）关系，翁同龢罢官，光绪帝联合日本确立外交新政策等都是清朝内部资料中罕见的史料，尤其是光绪二十四年十月初九（1898年11月22日）慈禧太后"采纳小人杨崇伊②所献'联倭杀康'的阴谋诡计，派刘学询③与庆宽④等人，携带文物珍品到东瀛去上演了一场中日结盟的闹剧"⑤，成为"晚清外交史上最荒唐的篇章"⑥。

---

① 孔祥吉、村雄田二郎：《罕为人知的中日结盟及其他——晚清中日关系史新探》，巴蜀书社，2004年。作者孔祥吉，1943年生，山西洪洞县人，原为中国人民大学晚清史研究室主任，现为哈佛大学费正清东亚研究中心研究员，东京大学客座教授，专门从事晚清史著述；另一作者村田雄二郎，1957年生，东京都人，东京大学大学院综合文化研究科地域文化教授，从事中国近代史、文化史研究与教学。内田报告见此书第9页。

② 杨崇伊，江苏常熟人（今张家港恬庄人），李鸿章之孙女婿，光绪六年（1880）进士，光绪二十一年（1895）授御史，上任即首劾康、梁所创强学会，强学会即被查禁。后又上奏请慈禧太后二次训政，随即发生戊戌政变，被慈禧太后认为"是于国家有功之人"。

③ 刘学询，广东中山人，光绪五年（1879）中举，光绪十二年（1886）考中进士，在成为候补道台时适逢广东官府放开博彩业，刘遂成"赌王"，后以资买官，进入清廷，被杨崇伊举荐为"密使"。

④ 庆宽，辽宁铁岭人，本名赵小山，善画，后入旗籍，再进内务府任员外郎等职，受慈禧太后赏识。

⑤ 孔祥吉、村雄田二郎：《罕为人知的中日结盟及其他——晚清中日关系史新探》，巴蜀书社，2004年，第4页。

⑥ 同上书，第203页。

日本外务省史料馆等地揭示的史料表明，"慈禧太后对于改革派领袖康有为、梁启超的痛恨，达到了咬牙切齿、无以复加的境地"，"只要有人声称能把康、梁捕杀，慈禧太后就大加信用，委以重任"，因此"信任杨崇伊及其保举的刘学询、庆宽这样两个臭名昭著、劣迹多端的人物，作为密使出使邻邦"①，也就不难理解了。

慈禧派刘学询与庆宽赴日，最初的目标是联倭杀康、梁。她绞尽脑汁，用尽心计，又从老祖宗的库房里挑了不少精品文物，以为一定可以取得日本人的欢心。然而，历史的发展比慈禧太后、奕劻②一伙人所设想的要复杂得多。日本政府自始至终对所谓中日结盟持有戒心，含糊模棱，始终没有明确表态……对于清政府所精心编排的所谓密电码，亦未真正付诸使用。"慈禧太后完全不了解中国所处的帝国主义时代"，"他们这种糊涂认识的根源之一，即对外部世界一无所知，他们在国内妄自尊大，鼠目寸光，对于先进的制度，深闭固拒，不屑一顾"。③

在慈禧太后指派的"密使"中，"盖刘④奉朝命之后，不知慎重，性喜自吹，沿途炫耀，竟将所奉国书，向人宣示。且清日联盟密约此等大事，理应慎密，守口如瓶，不料刘氏大肆吹说"，"辄复嫖娼酗酒"，经日本《国民新闻》等媒体披露，"日人闻之，举国哗然，诮谤腾沸"⑤。

慈禧太后精心策划、操控小丑出演的闹剧，就这样呜呼哀哉了。

笔者在此费些笔墨似乎与光绪帝被慈禧太后毒死关系并不很大，其主旨在于：慈禧太后为了加害政敌，在国际关系中竟敢如此心狠手辣地冒天下之大不韪，那么，在其知己生命来日无多之际，先下手把光绪帝害死，自然是顺理成章的了。

医家之说

戴逸先生在《光绪之死》的文章中，紧接着"史家之论"，勾勒了"医家之说"，

---

① 孔祥吉、村雄田二郎：《罕为人知的中日结盟及其他——晚清中日关系史新探》，巴蜀书社，2004年，第200页。

② 奕劻，清高宗弘历曾孙，同治十一年任御前大臣，光绪十年任总理各国事务衙门大臣，光绪二十年被慈禧太后封为庆亲王。

③ 孔祥吉、村雄田二郎：《罕为人知的中日结盟及其他——晚清中日关系史新探》，巴蜀书社，2004年，第199页。

④ 刘，指的是刘学询。

⑤ 孔祥吉、村雄田二郎：《罕为人知的中日结盟及其他——晚清中日关系史新探》，巴蜀书社，2004年，第185页。

主要是通过对光绪帝的脉案史料进行了中医学理论的分析研究，得出了与史学家完全相反的结论，即医家说光绪帝系正常死亡，即"自然死亡说"。戴逸先生的这段文字是这样的：

> 20世纪80年代以后，事情发生了变化。清史研究更加重视清宫档案，档案数量汗牛充栋，涉及各个方面，其中有光绪帝病史的记录，积存甚多，保存相当完整。于是历史学家、档案学家、医学专家共同合作，仔细收集和研究光绪帝的脉案和药方，探索其一生的健康情况，得出了和上述截然相反的结论。认为光绪帝一生身体虚弱，百病丛生，久治不愈，尤其光绪帝三十四年之后，病情加重。他的去世属于正常死亡，并非慈禧太后等人谋杀，"光绪之死，既无中毒或伤害性的迹象，也没有突然性早亡的迹象，应该是属于正常的病亡"。（《揭开光绪帝猝死之谜》）

> 专家们在详细研究分析了光绪帝的脉案之后，说光绪帝幼年即身体虚弱，大婚之前稍感风寒，必头疼体瘦，年仅十五六岁已弱不禁风，二十七八岁患耳鸣脑响，渐次加重，又长期遗精。平日因慈禧太后虐待，生活清苦。戊戌以后长期软禁，食不果腹，衣不暖身，御前所列菜肴虽多，但大多腐臭，不能进口，有时令御膳房添换一菜肴，必先奏知西太后，太后常常以俭德责之，光绪帝竟不敢言。瀛台涵元殿光绪帝居所年久失修，四处透风，隆冬天气并无炉火，寒冷已极。侍候光绪帝的老太监王商去和内务府大臣立山商量，立山也同情皇帝处境，偷偷整修了涵元殿，糊好了涵元殿的窗户纸。不料慈禧太后闻知此事，怒责立山，"看来你越来越能干了，会走好运了，明儿我派你去打扫瀛台"，吓得立山连掴自己耳光，连称"奴才该死"。义和团起时，大概以为立山会与光绪帝、外国人连通一起，慈禧太后竟把立山处死。

> 这些虐待光绪帝的情形很多。专家们认为，慈禧的虐待使得光绪帝心情不舒畅，病体更加重，以致死亡。专家们称："详考清宫医案，用现代医学的语言来说，光绪帝是受肺结核、肝脏、心脏、风湿等慢性病长期折磨，致使身体的免疫力严重缺失，酿成了多系统的疾病，最终造成心肺功能衰竭，合并急性感染而死亡。"（冯伯祥《清宫档案揭秘光绪之死》）也有的专家说："光绪帝之死与慈禧之死，其间并无必然之联系。光绪帝之死按脉案记录之病理

病状分析，属于正常的疾病死亡。没有发现突发性的意外病变之可能。所谓他是被慈禧太后所毒害而死的议论，至少，在目前来说，尚没有可靠的史料做依据。……他母子二人接连死去……其实这不过是当时一种偶然的巧合，并没有什么值得可疑之处。"

另一位专家说："从光绪帝临死前的脉案及其亲书的《病原》来分析，其死因属于虚劳之病日久，五脏俱病，六腑皆损，阴阳两虚，气血双亏，终以阳散阴涸，出现阴阳离决而死。"（李秉新《光绪猝死一案》）

1938年，易县的崇陵（光绪陵墓）被盗掘，尸体遗物暴露在外。1980年清理并重新封闭了崇陵，曾将光绪帝的遗骨做过简单检测，当时没有先进的检测仪器，并没有发现有外伤的痕迹，亦无中毒表现。此次检测过程较简单，故只能以脉案做分析，光绪帝之死属于正常死亡，遂成定论。崇陵重新封闭时，将光绪帝的若干头发、遗骨与衣服保存在西陵文物管理处的库房内。

社会上虽有人提出了不同意见，但并没有更强有力的新证据。如《启功口述历史》中说：慈禧太后病痢，他的曾祖父（启功为清朝宗室，其曾祖父溥良为晚清礼部尚书）在太后住所外侍疾，"就在宣布西太后临死前，我曾祖父看见一个太监端着一个盖碗从乐寿堂出来，出于职责，就问这个太监端的是什么？太监答道：'是老佛爷赏给万岁爷的塌喇。'塌喇在满语中是酸奶的意思。当时光绪帝被软禁在中南海的瀛台，之前也从没有听说过他有什么急症大病，隆裕皇后也始终在慈禧太后这边忙活。但送后不久就由隆裕皇后的太监小德张（张兰德）向太医院正堂宣布光绪皇帝驾崩了"。但由于对光绪帝的脉案进行了详细研究，大多数人相信光绪帝是正常死亡，所以启功先生这段证言未引起学术界和社会的重视。

在戴逸先生梳理的"医家之说"资料之外，还有两份医家资料需在文中予以交代，因为它与光绪帝之死因判断及研究直接相关。

其一是：20世纪80年代，由中国中医研究院与中国第一历史档案馆合作，将清代皇家脉案汇为《清宫医案研究》[①]，其主编陈可冀[②]先生认为：

---

① 陈可冀：《清宫医案研究》，北京中医古籍出版社，2003年。
② 陈可冀，汉族，1930年10月生于福建。中国科学院院士，著名中西医结合内科专家，中国中医科学院首席研究员。

光绪帝之死因，传说颇多，因其死亡之次日（十月二十二日）慈禧太后亦崩。皇帝与太后两人仅隔一日而亡，则为其死因增添了神秘之政治色彩。而光绪帝被慈禧太后"害死"之说，人们更笃信不疑。然就光绪帝脉案之分析，其死于病之可能性最大。纵观光绪帝病情，自幼身体孱弱，脾胃不和。年及弱冠，即有滑精，直至临终，仍无好转。又复长年咳嗽，盗汗，潮热，似患结核病。加以政治失意，精神抑郁，而致心悸怔忡，纳呆不寐诸症叠起。尤其光绪二十四年戊戌变法失败，与慈禧太后反目，身遭软禁，病势日重，终致不起。故自二十四年之后，光绪帝几乎终日送药，而病势却每况愈下。其间曾广征各地名医进宫诊治，如陈秉钧、施焕、吕用宾、杜钟骏辈，均系彼时应荐入宫者。其后，又相继谕示各省督抚尽速荐医，以挽皇帝疴疾。诸此种种，均可说明光绪帝之死因，乃属慢性消耗性疾病。①

上述陈可冀先生的引文，出自《清光绪帝死因鉴证》②，《鉴证》作者在引用这段文字后评论说："此一段文字，前有'然就光绪帝脉案之分析，其死于病之可能性最大'，后有'诸此种种，均可说明光绪帝之死因，乃属慢性消耗性疾病'，也即肯定光绪帝属自然病亡。"③

陈可冀先生一直坚持"光绪帝属自然病亡"之说，直至主持"清光绪帝死因鉴证"课题的作者、中央电视台钟里满先生于2008年发布《光绪帝系砒霜中毒死亡》的报告时，陈可冀先生依然坚持自己的学术观点，并要求"双论并存"，但国家清史编纂委员会没有接受陈可冀先生的要求和他的学术观点。④

其二是：1982年，朱金甫⑤和周文泉⑥两位先生撰文《从清宫医案论光绪帝载湉之

① 见《清宫医案研究》第1528页，此论见《清光绪帝死因鉴证》前言第1页。
② "清光绪帝死因研究"课题组：《清光绪帝死因鉴证》，北京出版集团公司、北京出版社，2017年。
③ 同上书，前言第2页。
④ 钟里满与笔者的谈话，2017年12月19日下午。
⑤ 朱金甫，明清档案专家，清史专家，研究馆员，1980年任中国第一历史档案馆研究室主任，《历史档案》杂志社主编。
⑥ 周文泉，从事中医、中西医结合临床科研及教学工作40余年，中国中医科学院老年医学学术带头人，中国中医科学院西苑医院老年科学及清宫医案研究室研究员，全国中医老年病医疗中心学术带头人。

死》①，得出光绪帝是死于疾病的结论。但两先生在文章最后也客观、审慎地表示：

> 当然，以上看法，仅是笔者根据现存之档案记载而做的常规论证，至于在档案记载之外，是否有难以逆料之奥秘，则非笔者所能断言。但有关光绪帝之死的种种猜测之词虽然可以流布，却决不能取代档案记载而成为信史。好在光绪帝陵寝已开启，笔者于前年曾往崇陵考察，得见光绪帝之遗骸及头发尚存。倘日后有人化验检查，或可为本文提供进一步的论据。②

就在两位先生的文章发表 20 多年后，正如他们文中所说的对光绪帝之头发等进行"化验检查"，研究结果表明："光绪帝系砒霜中毒死亡。"

超常之路

2002 年 12 月 12 日，新中国成立后由开国元勋前后数次动议而未能实施的国家清史纂修工程，终于以新中国自己培养的历史学家戴逸任主任的国家清史编纂委员会正式组建挂牌为标志，在清王朝被推翻 91 年后正式启动。

国家清史纂修工程的正式启动，这一在中国社会政治生活中具有重要历史意义的事件，在社会上引起了广泛关注。作为中国社会生活中最受关注的媒体中央电视台，其中有一位媒体人提出了拍一部清朝电视专题纪录片的动议，且得到了台里领导部门的批准。这位媒体人就是被人称为"得奖专业户"的钟里满。

钟里满，北京人，从小受电影评论家、父亲钟惦棐的影响，酷爱文史，1968 年赴山西运城插队务农，1978 年考入山西农学院基础部师资班物理专业，被选送至陕西师范大学物理系。完成四年本科学业后于 1982 年进入中央电视台从事科教片制作，除任总编导、主播拍摄大型纪录片《寻找失落的年表——夏商周断代工程》及科技专题片《普救蝉声》两次获国家一等奖外，还获多项奖励，至 2003 年时已是位资深的电视媒体人。

钟里满早就知道，在清朝 268 年的历史上，存在八大疑案：太后（孝庄皇后，顺

---

① 朱金甫、周文泉：《从清宫医案论光绪帝载湉之死》，《故宫博物院院刊》1980 年第 3 期。

② "清光绪帝死因研究"课题组：《清光绪帝死因鉴证》，北京出版集团公司、北京出版社，2017 年，前言第 2 页。

治帝生母）下嫁（多尔衮），顺治出家，雍正夺嫡，雍正被刺，乾隆身世，同治死因，慈安暴薨，光绪猝亡。其中"光绪猝亡"距离当今最近，社会影响最大。如选此题为切入点拍摄清朝专题纪录片，史料、电视资料等真实现场镜头比较好处理，于是产生了选题动议。

钟里满在课题立项"预研"时发现了两个系列的材料，一是陈可冀院士主编的《清宫医案研究》及朱金甫、周文泉两位先生的撰文《从清宫医案论光绪帝载湉之死》，结论是光绪帝属自然病亡；二是参与1980年对崇陵（光绪帝之陵墓）进行抢救性发掘整理的陈宝蓉先生撰《清西陵纵横》[①]。陈著从1938年崇陵被盗切入。陈宝蓉先生在书中说道："一九三八年秋，崇陵被盗，地宫内棺椁被打开，金银财宝被盗走，光绪皇帝尸身也被抻到宝床之下。事隔四十二年之后，一九八〇年，经中央有关部门批准，清西陵文物保管所清理了崇陵地宫，发现光绪皇帝尸身虽已无肌肉，骨骼各关节连接完好，一米六四的身躯，无刀剁斧砍之伤迹。取其颈椎及头发化验，也没有发现中毒致死的证据。清理化验完后，将光绪帝完整尸骨用塑料袋封闭，装进特制的楠木小棺中，复葬进了原来的棺椁里。实物表明，光绪帝之死并非刀斧利器所伤或中毒所致。"[②]

鉴于所掌握资料都认为光绪帝属于正常病亡，钟里满等人决定以"自然死亡说"拍摄光绪帝死亡纪录片。赴清西陵采访时，清西陵文物管理处告知钟里满他们，当年在清理崇陵地宫时已将光绪帝和隆裕皇后的遗骨经清理后重新封闭在棺椁内。但据当年参与清理并著书的陈宝蓉先生回忆，他当时曾请参与地宫遗物整理的部队周姓军医测试了光绪帝的骨头和头发。

职业带来的敏感使钟里满他们异常振奋：这是一个重大信息！

摄制组成员小王家住八一电影制片厂宿舍大院，通过八一厂转辗关系，终于找到了周姓军医。原来，周姓军医大名为周长锁，参与崇陵地宫遗物整理时周长锁为中国人民解放军三十八军一一二师通信团卫生队医生，后转业至河北省雄县医院任副院

---

① 陈宝蓉：《清西陵纵横》，河北人民出版社，1998年。

② 见《清西陵纵横》，河北人民出版社，第187页。原注钟里满指出，2007年钟采访当年参加开陵整理工作的夏清海时，夏当时经陈宝蓉同意，曾持一节颈椎骨到保定防疫站测试，未验出毒物。夏一直认为防疫站属公安部门，其实不是，且不具检测微量元素设备，属考古工作中选择检测单位的偏差。上述文字见《清光绪帝死因鉴证》第10页。

长。周长锁说，他是当年首批进入崇陵地宫，且是首先整理光绪帝遗物的人。在谈及当年情况时，周长锁表示，从来没有人要求他对光绪帝的遗骨或头发进行过测试，并说明当时军队医院也没有这种测试装备。

钟里满以周长锁谈话录像的内容与陈宝蓉沟通。在陈宝蓉的帮助下，在河北省文物局河北保定文物管理处、清西陵文物管理处的支持下，摄制组于 2003 年 7 月 17 日在清西陵文物库房取到了少许光绪帝头发。

河北省文物部门尤其是清西陵文物管理处的大度，让钟里满对他们印象至深。由是，清西陵文物管理处成了日后成立课题组的第一个合作对象。后参加课题组的成员有耿左车（清西陵文物管理处主任）、李军（清西陵文物管理处资料科科长）、邢宏伟（清西陵文物管理处副研究员）。

要从事光绪帝头发的测量，其装备、方法及数据必须由法医鉴定机构确认。2003 年 7 月，北京市公安局法医检验鉴定中心在国内司法鉴定机构中率先通过了国家实验室认可和计量认证，由此其出具的各类检验鉴定结论为国际上所承认和采信。光绪帝死因研究课题由此加入了北京市公安局法医检验鉴定中心的专家。参加课题组的成员有张新威（高级工程师）、张大明（教授级高级工作师）、宋朝锦（教授级高级工程师）、潘冠民（教授级高级工作师）。

一个重大、严峻的问题放在钟里满他们的面前：光绪帝的些许头发用什么办法检验检测？找谁去检验检测？光绪帝的死亡之谜，很可能从头发上可以做出突破！

这不是天方夜谭！钟里满在大学里是学物理的。四年大学生活不仅让他了解了物理学的古往今来，而且也了解了物理科学技术的应用前沿，比如，大名鼎鼎的法国皇帝拿破仑，是在他死了 100 多年后由国际法医毒物学家在拿破仑头发中找到了凶手——三氧化二砷（砒霜），其含量比正常人高出三四十倍，由此解开了拿破仑死于慢性砷中毒的谜团；瑞典国王埃里克十四世死因，也是从他的头发、寿衣乃至内脏的残渣处通过中子活化分析，在他死了 400 多年后查清死于砷化物慢性中毒。光绪帝会不会步这两位皇帝的后尘，也死于砷中毒呢？

更使钟里满神往的，是运用现代科学技术与文史课题相结合，探索史学谜踪，这是他的学术路径。还在 20 世纪 90 年代中期，中国史学界搞了一个重大工程"夏商周断代研究"，钟里满以碳 14 放射性元素 5730 年半衰期为科技切入点，所拍摄的电视纪录片获国家一等奖；后来，张生与崔莺莺爱情故事发生地山西永济县普救寺常发出蟾鸣声，钟里满随声学专家拍摄破解《普救蟾声》的科技纪录片，再获国家一等奖……这次更使他激动又忐忑不安，对光绪帝头发做微量检测，又会发生点什么呢？

钟里满将"光绪帝头发检测"问题与北京市公安局法医检验鉴定中心教授级高级工程师潘冠民等专家商量，潘冠民等认为，"光绪帝头发检测"非中国原子能科学研究院莫属，检测方法首选"中子活化分析"，这个建议与钟里满的想法不谋而合。

中国原子能科学研究院是中国原子能事业的摇篮，中国第一座核反应堆（重水堆）、第一台粒子加速器（回旋加速器）、第一台同位素分离器都在这里落成，其业绩、成果享誉世界，大批专家从这里源源不断地走向全国乃至世界。尤其需要在本文中重点推介的是，1984 年中国原子能科学研究院建成了有完全自主知识产权、国内第一家原型微型反应堆，它大大方便了教学、科研，是一种小型、安全、稳定、简便、经济的核分析装置，在中子活化分析方面极大地拓展了应用空间。

中国原子能科学研究院堆工所高级工程师、主持在堆工所开展光绪帝头发中子活化分析的王珂给笔者介绍说，中子活化分析的最大特点是精度高，能检测到物质残留量的一亿分之一克至一千亿分之一克。打个比方说，通过中子活化分析，可以在 1 亿人中间找准一个犯罪嫌疑人，甚至可在 1000 亿人中锁定一个需找的人。

中子活化分析为什么有如此神奇的功能？

这是全世界许多科学家为之共同奋斗的结果。

早在 19 世纪后期，世界科学技术发展的中心在英国。卡文迪许实验室的科学家卢瑟福发现放射性元素在衰变过程中会放射出 α 粒子（带正电荷）、β 粒子（带负电荷）、r（中性粒子流，穿透力尤强），卢瑟福由此把原子核的结构比喻为"太阳系模型"。1932 年初，法国巴黎的居里夫人的女婿约里奥 – 居里在镭研究中发现了一种能量比 r 射线强 8 倍的中性粒子流，他在文章中依然把它称为 r 射线。英国科学家查德威克在验证约里奥 – 居里的实验时，确认这粒子流是中子流，性状与 r 射线差别很大。查德威克由此在 1935 年获诺贝尔奖。由此，中子的应用不仅在原子弹、氢弹方面大放异彩，而且在基础科学、应用科学领域做出了重大贡献。

以检测头发中砷（As）的微量元素为例，中子活化分析的简要原理是：当反应堆中具有一定能量的中子去轰击含有微量砷的头发截段时，头发截段中的待测元素砷（75As——75 为元素周期表上 As 的元素序号，即含有 75 个质子和 75 个中子，此元素处于稳定状态）的原子核吸收了一个中子变成 76As（砷 75As 的放射性同位素），因其原子核吸收了一个中子而变成不稳定状态，即活化，开始处于衰变状态。这时的放射性元素 76As 有两大特征：半衰期（为 36.32 小时，即过了这个时段，它的放射性能量会衰减一半）和射线能量［其特征 r 射线能量为 559.1 千电子伏特（keV）］。科学家通过长期工作，将所有元素标准物质的放射性 r 射线的能量已全部标准化了，所以，只要在放射性砷元素 76As 半衰期内由实验测量仪器捕捉到 76As 的 r 射线所占有的能量大小（科学术语称"峰面积"），就可用专门的公式计算出 76As 在头发上所占的比重。

2003 年 8 月中旬的一天，冒着肆虐的"非典"风险，钟里满一行风尘仆仆地来到位于房山区坨里的中国原子能科学研究院，院里把此任务交给堆工所 29 室的王珂，王珂再商请张永保（正高级工程师）、邹淑芸（高级工程师）、夏普（正研究员）、李义国（正高级工程师）加盟，按部就班地检测起来。钟里满事后回忆说，与王珂等人交接任务时，并未把头发的来源道明。不言而喻，他怕增加他们的工作压力。而对王珂他们来说，公安部门交办任务时，总是神秘莫测的，这也是一种常态了，从不打听，这是他们的职业操守。

领受检测任务之后，王珂他们按规范程序进行运作。

1. 按国际原子能机构（IAEA）推荐的方法清洗头发：

丙酮 15 分钟搅拌—三遍超净水洗涤—丙酮洗涤（去油脂）。

清洗后自然晾干。

截段，分装，编号——这次检测头发总长为 26 厘米，截段 26 小段，每段长 1 厘米；每段用梅特勒电子称重——封入洗净的高压聚乙烯薄膜袋内（高压聚乙烯薄膜材料分子式为 –［CH_2-CH_2］n-，n 值约 10 万，无色，无味，无臭，无毒，有优良的耐低温性能，使用温度在 –100℃ ~70℃，化学稳定性优良，电绝缘性优良，全世界科学界公认的性状稳定材料，在中子轰击下性能稳定，不产生变异，不对 r 射线穿透产生阻滞作用）[①]；对每段头发依序编号，一起装入高压聚乙烯薄膜袋内。

---

① 高压聚乙烯性状由东华大学材料学科研究员、博士生导师、合成纤维专家刘兆峰提供。

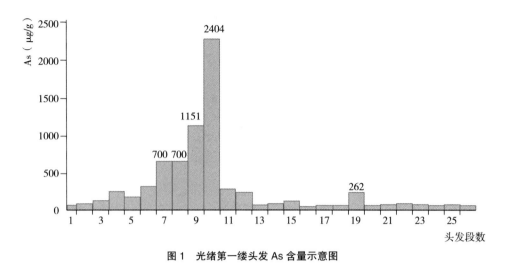

图 1　光绪第一缕头发 As 含量示意图

2. 入堆辐照。原子能研究院微堆功率较小，中子通量亦较小，所以入堆辐照时间为 24 小时。

3. 用高锗探测仪检测入堆辐照头发样品。初步检测样品，发现其 r 射线与砷标准能谱完全一致，遂逐一记录各段头发 r 峰值面积。

4. 用世界科学界公认通用计算公式计算出各段头发的砷含量（如图 1 所示）。计算表明：

第 10 段头发含量最高，值为 2404 μg/g；

第 9 段头发含量为次高，值为 1151 μg/g；

第 7、8 段头发均为 700 μg/g；

第 19 段头发为 262 μg/g。

2003 年 8 月 29 日，王珂打电话告知钟里满：检测结果是——头发中有两段砷值远高于现代人头发中的正常量，其中一段竟高达 2404 μg/g（现代人头发砷含量为 0.25~1.0 μg/g）。

当钟里满依王珂口头实验报送复述完一遍时，钟的办公室里欢呼声一片。

王珂：“咋回事？”

钟里满：“我的同事在欢呼你们的工作！

“现在可以告诉你了！你们检测的是清朝光绪帝的头发。将近 100 年了，多少历史学家和医生都想揭开光绪帝死因的谜底，但大家却只是在黑屋子里摸索，而你们的工作竟把黑屋子的门缝打开了，大家可以走出黑屋子了！"

王珂他们当然也很高兴。

2003 年 9 月 3 日，王珂等应约前往清西陵文物管理所库存房。在法医专家、北京市公安局法医检验鉴定中心教授级高级工程师按法医学严格、规范的操作要求及监督下，王珂一丝不苟地提取了光绪帝遗发一缕（实际亦为一根）。

王珂他们依第一缕头发所定规范如法炮制，不同的是这一根头发长为 65 厘米，截段时第一、第五十九段长度分别为 4.5 厘米和 3.5 厘米。经检测计算后光绪帝这一缕头发中砷元素含量与第一次类似，其中第 26 段含砷量最高，为 362.7μg/g（如图 2 所示）。

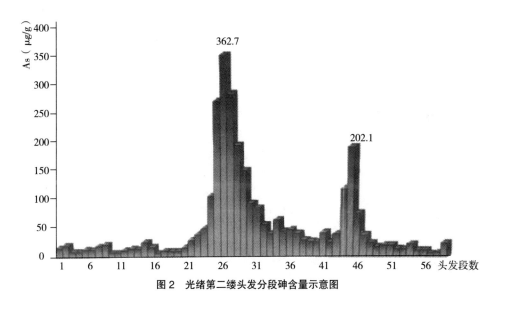

图 2　光绪第二缕头发分段砷含量示意图

在此过程中，钟里满认为有几点需要交代说明：一是王珂、潘冠民两位高工去清西陵文管所进行二次取样时，河北省文物局局长张立柱先生专程前往文物库房现场观看取样情况，并对继续支持这项研究做了部署，同时还采到隆裕皇后头发少许，以备后用。二是潘冠民先生依据光绪帝第一缕头发砷值的检测结果及以往的案例结合法医理论分析指出：如果光绪帝系急性砒霜中毒，则由于中毒致死的时间不过数天，故发根处不会有砷值剧升的情况，因此，对于头发中段出现高砷值的现象，应予认真研究。

检测结果形成后，钟里满立即与国家清史编纂委员会主任戴逸先生做了沟通。戴逸先生对此极为重视，除了决定将此事在内部的简报上予以刊登外，还提出将这一研究课题列为清史编纂委员会重点研究课题，以便把课题做得更深入、扎实，无懈可击。钟里满在《寻找失落的年表——夏商周断代工程》拍片时就与戴逸先生熟识了，戴先生对这位年轻人立意将现代科学技术与考古、历史研究相结合印象至深。这次戴逸先生与钟里满的交流更深入了。

戴先生指出：中国史学界的很多学者都认为是慈禧太后毒死了光绪帝，材料颇多，苦于没有铁证。后来，医学家有几批学者主要是中医学者依据清宫档案、光绪帝脉案做了很多研究，结论是自然死亡，病亡的。这样，史学界的学者也就难以说话了。清史纂修工程启动后，光绪帝之死这一晚清历史上的重大问题没有结论，不能不说是个遗憾。你们课题组由电视摄制部门、文物工作部门、法医检验鉴定部门、原子能研究院的专家学者实行横向联合，这本身就是创新、创造，是历史研究、文物考古、法医检验鉴定、高科技的有机组合，会走出一条新的道路。现在取得的成果，只是跨出的第一步。你们的工作一定要稳扎稳打，不要忙于赶进度，要把各种疑难问题都解析清楚，如环境问题，会不会是慢性中毒的急性发作，有没有可能光绪帝死后的人为破坏，有没有可能是防腐措施，等等，一切与命案有关的疑问、细节都要辨别清楚，做出明确的解释，这样才能办成"铁案"，经得起别人批评，经得起历史、时间的检验、考验。

就是在这样的景况下，清光绪帝死因研究开始走上了超常规道路，而两缕头发的成功检验，只是万里长征才迈开了第一步。

剥茧之为

诚如戴逸先生所说，运用高科技手段检测出光绪帝头发中含有超高值的砷，只是这项研究跨出的第一步。令钟里满他们意想不到的是，仅是确认"光绪帝系砒霜中毒死亡"，如果从立题算起，前后竟用了5年时间！其间之复杂、麻烦，工作之精细费心，犹如抽丝剥茧，快不得，慢不得，紧不得，松不得，只能徐徐前行，趁势而为，个中之艰难困苦可谓一言难尽。限于篇幅，择其工作之要者简报如下。

1.验证光绪帝头发砷含量

（1）光绪帝发砷与清代人、当代健康人发砷本底值的对比实验

本底值是指在没有进入检测样本下检测仪器的信号值；环境本底是指自然环境未

受污染情况下各环境要素或物质的基线含量。

人体头发是参与人体代谢并能"记录"特定时期人体积蓄某些元素信息的人体组成部分。依据头发不同截段微量元素的含量，可测算出头发相应截段时期人体微量元素的摄取水平，进而探求微量元素在人体内的变化情况，以研究人体与外界环境之间的关系。一般成年人头发每天生长 0.35~0.55 毫米，一个月生长约 1 厘米，即 1 厘米头发可反映出人体内一个月的新陈代谢史。

要说与光绪帝头发相关的砷，本来在自然界分布很广，它多以硫化物和氧化物的形式存在。它的硫化物主要是雄黄（四硫化四砷，As_4S_4）、雌黄（三硫化二砷，As_2S_3）、砒霜（三氧化二砷，As_2O_3）等。尽管许多研究表明砷可能是人体的必需微量元素（正常人每天的摄入量为 20μg 以下），但过量的砷会使人中毒甚至死亡。

做对比实验的清代人的头发分别为隆裕皇后的头发和出土于北京南苑的清末一草料官干尸的头发。草料官与光绪帝为同时代，同性别的人；隆裕皇后与光绪帝不仅为同时代人，且生活环境相同；做对比实验的当代人的头发，分别来自中国原子能科学研究院的 5 名职工，均为男性。

三组对比实验表明，光绪帝两缕头发中砷含量的最高值（2404μg/g）不仅远高于当代人（原子能院五职工）发砷本底值（平均为 0.14μg/g），而且也远远高于其同时代人的发砷本底值，是清末草料官发砷含量的 132 倍，是隆裕皇后发砷含量的 261 倍。[①]

（2）光绪帝的发砷与周围环境的砷含量对比实验

1980 年清西陵文物管理处奉命组建工作队清理崇陵被盗地宫（1938）时，工作慎细、周密，屑、渣、土、末、水等都一一收集妥存。课题组两次前往采样：第一次采集的样本有棺椁内帷幔碎屑、香料等残渣、粉末，墓内墓室墙根土、棺椁旁边地面土、离墓室地面 20 厘米处土，陵区环境土、河水，共 11 份样品；第二次采集的有棺椁内帷幔碎屑、香料等残渣，墓内棺盖上土、被盗遗迹土、墓内渗入水，陵区环境土、河水、井水，共 21 份样品。

第一次采集的样品在原子能科学研究院依旧用中子活化分析法检测，第二次采集

① "清光绪帝死因研究"课题组：《清光绪帝死因鉴证》，北京出版集团、北京出版社，2017 年，第 6 页。

的样品用原子荧光光度分析法①检测。检测结果表明，光绪帝棺椁内、墓内和清西陵陵区环境样品的砷含量远远低于光绪帝头发的砷高峰值，表明光绪帝头发上高浓度砷物质并非来自环境的沾染。②

（3）光绪帝的发砷与砷慢性中毒患者的假设类比实验

课题组通过传媒报道找到一患者，其为治病 4 年间平均每天服用规定量 4 倍的牛黄解毒片（含雄黄），造成慢性砷中毒以致生命垂危，于 2004 年 5 月中旬确诊并接受治疗。取其长发两缕，一缕为连根拔下（带毛囊），另一缕为梳理时自然掉下的（不带毛囊）。经用与光绪帝第一、二缕头发相同方法处置、检测，患者发砷分段值及分布图与光绪帝决然不同：慢性砷中毒患者在发根很近位置有个极值区，光绪帝发砷近似正态分布的高峰区在中部；从数值看，光绪帝发砷最高值为 2404μg/g，为慢性砷中毒患者发砷最高量（36.43μg/g）的 66 倍。③

假设类比实验表明，光绪帝的发砷来源与慢性砷中毒患者不同，不是新陈代谢的结果，而是另有其他来源。

（4）砷化合物可以与人头发顺利结合的实验研究

取一段当代人头发，长度为 10 厘米，清洗干燥后，放在一层棉花上，棉花下垫一层聚乙烯薄膜；用定量滴管取砒霜溶液（浓度为 1.28mg/mL，北京市公安局提供），体积为 36.5μL，一次性滴在头发第 5 厘米处，放置 24 小时，清洗并分段分析检测。

另取同一人的头发，清洗后分段分析检测砷的本底含量。

实验的分析检测表明，外界的砷化合物（砒霜）不经过人体自身机体的代谢，也可以吸附、渗透到头发内，而且可以形成近似正态分布的高峰。④

综合上述实验研究和分析检测，可以推测光绪帝发砷分布高峰不是新陈代谢的结果，而含有高浓度砷的物质沾染可以形成。

---

① 原子荧光光度分析，是利用原子荧光谱线的波长和强度进行物质的定性与定量分析的方法。其原理是：原子蒸气吸收特定波长的辐射之后，原子激发到高能级，激发态原子接着以辐射的方式去活化，由高能级跃迁到较低能级的过程中所发射的光称为原子荧光。根据荧光谱线的波长可以进行定性分析。在一定实验条件下，荧光强度与被测元素的浓度成正比，据此可以进行定量分析。

② "清光绪帝死因研究"课题组：《清光绪帝死因鉴证》，北京出版集团、北京出版社，2017 年，第 7 页。

③ 同上书，第 8-9 页。

④ 同上书，第 10 页。

2.进一步确证光绪帝发砷来源的查证研究

2006年3月10日，课题组以初步报告征询中国工程院院士、法医专家刘耀及刑事技术专家等人的意见、建议时，专家们认为，应按照案件侦查思路和专业技术规范，争取开棺检验，以扩大取样分析范围，以进一步确证。

鉴于光绪帝的棺椁于1980年清理后严密封存，不可能再次开棺，为扩大取样分析范围，再次提取光绪帝头发上的残渣物及散落的头发，并首次提取光绪帝遗骨及衣服样品（1980年崇陵光绪帝棺椁清理后保存在清西陵的文物库房），进行砷的来源、分布查证研究。

在不可重新开棺的条件下，课题组依照物质吸附和信息转换还原原理，对光绪帝的遗骨及附近其尸体特殊部位的衣服进行取样检验。采样部位、采样方式均在课题组成员、北京市公安局法医检验鉴定中心法医专家亲临现场指导下或由法医专家直接动手，按照规范的法医开棺检验方式、方法和要求进行。

（1）光绪帝头发及头发上残渣物的检测

从清西陵文物处文物库房提取的光绪帝的头发，头发上局部有结痂物状的残渣。用镊子刮取残渣物，然后再取刮掉残渣物的头发，分别对从头发上刮取的残渣物、刮掉残渣物的头发（未清洗）、掉落的碎发（未清洗）、掉落的残渣物用中子活化分析法进行检测，结果砷含量分别为913μg/g、363μg/g、304μg/g、3060μg/g。[1]

检测表明，残渣物的砷含量明显高于头发，由此说明这些残渣物是光绪帝头发高含量砷的来源，从而也进一步证实了光绪帝的发砷分布高峰值由含高浓度砷的物质沾染形成。

（2）光绪帝遗骨表面附着物的检测

1980年对光绪帝棺椁进行清理时，光绪帝的部分遗骨保存于清西陵文物库房的遗骨瓶内，共有肩胛骨、寰椎骨、肋骨等7块遗骨。砷中毒者尸体腐败后，器官组织中的砷可能会沾染到骨骼上。通过刮取光绪帝7块遗骨表面的附着物进行砷含量检测，表明7块遗骨都含有砷，肩胛骨2刮下的碎屑砷含量达242μg/g，肩椎骨1刮下的碎

---

[1] "清光绪帝死因研究"课题组：《清光绪帝死因鉴证》，北京出版集团、北京出版社，2017年，第12页。

屑砷含量达 1269μg/g。[①]

检测结果表明，光绪帝某些遗骨表面沾染了大量的砷，说明这些砷来源于腐败的尸体。这项检测是判断光绪帝是否死于砷中毒的重要依据。

（3）光绪帝葬衣上砷的分布检测

1980 年对光绪帝棺椁和尸骨清理时，保存在清西陵文物库房内的光绪帝的葬衣有 5 件，其中 4 件上衣（或外衣），1 条裤子。

第 1 件为最外层的龙袍，较完整，选 19 个部位取样。

第 2 件为夹衣，较为完整，选 18 个部位取样。

第 3 件为部分完好的双层短上衣，选 20 个部位取样。

第 4 件为残破的上衣，碎成 3 片，两只袖子各为 1 片，左下躯干部为 1 片，共选 15 个部位取样。

第 5 件为双层夹裤残片，仅存裆部以上部分，选 25 个部位取样。

在上述选取的样品中，一份用中子活化分析法检测，另一份用原子荧光光度法检测。[②]

检测结果表明，第一件至第三件，每件衣服的胃区部位、系带和领肩部位的含砷量较高；从穿着层次看，第四件衣服（内层衣服）的含砷量大大高于第一件至第三件；从尸体的特殊部位看，衣服掉下来的残渣（胃肠内容物）的砷含量极高，大量的砷化合物曾存留于光绪帝尸体的胃腹部，尸体腐败过程会进行再分布，有多个去向，并由里向外侵蚀衣服，由此造成了衣服被以胃内容物为主的高含砷物质侵蚀沾染，裤子后内层被以肠内容物为主的高含砷物质侵蚀沾染，其骨骼被尸体肠内容物高含砷物质直接沾染，而其衣服的领肩部位和头发上的高量砷则源自其腐败尸体的溢流沾染。

3. 光绪帝致死毒物的验证和判定

前期对光绪帝的头发、葬衣及地宫所处环境水、土、尘等检验检测之结果主要为砷的含量，而砷的化合物有多种，其有关毒性等信息并未弄清。为此做了进一步分析。

[①] "清光绪帝死因研究"课题组:《清光绪帝死因鉴证》,北京出版集团、北京出版社,2017 年,第 13 页。

[②] 同上书,第 16—18 页。

（1）对光绪帝葬衣中残渣样品种态的分析验证

分析结果表明，光绪帝胃肠内容物沾染的衣服上残渣的砷化合物以剧毒的三价砷和有毒的五价砷为主，而微毒的有机砷化合物占少部分。由于不同种类的砷化合物在生物机体内随着时间迁移会发生不同的变化，所以结果不能直接反映光绪帝死前胃肠内容物的砷化合物种态，需另辟蹊径。[1]

（2）小鼠砒霜中毒实验及其脏器砷种态的转换验证

选 7 只体重相近的小鼠，3 只作为空白对照，4 只以砒霜溶液灌胃。第一组结果表明，砒霜急性中毒死亡小鼠胃容物中，虽有少量三价砷转变为五价砷和二甲基砷，但剧毒的三价砷仍占绝大多数（96% 以上）。[2]第二组结果表明，砒霜的三价砷所占的比例随时间的推移逐渐降低，五价砷随之增高，五价砷即由三价砷转换而来。[3]

实验表明，光绪帝胃肠内容物中三价砷的比例，在死时（100 年前）远不止29.3%（光绪帝葬衣第四件即尸体贴身夹服残渣样品分析结果）。

由此断定，光绪帝胃肠内容物中三价砷和五价砷均来自砒霜。

（3）对光绪帝尸体中砒霜总量的测算

人体中的砒霜总量是判断受体是否会中毒死亡的重要依据。相关研究表明：人口服砒霜 60~200mg 就会中毒死亡。[4]

课题组在研究报告中慎重指出："因受检条件限制，难以准确测算出光绪帝尸体中的砒霜总量，只能通过对其遗留在头发上和衣服上的部分砒霜量值进行测算，由此得知光绪帝尸体中的砒霜总量不会低于此值。"[5]

检测表明，仅光绪帝头发残渣、第四件衣服及其残渣中的砒霜总量就高达 201.5mg。

---

[1] "清光绪帝死因研究"课题组：《清光绪帝死因鉴证》，北京出版集团、北京出版社，2017 年，第 19 页。

[2] 同上书，第 20 页。

[3] 同上书，第 21 页。

[4] 结论见孔祥瑞著《必需微量元素的营养、生理及临床意义》，安徽科学技术出版社，1982 年，第 393-398 页；刘志民编著《现代实用毒物分析》，人民卫生出版社，1984 年，第 347-349 页；公安部教材编审委员会编《刑事技术学》，群众出版社，2001 年，第 837 页；《砷中毒——职业病》，http://www.39.net/diseasc/dzzyb/170487.html，2008-10-8，引自百度百科。

[5] "清光绪帝死因研究"课题组：《清光绪帝死因鉴证》，北京出版集团、北京出版社，2017 年，第 21 页。

2017 年 12 月 19 日，钟里满与笔者约谈时比喻说，砒霜对人口服的致死量是 60~200mg；课题组专家从第四件衣服残片上检测的残渣、头发残渣中的砒霜总量就达 201.5mg！200mg 砒霜就是半粒黄豆大小的剂量，拿这点物件做手脚简直是易如反掌！

简言之：

课题组在不能开棺直验且时隔久远、检材条件不足的情况下，由光绪帝发砷研究入手，通过对其头发不同截段砷含量异常分布情况的分析验证，发现并证实了导致其违背常规的砷元素分布的特殊原因，即光绪帝头发上的高含量砷并非为慢性中毒自然代谢产生，而是来自外部沾染；

通过对光绪帝遗骨、殡葬衣服被侵蚀的规律以及衣服上砷元素含量的分布情况分析，进一步证实了光绪帝的腐败尸体是砷元素污染的唯一来源；

通过对砷种态分析得知，光绪帝遗骨、头发、衣服中高含量的砷化物为剧毒的三氧化二砷，即砒霜；

经过科学测算，光绪帝摄入体内的砒霜总量明显大于致死量。

由此，课题组宣布研究结论为：光绪帝系砒霜中毒死亡。

为免除产生歧义，课题组还做了一些采访实证工作。如光绪帝的药、膳中有没有产生慢性砷中毒的可能？故宫博物院研究馆员徐启宪[1] 先生指出：光绪帝（包括慈禧太后和隆裕皇后）的药、膳中绝不存在砒霜这种成分。[2]

针对有没有可能用砒霜对光绪帝遗体进行防腐的问题，国家清史编纂委员会副主任、故宫博物院原副院长朱诚如先生指出：中国历代皇帝，均无用砒霜作为尸体防腐剂的情况。[3]

面对钟里满以"完满的答卷"的汇报，国家清史编纂委员会主任戴逸先生真正是赞誉有加。他放下手头的一些工作，加班加点，奋笔疾书，完成了重要史论《光绪之死》，该文与国家清史纂修工程重大学术问题研究专项课题"清光绪帝死因研究"课题组的《清光绪帝死因研究工作报告》同时发表于国家清史编纂委员会《清史研究》

---

① 徐启宪（1936—2011），故宫博物院研究馆员，院学术委员会委员。

② "清光绪帝死因研究"课题组：《清光绪帝死因鉴证》，北京出版集团、北京出版社，2017 年，第 4 页。

③ 同上。

2008 年第 4 期上。

戴逸先生除了对课题组的工作给予了极高评价外，对他们开创的超常规史学研究道路评价尤深。他在文章中以斩钉截铁的语气下结论说："光绪帝被毒死之事，百年之后得以确证，尘埃落定，真相大白。"

至于毒死光绪帝的主要凶手是谁？戴先生认为："以当时的条件环境而论，如果没有慈禧太后的主使、授意，谁也不敢、不能下手杀害光绪帝。"戴先生在简要梳理慈禧太后于戊戌变法后就开始酝酿废立与弑杀光绪帝的一系列阴谋后预言道："总之，慈禧太后自己先死，光绪复出掌权，尽翻旧案，故而在全国求医问药多次，大造光绪病重的舆论，希望光绪因体弱多病而先死，在人间悄悄地消失。但事与愿违，偏偏自己先罹重病，势将不起，故临终前令亲信下手毒死光绪帝。从检测结果与史料记载来看，这应是事实的真相。"[①]

戴先生在文中公布的结论及所做的预言，在中国史学界正可谓：石破天惊！

戴先生所做的预言，能否成为史实？

作为国家清史编纂委员会主任，在历史事实还尚未完全确认的情况下，给慈禧太后预下结论"下手毒死光绪帝"，是否有失历史公允？是否有"草率之举"之嫌？当时就有史学工作者对此提出疑问。

那么，钟里满他们能进一步拿出无愧于历史的结论吗？

侦探之道

运用现代科技手段确定"光绪帝系砒霜中毒死亡"之后，如何把"慈禧太后是毒死光绪帝的元凶"由预设变为定论，绝非易事。

钟里满为此充任了现代侦探的角色。

1. 从毒物学入手厘清光绪帝砒霜中毒的类型

2003 年 9 月初，经中国原子能科学研究院堆工所王珂等专家用中子活化分析法检测发现光绪帝头发出现砷残留物极度异常后，课题组主持人钟里满立即向国家清史编纂委员会主任戴逸先生做了沟通，戴逸先生对此极为重视，国家清史编纂委员会除当即将此事刊登在内部简报上外，还建议将"光绪帝死因研究"课题列为"国家清史纂

---

① 戴逸:《光绪之死》,《清史研究》2008 年第 4 期。

修工程重大学术问题研究专项课题"，由此，钟里满有了进入中国第一历史档案馆查阅任何清史档案资料的机遇和条件。

钟里满虽然掌握了光绪帝死于砒霜中毒的结论，但还未厘清光绪帝砒霜中毒的类型，因而也就难以从史料中破解其发病的症状、时间。为此，钟里满只能从《中国刑事科学技术大全·法医病理学》入手，了解到砒霜中毒有 4 种类型，且表现各异：

①急性麻痹型：患者常在数小时内急性死亡。

②急性肠胃型：患者可于数小时内至数天内死亡。若病程迁延则可以恢复。

③亚急性型：病程持续数周至数月。

④慢性型：病程可达数年。[①]

（1）急性麻痹型砒霜中毒的排除

钟里满查中国第一历史档案馆藏《光绪三十四年皇上脉案（三月二十四日立）》中最后一条脉案为：

> 十月二十一日，子刻，张仲元、全顺、忠勋[②]请得皇上脉息如丝欲绝。肢冷、气陷。二目上翻，神识已迷。牙关紧闭，势已将脱。谨勉拟生脉散，以尽血忱。

钟里满指出："子时是指二十日夜里 11 时至二十一日的凌晨 1 时，其长为两小时。"光绪帝死亡的时间记录在第一历史档案馆藏《光绪三十四年大行皇帝升遐档》头本：

> 二十一日全顺、忠勋请得皇上六脉已绝，于酉正二刻三分驾崩。

钟里满指出："即使把太医院院使张仲元所说的'子刻'定为二十一日凌晨 1 点钟，则光绪帝中毒后延续时间最少也为 17.5 小时。由此一条，即可以排除光绪帝砒霜中毒属第一型，即急性麻痹型（数小时内急性死亡）。"[③]

---

① 《中国刑事科学技术大全·法医病理学》，中国人民公安大学出版社，2002 年，第 602 页。

② 张仲元（1863—1939），河北乐亭人，清代最后一位太医院院使；全顺，御医；忠勋，御前医士。太医院设最高医官院使一人，正五品；正六品院判二人；正八品御医四人；从九品吏目若干人。

③ "清光绪帝死因研究"课题组：《清光绪帝死因鉴证》，北京出版集团、北京出版社，2017 年，第 67 页。

（2）慢性型砒霜中毒的排除

钟里满指出：这次光绪帝头发含砷本底值的测量，虽较现代人为高，但其与隆裕太后的发砷本底值基本一致，且距慢性中毒死亡的发砷含量有相当距离。因此，这表明不属慢性型砒霜中毒。实际上，从光绪帝尸身腐烂后浸透到内衣上的砒霜值，即可排除慢性砒霜中毒。[①]

（3）亚急性型砒霜中毒的排除

钟里满指出：亚急性型砒霜中毒的病程要持续数周至数月。而光绪死前11天，正是慈禧74岁祝寿日。根据《起居注》记载，光绪帝参加了这次祝寿，而且未服药，说明他此时尚未砒霜中毒。此距光绪死亡只有11天，也就是说，即使从祝寿日光绪砒霜中毒算起，也远远达不到"病程要持续数周至数月"。还有，根据军机大臣载沣日记，以及《宫门抄》，光绪帝直到十七日上午还在勤政殿和慈禧一起"召见军机"，此距光绪死亡只有4天。因此，可以排除光绪帝是亚急性型砒霜中毒。[②]

在砒霜中毒的4种类型中排除了急性麻痹型、慢性型、亚急性型之后，光绪帝患急性肠胃型砒霜中毒就在所难免了。

2. 慈禧太后的急病及其相应作为的梳理

清宫史专家朱金甫和周文泉曾尖锐、明确地指出："笔者以为……要是有人谋害了光绪帝，最大的可能性，就是出于慈禧本人。……因此，她如果终于下决心消除光绪帝，那就只有一个原因可以促使她这么做，那就是她已自知来日无多，有可能死在光绪帝之前。即如《崇陵传信录》中所述：'有潜上者谓帝闻太后病，有喜色。太后怒曰：我不能先尔死！'正是在这样的原因之下，史学界才注意研究慈禧之死因及其死之前病况，笔者也才觉得有必要去探讨慈禧本人在光绪去世之前，是否已患重病，并且自知将不起。这正是研究光绪帝死因的关键之一。"[③]

钟里满指出，朱金甫、周文泉两先生因未弄清由袁世凯推荐、为光绪帝诊病的西

① "清光绪帝死因研究"课题组：《清光绪帝死因鉴证》，北京出版集团、北京出版社，2017年，第71页。

② 同上。

③ "清光绪帝死因研究"课题组：《清光绪帝死因鉴证》，北京出版集团、北京出版社，2017年，第454页，原载朱金甫、周文泉《慈禧太后之死》，该文载于刘北汜编《实说慈禧》，紫禁城出版社，2004年，第233-234页。

医屈永秋的别号①，错过了屈文在《诊治光绪皇帝秘记》中有"迨至十月十八日……盖太后亦患重病，宫廷无主，乱如散沙"②的记录，再加《醇亲王载沣日记》是 2014 年才出版，朱、周两位先生虽有警觉，但失之交臂也就在所难免了。

（1）慈禧太后的脉案记录表明身体很不好

钟里满指出："经笔者统计，从慈禧的脉案上看，从慈禧死前一个月（九月二十二日），已经出现几乎每天下午乃至晚上御医为她加班诊视的记录了，而光绪一次也没有。这至少说明慈禧的身体状态已经很不好。"③

（2）慈禧太后病重的历史文字记录

御医杜钟骏有关于慈禧太后十一日"亦颇不适"的记录。④

御医屈永秋有"迨至十月十八日……盖太后亦患重病"的记录。⑤

《醇亲王载沣日记》⑥有祝寿（慈禧太后 74 岁生日）后的"十一日，OOO⑦皇太后圣宫不预"的记录。⑧

（3）慈禧太后十七日晚病情变化的重大发现

晚清时期，清政府内务府把宫中的重要问题该向民众告知的，除张贴"宫门抄"外，还通过上海《申报》予以公告，慈禧太后死后，其病危过程就是以"追纪"形式发布的。然而，正如钟里满所说："100 多年来，这段文字却没有被任何研究者发现、引用和研究。"⑨

十一月初一，即慈禧太后死后第 9 天，《申报》登出《紧要新闻：追纪　太皇太后病情》：

---

① 屈永秋（1862—1953），别号桂庭，广东番禺人，曾任清末御医，民国初年总统府总医官。
② "清光绪帝死因研究"课题组：《清光绪帝死因鉴证》，北京出版集团、北京出版社，2017 年，第 455 页。
③ 同上。
④ 同上。
⑤ 同上。
⑥ 载沣：《醇亲王载沣日记》，群众出版社，2014 年。载沣，光绪帝同父异母兄弟，清末军机大臣，后由慈禧太后立其子溥仪为宣统皇帝，命其为摄政王。
⑦ 《醇亲王载沣日记》以三个圈表示慈禧太后。
⑧ "清光绪帝死因研究"课题组：《清光绪帝死因鉴证》，北京出版集团、北京出版社，2017 年，第 455 页。
⑨ 同上书，第 456 页。

太皇太后圣躬违和，十二日已见稍愈。至十七晚间，病忽转剧。十八、十九两日未出寝宫，不理朝政。拥被不能起坐，头面手足，周身胖肿，肝胜如火。十八日太医院使张仲元御医接奉慈旨传令：羚羊五钱、焦三仙三钱，自食。张院使以此药性质与病有碍，奏请免用，致触慈宫之怒，大加斥责。此两日外省折件已奉慈谕：由醇代批，如遇要事，奉请慈旨。枢臣以"罢朝多日，恐人心惶惑"求见慈宫，请旨，慈宫允之，然唯醇邸入内。其时西藏紧信，日且数至，实无应付善法，慈宫焦灼万状，病又复作。福晋格格等入宫请安者，络绎不绝。王总管饬令内监查点各库御用物品，登簿注册。至十九晚间，病势尤重。[1]

《申报》有关慈禧十月十九日"晚间病势尤重"的报道（左）
和十月十七日"晚间病忽转剧"的报道（右）

---

[1] "清光绪帝死因研究"课题组：《清光绪帝死因鉴证》，北京出版集团、北京出版社，2017年，第457页。

钟里满对这《申报》"追纪"有详尽分析，现简要摘录如下：

第一，"不理朝政"是指慈禧太后未到勤政殿临朝，但每天都在寝宫接见军机大臣。

第二，"追纪"公开慈禧太后的脉案和药方，说明消息来源确是内务府。

第三，"此两日外省折件已奉慈谕：由醇代批。"根据十九日《上谕档》中那行小字"内奏事处口传：派醇亲王恭代批折"，可知这一条属政治上最高机密的懿旨细节，也非常准确，确是十九日。

第四，"然唯醇邸入内。其时西藏紧信，日且数至，实无应付善法，慈宫焦灼万状，病又复作。"为什么是"唯醇邸入内"呢？从《上谕档》中非常细小的字可以知道，醇亲王载沣十九日被慈禧太后秘密授权批折（公开通知全体军机大臣，则是在二十日）。

第五，慈禧太后十七日晚间"病忽转剧"的真实性。十七日慈禧太后还和光绪帝一起临朝，但十八日早上临时将"日本侯爵锅岛直大等觐见"撤去，可知慈禧太后至少到十七日早上临朝时，还认为自己有能力继续问政，十八日可以接见外宾。取消的直接原因，正是十七日晚间的"病忽转剧"。①

（4）肾内科专家刘刚解读慈禧太后病症：肺栓塞

经钟里满求助，北京大学附属第一医院肾内科专家刘刚先生调看了现存的慈禧太后24年内全部脉案后，把慈禧太后的身体基本状况分为两个阶段考察。第一阶段从光绪六年（其46岁）开始至她去世前两周，认为其可能存在高血压、糖尿病、气管炎、牙龈出血等；第二阶段为其去世前两周，从病情演变推导，比较倾向的死亡原因是肺栓塞。②

因为肺栓塞可以表现为咳嗽、胸闷、胸痛。若反复栓塞，则可以表现为反复加重并最终死亡。相关的政治安排也能体现她病情反复的情况。

患者尿色红，可能是肾静脉血栓的症状；

---

① "清光绪帝死因研究"课题组：《清光绪帝死因鉴证》，北京出版集团、北京出版社，2017年，第459-464页。

② 据国家卫健委权威医学科普项目传播网络平台提供：血栓是最常见的肺栓子。70%~95%是由于深静脉血栓脱落后随血液循环进入脑动脉及其分支而形成。原发部位以下肢深静脉为主。静脉血栓形成的条件是血流瘀滞、静脉血管壁损伤和高凝状态。

腹泻重，可能导致血液浓缩使静脉血栓更易形成；

还有可能存在糖尿病肾病、肾病综合征。而血栓、栓塞本身就是肾病综合征的常见并发症。

刘刚先生在做出上述分析后又指出：急性左心衰竭似也可解释她的一些病情，但我认为死因不像是急性左心衰竭的理由是：

"拥被不能起坐"，说明她可以躺着，而左心衰竭患者喜取坐位；

左心衰竭的典型症状之一是出现粉红色泡沫痰这一征象，但脉案中并没有这样的记录；

左心衰竭如果未经有效治疗，应该持续加重，不大会中间减轻，即不可能病情有反复的现象；

最后，急性左心衰竭不如肺栓塞转移能够解释她的绝大多数症状。①

中华医学会呼吸病学分会《肺血栓栓塞症的诊断与治疗指南（草案）》中关于肺血栓栓塞临床征象有：

呼吸困难及气促（80%~90%）：是最常见的症状，尤以活动后明显；

胸痛：包括胸膜炎性胸痛（40%~70%）或心绞痛样疼痛（4%~12%）；

晕厥（11%~20%）：可为肺血栓栓塞的唯一或首发症状；

烦躁不安、惊恐甚至濒死感（55%）；

咯血（11%~30%）：常为小量咯血，大咯血少见；

咳嗽（20%~37%）；

心悸（10%~18%）。

钟里满在书中随后指出，上文中特别要注意的是："惊恐甚至濒死感""烦躁不安"（"肝胜如火"）。

钟里满之所以摘引中华医学会关于肺血栓的临床征象，不仅在于再一次确认慈禧太后的病症所在，而且在于解析慈禧太后由"惊恐甚至濒死感""烦躁不安"，从而诱发在当天对光绪帝下毒手的决心。濒死感是慈禧太后的自我感觉，她身边的太监李莲英、黄玉贵自然无从知晓，因而除"肝胜如火"（烦躁不安）外并无记录，因而为了

---

① "清光绪帝死因研究"课题组：《清光绪帝死因鉴证》，北京出版集团、北京出版社，2017年，第472–474页。钟里满采访刘刚教授的谈话记录《关于判断慈禧病情的谈话记录》，全文见《清光绪帝死因鉴证》第516–524页。

解肺血栓的发作持续时间及严重程度，钟里满再次请教了刘刚教授。刘刚教授的回答是："关于肺栓塞症状自发缓解的时间长短，差别很大，因为症状差别太大（轻的仅咳嗽几声，重到死人），且每个人的代偿能力不一样，所以，可以从几分钟到几天，若有濒死感，一般应该有几个小时才能缓解。"① 钟里满认为："从慈禧太后发病转剧到内务府大臣离开（晚上 10 点钟后，因为增崇 ② 回到家是'约近十点半的时候'）至少已经 5 个小时。"③

再从现代医学角度深究慈禧太后"头面手足，周身胖肿""下肢肿胀，疼痛和压痛"这种肺栓塞典型病症后，钟里满将刘刚先生确诊慈禧太后得的"血栓、栓塞本身就是肾病综合征的常见并发症"④ 完全落实下来，慈禧太后"病忽转剧"的时间是十七日下午 5 点左右。

（5）有关慈禧太后自知"来日无多"的两项新发现

钟里满在梳理慈禧太后的脉案时发现，慈禧太后按例平日只是请御医在上午入诊一次，光绪三十三年全年在下午入诊（加诊）共 9 次；光绪三十四年一月至七月下午加诊共 18 次；至八月下午加诊现象突然停止。《许宝蘅 ⑤ 日记》有"九月初七，慈圣感冒，御医请脉进方"的记录，信息来自军机大臣处。从九月二十二日起至慈禧太后于十月二十二日死，御医几乎每天有一次加诊，十月十七日、十九日甚至出现慈禧太后为自己开药，即《申报》分别追记的"病忽转剧""拥被不能起坐，头面手足，周身胖肿，肝胜如火"以及"病势尤重"的记录。⑥

钟里满将慈禧太后最后两年的脉案逐年、逐月、逐日、逐时辰地一一列出，并对时段特点分析后指出："如果没有慈禧本人的特命，张仲元等太医院的御医一日多诊，乃至夜间入诊，都是不可能的。也由此知道，慈禧对自己所患的病，至少死前一个

---

① "清光绪帝死因研究"课题组：《清光绪帝死因鉴证》，北京出版集团、北京出版社，2017 年，第 476 页。

② 增崇，光绪二十八年（1902）至宣统三年（1911）任清总管内务府三席大臣。

③ "清光绪帝死因研究"课题组：《清光绪帝死因鉴证》，北京出版集团、北京出版社，2017 年，第 476 页。

④ 同上书，第 476-477 页。

⑤ 许宝蘅（1875—1961），浙江杭州人，1902 年中举。任军机章京、内阁承宣厅行走。章京，即处理文书的司员。

⑥ "清光绪帝死因研究"课题组：《清光绪帝死因鉴证》，北京出版集团、北京出版社，2017 年，第 494-497 页。

月，已经有非常明显的感觉。所以，才有命首席军机大臣、庆亲王奕劻赴东陵视察她的'万年吉地'之举。"①慈禧太后是在十七日自己"病忽转剧"的第二天，通过医生的脉案的描述，军机大臣和内务府大臣的汇报，知道光绪已经砒霜中毒一天了，于是下急函召奕劻从东陵速归，同时做下一步的政治上的安排。②

（6）慈禧太后"病忽转剧"前后相关作为的梳理

1875年，4岁的光绪帝登基，兹后，即有慈安、慈禧两宫太后垂帘听政，自光绪七年慈安太后崩逝后，慈禧太后一直专权至光绪帝18岁亲政，此后虽名义上归政于光绪帝，实际上慈禧太后仍掌握着大权。1898年戊戌变法仅103天，慈禧太后即以"光绪帝身体有病"为由重新夺回大权，并将光绪帝囚禁于中南海中的瀛台。

① 慈禧太后以光绪帝名义征召各地名医以造"光绪帝病重"舆论

慈禧太后以光绪帝病重为由重新掌权，然后以此造舆论、做手脚。钟里满列举大量史料后做出如此概括："慈禧太后对外宣示所谓光绪病重的方法，就是以光绪的名义，向各地大员征召地方上的名医。而且命令光绪将病况积累在病原上，以示病情严重。以光绪帝的名义到各省招医这一点，一直保留下来，直到光绪帝死亡的那一天。"③

如时至光绪三十四年五月八日，军机处以"旨"为名向直隶、两江、湖广、山东、河南、山西等地各督抚发电召医："入春以来，皇上圣躬时有欠安，在京各医，诊治无效。希尊处精选名医，资送迅速来京，恭候传诊。此系遵旨电达。枢。"④

又如光绪三十四年七月初六，"江督所保御医施焕现已到京。当由陆凤石尚书带领进内请脉"⑤。

再如光绪三十四年九月初旬的一天早晨，"太后与光绪临朝，召见军机大臣，帝困苦不能支，伏案休息。太后乃谓：'皇帝久患重病，各大臣何不保荐名医诊视？'"接着首席军机大臣庆王奕劻、袁世凯、张之洞、世续都以屈永秋（屈桂庭）为其家人治病顺手为名保荐屈永秋。屈九月初十"到京后先谒见庆王。庆对余谓：'此乃军机大

---

① "清光绪帝死因研究"课题组：《清光绪帝死因鉴证》，北京出版集团、北京出版社，2017年，第497-498页。第531页有奕劻"受慈禧指派，十五日离京赴东陵，二十日才赶回"的记载。

② 同上书，第499页。

③ 同上书，第202页。

④ 同上书，第352页。

⑤ 同上书，第355页。

臣共同保荐，不能不去。但去尽心看看，有无危险，可直言先告诉我，密奏太后。'"①
从字里行间可见，这完全是慈禧太后与庆王密谋导演的一出傀儡戏。

② 慈禧太后通过掌控光绪病原操控光绪帝"生病"

病原者，病源也。慈禧太后要操控光绪帝的生病，生什么病，什么时候生病，首先要掌握光绪帝的病原，即光绪帝写给御医的"自我健康状况感觉"。为此，慈禧太后除了规定光绪帝病原怎么写之外，更注重操控御医。成天跟御医打交道的内务府第三大臣增崇的儿子察存耆在回忆录中有这样一段文字：

> 我父亲和叔父们因在内务府供职，与医士的来往较多，我曾听到他们和亲友讲过这么一段故事：
>
> 有位初学当差的太医，在西太后前对管光绪脉案时未曾留心，说了句"舒肝顺气"。西太后把脸一沉，说："谁叫皇帝的肝不舒了？气儿又怎么不顺了？"吓得那位太医连连叩首认罪，忙不迭地说："奴才初学当差，不会说话，请老祖宗开恩。"有顷，太后又转变脸色，对那太医说："皇帝日理万机，宵宿勤劳，哪能动不动就得'舒肝顺气'？那样小心眼儿怎么回事，偶尔小有违和，也不过是调、和、理、益。"那位太医因此一吓，再也不敢应承请脉的差使了。后来为光绪帝诊脉，处方总是"和肝调气""理肺益元"，甚至把"肝"的事硬挪"肺"上去，成了"肺气清而肝自畅"，"脾胃健而气自充"，等等。类似的例子很多，不一而足。②

1898 年 9 月 25 日，慈禧太后在"戊戌政变"重新夺回政权后的第四天，就以光绪的名义向全国召医。光绪二十四年十月二十七日光绪帝的脉案，可以说明脉案与光绪帝的"病原"及其健康状况的关系，其脉案中说："耳内烘烘，偶有听无所闻，两肩酸坠疼痛。每于言语少腹作抽，推揉按摩自觉舒畅。恶寒嗜卧，肢体懒倦，周身筋脉拘急，久坐腰酸，久立腿疼。劳累逾时，则心神迷惑。心中无因自觉发笑。……"③

---

① "清光绪帝死因研究"课题组：《清光绪帝死因鉴证》，北京出版集团、北京出版社，2017 年，第 345-346 页。

② 同上书，第 253 页。

③ 同上书，第 184 页。

可以不难发现，这根本不是御医的脉案，从语法、用词、遣句等看完全是抄自光绪帝的病原的。钟里满在考察光绪帝脉案时发现，从这天开始，一直到年底，以至第二年、第三年（光绪二十六年，八国联军攻陷北京，慈禧太后携光绪帝西逃）所留的脉案中都有这段文字的变体，且"心中无因自觉发笑"这几个字竟一字不变！①

为什么会出现这种状况？

内务府掌笔帖式英绅（察存耆的姑丈、御医的带领者，兼掌笔贴式）在给察存耆（清廷内务府三席大臣增崇之子）的信中说："其脉案上话语，系春季所有的病症，均奉旨不准撤，全叫写上。其实病症不是那样，要是那样，人就不能动了……"②

钟里满在对光绪帝的病原以及脉案进行全面的对比、清理、研究后指出："由于慈禧太后的严密控制，出现长达10年之'真的假病原'或'假的真病原'这种奇特现象，在中国历史，乃至世界历史上，恐怕也是空前绝后的。其对学术研究的影响，竟然长达110多年。"③

自光绪帝在1908年暴毙以来，多少医家为研究光绪帝死因而不遗余力，结果却无功而返，甚至陷入误区。钟里满所说的"真的假病原"或"假的真病原"是破解光绪帝死因之关键所在。

③ 慈禧太后在其生日庆典期间操控光绪帝"重病"的闹剧

慈禧太后手到擒来地打光绪帝的病重牌，从其74岁生日当天（光绪三十四年十月十日）起居注官恽毓鼎的记录看，可谓一场典型的闹剧：

> 十月初十日，上率百僚晨贺太后万寿，起居注官应侍班，先集于来薰风门外。上步行自南海来，入德昌门。门镩未阘，侍班官窥见上正扶阉肩，以两足起落作势，舒筋骨，为拜跪计。须臾，忽奉懿旨："皇帝卧病在床，免率百官行礼，辍侍班。"上闻之大恸。④

① "清光绪帝死因研究"课题组：《国家清史编纂委员会·研究丛刊·清光绪帝死因鉴证》，北京出版集团、北京出版社，2017年，第184页。
② 同上书，第186页。
③ 同上书，第403页。
④ 恽毓鼎：《崇陵传信录》，中华书局。恽毓鼎（1862—1917），河北大兴人，光绪十五年进士，历任日讲起居注官、翰林院侍讲等职。

这段著名的文字，经常被研究者引用。其真实性如何？慈禧太后为什么要这么做？钟里满在一番考证后得出结论说：

恽毓鼎在《崇陵传信录》中的这段文字是真实的，是从门缝中看到、听到的，但还欠完备。恽毓鼎虽任清宫日讲起居注官，但清宫应配的起居注官员两人实际未配，恽在翰林院另有任职，起居注事务除慈禧庆典、祭祀、光绪帝接见外宾直接参与外，其余日常事务是以道听途说咨询事后补记的。文中的"起居注官"即恽毓鼎本人。

钟里满认为恽文"欠完备"是：慈禧太后十月初十庆典的程序是在初五由慈禧太后本人与光绪帝将礼部的奏章一一敲定的，程序极为繁复。但第二天即初六光绪帝即以"腰痛"为由开始作秀，出现"皇上步履甚艰，上下殿须人扶掖"的奇特场面，为不使光绪帝以此作秀状破坏庆典现场气氛，典礼的前一天即九日，"系面承转传内奏事处口传：'明日皇帝在内廷行礼，王公百官仍在原处行礼。钦此。'"慈禧太后的这一突然袭击，完全是针对光绪帝的。不仅如此，在典礼开始后，明知光绪帝已抵达来薰风门外，慈禧太后竟再次信口开河传谕："皇帝卧病在床，免率百官行礼，辍侍班。"面对如此严重敲打，光绪帝只能在原地"大恸"痛哭。不过，他还是率百官三叩九拜地完成了大礼，然后至仪鸾殿当面向慈禧太后献礼。[①] 至此，一场闹剧才告结束。

④ 慈禧太后毒死光绪帝的罪证

清内务府三席大臣增崇之子察存耆在其回忆文章《关于光绪之死》[②]中曾提到相关事宜：

记得一天[③]下午五点来钟，任内务府三席大臣的增崇与两位弟弟（增德、增麟，任内务府郎中、员外郎）正准备吃晚饭，突然内务府堂上一位送"知会"的"官人"来说："万岁爷病重，请堂官即刻进里头预备差使。"这使老兄弟三人俱现出难以置信而且惊疑异常，以至增崇连声说"不对"，因为前天皇上受次席总管内务大臣继禄所带大夫请脉，没听说有什么事。为慎重起见，增崇分别与首席内务府大臣奎俊、次席内务府大臣继禄、末席内务府大臣景丰分别做了电话联系，果然送"知会"的人都送

---

① "清光绪帝死因研究"课题组：《清光绪帝死因鉴证》，北京出版集团、北京出版社，2017年，第435–451页。

② 察存耆：《关于光绪之死》，载《文史资料选辑》第22辑，中国文史出版社，1991年。

③ 经钟里满反复考证，这天为光绪三十四年十月十七日。

到，方知所言为实。

等到晚上近十点半时，增崇三兄弟才回家。增崇两位弟弟听增崇说："我们四个内务府大臣上去之后，太监们说：'大人们的差使我们都替当了。请大人们上去看看吧。'我们上去一看，已经停放好了，当晚没事了。太监说：'大人们请回宅歇息歇息吧，明天一早上来听旨（西太后的"懿旨"），恭办大事吧。'我们就下来了。"①

察存耆的文章中还说："所谓'停放'，是宫中讳言，即棺木已经放在'中堂'，也可以说是'停上'。""据我当时的领会，'停上'是穿戴好衣冠，停放在灵床上，头东足西，尚未入棺木；若是已入棺木，搁置中堂，也叫'停放'或'停上'，那样外臣是看不见尸体形象的。""我一位叔父说：'可怎么把上头"请"过来的哪（指把光绪的尸身从瀛台接到宫廷内）？也没传"万年吉祥轿"呀。'"②

从察存耆的文章可见，在光绪三十四年十月十七日下午五点来钟，慈禧太后已经撇开了专门办理清宫日常事务乃至皇家婚丧嫁娶的专用机构内务府，动用内奏事处及后宫力量，不仅把光绪帝的棺椁停放到了乾清宫西房，而且随葬的衣料珍宝都一一准备停当。③

然而，人算不如天算！十月十七日下午五点来钟的光绪帝不仅还没有死，而且晚间还两次紧急召医！光绪帝还没有死，就把他的棺椁抬放到了乾清宫！谁能做这决定？唯有慈禧太后！光绪帝还没有死，就把112件随葬的珍宝调集出来④，丧事用的大批衣服、布匹调集起来⑤，谁有如此权力？唯有慈禧太后！

正因如此，钟里满指出：这是"一篇极为关键的、有判决意义的史料，完全可称之为重大的、新发现的资料之二⑥，使得后续研究有极大的突破"⑦。

光绪帝还没有死，慈禧太后就开始为光绪帝办丧事。绝顶聪明、能干、厉害的慈禧太后，何以会犯如此低级的错误？

---

① "清光绪帝死因研究"课题组：《清光绪帝死因鉴证》，北京出版集团、北京出版社，2017年，第144页。

② 同上书，第146页。

③ 同上书，第151页。

④ 同上书，第210页。

⑤ 同上书，第211页。

⑥ 另两大发现分别是"光绪一生无大病"和"光绪病原文字受慈禧控制"。

⑦ "清光绪帝死因研究"课题组：《清光绪帝死因鉴证》，北京出版集团、北京出版社，2017年，第143页。

慈禧太后所以犯如此低级的错误，以致暴露毒死光绪帝的马脚，不是她不聪明、不能干，而是清末达官贵人，乃至医疗界，对砒霜中毒的知识知之寥寥，整个社会对砒霜中毒的认识仅限于"立即死亡""七窍流血""骨殖发黑"等似是而非的懵懂状态。

民间对砒霜中毒的认识如"七窍流血""立即死亡"主要来源于《水浒传》第二十五回仵作何九叔检查被潘金莲以砒霜毒死的武大郎的形象："武大面皮紫黑，七窍内津津出血，唇口上微露齿痕，定是中毒而死。"以及何九叔在武大焚尸现场"拣两块骨头拿去撒骨池内一浸，看着那骨头酥黑"这类形象。这是民间传说，而绝非科学的真实知识！

清末发生过经翁同龢力主，清中央政府最后审理、平反的"杨乃武、小白菜冤案"，影响全国，其实案中所谓小白菜葛秀姑以砒霜毒死丈夫葛品连本来是子虚乌有的事，但经一审、二审、三审以至反复抗诉到清政府中央定案，把"砒霜中毒"问题炒得沸沸扬扬，而真正的科学知识则一点都没有。慈禧太后是力主重审此案以打击留在浙江的淮军旧部势力，审理此案中对砒霜中毒的错误认知，不能说没有影响。

"所谓砒霜中毒有'七窍流血'，在中国宋代法医书《洗冤集录》中，对一般中毒的描述中有'口眼耳鼻间有血出'（四窍），具体到砒霜中毒却没有提到。中医教材上有'病者眼结膜充血，鼻及口腔黏膜糜烂出血'，即所谓'七窍出血'（三窍）。传到民间则成'七窍流血'。"①

现代法医的记录上则完全没有所谓"七窍流血"这种现象。②

显然，慈禧太后害怕"七窍流血"的光绪帝突然暴病崩殂，为掩人耳目，在十七日连夜把棺椁、寿衣、随葬的珍宝等准备妥当，一旦光绪立时死亡，就乘夜色把光绪帝尸身入殓。可光绪帝在第二天、第三天都没有死，直到第四天才死，而且也没有"七窍流血"现象，故慈禧太后至此才宣布治丧班子，风风光光、大张旗鼓地为光绪帝治丧了。

---

① "清光绪帝死因研究"课题组：《清光绪帝死因鉴证》，北京出版集团、北京出版社，2017年，第122页。

② 同上书，第123页。

(7) 夺命前后

如前所述，光绪帝的病原有长达 10 年之久的"真的假病原"或"假的真病原"这种空前绝后的奇特现象，干扰了学术研究达 110 多年。那么，光绪帝的健康状况到底如何？光绪崩殂的过程到底怎样？清宫史料的真实记载是怎样的？

① 光绪帝一生无大病

钟里满依据发现的重要指标，对光绪帝的脉案进行了统计分布方面的研究，表明其主要特征不仅与以往的历史记录或研究结果准确对应，还可以和内务府大臣及御医们的看法准确对应，从而得出结论："在统计分布的意义上，光绪一生无大病。"[1]

内务府三席大臣增崇之子察存耆说："父亲同几位叔父向来不以为皇上有什么大病。"[2] 因增崇等大臣经年陪同御医为皇上请脉，他们的看法有相当客观性。

现代著名中医专家陈存仁指出："光绪皇帝当时的病症，虽然脉案上写出数十种病情，其实都是微不足道的。"[3]

钟里满在连续考证光绪三十二年、三十三年、三十四年光绪帝的健康情况后指出："从三十二年直至三十四年十月十七日光绪砒霜中毒之前，光绪帝根本没有什么病。能使他因病停止临朝一两天的，也只是三十二年四月二十八日那次严重的消化不良（'食滞'）。后来他还有一次长达半年的拒医。对他的所谓'腰痛'，无论是医生、内务府大臣，还是军机大臣，都很不以为然。而慈禧太后更是利用这一点，假戏真做，顺水推舟地取消光绪本应例行在来薰风门外祝寿的荣耀。"[4]

② 光绪帝砒霜中毒探微

○ 光绪三十四年十月十七日上午，慈禧太后和光绪皇帝一起到勤政殿召见军机大臣。[5] 光绪皇帝已知十八日上午"日本侯爵锅岛直大等觐见"。

○ 临朝听政后，光绪皇帝按例请医诊视，亲自校对脉案抄件上"腿酸"二字，其间亲自出示病原。[6] 由此说明其时身体平和。

① "清光绪帝死因研究"课题组：《清光绪帝死因鉴证》，北京出版集团、北京出版社，2017 年，第 59 页。
② 同上书，第 240 页。
③ 同上书，第 261 页。
④ 同上书，第 399 页。
⑤ 这是光绪皇帝一生最后一次临朝听政。
⑥ 此为其一生最后开出的病原。

○《上谕档》中有十七日光绪皇帝批阅的奏折，记录《上谕档》接收奏折的奏事处记录时间为下午五时。由此说明其时身体平和。

○ 十七日下午五点过后，光绪帝将慈禧太后的赐食吃完，送食太监向慈禧太后汇报光绪帝已经服下所送食品，慈禧太后立即做了两件事：一是派人将光绪帝的棺椁停放在乾清宫，二是急召四个内务府大臣进宫。

慈禧太后对砒霜中毒的认识水平就是中毒后立即会死，七窍流血，骨殖发黑，等等。光绪初年的"杨乃武案"由她与慈安太后主持，当时老练仵作荀义声称，浙江运京葛品连尸骨色黄白，并非砒霜中毒者牙根心坎手足各骨青黑色，"核与《洗冤集录》所载符合"，确系病死证据。东宫、西宫太后以此了结此案。然此时光绪帝并未立即崩殂，使慈禧太后大感意外。①

○ 光绪帝毒性发作手谕紧急召医

《内务府日记》、察存耆回忆录等史料勾勒出了光绪帝于十七日晚砒霜中毒毒性发作后的场景："光绪十七日晚间还能以手谕命内务府急电召医"②"天津的张彭年托病不来"③。而"内务府大臣十七日晚接到宫内的知会明确指出：'皇上病重。'"④内务府十七日日记为："奎公奉三堂谕：医官吕用宾等着在关帝庙住宿……"⑤光绪帝带手谕以"速使""刻即"急电召医，慈禧太后却阻止御医进入瀛台救治，而她本人差不多同时召来的太医院院使张仲元则顺利入诊仪鸾殿。

○ 十八日光绪帝的病情记录

光绪帝砒霜中毒后的第二天（十八日）一大早（军机章京许宝蘅的日记记的是"寅时"，即早上3~5点），住在关帝庙的御医吕用宾为光绪帝入诊。面对光绪帝的身体有大突变、大险情，碍于吕为光绪帝诊脉曾被慈禧太后大声斥责的实际，吕用宾在脉案上写下的是套话："病势日渐加重。"9点前，西医屈桂庭抵达瀛台光绪帝住地，见到了光绪帝的病况，并向太监等人问及大便等各种情况后退出，在军机处由军机大臣醇亲王奕譞、世续、张之洞、鹿传霖、袁世凯详问病情，屈桂庭为身家性命计，只

---

① "清光绪帝死因研究"课题组：《清光绪帝死因鉴证》，北京出版集团、北京出版社，2017年，第551-552页。
② 同上书，第390页。
③ 同上书，第394页。
④ 同上。
⑤ 同上。

能淡化病情，以"肚痛""便结"等应对[①]，而真实情况是：

> 迨至十月十八日，余复进三海，在瀛台看光绪帝病。是日，帝忽患肚痛，在床上乱滚，向我大叫："肚子痛的了不得！"时，中医俱去，左右只余内侍一二人，盖太后亦患重病，宫廷无主，乱如散沙；帝所居地更为孤寂，无人管事。余见帝此时病状：夜不能睡，便结，心急跳，神衰，面黑，舌黄黑，而最可异者则频呼肚痛——此系与前病绝少关系者。余格于情势又不能详细检验，只可进言用暖水敷熨腹部而已。此为余进宫视帝病最后一次。以后宫内情形及光绪病状，余便毫无所知，惟闻庆王被召入宫酌商择嗣继位问题，未几即闻皇帝驾崩矣。[②]

○ 十九日，光绪帝政治生命结束

军机大臣们申请慈禧太后召见，太后未允，而仅将载沣召到仪鸾殿。十九日《上谕档》有以下文字："以上十二件遵旨拟批。如蒙俞允，是否用朱笔恭代？请旨遵行，谨奏。"此文字下有小字注明："内奏事处口传：派醇亲王恭代批折。"[③] 以上文字说明：醇亲王被慈禧秘召仪鸾殿授权代批奏折，表示光绪帝政治生命已经结束。醇亲王要求以朱笔批折，无人可以作答，搁浅。

○ 二十日，光绪帝即将死亡，慈禧太后办两件大事

醇亲王载沣日记："二十日，OO 上疾大渐，上朝。奉 OO 旨：'派载沣恭代批折，钦此。'"（载沣于十九日晚由慈禧召见授权代批奏折，但日记记在二十日，因二十日向军机处正式宣布。此处"OO"为载沣日记习惯以此表示光绪帝。这是经慈禧太后授意，拟了一道光绪帝的"旨"，然后由载沣自己"恭代批折"，而并非处于"大渐"状态下光绪帝所亲自下达的谕旨）

---

① "清光绪帝死因研究"课题组：《清光绪帝死因鉴证》，北京出版集团、北京出版社，2017 年，第 394-397 页。

② 屈桂庭（永秋）：《诊治光绪皇帝秘记》，柳亚子等编《逸经》第 29 期，第 47 页，1937 年版。见《清光绪帝死因鉴证》，北京出版集团、北京出版社，2017 年，第 101-102 页。

③ "清光绪帝死因研究"课题组：《清光绪帝死因鉴证》，北京出版集团、北京出版社，2017 年，第 123 页。

"庆王到京，午刻同诣 O 仪鸾殿，而承 OOO（醇亲王日记习惯以'OOO'表示皇太后）召见。钦奉 OOO 懿旨：'醇亲王载沣著授为摄政王，钦此。'又面承 OOO 懿旨：'醇亲王载沣之子溥□著在宫内教养，并在上书房读书，钦此。'"

钟里满指出，上述记载为慈禧太后急命首席军机大臣庆亲王奕劻回京（之前慈禧太后派庆王去东陵视察慈禧太后的陵墓）主要就是宣布这两件事。此两件事，尤其是仿照清初先例，再立"摄政王"一职，充分说明至少十九日她已不考虑政治格局上光绪帝的位置了。因为此事前提是：光绪帝即将死亡。①

《上谕档》在决定溥仪到宫内教养及授载沣为摄政王两条谕旨后，有小字记录："二十日，是日，枢灵已散，十二钟后，皇太后召见于寝宫，特降此旨。"②"枢灵已散"即光绪帝已进入垂危状态。

二十日上午，御医施焕在脉案中写下了光绪帝以下的危症文字："脸微启而白珠露，嘴有涎而唇角动。"③

○ 十月二十一日，酉正二刻光绪帝死，溥仪嗣为皇帝

光绪帝死前 6 小时是中午，是时杜钟骏等 4 位御医再到瀛台时，注意到光绪帝已经不是在炕上，而是"卧御床上。其床如民间之床，无外罩，有搭板，铺毡于上"。见此情景，医生们知道初丧已经开始。杜说见"皇上瞑目，予方以手按脉，瞿然惊寤，口目鼻忽然俱动，盖肝风为之也。予甚恐，虑其一厥而绝，即退出"。并对军机大臣曰："今晚必不能过，可无须开方。"④

中国第一历史档案馆藏《德宗景皇帝万年吉祥账》：

"十月二十一日……酉正二刻，大行皇帝升遐。"

十月二十一日《起居注》："二十一日癸酉，上遘疾大渐，酉刻龙驭上宾。钦奉……懿旨：……摄政王载沣之子溥仪入承大统为嗣皇帝。是日，嗣皇帝趋诣大行皇帝前，哀恸擗踊无算。……奉懿旨：……内务府大臣继禄、增崇恭办丧礼……"⑤

---

① "清光绪帝死因研究"课题组：《清光绪帝死因鉴证》，北京出版集团、北京出版社，2017 年，第 125 页。
② 同上书，第 126 页。
③ 同上书，第 127 页。
④ 杜钟骏：《德宗请脉记》，京华印书局，1920 年。
⑤ "清光绪帝死因研究"课题组：《清光绪帝死因鉴证》，北京出版集团、北京出版社，2017 年，第 152 页。

"晚上6点33分光绪崩殂前后，初丧已经开始，天明后是小殓、大殓，这一切，都只能是内务府在'办丧事''走差使'。"①内务府的上述记录表明，光绪帝崩殂之后，慈禧太后已改变了当初光绪帝"突然死亡"后秘密处理后事的做法，决定由内务府二席、三席大臣继禄、增崇参与，按清朝皇家常规礼仪风风光光地为光绪帝大办丧事。一周后，光绪帝的丧事进入高潮，而这时，慈禧太后也已死了6天了（二十二日2点45分，御医张仲元、戴家瑜宣布"太皇太后六脉已绝，未正三刻升遐"）。②

结　语

古人云：板凳要坐十年冷，文章不写半句空。

钟里满带领课题组从2003年发现光绪帝头发砷值异常到53.5万字的《清光绪帝死因鉴证》于2017年6月出版，"清光绪帝死因研究"作为国家清史纂修工程重大学术问题研究专项课题研究工作告捷，前后经历了整整12年时间。

当钟里满把研究课题完成的消息报告国家清史编纂委员会主任戴逸先生时，戴先生说："书稿我为你们联系地方出版。"结果遂愿了。

戴先生认真翻阅书稿后又说："光绪帝系砒霜中毒而死的结论已经写进了《清史》，这段工作我已做了系统评价；慈禧太后是毒死光绪帝的元凶，经过5年多的考证也有了结论，这也会写进《清史》。"

戴先生还说："你们课题组做了开创性的工作，是载入史册的工作，我对你们的工作再次表示衷心的感谢和祝贺！"

前5年，仅中国原子能科学研究院王珂等人所做的中子活化分析等实验研究，钟里满估算前后不下800次，而该院连一分钱的费用都没有收。课题组13名成员的贡献，真正是名垂青史的。

后7年，钟里满说中国第一历史档案馆的史料，最早时是装在8000个麻袋里；当他介入时，清史资料整理工作已大有进展，但要在故纸堆里寻寻觅觅，觅觅寻寻，其酸甜苦辣，唯有当事者自知，50多万文字，字字不落空！

---

① "清光绪帝死因研究"课题组：《清光绪帝死因鉴证》，北京出版集团、北京出版社，2017年，第164页。

② 同上书，第153页。

第十章　矫诏篡位释疑案

　　雍正帝的继位问题，自孟森在 20 世纪 30 年代的著述《清世宗入承大统考实》中首次提出雍正帝系"矫诏篡位说"而启动雍正帝继位的学术研究以来，"篡位说"与"合法说"在 80 多年间论争迭起，延绵不断。

　　戴逸先生自治清史以来，一直持雍正帝系"矫诏篡位"之说。他有关此说的论述除散见于诸多论文外，比较集中的论述主要见于：

　　《雍正继位的历史疑谜》，戴逸著，原载于《中华儿女》杂志 1999 年第 3 期，录入戴逸著《清代人物研究》，故宫出版社，2013 年 8 月出版，第 74~83 页。

　　《乾隆帝及其时代》（插图本），戴逸著，中国人民大学出版社，2008 年 3 月出版，第 40~47 页。

　　《中国大百科全书名家文库·清史》，戴逸著，中国大百科全书出版社，2010 年出版，第 40~41 页。

　　《清代人物研究》，戴逸著，故宫出版社，2013 年 8 月出版，第 98~103 页。

　　"编纂新《清史》，既不能回避雍正帝的继位问题，也不能并列'篡位说'与'合法说'两种观点及资料，而是要以'篡位说'来编纂这段历史并撰写《雍正帝传》。这是作为清史编纂委员会主任的权限与责任。因为《清史》是正史，它不是学术争论的场所。当然，以'篡位说'论定这段历史及《雍正帝传》定稿之后，学术界依然可以就这个问题展开学术论争；将来如果有足够的史料可以证实雍正帝确实是合法继承皇位的，那么现在既定《清史》中的有关表述材料可以通过规范的程序把它纠正过来。"①

---

　　①　2016 年 12 月 8 日上午 9 时，戴逸先生在北京张自忠路三号西二院与笔者的谈话。

那么，戴逸先生是怎样论定"矫诏篡位"的呢？

清朝从清太祖努尔哈赤开始，到清太宗皇太极，再到清世祖福临，及至清圣祖玄烨四代帝王，帝位的继承都是由公开拥立太子开始，而后正式继位称帝，其间虽有矛盾争斗，但总体来说可谓波澜不大。康熙帝对太子的立、废，再复立、复废，为雍正帝继位扑朔迷离，成千古疑谜种下了祸根。

戴逸先生是这样切入这段历史的：

> 康熙共有 35 个儿子，长大成人的有 20 个。初立皇二子胤礽为皇太子，胤礽聪明俊秀，能文能武，康熙对他十分宠爱。不料长期的皇储地位，使胤礽周围集结起一批依附和拥戴他的势力，形成了第二个权力中心，胤礽的行为也越来越专横放纵，使他和康熙之间产生了矛盾，父子之间的矛盾日益尖锐，至康熙四十七年（1708）而公开爆发。康熙指责胤礽"肆恶虐众，暴戾淫乱，专擅威权，纠聚党羽，窥伺朕躬起居动作"，"更可异者，伊每夜逼近布城（康熙所居的大帐）裂缝，向内窃视。令朕未卜今日被鸩，明日遇害，昼夜戒慎不宁。如此之人，岂可付以祖宗宏业"。权力的争夺已使父子关系恶化到你死我活的地步，康熙废掉皇太子，将胤礽圈禁起来。①
>
> 这一事件激发了康熙诸子之间抢夺储位的斗争，他们争先恐后，肆无忌惮地进行活动。皇长子胤禔因系庶出，未立为太子，见胤礽废黜，认为自己的机会已到，怂恿康熙杀掉胤礽。康熙又发现胤禔曾请喇嘛用巫术镇魇胤礽，怀疑这是胤礽精神失常的原因，斥胤禔为"乱臣贼子"，也将其圈禁。皇八子胤禩才具优长，深孚众望，而野心亦大。他拉拢兄弟和朝臣们拥戴自己，当康熙向大家征求意见时，大家一致推荐胤禩继立。康熙发现胤禩在背后邀结人心，大骂胤禩"柔奸性成，妄蓄大志"，"朕与胤禩父子之恩绝矣。胤禩因不得立为皇太子，恨朕切骨，伊之党羽，亦皆如此"。胤禩亦遭圈禁。同时参与抢夺而被圈禁的还有皇三子胤祉、皇四子胤禛、皇五子胤祺。康熙经历这场家庭变故，内心十分痛苦，精神大受刺激，导致措置反复，政策失当。五个月以后，又出人意料地释放胤礽，复立为皇太子。康熙以为，胤礽的不轨行为，出于一时病态，

---

① 戴逸：《乾隆帝及其时代》（插图本），中国人民大学出版社，2008 年，第 40 页。

企图与胤礽和解。事实证明，父子关系已被权力深深腐蚀，裂痕已难弥合，胤礽复位后，很快又纠集旧势力，对康熙形成威胁。康熙五十一年（1712），不得不再废皇太子。当时供职宫廷的意大利传教士马国贤在回忆录中曾叙述康熙这次废黜太子、训诫皇子的场面："当我们到达畅春园，我们惊恐地看到花园里，有八到十个官员和两个太监跪在那里，光着头，双手背绑着。不远处，皇子们一排站立，也光着头，双手绑在胸前。不久，皇帝乘坐肩舆从房间里出来。到皇子们面前，爆发出虎吼一样的愤怒。责骂皇太子，把他关在宫内，公开宣布废掉这个不幸的皇子。"

围绕立储的长期纷争，闹得年老体弱的康熙帝愤懑抑郁，心力交瘁。此后，直到康熙帝去世为止，没有再立皇太子，而且这一问题成了康熙帝心中的隐痛，不许人们议及。老皇帝心目中属意哪个儿子，大家不免会有种种猜测。看来，最有希望成为皇位继承人的似乎轮到了皇十四子胤禵，胤禵原名胤祯，和皇四子胤禛（雍正）是一母所生，却和胤禩交好。康熙称赞他"确系良将""有带兵才能，故令掌生杀重任"。胤禩说他"聪明绝顶""才德双全，我弟兄内皆不如"。康熙五十七年（1718），由于准噶尔进兵侵扰西藏，31岁的胤禵被任命为抚远大将军，主持西部军务。这是一项重大的任命，涉及西藏、青海和西北地区的安危和清朝统治的稳定。大将军的权力很大，礼仪规格很高，可用正黄旗纛，亲王体制，称大将军，从前，康熙的哥哥裕亲王福全也得过"抚远大将军"的称号。这一任命至少给许多人造成了康熙意有所属的印象。故胤禵出师时，胤禩说："十四爷现今出兵，皇上看得也很重，将来这皇太子一定是他。"

事态的发展出乎人们的意料，康熙六十一年（1722）十一月十三日戌刻康熙病逝于北京西郊畅春园。据官方记载，十三日凌晨病危，召见皇三子诚亲王胤祉、皇五子淳郡王胤祐、皇八子多罗贝勒胤禩、皇九子固山贝子胤禟、皇十子敦郡王胤䄉、皇十二子固山贝子胤祹、皇十三子胤祥以及步军统领、理藩院尚书隆科多至御榻前，传遗诏曰："皇四子胤禛，人品贵重，深肖朕躬，必能克承大统，著继朕登基，即皇帝位。"

下达传位诏书，据说胤禛本人不在场，他因代行祭天大典，住在天坛，闻召急奔畅春园，于午前到达，三次晋见乃父，康熙还能说话，"告以病势日增之故",却--字未提及传位胤禛的事。八个接受遗诏的人也没有透露消息或做出暗示。胤禛后来说:"朕向者不特无意于大位,心实苦之。前岁十一月十三日皇考始下旨意,朕竟不知。朕若知之,自别有道理。皇考宾天之后,方宣旨于朕。"这样头等重大的事情,康熙和皇子、大臣们竟集体向胤禛保密,于理不通。而且隆科多是参与此事的唯一非皇室的大臣,雍正之位,他显然有大功。后来隆科多得罪,雍正五年的上谕中却说:"圣祖仁皇帝升遐之日,隆科多并未在御前,亦未派出近御之人,乃诡称伊身带匕首,以防不测。"前后矛盾,显有伪造痕迹,所谓八人传遗诏之说,令人怀疑。

据当时传言,胤禛继位的情节曲折离奇,与官方记载大相径庭。"圣祖皇帝原传十四阿哥胤禵天下,皇上将'十'字改为'于'字。"又云:"圣祖皇帝在畅春园病重,皇上就进一碗人参汤,不知何故,圣祖皇帝就崩了驾,皇上就登了位。随将胤禵调回囚系,太后要见胤禵,皇上大怒,太后于铁柱上撞死。皇上又把和妃及他妃嫔都留于宫中。"照这种说法,胤禛集中了鸩父、弑母、囚弟以及篡位、淫烝等一切罪行。我们要考虑这些流言出自政敌之口,他们在彻底失败之后,也会把一切脏水泼到政敌身上,发泄私恨,他们的话同样不可相信。斧声烛影是千古难决的疑案,今天要判断雍正是合法继承,还是矫诏篡立,都难以提出充分确凿的证据。

一个合理的推断是:康熙的意旨传位胤禵,可能未及公开宣布就突然死去。当时皇舅隆科多是步军统领(俗称九门提督),手握重兵,负责北京的警卫任务,并一直随侍康熙左右。老皇帝得病,他的地位足以左右大局。隆科多为佟国维之子,本属胤禩集团,后来却倒向胤禛,他们乘局势混乱之际,借老皇帝的命令,宣布胤禛继位,造成既成事实,且临以兵威,使诸皇子措手不及,不能反抗。胤禛即位一个多月后,给另一亲信年羹尧的批文中说:"舅舅隆科多,此人朕与尔先前不但不深知他,真正大错了。此人真圣祖皇帝忠臣,朕之功臣,国家良臣,真正当代第一超群拔类之稀有大臣也。"隆科多究竟有什么大功,刚刚即位的雍正对他发出如此溢美的赞誉,合理的解释是他在皇位继承问题上帮了胤禛大忙,故胤禛对他感激涕零,形之笔墨。再看皇子们的表现,雍正说:"圣祖仁皇帝宾天时,阿其那(按:指胤禩)并不哀戚,乃于院外倚柱,独立凝思,派办事务,全然不理,亦不回答,其怨愤可知。"又说"皇考升遐之日，朕在哀痛之时，塞思黑（按：指胤禩）突至朕前，箕踞对坐，傲慢无礼，其意大不可测。若非朕镇定隐忍，必至激成事端"。据隆科多说：康熙死后，他进城，在西直门大街遇见皇十七子胤礼，"告以皇上绍登大位之言。果亲王（胤礼）神色乖张，有类疯狂，闻其奔回邸，并未在宫迎驾伺候"。看来，雍正即位，对此诸皇子均感突然，有的凝思，有的质问，有的逃跑。但胤禛和隆科多已设好圈套，诸皇子进入彀中，已无可奈何，其怨恨激愤可知。①

戴逸先生文中所注《东华录》为康熙朝史官官方记录，康熙帝病逝后所述"据官方记载"为雍正帝继位后雍正朝史官官方记载，实即由雍正帝从中级官吏中提拔起来专门为宫廷纂修《圣祖仁皇帝实录》《清世宗实录》，掩盖雍正帝矫诏篡位的张廷玉的记录；《大义觉迷录》则是雍正帝为了掩盖其"矫诏篡位"而自撰、自编，由宫廷刊布下发至全国各地的一场文字狱的实录（汉族文人曾静、张熙不满来自边疆的满洲人统治而企图反清，雍正帝遂将10道上谕、审讯词和曾静口供47篇、张熙口供两篇于雍正七年汇成此书）。乾隆帝即位立即下令收回并成禁书。戴逸先生依据《东华录》、雍正朝官方记载、《大义觉迷录》等史料中雍正帝继位如传诏者隆科多一说在御前、一说不在等重大问题前后不一、漏洞百出的情况，进行这样系统的分析和论述：

康熙怎样传位给雍正，据官书所说，也是破绽百出，无以自圆其说。最早是雍正元年八月上谕："圣祖……命朕缵承统绪，于去年十一月十三日仓猝之间，一言而定大计。"这里未提及听到遗命的人。至雍正五年十月上谕说："皇考升遐之日，召朕之诸兄弟及隆科多入见，面降谕旨，以大统付朕。是大臣之内，承旨者唯隆科多一人。"这里出现了诸皇子和隆科多聆听遗命的记载。至雍正七年九月，雍正为了驳斥夺位流言，写《大义觉迷录》，叙述康熙临终授命情形，极为详细具体：

"康熙六十一年十一月冬至之前，朕奉皇考之命，代祀南郊。时皇考圣躬不豫，静摄于畅春园……至十三日，皇考召朕于斋所。朕未至畅春园之

① 戴逸：《乾隆帝及其时代》（插图本），中国人民大学出版社，2008年，第41—45页。

先，皇考命诚亲王允祉①、淳亲王允祐、阿其那（胤禩）、塞思黑（胤禟）、允䄉、允祹、怡亲王允祥、原任理藩院尚书隆科多至御榻前，谕曰：'皇四子人品贵重，深肖朕躬，必能克承大统，著继朕即皇帝位。'是时，庄亲王允禄、果亲王允礼、贝勒允祎、贝子允祎俱在寝宫外祗候。及朕驰至问安，皇考告以症候日增之故，朕含泪劝慰。其夜戌时，龙驭上宾。朕哀恸呼号，实不欲生，隆科多乃述皇考遗诏。朕闻之惊恸，昏仆于地。诚亲王等向朕叩首，劝朕节哀。朕始强起办理大事。"（《大义觉迷录》）

这段话存在许多问题：其一，康熙传位的重要情况，按理当在雍正即位之初，即行披露，何以延至七年之后才说出来？其二，雍正一直强调，自己在康熙去世之前，不知道会继承帝位，"朕向者不特无意于大位，心实苦之。前岁十一月十三日，皇考始下旨意，朕竟不知。朕若知之，自别有道理，皇考宾天之后，方宣旨于朕"（《上谕内阁》）。而按照《大义觉迷录》所言，雍正在康熙弥留之前八个时辰赶到了病榻前，其时康熙尚能言语，"皇考告以症候日增之故"，何以康熙未向胤禛透露已传位于他？这是何等大事，是康熙遗忘了吗？还是向胤禛保密？这都于理不通。而且已听到康熙面谕传位的兄弟们和隆科多亦无一言道及，直到康熙死后，"隆科多乃述皇考遗诏"，情形未免离奇。其三，隆科多既是面承遗诏的"唯一大臣"，而雍正五年的谕旨中却说"圣祖仁皇帝升遐之日，隆科多并未在御前，亦未派出近御之人"（《东华录》），前言后语相互矛盾。其四，雍正说，康熙死时，果亲王胤礼（皇十七子）亦"在寝宫外祗候"，而隆科多却说："圣祖皇帝宾天之日，臣先回京城，果亲王在内（指皇宫内）值班，闻大事出，与臣遇于西直门大街，告以皇上绍登大位之言，果亲王神色乖张，有类疯狂，闻其奔回邸，并未在宫迎驾伺候。"（《上谕八旗》）可见胤礼并不在"寝宫外祗候"，他听到康熙去世的消息后立即赶往畅春园，在西直门大街遇到隆科多，才听说雍正继位，深感意外，甚为惊骇，逃回家去。其五，据雍正说："皇考升遐之日，朕在哀痛之时，塞思黑突至朕前，箕踞对坐，傲慢无礼，其意大不可测。"（《大义觉迷录》）"圣祖仁皇帝宾天时，阿其那（允禩）并不哀戚，乃于院外倚柱，独

---

① "允祉"即为"胤祉"，雍正帝为了强化自己的地位，强迫其他兄弟改名，即废"胤"为"允"，以示区别。

立凝思，派办事务，全然不理，亦不回答，其怨忿可知。"(《清世宗实录》)允
禩、允禟的举止不像是八个时辰以前已聆听康熙的传位遗言，而像是康熙刚刚逝
世，听到雍正继位的消息而胸怀激愤之情。由此可见，所谓八人受康熙面谕传位
雍正的事十分可疑，很可能是在七年之后伪造出来的。[①]

戴逸先生还从皇族人士等对雍正帝的继位及遭受迫害，来反证其继位中的问题：

> 皇十四子胤禵与雍正是一母所生，胤禵从军前调回北京奔丧，与雍正发
> 生口角冲突，被永远囚禁。皇八子胤禩、皇九子胤禟对雍正篡立不服，至雍正
> 四年，不仅被迫害致死，还被改名为阿其那（狗）、塞思黑（猪）。皇十子胤
> 䄉是胤禩一党，雍正二年即永遭囚禁。皇十三子胤祉也反对雍正继位，雍正说
> 他"与阿其那、塞思黑、允䄉交相党附"。其子弘晟看不惯四叔的行为，雍正斥
> 其"凶顽狂纵，助父为虐"，与父亲同被禁锢。皇五子胤祺虽胆小怕事，但其子
> 弘昇也对雍正不满，被削除世子。皇十二子胤祹，本封履郡王，于雍正元年因
> "并不感激效力"，降为贝子。雍正的生母德妃，在康熙去世、胤禵被囚后"不
> 饮不食"，不久死亡。连雍正的大儿子弘时（三阿哥）也不满父亲的所作所为，
> 有所抗争，雍正竟和他断绝父子之情，下令"断不可留于宫庭，是以令为允禩
> 之子"。到雍正五年，弘时又进一步与其他几个皇室兄弟获罪，被雍正赐死。[②]

雍正帝对年羹尧、隆科多、张廷玉等大臣的态度也很令人费解。戴逸先生写道：

> 这三人都是雍正夺位的功臣，年羹尧是雍邸旧人，妹妹是雍正的贵妃。
> 当时，胤禵在西北为大将军王，手握重兵。雍正夺位，按当时的集权体制，
> 胤禵很难举兵反抗，但雍正也不能不心存顾虑，而当时年羹尧任川陕总督，
> 掌管粮饷，扼胤禵之后路，正好是牵制胤禵的一枚重要棋子。故雍正对年极
> 为倚重，言听计从，荣宠异常。雍正对年羹尧的批语中甜言蜜语："你此番

---

① 戴逸：《雍正继位的历史疑谜》，《清代人物研究》，故宫出版社，2013 年，第 76-78 页。
② 同上书，第 78-79 页。

心行，朕实不知如何疼你。尔此等用心爱我处，朕皆体会到，每向怡（怡亲王胤祥）舅（隆科多），朕皆落泪告之。"雍正二年十月年到北京，雍正帝尚称其"公忠体国，不矜不伐，内外臣工当以为法，朕实嘉重之至"（《雍正朱谕》）。不久，雍正帝突然翻脸，年羹尧的奏折中"朝乾夕惕"被误写作"夕惕朝乾"，雍正帝斥其有意倒置，"羹尧不以朝乾夕惕许朕，则羹尧青海之功，亦在朕许不许之间未定也"（《清史稿》），将年贬为杭州将军。官员们看到年失宠，纷纷上奏劾年，不久逮年至北京，胪列 92 条罪状，令年自尽。

另一功臣隆科多，以国舅之尊任职步军统领，掌管北京的卫戍任务。康熙去世，他正手握兵权，一手促成雍正登基。雍正以前和隆科多交谊不深，在关键时刻隆科多倒向雍正一边……对年羹尧说："舅舅隆科多，此人朕与尔先前不但不深知他，真正大错了。此人真圣祖皇考忠臣，朕之功臣，国家良臣，真正当代第一超群拔类之稀有大臣也。"隆科多究竟立了什么大功，值得雍正这样吹捧他，不能不令人怀疑。后来也突然翻脸，以隆科多私藏玉牒（皇帝的家谱）在家，犯大不敬罪，罗织罪名 41 条，囚禁至死。[1]

雍正帝继位后，迅即对两个权臣做出截然不同的处置，又从另一侧面印证了继位中的问题。戴逸先生写的两个人物就是赵昌和张廷玉：

康熙帝晚年，身边有一位内务府重要官员赵昌，他贴身侍候康熙，照料其起居，传达其意旨，康熙晚年和传教士的交往都通过赵昌进行。据当时在京的意大利传教士马国贤说："雍正即位，发布了一个使全国震惊的命令，赵昌被拘执，处死刑，财产抄没，子女为奴。"（《京廷十有三年记》）为什么雍正即位后急急忙忙要处死此人？合理的解释是：赵昌知道康熙去世和传位的真相，而且不肯附和雍正，所以拿他问了刀。最近出版了《雍正朝满文朱批奏折全译》，雍正元年正月初六即赫然列有查抄赵昌家产的奏折，计有奴才家丁四百余人、房五百余间、田地五千六百余亩及大量金银物件，可以证实马国贤所说赵昌很快被杀为不虚。

---

[1] 戴逸：《清代人物研究》，故宫出版社，2013 年，第 79-80 页。

张廷玉的命运和年羹尧、隆科多、赵昌完全不同。康熙晚年，张还是中级官吏，且是汉人，对雍正登基帮不上忙。雍正即位后，他被提拔上来，做文字工作，雍正夸奖他"纂修《圣祖仁皇帝实录》，宣力独多，每年遵旨，缮写上谕，悉能详达朕意"（《清世宗实录》）。实录是清朝的历史，康熙晚年有太子废立和雍正继统两件大事，如何编写这段历史，关系到雍正的威信和名誉。张廷玉纂《圣祖仁皇帝实录》，把历史剪裁得完全符合雍正的心意，而且天衣无缝，不留破绽。故雍正特别宠信他，称他是"第一宣力之大臣"，允诺张廷玉死后可配享太庙，在清一代，汉臣得此殊荣者唯张廷玉一人。其实，张廷玉专事笔墨文字，从未建功立业，他的功劳就是撰写历史，销毁档案，为雍正掩饰当年夺位的真相。张廷玉还有一个不同于年羹尧、隆科多的长处，即是保密，不从自己嘴里流露半点机密，他的作风影响到后来的军机处，"致使汪文端、于文襄辈（汪由敦、于敏中皆乾隆时军机大臣）互相承其衣钵，缄默成风，朝局为之一变"（《啸亭杂录》）。①

戴逸先生对雍正帝的篡位无疑义，但对他的历史功绩则十分肯定。戴先生指出：即使篡位是实，也不能抹杀雍正的历史功绩。应该说，封建统治阶级为争夺权位而相互残杀，是经常发生的。汉武帝攻杀儿子、唐太宗屠弟逼父杀子、武则天杀子，即使英明的君主也往往用阴谋手段和残酷斗争来为自己开辟道路，巩固地位，雍正并不是个例外。雍正，作为最高统治者，他具有杰出的才能，勤于政务，洞察下情，办事认真，御下严格，以雷厉风行的手段纠正了康熙晚年吏治疲玩、贪污公行的弊端，又实行"地丁合一"②"耗羡归公"③"改土归流"④的政策，减

---

① 戴逸：《清代人物研究》，故宫出版社，2013年，第81页。
② "地丁合一"又称"摊丁入亩"，是雍正时期赋役制度的一大重要变革。清初赋役制度沿袭明代旧制，正税为田赋、丁赋分别征收。大地主勾结官府，逃避差役，造成"富者田连千亩，竟少丁差；贫民无地立锥，反多徭役"（《清世宗实录》卷二十四）。雍正元年，清世宗正式确定在全国实行"摊丁入亩"，即废除"人头税"，摆脱了千百年来无地农民和其他劳动者的丁役负担。
③ "耗羡归公"又称"火耗归公"。"火耗"是地方官征收钱税时，以耗损为由，多征钱粮。雍正二年七月清朝宣布将"耗羡"附加税法定为正税，并制定养廉银，以此整顿吏治。
④ 雍正四年（1726），雍正帝赞赏云贵总督鄂尔泰上书对不法土司计擒、用兵之策，并于五月平定贵州长寨（今贵州长顺）土司叛乱，开启废除土司世袭，由中央政府委派流官制度，史称"改土归流"。

轻人民负担，促进经济发展，巩固国家统一，雍正帝统治13年，厉行整顿改革，为以后的乾隆盛世奠定了基础。①

戴逸先生还特别指出：虽然雍正帝的"矫诏篡位说"成了这段《清史》及《雍正帝传》的纂修主论，但并不是不允许其他学说争鸣，而解决问题的办法就是在《清史》中附加"考异"，使"合法继位说"有了应有的史学地位。对雍正帝继位这一重大谜题及争论，新修《清史》就是这样做的。

---

① 戴逸:《清代人物研究》，故宫出版社，2013年，第82-83页。

第十一章　五部丛刊垒础台

戴逸先生率领的清史编纂团队，在完成新修《清史》的同时，还要完成一项宏大的基础工程——编纂一套"五部丛刊"——"档案丛刊""文献丛刊""编译丛刊""研究丛刊""图录丛刊"。

这项工程，可用八字概括：功在当代，利在千秋！

此话怎讲？

"研究丛刊"之一"国家清史纂修工程重大学术问题研究专项课题"即"清光绪帝死因研究"课题组历经 5 年、中国原子能科学研究院约 800 次反应堆中子辐照等研究表明，被称为清朝历史上最大疑案的光绪帝之死，其结论为："光绪帝系砒霜中毒死亡！"①

这在中国史学界乃至民众之间可谓百年未遇的石破天惊之论！

这个结论，写进了新修《清史》！

接着，"清光绪帝死因研究"课题组主持人、中央电视台主任编辑钟里满以甘坐七年冷板凳的不拔毅力，在中国第一历史档案馆的清史故纸堆里爬梳，以清宫档案史料为依据，以现代法医、现代医学为引领，以福尔摩斯般侦探的胆识、视角、观察、分析，终于得出唯一结论："慈禧太后毒杀光绪皇帝！"②

戴逸先生从将"清光绪帝死因研究"列为"国家清史纂修工程重大学术问题研究专项课题"开始，就以敏锐的学术眼光予以关注、审视，在前期工程结束时的成果评审会上，当研究者宣布那石破天惊之结论后，戴先生又成竹在胸地为研究者指明了后

---

① "清光绪帝死因研究"课题组：《清光绪帝死因鉴证》，北京出版集团、北京出版社，2017 年，第 22 页。

② 同上书，第 63 页。

续研究思路，他还撰写了史学专论《光绪之死》①；在历时 12 年的重大研究课题"清光绪帝死因研究"结束后，戴先生当机立断，部署成崇德等学者把"慈禧太后毒杀光绪皇帝"写入新修《清史·通纪》，为清朝 268 年历史上最大疑案画上了句号。这就是"功在当代"的豹窥一斑！

在研讨启动清史纂修工程时，戴逸先生说："清代文献也很多，清人诗文集就有 4 万余种，去年出版的《清人诗文集总目提要》中现存的就有 4 万余种。我们整理多少出版呢？ 2% 就是 800 种，大概有几亿字，相当于一部《四库全书》了，汗牛充栋。"②至 2010 年 1 月 25 日，经北京大学和中国人民大学一批学者的共同努力，按清代作者年代顺序汇为一编，堪称迄今规模最大的有清一代诗文著述合集，填补了学术界此前尚无清代断代诗文总集整理出版的空白，收录清代诗文集 4000 余种，篇幅约为 4 亿字，精装 800 巨册影印的《清代诗文集汇编》终于付梓。这就是"利在千秋"的知秋一叶！

对于清史工程的基础工程，在纂修的规划时期戴逸先生是这样规划的："我们这个清史工程分成两个部分：一部分是主体工程，一部分是基础工程。主体工程就是 3000 万字的《清史》分成 88 卷……这是我们的主要任务，要全力以赴、保质保量地完成，不辜负人民的委托。同时要整理大量的文献档案，这是基础工程。清朝统治近 3 个世纪，留下了大量史料，汗牛充栋，光第一历史档案馆就有 1000 多万件，多得不得了。地方档案还有 1000 多万件，如四川南充的档案、南部县的档案、内蒙古的档案、西藏的档案等，有些眼看就要毁了，怎么办呢？极力抢救吧！我们要尽可能整理抢救更多的历史档案。"③

要说"五部丛刊"这础台的奠砌，这可是戴先生脑际久久萦绕，成竹在胸，可以说到了信手拈来的地步。他这样说："历史研究的基础是史料，科学研究必须掌握丰富的、可靠的历史资料。而清朝存在的时间约 3 个世纪之久，当时印刷出版的条件已经很发达，离我们的时间很近，留下来的资料浩如烟海，只是中国第一历史档案馆就有档案 1000 余万件，负责保管的工作人员就有 100 多人。各个地方还有很多档案，

---

① 戴逸：《光绪之死》，《清史研究》2008 年第 4 期。

② 戴逸：《在台湾宜兰佛光大学谈〈清史〉纂修》，见《清史编务》，中国人民大学出版社，2018 年，第 94 页。

③ 同上。

如最近发现的四川南部县档案等。这么多的档案，我们不可能全部整理出来，但至少要整理一部分，即使是修《清史》时来不及参考，也要在这方面做工作，因为很多档案已经板结，面临散佚的危险。我们现在还拿不出很多成果，只能拿出两套书①，现在摆在外面。我们准备照着这个样子，或出版印刷，或做光盘数据库。我们面临的困难是史料太多，而人力、物力单薄。例如，我们准备新编几个全集，原来的《李鸿章全集》(《李文忠公事略》)是吴汝纶编的，已经有700万字。现在我们从故宫博物院等地方又找了很多资料，正在编的字数超过原来4倍。我原来看的时候，也发现李鸿章的资料到甲午战争时就没有了，原来吴汝纶并没有全部编进去。但现在的工程量很大，要校对、编排，还有盛宣怀档案，这个人对研究中国早期近代化很重要，他办了很多近代实业，有银行、工厂等。以前有个《愚斋存稿》，但大量的东西没有被整理。盛宣怀的全集也得60多本，要投入大量的人力。现在计划中整理的全集还很多，张之洞的全集、袁世凯的全集、康有为的全集、梁启超的全集、严复的全集、彭玉麟的全集、王鸣盛的全集、孙奇逢的全集，这些都已经动工了，工作量非常大，经费也不够支配。还比如说，清人的诗文集，据精确统计有4万种，很多都是稿本、抄本，流传很少，我们现在不知道怎么处理，如果影印2000种，字数就非常庞大，可能达到8亿字，字数比《四库全书》还多。其他还有笔记、手谱、家谱、地方志、日记等等，汗牛充栋，再加上满文资料、蒙古文资料、藏文资料，多得不得了。我们深深感到，国家的历史文化宝库太丰富了，这在全世界是独一无二的。我们在整理保存方面人力太少，只能做一小部分工作，但我们一定要团结全国历史学家，依靠国家的力量，尽我们所能，大量整理清代历史文献档案，这既能推进清史学科的发展，也是为保存祖国的历史文化遗产做一点贡献。我在编委会成立大会上说过，我们要编写一部3000万字的《清史》，主体工程要搞好，但同时要做大量文献档案整理。我打了个比方，主体工程是航空母舰，要全力以赴打造好，但同时还要打造很多巡洋舰、驱逐舰，形成一个战斗群。档案丛刊、文献丛刊、编译丛刊就是巡洋舰，已经出版的《庚子事变清宫档案汇编》《清宫热河档案》就是已经打造好的两艘军舰，10年以后我们会打造出上百种这样的军舰。"②

① 这两套书为《庚子事变清宫档案汇编》和《清宫热河档案》。
② 戴逸:《在两岸〈清史〉纂修研讨会上的讲话》，见《清史编务》，中国人民大学出版社，2018年，第83-84页。

在清史纂修的基础工程"五部丛刊"之中，工程浩大的除了"文献丛刊"之《清代诗文集汇编》外，历时之长、难度之大就要数《梁启超全集》了。《梁启超全集》虽然规模仅20卷、1500余万字，约为《李鸿章全集》之一半，两集编辑之难度各有千秋，且没有可比性，但总体而言，《梁启超全集》的编辑更富于传奇性，这又从一个侧面展示了"五部丛刊"在编纂中的特点……

顾廷龙[①]、戴逸两先生共同主编《李鸿章全集》，可谓珠联璧合、优势互补、惺惺相惜：顾廷龙先生穷50多年古籍鉴证之厚积薄发撰李文忠公平生之文稿，再加清廷档案之开放，史料文字上亿；戴逸先生胸怀清史全局，中流击水，去芜存精，遂使《李鸿章全集》以38卷、2800万字于2008年在安徽教育出版社出版，占众多图书馆藏李氏未刊存稿三分之一。此项工程量居"五部丛刊"前列。

再说《梁启超全集》。2019年1月19日，由中国人民大学出版社、中国人民大学清史研究所、国家清史编纂委员会共同举办的"启蒙先驱 文化巨擘——纪念梁启超逝世九十周年暨《梁启超全集》出版座谈会"在中国人民大学逸夫会议中心隆重召开。文化和旅游部清史纂修与研究中心主任崔建飞说："《梁启超全集》是清史工程资助出版'文献丛刊'的代表作品之一。作为重点项目，主编汤志钧、汤仁泽[②]父子呕心沥血几十载，为学界多方位奉献了迄今为止最翔实、完备、可信的梁氏文集。作为中国近代史上最为重要的思想家之一，论著结集出版，对加深了解近代中国、近代学术必将大有裨益。"中国人民大学出版社社长李永强说："戴逸先生作为国家清史编纂委员会主任，他为《梁启超全集》这一项目的顺利进行，奠定了基础。还在20世纪80年代初，戴先生就对中国人民大学出版社的有关领导说，国内对梁启超素有研究，又对人物结集有经验的学者，非汤志钧先生莫属。在清史纂修工程启动'文献丛刊'后，中国人民大学出版社根据戴先生的指点，终于联系上了汤志钧、汤仁泽父子，把他们费时36年的梦想变成了现实。"

汤志钧先生作为受教于国学大师唐文治先生的弟子，功力自然了得。他由研究

---

① 顾廷龙（1904—1998），苏州人，1931年毕业于上海持志大学，曾任燕京大学图书馆采访部主任，抗战期间与人在沪创办私立合众图书馆，致力于保护古籍。新中国成立后将所藏30万册古籍捐给上海图书馆，曾任上海图书馆馆长，著名版本目录学家、历史学家。

② 汤志钧，生于1924年，江苏武进人，1947年毕业于复旦大学，先后受教于唐文治、吕思勉、周谷城、周予同等知名学者，20世纪50年代中开始致力于戊戌变法研究。汤仁泽，生于1951年，汤志钧之子，毕业于安徽师范大学历史系，历史学家。

戊戌变法史开始，进入梁启超研究领域乃顺理成章。至 20 世纪 60 年代，汤志钧开始从事的《梁启超全集》的整理编辑，就受到了国家有关部门的重视，中华书局为此立了专项，还专门成立了机构。至 21 世纪，天津古籍出版社将其列入计划，后又发生变故。

汤志钧、汤仁泽父子整理编辑的《梁启超全集》是迄今为止梁氏论著的集大成之作，其收录了梁启超中举即 1889 年以前至 1929 年所见的梁氏全部著述，如论著、演说、诗文、译文、函电五大类，20 卷。汤氏父子除对内容进行精当整理、校勘、标点外，还对没有标明撰写时间的文章进行了考证。他们的工作还得到梁启超后人的大力支持。

戴逸先生在《梁启超全集》出版座谈会上对梁启超的评价，可视为《梁启超全集》的出版初衷："梁启超对中国近代思想的影响非常深远，他的思想和实践体现了近代知识分子阶层探索国家富强、民族进步的学人魅力和巨大的文化价值。"

在座谈会上发言的还有：中国社科院近代史所前所长张海鹏、中国社科院近代史所研究员耿云志、台北"中研院"近代史所研究员黄克武，会议主持人为中国人民大学清史研究所教授、梁启超外曾孙杨念群①，真可谓"群贤毕至，少长咸集"！

一部《梁启超全集》，就历经如此磨难，真可谓精诚所至，金石为开。如此这般，"五部丛刊"的论著，犹如础台之基石，一块块地垒砌起来……

戴先生在启动清史纂修工程时说，新修《清史》就是建造一艘航空母舰。航母不是光杆司令，必须形成航母舰队，除了航母，还要有很多艘驱逐舰，很多艘巡洋舰，还要有护卫舰、补给舰、潜艇以至核潜艇，航母本身还要有多种多样的舰载机，这就是与新修《清史》并行不悖的基础工程，开始时是"文献丛刊""档案丛刊""编译丛刊"，后来又增加了"研究丛刊"……

至 2019 年新修《清史》完成"送审稿"时，"五部丛刊"也随之告罄："文献丛刊"71 种，"档案丛刊"18 种，"编译丛刊"69 种，"研究丛刊"31 种，"图录丛刊"10 种，工程参与者达 1300 多人。

笔者之所以将"五部丛刊"全部书目抄传于后，不仅为使读者一睹新修《清史》

---

① 杨念群之母吴荔明（生于 1935 年，原为北大城市与环境科学系教授）是梁启超次女梁思庄（1908—1986，就读于美国哥伦比亚大学图书馆系，精通英、法、德、俄等多国文字，曾任北大图书馆副馆长）之女；杨念群之父杨友麟为杨度之孙，杨度与梁启超同为辛亥革命时之风云人物。

基础工程之雄伟风采，而且可使史学爱好者、研究者便于与出版社沟通联系，将心仪之作收入书囊……

再说"图录丛刊"的编纂出版。还在架构新编《清史》体例及整体框架，并决定开拓创新"收图入史"即把"图录"作为《清史》主体的一部分，与通纪、典志、传记、史表相并列时，戴逸先生仔细、审慎地研究了故宫博物院原研究员刘潞在英国收集的珍贵图片，立即在脑海里闪现了一个点子——出版"图录丛刊"。但由于当时大事林立、烦事丛生，没有时间深究，只能把这闪光的点子暂时搁下了。随着编纂工作逐步走上正轨，戴先生才把出版"图录丛刊"的想法与编纂委诸领导做了沟通、商议，得到了大家的一致认可，于是，国家清史编纂委员会的基础工程又增添了一项，以刘潞主编的《帝国掠影：英国访华使团画笔下的清代中国》于 2006 年 12 月在中国人民大学出版社出版为标志，可读性、可视性的史学新品种，横空出世了。

附："五部丛刊"书目

"文献丛刊"书目

康有为全集（全 13 册）

康有为撰，姜义华、张荣华编校 / 中国人民大学出版社 /2007 年

一个日本记者笔下的袁世凯

[日] 佐藤铁治郎著，孔祥吉、[日] 村田雄二郎整理 / 天津古籍出版社 /2005 年

越缦堂日记（全 18 册）

李慈铭著 / 广陵书社 /2004 年

李鸿章全集

李鸿章撰，顾廷龙、戴逸主编 / 安徽教育出版社 /2007 年

袁世凯全集（全 36 册）

刘路生、骆宝善主编 / 河南大学出版社 /2013 年

清代诗文集汇编（全 800 册）

《清代诗文集汇编》编纂委员会编 / 上海古籍出版社 /2010 年

梁启超全集（全 20 册）

梁启超著，汤志钧、汤仁泽编 / 中国人民大学出版社 /2018 年

恽毓鼎澄斋日记（全 2 册）

恽毓鼎著 / 浙江古籍出版社 /2004 年

新编汪中集

汪中著，田汉云校 / 广陵书社 /2005 年

夏曾佑集（全 2 册）

杨琥著 / 上海古籍出版社 /2011 年

近代史所藏清代名人稿本抄本（第一辑）（全 145 册）

虞和平主编 / 大象出版社 /2011 年

近世人物志

金梁辑 / 北京图书馆出版社 /2007 年

薛福成日记（上下）

薛福成著，蔡少卿整理 / 吉林文史出版社 /2004 年

黄遵宪全集（上下）

陈铮编 / 中华书局 /2005 年

赵凤昌藏札（全 10 册）

国家图书馆善本部编 / 国家图书馆出版社 /2009 年

徐兆玮日记（全 6 册）

徐兆玮著，包岐峰、李向东等校点 / 黄山书社 /2013 年

辛亥革命史资料新编（全 8 册）

章开沅、罗福惠等主编 / 湖北人民出版社、湖北长江出版集团 /2006 年

张謇全集（全 8 册）

《张謇全集》编委会编 / 上海辞书出版社 /2012 年

张之洞全集（共 12 册）

赵德馨主编，吴剑杰注解 / 武汉出版社 /2008 年

义和团运动文献资料汇编（全 8 册）

路遥主编 / 山东大学出版社 /2012 年

慎宜轩日记（上下）

姚永概著 / 黄山书社 /2010 年

张佩纶家藏信札（全 16 册）

上海图书馆编 / 上海人民出版社 /2016 年

晚清东游日记汇编 1：中日诗文交流集

王宝平主编 / 上海古籍出版社 /2004 年

近代史所藏清代名人稿本抄本（第二辑　张之洞专档）

中国社科院近代史所编 / 大象出版社 /2014 年

清代诗文集汇编总目录·索引

《清代诗文集汇编》编纂委员会编 / 上海古籍出版社 /2011 年

清代察合台文文献译注

苗普生主编 / 新疆人民出版社 /2013 年

中国荒政书集成（全 12 册）

李文海、夏明方、朱浒主编 / 天津古籍出版社 /2010 年

黄式三黄以周合集

黄式三、黄以周著，詹亚国、张涅主编 / 上海古籍出版社 /2014 年

清代缙绅录集成（全 95 册）

清华大学图书馆、科技史暨古文献研究所编 / 大象出版社 /2008 年

吕留良全集（全 10 册）

吕留良撰，俞国林编 / 中华书局 /2015 年

清代地方人物传记丛刊（共 11 册）

江庆柏主编 / 广陵书社 /2007 年

翁同龢集（上下）

谢俊美编 / 中华书局 /2005 年

万斯同全集（全 8 册）

万斯同撰，方祖猷主编 / 宁波出版社 /2013 年

三编清代稿钞本（全 50 册）

广东省立中山图书馆、中山大学图书馆编 / 广东人民出版社 /2010 年

湘军（全 10 册）

朱汉民、丁平一主编 / 社科文献出版社 /2013 年

宝应刘氏集

刘台拱、刘宝楠等著 / 广陵书社 /2006 年

清代河南巡抚衙门档案

段自成、李景文主编 / 中国社会科学出版社 /2012 年

清代稿钞本（第一辑）

广东省立中山图书馆、中山大学图书馆编 / 广东人民出版社 /2007 年

续编清代稿钞本

桑兵主编 / 广东人民出版社 /2008 年

大清律例根原（全 4 册）

郭成伟主编 / 上海辞书出版社 /2012 年

清代闺阁诗集萃编（全 10 册）

李雷主编 / 中华书局 /2015 年

清代蒙藏回部典汇（共 75 册）

吴燕绍纂 / 中华书局 /2005 年

清代西藏地方档案文献选编（全 8 册）

西藏自治区档案馆编译 / 中国藏学出版社 /2017 年

祁寯藻集（全 3 册）

祁寯藻著，祁寯藻集编委会编 / 三晋出版社 /2011 年

中国家谱资料选编（全 18 册）

上海图书馆编 / 上海古籍出版社 /2013 年

苏州商团档案汇编（上下）

章开沅著 / 巴蜀书社 /2008 年

清代云南稿本史料（上下）

谢本书主编 / 上海辞书出版社 /2011 年

陈宝箴集（上）

汪叔子、张求会编 / 中华书局 /2003 年

清代满族家谱选辑（上下）

何晓芳主编 / 辽宁民族出版社 /2016 年

沈葆桢信札考注

林庆元、王道成著 / 巴蜀书社 /2014 年

杨宾集

杨宾著，柯愈春主编 / 浙江古籍出版社 /2012 年

晚清文献七种

国家清史编纂委员会编 / 齐鲁书社 /2014 年

陈宝箴集（上中下）

陈宝箴著，汪叔子、张求会编 / 中华书局 /2005 年

丁日昌集（上下）

赵春晨编 / 上海古籍出版社 /2010 年

湖北天门熊氏契约文书

武汉大学民间文献研究中心、湖北省博物馆合编 / 湖北人民出版社、长江出版传媒 /2014 年

晚清东游日记汇编 2：日本军事考察记

王宝平主编 / 上海古籍出版社 /2004 年

常熟乡镇旧志集成

沈秋农、曹培根主编 / 广陵书社 /2007 年

李塨集

陈山榜校注 / 人民出版社 /2014 年

于成龙集

于成龙著，李志安主编 / 山西古籍出版社 /2008 年

五编清代稿钞本（全 50 册）

广东省立中山图书馆、中山大学图书馆编 / 广东人民出版社 /2013 年

清代河南碑刻资料（全 8 册）

王兴亚编 / 商务印书馆 /2016 年

陶楼诗文辑校

黄彭年著，黄益辑校 / 齐鲁书社 /2015 年

四编清代稿钞本（全 50 册）

广东省立中山图书馆、中山大学图书馆编 / 广东人民出版社 /2013 年

祁韵士集

祁韵士著，刘长海整理 / 三晋出版社 /2014 年

七编清代稿钞本

广东省立中山图书馆、中山大学图书馆编 / 广东人民出版社 /2015 年

首都博物馆藏清代契约文书（全 8 册）

首都博物馆编 / 国家图书馆出版社 /2015 年

太平天国财政经济资料汇编（上下）

赵德馨著 / 上海古籍出版社 /2017 年

六编清代稿钞本（全 50 册）

广东省立中山图书馆、中山大学图书馆编 / 广东人民出版社 /2014 年

午亭文编

陈廷敬著，王道成点校 / 人民出版社 /2017 年

中国社会科学院经济研究所藏徽州文书类编·散件文书

中国社会科学院经济研究所编 / 社会科学文献出版社 /2017 年

"档案丛刊"书目

清代军机处随手登记档（全 180 册）

中国第一历史档案馆编 / 国家图书馆出版社 /2013 年

清嘉庆朝刑科题本社会史料辑刊（共 3 册）

杜家骥著 / 天津古籍出版社 /2008 年

乾隆朝满文寄信档译编

中国第一历史档案馆编 / 岳麓书社 /2011 年

大连图书馆藏清代内务府档案（全 22 册）

大连图书馆编 / 国家图书馆出版社 /2010 年

清代四川南部县衙门档案（全 308 册）

四川省南充市档案馆编 / 黄山书社 /2016 年

盛宣怀档案选编（全 100 册）

上海图书馆编 / 上海古籍出版社 /2014 年

清代军机处满文熬茶档（上下）

中国第一历史档案馆编 / 上海古籍出版社 /2010 年

清代军机处电报档汇编（全 40 册）

中国第一历史档案馆编 / 中国人民大学出版社 /2005 年

庚子事变清宫档案汇编（全 18 册）

中国第一历史档案馆编 / 中国人民大学出版社 /2003 年

清代四川巴县衙门咸丰朝档案选编（全 16 册）

四川省档案局编 / 中国人民大学出版社 /2011 年

清内秘书院蒙古文档案汇编汉译

希都日古编译 / 社会科学文献出版社 /2015 年

葡萄牙外交部藏葡国驻广州总领事馆档案

澳门基金会、葡萄牙外交部档案馆编 / 广东教育出版社 /2009 年

吉林省档案馆藏清代档案史料选编（全 68 册）

吉林省档案馆编 / 国家图书馆出版社 /2012 年

清宫热河档案（全 18 册）

中国第一历史档案馆、承德市文物局编 / 中国档案出版社 /2003 年

清代中南海档案（全 30 册）

中国第一历史档案馆编 / 西苑出版社 /2004 年

清代阿拉善和硕特旗蒙古文档案选编（全 5 册）

内蒙古自治区阿拉善左旗档案史志局编 / 国家图书馆出版社 /2015 年

清宫扬州御档

中国第一历史档案馆、扬州市档案馆、扬州大学编 / 广陵书社 /2010 年

清宫普宁寺档案（全 2 册）

清宫普方寺档案编委会编 / 中国档案出版社 /2003 年

"编译丛刊"目录

君主与大臣：清中期的军机处（1723—1820）

［美］白彬菊（Beatrice Bartlett）著，董建中译 / 中国人民大学出版社 /2017 年

州县官的银两：18 世纪中国的合理化财政改革

［美］曾小萍著，董建中译 / 中国人民大学出版社 /2005 年

满与汉：清末民初的族群关系与政治权力（1861—1928）

［美］路康乐著，王琴、刘润堂译 / 中国人民大学出版社 /2010 年

救世：陈宏谋与十八世纪中国的精英意识

［美］罗威廉著，陈乃宣、李兴华等译 / 中国人民大学出版社 /2013 年

义和团的起源及其运动：中国民众 Nationalism 的诞生

［日］佐藤公彦著，宋军、彭曦等译 / 中国社会科学出版社 /2007 年

汉口：一个中国城市的冲突和社区（1796—1895）

［美］罗威廉著，鲁西奇、罗杜芳译 / 中国人民大学出版社 /2008 年

北京：公共空间和城市生活（1400—1900）

［美］韩书瑞（Susan Naquin）著，孔祥文译 / 中国人民大学出版社 /2019 年

清代中国的物价与经济波动

［日］岸本美绪著，刘迪瑞译 / 社会科学文献出版社 /2010 年

英国的课业：19 世纪中国的帝国主义教程

［美］何伟亚著，刘天路、邓红风译 / 社会科学文献出版社 /2007 年

中国近代财政史研究

［日］岩井茂树著，付勇译 / 社会科学文献出版社 /2011 年

李希霍芬中国旅行日记

［德］费迪南德·冯·李希霍芬著，李岩、王彦会译 / 商务印书馆 /2016 年

清代宫廷社会史

［美］罗友枝著，周卫平译 / 中国人民大学出版社 /2009 年

清代在华的英国博物学家：科学、帝国与文化遭遇

［美］范发迪著，袁剑译 / 中国人民大学出版社 /2011 年

世界时间与东亚时间中的明清变迁（下卷）：世界历史时间中清的形成

［美］司徒琳主编，赵世瑜、韩朝建等译 / 生活·读书·新知三联书店 /2009 年

清代田赋刍论（1750—1911 年）

［美］王业键著，高风等译 / 人民出版社 /2008 年

中国：糖与社会——农民、技术和世界市场

［美］穆素洁著，叶篱译 / 广东人民出版社 /2009 年

科学在中国（1550—1900）

［美］艾尔曼（Benjamin A. Elman）著，原祖杰等译 / 中国人民大学出版社 /2016 年

世界时间与东亚时间中的明清变迁（上卷）：从明到清时间的重塑

［美］司徒琳主编，赵士玲译 / 生活·读书·新知三联书店 /2009 年

亲历晚清四十五年：李提摩太在华回忆录

［英］李提摩太著，李宪堂、侯林莉译 / 天津人民出版社 /2005 年

嘉定忠臣：十七世纪中国士大夫之统治与社会变迁

［美］邓尔麟（Jerry Dennerline）著，宋华丽译 / 中央编译出版社 /2012 年

十九世纪中国的鼠疫

［美］班凯乐著，朱慧颖译 / 中国人民大学出版社 /2015 年

马戛尔尼使团使华观感

［英］乔治·马戛尔尼、［英］约翰·巴罗著，何高济、何毓宁译 / 商务印书馆 /2013 年

太平天国运动与现代中国

［日］小岛晋治著，徐曼译 / 社会科学文献出版社 /2017 年

过失杀人、市场与道德经济：18 世纪中国财产权的暴力纠纷

［美］步德茂著，张世明等译 / 社会科学文献出版社 /2008 年

圣经与枪炮——基督教与潮州社会（1860—1900）

［美］李榭熙著，雷春芳译 / 社会科学文献出版社 /2010 年

清初扬州文化

［美］梅尔清著，朱修春译 / 复旦大学出版社 /2004 年

新词语新概念：西学译介与晚清汉语词汇之变迁

［德］郎宓榭、［德］阿梅龙、［德］顾有信著，赵兴胜等译 / 山东画报出版社 /2012 年

在“模范殖民地”胶州湾的统治与抵抗：1897—1914 年中国与德国的相互作用

［德］余凯思著，孙立新译 / 山东大学出版社 /2005 年

压力下的生活：1700—1900 年欧洲与亚洲的死亡率和生活水平

［瑞典］托米·本特森、［美］康文林、［美］李中清等著，李霞、李恭忠等译 /

社会科学文献出版社 /2007 年

这些从秦国来——中国问题论集

[英]赫德著，叶凤美译／天津古籍出版社／2005年

中华帝国晚期的权力与政治：袁世凯在北京与天津1901—1908

[美]斯蒂芬·R.麦金农著，牛秋实、于英红译／天津人民出版社／2013年

中国长城

[美]威廉·埃德加·盖洛著，沈弘等译／山东画报出版社／2006年

奉天三十年（1883—1913）：杜格尔德·克里斯蒂的经历与回忆

[英]杜格尔德·克里斯蒂著，张士尊、信丹娜译／湖北人民出版社／2007年

清末中琉日关系史研究（上下）

[日]西里喜行著，胡连成等译／社会科学文献出版社／2010年

清代儒家礼教主义的兴起：以伦理道德、儒学经典和宗教为切入点的考察

[美]周启荣著，毛立坤译／天津人民出版社／2017年

宝卷——十六至十七世纪中国宗教经卷导论

[美]欧大年著，马睿译／中央编译出版社／2012年

移民的秩序——清代四川地域社会史研究

[日]山田贤著，曲建文译／中央编译出版社／2011年

清代水利与区域社会

[日]森田明著，雷国山译／山东画报出版社／2008年

扬子江上的美国人：从上海经华中到缅甸的旅行记录（1903）

[美]威廉·埃德加·盖洛著，晏奎、孟凡君、孙继成译／山东画报出版社／2008年

黄金圈住地——广州的美国商人群体与美国对华政策的形成，1784—1844

[美]雅克·当斯著，周湘、江滢河译／广东人民出版社／2015年

清代中国的若干问题

[日]石桥秀雄编，杨宁一、陈涛译／山东画报出版社／2011年

维特档案——访问记　笔记

[俄]谢·尤·维特著，李晶、杨怀玉等译／社会科学文献出版社／2017年

八国联军占领实录：天津临时政府会议纪要（上下）

汪寿松、郝克路、王培利编，倪瑞英、赵克立、赵善继译／天津社会科学院出版

社／2004年

帝王之都——热河

［瑞典］斯文·赫定（S.Hedin）著，赵清译 / 中央编译出版社 /2011 年

清代社会经济史

［日］山本进著，李继锋、李天逸译 / 山东画报出版社 /2012 年

清代海外贸易史研究

［日］松浦章著，李小林译 / 天津人民出版社 /2016 年

清初耶稣会士鲁日满常熟账本及灵修笔记研究

［比利时］高华士著，赵殿红译 / 大象出版社 /2007 年

明治前期日中关系史研究

［日］安冈昭男著，胡连成译 / 福建人民出版社 /2007 年

呈现意义：晚清中国新学领域（上下）

［德］朗宓榭、［德］费南山主编，李永胜、李增田译 / 天津人民出版社 /2014 年

中国近事报道（1687—1692）

［法］李明著，郭强等译 / 大象出版社 /2004 年

中国旅行记（1816—1817）：阿美士德使团医官笔下的清代中国

［英］克拉克·阿裨尔著，刘海岩译 / 上海古籍出版社 /2012 年

耶稣会士傅圣泽神甫传：索隐派思想在中国及欧洲

［美］魏若望著，吴莉苇译 / 大象出版社 /2006 年

清代鸦片政策史研究

［日］井上裕正著，钱杭译 / 西藏人民出版社 /2011 年

19 世纪俄中关系：资料与文献　第 1 卷　1803—1807（上中下）

［俄］B.C. 米亚斯尼科夫主编，徐昌翰等译 / 广东人民出版社 /2012 年

晚清日本驻华领事报告编译（六卷本）

李少军编，李少军等译 / 社会科学文献出版社 /2016 年

阿美士德使团出使中国日志

［英］亨利·埃利斯著，刘天路、刘甜甜译 / 商务印书馆 /2013 年

中国新史

［葡］安文思著，何高济、李申译 / 大象出版社 /2004 年

奉天国际鼠疫会议报告

国际会议编辑委员会编辑，张士尊译 / 中央编译出版社 /2010 年

儒学与近代中国

[英] 庄士敦著，崔萌、潘崇译 / 天津人民出版社 /2010 年

清代森林与土地管理

[美] 孟泽思著，赵珍译 / 中国人民大学出版社 /2009 年

东正教在华两百年史

[俄] 尼古拉·阿多拉茨基著，阎国栋、肖玉秋译 / 广东人民出版社 /2007 年

俄国各民族与中国贸易经济关系史（1917 年以前）

[苏] 米·约·斯拉德科夫斯基著，宿丰林译 / 社会科学文献出版社 /2008 年

基督教新教传教士在华名录

[英] 伟烈亚力著，赵康英译 / 天津人民出版社 /2013 年

耶稣会士白晋的生平与著作

[德] 柯兰霓著，李岩译 / 大象出版社 /2009 年

清代来华传教士马若瑟研究

[丹麦] 龙伯格著，李真、骆洁译 / 大象出版社 /2009 年

耶稣会士张诚——路易十四派往中国的五位数学家之一

[法] 伊夫斯·德·托玛斯·德·博西耶尔夫人著，辛岩译 / 大象出版社 /2009 年

俄中商贸关系史述

[俄] 阿·科尔萨克著，米镇波译 / 社会科学文献出版社 /2010 年

俄罗斯汉学史

[俄] 斯卡奇科夫著，[俄] 米亚斯若科夫编，柳若梅译 / 社会科学文献出版社 /

2011 年

在华俄国外交使者（1618—1658）

[俄] 娜·费·杰米多娃、[俄] 弗·斯·米亚斯尼科夫著，黄玫译 / 社会科学文

献出版社 /2010 年

十九世纪前的俄中外交及贸易关系

[俄] 特鲁谢维奇著，徐东辉、谭萍译 / 岳麓书社 /2010 年

"研究丛刊" 书目

清史编纂体裁体例讨论集（上下）

国家清史编纂委员会体裁体例工作小组编 / 中国人民大学出版社 /2004 年

罕为人知的中日结盟及其他——晚清中日关系史新探

孔祥吉、[日] 村田雄二郎著 / 巴蜀书社 /2004 年

张謇——中国早期现代化的前驱

虞和平主编 / 吉林文史出版社 /2004 年

清人笔记随录

来新夏著 / 中华书局 /2005 年

清代西北生态变迁研究

赵珍著 / 人民出版社 /2005 年

清代民间婚书研究

郭松义、定宜庄著 / 人民出版社 /2005 年

天国的陨落——太平天国宗教再研究

夏春涛著 / 中国人民大学出版社 /2006 年

李定国纪年

郭影秋著 / 中国人民大学出版社 /2006 年

伍廷芳评传

丁贤俊、喻作凤著 / 人民出版社 /2006 年

嘉庆以来汉学传统的衍变与传承

罗检秋著 / 中国人民大学出版社 /2006 年

地方性流动及其超越——晚清义赈与近代中国的新陈代谢

朱浒著 / 中国人民大学出版社 /2006 年

清代新疆社会经济史纲

蔡家艺著 / 人民出版社 /2006 年

清代理学史（上中下）

龚书铎主编 / 广东教育出版社 /2007 年

晚清报刊与近代史学

齐兰肖著 / 中国人民大学出版社 /2007 年

八旗与清朝政治论稿

杜家骥著 / 人民出版社 /2008 年

清代北京旗人社会

刘小萌著 / 中国社会科学出版社 /2008 年

蒋良骐及其《东华录》研究

陈捷先著 / 中华书局 /2008 年

清代外交礼仪的交涉与论争

王开玺著 / 人民出版社 /2009 年

《清史稿·乐志》研究

陈万鼐著 / 人民出版社 /2010 年

戊戌时期康有为议会思想研究

［韩］李春馥著 / 人民出版社 /2010 年

清代辑佚研究

喻春龙著 / 上海古籍出版社 /2010 年

清代江南市镇与农村关系的空间透视——以苏州地区为中心

吴滔著 / 上海古籍出版社 /2010 年

清朝京控制度研究

李典蓉著 / 上海古籍出版社 /2011 年

外债与晚清政局

马金华著 / 社会科学文献出版社 /2011 年

清史纂修研究与评论

国家清史纂修工程出版中心、吉林省社科院《社会科学战线》编辑部编 / 上海古
籍出版社 /2012 年

清诗考证

朱则杰著 / 人民文学出版社 /2012 年

卫拉特蒙古文献及史学——以托忒文历史文献研究为中心

M. 乌兰著 / 社会科学文献出版社 /2012 年

清朝前期涉外法律研究——以广东地区来华外国人管理为中心

王巨新著 / 人民出版社 /2012 年

清代文献辨伪学研究

佟大群著 / 人民出版社 /2012 年

国之大臣——王鼎与嘉道两朝政治

卜键著 / 陕西人民出版社 /2015 年

清光绪帝死因鉴证

"清光绪帝死因研究"课题组编 / 北京出版社 /2017 年

"图录丛刊"书目

帝国掠影：英国访华使团画笔下的清代中国

刘潞、［英］吴芳恩编译 / 中国人民大学出版社 /2006 年

烟雨楼台：北京大学图书馆藏西籍中的清代建筑图像

北京大学图书馆编 / 中国人民大学出版社 /2008 年

皇舆遐览：北京大学图书馆藏清代彩绘地图

北京大学图书馆编 / 中国人民大学出版社 /2008 年

"满铁"旧影：旅顺博物馆藏"满铁"老照片

旅顺博物馆编 / 中国人民大学出版社 /2007 年

旧粤百态：广东省立中山图书馆藏晚清画报选辑

广东省立中山图书馆编 / 中国人民大学出版社 /2008 年

盛京风物：辽宁省图书馆藏清代历史图片集

辽宁省图书馆编 / 中国人民大学出版社 /2007 年

水道寻往：天津图书馆藏清代舆图选

天津图书馆编 / 中国人民大学出版社 /2007 年

耆献写真：苏州大学图书馆藏清代人物图像选

苏州大学图书馆编 / 中国人民大学出版社 /2008 年

巴蜀撷影：四川省档案馆藏清史图片集

四川省档案馆编 / 中国人民大学出版社 /2009 年

券证遗珍：天津市档案馆藏清代商务文书图录

天津市档案馆编 / 中国人民大学出版社 /2007 年

附卷

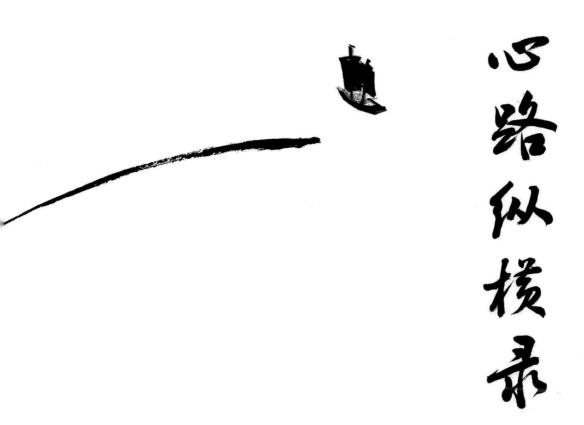

心路纵横录

题署 吴　苇
插图 张利群

附一　戴逸（秉衡）年表

时间	事由
1926 年 9 月 10 日	出生于江苏省常熟县城大东门青禾稼桥王宅（母王美龄娘家），起名秉衡，排行老三，2 周岁始回东门大街 5 号戴宅。
1932 年 9 月	始入小步道巷虞阳小学，两年后转入常熟县公立塔前中心小学读书。
1937 年 7 月	为避日机轰炸，移居淼泉农家，9 月入迁校至王庄的常熟县初级中学读书。后随父母等人辗转逃难至苏北黄桥，再避居上海。
1938 年 9 月	在上海入迁至沪上公共租界的苏州中学开始试读，后为正式学生。
1941 年 9 月	考入迁校上海的苏州工专读书。
1941 年 12 月	因太平洋战争爆发，日军占领上海公共租界，苏州工专搬离，返回常熟，入江苏省立第七中学（原孝友中学）高中部读书。
1944 年 9 月	以第一名成绩考入上海交通大学铁路管理系读书，两年后放弃学籍。
1946 年 9 月	以优异成绩获得公费生资格，入北京大学史学系就读。

续表

时间	事由
1947 年	加入"民青"（中国民主青年同盟，为中共地下党外围组织），当选为北大学生自治会理事，参与筹组进步社团南北诗社，参与筹建子民图书室，并任总干事。
1948 年 8 月	被国民党通缉，被捕后经北大校长胡适保释；在党组织安排下，途经沧州改名戴逸进入华北解放区，在正定华北大学一部十七班学习，年底转入一部政治研究室，师从著名史学家胡华当研究生，并成为胡华助手。
1950 年	随华北大学迁入北京东四铁狮子胡同一号院，在改名后的中国人民大学革命史教研室从事中共党史的教学和研究，编写、出版《中国抗战史演义》。
1952 年	调往人大新组建的中国历史教研室任讲师，开始从事中国近代史的教学和研究，连续担任中国近代史研究生班班主任，着手编写《中国近代史稿》。
1954 年	加入中国共产党。
1956 年	被提升为副教授。
1958 年	担任由吴晗任主编的《中国历史小丛书》编委，编写并出版《北洋海军》。
1959 年	参加全国群英会。
1960 年	北京市史学会成立，任常务理事兼近代史学分会会长；在越南综合大学授课，获越南政府授予"胡志明勋章"；下半年从越南回国后继续从事教育、研究，并兼任吴玉章校长的学术秘书，协助吴玉章撰写传记、回忆录等。
1961 年	任中国人民大学历史系副主任兼中国历史教研室主任，同年被推举为全国高教战线先进工作者。
1962 年	受吴晗之邀，商议周总理托付的清史纂修事宜。

时间	事由
1963 年	被借调到中宣部，撰写史论《论"清官"》，于 1964 年 5 月 27 日以笔名星宇在《人民日报》发表。
1965 年	根据周恩来总理指示，郭影秋受命组建清史编纂委员会，戴逸成为七人编纂委员会中最年轻的委员。
1966 年	"文革"开始，因《论"清官"》成为中国人民大学被第一批打倒的"反动学术权威"；学校被解散后，下放到江西余江"五七干校"劳动。
1973 年	由江西余江"五七干校"返回北京，随一批历史教师整体拨归北京师范大学；受外交部之托，为中苏外交谈判开始撰写《一六八九年的中俄尼布楚条约》（历时 4 年完成）。
1978 年	中国人民大学复校后回校，受命组建清史研究所，任副所长，被评定为教授。
1980 年	任中国人民大学清史研究所所长；开始主编、主撰于 1984 年由中国人民大学出版社出版的《简明清史》。
1982 年	任国务院学位委员会第二届学科评议组成员，任博士生导师，兹后培养博士生 30 名。
1984 年	率中国教育代表团访美；出版《清代人物传稿》，辽宁人民出版社出版（第二主编为林言椒）。
1986 年	被评为全国教育系统劳动模范，被授予"人民教师"奖章。
1988 年	当选为第七届全国人民代表大会代表；始任中国史学会第四、五届会长。
1989 年	兼任中国人民大学图书馆馆长。
1992 年	任国务院古籍整理小组成员；出版《中国历史大辞典·清史》，上海辞书出版社出版（第二主编为罗明）。
1993 年	出版《乾隆帝及其时代》，中国人民大学出版社出版。

续表

时间	事由
1994 年	获国家"五个一工程"奖；因"长期从事教育事业，为人师表，兢兢业业，在教书育人工作中取得突出成绩"而获得香港柏宁顿（中国）教育基金会首届金球奖；主编《二十六史大辞典》，吉林人民出版社出版。
1996 年	任北京文史研究馆馆长。
2002 年 8 月	清史编纂工程正式启动，任国家清史编纂委员会主任。
2004 年	主编的《中国大百科全书·中国历史卷》出版清史部分，中国大百科全书出版社出版。
2011 年 4 月 14 日	被聘为中央文史馆馆员，由国务院时任总理温家宝在中南海颁发证书，并参加座谈会，共商大计。
2013 年 11 月 5 日	率中国历史学家代表团 22 人出席在加拿大蒙特利尔举行的第 18 届国际历史学代表大会。
2013 年 12 月 17 日	经专家提名，工作小组初选，遴选委员会遴选并由"吴玉章人文社会科学基金委员会"成员投票通过，获得第二届吴玉章人文社会科学终身成就奖。
2015 年 9 月 10 日	为祝贺戴逸先生九秩诞辰，中国人民大学举办"戴逸与清史研究"学术座谈会，探讨戴逸先生在史学工作特别是对清史学科发展所做出的贡献，共商推动清史学科在中国人民大学乃至在全国的发展之计。
2016 年 8 月	《澹澹清川：戴逸先生九秩华诞纪念文集》由中国人民大学出版社出版。
2019 年 10 月 28 日	戴逸藏书楼"衣山楼"及"戴逸学术馆"在常熟古城石梅广场百年图书馆落成。

附二　戴逸著述经眼录

一、著述

1. 《中国抗战史演义》，新潮书店，1951 年。

2. 《中国近代史稿》（第一卷），人民出版社，1958 年。

3. 《北洋海军》，中华书局，1963 年。

4. 《一六八九年的中俄尼布楚条约》，人民出版社，1977 年。

5. 《简明清史》（第一册、第二册），人民出版社，1980 年和 1984 年。

6. 《清代人物传稿》（10 册），辽宁人民出版社，1984 年。

7. 《履霜集》，中国人民大学出版社，1987 年。

8. 《步入近代的历程》，辽宁大学出版社，1992 年。

9. 《中国历史大辞典·清史》（上），上海辞书出版社，1992 年。

10. 《乾隆帝及其时代》，中国人民大学出版社，1992 年。

11. 《清代人物研究》，巴蜀书社，1992 年。

12. 《二十六史大辞典》（3 册），吉林人民出版社，1993 年。

13. 《甲午战争与东亚政治》，中国社会科学出版社，1994 年。

14. 《中国近代史通鉴》（10 册），红旗出版社，1997 年。

15. 《繁露集》，中国社会科学出版社，1997 年。

16. 《近代文史名著选译丛书》（39 册），巴蜀书社，1997 年。

17. 《戊戌百年沉思丛书》（4 册），燕山出版社，1998 年。

18. 《资政史鉴》（10 册），人民出版社，1998 年。

19.《18 世纪的中国与世界》(9 册),辽海出版社,1998 年。

20.《语冰集》,广西人民出版社,1999 年。

21.《当代学者自选文库:戴逸卷》,安徽教育出版社,1999 年。

22.《中国人民百年奋斗史丛书》(6 册),山东教育出版社,1999 年。

23.《20 世纪中华学案》(10 册),北京图书馆出版社,1999 年。

24.《清通鉴》(20 册),山西人民出版社,1999 年。

25.《中国通史》(彩图版),海燕出版社,2000 年。

26.《皓首学术随笔·戴逸卷》,中华书局,2006 年。

27.《中国人民大学名家文丛·戴逸自选集》,中国人民大学出版社,2007 年。

28.《"学习"理论文库·戴逸自选集》,学习出版社,2007 年。

29.《涓水集》,北京出版社,2009 年。

30.《经史札记》,中国人民大学出版社,2016 年。

31.《清史寻踪》,北京出版社,2017 年。

32.《戴逸文集》(14 册),中国人民大学出版社,2018 年。

33.《清史三百年》,北京人民出版社,2019 年。

(著述目录序号 25 及其之前者来源于常熟市政协学习和文史委员会编《常熟文史》第 29 辑《文史哲常熟三杰·戴逸先生著作目录》,2001 年 11 月,第 102~103 页;序号 26 起为笔者所加)

二、文章

20 世纪 40 年代

1.《春》(以戴秉衡为名发表),《常熟日报》,1942 年 4 月。

2.《谈扇》(以戴秉衡为名发表),《常熟日报》,1942 年夏。

3.《爱山篇》(以戴秉衡为名发表),《常熟日报》,1943 年。

4.《送毕业同学序》(以戴秉衡为名发表),《毕业班刊物》,1944 年。

5.《投考记》(以戴秉衡为名发表),《时事新报》,1946 年。

6.《西南联大复员见闻》(以笔名戈翼发表),《大公报》,1946 年 10 月。

7.《巫师娘》(以戴秉衡为名发表),《大公报》,1946 年 12 月。

8.《高中国文课应该改革》（以笔名戈翼发表），《常熟日报》，1947 年。

9.《故宫巡礼》（以戴秉衡为名发表），《大公报》，1947 年。

20 世纪 50 年代

10.《拆穿奥斯汀的谎话——美帝国主义在我国对日抗战期间的真面目》，《人民日报》，1950 年 12 月 14 日。

11.《纪念二七罢工》，《工人周刊》，1951 年 2 月。

12.《义和团反帝爱国运动》，《人民中国》，1955 年第 13 期。

13.《长白清供单》，《历史园地》，1955 年。

14.《中国近代史的分期问题》，《历史研究》，1956 年第 6 期。

15.《戊戌时代的思想解放》，《历史研究》，1958 年第 9 期。

16.《批评荣孟源恢复旧历史学的建议书》，见《捍卫马克思列宁主义的历史科学》，中国青年出版社，1958 年。

17.《评〈中国近代史资料丛刊〉》，《人民日报》，1959 年 4 月 11 日。

18.《评尚钺同志关于明清社会经济结构的若干观点》，《历史研究》，1959 年第 12 期。

20 世纪 60 年代

19.《毛主席的著作照亮了我的前进道路》，见《万紫千红》（第一册），北京出版社，1960 年。

20.《论太平天国革命发生的原因》，《光明日报》，1961 年 1 月 11 日。

21.《关于天地会的若干问题——答魏建猷先生》，《文汇报》，1961 年 1 月 20 日。

22.《科学研究不能搞群众运动吗？》，《教学与研究》，1960 年第 2 期。

23.《惊涛骇浪 激动人心——首都史学家、文学家、戏剧家畅论"甲午海战"》，《光明日报》，1960 年 11 月 12 日。

24.《艰难的里程 深刻的教育——读吴玉章同志的回忆录》，《光明日报》，1961 年 12 月 10 日。

25.《"洋务运动"正名》，《光明日报》，1962 年 8 月 21 日。

26.《第一个洋务派集团的兴衰》，《光明日报》，1962 年 8 月 22 日。

27.《关于同文馆的争论》,《光明日报》,1962 年 8 月 23 日。

28.《慈禧、奕䜣斗法记》,《光明日报》,1962 年 8 月 27 日。

29.《洋务历史试论》,《人民日报》,1962 年 9 月 13 日。

30.《论康有为的〈大同书〉》,《人民日报》,1963 年 4 月 16 日。

31.《论"清官"》,《人民日报》,1964 年 5 月 27 日。

32.《中国近代工业和旧式手工业的关系》,《人民日报》,1965 年 8 月 20 日。

33.《写群众的历史　为群众写历史》,《历史研究》,1965 年第 5 期。

34.《批判吴晗同志的唯心历史观》,《新建设》,1965 年第 12 期。

35.《〈海瑞罢官〉代表一种什么社会思潮?》,《人民日报》,1965 年 12 月 29 日。

36.《驳苏松地区特殊论》,《光明日报》,1966 年 4 月 6 日。

20 世纪 70 年代

37.《"猛志常在"是林彪的反革命誓言》,未发表。

38.《历史不容篡改——评〈十七世纪俄中关系〉》,见《十七世纪俄中关系》,商
务印书馆,1975 年。

39.《论康熙》,《北京师范大学学报》,1975 年。

40.《实事求是　勇于创新》,《历史研究》,1978 年第 8 期。

41.《鞠躬尽瘁　赤胆忠心——学习吴玉章同志的高尚革命品德》,《文汇报》,
1978 年 12 月 28 日。

42.《姚文元〈评新编历史剧《海瑞罢官》的反动实质》,《北京日报》,1978 年
12 月 30 日。

43.《四个现代化的实践是衡量一切的权威》,《教学与研究》,1979 年第 1 期。

44.《〈西伯利亚的征服和早期俄中交往、战争和商业史〉序言》,见《西伯利亚的
征服和早期俄中交往、战争和商业史》,商务印书馆,1979 年。

45.《闭关政策的历史教训》,《人民日报》,1979 年 3 月 13 日。

46.《〈中国近代史常识〉前言》,见《中国近代史常识》,中国青年出版社,1979 年。

47.《关于历史研究中阶级斗争理论问题的几点看法》,《社会科学研究》,1979 年
第 2 期。

20 世纪 80 年代

48.《阶级斗争、农民战争不是推进历史的唯一动力》,《人民日报》,1980 年 1 月 11 日。

49.《谈清代前期的历史地位》,《清史研究集》,1980 年第 1 期。

50.《〈星星草〉序》,《北京日报》,1980 年 5 月 22 日。

51.《改革是历史的必然》,《光明日报》,1980 年 5 月 22 日。

52.《如何评价义和团运动?》,《光明日报》,1980 年 5 月 27 日。

53.《〈太平天国史论文选〉前言》,见《太平天国史论文选》,三联书店,1981 年。

54.《义和团运动笔谈》,《东岳论丛》,1981 年第 1 期。

55.《批判极左思潮,推动研究工作》,《义和团研究会会刊——义和团运动史学术讨论会专辑》,1981 年第 1 期。

56.《论中国历史上的封建君主专制主义》,《社会科学战线》,1981 年第 2 期。

57.《历史研究要以马克思主义做指导》,《人民日报》,1981 年 4 月 2 日。

58.《要重视学习中国近代史》,《学习与研究》,1981 年第 3 期。

59.《金田起义出大湟》,《文史知识》,1981 年第 4 期。

60.《辛亥革命时期的爱国主义》,《人民日报》,1981 年 9 月 17 日。

61.《发扬爱国主义精神　建设社会主义祖国》,未发表。

62.《古籍整理的五点建议》,《文献》,1981 年第 4 期。

63.《汉学探析》,见《清史研究集》(第二辑),中国人民大学出版社,1982 年。

64.《谈清代书籍和史料的整理》,《光明日报》,1982 年 2 月 15 日。

65.《加强对马列主义理论的研究》,未发表。

66.《戴逸:首都理论界建设社会主义精神文明座谈会上的发言》,《北京日报》,1982 年 3 月 12 日。

67.《把大型〈清史〉的编写任务提到日程上来》,《清史研究通讯》,1982 年第 1 期。

68.《翔实　公允　清新——评〈中华民国史〉第一编上册》,《学习与研究》,1982 年第 3 期。

69.《中国近代史的基本线索和我们的学习目的》,《总政治部教育参考资料》,1982 年 4 月 12 日。

70.《战士、学者、良师——悼念尚钺同志》,《历史研究》,1982 年第 2 期。

71.《大力开展对清史的研究》,《南开大学学报》,1982 年第 5 期。

72.《我选择了历史专业》,《书林》,1982 年第 5 期。

73.《建设社会主义精神文明和历史文化遗产的批判继承》,《北京社联通讯》,1982 年第 5 期。

74.《为什么要学习中国近代史》,《工人日报》,1982 年 6 月 22 日。

75.《提倡学术上的相互批评》,《学习与研究》,1982 年第 7 期。

76.《祖国文化遗产中有助于社会主义精神文明建设的内容》,《北京日报》,1982 年 7 月 2 日。

77.《继承和发扬爱国主义传统》,《文史知识》,1982 年第 8 期。

78.《戴逸谈清史的编纂规划》,《香港文汇报》,1982 年 10 月 26 日。

79.《一个值得重新考虑的问题——重温马克思关于中国和东方国家的论述》(未定稿),1982 年 11 月 7 日。

80.《时代需要像他这样的巨人》,郭沫若同志九十周年诞辰纪念会发言,1982 年 11 月 10 日。

81.《学习祖国历史,建设精神文明——史学工作者座谈〈从鸦片战争到五四运动〉》,《读书》,1982 年第 11 期。

82.《戴逸自传》,见《中国当代社会科学家》(第 2 辑),书目文献出版社,1982 年。

83.《应该建立"避暑山庄学"》,1982 年在避暑山庄学术讨论会上的发言。

84.《〈近代史丛书〉序言》,见《近代史丛书》,上海人民出版社,1982 年。

85.《清史〈十卷集〉分卷内容概要》,油印,存国家清史编纂委员会档案室。

86.《清史〈十卷集〉编写要求和工作条例》,油印,存国家清史编纂委员会档案室。

87.《进一步重视太平天国史的研究》,见《太平天国学刊》(第一辑),中华书局,1983 年。

88.《戊戌维新前的资产阶级启蒙思潮》,见《戊戌维新运动史论集》,湖南人民出版社,1983 年。

89.《巨大的支持 英明的预见——重读马克思、恩格斯关于中国革命的教导》,《北京史苑》,1983 年第 1 期。

90.《对于太平天国史研究工作的几点希望》，在 1983 年 3 月 19 日南京讨论会上的发言。

91.《汪敬虞和戴逸关于搜集整理清史资料的通信》，《清史研究通讯》，1983 年第 2 期。

92.《历史科学战线上的几名新兵》，《人物》，1983 年第 3 期。

93.《谈清史研究》，《文史知识》，1983 年第 3 期。

94.《历史科学是进行爱国主义教育的强大武器——为〈史学〉复刊三百期纪念而作》，《光明日报》，1983 年 6 月 22 日。

95.《开展中国文化史研究　重视中外文化的交流》，《中国近代文化史研究专辑》，1983 年 9 月。

96.《〈清代人物传稿〉序言》，《清史研究通讯》，1984 年第 1 期。

97.《难忘的会见——怀念吴晗同志》，见《吴晗纪念文集》，北京出版社，1984 年。

98.《中国大学的历史教育》，日本《东洋史苑》，1984 年 3 月第 23 号。

99.《〈历史学刊〉序言》，《历史学刊》，1985 年。

100.《五十五年前北京猿人头盖骨的发现是科学发展史上的大事情》，《北京社联通讯》，1985 年第 1 期。

101.《介绍一种研究中国历史的重要资料——日记》，在联邦德国汉学家会议上的发言。

102.《谈清史稿的编纂》，在联邦德国汉学家会议上的发言。

103.《〈近代京华史迹〉序言》，见《近代京华史迹》，中国人民大学出版社，1985 年。

104.《实事求是地评价历史人物——在左宗棠历史评价学术讨论会上的发言》，《苏州大学学报》，1985 年第 1 期。

105.《〈中国近代史知识小丛书〉序》，见《中国近代史知识小丛书》，新华出版社，1985 年。

106.《第一次国共合作的酝酿》，日本《东方学报》，1985 年 3 月。

107.《我国最多产的一位诗人——乾隆帝》，《吉林大学社会科学学报》，1985 年第 5 期。

108.《在抗日战争胜利 40 周年学术讨论会上的发言》，《北京社联通讯》，1985 年第 5 期。

109.《鸦片战争以前的清代社会——在全国林则徐和鸦片战争学术讨论会上的发言》，《福建论坛》，1985 年第 8 期。

110.《中国关于清史研究的状况与今后展望》，《东洋史研究》，第 43 卷第 2 号，昭和五十九年九月三十日。

111.《哲人其萎　风范长存——悼念郭影秋同志》，《中国人民大学学报》，1985 年 11 月 15 日。

112.《乾隆的家庭悲剧及有关的政治风波》，《清史研究通讯》，1986 年第 1 期。

113.《乾隆初政和"宽严相济"的统治方针》，《上海社会科学院学术季刊》，1986 年第 1 期。

114.《邓拓与历史科学》，《历史研究》，1986 年第 3 期。

115.《孙中山的对外开放思想》，《北京社会科学》，1986 年第 3 期。

116.《研究北京文化史的重要意义》，《北京社会科学》，1986 年第 3 期。

117.《加强边疆开发史的研究》，《新疆社会科学》，1986 年第 5 期。

118.《〈履霜集〉自序》，见《履霜集》，中国人民大学出版社，1987 年。

119.《对中国传统文化应抱什么态度》，《文史知识》，1987 年第 1 期。

120.《龙庭亦是豪游地　海月边霜未觉愁——读〈清代东北流人诗选注〉》，《东北地方史研究》，1987 年第 1 期。

121.《〈少年天子〉是形象的历史》，《长篇小说》，1987 年 3 月号。

122.《荣庆其人与〈荣庆日记〉》，《清史研究通讯》，1987 年第 3 期。

123.《中国近现代史的研究如何深入》，《人民日报》，1987 年 7 月 17 日。

124.《我国近代会党史研究的新成果——评〈中国近代会党史研究〉》，《光明日报》，1987 年 9 月 16 日。

125.《在校图书馆科学讨论会上的开幕词》，1987 年 11 月 17 日。

126.《清代思潮》，见《论中国传统文化》，生活·读书·新知三联书店，1988 年。

127.《〈康有为变法奏议考〉序言》，见《康有为变法奏议考》，辽宁教育出版社，1988 年。

128.《〈满族食俗与清宫御膳〉序》，见《满族食俗与清宫御膳》，辽宁科学技术出版社，1988 年。

129. 《资本主义制度可以超越　社会经济发展的总行程不能超越》，《中国人民大学学报》，1988 年第 3 期。

130. 《边疆开发活动中的人和环境》，《清史研究通讯》，1988 年第 3 期。

131. 《开展边疆史地研究，为现代化建设服务》，《中国边疆史地研究导报》，1988 年第 4 期。

132. 《振兴社会科学研究》，《湖北社会科学》，1988 年第 5 期。

133. 《失去了的机会——略论 18 世纪的中英关系》，《中国人民大学学报》，1988 年第 5 期。

134. 《乾隆帝和北京的城市建设》，《清史研究集》，1988 年第 6 辑。

135. 《做好学术情报工作　发展和繁荣社会科学》，《学术情报》发刊词。

136. 《重视近代灾荒史的研究》，《光明日报》，1988 年 12 月 23 日。

137. 《〈清史研究丛书〉序言》，见《清史研究丛书》，中国人民大学出版社,1988 年。

138. 《〈中国革命史上的今天〉序》，见《中国革命史上的今天》，知识出版社，1989 年。

139. 《〈清集簿录〉序言》，《文献》，1989 年第 1 期。

140. 《圆明园和大观园》，《燕都》，1989 年第 1 期。

141. 《〈简明清史〉编写琐谈》，《清史研究通讯》，1989 年。

142. 《四库全书和法国百科全书——为纪念法国革命二百周年而作》，《历史研究》，1989 年第 2 期。

143. 《〈清代蒙古政教制度〉序言》，《清史研究通讯》，1989 年第 2 期。

144. 《略谈中国的传统文化》，《中国人民大学学报》，1989 年第 3 期。

145. 《五四时期先进知识分子的选择》，《中共党史研究》，1989 年第 3 期。

146. 《当前中国改革笔谈》，《学习》，1989 年第 3 期。

147. 《〈常熟市志〉序言》，《史志文萃》，1989 年第 2、3 期合刊。

148. 《论福康安》，《清史研究通讯》，1989 年第 3 期。

149. 《〈清代名人传略〉汉译本序》，《青海社会科学》，1989 年第 5 期。

150. 《戴逸小传》，《常熟市报》，1989 年 8 月 5 日。

151. 《历史学家的过去和现在》，《历史研究》，1989 年第 5 期。

152. 《〈中国民族性〉代序》，见《中国民族性》，中国人民大学出版社，1989 年。

20 世纪 90 年代

153. 《〈梁启超政治法律思想研究〉序言》，见《梁启超政治法律思想研究》，学苑出版社，1990 年。

154. 《〈中国近代史料学稿〉序》，见《中国近代史料学稿》，中国人民大学出版社，1990 年。

155. 《历史科学的社会功能》，《中国历史学年鉴（1989）》，人民出版社，1990 年。

156. 《〈近代中国灾荒纪年〉序》，见《近代中国灾荒纪年》，湖南教育出版社，1990 年。

157. 《五四运动和传统文化》，见《历史的选择》，山东大学出版社，1990 年。

158. 《〈国耻愤——历史·爱国·社会主义〉序言》，见《国耻愤——历史·爱国·社会主义》，济南出版社，1990 年。

159. 《〈历史的顿挫〉序言》，见《历史的顿挫》，台湾云龙出版社，1990 年。

160. 《十年来清代经济史研究的新收获》，《中国经济史研究》，1990 年第 1 期。

161. 《曹雪芹与平郡王福彭》，《燕都》，1990 年第 1 期。

162. 《吴晗同志和我谈编纂清史》，《北京市历史学会成立 30 周年纪念文集》，1990 年。

163. 《纪念鸦片战争一百周年》，《群言》，1990 年第 3 期。

164. 《纪念瞿式耜四百周年诞辰感言》，《清史研究通讯》，1990 年第 4 期。

165. 《知我中华　爱我中华》，《人民日报》（海外版），1990 年 5 月 28 日。

166. 《历史科学要走出书斋——〈历史的顿挫〉序》，《中国图书评论》，1990 年第 5 期。

167. 《历史需要不断研究，加深认识》，《山东社会科学》，1990 年第 6 期。

168. 《纪念鸦片战争　弘扬爱国精神》，《人民日报》，1990 年 6 月 18 日。

169. 《社会主义是中国一百五十年历史的选择》，《人民日报》，1990 年 11 月 21 日。

170. 《〈中国通史连环画〉序》，见《中国通史连环画》，海南出版社，1991 年。

171. 《韩国东洋史学会第十届国际学术讨论会致辞》。

172. 《〈清代满族风俗史〉序言》，见《清代满族风俗史》，辽宁人民出版社，1991 年。

173. 《我所了解的郑天挺教授》，《郑天挺学记》，生活·读书·新知三联书店，1991 年。

174. 《〈漂落异域的民族——17 至 18 世纪的土尔扈特蒙古〉序言》，见《漂落异域的民族——17 至 18 世纪的土尔扈特蒙古》，中国社会科学出版社，1991 年。

175. 《〈尚氏中国古代通史〉序》，见《尚氏中国古代通史》，高等教育出版社，1991 年。

176. 《〈百年沉浮——近代中国民族工商业的发展之路〉序言》，见《百年沉浮——近代中国民族工商业的发展之路》，中国广播电视出版社，1991 年。

177. 《北京文化研究的重要成果（评介〈北京文化综览〉）》，《北京日报》，1991 年 1 月 12 日。

178. 《〈清代学术文化史论〉序言》，见《清代学术文化史论》，文津出版社有限公司，1991 年。

179. 《中日甲午战争的影响和意义》，《齐鲁学刊》，1991 年第 1 期。

180. 《〈清帝东巡〉序》，见《清帝东巡》，辽宁大学出版社，1991 年。

181. 《"抗日战争与中国社会"学术讨论会致辞》，《史学月刊》，1991 年。

182. 《社会科学工作者责任重大》，《光明日报》，1991 年 4 月 9 日。

183. 《谈历史研究的方法》，《苏州铁道师范学院学报》，1991 年第 4 期。

184. 《纪念陈垣与开展区域文化研究》，《历史研究》，1991 年第 3 期。

185. 《弘扬炎黄文化　振奋民族精神》，《紫荆》，1991 年 8 月。

186. 《乾隆朝的水灾与赈济》，《光明日报》，1991 年 9 月 11 日。

187. 《辛亥革命的教训和社会主义的选择》，《中国教育报》，1991 年 10 月 10 日。

188. 《既是教科书　又是普及读物——读新编中学历史教材有感》，《人民日报》，1991 年 11 月 27 日。

189. 《历史的轨迹　文化的瑰珍》，见《步入近代的历程》，辽宁大学出版社，1992 年。

190. 《研精覃思　知远识微》，见《学者谈艺录》，中国人民大学出版社，1992 年。

191. 《明清》（百科全书），见《明清》，中国大百科全书出版社，1992 年。

192. 《专制统治的延续、衰落和资本主义列强的入侵》，见《明清》，中国大百科全书出版社，1992 年。

193. 《〈中国资本主义发展的历史命运——苏州丝织业"账房"发展史论〉序言》，见《中国资本主义发展的历史命运——苏州丝织业"账房"发展史论》，江苏教育出版社，1992 年。

194.《论乾隆》,《清史研究》,1992 年第 1 期。

195.《一部独具匠心的著作——读〈中国民族关系史纲要有感〉》,《人民日报》,
1992 年 1 月 6 日。

196.《研究炎黄文化　建设现代文明》,《炎黄春秋》,1992 年创刊号。

197.《关于清代典籍的整理与研究》,《古籍整理出版情况简报》,1992 年 1 月 20 日。

198.《回忆子民图书室的草创》,《北京大学子民图书室记实》,北京大学出版社,
1992 年。

199.《〈千古文字狱〉序言》,见《千古文字狱》,南海出版公司,1992 年。

200.《马克思主义与历史科学》,《高教理论战线》,1992 年第 1 期。

201.《我所了解的历史学家邓拓》,《人民日报》,1992 年 2 月 23 日。

202.《闽台文化的渊源和发展》,《闽南师大学报》,1992 年。

203.《自传稿》,自存文档,现存常熟"衣山楼"藏书楼。

204.《〈国耻事典〉序言》,见《国耻事典》,成都出版社,1992 年。

205.《读李燕光、关捷的新著〈满族通史〉》,《清史研究》,1992 年第 2 期。

206.《民族英雄　功垂千秋——纪念郑成功逝世 330 周年》,《泉州学刊》,1992 年
第 3 期。

207.《读〈中华古文明大图集〉》,见《中华古文明大图集》,人民日报出版社,1992 年。

208.《评〈满族大词典〉》,见《步入近代的历程》,辽宁大学出版社,1992 年。

209.《百年奋斗的里程》,见《步入近代的历程》,辽宁大学出版社,1992 年。

210.《〈名臣奏表八十八篇〉序言》,《人民日报》(海外版),1992 年 4 月 7 日。

211.《近代留学教育的光辉道路》,《中国高教研究》,1992 年第 5 期。

212.《开展满学研究的意义》,《北京国际满学研讨会文集》,1992 年。

213.《一幅悲壮的历史画卷——电视连续剧〈北洋水师〉观后感》,《光明日报》,
1992 年 7 月 3 日。

214.《让史学走出书斋》,《北京日报》,1992 年 8 月 19 日。

215.《〈中国近代教育家思想系列研究〉序言》,见《中国近代教育家思想系列研
究》,辽宁教育出版社,1993 年。

216.《唐文治》,见《清代人物传稿》,辽宁人民出版社,1993 年。

217.《〈利顺德百年风云〉序言》,见《利顺德百年风云》,天津人民出版社,1993 年。

218.《乾隆朝金川战争中的天时、地势与人心》,《北大史学》(第 1 辑),1993 年。

219.《十八世纪中国的成就、局限与时代特征》,《清史研究》,1993 年第 1 期。

220.《利顺德大饭店——一座展示近代历史与文化的博物馆》,见《利顺德大饭店与近代天津》,百花文艺出版社,1993 年。

221.《坚持理论与实际结合办好刊物》,《高校理论战线》,1993 年第 1 期。

222.《〈少年天子〉序》,见《少年天子》,外文出版社,1993 年。

223.《〈清代学术与文化〉序》,见《清代学术与文化》,辽宁教育出版社,1993 年。

224.《〈民国三教九流〉序》,见《民国三教九流》,安徽人民出版社,1993 年。

225.《〈圆明园——历史·现状·论争〉序言》,《中华读书报》,1993 年 3 月 11 日。

226.《在〈李鸿章全集〉编委会首次会议上的讲话》,《安徽史学》,1993 年第 3 期。

227.《一场得不偿失的战争——论乾隆朝金川之役》,《历史研究》,1993 年第 3 期。

228.《借来斋记》,《光明日报》,1993 年 10 月 23 日。

229.《翁同龢其人》,《人民日报》,1993 年 11 月 3 日。

230.《〈翁同龢传〉序言》,见《翁同龢传》,中华书局,1994 年。

231.《〈顾炎武考论〉序言》,见《顾炎武考论》,江苏人民出版社,1994 年。

232.《时代需要这样的历史学家——在纪念范文澜诞辰 100 周年座谈会上的发言》,《近代史研究》,1994 年第 1 期。

233.《略论诗人乾隆》,《北京日报》,1994 年 1 月 12 日。

234.《河洛文化与中华文明》,《炎黄文化研究》,1994 年第 1 期。

235.《从大处着眼　保护历史文物》,《安徽史学》,1994 年第 1 期。

236.《回顾近代历史　弘扬爱国主义》,见《从林则徐到孙中山——近代中国十八先贤传》,中山大学出版社,1994 年。

237.《〈中华明清珍档指南〉序言》,见《中华明清珍档指南》,人民出版社,1994 年。

238.《关于河洛文化的四个问题》,《寻根》,1994 年第 1 期。

239.《驳永野茂门》,《抗日战争研究》,1994 年第 2 期。

240.《研究清史不可或缺的珍贵史料——推荐〈清高宗(乾隆)御制诗文全集〉》,《清史研究》,1994 年第 2 期。

241.《等待回归祖国——访港新见闻》,《光明日报》,1994 年 2 月 22 日。

242.《一项宏伟的文化工程——评介〈二十六史大辞典〉》,《深圳特区报》,1994年4月30日。

243.《一场未经交锋的战争——乾隆朝第一次廓尔喀之役》,《清史研究》,1994年第3期。

244.《在〈李鸿章全集〉第二次编纂工作会议上的讲话》,《安徽史学》,1994年第4期。

245.《翁同龢与〈翁同龢传〉》,《光明日报》,1994年5月9日。

246.《遥远的回忆——读金应熙遗作〈香港今昔谈〉》,见《香港今昔谈》,百花洲文艺出版社,1994年。

247.《〈梁启超评传〉序言》,见《梁启超评传》,百花洲文艺出版社,1994年。

248.《中日甲午战争的前因与后果》,《历史教学》,1994年第7期。

249.《避暑山庄与康乾盛世》,见《山庄研究》,紫禁城出版社,1994年第8期。

250.《〈20世纪中国通鉴〉序言》,见《20世纪中国通鉴》,改革出版社,1994年8月。

251.《历史巨人的足迹——读力平著〈开国总理周恩来〉》,《人民日报》(海外版),1994年10月5日。

252.《〈甲午战争与翁同龢〉序》,见《甲午战争与翁同龢》,中国人民大学出版社,1994年。

253.《中日甲午战争的历史教训》,《中国党政干部论坛》,1994年第10期。

254.《展示中华文明的瑰丽画卷——读十卷本〈中华文明史〉》,《光明日报》,1994年12月16日。

255.《大力挖掘中华民族的传统美德》,《求是》,1994年第23期。

256.《千古英杰毕至 万代楷模生辉——通览〈中华骄子〉》,《光明日报》,1994年12月26日。

257.《甲午战争与东亚政治格局的演变》,《抗日战争研究》,1995年第1期。

258.《毕生难忘的暴行》,《北京日报》,1995年6月14日。

259.《〈嘉定钱大昕全集〉序言》,见《嘉定钱大昕全集》,江苏古籍出版社,1995年。

260.《〈甲午百年祭:多元视野下的中日战争〉序言》,见《甲午百年祭:多元视野下的中日战争》,知识出版社,1995年。

261. 《〈清代前期西部边政史论〉序言》，见《清代前期西部边政史论》，黑龙江出版社，1995 年。

262. 《〈清代新疆农业开发史〉序》，见《清代新疆农业开发史》，黑龙江教育出版社，1995 年。

263. 《〈国耻备忘录——中国近代史上的不平等条约〉序》，见《国耻备忘录——中国近代史上的不平等条约》，北京教育出版社，1995 年。

264. 《〈中国文化名人系列丛书〉总序》，见《中国文化名人系列丛书》，广西教育出版社，1995 年。

265. 《〈甲午战争与近代中国和世界——甲午战争 100 周年国际学术讨论会文集〉序》，见《甲午战争与近代中国和世界——甲午战争 100 周年国际学术讨论会文集》，人民出版社，1995 年。

266. 《〈海外侨团寻踪〉序言》，见《海外侨团寻踪》，中国华侨出版社，1995 年。

267. 《祝贺和希望——中国史学会会长戴逸在中国第一历史档案馆成立 70 周年纪念会上的讲话》，《历史档案》，1995 年第 2 期。

268. 《刘大年同志与中国历史研究》，《近代史研究》，1995 年第 5 期。

269. 《〈河洛史话〉序》，见《河洛史话》，中州古籍出版社，1995 年。

270. 《在台湾史研究会上的开幕词》，1995 年 7 月 29 日。

271. 《全民族抗战的伟大胜利》，《北京日报》，1995 年 8 月 14 日。

272. 《马克思主义的指导是史学发展的关键》，《高校理论战线》，1995 年第 8 期。

273. 《不幸已成过去　莫让悲剧重演》，《光明日报》，1995 年 9 月 18 日。

274. 《〈炎黄文化漫游丛书〉序》，见《炎黄文化漫游丛书》，人民日报出版社，1995 年。

275. 《十八世纪的中国与世界》，《人民日报》，1995 年 9 月 20 日。

276. 《面向 21 世纪的华人文化》，《中国贸易报》，1995 年 10 月 7 日。

277. 《戊戌变法时翁同龢罢官原由辨析》，《故宫博物院院刊（建院 70 周年纪念特刊）》，1995 年 10 月。

278. 《戴逸：站在历史的分水岭上》，《中华英才》，1995 年第 23 期。

279. 《中国民族和边疆史研究》，《中国边疆民族研究》（第 1 辑），1995 年。

280. 《纪念甲午海战 100 周年学术研讨会上的发言》，见《甲午海战与中国海防》，解放军出版社，1995 年。

281.《近代中国人口的增长和迁徙》,《清史研究》,1996 年第 1 期。

282.《〈清兵入关与中国社会——中国第七届全国暨国际清史学术讨论会论文集〉序言》,见《清兵入关与中国社会——中国第七届全国暨国际清史学术讨论会论文集》,辽宁人民出版社,1996 年。

283.《治史四要素》,《安徽史学》,1996 年第 1 期。

284.《〈治乱警鉴〉序言》,见《治乱警鉴》,北京出版社,1996 年。

285.《抗法保台　功不可没——在海峡两岸纪念刘铭传逝世 100 周年学术研讨会上的讲话》,《安徽史学》,1996 年第 2 期。

286.《中国档案与历史研究》,《档案丛刊》,1996 年。

287.《〈跨世纪的交流〉序》,见《跨世纪的交流》,中国人事出版社,1996 年。

288.《〈台湾历史纲要〉序言》,见《台湾历史纲要》,九洲图书出版社,1996 年。

289.《关于河洛文化的几个问题》,见《洛汭与河图洛书》,河南科学技术出版社,1996 年。

290.《〈山海集〉序言》,见《山海集》,中国地图出版社,1996 年。

291.《从历史展望未来》,见《21 世纪中国战略大策划——大国方略》,红旗出版社,1996 年。

292.《中日关系史上一朵绚丽的浪花——〈东瀛义士——川喜多大尉传奇〉再版序》,《北京文史》,1996 年第 2 期。

293.《光辉灿烂的河洛文化》,《河洛史话》,1996 年第 3 期。

294.《继往开来　熔古铸今》,《光明日报》,1996 年 8 月 3 日。

295.《在沈阳故宫博物院成立 70 周年学术研讨会开幕式上讲话》,1996 年 9 月 10 日。

296.《加强联系与合作　共同繁荣史学事业与档案事业》,《中国档案报》,1996 年 9 月 17 日。

297.《资料　思想　文采　道德——对历史学家的四项要求》,《历史教学》,1996 年第 10 期。

298.《"弘扬优秀传统道德　建设社会主义精神文明"座谈会发言摘登》,《求是》,1996 年第 10 期。

299.《〈深沉的民族反省——中国近代改造国民性思潮研究〉序》,见《深沉的民族反省——中国近代改造国民性思潮研究》,山东人民出版社,1996 年。

300.《在张伯苓教育思想学术研讨会上的发言》,《南开校友通讯丛书》(第 19 期),1996 年。

301.《〈近代文史名著选译丛书〉序言》,见《近代文史名著选译丛书》,巴蜀书社,1997 年。

302.《一谈〈续修四库全书〉》,见《繁露集》,中国社会科学出版社,1997 年。

303.《二谈〈续修四库全书〉》,见《繁露集》,中国社会科学出版社,1997 年。

304.《三谈〈续修四库全书〉》,见《繁露集》,中国社会科学出版社,1997 年。

305.《四谈〈续修四库全书〉》,见《繁露集》,中国社会科学出版社,1997 年。

306.《〈中华美德贤文〉读后感》,见《繁露集》,中国社会科学出版社,1997 年。

307.《纪念太平天国 研究中国农民》,见《繁露集》,中国社会科学出版社,1997 年。

308.《从历史展望未来》,《历史教学问题》,1997 年第 1 期。

309.《伟人思想,永垂后世》,《中国特色社会主义研究》,1997 年第 2 期。

310.《祝北京文史研究馆建馆 45 周年》,《北京文史》,1997 年第 2 期。

311.《成才之路》,见《繁露集》,中国社会科学出版社,1997 年。

312.《〈小莽苍苍斋藏:清代学者法书选集〉序言》,《中国文化》,1997 年。

313.《进一步深入研究、继承发扬孙中山的精神遗产》,见《孙中山与现代文明》,苏州大学出版社,1997 年。

314.《纪念"二二八"事件五十周年》,《台湾研究论坛》,1997 年 3 月特刊。

315.《乾嘉史学大师钱大昕》,《文史哲》,1997 年第 3 期。

316.《我看张之洞》,《河北师院学报》(社会科学版),1997 年第 3 期。

317.《20 世纪中国历史学的回顾》,见《清季自强运动讨论会文集》,1997 年。

318.《〈中国近代社会思潮〉序言》,《贵州社会科学》,1997 年第 3 期。

319.《清代书法浅论》,《中国文化》,1997 年。

320.《民族复兴的精神支持》,《北京日报》,1997 年 3 月 17 日。

321.《〈二十五史通鉴〉序》,见《二十五史通鉴》,团结出版社,1997 年。

322.《论康雍乾盛世》,《今晚报》,1997 年 4 月 29 日。

323.《与胡华同志相处的岁月》,见《纪念胡华文集》,中国人民大学出版社,1997 年。

324.《香港回归与爱国主义的发展》，《人民日报》，1997 年 6 月 19 日。

325.《早期革命史上的瑰丽诗篇——读张蕙芝〈五四前夕的中国学生运动〉》，《人民日报》，1997 年 9 月 5 日。

326.《爱国、先进的改革家、思想家谭嗣同》，见《谭嗣同思想学术研讨会论文集》，1997 年。

327.《〈佛教与北京寺庙文化〉序》，见《佛教与北京寺庙文化》，中央民族大学出版社，1997 年。

328.《从社会史角度看中国历史》，《北京日报》，1997 年 9 月 7 日。

329.《继往开来 前程似锦》，《光明日报》，1997 年 10 月 14 日。

330.《打捞致远、经远、超勇、扬威四舰感言》，《参考消息》，1997 年 10 月 16 日。

331.《〈中华治国方略文库〉序言》，见《中华治国方略文库》，当代中国出版社，1997 年。

332.《〈清代国家机关考略〉再版序言》，见《清代国家机关考略》，中国人民大学出版社，1997 年。

333.《风雨征程——记罗髻渔同志在大革命年代（1925—1927）》，《炎黄春秋》，1997 年第 11 期。

334.《继承和发扬传统美德》，《人民日报》，1997 年 12 月 6 日。

335.《〈北京城市生活史〉序言》，见《北京城市生活史》，开明出版社，1997 年。

336.《著作出版推荐意见书（一）》，见《二十世纪的中国边疆研究——一门发展中的边缘学科的演进历程》，黑龙江教育出版社，1997 年。

337.《雪洗国耻后的反思》，《瞭望》，1997 年第 26 期。

338.《睿智的学者 勇猛的斗士——忆黎澍同志》，见《黎澍十年祭》，中国社会科学出版社，1998 年。

339.《加强社会史的研究》，《人民政协报》，1998 年 1 月 19 日。

340.《从近代中国谈〈近代文史名著选译丛书〉》，《光明日报》，1998 年 2 月 2 日。

341.《刘铭传在台湾》，《华声报》，1998 年 2 月 3 日。

342.《初进北大》，《光明日报》，1998 年 2 月 4 日。

343.《〈二十世纪中国学案〉序》，见《二十世纪中国学案》，北京图书馆出版社，1998 年。

344. 《一段不能忘记的历史》，见《台湾同胞抗日 50 年纪实》，中国妇女出版社，1998 年。

345. 《百年功过论戊戌》，《中国报道》，1998 年第 2 期。

346. 《〈考证学集林〉序》，《扬州大学学报》（人文社会科学版），1998 年第 2 期。

347. 《〈中国乡村生活〉序言》，见《中国乡村生活》，时事出版社，1998 年。

348. 《戊戌变法一百周年纪念碑记》，《北京文史》，1998 年。

349. 《读〈湖湘文化传统与湖南维新运动〉》，《光明日报》，1998 年 6 月 19 日。

350. 《中国民族边疆史研究》，见《中外历史问题八人谈》，中共中央党校出版社，1998 年。

351. 《中国近代科学的先驱——徐寿父子》，《中国近代科学的先驱徐寿父子研究》，清华大学出版社，1998 年。

352. 《〈学与思的足迹〉序言》，见《学与思的足迹》，东方出版社，1998 年。

353. 《海外近代史研究的一项成果》，《人民日报》，1998 年 9 月 12 日。

354. 《〈晚清佚文丛考〉序言》，见《晚清佚文丛考》，巴蜀书社，1998 年。

355. 《〈清代官名别称〉序言》，见《清代官名别称》，中国人民大学出版社，1998 年。

356. 《世纪之交中国历史学的回顾与前瞻》，《历史研究》，1998 年第 6 期。

357. 《新闻和历史》，见《语冰集》，广西人民出版社，1999 年。

358. 《我的学术生涯》，见《当代学者自选文库·戴逸卷》，安徽教育出版社，1999 年。

359. 《融学术、哲理、诗思于一身——纪念翦伯赞同志》，《语冰集》，广西人民出版社，1999 年。

360. 《满族命名三百六十年》，见《语冰集》，广西人民出版社，1999 年。

361. 《纪念罗荣渠先生》，见《语冰集》，广西人民出版社，1999 年。

362. 《五谈〈续修四库全书〉》，见《语冰集》，广西人民出版社，1999 年。

363. 《六谈〈续修四库全书〉》，见《语冰集》，广西人民出版社，1999 年。

364. 《戊戌年袁世凯告密真相及袁和维新派的关系》，《清史研究》，1999 年第 1 期。

365. 《〈语冰集〉自序》，见《语冰集》，广西人民出版社，1999 年。

366. 《〈蒙古回部王公表传〉序言》，见《蒙古回部王公表传》，内蒙古大学出版社，1999 年。

367.《中国历史学的世纪回顾》,《科学时报》,1999 年 2 月 8 日。

368.《文史知识与素质教育》,《中华读书报》,1999 年 2 月 25 日。

369.《雍正继位的历史疑谜》,《中华儿女》,1999 年第 3 期。

370.《历史上的雍正》,《人民日报》,1999 年 3 月 13 日。

371.《雍正的廉政》,《北京日报》,1999 年 3 月 14 日。

372.《研究历史　建设边疆》,《光明日报》,1999 年 3 月 19 日。

373.《对中国边疆研究的再认识》,《光明日报》,1999 年 3 月 26 日。

374.《民主、科学和马克思主义》,《北京大学学报》(哲学社会科学版),1999 年
第 3 期。

375.《雍正践祚的内情》,《中华读书报》,1999 年 3 月 24 日。

376.《伟大胜利的历史记录》,《光明日报》,1999 年 4 月 2 日。

377.《有鉴于往事　有资于政道——〈资政史鉴〉出版座谈会发展摘要》,《人民
日报》,1999 年 4 月 10 日。

378.《一项富有意义的学术文化工程》,《光明日报》,1999 年 4 月 16 日。

379.《近代社会思潮的研究值得重视》,《光明日报》,1999 年 4 月 30 日。

380.《五四运动的光辉道路》,《人民日报》,1999 年 5 月 4 日。

381.《孙中山与北京平安大街》,《北京日报》,1999 年 5 月 12 日。

382.《汲古润今的大工程》,《北京日报》,1999 年 6 月 16 日。

383.《戊戌变法中袁世凯告密真相》,《北京日报》,1999 年 6 月 23 日。

384.《吴、皖、扬、浙——清代考据学的四大学派》,《人民政协报》,1999 年 9 月
29 日。

385.《〈清通鉴〉序》,见《清通鉴》,山西人民出版社,1999 年。

386.《〈百年奋斗史丛书〉序言》,见《百年奋斗史丛书》,山东教育出版社,1999 年。

387.《日记——历史研究中的一项重要资料》,见《语冰集》,广西人民出版社,
1999 年。

388.《〈中日关系全书〉跋》,见《中日关系全书》,辽海出版社,1999 年。

389.《〈江阴历史名人漫记〉序言》,见《江阴历史名人漫记》,江苏人民出版社,
1999 年。

390.《中国近代学术的特点》,《中国教育报》,1999 年 12 月 25 日。

21 世纪初期以来

391.《简评〈中华大典·宋辽金元文学分典〉》,《四川大学学报》(哲学社会科学版),2000 年第 1 期。

392.《千年历史的启示》,《人民论坛》,2000 年第 1 期。

393.《面向 21 世纪的清史研究——部分清史专家笔谈》,《清史研究》,2000 年第 1 期。

394.《论二十世纪中国史学的特征》,《中国特色社会主义研究》,2000 年第 1 期。

395.《世纪之交中国历史学的回顾与展望》,《中国社会科学》(英文版),2000 年第 1 期。

396.《关于河洛文化的几个问题》,《河洛春秋》,2000 年第 1 期。

397.《清代宣南士文化》,《北京文史》,2000 年第 1 期。

398.《〈天国百问〉序言》,见《天国百问》,中国书店,2000 年。

399.《〈五千年中外文化交流史〉序》,《历史教学》,2000 年第 1 期。

400.《百年历史学研究：回顾与展望》,《人民日报》,2000 年 1 月 27 日。

401.《北京的庙会》,《光明日报》,2000 年 2 月 4 日。

402.《故都民俗的留影》,《北京日报》,2000 年 2 月 28 日。

403.《民族振兴　家乡巨变》,《紫荆》,2000 年第 2 期。

404.《〈鸦片战争前的东南四省海关〉序》,见《鸦片战争前的东南四省海关》,福建人民出版社,2000 年。

405.《文史哲：跨世纪的回顾与展望——新中国史应是新时期历史研究的重点》,《中华读书报》,2000 年 3 月 22 日。

406.《清代开发西部的历史借鉴》,《人民日报》,2000 年 4 月 13 日。

407.《20 世纪的中国历史学》,《北京日报》,2000 年 4 月 17 日。

408.《中国史学会戴逸会长的开幕词》,见《戊戌维新与近代中国的改革——戊戌维新一百周年国际学术讨论会论文集》,社会科学文献出版社,2000 年。

409.《以碑说史——〈中国百年历史名碑〉读后》,《人民日报》,2000 年 6 月 22 日。

410.《林则徐与近代新疆开发》,《光明日报》,2000 年 7 月 14 日。

411.《满族兴起的精神力量》,《满学研究》(第 5 辑),民族出版社,2000 年。

412.《〈明清档案通览〉序》，见《明清档案通览》，中国档案出版社，2000 年。

413.《义和团运动和罗马教廷的"封圣"》，《文汇报》，2000 年 10 月 21 日。

414.《怀念袁定中同志》，《华学文史资料》（第六辑），2000 年。

415.《〈二十世纪中国史学名著丛书〉总序》，见《二十世纪中国史学名著丛书》，河北教育出版社，2000 年。

416.《〈新编中国近现代史〉丛书序》，见《中国近现代史论：周新国史学论文选》，江苏人民出版社，2000 年。

417.《早安，常熟》，《常熟日报》，2001 年 1 月 1 日。

418.《民族复兴展望》，《北京日报》，2001 年 1 月 2 日。

419.《〈袁毅平摄影作品集〉跋》，见《袁毅平摄影作品集》，中国摄影出版社，2001 年。

420.《〈北京安徽会馆志稿〉序》，见《北京安徽会馆志稿》，北京燕山出版社，2001 年。

421.《〈中国近代史话〉序》，见《中国近代史话》，云南人民出版社，2001 年。

422.《关注历史细节》，《中华读书报》，2001 年 2 月 14 日。

423.《世界一体化潮流中的桃源乐土——挪威纪行》，《社会科学战线》，2001 年第 3 期。

424.《一代盛事旷世巨典——关于大型清史的编纂》，《人民日报》，2001 年 4 月 14 日。

425.《功力深厚的佳作——读来新夏先生〈北洋军阀史〉》，《中华读书报》，2001 年 5 月 23 日。

426.《谈清代的典籍文献》，《古籍出版简报》，2001 年第 8 期。

427.《把哲学社会科学研究更加推向前进》，《高校理论战线》，2001 年第 9 期。

428.《〈日本历史教科书风波的真相〉序言》，见《日本历史教科书风波的真相》，人民出版社，2001 年。

429.《辛亥革命开启了中国现代化的新纪元》，《瞭望》，2001 年第 42 期。

430.《重视社会科学　提倡创新思维》，《群言》，2001 年第 200 期。

431.《康熙和鳌拜》，《北京日报》，2001 年 12 月 11 日。

432.《在纪念辛亥革命九十周年国际学术讨论会开幕式上的致辞》，见《辛亥革命与 20 世纪的中国——纪念辛亥革命九十周年国际学术讨论会论文集（上）》，2001 年。

433.《北京湖广会馆碑记》，《北京文史》，2002 年第 1 期。

434.《谈〈清史稿〉的修纂及其缺陷》，《清史研究》，2002 年第 1 期。

435.《哲人其萎　风范长存——纪念郭影秋同志》，《郭影秋纪念文集：纪念影秋诞辰 100 周年》，中国人民大学出版社，2002 年。

436.《〈北京市文史馆馆员传略〉序言》，见《北京市文史馆馆员传略》，北京图书馆出版社，2002 年。

437.《〈五闯金三角〉序言》，见《五闯金三角》，中国工人出版社，2002 年。

438.《史实中的康熙收复台湾》，《炎黄春秋》，2002 年第 2 期。

439.《"宣南文化"小议》，《北京日报》，2002 年 3 月 16 日。

440.《乖谬百出的〈清史稿〉》，《光明日报》，2002 年 3 月 19 日。

441.《盛世的沉沦——戴逸谈康雍乾历史》，《中华读书报》，2002 年 3 月 20 日。

442.《中国古代修史的传统及其对国史研究的重要启示》，《当代中国史研究》，2002 年第 4 期。

443.《推荐〈五千年中外文化交流史〉》，《光明日报》，2002 年 5 月 21 日。

444.《宣南文化的五大特点》，《北京日报》，2002 年 5 月 20 日。

445.《哲人其萎　风范长存》，见《郭影秋纪念文集》，南京大学出版社，2002 年。

446.《告诉你一个真实、全面的金三角——读〈女人也闯金三角〉》，《边疆文学》，2002 年第 6 期。

447.《怎样认识康雍乾盛世——答周思源先生》，《中华读书报》，2002 年 7 月 7 日。

448.《〈清代学术探研录〉序言》，见《清代学术探研录》，中国社会科学出版社，2002 年。

449.《近代开发西部的历史足迹》，《求是》，2002 年第 9 期。

450.《弘扬特色　传承文化——〈重修常昭合志〉（修订版）序言》，《常熟通讯》，2002 年 9 月。

451.《带你走进近代山西》，《光明日报》，2002 年 10 月 15 日。

452.《〈中国历代人物像传〉序》，见《中国历代人物像传》，齐鲁书社，2002 年。

453.《学术研究贵在创新》，《文汇读书周报》，2002 年 12 月 13 日。

454.《〈常熟国家历史文化名城词典〉序》，见《常熟国家历史文化名城词典》，上海辞书出版社，2003 年。

455.《〈吴燕南文集〉序》，见《吴燕南文集》，贵州教育出版社，2003 年。

456.《构建新世纪标志性的文化工程——清史编纂工程启动感言》，《光明日报》，2003 年 2 月 25 日。

457.《在清史编纂体裁体例座谈会上的讲话》，《清史研究》，2003 年第 2 期。

458.《编纂清史的缘起与编纂初想》，《社会科学战线》，2003 年第 2 期。

459.《了解近代中国史之书》，《香港文汇报》，2003 年 3 月 23 日。

460.《弘扬传统文化　培育民族精神——中国人民大学孔子研究院学术委员会顾问、委员及研究员谈编纂〈儒藏〉的价值》，《光明日报》，2003 年 4 月 1 日。

461.《创新史书体裁　体现时代精神——清史编纂体裁体例学术座谈会综述》，《光明日报》，2003 年 4 月 1 日。

462.《达园宾馆讲话》，2003 年 6 月 4 日。

463.《龙泉寺讲话》，2003 年 7 月 31 日。

464.《与世界史专家座谈——和敬公主府讲话》，2003 年。

465.《八十八卷清史目录（第五稿)》，完稿于 2003 年 8 月。

466.《与郭成康、陈其泰的信》，见《清史编委会工作简报》，2003 年 8 月 19 日。

467.《与台湾学者座谈——世纪金源大酒店讲话》，2003 年 8 月 25 日。

468.《三百年的历史见证——在避暑山庄三百周年纪念会上的讲话》，2003 年 9 月 13 日。

469.《撰写启动阶段怎么做？——在兴发大厦的讲话》，2003 年 9 月 17 日。

470.《同治帝遗腹子载瀛与大阿哥之谜》，《清史编委会工作简报》（第 44 期），2003 年 9 月 26 日。

471.《在第二次清史编纂委员会上的讲话》，2003 年 10 月 13 日。

472.《清史编纂的缘起与设想——在台湾宜兰佛光大学的讲话》，2003 年 10 月 27 日。

473.《为何龄修读顾诚〈南明史〉》，给何龄修的信，2003 年。

474.《在台北谈清史暨答客问》，2003 年 11 月 2 日。

475.《〈恽毓鼎澄斋日记〉序言》，见《恽毓鼎澄斋日记》，浙江古籍出版社，2004 年。

476.《漫谈口述历史》，《口述历史》（第二辑），中国社会科学出版社，2004 年。

477.《给祁龙威先生的信》，《学界过往》，中国人民大学出版社，2004 年。

478.《〈汉英古今常用语汇词典〉序言》，见《汉英古今常用语汇词典》，外文出版社，2005 年。

479.《文津阁四库全书有关清史文献之增删书目》，见《文津阁四库全书·清史资料汇刊》，商务印书馆，2005 年。

480.《〈清代科举人物家传资料汇编〉序言》，见《清代科举人物家传资料汇编》，学苑出版社，2006 年。

481.《盛世沉沦》，见《世纪大讲堂　清议》（第三辑），中国友谊出版社，2007 年。

482.《〈李鸿章全集〉序言》，《清史研究》，2008 年第 1 期。

483.《〈清人笔记随录〉序言》，见《清人笔记随录》，中华书局，2008 年。

484.《戊戌改革的历史反思》，《月读》，2014 年第 4 期。

485.《〈毋忘国耻〉前言》，见《毋忘国耻》，作家出版社，2015 年。

486.《2004 年的工作设想（在天驿赓馆的讲话）（2003 年 12 月 29 日）》，《清史编务》，中国人民大学出版社，2018 年。

487.《〈义和团廊坊大捷〉序言》，见《书评书序》，中国人民大学出版社，2018 年。

（序号 1~487 文章整理于河北教育出版社网站江湖著《戴逸文章目录》，部分条目由作者做了考察补正）

488.《摛藻堂〈钦定四库全书荟要〉影印序》

489.《〈午亭文编〉序》

490.《〈清代浙东经史学派资料选辑〉序》

491.《一部传记体裁的清史巨著》

492.《〈李定国纪年〉再版序言》

493.《读〈少年天子〉》

494.《〈清代蒙古政教制度〉序言》

495.《清代黑龙江将军与东北边疆治理——〈清代黑龙江将军传丛书〉序》

496.《〈明清史学术文库〉序言》

497.《〈汉宋之间：翁方纲学术思想研究〉序》

498.《评〈儒学地域化的近代形态〉》

499.《慷慨悲壮的历史画卷》

500.《〈中国资本主义的历史命运〉序言》

501.《〈湖湘文化传统与湖南维新运动〉序言》

502.《序〈谭嗣同与晚清士人交往研究〉》

503.《〈梁启超评传〉序言》

504.《投身革命　调适佛儒——荐〈黄宗仰传论：出世入世间〉》

505.《胡华与〈中国新民主主义革命史〉》

506.《中国留学教育的光辉道路》

507.《近代开发西部的历史足迹——读〈西部开发历史回顾〉》

508.《翔实·公允·清新——评〈中华民国史〉第一编上册》

509.《〈清史镜鉴〉序》

510.《〈五千年中外文化交流史〉序》

511.《〈东瀛义士——川喜多大尉传奇〉序言》

512.《〈齐良迟花鸟画集〉序》

513.《名城佳志　历史见证——〈重修常昭合志〉评介》

514.《〈常熟历史文化研究〉序》

515.《〈北京宣南历史地图集〉序言》

516.《〈北京市文史研究馆馆员传略〉序》

517.《东北地域文化论——〈东北历史与文化论丛〉序》

518.《中国经济的千年态势与复兴之路——读安格斯·麦迪森的〈中国经济的长期表现〉》

（序号 488~518 文章收集于《书评书序》，
中国人民大学出版社，2018 年）

519.《〈清史〉编纂规划（草案)》

520.《关于组织人力编纂〈清史〉的建议（草稿)》

579.《通纪第八卷读后意见》

580.《在审改工作会议上的发言》

581.《认真检测文字，杜绝抄袭》

582.《读稿印象和今后工作》

583.《〈清史〉三审合成阶段的工作展望》

584.《关于〈清史〉编纂的下一步工作》

585.《在编委会全体专家会议上的讲话》

586.《在国家清史编纂委员会第九次全体会议上的讲话》

587.《在各组工作汇报会议上的讲话》

588.《在国家清史纂修领导小组、国家清史编纂委员会全体会议上的讲话》

589.《在编委会组长会议上的讲话》

（序号 519~589 文章收集于《清史编务》，

中国人民大学出版社，2018 年）

590.《纪念郑天挺老师》

591.《从爱国的民主主义者转变为共产主义者的光明大道——在纪念吴晗同志诞辰七十五周年、逝世十五周年大会上的讲话》

592.《纪念陈垣教授》

593.《纪念范文澜同志》

594.《纪念罗荣渠同志》

595.《回忆金应熙同志》

596.《纪念马奇同志》

597.《怀念陆荫乔（戈平）学友》

598.《回忆北京大学子民图书室的草创》

599.《罗鬐渔同志的风雨征程》

600.《忆交大学风》

601.《我的处女作——王金穆〈中国抗战史演义〉》

602.《我走上了历史教学与研究的道路》

603.《我和清史》

604.《科学发展史上的一件大事情——纪念周口店中国猿人头盖骨发现五十五周年》

605.《总结经验　攀登高峰》

606.《五四运动与中国青年》

607.《纪念北京市历史学会成立三十周年》

608.《纪念太平天国　研究中国农民》

609.《纪念郑成功》

610.《第十八届国际历史科学大会纪实》

611.《继承、发扬孙中山的精神遗产》

612.《世界一体化潮流中的桃源乐土》

613.《尊老崇文　抒写新篇——在纪念北京市文史研究馆建馆 50 周年大会上的讲话》

614.《三百年沧桑的历史见证》

615.《在第三届明清档案与历史研究学术讨论会上的致辞》

616.《在"王朝宫廷比较史国际学术研讨会"开幕式上的讲话》

617.《清史研究所建所三十周年感言》

618.《致季老（羡林）（2001 年 3 月 27 日）》

619.《致茅海建（2002 年 3 月）》

620.《致郭成康、陈其泰（2003 年）》

621.《致祁龙威（2004 年 2 月 4 日）》

622.《答传记组同志问（2004 年 2 月 16 日）》

623.《写给魏玮小朋友的一封信（2004 年 2 月 23 日）》

624.《致杨国强（2004 年 5 月 10 日）》

625.《致陈祖武（2004 年 5 月 23 日）》

626.《致张海军（2004 年 6 月 7 日）》

627.《致柯愈春（2004 年 7 月 29 日）》

628.《致任老继愈（2004 年 8 月 27 日）》

629.《致潘振平（2005 年 1 月 14 日）》

630.《致李文海（2005 年 1 月 18 日）》

631.《致吴建雍（2005 年 2 月 16 日）》

632.《致徐和雍（2005 年 2 月 27 日）》

633.《致祁龙威（2005 年 3 月 10 日）》

634.《致潘振平（2005 年 3 月 25 日）》

635.《致卞孝萱（2005 年 5 月 20 日）》

636.《致蒋寅（2005 年 5 月 27 日）》

637.《致程歗（2005 年 8 月 1 日）》

638.《致严云绶（2005 年 8 月 10 日）》

639.《致朱诚如（2005 年 8 月 19 日）》

640.《致郭成康、赫治清（2005 年 9 月 5 日）》

641.《致吴建雍（2005 年 9 月 17 日）》

642.《致郭成康（2005 年 11 月 2 日）》

643.《致郭成康等典志组专家（2006 年 2 月 12 日）》

644.《致马楚坚（2006 年 2 月 13 日）》

645.《致章开沅（2006 年 2 月）》

646.《致程歗（2006 年 9 月 19 日）》

647.《致马自毅（2006 年 9 月 24 日）》

648.《致朱育礼（2006 年 9 月 26 日）》

649.《致汪敬虞（2006 年 10 月 31 日）》

650.《致郭成康（2007 年 6 月 27 日）》

651.《致孙燕京、宝音（2007 年 7 月 11 日）》

652.《致赫晓琳、赵晨岭（2007 年 10 月 16 日）》

653.《致缪廷杰（2007 年 11 月 29 日）》

654.《致程必定（2007 年 12 月）》

655.《致罗老（哲文）（2007 年 12 月）》

656.《致汤志钧（2008 年 1 月 14 日）》

657.《致杨遵道（2008 年 8 月）》

658.《致马大正（2008 年 9 月 17 日）》

659.《致典志组（2008 年 10 月）》

660.《致典志组各位专家（2009 年 4 月 9 日）》

661.《致郭成康等专家（2009 年 5 月 5 日）》

（序号 590~680 文章收集于《学界记往》，

中国人民大学出版社，2018 年）

"史学通信"三十六题

681. 答林健[①]（1970 年 10 月）：一个人的头脑中怎么会装下如此多的历史？你的争论，戴寅说可能是天赋；戴琛说，老爷子头脑的构造与常人完全不同。我说：天赋

---

① 原黑龙江生产建设兵团北京知青林健，自 1970 年起在祖籍福州福清为自学历史求助戴逸先生。在人大"五七干校"的猪舍里，戴先生不舍寒暑，不问昼夜，为林健发出了三十六封信，为青年人干涸的心田注入了汩汩甘泉。戴文序号 681~716 之提要，依据戴逸给林健的答问三十六封信编撰而成。"史学通信"三十六封信现存常熟戴逸学术馆。

一分，运气三分，剩下的完全是靠一生的努力与坚持。

682. 答林健（1970年10月）：学习历史，不仅仅是读古籍，还要走万里路，看遍人间事情。历史就在你身边，过去的事情并没有死亡，而是通过一代一代人延续下来，人们正在从事的事情其实也正是历史的持续。更重要的，你看历史，或者做任何一种学问，要有无穷无尽的好奇心，要永无止境地探索与琢磨。

683. 答林健（1970年11月）：只要你做学问，你的好奇心要一直伴随着你走到生命尽头。学问与好奇心永远连在一起。好奇心还要与观察力、想象力结合起来，更要将具体的人物与事件转变成抽象概念。

684. 答林健（1970年12月）：纵观整个科学史，你可知"好奇心"有多么重要。其实，从新的发现、发明来说，史学研究与科学研究如出一辙。做事要做你内心里真正喜欢的事，只有这样，你才能够废寝忘食地努力下去。人类的好奇心是一切伟大发明与创造的源泉。科学史上，绝大多数最终被证明对人类有益的伟大发现都源于不被追求实用的欲望驱动。满足自己的好奇心是历史上所有作为学者唯一的渴望。现在很多的人是在研究学问之前，就先给自己套上层层枷锁，这才是问题之所在。

685. 答林健（1971年2月）：《自学历史的途径和方法》。

686. 答林健（1971年3月）：《自学历史的书目清单》。

687. 答林健（1971年3月）：《再议自学历史的书目清单》。

688. 答林健（1971年4月）：《〈通鉴纪事本末〉纪事》。

689. 答林健（1971年4月）：《〈通鉴纪事本末〉与〈资治通鉴〉之比较》。

690. 答林健（1971年5月）：《史著体例总览》。

691. 答林健（1971年6月）：《诸子百家与百家争鸣》。

692. 答林健（1971年6月）：《老子与〈道德经〉》。

693. 答林健（1971年7月）：《中国历史的起点之争的我见》。

694. 答林健（1971年8月）：《怎样读史书、古文》。

695. 答林健（1971年8月）：《怎样读〈史记〉》。

696. 答林健（1971年9月）：《怎样读〈资治通鉴〉》。

697. 答林健（1971年10月）：《研究历史要有大视野》。

698. 答林健（1971年10月）：《研究历史的发端既要研究史实，更要研究史家如何思考研究的》。

699. 答林健（1971年11月）：有人主张中国历史从秦汉开始，这有失偏颇。秦的统一建立在周的统一之上。不了解春秋战国历史，就无从了解秦汉以后的历史。

700. 答林健（1971年11月）：读书要穿起来读，一部书可能从一件事、一个人说起，但把不相关联的事、人联结起来，就会发现新脉络、新观点、新概念。《资治通鉴》从三家分晋开始，看似混乱，实则诸子百家由此产生。

701. 答林健（1971年12月）：相对独立自由的文士阶层的出现，为百家争鸣提供了人才，为各诸侯国变法提供人才，这是中国历史上非常独特的现象。

702. 答林健（1972年1月）：独立思考的文士阶层人士，以立身扬名为理想，如苏秦卧薪尝胆，出使赵国，组建合纵联盟，佩六国相印；出身低微的李斯协助秦王统一天下。古代士子为了实现其抱负，都有坚忍的毅力和不屈的抗争精神，如苏秦尝薪卧胆，韩信胯下之辱，毛遂自荐，晁错削藩，他们或气吞山河，或杀身成仁，涌现了孔子、老子、庄子、荀子、韩非子、墨子、孟子、鬼谷子等；学派有儒家、道家、阴阳家、法家、名家、墨家、杂家、农家、小说家、纵横家等。

703. 答林健（1972年2月）：文士阶层的出现，在中国社会生活中有重大意义。文士是独立于社会上任何阶层的知识阶层，他们完全独立思考，不依赖于任何统治者，他们呼应礼崩乐坏的社会变革形势。汲汲于争霸事业的诸侯对人才的渴求，更助长了士阶层的声势。士的崛起，标志了一个以"劳心"为务，从事精神性创造的文化阶层形成，以后历史中汉民族的物质生活与精神生活注定要受到他们的深刻影响。

704. 答林健（1972年2月）：诸子百家及其百家争鸣，是中华文明中最重要的一个组成部分，中国几千年来的历史中，只出现过一次如此大规模的思想争鸣。诸子百家是中国文字与文化发展的基础。在世界历史上，诸子百家完全可以与西方古典文化相提并论。

705. 答林健（1972年2月）：老子的《道德经》虽然只有五千字，但对中国历史的影响非常大。西方社会对于中国思想史的研究也更重视老子，美国大学教授世界思想史的必读书中，列为世界古代政治思想家的第一人就是老子。老子的"无为而治"对西方人而言，其实就是所谓小政府、大经济。

706. 答林健（1972年3月）：老子的思想、学说在民间的影响非常大，其实在经济发展中也不容小觑。比如说，汉代的文景时期曹参奉行黄老之学，采取无为而治，缩小政府职能，这是道家思想第一次登堂入室，创造了历史上有名的文景盛世。其实，汉昭帝时期的盐铁会议及后来汇集成书的《盐铁论》，名为与儒法之争联系在一起，实际是有关国家如何控制经济，是放松民间经济呢，还是完全由政府控制，其中不乏老子的"无为"思想。这种争论一直影响到以后历史的发展。

707. 答林健（1970 年 8 月）：一部政治史无非是各个阶级各种阶层和派系的利益冲突与斗争。看准隐伏在历史事件背后的各种政治力量，把握其兴替消长，这是最重要的。如东汉史上外戚、宦官、士……

708. 答林健（1970 年 8 月）：读书忌师心自用，又忌墨守成规。墨守成规就是教条主义，抱着书本上的东西，不肯独立思考，被古人牵着鼻子走。东汉那些古文学家株守章句，说经三字至数万言，琐碎之至；师心自用就不是读书，光在那里空想，也是一种主观主义，像王阳明格竹子一样，非格出病来不可。这就是学和思的关系，读书和思想的关系，即孔子所说"学而不思则罔，思而不学则殆"，这话自有其理，归根到底要在实践上验证。

709. 答林健（1972 年 4 月）：唐之灭亡，决定性还在于大规模农民战争的打击（王仙芝、黄巢）。历观中国历史几个昌盛王朝，到后来矛盾发展到极为尖锐地步，统治阶级腐朽到极点，已无法统治下去，人民的力量开始积聚成长，革命大爆发，如不经此一番荡涤，则百足之虫死而不僵，腥膻世界岂有已乎？……

710. 答林健（1972 年 4 月）：武则天是中国历史上唯一的女皇帝，比汉代吕后、清朝慈禧更加彻底。历来聚讼纷然，可谓"千秋功罪，谁人曾与评说"。我认为，武则天的统治是中国封建社会的重要转折点之一：地主阶级的权力统治从门阀地主转变为一般地主；武则天把科举制度提到更重要的地位，进士科成为做官的主要门径，从此以后一千多年，这种制度成为选拔政治人物的最重要的手段……

711. 答林健（1972 年 5 月）：关于来信所说武后统治的三个问题，我认为要辩证地看。第一是杀人，武则天确实杀了很多勋戚宗室，那都是高门大姓，是武后的政敌；第二是大兴佛法，其所尊崇的已非唐初佛教，代之而起的是法藏的华严宗和弘忍的禅宗，这两个宗派的教义比以前的佛教都要简明，它的代兴也是适合于新兴地主文化统治的需要；第三是武后在文化上确实有倡导发展之功，武后确定进士科以试诗赋为主，唐诗的昌盛跟她是有关系的……

712. 答林健（1972 年 5 月）：魏晋时期确实是中国思想史上的一个转折点。当时佛教虽有鸠摩罗什、竺道生、释慧远一些名人，而总的来说，尚属于翻译介绍佛学的时期。至唐代而佛教教理大大发展，名师迭出，宗门林立，佛学的发展以唐代为高峰。其中唯识宗、天台宗、华严宗、禅宗都是极为重要之宗派。如果要研究中国理学，不懂一点佛学是不行的，唐以后的思想家，几乎都离不开佛教之理，不仅是来信中所说的李贽，如柳宗元、王安石，特别到近代魏源、龚自珍、康有为、谭嗣同、章太炎，几乎无不都与佛学结下不解之缘。为什么？除了佛学有其精深处足令这些人倾倒之外，由于儒家占统治局面，这些先进思想家试图别开蹊径，均借资于佛理，结果也是走上宗教唯心主义的死胡同。

713. 答林健（1972 年 5 月）：对唐诗的看法，如果拿郭老（郭沫若）新著《李白与杜甫》对照，两人（指郭沫若与范文澜）观点截然不同。郭的看法实在有点牵强武断，捕风捉影，范老的看法比较平实，他所说李（白）、王（维）、杜（甫）代表儒家佛道之说，从前封建社会中也有很多人说过，王维的七绝固然十分精彩，但把他与李杜并肩，我觉得还是抬高了王维的。范老讲白居易似乎评价低了一点，我觉得白居易的水平，可以比美李杜，而元稹是远远赶不上白居易的……

714. 答林健（1972 年 6 月）：关于如何读书，首先是博与精这一很重大的矛盾。从来的学者都要求博大精深，所谓"为学须如金字塔，要能宽阔要能高"。世间的学问是无穷尽的，人的精力有限，什么都想学，什么都想搞，势必如蜻蜓点水，搞不出什么成绩；但反之，穷年累月，只搞一门，专之又专，目不旁骛，那也不行。那怎么办？搞历史，尤要把握好博与精的关系，因为中国古籍之多，汗牛充栋，哪一段都想精通是不可能的，但又不能只搞一点点。在博大的基础上求精通，这是十分重要的。在初学阶段，当然要通观全史，不宜立即投入某一阶段中去做专门研究……

715. 答林健（1972 年 6 月）：这次再谈谈读与写的关系。"读"是接受前人成果，"写"是提出自己的见解。从读到写，从某种意义上来说，有一个从感性认识到理性认识的飞跃问题。你勤读爱写是好的，但"写"要写得有讲究，更细致地写。"写"是一个分析和归纳的过程，使自己那些片断、模糊的思想尽量系统明确起来；"写"还有一个使用祖国语言的技巧能力问题，要使文字规范化、科学化……

716. 答林健（1972 年 7 月）：你身在福州，得书甚难，唯勤恳自学，无师自通，难能可贵。困难可能使人消沉，但也可能使人发奋。"天助自助者。"我相信，肯于努力的人，不会被埋没。司马迁的《太史公自序》中有一段话："西伯拘羑里，演《周易》；孔子厄陈、蔡，作《春秋》；屈原放逐，著《离骚》；左丘失明，厥有《国语》；

孙子膑脚，而论兵法；不韦迁蜀，世传《吕览》；韩非囚秦，《说难》《孤愤》；《诗》
三百篇，大抵贤圣发愤之所为作也。"现在的时代当然不同了，但应当让锐气越磨越
锐，正如龚自珍诗曰："起看历历楼台外，窈窕秋星或是君。"

717.《〈常熟文库〉序》，见《常熟文库》，国家图书馆出版社，2019 年。

718.《在〈常熟文库〉首发式的发言》，国家图书馆，2021 年。

719.《对刘梦溪著思想史长文的看法》，现存中国艺术研究院终身研究员刘梦溪先
生处，2008 年。

720.《再谈对刘梦溪著思想史长文的看法》，现存中国艺术研究院终身研究员刘梦
溪先生处，2009 年。

721.《为商调张宏杰工作给人大校长的信》，2012 年。

722.《记录日军暴行的警示教材》，见《警钟长鸣——侵华日军常熟暴行口述档
案·序》，上海社会科学院出版社，2008 年。

723.《宪兵队长搜我家》，见《铁蹄下的江南名城》，中国社会科学出版社，2017 年。

724.《〈百年塔前〉前言》，见《百年塔前》（内部资料），2014 年。

725.《〈塔前小学志〉序》，见《塔前小学志》，广陵书社，2017 年。

726.《常熟瞿氏：书香传家　琴剑留芳》，中纪委网站专题片中"名家观点"之戴
逸评说。

727.《致常熟市委、市政府：关于复建柳如是梳妆楼的建议》，2012 年 4 月 10 日。

728.《对常熟开展读书活动的建议》，2019 年。

729.《对常熟理工学院增设文史学科的建议》，2019 年。

730.《对学术馆开展清代诗、词、文三百首（篇）编纂出版的想法》，2019 年。

731.《我的学术道路及对青年学子的期望——给故乡母校常熟孝友中学 2018 级学
生代表吴韵晗的回信》，2019 年 7 月 2 日。

732.《在戴逸学术馆落成典礼上的致辞》，2019 年 10 月 18 日。

733.《在〈戴逸文集〉首发式上的致辞》，2020 年 11 月 27 日。

734.《致孟东明——对传稿的看法及修改意见》，2021 年春节。

附三　代表作

辛峰闲眺[*]

某日，余方读书斋中，和风煦然，自窗而入。余兄笑谓余曰：风和日丽，春已深矣，奈何埋头书斋而负斯美景哉？余投笔笑曰：诺，惟兄之所欲至。于是由小三台觅径而登，其上山石玲珑，草茂花盛，曲折达辛峰亭。时夕阳半浸于尚湖水中，与波溶漾，湖碧天清，万象澄澈。前则大江弥漫，如环抱，如襟带；其东有塔，翼然挺立天表；此外阡陌田垄，茂林修竹，画栋飞甍，高台杰阁，皆出于衽席之下。于是撷芳草，摘美花，仰观天地之大，俯察品类之盛，而一日之疲劳于焉尽释。巡游良久，尽兴而返。

呜呼，余闻天下之名山众矣！如蓬莱、昆仑、峨眉、普陀、天台、雁荡。然皆远隔海外，僻处边荒，累数月不能达。求其近于都邑者，十不得一。偶或有之，如虎丘、赤壁、金焦等地，亦须乞灵舟车，朝发而夕未能至；虽其宏伟雄拔，幽峻渊深之景有足观者，而途远境险，徒令吾辈裹足莫前，闻名兴叹，仅于道听途说之间，想见其崖之峻、潭之深、草之丰、林之美。譬诸才子高士，怀抱利器，飘然远隐于荒山废墟之间，日与猿鸟为友，远隔人世，以博高隐之名。究其实，非独无裨于世，而并其

---

[*] 本文发表于1944年春之《常熟日报》，原报已无从寻觅，幸新中国成立后山东省教育厅将此文收入山东省中学语文教材，故存此文。"辛峰"即"辛峰亭"，为常熟虞山山岭之巅标志性建筑，始建于南宋嘉泰初年重檐六面楼亭阁。该亭位于古城之西，而"辛"在天干中排行第八，主西方，故名辛峰亭。

经济学问亦消沉于荒烟蔓草间。此其人反不如市井担簦之徒，而有负于天之所赋者为何如也！独吾邑虞山，附郭近廛，无杖可登，涉足即至，其便利岂属泛然。况如辛峰之山明水秀，风暖草长者耶！若于公余退休之时，登临俯仰，既可以洒然而歌，悠然而笑，而四时之乐，且可享受无穷。较之蓬莱诸山摈人千里之外者，则孰为可贵也耶！予以山之远近，登之难易，有感于士之进退仕隐之际，故濡笔记之。至于抒藻竞采，铺陈景色，他人之文备矣，吾何能复加也。

戴秉衡

高三作文

一九四四年春

论"清官"*

"清官"是我国古代历史上很复杂的一种政治现象，它在漫长的阶级社会中一再重复地出现，并被各个不同的阶级所重视。统治阶级的"圣训""谕旨"和官修"正史"里，往往表扬一批"循吏""良吏"，作为官场的楷模；民间的文艺作品中也塑造了一些圣洁无疵的清官形象，历千百年而传颂不绝。被对立的阶级所共同称赞的"清官"，既不纯粹出自统治者欺骗性的虚构，也不完全是人民群众虚幻理想的产物，而是多少被美化了的实际政治现象。这种政治现象在一定的历史条件下出现，成为封建社会直接暴力统治的一个补充，在政治斗争中发挥实际的影响。

目前，学术界对"清官"的评价很不一致。有的同志强调"清官"所作所为有利于人民，称"清官"是"人民的救星"，"代表着人民的利益和要求"，在封建社会里是人民的最高理想，等等；也有的同志认为，"清官"的作用"只是为了消除和缓和人民的革命斗争，……这种人在历史上起的作用是反动的，没有什么值得赞扬"。这两种截然相反的评价，究竟有多少根据？本文试图就"清官"的特点、产生条件和历史作用，提出一些粗浅的看法。

---

* 此文原载 1964 年 5 月 29 日《人民日报》，以笔名"星宇"发表。

"法定权利"和"习惯权利"

什么是"清官"？我们从许多历史和文艺作品的描写中，大体上可以归纳出"清官"的若干特点，如"自奉廉洁""爱民如子""赈贫扶弱""断狱如神""压抑豪强""执法公平"等等。"清官"和一般官吏有所不同，他们比较俭朴，不接受贿赂，不投靠权门；他们赈济灾民，减免赋税，兴修水利，奖励扶植农业生产，给老百姓做了一点好事。而且，不少"清官"还和豪强权贵进行了一定的斗争。例如，西汉的郅都"行法不避贵戚，列侯宗室见都，侧目而视，号曰苍鹰"[1]。北宋的包拯"立朝刚严，闻者皆惮之，……贵戚宦官，为之敛手"[2]。元朝的耶律伯坚有一个信条："宁得罪于上，不可得罪于下。"[3] 明朝的海瑞说："弱不为扶，强不为抑，安在其为民父母哉！"[4] 他们具有刚强不阿的性格，所作所为使豪强地主们不能不有所畏忌。我们要问一下：在整个封建官场的滔滔浊流中，何以出现了少数"清官"的"美德嘉行"？这种"美德嘉行"具有什么性质？"清官"，作为封建统治机构中的一员，何以要把斗争的锋芒指向豪强权贵？这种斗争具有什么意义？

为了理解"清官"的思想、性格和行为，就不能不把这一政治现象和当时的整个阶级斗争以及封建政治统治的形式联系起来做考察。

任何统治阶级为要维持一定的统治秩序，都要制定一套法律规范的体系。一定的法律规范体系是一定生产关系的反映，是保障统治阶级利益和特权的工具，是依靠国家政权力量而强制实现的统治阶级的意志。但是，我们这样说并不是指统治阶级剥削劳动人民的全部贪欲随时随意地都表现为法律的形式。统治阶级的贪欲能够在多大程度上转变成法律条文，这并非取决于统治者（也就是立法者）的主观愿望。在任何时候，统治阶级总是希望从劳动人民身上榨取掠夺尽可能多的贡物，总是希望法律赋予自己尽可能大的剥削特权；而实际上，统治者的贪欲却总是要碰到一定的界限，这个界限是由一定社会生产发展水平和人民群众反抗斗争所达成的。如果剥削程度超过了这个界限，那便会使得一定集团的统治趋于崩溃而出现新旧王朝的更替。一般说来，

---

① 《史记》卷一二二《酷吏列传》。
② 朱熹：《五朝名臣言行录》。
③ 《元史》卷一九二《良吏传》。
④ 《海瑞集》上册，第74页。

法律所反映、所维护的就是不过分超越这个界限的统治权利。马克思说："在这里，和在到处一样，社会的统治阶级的利害关系，总是要使现状，当作法律，成为神圣不可侵犯的，并且要把它的由习惯和传统而固定化的各种限制，当作法律的限制固定下来。"① 法定的剥削权利所以需要某些限制，恰恰是为了能够经常持久地保障这种权利，这完全符合于统治阶级的长远需要。

在封建社会里，农民群众是封建剥削特权和封建法律体系的坚决的反对者。封建法律是束缚农民群众的锁链，使农民处在完全无保障的地位，长年过着奴隶牛马一样的生活。所有的农民起义和农民战争都以否定现存的法律体系为前提。封建的法律体系和农民的利益是根本对立的。

封建的法律不但经常遭到来自农民方面的挑战，而且也不时被地主阶级自己内部某些集团和某些个人所突破。这些集团和个人不满足于享受法定权利，他们千方百计地越过法律界限，进行不法活动，追求集团的和个人的特殊权利。只要有可能任意违反法律，统治阶级总是不会放过这种机会的。地主阶级贪婪的本性撕裂了法律尊严的假面具，暴露了封建法律的本质。法律权利不过是被神圣化了的不法活动，而不法活动又是法律权利形影相随的伴侣。

像所有事物都一分为二那样，封建剥削权利也分裂为法定的权利和法外的权利（或习惯权利），两者互相依存而又互相对立，马克思这样写道：

> 在封建制度下也是这样，……当特权者不满足于法定权利而又呼吁自己的习惯权利时，则他们所要求的不是法的人类内容，而是法的动物形式，这种形式现在已丧失其现实性，并已变成纯粹野蛮的假面具。
>
> 贵族的习惯权利按其内容来说是反对普遍法律的形式的。它们不能具有法律的形式，因为它们是已固定的不法行为。这些习惯权利按其内容来说和法律的形式——普遍性和必然性——相矛盾，这也就说明它们是习惯的不法行为。因此，决不能维护这些习惯权利而对抗法律，相反地，应该把它们当作和法律对立的东西废除，而对利用这些习惯权利的人也应给以某种惩罚。②

---

① 马克思：《资本论》第 1 卷，第 1035 页。
② 《马克思恩格斯全集》第一卷，第 143 页。

封建统治阶级的"法定权利"和"习惯权利"同样都生根在封建社会的土壤上，它们是地主阶级对农民两种不同形式的剥削。"法定权利"体现了地主阶级长远的、整体的利益。这个剥削之神是用普遍法律形式的圣洁光轮装饰起来的，它仿佛凌驾于一切贫富贵贱之上，显示了不可侵犯的凛凛尊严。而"习惯权利"则体现了地主阶级特殊的、眼前的利益，它像一头显露出狰狞本相的恶兽，一心要吞噬掉所能看得见的一切。"习惯权利"在封建法律界限之外，追求无限制的剥削；而"法定权利"为要维持本身的长期生存，就不能不限制"习惯权利"的活动范围。这一对矛盾在整个封建社会里贯彻始终，影响到封建社会的各个方面，使得当时的政治斗争和思想斗争呈现更加错综复杂的色彩。只有在这矛盾的基础上，我们才能够理解"清官"这一政治现象的本质，才能够说明"清官"们压抑豪强地主以及其他种种行为的实际意义。

"压抑豪强""执法公平"和"爱民如子"

"清官"，按其本质来说，就是地主阶级中维护法定权利的代表之一。尽管"清官"们对豪强权贵的暴行进行过斗争，对人民群众的苦难流露过同情，以及在思想、性格、才能和作风上具有各不相同的个人特征，但维护封建的法定权利，这是"清官"们所共有的本质特点之一。

"清官"反对豪强地主的斗争，就是封建的法定权利和习惯权利相冲突的一种表现形式。豪强地主追求无限制的剥削，而"清官"的所作所为不过是在一定程度上限制了这种非法剥削。这种斗争不但是封建制度所许可的，而且还是维护封建法定权利所必需的。

有名的"清官"海瑞迫使江南地主退还占夺的土地，这是一则脍炙人口的"压抑豪强"的佳话。当时江南的一些豪强地主，用巧取豪夺的手段，大量兼并土地。封建经济的发展必然引起土地兼并，而大规模的土地兼并迫使人民破产死亡或起而反抗，又严重威胁到地主阶级的整个统治。封建统治陷在这种不可克服的矛盾之中，它必须进行某种自我调节，才能够延续自己的存在。海瑞和其他"清官"一样，都是自觉或不自觉地充当着封建统治进行自我调节的工具。海瑞的退田斗争，无非是在一定程度上遏制非法的兼并之风，以利于封建统治的稳定。他在《复李石麓阁老》的信中说得很清楚："存翁（指江南大地主徐阶——引者）近为群小所苦太甚，产业之多，令人骇异，亦自取也。若不退之过半，民风刁险可得而止之耶！为富不仁，有损无益，……

欲存翁退产过半，为此公百年后得安静计也。"① 退田的目的是为了防止"民风刁险"，退田斗争也只能以"退之过半"为限度，"清官"的阶级性格决定了他们的步伐只能跨出这么远。当然，这种斗争也会使一部分农民的生活得到改善，但是，这种"改善"充其量只是从做不稳奴隶"改善"到做得稳奴隶而已。我们指出这一点不是要苛求"清官"去做他们无法做到的事情，而仅仅是为了指出所谓"压抑豪强"的斗争并没有超出封建统治所许可的范围之外。有的同志把这种斗争描写成仿佛是站在人民立场上的反封建斗争，这是完全不正确的。

"清官"们反对不法的习惯权利，正是为了保障法定的剥削权利。如果法定权利被豪强权贵所突破，"清官"们固然会起而反对；而如果法定权利遭到起义农民的破坏，他们也会毫不犹豫地凭借军事力量把革命农民纳入于血泊之中。在农民起义的时候，尽管起义军对"清官"常常表现了宽容和礼遇，而"清官"却总是顽抗到底，死而不悔。对于他们来说，反对豪强的斗争和反对起义农民的斗争有着一致性，其目的都是为了封建统治的永世长存。像包拯这样一个家喻户晓的"清官"，当小规模的农民起义发生时，就主张严厉镇压。他说："无谓邾小，蜂虿有毒。……乌合啸聚，莫能久长，而生灵涂炭矣，则国家将何道而猝安之？况今国用窘急，民心危惧，凡盗贼若不即时诛灭，万一无赖之辈相应而起，胡可止焉！""应有盗贼，不以多少远近，并须捕捉净尽，免成后害。或少涉弛慢，并乞重行朝典。"② 这种态度距离"人民的立场""人民的利益""人民的救星"是何等遥远！

"清官"们不能不在两条战线上做斗争。他们既要反对豪强暴行，又要反对农民起义，而反对豪强暴行的目的又是为了消解农民起义。他们始终站在维护封建法定权利的基地上，严肃认真地把法律付诸实现。人们往往称赞他们"执法公平""铁面无私"。的确，在"清官"手里也曾平反过一些冤狱，解除了豪强权贵加在人民头上的一些灾难，但如果夸大了这一点，把"清官"当作公正的仲裁者，出民于水火的救世主，甚至说"凡农民与乡绅财主发生讼案，总是乡绅财主吃亏的时候多"，那是根本错误的。"清官"的职务是贯彻实施封建国家的法律、制度、政策。在这一方面，他们也许可以做到丝毫不苟，但他们所执行的封建法制，是早已被地主阶级的利益和意

---

① 《海瑞集》下册，第431页。
② 《包拯集》，第58页。

志所决定的。即使他们抱着对受难人民的同情和对豪强权贵的愤慨，但他们的良心并不能改变或影响封建法制的本质。作为狱讼判决的依据并不是他们的良心，而只能是吃人的封建法律。如果判决的依据是地主阶级的法律，那么，公正判决也就是意味着贯彻地主阶级的意志。马克思说得好："如果认为在立法者偏私的情况下可以有公正的法官，那简直是愚蠢而不切实际的幻想！既然法律是自私自利的，那么大公无私的判决还能有什么意义呢？法官只能够丝毫不苟地表达法律的自私自利，只能够无条件地执行它。在这种情形下，公正是判决的形式，但不是它的内容。内容早被法律所规定。"① 当然，在"清官"的判决下，疯狂地追求习惯权利的恶霸豪绅也可能个别地受到制裁。但是，我们应当记得：第一，在漫长的封建社会里，"清官"本来是很少的，而受到"清官"严厉制裁的豪强权贵更是极少数；第二，统治阶级完全可能牺牲其个别成员的利益来维持法律的公正外貌，因为法律的公正外貌对整个阶级长治久安至为必要。放弃一些次要的、特殊的东西，往往是为了牢牢地保持住主要的、普遍的东西。把这种情形认为是"乡绅财主吃亏的时候多"，这岂不正好受了历史假象的欺骗！

"清官"是封建统治机构的成员，为统治阶级的利益服务，从根本上说，他们和人民群众站在对立的立场上。但是，这一点并不妨碍他们在主观思想形式方面对人民群众表现一定的同情、怜悯和关心。明朝东林党的领袖顾宪成说："官封疆，念头不在百姓上，……即有他美，君子不齿也。"② 海瑞则把做官的目的说成是为贫苦人民打抱不平，他说："举凡天下之人，见天下之有饥寒疾苦者必哀之；见天下之有冤抑沉郁不得其平者，必为忿之。哀之忿之，情不能已，仕之所由来也。"③"清官"们在讲这种话的时候，主观上可能完全是真诚的。我们一点也不想否认促使"清官"行动起来的这种观念冲动力，但是问题在于不应该停止在这种观念冲动力的前面，而应该进一步探究这种观念冲动力怎么可能发生，隐藏在这些冲动力量后面的是什么，以便确定这种观念冲动力的实质。地主阶级剥削和压迫农民，它的存在是以农民的存在为前提的。较有远见的封建政治家和封建思想家完全能理解这一点。有名的"好皇帝"唐太宗说："水所以比黎庶，水能载舟，亦能覆舟。"地主阶级之所以重视农民，正因为只有

---

① 《马克思恩格斯全集》第 1 卷，第 178 页。
② 《明儒学案》卷五八。
③ 《海瑞集》上册，第 37 页。

农民，才能够载负起或者颠覆掉封建统治的巨舟。历代"圣君""贤相""清官""名儒"都以"民为邦本""爱民如子""关心民瘼"作为信条，事实上，这些冠冕堂皇的信条，只是包裹着地主阶级狭隘利益的观念形态的外衣而已。对于"清官"来说，他们对掩盖在自己观点、感情背后的阶级利益可以并无觉察，因为这种观点、感情在长期的历史发展中通过非常曲折的途径早已形成。马克思说："通过传统和教育承受了这些情感和观点的个人，会以为这些情感和观点就是他的行为的真实动机和出发点。"①任何一个"清官"绝不会因为信奉"爱民如子"的信条而主张终止本阶级的政治统治和经济剥削，因为"爱民如子"的信条是和"小人耕而以有余养君子"之类的信条密不可分地联结在一起的。如果说"清官"的所作所为是出于对人民的同情、怜悯和爱护，那么这种同情、怜悯和爱护无非是反映了地主阶级对劳动人民的需要和对残酷剥削的伪装。毛主席说："爱是观念的东西，是客观实践的产物。我们根本上不是从观念出发，而是从客观实践出发。……世上绝没有无缘无故的爱，也没有无缘无故的恨。"②如果"爱民如子"之类的思想感情不符合地主阶级的需要，那就成了"无根之木、无源之水"，根本就不会在执行镇压职能的封建国家机构中发生影响，更不会被历代统治者奉为神圣的"信条"。

"清官"和"党争"

维护封建的法定剥削权利，这是"清官"的共性。但是，仅仅指出这一点，还不足以说明他们在不同历史条件下的不同特性。一般说，"清官"处在封建官僚机构的中层和下层，只是封建王朝整套统治机器上的一些机件。因此，必须结合封建王朝的升沉更替和各个时期阶级斗争的具体形势来进行考察，才能够理解"清官"在漫长历史发展过程中所表现的各种不同形态和所发挥的不同作用。

当大规模的农民战争过去之后，新的封建王朝刚刚兴起，地主阶级的势力受到了重大打击，它的习惯剥削权利受到较大限制。这时候，接受了农民起义教训的所谓"圣君贤相"不得不减轻对人民的压迫，采取一些有利于恢复和发展生产的措施，其中也包括奖励清廉、惩治贪污的措施。明太祖告诫各地的地方官说："天下初定，百姓

---

① 《马克思恩格斯全集》第 8 卷，第 149 页。
② 《毛泽东选集》第 3 卷，第 827 页。

财力俱困，譬犹初飞之鸟，不可拔其羽，新植之木，不可摇其根，要在安养生息之。惟廉者能约己而利人……，尔等当深戒之。"①他对贪官的惩处也特别严厉，不惜施用重典，甚至要剥下贪官的皮，陈列在官员的公座旁边，以示警诫。在这个政治上比较安定的时期，会出现一批"清官"。这类"清官"是社会矛盾相对缓和的产物，是"圣君贤相"执行其"安养生息"政策的得力助手。在他们面前没有什么重大的阻力，没有什么需要大干一番的轰轰烈烈的事业。他们的名字也不大被后代人们注意。"清静宽简"是他们居官的准则。他们的无所作为意味着少去扰乱人民的正常生产，这就是他们最好的作为。他们的历史作用就在于他们是"好皇帝"的助手和工具。一个"好皇帝"如果没有忠实的助手和得心应手的工具，自然就无法推行自己的政策，无法完成历史所赋予的使命。

随着封建经济的恢复、发展，地主阶级对农民的剥削逐步加紧。统治者的贪欲无休止地增长扩大，农民群众的生活一天一天地更加不好过。开国初期奖廉惩贪的律令渐成具文，最高统治的宝座上换了一批奢侈昏聩的庸才，官场中则充斥着贪赃枉法的惯家。在这种黑暗的局面下，官僚中的少数人觉察和忧虑腐朽风气将会给整个封建统治带来极其不利的后果。他们力图用自己有限的权力去拘束习惯权利的横行，希望扭转统治阶级日益腐败的趋势。这一类"清官"是社会矛盾逐步尖锐化的产物。他们一反前一阶段"清官"清静宽简、平流顺进的特点，显示出倔强不阿的性格和雷厉风行的作风。他们虽然仍是封建专制制度的附属物，离开专制君主所赋予的权力，便没有什么影响社会的有效手段，但是由于君主权威的衰落，整个统治机器的运转失灵，"清官"们便不得不比较独立地担负起支撑统治局面的责任，在历史上或者在人民的心目中占据一个比较显著的地位。他们在局部地区和局部范围内，改革弊政，平反冤狱，减轻赋税，赈济灾荒，约束豪强权贵的不法行为，这一切无非是为了抑制决堤而出的习惯权利的逆流狂澜，以缓和人民的反抗，延续王朝统治的生存寿命。"清官"们所要执行的任务，和他们所拥有的权力是很不相称的。由于权力的不足，他们只得以"刚直""严厉"、敢于任事和敢于任怨等等个人特点来弥补。人所共知的"清官"包拯、海瑞，都是属于这种类型的。包拯和海瑞活动的时代，一在北宋仁宗年间，一在明朝嘉靖、隆庆和万历初年，正当宋王朝和明王朝由盛转衰的时期。特定的时代需

① 《明洪武实录》卷二五，第18页。

要有特定的人物来执行特定的使命。包拯、海瑞之流的"清官",实际上是封建制度在矛盾尖锐化过程中的一种自我调节器。

一个大一统封建王朝各种矛盾的积累和尖锐化,是一个长期的历史过程,需要几十年以至一二百年才会达到总爆发的程度。在矛盾逐步尖锐化的漫长过程中,引起农民起义的各种因素日积月累,小规模的起义不时地发生,但还没有来得及汇合成冲击王朝统治的巨大洪流。因此,"清官"们所面对的不是一个大规模农民战争已经展开的局面,而是一个表面上繁荣升平、实际上习惯权利横行无忌、反抗激流潜滋暗长的局面。"清官"们的注意力集中在遏制豪强权责的不法行为上面,因而还能够暂时地局部地减轻农民群众的负担。统治阶级中的"清官"在人民中传颂不绝的根据就在于此。

当然"清官"们的行动是徒劳无功的。统治阶级一天一天腐烂下去,这是无可挽回的必然趋势。海瑞曾经说:"本县初意直欲以圣贤之所已言者,据守行之,自谓效可立至。迄今四载,中夜返思:日日催征,小民卖子鬻产,未有完事之日;时时听讼,小民斗狠趋利,未有息讼之期。感孚之道薄而民不化,烛奸之智浅而弊犹存。徒有其心,未行其事;徒有其事,未见其功。"①这是一个"清官"沉痛而真实的自白。后代人们在戏曲舞台上看到的顶天立地、叱咤风云、诛权贵如屠猪狗的喜剧式的"清官",在历史上却是一些抑郁不伸、赍志以殁的悲剧式人物。

"清官"的所作所为会不会消除斗争和灭绝斗争?的确,"清官"在主观上确实抱有这种反动的目的,指出这一点是必要的。但是在不同的历史时期,"清官"所起的实际作用却并不完全一样。当统治阶级正在腐烂,而人民斗争尚未展开的时候,"清官"的反豪强斗争却往往起了揭露封建制度的作用。这种斗争进行得越猛烈,豪强的不法行为就暴露得越彻底,人民群众对于在"太平盛世"幌子下的王朝统治的真实内容也就看得越清楚。豪强权贵粗暴地践踏"清官"的信条和设施,使"清官"标榜的理想归于澌灭,这也正好向人民群众证明了"清官"想要挽救的东西是无可挽救的。在各种复杂因素的交叉作用下,"清官"的行动产生了和预期恰好相反的结果。他们的失败引起了人民对封建统治者幻想的破灭,这种幻想的破灭是掀起大规模农民起义不可缺少的条件。海瑞死后,地主分子何良俊说:"海刚峰爱民,只是养得刁恶

---

① 《海瑞集》上册,第49-50页。

之人。"① 另一个地主分子沈德符说:"海忠介所颁条约云,'但知国法,不知有阁老尚书',于是刁民蜂起,江南鼎沸,延及吾渐。"② 地主阶级异口同声地发出的这种咒骂,是不无道理的,笼统地认为"清官"的行为后果都会达到他们自己预期的消除斗争和灭绝斗争,这是对复杂历史过程过分简单化的看法。

个别"清官"挽救没落王朝的企图失败了,他们退出了历史舞台。但是,统治阶级的内部斗争还在继续下去,并且愈演愈烈。大规模的党争开始出现了,如东汉的党锢,唐朝的牛李之争,宋朝的元祐党人,明朝的东林党人,清朝的前后清流。这些党争是统治阶级内部各种矛盾的集中爆发。造成党争的因素十分复杂,每次党争都有各不相同的背景和意义,但党争中不当权的一方总是以"清官"的姿态出现(而实际上党争的双方都有许多贪赃枉法者参加在内),并在反暴政反贪赃的旗号下攻击对方。法定权利和习惯权利的矛盾达到了最尖锐的程度,采取了集团之间公开对抗的形式。大规模党争显示封建王朝最后阶段的分崩离析,它往往就是农民革命风暴来临的征兆。没落王朝的当权集团总是无比地顽固和无比地愚蠢的,它失去了任何调整改革的能力。在前一阶段,它还能对"清官"表示一定的宽容;而当人民革命阴影日益迫近的时候,它就不择一切手段地匆忙结束党争。党争的结果免不了一场恐怖的屠杀,统治阶级用相互残杀的行动向人民群众再一次证明了自己的顽固不化和野蛮残酷。腐朽的当权集团埋葬掉内部反对派,也就为外部反对派准备好了埋葬自己的条件。

伟大的农民战争像一阵急风暴雨,把这个积满了污秽的腥臭世界大加荡涤。革命的农民既反对习惯的剥削权利,又反对法定的剥削权利。统治阶级的各个集团面临毁灭的威胁,不得不抛弃旧怨,携起手来,共同对付革命的农民。在你死我活的阶级搏战中,统治阶级所需要的不是那种可以装饰门面的"清官",而是能够瓦解起义军的骗子以及残杀起义军的屠夫。这时候以"清官"做标榜的人,包括以前在"党争"中孑遗的党人,往往就来充当这种极其反动的角色。

农民不能够推翻旧制度、创立新制度,农民战争最后仍不免于失败。但它打乱了封建统治秩序,清理了几百年积累起来的各种矛盾、冲突,扫除了旧王朝的恶风邪气,用血和火在一片荆棘中开辟出了历史前进的道路。伟大的农民战争是推进历史发

---

① 何良俊:《四友斋丛说》卷一三。
② 沈德符:《万历野获编》。

展的动力。

以上我们结合各个时期的形势对各种类型的"清官"做了一个概略的描述。当然，这种描述是极其粗糙的，需要做更进一步的剖析。我们的主要目的是想说明这一政治现象阶级的和历史的性质。"清官"是封建统治阶级中维护法定剥削权利的一种势力。从根本立场上说，他们是和人民对立的，不可能代表人民的利益和要求，忽略这一点是不应当的。这种维护法定权利的势力在不同历史条件下表现为几种各不相同的"清官"类型，有的是"圣君贤相"的得力助手，有的是封建制度自我调节的工具，有的是对付农民起义的骗子和屠夫。他们的特点和作用不完全一样。因此，笼统地肯定和笼统地否定都是不对的。只有用马克思主义观点，结合各个时期阶级斗争的形势进行具体分析，才能够给这一历史现象做出恰如其分的评价。

阶级斗争不是历史发展的唯一动力 *

粉碎"四人帮"已经两年多了。我们整个思想界包括历史学界，面貌大大改观，出现了新气象，积极性调动起来了，思想大大活跃了。确实是一片大好形势，前途大有可为。特别是去年以来，全国展开了实践是检验真理的唯一标准的讨论，影响很大。提出了一系列重大的理论问题，批判了林彪、"四人帮"的谬论，正本清源，拨乱反正。讨论十分热烈，很有成效。讨论中提出的一些重大的理论问题，同我们历史学界是息息相关的。现在，我就历史研究中有关阶级斗争理论问题，谈几点看法，不一定正确，如果说错了，请大家批评。

列宁说过，阶级斗争理论是马克思主义最基本的东西。这个理论是指导我们进行历史研究的思想武器。过去，由于林彪、"四人帮"的干扰、破坏，由于我们马列主义、毛泽东思想水平不高，尽管我们也经常讲阶级斗争，但是讲的不一定都是马克思主义的阶级斗争理论，对阶级斗争的理解不一定正确或不一定完全正确。这一点，在我们实际工作当中表现得比较明显。对于阶级斗争，毛主席于 1957 年 2 月发

---

* 此文原系作者 1979 年 3 月在四川成都社会科学规划会议上的发言，后全文刊载于《社会科学研究》1979 年第 2 期，标题为《关于历史研究中阶级斗争理论问题的几点看法》，现标题为笔者所加。

表的《关于正确处理人民内部矛盾的问题》一文中，有这样一个为我们大家都很熟悉的论断："革命时期的大规模的急风暴雨式的群众阶级斗争基本结束，但是阶级斗争还没有完全结束。"这个论断是完全符合我们当时的实际情况的，是完全正确的。但是，在实际工作中，我们对毛泽东思想的理解恐怕就不是那么深入，在实践中也没有真正遵循毛主席的正确理论，而是连续搞急风暴雨，搞了很多政治运动。对阶级斗争和敌情，估计得十分严重。这样，打击面就宽了，没有正确区分和处理两类不同性质的矛盾，在一些政治运动中误伤了好同志。同时，由于我们对阶级斗争的理解不完全符合马列主义、毛泽东思想，也给我们的工作带来了很大的损失。

在阶级斗争理论上的这种"左"的情况，在我们历史研究当中是不是存在，是不是也反映到我们历史学界？这是我们应当认真考虑的。林彪、"四人帮"出于篡党夺权的反革命需要，篡改"文化大革命"方向，歪曲毛泽东思想，把"文化大革命"引向歧路，首先是从史学界开刀的。同志们记得很清楚，"文化大革命"一开始就是批判《海瑞罢官》，打击和陷害吴晗、邓拓、翦伯赞等同志。这是记忆犹新的。提起这些冤狱，我们无比痛心，义愤填膺。血的教训，我们是不能忘掉的。但是，林彪、"四人帮"为什么在一段时间里，能够这样横行霸道，欺骗、蒙蔽那么多的群众呢？这一点，恐怕是因为我们马列主义水平不高，对阶级斗争的理解不完全正确，有片面性，绝对化，不符合马列主义、毛泽东思想。林彪、"四人帮"正是利用了这一点，在全国煽起了"怀疑一切，否定一切，打倒一切"的极"左"思潮。同志们都亲眼看到，这使得我们的党和国家遭受了多么大的损失，使我们的学术界、文化界遭受了一场怎样的毁灭性的浩劫。

同志们，要总结新中国成立30年以来我们的历史研究和历史教学工作，我看对一些理论问题理解得是否完全正确，应该是首先要总结的一条。因为理论是研究工作的指导，如果指导思想不完全正确，那么研究和教学工作就会走弯路，甚至会误入歧途。应该总结的理论问题是很多的，今天，我想着重谈谈自己在阶级斗争理论问题上的一些体会。

过去很长一段时间，由于对阶级斗争理解得不完全正确，孤立地突出阶级斗争，脱离开生产和经济发展而片面地强调了阶级斗争、片面强调了农民战争的作用。我们的历史研究工作中，是不是有这样一个问题，提出来和同志们共同探讨。

把阶级斗争、农民战争当作推进历史的唯一动力，甚至用农民战争解释一切，代替一切。有的地方讲课时,不讲全部历史、通史,只讲农民战争史,用农民战争史代替整个通史。当时还有种种提法,如"用农民战争打头""用农民战争分期",等等。很多提法和意见,值得我们回过头来考虑。

首先,我要说明一点,我们应当充分地肯定、热情地歌颂农民战争,歌颂古代劳动人民反抗压迫的斗争。但是,历史研究的任务,并不仅仅是对某种历史现象做一些赞美和歌颂。历史研究的任务,是要对历史现象做科学分析。历史内容是生动丰富的:有阶级斗争、生产斗争、民族斗争;也有思想文化的发展,科学技术的发展;还有政治制度和法律制度的演变,统治阶级内部的斗争;等等。历史现象非常丰富,错综复杂,互相影响,互相制约。当然,在阶级社会中,阶级斗争是主要的线索,我们应当牢牢地把握这条主要线索。但是,阶级斗争并不是唯一的历史内容。社会的基本矛盾,是生产力和生产关系、经济基础和上层建筑的矛盾。这是历史唯物论的一般常识。阶级斗争只是体现了这些矛盾,并受社会基本矛盾所制约的。阶级斗争不能代替或者取消社会的基本矛盾。孤立地突出阶级斗争,并不能帮助我们弄清楚阶级斗争。当然,阶级斗争对各种历史现象发生深刻的影响,使它们都带上阶级的烙印。但是,同时我们不能用阶级斗争代替一切,用农民战争代替整个封建社会的历史。这是不妥当的,这是以偏概全。

中国封建社会的历史长达二三千年。但是,说得上是大规模的农民战争,也不过是一二十次。每次时间短则几年,多则十几年。农民和地主的矛盾是经常存在的,是普遍的。但是,农民战争——农民斗争的高潮,在整个封建社会的历史中是短暂的。加在一起——如果能够加在一起的话——也不过200年时间。怎么能用不到200年的农民战争,来代替长达二三千年的封建社会历史呢?这样,势必使丰富复杂的历史内容简单化。

还有,把农民战争当作历史发展的唯一动力,我对这一点是表示怀疑的。这种意见,表面上似乎重视阶级斗争,实际上具有很大的片面性。在理论上是缺乏根据的,在历史实际中也是解释不通的。从人类社会存在以来,无论何时,生产活动是首要的活动,生产斗争是推进社会历史的强大动力。如果生产活动停止下来,社会不要说什么发展、前进了,连存在一天都不可能。这一点,马列主义经典作家是讲了很多的。恩格斯说过:"用'历史唯物主义'这个名词来表达一种关于历史过程的观点,这种观点认为一切重要历史事件的终极原因和伟大动力是社会的经济发展、生产方式和交换方式的改变，由此产生的社会之划分为不同的阶级，以及这些阶级彼此之间的斗争。"（《马克思恩格斯选集》第三卷第 390 页）斯大林说过："社会发展史首先是生产的发展史，是许多世纪以来依次更迭的生产方式的发展史，是生产力和人们生产关系的发展史。"（《联共（布）党史》第 135 页）生产力是最活跃最革命的要素。生产的发展，社会的前进，首先是从生产力的发展，从生产工具的变革和发展开始的。阶级斗争本身也是依赖于生产力的发展。如果离开了生产来谈阶级斗争，如果忘记了生产斗争，而片面地把阶级斗争当作"唯一动力"，我认为，这是不符合马克思主义的。

另外，科学技术也是历史发展的动力。革命导师十分强调这一点。恩格斯《在马克思墓前的讲话》中说："在马克思看来，科学是一种在历史上起推动作用的、革命的力量。"马克思把科学技术上的发明创造，看作是比很多革命家还要革命，"蒸汽、电力和自动纺机甚至是比巴尔贝斯、拉斯拜尔和布朗基诸位公民更危险万分的革命家"（《马克思恩格斯全集》第十二卷第 3 页）。马克思和恩格斯把科学技术视为推动社会前进的力量。毛主席也指出："阶级斗争、生产斗争和科学实验，是建设社会主义强大国家的三项伟大革命运动。"

革命导师的话说得多么明确！可是，我们的历史研究，至少拿我个人来说，不知道从哪里来了一种糊涂观念，有意无意地只把阶级斗争看作历史发展的唯一动力。这种理论观点，对我们的历史研究的影响是非常重大的，以至于在我们的头脑里形成了这样一个公式：每次农民战争之后，总是要带来生产上的大发展。我们的研究工作也正是按照这种思想和公式，寻找这种生产的大发展。秦末农民起义之后，有一个"文景之治"；隋末农民起义之后，有一个"贞观之治"。我认为，历史的实际情况恐怕不是那么简单。因为，有些农民战争并没有直接带来生产的高涨，甚至有时还可能带来生产的萎缩。我们千方百计地寻找每一次农民战争如何推动历史发展，如何促进生产，经常感到比较困难。有时，也找到一些材料，找到一些论据，但说服力不强，比较牵强。特别是，对有些农民战争，我们就说明不了。这样一个阶级斗争、农民战争推动生产发展的公式，经常暴露出同历史实际有较大的差距，不完全符合历史实际，对一些历史现象不能解释。如果把阶级斗争当作历史发展的唯一动力，那么，我们便可以逻辑地得出：阶级斗争规模愈大，次数愈多，愈频繁，社会前进就愈快。可是，实际情况并不这样。日本在"明治维新"之前，处于封建社会。"明治维新"100 多年来，日本并没有发生什么大规模的阶级斗争。就是明治维新，这次日本近代史上最大的一次社会变革，也是自上而下的。有些研究世界史的同志，并不承认明治维新是一次革命，即使是革命也是不彻底的革命，近代日本，虽然也发生过农民起义、罢工、游行，但规模小。大规模的阶级冲突，长时间的革命战争是没有的。可是，日本的生产发展很快，可说是突飞猛进。这是为什么？如果说，阶级斗争是"唯一动力"，那么，日本的生产应该是发展不快的。事实恰恰相反。此外，英美也是一样。英国从17世纪进行资产阶级革命，距今有300年了。此后，没有发生过什么大的革命战争。美国除独立战争、南北战争之外，以后也没有发生过什么国内战争。可是，它们都是当今世界上生产发展水平最高的国家。当然，资本主义制度是对劳动人民剥削和压迫的制度，避免不了经济危机，最终是注定要灭亡的。一旦这些国家的无产阶级革命成功，建立了社会主义的制度，生产力将以现在所不能比拟的速度向前发展。这是无疑义的。同时，我们也要承认，社会历史发展的原因是很多的，不能简单地用阶级斗争来解释。

阶级斗争并不是推动社会发展的唯一动力。毛主席曾指出："中国受帝国主义侵略的原因有两个：一个是社会制度腐败，一个是经济技术落后。"这两个原因相互联系，而又相互区别。社会制度腐败怎么办呢？那就要使用革命的手段通过阶级斗争来解决。经济落后怎么办呢？那就要通过发展生产，发展科学文化来解决。解决的手段是不同的，但两者又是互相联系的。如果不用革命的手段改变旧的社会制度，那么，生产和科学文化就发展不了。同样，经济、文化不发展，只讲阶级斗争，也不能推动社会的前进。

马克思说："暴力是每一个孕育着新社会的旧社会的助产婆。"(《资本论》第一卷第819页)暴力革命，对社会发展起"助产婆"作用。这种作用怎么能说它是历史发展的唯一动力呢？怀孕成熟了，肚子里有了小孩，才有必要请来助产婆，助产婆才能起作用。否则，就是请来几十个助产婆，也是生不出孩子来的。因此，中国农民战争虽然很多，很频繁，规模也很大，但是，生产并不一定就发展得最快。

每一次农民战争的作用也是不一样的，不见得都同样对生产发展有明显的推动作用。马克思主义最重要的是，具体情况具体分析。不能预先定一个框框，预先有一个先验公式。中国历史上的农民战争，有的推动作用明显一些，有的就不那么明显。就阶级斗争、农民战争对旧生产关系的打击来说，确实，农民战争推动了历史前进。如果没有阶级斗争、农民战争，封建社会就不能够进步。阶级斗争、农民战争是历史发展的动力，但不是唯一的动力。同时，我们还要看到另一面，就战争的直接后果来说，是要造成破坏的。历史上的农民革命战争，就它对旧生产关系的打击来说，就它长远的影响来说，对社会前进是有促进作用的，这是主要的方面。如果看不到这个主要方面，就不能正确评价历史上的农民革命战争。另一方面，就战争直接的后果来说，有破坏生产的一面。我们有时为了抬高农民战争的地位，就不讲它破坏生产的一面。这样，就不能做到如实地反映历史的真实情况，就无法解释农民战争后经常出现的土地荒芜、赤地千里、人口锐减的情况。农民战争，一方面有推动作用，另一方面也有破坏作用。总的来说，推动作用是主要的。这是历史的辩证法。

一般地说，生产发展并不在农民战争的动乱时期，不在农民正同地主激烈作战的时期，恰恰相反，生产的发展，必须要有一个统一的、稳定的政治局面作为前提。生产发展，是一个逐步的、渐进性的过程，是生产活动和科学技术积累的过程。历史的前进，不是通过不断的暴力革命，不是通过一连串的突变来完成的。恩格斯在《反杜林论》这部光辉论著中，批判了杜林的"暴力论"。杜林认为，似乎不断的暴力革命，可以创造一切，这是荒谬的。自然科学有一种"灾变论"，认为自然界是通过一连串的"灾变"而形成的。这完全是唯心主义，形而上学。如果只承认量变，不承认质变，当然是错误的，是改良主义。但是，反过来，抛开量变，只谈质变，同样是错误的，其危害也是极为严重的。不承认社会发展要有一个逐渐的积累过程，在实际工作中无休止地搞政治运动，而不是脚踏实地地进行建设，我们已经为此而吃了不少苦头。我们应当抛弃那种对阶级斗争的片面理解。

总的来说，我认为马克思主义阶级斗争理论应包括以下几点：

第一，推动社会历史前进的直接的主要动力是生产斗争。

第二，生产的发展，从历史上来看，总要有一个统一、稳定的政治局面作为前提。没有这个前提，生产发展就谈不上。

第三，在阶级社会里，阶级斗争也是推动社会历史前进的伟大动力。但只有联系生产才能表现它的推动作用，离开生产就谈不上。只有当生产关系严重地阻碍生产力发展时，才必须用阶级斗争，用革命的手段破坏旧的生产关系，推翻旧的生产关系，使生产力得到进一步发展。革命就是解放生产力。阶级斗争对历史的推动作用，也就表现为解放生产力这一点上，而不是表现在别的方面。

第四，阶级斗争是和生产斗争相联系的，是取决于生产斗争的。阶级的划分，阶级斗争的性质和深度，每个阶级的历史命运都是由社会生产力的发展水平决定的。在历史上，只有代表新生产力的阶级才有远大的前途，他们进行的斗争才能取得真正历史性的胜利。

第五，各个不同阶级进行的革命，情况是很不一定的，推动历史的作用也是不相同的。譬如，法国大革命、俄国十月革命、中国新民主主义革命的胜利，这样一些革命引起整个生产方式的改变，推动历史的作用是十分明显的。另外，在同一社会形态内发生的革命，譬如封建社会的农民战争，相对来说，对历史的推动作用是不显著的。这种农民战争只能给旧的生产关系一定的打击，只能改变它的某些环节，而不可能整个改变旧的生产方式。

这里，我想谈谈同阶级斗争理论相联系的一个问题，关于历史上的改良主义问题。改良是相对于革命而言的。过去，由于片面地强调阶级斗争、暴力革命，评价改良时总是贬得比较低的。这是不公平的、不正确的。改良主义作为一种思想体系，完全否定质变，反对革命，这是错误的、反动的。但是，历史上的政治改良和改良主义思想，是起过相当进步作用的。这一点绝不能低估。

革命并不是在任何时候都会发生。只有当形成革命的主客观条件已经具备、已经成熟的时候，才会发生革命。而当革命的条件还没有成熟的时候，改良是有进步作用的。从某种意义上说，改良运动也是为革命做准备的，正如量变为质变做准备一样。没有量的变化，就不会有质的变化。譬如，戊戌变法是一次改良主义的政治运动，最后失败了。就其性质来说，和辛亥革命是完全不同的。但是，变法运动中所进行的那些改革，意义十分重大。中国最早的学校——新学堂就是这时开的；报纸是这时办的；各种各样的学会也是这时设立的；西方资产阶级的社会政治学说也是这时开始传进来的。这是一次资产阶级思想的启蒙运动。评价戊戌变法，不能局限于它在100天内发布的上谕、奏折，而应该看到戊戌变法运动所引起的政治变动和思想变动。如果，没有戊戌时代西方资产阶级思想的传入，没有新学堂、学会和报纸的创办，没有大批留学生出国，那么，中国社会仍旧是一潭死水，辛亥革命也不可能发生。孙中山先生领导了辛亥革命。但是，如果没有戊戌前后的政治变动和思想变动的话，那么，跟孙中山走的人就不会那么多。量变为质变准备了条件。从这个意义上说，戊戌变法是为辛亥革命做了准备的。

我们讲戊戌变法意义的时候，常这样说，戊戌变法失败了，证明改良主义道路是行不通的，因而，更多的人觉悟了，走上革命的道路。这样说当然不错。但这是从一个方面来说明的。难道，它的意义仅仅在于它的失败？这样说是不够的。我想补充一句，戊戌变法所造成的社会变动和思想变动，是大批知识分子走上革命道路的前提。当时的知识分子怎样觉悟的呢？如果，戊戌变法没有给社会留下一些积极的东西，没有造成一次思想解放，而仅仅是自身的失败，是不会吸引那么多知识分子走上革命道路的。没有这个思想转变过程，是不会爆发辛亥革命的。

毛主席对戊戌变法的评价是很高的。在讲到旧民主主义革命时，总是把它包括在里面。把它和太平天国、义和团运动、辛亥革命并列在一起。毛主席的评价为什么这样高呢？毛主席所提到的向西方学习的先进的中国人中，就有两个是戊戌变法中的改良主义者：康有为和严复。可见，毛主席是高度评价戊戌变法，高度评价社会改良和社会改革的意义和作用的。

现在，我们对"改良"这个词好像是抱着一种成见，很忌讳这个字眼。一提改良就认为是不好，一提改良就是反革命。这完全是一种误解。其实，革命和改良是历史前进中的两种不同的形式。列宁说过，马克思主义者承认争取改良的斗争，同时，又坚决反对局限于改良范围内的改良主义者。如果只是抽象地提出："我们应该怎样评价改良？"对这个问题是无法回答的。要看是在什么样的历史条件下进行的改良。正如抽象地提出下雨好不好的问题，同样是无法回答的。天旱，下雨就好；闹水灾，下雨就很不好。马克思主义最重要的是，提出问题，不能离开当时的时间、地点、条件，具体问题具体分析。现在，一提改良就谈虎色变，认为是反动的。我以为，如果发生革命的条件还不成熟，那就必须用改良的手段促进革命的到来。革命胜利之后，也应该用改良的手段巩固革命的成果。如果拒绝走这样的途径，拒绝做艰苦细致的积累工作，拒绝采取量变的形式，而是老在那里空谈革命，无休止地搞阶级斗争，搞政治运动，搞质变。我认为，那是自己跟自己捣乱，是自讨苦吃，结果必然受到历史的惩罚。

讲到这里，我想起了戚本禹的那篇黑文《爱国主义还是卖国主义？》。到现在为止，尚未对这篇黑文进行清算和批判。我们历史学界有责任来批判这株大毒草。这篇黑文的作用和影响是极坏的，它是林彪、"四人帮"篡改"文化大革命"方向的很重要的一步。它的矛头是对准无产阶级司令部的。黑文对革命领导同志大肆攻击诬陷。这篇文章，在政治上是极其反动的，在理论上是极其荒谬的。这篇黑文，歪曲革命与改良的关系，无限夸大、抬高农民革命。当然，义和团运动是一次伟大的革命运动。但它毕竟是农民革命，不可避免地有它的弱点、局限性。这是农民阶级在斗争时的包袱，在前进过程中的负担。可是，戚本禹在歌颂农民革命的幌子下，要我们把农民的弱点、局限性当作可资学习的榜样，当作革命遗产来继承。他大喊什么"红灯照围攻东交民巷"，宣扬盲目的排外主义。黑文出笼不久，就发生了火烧英国代办处的事件，对我们在外交上造成了很大的被动。戚文全盘否定光绪皇帝和康有为，扣上卖国主义的帽子，一棍子打死，并用恶毒的影射手法，为"四人帮"篡党夺权阴谋效劳。而且，我们暂时抛开黑文的政治上的反动性不谈，作为历史研究，我们能把戊戌变法中的改良派，把支持变法运动的帝党说成是卖国主义吗？我认为不能。就光绪来说，他在甲午战争时是主战派，反对投降；在戊戌维新时，是支持政治改革、支持变法运动的。当然，光绪作为一个封建皇帝，有他自己的出发点，有其阶级立场。但就这个人的历史作用来讲，我认为，他对中国做了一点好事。戊戌维新失败，他被软禁起来，失去了自由。卖国主义的帽子是不能扣到光绪头上的。相反，光绪的政敌、被江青大肆吹捧的慈禧太后，才是坏事做尽，和江青一样，是地地道道的卖国主义。

有人为了强调阶级斗争的作用，总是生硬地把一些历史现象往阶级斗争上拉。这里，我想对"让步政策论"谈一点意见。首先说明，"四人帮"批"让步政策论"是反动的。他们是为了打击翦伯赞等历史学家。完全应该为翦伯赞等同志平反。"让步政策论"作为一个学术问题，是可以讨论的。这是一个百家争鸣的问题。

怎样评价"让步政策论"呢？我认为，"让步政策论"是为了说明阶级斗争、农民战争的历史作用而提出的一种理论。它的大概意思是，先是大规模的农民战争，迫使统治阶级"让步"，实行某种对农民有利的政策，促进了生产的发展，推动了社会的前进。"让步政策论"把农民战争同生产发展挂上了钩。要不然，农民战争怎么样推动生产发展呢？"让步政策论"并不完全错误，确实也有一点道理。但还有些缺陷，至少会给人一种印象：统治阶级、剥削阶级不能够自动提出对生产发展有利的措施，因而，必须通过农民革命迫使他们"让步"。我不同意这种观点。我以为，统治阶级从自身的阶级利益出发，在一定历史条件下也是能够提出有利于生产发展的措施来的，并不一定需要农民迫使他们"让步"。我们似乎有一种观念，认为，剥削阶级、统治阶级都是不管生产，反对发展经济的。而农民总是推动生产发展的。这种观念从道理上是说不通的。当然，农民是创造社会财富的主人，是要求发展生产的。但是，剥削阶级为了多剥削一点，通常也是希望发展生产的。

我这个说法可能很危险，会被认为是"阶级调合论"。但是，实际情况确实是这样的。这个问题并不难理解。请问，地主希望土地上出产的农产品，是多一点还是少一点呢？当然是多一点。资本家希望工厂生产的商品是多一点还是少一点呢？难道会希望少一点吗？没这个道理。因为，生产的东西多一些，他们的剥削所得也会增加。有没有一个地主资本家希望自己的土地荒废、工厂减产呢？我想没有。地主资本家作为剥削阶级，总是要进行剥削的。不剥削，他就不是地主资本家了。在这一点上，农民起来斗争，反对他们的剥削，是完全合理的。但是，地主资本家进行剥削是一回事，能否推动生产是另一回事。在一定的条件下，地主资本家在进行剥削的同时，有时也会实行有利于生产发展的政策。不承认这一点，中国历史就说不通。美、日、联邦德国等帝国主义国家里的资本家，在发展生产、管理企业、提高劳动生产率方面是很有本事、很有能力的。现在，我们不能不承认这一点了。不能因为是剥削者，就认为他们一定要破坏生产，不能提出对经济发展有利的措施。可不可以这样说，在一定条件下，发展生产也是剥削阶级的要求，并不需要农民强迫他们这样做。"让步政策论"是一个转弯抹角、为了挂钩的理论。它的前提，就是只承认农民要求发展生产，而不承认剥削阶级从自身利益出发，也可以采取有利于生产发展的措施。"让步政策论"有道理，但不足以完全说明生产发展的原因。地主一定要农民迫使他"让步"吗？他们就不会从自身利益出发，采取有利于生产发展的措施吗？我的这些看法，可能会被认为是"美化地主资本家"。我相信，这次大会上肯定会有人不同意我的意见，但绝不会有人打我的棍子。所以，我大胆地把想法提出来向同志们请教。把这个问题弄清楚，对我们的历史研究关系重大。否则，我们就会总是在死胡同里转来转去。

马克思主义告诉我们，任何事物的矛盾着的两个方面，既对立又统一。对立是绝对的，统一是相对的。如果不承认对立，只承认统一，这是错误的，是"阶级调合论"。又应该看到，矛盾对立的双方，是互相依存、互相贯通、互相渗透的，处于一个统一体。不承认矛盾的同一性，同样不是马克思主义。地主与农民处于一个统一体内进行斗争。因此，彼此必然有一些共同的东西。譬如，在一定的条件下都要求发展生产；在遭到外来侵略时，都要求抵抗侵略。如果没有这种抵抗侵略的共同要求，那我们的抗日民族统一战线怎么能组成呢？我们不要孤立地只强调对立的这一方面，而不承认事物还有统一的方面。地主和农民，如果不存在同一性，那么，统一体就要破裂，封建社会也就不可能延续。

　　阶级斗争理论，是马克思主义的重要组成部分。在阶级社会里，阶级斗争是客观存在，是推动历史前进的伟大力量。研究历史，应当也必须以阶级斗争理论作为指南，才不致迷失方向。但是，只承认阶级斗争，甚至大唱阶级斗争高调，那不一定是马克思主义。阶级斗争并不是从马克思开始讲起的。在马克思之前，资产阶级就讲"阶级斗争"。后来，林彪、"四人帮"更是片面地强调阶级斗争，把阶级斗争绝对化。早在100多年前，马克思就曾指出："无论是发现现代社会中有阶级存在或发现各阶级间的斗争，都不是我的功劳。在我以前很久，资产阶级的历史学家就已叙述过阶级斗争的历史发展，资产阶级的经济学家也已对各个阶级做过经济上的分析。我的新贡献就是证明了下列几点：（1）阶级的存在仅仅同生产发展的一定历史阶段相联系；（2）阶级斗争必然要导致无产阶级专政；（3）这个专政不过是达到消灭一切阶级和进入无阶级社会的过渡。"（《马克思恩格斯选集》第四卷第332~333页）阶级斗争是同生产的发展相联系的。脱离生产发展的阶级斗争，不是马克思主义的阶级斗争理论。由此可见，阶级斗争理论有两种：一种是马克思主义的阶级斗争理论；一种是资产阶级的阶级斗争理论。孤立地、脱离开生产谈阶级斗争，人为地拔高阶级斗争，恰恰不是马克思主义的阶级斗争理论。对于历史研究来说，马克思主义的阶级斗争理论是一个非常重要的指导思想，贯穿在古今中外的全部阶级社会历史中。如果，我们不能全面地、准确地理解这个基本理论，必然要严重地影响历史研究工作的发展，使历史研究工作走进死胡同。

　　阶级斗争理论是一个十分重要的理论，不是三言两语能够说清楚的。特别是鉴于我个人的水平很低，不可能准确无误地阐明这个理论。我只是简单地谈一谈感想，把我在学习中间碰到的一些问题提出来，向同志们请教。我建议历史学界深入讨论这个问题，摆脱林彪、"四人帮"所造成的精神枷锁和影响，使马克思主义的阶级斗争理论恢复它本来的面目，放射出更加光辉的异彩，真正成为我们历史研究工作的强大思想武器。

京华何处大观园？

——戴逸先生关于《红楼梦》考证的史学随笔[*]

戴逸先生在其重要论著之一的《乾隆帝及其时代》中，于第八章"北京城市建设"谈及了"圆明园与大观园"，先生认为："乾隆题《圆明园全图》（乾隆三年挂在圆明园清晖阁墙上）为'大观'，这一点似乎还未被红学家们所注意，它和《红楼梦》中的大观园是偶然的巧合，还是有某些联系呢？"显然，戴先生是以《红楼梦》写大观园的建造正是以现实生活中圆明园的建造作为文学中的反映予以考证的。正由于此，笔者征得戴先生同意，将"圆明园与大观园"及第九章"人物"中"曹雪芹与平郡王福彭"一节作为附录收入书中，以飨读者。

圆明园与大观园（此为《乾隆帝及其时代》第八章第五节的标题）

《钦定日下旧闻考》^① 卷八十《圆明园一》有如下记载：

> 清晖阁北壁悬《圆明园全图》。乾隆二年命画院郎世宁、唐岱、孙祐、沈源、张万邦、丁观鹏恭绘。御题"大观"二字。

乾隆帝题《圆明园全图》为"大观"，这一点似乎还未被红学家们所注意，它和《红楼梦》中的大观园是偶然的巧合，还是有某些联系呢？

圆明园是雍正帝为皇子时的赐园，建于康熙五十四年，原来的房舍不多。雍正帝即位后，经常驻跸于此。雍正、乾隆二朝，叠加扩建，工程浩大，历时甚久。曹雪芹生长于雍乾之际，此时，北京城内和西郊造园之风大盛。《红楼梦》写大观园的建造正是现实生活在文学中的反映。

圆明园的第一次扩建工程大约始于雍正三年（1725），时曹雪芹两岁。几年之内，完成了前后湖周围20余景。第二次扩建工程，始于乾隆三年（1738），至九年完

---

   * 此文由两段文字组成，见载戴逸著《乾隆帝及其时代》，中国人民大学出版社，2008年3月版，第410-414，425-428页。现主副标题为笔者辑入本书时另加。

   ① 《钦定日下旧闻考》，160卷，清英廉等奉敕编，是过去最大最完全的关于北京历史、地理、城防、宫殿、名胜等的资料选辑，清乾隆五十三年（1788）武英殿刻本，现有1988年北京古籍出版社出版的校点本及《文渊阁四库全书》影印本等。

成 40 景，时曹雪芹 15 岁。以后仍陆续施工。像今天尚留废墟的西洋楼建成于乾隆十八年，此时《红楼梦》已有甲戌本的初稿。安澜园建成于乾隆二十七年（曹雪芹卒年），之后，狮子林、如园以及漪春园相继建造。可见在曹雪芹一生中，圆明园时时在扩建施工，尤其是乾隆三年至九年，扩建达到高潮，正所谓"恢拓营缮，宏规大起"。

据档案所载：御题"大观"二字的《圆明园全图》是乾隆三年挂在清晖阁墙壁上的，此时还在乾隆扩建以前，因此全图所绘应是雍正扩建后的圆明园旧貌。何以题"大观"二字，乾隆帝在《圆明园后记》中说："规模之宏敞，邱壑之幽深，风土草木之清佳，高楼邃室之具备，亦可称观止。"这和贾元春题名大观园时所咏"天上人间诸景备，芳园应锡大观名"是同样的意思。圆明园是康熙帝赐名，有康熙、雍正两帝御书的"圆明"匾额挂在殿内，乾隆帝不会去更改这个名字。如果让乾隆帝另起园名的话，他会不会就用所题的"大观"二字呢？

乾隆帝大举扩建圆明园正值曹雪芹青年时代，根据曹的年龄、身份、居住地点、社会关系，他很有机会进入圆明园，甚至看见或听说过这幅御题"大观"的《圆明园全图》。

圆明园的建造和管理归内务府负责，曹家是内务府包衣，应有进入圆明园的机会。御园重地，皇帝住园必要肃静回避，严禁闲杂人等出入，但圆明园同时又是不断扩建的大工地，四方云集，人头攒动，非常热闹。曹雪芹长期住在西郊，和圆明园工地近在咫尺，他不会去受雇做工，但工地上的差事很多，他会不会去当个差以挣钱糊口呢？特别是曹雪芹能诗工画，多才多艺，又懂得园林艺术。御园工地不是正十分需要这样的人才吗？曹寅晚年曾监造畅春园，现有从满文译出的内务府奏销档为证。曹家式微后，恰逢圆明园大工举行，他家子弟在此谋个差使也是顺理成章的。如果曹雪芹真的当了差，那就不属于"闲杂人等"，而是每天必须到御园去应值点卯，对那里的景色亲游饱览，必定感受极深。

可惜曹雪芹没有留下生平事迹的材料，几乎他的一切活动，只能做合理的推测而难以确证。退一步说，即使他并没有参加御园工程，按照他的社会关系也能亲闻并熟知圆明园诸景，甚至有进园一览的可能。曹家虽已中落，但有不少上层关系和阔亲戚。怡亲王胤祥是曹家的恩主，曹家被抄没后，雍正帝将他们交给胤祥看管。下一代怡亲王弘晓是个最早的红学迷，现在传世的怡府本即是弘晓主持抄录的。兵部尚书傅鼐是曹寅的妹夫，平郡王福彭的生母是曹寅的女儿、曹雪芹的亲姑妈。他们都是雍乾之际炙手可热的大人物，曾陪皇帝游览御园。雍正帝所写《圆明园记》说："春秋佳日，景物芳鲜，禽奏和声，花凝湛露，偶召诸王大臣从容游赏，济以舟楫，饷以果蔬，一体宣情，抒写畅洽。"这就是雍正帝和王公大臣们在圆明园游览、宴会、荡舟、吟诗的情形。特别是福彭，他曾是乾隆帝未即位时的伴读，在园内的长春仙馆、武陵春色等处读书，每天出入圆明园，对园内诸景必眼熟能详，了如指掌。圆明园扩建的盛况，形诸奏牍谏疏，以至百姓间街谈巷议，是当时北京城的热门新闻。当时的曹雪芹少年好奇，又爱园林艺术，必定会关心和打听消息。他和姑妈、表哥闲话家常也一定会谈到这座人间天上的园林杰作。如果说，他在《红楼梦》中所写的大观园和当时正在扩建的皇家园林有密切关系，这应该不是无稽之谈。

自然，曹雪芹并没有把圆明园搬到小说里去。乾隆九年（1744），圆明园最大的扩建工程完成，此时恰是曹雪芹开笔创作《红楼梦》之际。但刚刚建成的这个被乾隆帝誉为"天宝地灵之区，帝王游豫之地，无以逾此"的天下第一园，想必给曹雪芹以启示和借鉴，使他能够为红楼诸钗安排大观园这样一个绚丽多彩的活动舞台。

因此，大观园的某些结构与皇家园林有相似之处。例如，它气魄宏伟，范围广大。贾蓉说大观园的面积"丈量了，一共三里半大"，据此估测，将近300亩。北京城找不出这样大的私家园林。而雍正帝扩建后的圆明园占地约600亩，仅比大观园大出一倍。

作为大观园正殿的大观楼"崇阁巍峨，层楼高起"，具有皇家气派，为一般人家所不及。大观园是为贵妃归宁而盖造的"省亲别墅"，贵妃在内宫的位次很高，这座园林的规格就不能与一般富户相比。曹雪芹参考行宫御园的建筑结构来描写大观园，正是符合小说情节和人物身份的需要。

大观园中有个稻香村，"里面数楹茅屋，外面却是桑榆槿柘"，这一派"田园风光"和大观园并不协调，所以贾宝玉批评它"分明是人力造作成的"。曹雪芹安置的稻香村，很有可能是受御园布局的启发。圆明园中的"杏花春馆""北远山村""多稼如云"都是农村景致。封建时代以农为本，皇家园囿中设置这样的景点，表示皇帝"劝农""观耕"的意思，这是私人园囿中所少见的。

大观园中有个梨香园，为伶人所居。这个院落和大观园既连接，又分开，其形式颇似圆明园中的升平署。

大观园中有妙玉居住的栊翠庵，还有玉皇庙、达摩庵，与书中所谓"山下得幽尼佛寺，林中藏女道丹房"类似。圆明园40景中的"慈云普护""日天琳宇""鸿慈永佑"，或供神佛，或奉祖宗，一般花园中很少建置庙宇。皇家园林中用以求福祈寿的宗教建筑特别多，如清漪园内的大报恩延寿寺，香山的实胜寺、宝谛寺、宝相寺，北海的永安寺、阐福寺、小西天等均建于乾隆年间。大观园之所以建置庵、庙，可能是受了御园的影响。

当然，并不是说大观园就是圆明园。大观园是曹雪芹为《红楼梦》中众多人物进行活动而虚构的空间环境，它是艺术创造而非实在建筑。执意寻找它是哪个园子，何处府第，岂非刻舟求剑？但是，艺术创造绝不能凭空想象，没有现实中的名园胜景，曹雪芹才能再高，想象力再丰富，也难以虚构一座宏伟雅丽、诸景俱备的大观园。大观园是乾隆初年皇家造园风尚鼎盛时期的产物，曹雪芹也许见闻到乾隆御题"大观"的《圆明园全图》。这座集中国古代园林艺术大成的圆明园对触发曹雪芹的灵感很重要，所以圆明园和其他御园很可能是他塑造大观园的主要借鉴。

曹雪芹与平郡王福彭（此为《乾隆帝及其时代》第九章第二节的标题）

《红楼梦》是蜚声世界的伟大现实主义小说，但作者曹雪芹的事迹湮没不彰，这不能不说是我国文学史上的憾事。

有关曹雪芹的资料极少，故他与平郡王福彭的往来无文献可征。但福彭是曹雪芹的亲姑表兄却是无疑。康熙四十五年（1706），康熙帝传旨令曹寅之妻送女北上与王子完婚，此王子即讷尔苏，袭封平郡王。曹氏所生子即福彭，为雍乾之际政坛上的重要人物。曹氏活得较长，亲姑妈在世的时候，曹家无论如何败落，至亲骨肉，往来必甚频繁。据档案记载，曹頫革职抄家，返回北京，金陵的房屋归继任织造隋赫德所有。雍正十一年（1733），老平郡王讷尔苏（时已革爵）曾帮着曹家向隋赫德索借银两3800两，隋赫德不敢违抗。可见平郡王府对曹家的护持。《红楼梦》中描写几个大家族"一荣俱荣，一损俱损"，曹家的阔亲戚、老关系还不少，因此乾隆初年，曹家家道尚不至败落。福彭和曹雪芹也谊属至戚。过去对福彭的了解不多，但在《清实录》和乾隆帝的诗文中却保留着相当丰富的资料。福彭和一般庸碌王公、八旗子弟不同。他英年早慧，才华出众，受到康熙、雍正、乾隆三朝皇帝的赏识。曹雪芹和他年龄相差不大，福彭长于曹雪芹6~7岁或10余岁（因曹雪芹生年尚无定说），两人必有往来。除至亲关系外，亦当有惺惺相惜之情，由此推想：曹雪芹思想和性格的某些方面也许受到表哥的影响，在文献不足征的情况下，这一推想有相当的合理性。

福彭是努尔哈赤的八世孙，属于代善、岳托的支裔。岳托因功始封克勤郡王，是清代世袭罔替的八家"铁帽子王"之一，后改称平郡王。福彭幼年聪明伶俐，被康熙皇帝看中，养育宫中，这是特殊的恩宠。康熙帝的嫡孙近百人，多得认不过来，被养育宫中的只有弘历（乾隆帝）、弘晳等数人。后来乾隆帝对此津津乐道，引为殊荣。非颖慧特殊之儿童，虽嫡孙也不能得此待遇。福彭以远支宗室，幼时养育宫中，必有过人之才质。

雍正四年（1726），讷尔苏得罪革爵，年仅 19 岁的福彭继其父为平郡王。六年，被雍正帝选入内廷，与皇子们一起读书，同学 5 人，即皇四子弘历、皇五子弘昼（后封和亲王）与康熙帝的两个小儿子皇二十一子胤禧（后封慎郡王）、皇二十四子胤祕（后封诚亲王）。这 5 个同学内，福彭最大，年 21 岁；胤禧、弘历、弘昼同年，18 岁；胤祕最小，13 岁。雍正帝对皇子的教育十分重视，慎选师傅，他特别挑选年龄稍长的福彭，与弘历等同窗学习，必是看中了品学兼优的福彭，希望他的为人和学业能影响年龄稍小的皇子们。

在内廷学习期间，雍正八年（1730），福彭曾奉命至盛京修治皇陵前的河道，又派管旗务，署理都统，擢宗人府宗正，又派在军机处行走。雍正九年，清军与准噶尔大战于和通泊，清军战败，溃不成军，这是历史上著名的"辛亥之败"。当时，前线紧急，军队要进行整顿、改组，需要一位有胆有识、英勇能干的统帅。满朝无数宿将，雍正帝都没有看中，却毅然遴选尚在书房读书、25 岁的青年福彭为定边大将军，赴前线指挥。让他肩负军事重担，这在当时是惊人的破格之举，亦可见雍正对福彭的信赖和器重。

弘历和福彭长年同学，相知甚深，情谊尤笃。当时弘历称"圆明居士"，弘昼称"旭日居士"，这是雍正帝给他们兄弟俩取的雅号，福彭亦称"如心居士"，他敢采用与皇子们类似的雅号，可见同学关系之亲密，这一雅号可能也是雍正帝赐名。弘历即帝位以前，将自己的诗文辑为《乐善堂全集》。时福彭已统军赴边疆，万里以外，为此书作序。福彭平生所作，除奏折，殆无存留，唯此序文刊载于御制《乐善堂全集》之卷首。可见福彭与乾隆帝关系之深。《乐善堂全集》内赠福彭的诗文甚多。弘历对这位学侣极为推重称赞，说福彭"虽年少而器识深沉，谦卑自牧，娴学问，通事理"①。更难得的是福彭文武全才，晓畅兵机。福彭为大将军，统兵赴乌里雅苏台，启行之日，弘历亲自送行至京郊清河，依依惜别。弘历青年时代，除了自己的弟弟和年轻叔叔之外，福彭是他的唯一挚友。福彭在边陲 3 年，弘历屡次题赠诗句，称"武略文韬藉指挥，书斋倍觉有光辉"，"暖阁熏炉刻漏移，闲情万里忆相知"，"如心居士知无恙，两字平安藉送来"，可见弘历对福彭的赏识和眷念之情。

福彭受康熙帝恩养、雍正帝拔擢、乾隆帝赞誉，三朝知遇，在历史上极为罕见。这三个皇帝都是中国历史上的英明君主，不轻易赞许别人，是福彭必有过人之才资，才得以重用，曹雪芹有这样一位出类拔萃的亲表兄，想必受其熏陶。在曹雪芹这位伟大作家的成长史上，福彭当是一位重要的人物。有些文艺作品中写了平郡王福彭，但性格较粗鲁，资质平庸，与一般八旗子弟相似，与真正的福彭相距甚远。

福彭治军有方，曾驻节乌里雅苏台、科布多、鄂尔坤等地，又筑城额尔德尼昭。雍正十三年（1735），雍正皇帝死，乾隆帝即位，立即召他的挚友福彭回京，参加总理事务处，为协力总理，地位在老资格的庄亲王胤禄、果亲王胤礼之下，而居鄂尔泰、张廷玉、讷亲之上。福彭在雍乾之际的政治舞台上是一颗冉冉上升的新星。

尽管福彭才德兼优，与乾隆帝同窗至好，且一度被重用，但后来这颗明星反而逐渐黯淡。虽曾管理正黄、正白旗事务，但未曾大用，不掌握朝政大权，其原因尚待进一步探索，这可能与乾隆帝用人的路线有关。乾隆帝鉴于康熙、雍正两朝宗室王公掌权，兄弟阋墙之教训，完全排斥宗室亲贵执政，而起用讷亲、傅恒等人。乾隆初，果亲王胤礼逝世，庄亲王胤禄得罪黜退，平郡王福彭也在改组总理事务处、恢复军机处时退出中枢政权。终乾隆之世再也没有宗室王公参加中枢政权。乾隆帝对他们礼遇隆厚、优给俸禄而不假以事权，年轻有为的福彭从此息影政界。乾隆十三年（1748）十一月，福彭病死，年 41 岁。谕旨称："平郡王宣力有年，恪勤素著，今闻患病薨逝，朕心深为轸悼，特遣大阿哥携茶酒往奠，并辍朝二日。"这是特殊的恩礼，乾隆帝对这位昔年的老同学还有相当旧情。

福彭死时，曹雪芹正在创作《红楼梦》。书中所写富家生活，既有破落前曹家生活的实录，也有采自其他的王公家庭。平郡王家是当时最显赫的贵族家庭，又是曹雪芹的至亲，曹目睹姑母家的奢华与排场，印象必极深刻，故能对 18 世纪满人贵族的

---

① 《乐善堂全集定本》卷七《送平郡王往盛京修理福陵前河道序》。

豪富生活写得惟妙惟肖,入木三分。

杨师毅庵先生墓碑

杨师毅庵,字以庄,生于清光绪二十年(一八九四),常熟恬庄人,为邑之望族。幼承家教,其父自行课业,故早得学习门径。长而精研经史古文,并擅书法。

杨师毕生任教于常熟孝友中学,尽心教育,讲解精详,授业解惑,启沃心智,为人仁厚谦和,爱学生如子弟,受教者如沐春风,得益甚多。一九八九年十二月二十二日,杨师在苏州谢世,享年八十六岁。其夫人吴素绚已先逝,白头偕老,伉俪情深。子定韶,女定韵、定歆,事业有成,克绍家声。

铭曰:凤凰山畔,郁郁佳城。煦煦师长,育吾诸生。尽瘁庠序,黄卷青灯。讲经论史,赋诗作文。桃李芳菲,负笈求问。循循善诱,永忆师恩。音容虽逝,典范长存。

学生戴逸(秉衡)谨撰

2010-01-10

附四　清史纂修工作大事记

（2001 年至 2019 年 4 月）[*]

2001 年

2001 年 4 月，北京大学季羡林教授、国家图书馆任继愈教授等 13 位专家学者联名向中央领导建议纂修清史。

2002 年

2002 年 8 月，党中央、国务院批准文化部报送的《〈清史〉纂修工作方案》，清史纂修工作启动。

2002 年 10 月，清史纂修领导小组成立（2004 年 4 月，领导小组及其所属管理机构更名，冠以"国家"称谓）。领导小组由国家 15 个有关部门、单位组成。11 月，领导小组召开第一次工作会议。

2002 年 12 月，清史编纂委员会成立并召开第一次全体会议，中国人民大学戴逸教授任清史编纂委员会主任。

2003 年

2003 年 1 月，清史编纂工作座谈会在中南海召开，李岚清同志出席座谈会并代表党中央、国务院发表重要讲话。

2003 年 1—9 月，清史编纂委员会开展《清史》体裁体例研究工作，并向全社会各界征求意见，决定采用"新综合体"体裁，同时确定了全书总体框架。《清史》由通纪、典志、传记、史表、图录等组成，共计 92 卷，3000 余万字。

---

　　*　本文件录自江苏常熟"戴逸学术馆"展览，由文化部清史纂修与研究中心提供。

2003 年 7 月，清史纂修领导小组办公室（清史办）成立。

2003 年 7 月，清史编纂委员会组织编纂的《庚子事变清宫档案汇编》等首批图书出版。目前，共出版"档案丛刊""文献丛刊""研究丛刊""编译丛刊""图录丛刊"等图书百余种。

2003 年 8—10 月，"两岸学者清史纂修研讨会"先后在北京和台北召开。

2004 年

2004 年初，清史编纂委员会制定《清史编纂手册》（初稿）。后经不断修订，于 2008 年 12 月正式印发。该手册对《清史》体例做出详细规定，编纂项目据此进行撰写、修改。

2004 年 4 月—2005 年 12 月，国家清史编纂委员会开展大规模立项工作。项目包括《清史》编纂项目和档案文献整理、出版项目等。截至目前，已立项 353 个，其中《清史》编纂项目 160 个。

2004 年 11 月，文化部、教育部、中国社会科学院、国家文物局、国家档案局印发《关于做好清代文献档案整理利用工作的通知》。

2005 年

2005 年 4—5 月，国家清史编纂委员会召开《清史》编纂项目阶段性成果评估会议。清史纂修工作重点由项目立项转向研究撰写、项目评估。

2006 年

2006 年 7 月，为发挥清史纂修的资政作用，清史办编发《清史参考》（周刊）。

2007 年

2007 年 9 月，国家清史纂修领导小组与中宣部、教育部、文化部、中国社会科学院印发《关于进一步加强清史纂修项目管理工作的通知》。

2008 年

2008 年 2 月，教育部印发《关于进一步加强高校清史纂修项目管理工作的通知》。

2008 年 11 月，国家清史编纂委员会和中央电视台、中国原子能科学研究院等单位联合召开"清光绪帝死因"研究报告会，发布《清光绪帝死因研究工作报告》。

2009 年

2009 年 5 月，清史纂修审改工作经近一年筹备正式启动。

2009 年 10 月，国家清史编纂委员会印发《关于清史纂修中重大学术问题表述的意见》，供研究撰写和审改工作遵循。

2010年

2010年1月，国家清史编纂委员会在人民大会堂召开《清代诗文集汇编》出版座谈会。

2010年1月29日，人民日报刊登《清史纂修不断取得新进展》《〈清史〉编纂项目和现任主持人、单位名单》及《清史纂修工作大事记》。

2010年4月，清史主体项目启动二审工作。

2010年6月30日，文化部国家清史纂修领导小组第一次会议在北京召开。

2010年10月25日，刘延东同志对清史纂修工作做出重要批示。

2010年10月26—28日，国家清史编纂委员会第七次全体会议在北京召开。

2011年

2011年6月，国家清史编纂委员会向主体项目主持人发出《关于加强项目责任制，严格遵守学术规范的通知》。

2011年12月14—15日，国家清史编纂委员会第八次全体会议在北京召开。

2012年

2012年6月，国家清史编纂委员会基础工程档案组、文献组、编译组撤组。

2012年8月，主体工程史表组、图录组调整为工作小组。

2013年

2013年2月，编审组撤组。

2013年2月，国家清史编纂委员会启动主体项目稿件防抄袭检测工作。

2014年

2014年5月，国家清史编纂委员会成立篇目组、质检组。

2014年7月，清史主体项目启动三审工作。

2015年

国家清史编纂委员会全面开展主体项目审改工作。

2016年

2016年4月，国家清史编纂委员会启动主体项目稿件返回主持人确认工作。

2016年6月18—20日，国家清史编纂委员会第九次全体会议在北京召开。

2016年6月29日，习近平总书记对清史纂修工作做出重要批示。

2016 年 7 月 25 日，国家清史纂修领导小组和国家清史编纂委员会全体会议在北京召开。

2016 年 9 月，国家清史编纂委员会与清史纂修与研究中心联合发布《清史编纂2016 年下半年—2018 年工作实施方案》。

2017 年

2017 年 1 月 16 日，刘云山同志看望戴逸先生。

2017 年 4 月，国家清史编纂委员会完成《〈清史〉编纂总则例》修订工作。

2017 年 5 月 28 日，国家清史纂修领导小组和国家清史编纂委员会全体会议在北京召开。

2017 年 5 月，国家清史编纂委员会向主体项目主持人发出《关于严格落实〈国家清史纂修工程项目合同书〉非侵权担保条款要求的通知》。

2017 年 8 月，国家清史编纂委员会发布《〈清史〉稿件整合统稿工作方案》，启动清史稿件整合统稿工作。

2017 年 9 月，国家清史编纂委员会向主体项目主持人发出《关于提供国家清史纂修工程主体类项目作者信息的函》及《国家清史纂修工程主体类项目作者信息登记表》。

2017 年 11 月，《清史·通纪》全部稿件提交出版社进入送审稿编校程序。

2018 年

2018 年 1—4 月，《清史·典志》《清史·传记》《清史·史表》《清史·图录》全部稿件提交出版社进入送审稿编校程序。

2018 年 5 月 22—23 日，国家清史纂修领导小组和国家清史编纂委员会全体会议在北京召开。

2018 年 10 月 15 日，人民出版社完成全部 106 卷（105 册）《清史（送审稿）》印制工作。

2018 年 10 月 30 日，国家清史编纂委员会与清史纂修与研究中心向文化和旅游部上报《清史（送审稿）》，《清史（送审稿）》进入上级主管单位送审程序。

2018 年 11 月，国家清史编纂委员会与清史纂修与研究中心联合发布《清史（送审稿）修改工作方案》。

2018 年 12 月 17 日，国家清史编纂委员会召开专家会议，会上文化和旅游部张旭副部长传达习近平总书记对戴逸先生及清史纂修全体专家的问候与鼓励。

2019 年

2019 年 1 月至今，国家清史编纂委员会开展《清史（送审稿)》交叉通读工作，进一步打磨稿件质量。

2019 年 2 月至今，国家清史编纂委员会与人民出版社就《清史（送审稿)》进一步打磨修改，形成定期会商机制。

2019 年 10 月

附五　别是滋味在心头

——戴逸先生拯救故乡柳如是绣楼始末及柳楼之存毁调查[*]

1990 年 3 月，戴先生应常熟市地方志编纂委员会之约，为《常熟市志》^① 作"序"时开门见山写道："眷恋乡土，怀念亲人，这是人类自然而真挚的情感。我从 20 岁离开常熟以后，长期生活在北方，40 多年来常常想起我的故乡。青少年时代的所见、所闻、所感、所知，不时浮现于脑际，印象格外真切、明晰。我是在常熟城里诞生、成长的。这里的土地哺育了我，这里的文化氛围塑造了我，这里的亲朋师友教育了我，自己的性情、志趣、爱好以及思维和行为模式、生活习惯都在离开故乡以前就定型了。我对故乡怀有深切的感情。"^② 这段情真意切、文情并茂、言简意赅的文字，概括了戴先生"对故乡怀有深切的感情"。这感情到底有多深？从常熟市拆掉柳如是梳妆楼在戴先生心中引起的波澜及不断希望抢救，抢救不成又久久为之苦恼、叹息中可见一斑……

一、扼腕叹息

"无言独上西楼，月如钩。寂寞梧桐深院锁清秋。剪不断，理还乱，是离愁，别是一般滋味在心头。"用南唐后主李煜的这般亡国之痛，来概括 2008 年前后戴逸（此

* 本文定稿于 2017 年 6 月 8 日。从 5 月中旬起，本文经常熟著名文史专家吴正明先生分 5 次于方塔公园茶室审读并校正；至 8 月 16 日凌晨 3 时，吴先生突发心梗辞世。彼时笔者远在北京，未来得及到吴宅吊唁，特在此致谢先生在天之灵。

① 江苏省常熟市地方志编纂委员会办公室：《常熟市志》，上海辞书出版社，2006 年。

② 戴逸：《常熟市志·序》，《常熟市志》，2006 年，第 1 页。

时离戴秉衡投身革命改名为戴逸已达60年）因常熟市拆毁柳如是梳妆楼产生的"亡楼之痛"，颇有一些相似之情。2009年2月16日，时任常熟市档案局局长沈秋农在与戴逸先生通电话时，戴先生对沈秋农说："听常熟老友①告诉我，这次东门大街拆迁，把柳如是的梳妆楼给拆了，真是可惜呀！我要是早知道这件事，就要写信劝拆，那个梳妆楼，就是东门大街原昭文县衙旁边的大仙堂，又没建在马路边上，在马路里边，是可以保存的呀！"接着，戴先生又向沈秋农讲了他为保护李鸿章故居给安徽合肥市政府写信的情况："15年前，我听说合肥市要拆了宰相李鸿章的故居建商场，十分忧虑，就赶紧写信给合肥市政府，告诉他们不能拆的理由。我说合肥是历史古城，但几乎所有古迹都在历代战争中损毁殆尽，得以幸存者很少，如再把李鸿章的故居拆了，古迹就更少了。历史古城，给人看什么呀？我建议他们对李鸿章的故居不但不能拆，还应修缮，可辟为旅游景点，供游客参观，发挥历史教育的作用，既可卖票，又可保护古迹。合肥还有个逍遥津，就只剩下个地名了。其实柳如是的梳妆楼也应作为古迹保存，可惜拆了，可惜……"至年底的12月8日，戴先生因有事与沈秋农通电话时，又重提柳如是梳妆楼被拆的遗憾："秋农同志，你想，钱谦益和柳如是都是名声很大的人，一个是东南文宗，一个是名姝才女，那楼地方小，故事多，影响大，对他们感兴趣的人也多，完全可以保存下来辟为旅游景点，怎么就随随便便拆了呢？"面对戴先生的叹息，沈秋农如此写道："叹息虽轻，却不仅叩击我的耳鼓，更叩击我的心灵。我们该如何品味先生的叹息，又该如何回答这一而再的叹息呢……"②

戴先生的"这一而再的叹息"中，是包含着婉转批评的："怎么就随随便便拆了呢？"的确，那些权力极大又没有文化的领导人，把我们祖先几百年乃至上千年留下的宝贵文化遗存动辄就毁掉的，难道还少吗？这绝不是危言耸听。2013年，为纪念常熟撤县建市30周年，笔者应约写了篇上万字的纪念文章《常熟的"文化立市"及我之管见》③。文中写道："文物古迹的保护必须遵从'历史性、真实性、完整性'三原则，缺一不可。1996年1月，云南丽江发生大地震，据笔者所见，古城几乎被夷为

① 据笔者2017年5月10日了解，柳如是梳妆楼被拆的消息是戴逸少年的好友、同学徐家骥在当年春节拜年电话中告诉戴逸的。徐家骥家住常熟东门大街55号，在柳如是梳妆楼所在地的马路对面。

② 沈秋农：《见微可知著——记戴逸先生二三事》，见《常熟日报》。

③ 孟东明：《常熟的"文化立市"及我之管见》，见《常熟政协》2013年第4、5期。

一片废墟。但由于古城的每条街道、每间屋宇先前都保留有翔实的照片、资料,'依图复建'完成后不到一年,'申遗'成功,成为世界文化遗产。《读书》曾刊文说,苏州市早年为拆除干将路上一批明清建筑,官司打到省里,打到全国人大,但市里依然坚持将一大片古建筑拆除了。如此之后不久,苏州古城在'申遗'中因拆除干将路古建筑而遭到联合国有关部门认定失去'完整性'而否决。苏州古城由此将永远被排除在'世界文化遗产'的大门之外。"该文接着也写到了常熟的作为:"在这方面,常熟也留下了一些遗憾。建筑精美、历史上'藏书多经部之书,宋元旧椠以及金元两代遗集'的爱日精庐(清代著名藏书楼),竟然在学子云集的学校里容纳不下,在20世纪90年代市中(现市一中校址)的扩建中非要予以拆除,这岂非咄咄怪事?中国文学史、中国藏书史上占有重要地位的绛云楼,是钱谦益、柳如是生活、读书、校书场所。明末一场大火之后的绛云楼遗址,在北门大街原中医院后的老党校内,柱石、楼基俱在,在'亮山工程'建设中完全可以以'孤岛'的形式予以保存,树碑示念,这是很有文化品位的举措,最后却莫名被毁。虞山公园内民国时期重要社会活动场所中山堂,也遭到了被拆除的厄运。更可惜的是柳如是梳妆楼的拆除。"该文在列举了沈秋农文章中所述的2009年2月16日戴先生为柳如是梳妆楼被拆的叹息和批评后写道:"就在戴先生长叹以后不久,常熟市出资邀请著名影星来常拍摄电影《柳如是》了。要是柳如是原来的梳妆楼依然完存,那是多么好的一个真实景象!一个决定是'拆',一个决定是'拍',关注点都在一个人身上,时间跨度不到10年,这是多大的讽刺啊!"

二、心有不甘

戴先生为柳如是梳妆楼被拆的思虑和叹息还没有完。2017年1月21日,系笔者为写传第二次采访戴先生,访谈中戴先生不无感慨地说:"为常熟柳如是梳妆楼的被拆,我实在是心有不甘,于是在2012年4月给常熟市委、市政府领导写了一封信,建议他们赶快复建。结果回函说是已经没有可能!"年逾90高龄的戴先生茫然四顾,又是一声长长的叹息。过了一会儿,他又说:"清朝时常熟知县陈文述,面对昭文县有人要拆柳如是梳妆楼,他认为不仅不能拆,而且要好好保护!他还主持修葺了柳如是墓(在常熟县境内)。唉,那座小楼啊,特别雅致;那个窗户啊,尤其精美,还是硬木做的！可是，后人就是骂柳如是，说她是狐狸精。柳如是不仅诗文好，能书善画，而且深明民族大义。是柳如是感动了国学大师陈寅恪先生，他在晚年双目失明的情况下，穷 10 年之力，写成《柳如是别传》，出版后声名远扬海内外。可是怎么能把柳如是唯一留下的小楼给拆了呢？"至此，笔者赶忙追问："您给常熟市委、市政府领导写的建议书和他们的复函能否借我一阅？"戴先生说："家里装修房屋，所有书籍、资料、文件都打包储存出去了！"

笔者在 2017 年 3 月回到故乡之后，按照戴先生的指点，几经联系奔忙，通过常熟市文化广电新闻出版局局长吴伟的斡旋和努力，在常熟市委办公室取到了戴先生当时给常熟市委书记、代市长发出的《对常熟已拆柳如是"绣楼"复建的建议》，经办公室工作人员将原件做技术处理（将函件启首部分覆盖隐去）后把"建议"交付予笔者，现抄录如下：

> 我原籍常熟市，名戴秉衡，后改名戴逸，今年 86 岁，现居北京，任职国家清史编纂委员会主任、北京文史馆馆长、中国人民大学教授。有一件关于文物保护的事，谨向你们反映建议，希予犀照。
>
> 我原住常熟东门内，为清初名人钱谦益的荣木楼旧居，我家附近有一座小楼，俗称"大仙堂"，据说供奉着二位狐仙（实为柳如是）。该小楼建筑精致，雕画俱佳，别具匠心，是一座古代精美的建筑，材料均为上好木料，有走廊庭院小楼。我 70 多年前（小学时代）常到该处玩耍，每次赴祖母家（在大步道巷）必穿行此处，但童年无知，不懂此楼之由来与可贵，因楼房关闭，未得上楼探视，以后外出求学工作常居北京，再未去过，闻"大仙堂"一直保持完整。
>
> 但去年闻知东门大街拓宽，此堂竟被拆掉，闻讯震惊，数日内寝食不安，此小楼是钱牧斋夫人柳如是之绣楼，大学者陈寅恪专门著作《柳如是别传》数十万字，赞扬其人品诗文，海内无不知晓。明清易代之际，曾规劝钱牧斋抗清未成，当时为人憎恶，钱去世后，柳氏亦自缢死。后人敬其为人，故香火近三百年不绝，清朝视钱牧斋为贰臣，大逆不道，故柳氏此楼是秘密保存下来的，不幸保存三百年之遗迹今值开明盛世反遭此无妄之灾，化作瓦砾，诚为可惜！可叹！

我初闻东门大街展宽，以为"大仙堂"离大街不下十丈之远，故未以为意。最近方知此堂亦被拆，真是"咄咄怪事"，正是"城门失火，殃及池鱼"。拓街不一定要拆此古楼。

近日报载《我国将动态监管名城保护》《名城丧失文化价值，有关人员将被追责》（北京青年报2012年4月9日A4版），读此消息令人啼笑皆非。

我不揣冒昧向贵领导提一建议，将"大仙堂"照原楼复建，该楼本狭小，所费不多，但工艺应该精细，附近居民皆曾目睹此楼，拆楼之人亦健在，再参考书籍记载，当能重睹旧容，以纪念钱、柳二人，亦可做旅游点，必能招徕远人。如果旧地已被占，可以稍加移动。因此处均为钱氏旧宅（从鱼家桥至城隍庙）。钱氏是清初诗文大家，领袖全国，后因乾隆帝指责名声顿失，然柳夫人品高、诗佳，女中豪杰，足为常熟增光，建其遗址不为过当。

仆爱乡心切，纠失补过，陈情建言，言辞未免过当，祈诸谅解，此事可请戈炳根、浦君芝、言恭达、李克为、沈秋农、吴正明、李炎锟、仲伟行、朱育礼、徐家骥、沈潜等本市文史专家一议。此建议能否实现，企盼示知。

恭请

钧安

戴逸

2012-04-10

戴逸随信另附其亲笔证言：

附"大仙堂"是柳如是的"绣楼"证言：

1. 钱氏荣木楼是老宅，史载离大东门几百步，又称附近有鱼家桥，都在我家附近。

2. "大仙堂"我在十岁以前时至其地，建筑精致，古色古香，甚觉奇怪，但幼年无知，未曾深究。

3. 当地人称供奉"狐仙"，必为供奉女性。

4. 史载荣木堂毁后，因设昭文县衙门，即以钱氏之宅改修昭文衙门，县人皆知，故亦称新县前。

5. 我家租住归家宅屋，即钱氏旧宅之一部分，其内建筑亦甚奇特，有一石楼以条石砌成，形如颐和园中之石舫，是我幼时读书之处（现听说亦已拆掉），2004年回乡时，我还去看过，估计此为钱牧斋家花园中之构筑。

6. 柳如是自缢前与族人争讼，族人欺其寡弱，多人为此不平，死后应是保留此楼祭祀纪念，讳称"大仙堂"。

常熟市文化广电新闻出版局就戴逸先生反映的问题向常熟市委发出的调查报告，全文如下：

关于戴逸先生反映"大仙堂"被拆相关问题的调查报告

市委：

2012年4月10日，国家清史编纂委员会主任、北京文史馆馆长、中国人民大学教授戴逸先生致信常熟市领导，反映明代"大仙堂"被拆问题，并建议复建该堂。根据戴逸先生信中反映的情况，我局派工作人员赴现场进行了勘查，走访了吴正明、沈秋农、钱文辉、周文晓、徐家骥、吴慧虞等常熟文史、文物专家，并查阅了有关典籍史料以及市城投公司的工程档案，经整理汇总，现将调查结果汇报如下：

"大仙堂"旧址位于原东门大街老公安局的后面，是"东南文宗"钱谦益旧居"荣木楼"的一部分。《重修常昭合志》记载："礼部尚书钱谦益宅，在宾汤门内坊桥东。斋东偏小楼，柳夫人殉节也。百余年来人不敢居。"后来，常熟知县将柳如是的小像"奉之楼中"，以祭祀夫人，当地百姓传说楼内有狐仙出没，故称之为"大仙堂"。在清乾隆年间，著名散文家袁枚的《子不语》中对此也有记载。

清雍正四年，常熟县分设为常、昭二县，钱谦益旧居被设为昭文县的衙署和城隍庙。新中国成立以后这一带成了县公安局的所在地。处在公安局侧后的大仙堂周围，建立了新县前小学，后并入塔前小学，三百多年的历史变迁，"大仙堂"历经沧桑，其周围搭建了很多建筑，本体建筑已经无法明确辨识，而且周围的历史环境已是面目全非。在常熟地方史志上没有详细确切的记载，更多的是民间流传的传说。鉴于以上原因，新中国成立后的历次文物普查都未将其列入常熟市文物保护单位范围之内。

2006年11月，为进一步提高城市功能，确保城区交通流畅，改善居民居住和生活环境，常熟市开始实施泰安街、东门大街、引线街道路拓宽改造工程及沿线地块综合整治项目，市城市经营投资有限公司作为建设单位具体实施了拆迁工作，至2007年底，拆迁工作基本结束。根据城投公司存档的东门大街拆迁红线图显示"大仙堂"所在区域位于拆迁范围之内。

如今，"大仙堂"旧址所在区域已经新建设了东胜街以及经济适用房，而且在拆除过程中，未留下文字和照片等资料，建筑构件也不复存在，因此原址复建的条件已经不具备。文史专家建议，为了纪念钱、柳二人，可以考虑异地重建一座"大仙堂"，以供后人瞻仰。

常熟市文化广电新闻出版局

二〇一二年四月十八日

常熟市委、市政府就戴逸先生关于复建柳如是"绣楼"的建议给戴逸先生的复函，全文如下：

尊敬的戴逸先生：

您好！

您的来信已收悉，首先，非常感谢您对家乡文物保护事业的关心。现就您信中所反映的关于"大仙堂"被拆相关问题答复如下：

4月14日，我们收到您的来信之后，迅速组织工作人员赴现场进行了勘查，并走访了吴正明、沈秋农、钱文辉、周文晓、徐家骥、吴慧虞等常熟文史、文物专家，查阅了有关典籍史料以及市城投公司的工程档案，经整理汇总得出如下调查结果：

"大仙堂"旧址位于原东门大街老公安局的后面，是坊桥钱谦益旧居的一部分。《重修常昭合志》记载："礼部尚书钱谦益宅，在宾汤门内坊桥东。斋东偏小楼，柳夫人殉节也，百余年来人不敢居。"当地百姓传说楼内有狐仙出没，故称之为"大仙堂"。

清雍正四年，常熟县分设为常、昭二县。钱谦益旧居被设为昭文县的衙署和城隍庙。新中国成立以后这一带成了县公安局的所在地。处在公安局侧后的大仙堂周围，建立了新县前小学，后并入塔前小学。300多年的历史变迁"大仙堂"历经沧桑，其周围搭建了很多建筑，本体建筑已经无法明确辨识，而且周围的历史环境已是面目全非。关于"大仙堂"有关内容在常熟地方史志上没有详细确切的记载，更多的是民间的传说。鉴于以上原因，新中国成立后的历次文物普查都未将其列入常熟市文物保护单位范围之内。

2006年11月，为进一步提高城市功能，确保城区交通流畅，改善居民居住和生活环境，常熟市开始实施泰安街、东门大街、引线街道路拓宽改造工程及沿线地块综合整治项目，至2007年底，拆迁工作基本结束。根据城投公司存档的东门大街拆迁红线图显示，包括"大仙堂"在内的整个钱氏旧宅所在区域都位于拆迁范围之内。如今，这一区域已经新建了东胜街以及经济适用房，而且在拆除过程中，未留下文字和照片等资料，建筑构件也不复存在，因此，原址复建或在附近重建"大仙堂"的条件已经不具备。

近年来，常熟市十分重视历史文化遗产的保护与利用，其中重点内容之一就是钱、柳文化的保护、挖掘与弘扬。钱谦益和柳如是的墓葬，已经成为江苏省文物保护单位，文物部门安排了专门的保护员，常年看护墓区。2008年，常熟市政府投资6000万元于尚湖景区内移址重建了占地面积为6.9公顷的拂水山庄，该工程已于2010年完工，并作为尚湖风景区的一部分向游客开放。去年，古里镇政府以钱、柳文化和400多年的红豆树为主线，启动了投资1.5亿元、占地1000亩的红豆山庄复建工程，该工程将于2013年完成。此外，2010年，常熟市政府与中央新闻纪录电影制片厂联合摄制了电影故事片《柳如是》，并于2012年3月在常熟举行了首映式，该影片依据史实，挖掘和演绎了柳如是与钱谦益的爱情故事，展示了柳如是的坚贞气节和独立自由精神，影片还融入了常熟的人文历史、民俗风情及自然风光，是依托名人资源宣传城市文化的成功案例，影片上映后获得了一致好评。

今后，我们将进一步弘扬常熟悠久灿烂的历史文化，将其转化为城市发展的强大动力。希望您老继续关心与支持家乡的文化遗产保护事业。同时，也希望您老有时间回家乡走走、看看，对常熟的文化事业发展多提宝贵意见。

恭祝

福寿安康

中共常熟市委

常熟市人民政府

二〇一二年四月二十日

从 2009 年初戴先生获悉故乡常熟柳如是梳妆楼（戴信中所述"绣楼"及"大仙堂"）被拆，到 2012 年 4 月向常熟市委、市政府领导写信建议复建柳如是"绣楼"，其间跨越了 4 年时间。这段时间戴先生处于什么状况之中？用他自己的话说："我从 2003 年担任国家清史编纂委员会主任以来，全力以赴，多年以来，专注于学术编纂事务，应对不遑且年迈体弱，精力衰疲，很少握笔作文。"① 正是在这种境遇之中，戴先生不辞辛劳，凝神倾力，给家乡写出了一份建议。可以说这绝不是戴先生一时兴起的心血来潮之作，或是猝然之举。然而，等到的答复竟是："原址复建或在附近重建'大仙堂'的条件已经不具备。"对戴逸先生来说，接到复函时的心境只有 4 个字：欲哭无泪！

三、柳如是"绣楼"存毁调查

戴先生对柳如是"绣楼"命运的叹息和呼吁叩人心扉，为了给历史尤其是钱、柳文学爱好者留下翔实、可靠的史料，特将笔者查到的有关资料、文献和调查情况公之于下。

1.《重修常昭合志》② 有关钱谦益宅、柳夫人殉节所的记载

礼部尚书钱谦益宅，在宾汤门内坊桥东。钱《志》③，姚《志》④："顺时 ⑤

---

① 戴逸：《涓水集·序》，北京出版社，2009 年，第 1 页。
② 常熟市地方志编纂委员会办公室标校：《重修常昭合志》，上海社会科学院出版社，2002 年。
③ 钱《志》，康熙二十二年，常熟知县高士乌义延邑人钱陆灿修县志，《重修常昭合志》称"钱《志》"。
④ 姚《志》，明万历四十二年，常熟人姚守仪撰《常熟私志》，《重修常昭合志》称"姚《志》"。
⑤ 顺时，钱顺时，常熟人，明嘉靖三十八年进士，钱谦益祖父。见《重修常昭合志》，第 1030 页。

宅，在坊桥后，翁宪祥①居之。谦益宅，则在捕盗巷②，殆后又复坊桥之归焉。今昭文县署③及城隍庙，皆其遗址。"孙原湘④《天真阁集诗序》云："钱尚书故宅，今为昭文署。斋东偏小楼，柳夫人殉节所也。百余年来人不敢居，新尹至于门外拜祭，加扁镉焉。戊辰春，会稽谢培⑤宰斯邑，适陈大令文述⑥因事过虞，商之谢君洁此楼以奉夫人祀。出所藏夫人初访半野堂小像，属海陵朱鹤年⑦重樵，奉之楼中。嘉庆二十一年，昭文知县黄嵋⑧将小像并顾芩⑨撰传镌诸壁间，自为之记。见《金石志》。"⑩

跋云："抵任日清理内署，询知署为钱牧斋先生旧居，东偏一楼即为河东君死节栖灵处。历宰斯邑者，皆以礼祀之于户外，楼仍封键如故云。"⑪

记云："昭文官舍即钱宗伯⑫旧第也，东偏有楼半楹，悬河东君初访半野堂小像，幅巾道服，有林下风，楼盖其殉节处。因检箧中顾云美所撰河东君小传，勒石陷置壁间，以表君志节云。"⑬

---

① 翁宪祥，常熟人，明万历十九年进士。见《重修常昭合志》，第 635 页。

② 捕盗巷，今大步道巷，在古城北部，东起五福街，西至河东街，长 508 米，宽 3.5 米。古时因有捕盗同知署，故名捕盗巷。明嘉靖初建宁知府张文麟告归后，为三子筑大宅第于此巷，题巷名时，以捕盗谐音，题为"大步道巷"。相近小巷名小步道巷。见戈炳根主编《常熟国家历史文化名城词典》，上海辞书出版社，2003 年，第 528 页。

③ 昭文县署，清雍正二年（1724），朝廷准两江总督所奏，拆常熟为常熟、昭文两县，雍正四年在常熟东境置昭文县，取言偃文学乡里为名。两县同城而设，常熟县署仍为老县场原县署，昭文县署设在东门大街坊桥东侧，故后人称"新县前"。见戈炳根主编《常熟国家历史文化名城词典》，上海辞书出版社，2003 年，第 23 页。

④ 孙原湘，昭文人，清嘉庆十年（1805）进士，受袁枚影响，尤以诗名于时。见戈炳根主编《常熟国家历史文化名城词典》，上海辞书出版社，2003 年，第 75 页。

⑤ 谢培，会稽人，清嘉庆十二年任昭文知县。见《重修常昭合志》，第 593 页。

⑥ 陈文述，浙江钱塘人，清嘉庆十四年十二月和嘉庆二十三年九月两署常熟知县。见《重修常昭合志》，第 583—584 页。

⑦ 朱鹤年，清泰州人，画家，生活于乾隆至道光年间。据《中国古代书画图目 十二》，文物出版社，1993 年。见《重修常昭合志》，第 593 页。

⑧ 黄嵋，清嘉庆十九年任昭文知县。见《重修常昭合志》，第 594 页。

⑨ 顾芩，字云美，苏州府人，工诗书。

⑩ 《重修常昭合志》，第 436 页，丁祖荫重纂。

⑪ 《重修常昭合志》，第 955 页，丁祖荫重纂。

⑫ 明末清初大思想家黄宗羲称钱谦益为"钱宗伯"。

⑬ 《重修常昭合志》，第 955 页，丁祖荫重纂。

2. 吴正明①著《寒柳一叶》中关于柳夫人居之荣木楼考

　　钱牧斋老家正宅前门地处常熟城内大东门大街，其西端有坊桥；这两个地名，至今仍然沿用，为当地居民所熟知。金鹤冲②《年谱》③有记：牧斋"以明神宗万历十年壬午九月二十六日生于常熟城中坊桥东故第"。

　　钱氏故第从明朝其曾祖体仁④起，一直在该处：东距常熟城宾汤门（俗称大东门）三百米左右，西距贯通南、西、北三门，水陆交汇之坊桥，不过百米。

　　九十年代初，笔者主编《常熟掌故》，汇集故乡耆旧、前贤著述，《民俗风情·迎神赛会》篇中，有"常熟、昭文两城隍庙"一则，记有清雍正四年（1726）析常熟东部县境为昭文县，两县治同处一城（满汉各委一知县，当时苏松常各县都如此）的故事。昭文知县劳必达⑤将海防衙门⑥废址建为县署与县城隍庙。因旧址无库房、幕舍等建筑，就购买钱牧斋的旧宅并加扩充，改钱的大厅为城隍公馆，又建造牢狱于荣木楼的东北。这个昭文县署一直保留至辛亥革命胜利、常昭两县仍然光复为常熟。直到现在，当地老人仍称东门大街为"新县前"（以区别位于西门、今为闹市的书院街、原来常熟县老城隍

---

　　① 吴正明，常熟人，常熟文史专家，生于1933年，1951年常熟师范毕业后长期任教，师从国学大师钱仲联教授，曾参与编写《中国大百科全书·中国文学卷》《中国历代著名文学家评传》《中国文学大辞典》《中国文学家大辞典·清代卷》等工具书，著有《时彦掠影》《寒柳一叶》《钱柳说汇》（与李烨合辑）等。

　　② 金鹤冲（1873—1960），字叔远，常熟金村（今属张家港市）人，光绪十九年（1893）庠生，后任东吴大学国文讲师，著有《钱牧斋先生年谱》等。

　　③《年谱》，即《钱牧斋先生年谱》，上海古籍出版社，2003年出版。

　　④ 体仁，即钱体仁（1509—1574），常熟人，著有《虚窗手镜》等，封刑部郎中。子钱顺时（1532—1560），嘉靖三十八年进士；孙钱世杨（1554—1610），赠宫保；曾孙钱谦益。见《重修常昭合志》，第463页。

　　⑤ 劳必达，字尊三，汉阳进士，雍正四年知昭文。见《重修常昭合志》，第1275页。

　　⑥ 海防衙门，清雍正二年析常熟县地置县，三年即海防同知旧署改建。又购民居益之，首修御书亭，继葺堂舍，为正堂三楹，名曰农协。左库右简房，外曹椽两廊，中庭立碑，曰：公廉堂。后为二堂三楹，曰：学爱。东西书房各一，东北并列楼房为幕舍。又进为三堂五楹，东为厨房、崇垣缭，其后仪门外有寅宾馆、土地祠、收银所。大门外有旌善、申明两亭，东有公廨门夹道，自此入外照墙、左右栅门。东沿街并列吏舍，吏舍后监狱在焉。东尽为接递铺，西逼河东街。见《重修常昭合志》，第97-98页。

庙的常熟县署）。

金氏指出："自鱼家桥[①]西为海防同知署，再西为牧翁宅，柳夫人居之荣木楼也。再西为今城隍庙，皆牧翁之居也。……"

荣木楼在牧斋故第，柳如是最后于康熙初、牧斋病笃，自白茆奔候到城所居之处。牧斋一死，家难即起，柳氏自缢于荣木楼。

荣木楼为旧日牧斋延请黄淳耀[②]授其子孺贻[③]读书之处，在钱氏府第正宅之内。

荣木楼保存时间甚久。雍正间钱宅改为昭文县署及城隍庙，牢狱在此楼东北。民国后，该地办过虞阳小学和新县前小学；前者至今仍在原处，后者则在解放后并入前者。两所学校，我都进去看过。以往，东门附近儿童，就读于此两校者甚多，他们都知道学校近处通荣木楼，里边有"大仙堂"（里边曾经供有柳如是的牌位）。解放前，该处南部曾为常熟地方法院，大门在东门大街；北为监狱，大门在步道巷（也称捕盗巷）。解放后，都归公安局接收。荣木楼一直到 1958 年才拆除。[④]

戴逸先生信中所称"绣楼""梳妆楼""大仙堂"，在吴正明著作中则称"荣木楼"。吴著"荣木楼一直到 1958 年才拆除"，根据何在？2017 年 5 月 29 日上午 9 时吴正明先生接受笔者采访时说："'1958 年拆荣木楼'之说的根据是沈缙发表于《常熟理工学院学报》的文章。"吴先生进而说："沈缙解放前是中共地下党员，受党派遣打入常熟《新生报》任职，解放后任县公安局刑侦股长，后在县党史办工作。"吴先生又说："从沈文之行文看，1958 年常熟搞破除迷信活动，是拆除荣木楼中柳如是像石之类内部设置，以不能再搞迷信活动，并非是把整座荣木楼拆除。"

---

① 鱼家桥，在大东门内五福街。见江苏省常熟市地方志编纂委员会编《常熟市志》，上海人民出版社，1990 年版，第 159 页。
② 黄淳耀（1605—1645），崇祯十六年进士，苏州府嘉定人，善诗文。
③ 孺贻，即钱谦益子钱孙爱，号孺贻。见吴正明、李烨辑《钱柳说汇》，广陵书社，2013 年版，第 2 页。
④ 吴正明：《寒柳一叶》，天马出版公司，2013 年，第 19-21 页。

3. 关于"荣木楼"存、拆的调查

(1)"荣木楼"所在的新县前小学并入塔前小学的历史

　　新县前小学，抗战胜利后建校。在东门大街。教师有黄湘琴（1951 年进校任教）等。为初级小学，无高年级。1955 年始办高年级。1957 年，初小 4 个班，高小 2 个班。1958 年，并入塔前中心小学。[①]

　　1958 年 9 月，经上级批准，新县前小学并入塔前中心小学为分校。中年级（4 个班）、低年级（2 个班）设于新县前分校。1963 年 9 月，新县前小学校舍退还房管所。[②]

(2)新县前小学校长黄湘琴任职的变化

黄湘琴,1951 年入新县前小学后任校长。1958 年新县前小学并入塔前中心小学后，为分部。黄湘琴为分部主任。东门大街塔前中心小学的新校舍建成后，分部校舍归房管所，分部主任一职撤销。[③]1962 年 12 月至 1972 年 2 月，黄湘琴任塔前小学副教导主任。[④]

(3)新县前小学原校长黄湘琴女儿凌敏的证言

2017 年 5 月 15 日，黄湘琴女儿凌敏（1948 年生于常熟城区，现常熟民营企业家）接受笔者访问时说:"1963 年以前，我常去母亲任教的新县前小学和塔前小学分部，我家住在东门大街 70 弄 1 号，新县前小学就在 70 弄（一条长长的夹弄）里边，直对弄堂的平房是校长办公室，右边有两个教室；从弄堂进入校区右首是一座楼，楼上有两个教室，下边是礼堂；校长办公室前面是一片空场，空场左边是独栋一座小楼，上下各有一个班级学生在那里上课。据人说这座楼过去就是'大仙堂'，是当年柳如是上吊自杀的地方。因为去的次数太多了，所以印象至深。"

---

① 《塔前小学志》编纂委员会:《塔前小学志》，广陵书社，2018 年，第 48-49 页。
② 同上书，第 3 页。
③ 同上书，第 59 页。
④ 同上书，第 57 页。

（4）塔前小学校友曹家俊在"荣木楼"里上课的回忆

塔前小学校友曹家俊[①]在《塔前小学志》附录的回忆文章中写道，他于1959年上三年级时到原是新县前小学的塔前分校去上课，对其环境记忆犹深："再往里，有小院子，旁边是学校的礼堂，从大礼堂门口经过，与礼堂隔一个小庭院有一排朝南校舍，有教室也有老师办公室。这排校舍的西面又是一个方形的小庭院，其北面有一座两层楼房。我上课的三年级甲班就在楼下。……尤其是传说新县前小学的前身是县里有名的'大仙堂'，更增添了神秘色彩。"[②]

从新县前小学原校长、塔前中心小学分部主任、塔前小学副教导主任黄湘琴的女儿凌敏的指认和塔前小学校友曹家俊的回忆中，可以肯定：荣木楼在1958年并没有被拆除，吴正明先生所说"1958年常熟搞破除迷信活动，是拆除荣木楼中柳如是像石之类内部设置，以不能再搞迷信活动，并非是把整座荣木楼拆除"，应是成立的。沈秋农先生获此信息后，于2017年6月2日下午3时电话询问常熟碑林博物馆负责人，得悉"常熟碑林博物馆未发现存有'柳如是像石'之类碑刻"，估计"荣木楼"中的柳如是像石在1958年的破除迷信活动中已被毁。

4. 传说中的"大仙堂"和实际存在的"大仙堂"

常熟从宋朝庆元二年起开始修县志以降，至1915年丁祖荫开始主纂《重修常昭合志》时，各朝代的前人已修县志17部，《重修常昭合志》是集大成者。遍寻《重修常昭合志》，常熟县境有记录的坛、庙、观、寺、院、祠、堂计有706处（天主教堂、耶稣教堂包括分堂42处不在内），未见有"大仙堂"。

目前常熟东门大街附近的年长人士和部分文史工作者口传的所谓"大仙堂"，大部分人即指其为"荣木楼"，常熟市文化广电新闻出版局2012年4月18日给常熟市委的报告中说及的"当时百姓传说楼内有狐仙出没，故称之为'大仙堂'"，就属这种情况。

那么，从康熙三年（1664）钱谦益、柳如是相继去世后，常熟东门大街附近的社会生活中有没有真实存在的焚香烧烛、求神拜佛之所在的"大仙堂"？笔者所见的文字记载有两处：

---

① 曹家俊，常熟人，20世纪80年代中期插队返城，后考入常熟史志办工作，再后调入市政协文史办工作，任副主任。

② 曹家俊：《回忆塔前小学的学习生活》，见《塔前小学志》，广陵书社，2018年，第447-448页。

（1）吴正明在《寒柳一叶》中写道，东门附近就读于虞阳小学和新县前小学的儿童，"他们都知道学校近处通荣木楼，里边有'大仙堂'（里边曾经供有柳如是的牌位）"。从吴正明先生的行文看，"荣木楼"即"大仙堂"。①

（2）常熟市政协文史资料研究委员会编《常熟文史资料辑存》第四辑录有常熟著名中医陶君仁②著文《海虞医林丛话》中说："余听鸿③，住大步道巷，精于内科，用药有独得之见，因鉴世人一旦婴非常之疾，恒求之于鬼神庙祝，死于非命，曾为新县前大仙堂拟仙方一百张，使求神问卜者报症状而取方。"

对于名医陶君仁文中所述之"大仙堂"及余听鸿的"仙方一百张"，长期住于东门大街70弄1号的胡荷生先生有自己亲身经历的所见所闻。胡荷生，生于1932年，其父胡芝良、母陈月英当年有房在东门大街西横板桥东侧，在铁琴铜剑楼主瞿良士宅隔壁，并在"荣木楼"所在的夹弄正对面。日寇轰炸常熟时，胡宅与瞿宅同时被日机炸弹夷为平地。胡家短期逃难回常时借住亲戚徐家骥（戴逸先生幼时对门邻居、好友、同学）家，1942年租住东门大街49号李家大院（新中国成立后为东门大街70弄1号）靠西第一套住宅，直至2007年东门大街实施拓宽改造工程胡荷生才离开此居。胡荷生外祖父陈宝霖长期在大仙堂里主持为香客求谶予药事务。由于经常按母亲要求给外祖父奉送吃食或去玩耍的原因，胡荷生对大仙堂的情况知之甚详："大仙堂位于东门大街49号与民国时期县法院之间的夹弄内。夹弄甚深，有60来米。尽头处，为二层楼房，夹弄从二层楼楼下穿过，楼上为民国时县衙的钱粮处办公地（抗战胜利后为新县前小学教室，楼下为学校礼堂），再往里为一大天井，再往前为一排平房，早年也是钱粮处人员办公地（后为新县前小学校长办公室、教员办公室、教室）。这排平房左侧居中处，有一栋二层楼房，有人说这就是'大仙堂'。这座楼是正方的，长、宽均约为8米，大门居南位正中，上下两层的东、西方向都有四个窗户，窗户上的窗棂非常别致，每扇窗都有四个窗棂，每个窗棂都是回字形的，而'回'字的里边四角都有变形的S形木条相接，做工十分讲究。"在胡荷生记忆中，这座楼一直是关着的，

---

① 吴正明：《寒柳一叶》，天马出版公司，2013年，第21页。

② 陶君仁（1907—1988），常熟人，江苏省著名中医，1927年开业，医德高尚，医术精湛。曾任江苏省第三届人民代表大会代表，常熟市政协一至四届副主席。见《常熟市志》第989页。

③ 余听鸿（1847—1907），原籍江苏宜兴，悬壶于孟河，光绪八年（1882）定居常熟，数愈危疾，有"余仙人"之称。见《常熟文史资料辑存》第十三辑第132页。

南墙居中的门上有扁铜锁，门前有铁栅栏阻挡着。这座楼西又有一个天井，天井南尽头有一口水井。这座小楼在抗战胜利后办新县前小学时开放为教室了。

胡荷生说，他所见的"大仙堂"在正方小楼的西侧，并排四间房，每间房约有4米宽、7~8米进深，南侧接有2.5米宽的外廊，南尽头有半墙，半墙大致与二层小楼北墙齐平。四间房自东向西数第一间为暗房，地面为泥地，内有四五个瓮，是外祖父储药之所在。二、三、四间地上都铺有木地板。第二间内侧供有一座小龙王菩萨，天旱时则将其请到场上以供信徒求雨；外侧系外祖父给求谶求药者配药的地方。第三间虽然铺有地板，但后墙已经打掉，成了穿堂，出屋左拐，与第四间齐平的地方是一条弄堂，直通大步道巷。这是供来大仙堂的香客进出之地。第四间是大仙堂的核心区：外廊尽头处安有一长桌，求谶求药者由人称钱和尚的人给予释签；求药者或按谶号予药，或按病症予药，药则由外祖父陈宝霖按大仙堂存有的100张药方从寺前街的"董颐福堂"药号（寺前街中段，近北赵弄口，坐南向北）购得。第四间与东侧三间不同的是屋顶甚高，里边供有与人等高的一尊男性菩萨泥塑坐像，塑像周围堆满了还愿人士奉送的各色各样的供品；塑像上方有阁楼，是看护庙门称为"韦法师"（南门小庙场人）入晚后的居住之所。佛像前有供桌，供桌上有香炉、烛台，供桌前的地上有蒲团，左边墙上挂着的100支谶桶最为引人注目。求神拜佛的善男信女送来的香火，则在平房前的铁桶中烧化。

胡荷生指出，大仙堂香火之所以十分兴旺，可能与名医所开药方有关；以至1947年外祖父病故后，因其大儿子早亡，故其职务由二舅陈寿琪接任；二舅1948年病故后，又由三舅陈寿熹接班，直至新中国成立后县公安局进驻，将此"大仙堂"封闭、拆除，而把临近已作为新县前小学教室的那座小楼排除在县公安局新建的围墙之外。

面对胡荷生先生的亲历所见，与胡荷生在1951年同时毕业于常熟师范的吴正明先生认为老同学所说"应该是合乎历史事实的"，吴先生还揣测说："钱谦益的祖父钱顺时既有进士功名，钱谦益又居礼部尚书，此四间房很可能是钱宅的三间轿房和一间马厩！"

5. 荣木楼为什么成了历史文化名城被遗忘的角落，终遭废毁？

笔者手头握有一本文字简明、图片精美、印制考究的图书：《历史印记 名城瑰宝——常熟市第三次全国文物普查成果汇编》（下简称《汇编》）。据该书前言曰："全市现有各级文物保护单位159处，其中全国重点文物保护单位5处、省级文物保护单位 17 处、市级文物保护单位 137 处。另有 93 处控制保护建筑、4 片历史文化街区、1 个中国历史文化名镇、3 个苏州市历史文化名镇、1 个苏州市历史文化名村。"作为国家历史文化名城、吴文化发祥地之一的常熟,具有如此丰富的文化底蕴和如此众多的文化遗产,是值得每一个生于斯、长于斯的常熟人为之骄傲和欣慰的。

文物是不可再生的资源,是中华文化的内核。早在 1956 年,国家就启动了第一次全国文物普查;1981—1985 年,全国进行了第二次文物普查;2007 年 6 月—2011 年 12 月,全国开展了第三次文物普查。《汇编》曰常熟"在普查的过程中,普查队员对文物点进行了认真细微、严谨求实的调查,确保文物调查的覆盖率达到 100%,有效保障了普查的进度和质量"。"2009 年 7 月,常熟市顺利通过了第三次全国文物普查实地文物调查阶段国家级试点验收,成为全国首批 6 个通过国家级验收的地区,被专家组誉为第三次全国文物普查的'样板工程'。""2010 年,常熟市文物局普查队被国务院三普办授予'第三次全国文物普查实地文物调查阶段突出贡献集体奖'。"常熟市在第三次全国文物普查中的成绩,无疑是可喜可贺的。

然而,遍寻《汇编》达 256 页的全书,被戴逸先生赞为"建筑精致,雕画俱佳,别具匠心,是一座古代精美的建筑,材料均为上好木料,有走廊庭院小楼"的明代遗存柳如是梳妆楼,竟无一字留存! 有人会说,早在 2007 年 6 月启动第三次全国文物普查前的 2006 年 8 月 30 日常熟市发展和改革委员会发布的"常发改〔2006〕159 号"文件,对市城市经营投资有限公司《关于泰引线工程东胜街及东侧地块综合整治项目的批复》及相应被批准的拆迁"红线图"(图附在本文最后)中,荣木楼所在区块的所有房屋,已在 2007 年开始被陆续拆除了! 不错,那为什么在 1956 年的第一次、1981—1985 年的第二次全国文物普查乃至从 20 世纪 50 年代初到 2006 年这漫长的 50 多年中,常熟的文物部门竟然会把柳如是梳妆楼当成被遗忘的角落,以至在 2006 年开始实施"泰引线工程东胜街及东侧地块综合整治项目"时竟无一人提出要对明代古建筑"荣木楼"予以保护的意见、建议?

诚如吴正明先生 2017 年 5 月 29 日接受笔者采访时尖锐地指出的:"柳如是梳妆楼所以被完全拆除,根本原因在于常熟市有关领导长期附和少数民间舆论认为它是'凶宅',是'鬼神出没之所在';他们不了解钱谦益在中国文学史上的地位,更不了解生活于明清易代之际天壤之间坚持民族气节的巾帼英雄、绝代才女柳如是的真实面貌!"

20 世纪 50 年代初，国学大师陈寅恪先生在双目失明的艰难环境中，穷毕生最后 10 年精力完成的 80 万字文史巨著《柳如是别传》① 在他身后闻名于世。陈寅恪先生在书中称柳如是"为当时迂腐者所深诋，后世轻薄者所厚诬之人"。迂腐者如何深诋？轻薄者如何厚诬？常熟文史专家钱文辉先生在《钱柳说汇·序》② 中对钱谦益、柳如是一起做了简要梳理：

> 自清乾隆帝多次下谕骂钱为"贰臣"、禁毁钱著作之后，历史上一直有骂钱柳一派，有为乾隆帝斥钱诗"两姓事君王，进退都无据，文章哪有光"叫好，称"大哉王言，是以鉴小人之肺腑矣"者；有讥钱为"两朝领袖"者；有斥钱、柳投阮大铖 ③，"其丑状令人欲呕"者；有言柳"干夫政""淫放邪侈"者；又有作《虞山柳枝词》十余首说柳不会作诗，有"床头捉刀人"代写者；也有传柳死后"为厉作祟"④ 者，凡此等等，不一而足。

钱文辉先生进而又梳理道：

> 然历史上亦有主持公道，倾心于钱柳者。即使在乾隆禁毁钱书后严威正烈的嘉庆、道光年代，也有嘉庆时常熟县令、文学家陈文述访拂水山庄故址、凭吊于钱园，为柳修墓事；也有道光时寓居常熟的名士钱泳 ⑤ 为荒废之钱墓立"东涧老人墓"碑并借杜甫痛惜李白之诗句"世人皆欲杀，吾意独怜才"，

---

① 《柳如是别传》，陈寅恪著，上海古籍出版社，1980 年。

② 《钱柳说汇》，吴正明、李烨辑，广陵书社，2013 年。

③ 阮大铖（1587—1646），安徽桐城人，以进士居官后，先依附东林党，后依附魏忠贤，崇祯朝以附逆罪去职。明亡后在福王朱由崧的南明朝廷任兵部尚书，对东林、复社人员大加报复。南京城陷后降清，后病死军中。见袁行霈、罗宗强著《中国文学史》第二卷，高等教育出版社，2005 年。

④ "为厉作祟"论出自清中叶著名文学家袁枚撰写的《子不语》书中的《柳如是为厉》，曰：乾隆庚子直隶王某莅任昭文县署，因内屋少开柳如是缢死处分居两妾。至半夜西厢做伴老妪喊救命声，"鬼才放我"；次日至午，东厢一姬二俾俱用一长带相连缢死矣。袁枚之本意乃借搜奇猎异之鬼神，行伐挞社会黑暗之实，不幸被迂腐者、轻薄者看中，以此论攻击柳为"厉鬼"。这正如鲁迅在《中国小说史略》中对《子不语》说的，"其文屏去雕饰，反近自然。然过于率意，亦多荒秽"。见《中国小说史略》，上海古籍出版社，2006 年。

⑤ 钱泳（1759—1844），常熟原籍无锡，乾隆年间迁居常熟，工书法，学识渊博，文学造诣很深，著有多部著作。见戈炳根主编《常熟国家历史文化名城词典》，上海辞书出版社，2003 年，第 77 页。

在碑上镌刻"吾意独怜才"印，对钱之不幸遭际寄予同情事；翁同龢晚年被开缺回籍，住西郊丙舍，常去邻近之钱墓悼念，曾作五律《东涧老人墓》诗，"争来问遗事，欲说转凄然"，因钱之身世而凄然怅惘。近现代常熟学者金鹤冲编《钱牧斋先生年谱》，国学泰斗陈寅恪著《柳如是别传》，诗词巨擘钱仲联整理《钱谦益全集》，都对钱、柳给予公议，逐渐剥去了笼罩于钱、柳周遭的历史迷雾。①

上即为笔者前后历时近一个月调查、访问、核对、取证，查文献、阅资料，斟酌再三后所写下的实录。是为记。

2017 年 6 月 8 日

据查，沈缙撰《柳如是殉节楼变迁记》原刊载于常熟师范专科学校（1958—1989，后转入常熟理工学院）内刊《吴中学刊》1990 年第 3 期。该文后被收录于《石梅文选》（韩培信题署，中共常熟市委老干部局主办，常熟市老干部文史组编辑，1995 年 8 月发行），文见 338~339 页，文中有"荣木楼破旧不堪，五八年拆除"之说。此亦为吴正明先生《寒柳一叶》中荣木楼五八年拆除之来源。

笔者调查及查询《塔前小学志》证实，沈缙之论和吴正明采用的沈论，都是错误的。

戴逸先生所说的柳如是"梳妆楼""绣楼""大仙堂"，以及沈缙、吴正明等人谓之的"荣木楼"，确是在 2007 年东门大街拓宽工程中才拆除的。

2022 年 6 月 10 日

---

① 吴正明、李烨:《钱柳说汇·序》，广陵书社，2013 年，第 2-3 页。

附1：常熟市东胜街及东侧地块综合整治项目拆迁红线图

注：该图由常熟市城市经营投资有限公司依据 2006 年 8 月 30 日常熟市发展和改革委员会"常发改〔2006〕159 号"《关于泰引线工程东胜街及东侧地块综合整治项目的批复》所规定区域划定。红线图（局部）由常熟市经营投资有限公司提供，日期：2017 年 5 月 20 日上午。

图中居中虚线圆圈即为多位指认者所述柳如是"绣楼"（"柳如是梳妆楼"），虚线为笔者所加（图后另附常熟市发改委〔2006〕159 号文件）。

附2：

常熟市发展和改革委员会文件

常发改〔2006〕159号

关于泰引线工程东胜街及东侧地块综合整治项目的批复

市城市经营投资有限公司：

你单位报来的"关于泰引线工程东胜街及东侧地块综合整治项目的立项申请"收悉。经研究，现批复如下：

为加快推进城市化进程，改善市容环境，切实改善居民居住和生活环境，加快泰引线工程建设的推进，同意你公司按城市总体规划方案要求，实施泰引线工程东胜街及东侧地块拆迁工程，工程范围为西起规划中东胜街（含东胜街）、东至五福街、北至大步道巷、南至东门大街以北沿线地块以外的范围，占地面积约9400平方米，共需拆除房屋约5400平方米。工程估算投资3420万元。资金由城投公司自筹（列入泰引线改造总体建设资金中）。建设期限为2006—2008年。

请接此批复后，按规定办理各项报批手续。

常熟市发展和改革委员会（印鉴）

二〇〇六年八月三十日

抄送：市府办、市财政、建设、规划、环保、国土、审计局

后　记

　　掐指算来，从开始拜访戴逸先生并得到他的首肯，到完成约 70 万字的传记初稿，历时 3 年半了，其间不分春秋寒暑，每天伏案六七小时，还熬过了步入耄耋之年的门槛，优入圣域之思不曾有过，较量得失心自知的淡定倒确是有所准备，以先生为师，从容读史、读书，不计得失埋头写作，就这样跨过了 1200 多个日日夜夜……

　　笔者清晰记得，那是 2016 年 11 月中旬之际，戴逸先生托他的孩子戴寅在常熟赠送给笔者一本书：杨念群编《澹澹清川：戴逸先生九秩华诞纪念文集》，中国人民大学出版社 2016 年 8 月出版，全书 53 万字。透过新书阵阵墨香，翻到扉页，上面赫然写着先生虽颤颤巍巍然笔力刚劲的亲笔签字：

　　孟东明同志存念

　　戴　逸

　　二〇一六年十一月八日

左下侧还钤有 4 厘米见方朱砂篆书专用印章：戴逸赠书。

　　能收获戴先生亲笔签名纪念文集自感荣幸之至，弥足珍贵！回到住地，除匆匆浏览了先生学生的 24 篇贺文外，还逐字逐句地研读了署名"弟子杨念群"为文集所作洋洋序言，从而稍稍明白了先生的从学之路、治学生涯、学识学风、道德文章，高山仰止、景行行止之感充斥胸间，真正是怦然心动！由是再细读一遍，感悟到先生之人生竟如此跌宕起伏、妙趣横生，故奇想油然而生：这是撰写传记的绝妙题材!

几天之后回到北京，妻子家贞陪同笔者去探望戴先生。她在常熟城里的老家与戴家是仅一家之隔的近邻，她的舅舅徐家骥又是戴先生的发小、同学。记得在1983年常熟同乡在人民大会堂开会时我们三人在同一桌上，还如此这般地拉过故乡的家常，无疑这是探访先生时聊天的最好切入点。是时，戴家当值的老二戴琛陪同先生接待了我俩。见面问候之后，笔者把我参与编著的《杨振宁传》奉呈给戴先生，并郑重地说道："学生愿为先生写传！"他盯着笔者看了一会儿，并未立时接茬，只是专注地翻阅杨传，于是笔者徐徐说道："当时与杨先生见面时，他坦言不愿意由记者写自己的传，说是记者的价值观就是小孩子的价值观！我据理力争，说在中国原子能科学研究院待过7年，你的老师张文裕、师母王承书与我关系都不错，后来写过周培源、钱三强、张文裕、华罗庚、周光召等科学家的稿件，都有相应的评价，并没有说自己的价值观存在问题，更没有微词。后来，杨传在海内外出版了7个版本……"当先生还在沉思之际，笔者又恳切地说："我不懂历史，纯粹是门外汉，但肯学习，有敏锐性，有一定的概括能力，希望成为你的关门弟子……"

此时，先生抬起头来，两眼炯炯有神地盯着笔者，慢条斯理地说："我觉得自己还不够立传的水平……"

正当先生还要展开说话之际，戴琛打断了他父亲的话茬，说："你让不让老孟写你的传是你的事，当然由你来决定！但你刚才说的话，我不同意！如果你要那样说，那你的子女都活得毫无意义了！"快人快语的戴琛，把他的老爸逼到了墙角，无路可退。就这样僵持了一会儿之后，先生竟答应了笔者的请求。但自己明白，先生是在百般无奈之中答应的，因为我毕竟是个门外汉，而罗马不是一天建成的。先生接着说："在常熟，你可找沈秋农、徐家骥、吴正明，他们了解我的情况；在北京，可以随时来找我。"戴琛则说："我们兄弟姐妹都欢迎你，你有什么要求，尽管吩咐好了！"

欣然领受了任务之后，"知己者莫若妻"的胡家贞立即敲响了"木鱼"：不要太激动、兴奋了，否则晚上又要睡不着了；放平心态，目标不是出书，而是向戴先生学历史，多读点书，防止老年痴呆比什么都重要；要细水长流，每天一两小时的体育锻炼不要荒废了！没有如此"约法三章"，没有她的精心保驾护航，3年半完成一部70万字的书稿是难以想象的……

对于为戴先生写传，儿子孟一凡、儿媳丁峥峥立即伸出了援手。他们在两周之内，连续不断地通过网购把戴先生出版的书（除《清通鉴》22 册之外），几乎全部送到了笔者的书房；凡是网上能搜索到的方方面面采访先生的文章、视频和先生自己发表的史论等等，都一一下载了下来……

2017 年 1 月 25 日晚，趁秋农陪同常熟理工学院党委原书记、翁同龢纪念馆顾问许霆教授访问戴先生之际，笔者把草成的《戴逸年表》初稿和试写的三节传记初稿《建构"通纪"》《矫诏夺嫡》《蔚为大观》（关于《清史》的文章）打印件送给秋农指教，并坦诚相告：诚恳希望与他携手撰写戴先生的传记，还说明年 3 月笔者回常再做定夺，现有时间从容斟酌。之所以恳请秋农共谋撰传，是因为秋农不仅为笔者好友，更主要的是他是常熟撰写戴先生文章最多的文化人，他与先生的关系比笔者深得多，时间也早得多，说"吃水不忘掘井人"也不为过，甩开秋农独行不能成侠，如果那样，做人就没有道德底线了！

丁酉年正月初六，经戴逸先生长子戴寅联系落实，笔者径直到戴先生住处给先生拜年，同时奉上 4 件初稿，以期先生鉴察笔者的历史学习能力和文字驾驭能力。先生对他的年表初稿只是浏览一下后就放下了，而对 3 篇涉及"通纪""传记""雍正篡位"的初稿则看得十分仔细，然后说了 4 个字："感动，感谢。"这让笔者颇有受宠若惊之感，心想先生是确认本人为他写传了。由此，笔者开始了对先生长达 10 次的采访和另外多达 10 来次的答问，前后时间达 3 年之久……

除戴先生外，戴家四兄妹寅、琛、珂、玮和姑爷廖京生、四媳武林薇除接受笔者的集体采访外，还不厌其烦地回答问题，仅戴寅就 3 次与笔者长谈，时间 10 个多小时。显然，没有他们的支持、帮助，没有他们提供第一手资料，包括书籍、文献、材料、信息，可以肯定地说笔者要完成写作是力所不逮的。

2017 年 3 月 6 日，笔者回到故乡常熟时，秋农说："感谢仁兄诚意，但思考再三，为戴先生写传的事还是你一人为之吧！"他诚恳地说，自己当然希望做这件事，也思了多时，准备了良久，现在虽然退休，但还担任着常熟关心下一代工作委员会副主任兼秘书长之职，除每天上班外，还有不少社会活动需要参与，难以抽身参与采访、写作，故只能忍痛割爱了。不过，他表示一定全力支持笔者，需要什么，一定奉献，绝不藏藏掩掩。事后，他把自己撰写的戴先生的文章，悉数打印出来给了笔者。戴先生的传记能得以出版，除戴家人士外，秋农是笔者要第一感谢的朋友！

戴逸先生在童稚时代就酷爱文史，从小学到中学毕业形成人生三观的关键时期，人文渊薮的常熟为他奠定了为文为史的深厚根基。史学界有人评论说："没有常熟，就没有戴逸！"此话颇有道理。为探觅先生人生旅途奠基阶段的真实素材，笔者在常熟采访和搜集材料尤费功夫，其间得到故乡各界朋友支持帮助良多，令笔者永志难忘。戴先生的同学徐家骥3次接受长谈采访，常熟图书馆馆长李烨对笔者可谓有求必应，复旦大学汪达明老师提供了有关杨毅庵先生的珍贵史料，翁同龢纪念馆馆长王忠良予以鼎力相助，铁琴铜剑楼研究专家仲伟行拨冗书写资料，文史专家吴正明5次为柳楼文稿审读纠错，曾亲历"大仙堂"往事的胡荷生3次与笔者长谈，企业家凌敏指证"柳楼"作为小学教室的往事，时任文广局局长吴伟不畏风险提供柳楼调查原始材料，焦亚飞、庄广强、孙明、张燕、戈炳根、孙健、陈惠良、俞惠良等同志为笔者采访、书籍出版等事宜开启通道脉络，诗人朱果炎对诗文予以全力帮助，收藏家龚绍东为笔者寻觅史证实物材料，市关工委吴静君对笔者的文秘求助一丝不苟，中学同学蔡鹍、陈振国、武翔雕、任华艮闻讯后也倾力相助探寻文献资料，韦梁臣同学一次就借出家藏史料6册，对笔者寻问的史料一一做好出处标记，用心之良苦溢于言表。另外，我昔日在沪的学生张有贵冒着酷暑数次进上海图书馆查找资料；苏州市档案局副局长沈慧瑛亲自入库探觅苏州中学沪校档案；中国艺术研究院陈斐博士推荐他的文章资料以悉心裁用；光明日报社沈卫星、金振蓉两挚友为帮助寻求出版单位而辛劳奔忙；画家张利群和书法家吴苹应约为书稿插页添加了最后的笔墨……

为展示清代历史上最大冤案光绪帝被毒死的死因，专题组主持人钟里满花5小时给笔者一一解析，中国原子能科学研究院高工王珂不厌其烦地给笔者提供研究资料，化工专家刘兆峰、言敏达则为化工材料在核反应堆中的性状指点迷津……

感谢沈鹏、言恭达、姚新峰、张利群、张静等艺术家不辞辛劳，为戴逸先生立传奉献了力量。

还要感谢常熟人民印刷有限公司沈国清总经理，是他周到地安排了多位员工将70来万字的手稿一一录入电脑，反复改校！

时至2021年开春之际，戴逸先生在除夕前后写下的长信犹如和煦春风拂动着笔者的心弦。他写道："初步印象甚佳：篇幅宏大，结构雄伟，文笔瑰丽，笔底功夫深厚，事实细致具体，故事真实具体，此为写传记最难能可贵者……"遵照先生的嘱咐，笔者又对传稿一一做了修改……

然而，在由稿成书漫漫征程的最后一公里处，卡壳了！幸有贵人施与援手，常熟农商银行解囊资助，困顿随之释然。

孟东明

初稿于 2020 年 4 月 15 日

定稿于 2021 年 10 月 19 日

京华抱朴斋